Die volkswirtschaftlichen Kosten gefährlichen Konsums

Ökonomische Analyse des Rechts
Schriftenreihe
Law and Economics

Herausgegeben von Michael Adams

Band 15

PL ACADEMIC RESEARCH

Tobias Effertz

Die volkswirtschaftlichen Kosten gefährlichen Konsums

Eine theoretische und empirische Analyse für Deutschland am Beispiel Alkohol, Tabak und Adipositas

PL ACADEMIC RESEARCH

Bibliografische Information der Deutschen Nationalbibliothek
Die Deutsche Nationalbibliothek verzeichnet diese Publikation in der Deutschen Nationalbibliografie; detaillierte bibliografische Daten sind im Internet über http://dnb.d-nb.de abrufbar.

Gedruckt mit Unterstützung des
Förderungs- und Beihilfefonds Wissenschaft der VG Wort

ISSN 1619-053X
ISBN 978-3-631-66025-6 (Print)
E-ISBN 978-3-653-05272-5 (E-Book)
DOI 10.3726/978-3-653-05272-5

PL Academic Research ist ein Imprint der Peter Lang GmbH.

Peter Lang – Frankfurt am Main · Bern · Bruxelles · New York · Oxford · Warszawa · Wien

Diese Publikation wurde begutachtet.

www.peterlang.com

Für meine Kinder – Nina und Noah

Vorwort

Deutschlands Bevölkerung konsumiert gefährlich. Dieser Satz ist keine Behauptung, kein Herbeireden von Problemen, kein pessimistisches Schwarzmalen von harmlosen Petitessen im deutschen Konsumgeschehen – er spricht eine erschreckende Tatsache aus, die in vielen anderen Hocheinkommensländern ebenso Realität geworden ist. Gemeint ist damit, dass ein großer Teil der deutschen Bevölkerung derart konsumiert, dass sich daraus mit hoher Wahrscheinlichkeit gesundheitliche und weiterführende Probleme für den Konsumenten selbst, sein familiäres Umfeld und den Staat ergeben. Um sich dies klar zu machen, reicht ein Blick auf die amtlichen Statistiken: deutlich mehr als die Hälfte der Deutschen ist übergewichtig oder fettleibig, immer noch knapp 30 % der Deutschen rauchen und die Zahlen der Alkoholabhängigen und schädlich Alkohol konsumierenden Personen ist nach jüngsten Untersuchungen auch nochmals stark angestiegen. Das dies systematisch zu höheren Kosten im Gesundheitswesen führt und darüber hinaus verschiedenste weiterlaufende gesellschaftliche Probleme generiert und verstärkt, ist direkt offensichtlich und wird von der Weltgesundheitsorganisation WHO bereits seit vielen Jahren festgestellt und angemahnt. Diese Entwicklungen im Konsumverhalten fallen mit dem weltweiten Phänomen alternder Gesellschaften und sich daraus ergebender ökonomischer Probleme gesellschaftlicher Organisation, insbesondere im Hinblick auf die sozialen Sicherungssysteme zusammen. Ein trauriger Aspekt gefährlichen Konsums besteht dabei in der Tatsache, dass dessen Wurzeln in Kindheit und Jugend gelegt werden. Sei es, dass Kinder durch das Marketing der Snack-, Süßwaren-, Tabak- oder Alkoholindustrie deren Produkte nachzufragen beginnen oder durch den gefährlichen Konsum ihrer Eltern beeinflusst und beeinträchtigt werden.

Es müssen daher Lösungen gefunden werden, will man den jetzigen Wohlstand bewahren und die sozialen Sicherungssysteme zukunftsfähig machen bzw. erhalten: dazu muss gefährlicher Konsum in Deutschland auf ein gesundes Maß reduziert werden. Es ist klar, dass dies einer – durchaus legitimerweise – gewinnorientierten Industrie nicht gefällt, da Konsumreduktion den Umsatz schmälert. Seit dem Erscheinen meines Buches zum Thema „Kindermarketing“ (2008) habe ich mehrmals erfahren, wie die Lobbyarbeit der Alkohol-, Tabak,- und Lebensmittelindustrie auf Bundes- und Landesebene in Deutschland in der Lage war, wirksame und notwendige Maßnahmen in der Politik zu verzögern und oft sogar zu verhindern. Man lernt schnell, dass nur handfeste ökonomische Fakten die Politik zum Handeln bringen, geht es doch letztlich um die Frage, für welche drängenden Probleme im Gesundheitswesen knappe Ressourcen in welcher Höhe sinnvollerweise zugewiesen werden sollen. So wurde schnell klar, dass für die drei Konsumarten Tabak, Alkohol und übermäßiger, zu Adipositas führender Konsum in Deutschland eine Berechnung erstellt werden musste, die möglichst vollumfänglich die Konsequenzen und Kosten dieser gefährlichen Konsumarten darstellt.

Kritiker mögen es als falsch empfinden, dass ich mit diesem Buch nur die Kostenseite des Konsums isoliert betrachtet habe. Gefährlicher Konsum ist verlockend, anfangs wird er häufig als genussvoll empfunden. Hat sich aber eine Sucht etabliert, konsumiert man nur noch „gegen den Entzug“ an. Gerade im Hinblick auf Adipositas hat sich in der wissenschaftlichen Literatur der letzten Jahre die Sichtweise verdichtet, der vielfach aufgrund stressiger Lebensumstände und billiger energiedichter Lebensmittel induzierte Überkonsum gleiche in späteren Phasen einer Suchterkrankung. Dementsprechend soll die isolierte Betrachtung der Kostenseite für Konsumenten eine Abbildung des Ausmaßes sein, das einem möglichen Genussempfinden gegenzurechnen wäre. Durch Konfrontation mit den Kosten würden die häufig bestehenden Wahrnehmungs- und Bewertungsverzerrungen der Konsumenten deutlich abgemildert und gesünderer Konsum möglich werden.

Dieses Buch beinhaltet Berechnungen und Schätzungen aus großen Datenmengen von verschiedenen Datenhaltern: Gesundheitsinstituten, Forschungseinrichtungen, Sozialversicherungsträgern wie Krankenkassen und Rentenversicherung, der Bundesagentur für Arbeit sowie dem Statistischen Bundesamt. Leider ist es im Rahmen der Datenbeschaffung und -analyse immer noch gang und gäbe, dass manche Datenhalter die Fragestellung als problematisch und inakzeptabel beurteilten und deshalb eine Datenherausgabe ablehnen, oder, dass der Austausch aufgrund hoher datenschutzrechtlicher Hürden nur zäh von statten gehen kann. Dies sollte sich dringend ändern, denn die Forschung braucht Daten für den Erkenntnisgewinn und die Entwicklung von geeigneten Lösungen.

Diese Arbeit entstand von der Festlegung des Themas im Jahr 2009 bis Mitte 2014. In dieser Zeit haben mir viele Personen geholfen und mich unterstützt. Ihnen möchte ich Dank sagen: Zu allererst Herrn Professor Dr. Michael Adams, meinem Doktor- und Habilitationsvater, der mir stets den Freiraum für meine Forschung ermöglichte und mir wichtige und wertvolle Anregungen gab. Ich danke der Techniker Krankenkasse und allen Mitarbeitern des WINEGs für die Möglichkeit der Datenauswertung und die wirklich kollegiale und herzliche Aufnahme vor Ort in Hamburg während der letzten vier Jahre. Stellvertretend möchte ich hier Frau Dr. Susanne Engel und den Direktor des WINEGs Herrn Dr. Frank Verheyen nennen. Mein Dank gilt natürlich auch allen Kolleginnen und Kollegen aus der Public Health- und gesundheitsökonomischen Community, die ihren Beitrag an diesem Buch hatten. Weiterhin danke ich ganz besonders herzlich Herrn Professor Dr. Carl-Christian Freidank für die Übernahme des Zweitgutachtens und Herrn Professor Dr. Roland Linder für die Übernahme des Drittgutachtens, sowie dem ganzen Habilitationsausschuss: Frau Professor Dr. Karen Gedenk für die Übernahme des Vorsitzes, Herrn Professor Dr. Jonas Schreyögg, Herrn Professor Dr. Thorsten Teichert und Herrn Professor Dr. Wolfgang Maennig als weiteren Mitgliedern. Meine lange Zeit der Beschäftigung mit diesem Buch forderte auch viel Rücksicht und Flexibilität seitens meiner Familie. Deshalb gilt mein besonderer Dank meiner Frau und meinen Kindern. Ihnen ist dieses Buch gewidmet.

Leonberg, im Januar 2015

Tobias Effertz

I. Inhaltsverzeichnis

II. Abbildungsverzeichnis 17

III. Abkürzungsverzeichnis 21

IV. Tabellenverzeichnis 23

1 Einleitung 25
1.1 Das Problem – Gefährlicher Konsum und seine Kosten 27
1.2 Aufbau der Arbeit 31
1.3 Abgrenzung der Arbeit 32

TEIL A – THEORIE

2 Gefährlicher Konsum 39
2.1 Gefährlicher Konsum I: Tabakprodukte 42
2.2 Gefährlicher Konsum II: Alkohol 46
2.3 Gefährlicher Konsum III: Adipositas 52
2.4 Stilisierte Fakten des gefährlichen Konsums 55
2.4.1 Die Suchtgutproblematik 55
2.4.2 Beginn gefährlichen Konsums 58
2.4.3 Zusammenhänge zwischen Risikofaktoren 59

3 Konstituierende ökonomische Bewertungsrahmen und -konzepte 60
3.1 Nutzenbasierte Kenngrößen der Gesundheitsökonomie 63
3.2 Monetäre Nutzenäquivalente 69
3.3 Probleme bei der Messung von monetären Nutzenäquivalenten 71
3.3.1 Das WTP-WTA Verhältnis 71
3.3.2 Empirische Probleme bei der WTP-Ermittlung 72
3.3.3 Methodische Unterschiede der WTP-Ermittlung 76
3.4 Analytische Konzepte für Kosten und negative Konsequenzen 76
3.4.1 Ökonomische Kostenkonzepte 79
3.4.2 Analytischer Bezugsrahmen 83
3.4.3 Volkswirtschaftliche Gesamtrechnungen und Wohlfahrtsvergleiche 84
3.4.4 Diskontierungen 88

4 Soziale Kosten ... 93
4.1 Interne versus „private“ Kosten ... 95
4.2 Externe Kosten ... 97
4.2.1 Technische Externalitäten ... 98
4.2.2 Pekuniäre Externalitäten ... 99
4.2.3 Finanzielle Externalitäten und Umverteilungen ... 101
4.2.4 Die Familie als Träger externer Kosten ... 107
4.3 Soziale Kosten und sozialer Nutzen ... 107
4.4 Kritik am Konzept der sozialen Kosten ... 110

5 Determinanten negativer Konsequenzen und Kosten ... 113
5.1 Der Wert der Gesundheit ... 115
5.1.1 Die Krankheitskostenrechnung ... 115
5.1.1.1 Kausalität gefährlichen Konsums ... 118
5.1.1.2 Direkte Kosten ... 122
5.1.1.3 Indirekte Kosten ... 126
5.1.1.4 Intangible Kosten ... 129
5.1.2 Kritik der Krankheitskostenrechnung ... 136
5.1.2.1 Erfassung sämtlicher Kostenkomponenten ... 136
5.1.2.2 Kritik am Humankapitalansatz und indirekten Kosten ... 140
5.1.2.3 Doppelzählungen ... 141
5.1.2.4 Fehlende Differenzierung makroökonomischer Parameter ... 143
5.1.2.5 Zusammenhänge zwischen Ursprungs- und Folgeerkrankungen ... 143
5.1.2.6 Benutzung des Willingness to Pay Ansatzes ... 144
5.1.2.7 Konzeptionelle Inkonsistenz des Opportunitätskostenprinzips ... 147
5.1.2.8 Diskontraten ... 147
5.1.3 Kontrastierung der Krankheitskostenrechnung ... 149
5.1.4 Krankheitskosten in Deutschland ... 151
5.1.5 Die gesetzliche Krankenversicherung ... 153
5.1.6 Die private Krankenversicherung ... 156
5.1.7 Nichtversicherte und Sozialhilfeempfänger ... 159
5.2 Lebensqualität, Schmerz und Leid ... 160
5.2.1 Die Erfassung von Lebensqualität – Abgrenzung des Begriffs ... 161
5.2.1.1 Epistemologische Sichten auf die Lebensqualität ... 161
5.2.1.2 Medizinische Ansätze zur Bewertung von Lebensqualität ... 163
5.2.1.3 Wirtschaftswissenschaftliche Sichten auf die Lebensqualität ... 168
5.2.1.4 Rechtswissenschaftliche Sichten auf die Lebensqualität ... 171
5.2.2 Modellierung und Messung der psychosozialen Kosten ... 176

5.2.2.1 Das Phänomen der Adaption ... 182
5.2.2.2 Intangible Dimensionen von Gesundheit und Lebensqualität ... 185
5.2.2.3 Schmerz und chronisches Krankheitsleid ... 186
5.2.2.4 Funktionalität ... 189
5.3 Lebenszeit ... 190
5.3.1 Der Wert des Lebens ... 192
5.3.1.1 Marktbasierte Bewertung von Leben ... 193
5.3.1.2 Nutzenbasierte Bewertung von Leben ... 197
5.3.2 Das Todesfallrisiko und der Wert des Lebens ... 208
5.3.3 Versicherungen „gegen den Tod" ... 209
5.4 Produktivitätsrisiken ... 212
5.4.1 Das Risiko der Pflegebedürftigkeit ... 213
5.4.2 Das Produktivitätsrisiko im Alter ... 214
5.4.2.1 Die gesetzliche Rentenversicherung ... 215
5.4.2.2 Private Renten und Lebensversicherungen ... 219
5.4.3 Das Arbeitslosigkeitsrisiko ... 219
5.4.4 Erwerbsunfähigkeit und Berufskrankheiten ... 222
5.5 Sorgfaltsrisiken ... 223
5.5.1 Unfälle ... 224
5.5.2 Kriminalität ... 227
5.6 Auswirkungen auf Human- und Sozialkapital ... 228

6 Zusammenfassung ... 231

TEIL B - EMPIRIE

7 Die Kosten gefährlichen Konsums ... 235
7.1 Gefährliche Konsumenten und extern Betroffene ... 235
7.1.1 Raucher und Passivraucher ... 236
7.1.2 Alkoholiker, Alkoholmissbrauchende Konsumenten und extern Betroffene ... 237
7.1.3 Individuen mit Adipositas ... 237
7.2 Einkommen ... 238
7.2.1 Einkommen der Konsumenten im Vergleich ... 238
7.2.2 Erwerbstätigenquoten der Konsumenten im Vergleich ... 241
7.3 Kosten des verlorenen Lebens ... 244
7.3.1 Vorüberlegungen ... 244
7.3.2 Verlorene Lebenszeit ... 246
7.3.2.1 Verlorene Lebenszeit aktiver Konsumenten ... 246
7.3.2.2 Verlorene Lebenszeit passiver Konsumenten ... 253
7.3.3 Bewertung verlorener Lebenszeit ... 254

7.3.4 Witwen, Waisen und Versicherungen „im Todesfall“ 256
7.4 Die Krankheitskosten 257
7.4.1 Krankheitskosten in Deutschland 257
7.4.1.1 Individuelle Krankheitskosten 259
7.4.1.2 Externe Krankheitskosten 263
7.4.1.2.1 Krankheitskosten von Ehegatten und Partner 263
7.4.1.2.2 Krankheitskosten von Kindern 264
7.4.2 Die gesetzliche Krankenversicherung 266
7.4.3 Private Krankenversicherung und sonstige Nichtversicherte 268
7.4.4 Rehabilitation und Leistungen zur Teilhabe am Arbeitsleben 270
7.5 Kosten verringerten Human- und Sozialkapitals 272
7.6 Die Kosten der verlorenen Lebensqualität 275
7.6.1 Chronisches Krankheitsleid 275
7.6.2 Schmerz 277
7.6.3 Erschöpfung, Burn-Out und Depressionen 279
7.6.4 Missbrauch 281
7.7 Die Kosten gesunkener Produktivität 282
7.7.1 Funktionalitätseinschränkungen und Kosten der Pflege 282
7.7.2 Produktivität und Verrentung 288
7.7.3 Erwerbsminderungen 294
7.7.4 Temporäre Arbeitsunfähigkeit 296
7.7.5 Arbeitslosigkeit 298
7.7.6 Berufskrankheiten 305
7.8 Unfälle 306

TEIL C – ZUSAMMENFASSUNG, IMPLIKATIONEN UND KONSEQUENZEN

8 Zusammenfassung – Soziale Kosten gefährlichen Konsums 315

V. Literaturverzeichnis 323

TEIL D – ANHANG

9 Anhang I: Methodik und Daten 369
9.1 Patienten-Individual-Panel von GKV-Routinedaten 369
9.2 Familiendatensatz aus GKV Routinedaten 371
9.3 Die PASS-Daten 372
9.4 Der Schmerzensgeld-Datensatz 373

9.5 Messung gefährlichen Konsums und Verzerrungen durch Sample Selektion 375
9.6 Endogenität des gefährlichen Konsums 383

10 Tabellenanhang 386

II. Abbildungsverzeichnis

Abbildung 1 Denkbare Auswirkungen gefährlichem Konsums 41
Abbildung 2 Kausalkette gefährlicher Konsum und spätere negative Konsequenzen 42
Abbildung 3 Verbrauch an Reinalkohol in Deutschland 48
Abbildung 4 Kostenarten und ihre Abgrenzungen 80
Abbildung 5 Herkömmliche Darstellung der Kostenarten in der Krankheitskostenrechnung 137
Abbildung 6 Verbesserte Darstellung der COI Kostenarten 1 138
Abbildung 7 Verbesserte Darstellung der COI Kostenarten II 139
Abbildung 8 Vollständige Darstellung der COI-Kostenkomponenten 139
Abbildung 9 Entwicklung der gesamten Krankheitskosten in Deutschland in Mio. € 152
Abbildung 10 Die Kosten in der gesetzlichen Krankenversicherung 156
Abbildung 11 Darstellung der Tangentialpunkte aus Lohnangeboten und Erwartungsnutzen 203
Abbildung 12 Übersterblichkeit der Raucher nach Berechnungen der DAV 211
Abbildung 13 Monatliches Nettoeinkommen von Rauchern und Nichtrauchern 239
Abbildung 14 Monatliches Nettoeinkommen bei Adipositas 240
Abbildung 15 Erwerbstätigenquoten der Raucher und Nichtraucher 241
Abbildung 16 Erwerbstätigenquoten Adipositas vs. Nicht-Adipositas 242
Abbildung 17 Erwerbstätigkeitsquoten schädlich Alkohol Konsumierender 243
Abbildung 18 Sterbehäufigkeiten nach Alter 245
Abbildung 19 Verteilung des Sterbealters der genutzten Stichprobe 246
Abbildung 20 Überlebensfunktionen Männer 248
Abbildung 21 Überlebensfunktionen Frauen 249
Abbildung 22 Mortalität Raucher versus Nichtraucher 250
Abbildung 23 Mortalität Alkoholkonsum Schädlich versus Risikoarm 251
Abbildung 24 Mortalität Adipositas nach BMI 251
Abbildung 25 GLM Schätzung Kosten pro Quartal nach Konsumart 261

Abbildung 26 GEE-Schätzung Kosten gefährlichen Konsums pro Quartal 262
Abbildung 27 Kosten – Partner von gefährlich Konsumierenden 263
Abbildung 28 Kosten – Kinder von Rauchern 264
Abbildung 29 Entwicklung der GKV-Beiträge und Kosten im Lebenslauf von Rauchern 266
Abbildung 30 Entwicklung der GKV-Beiträge und Kosten im Lebenslauf – Alkohol 267
Abbildung 31 Entwicklung der GKV-Beiträge und Kosten im Lebenslauf – Adipositas 268
Abbildung 32 Verlauf der Zerrüttung von Ehen aufgrund gefährlichen Konsums 275
Abbildung 33 Charlson-Score Differenzen bei Rauchern und Nichtrauchern 276
Abbildung 34 Wahrscheinlichkeit Schmerzdiagnose Raucher 277
Abbildung 35 Wahrscheinlichkeit Schmerzdiagnose Alkohol 278
Abbildung 36 Wahrscheinlichkeit Schmerzdiagnosen Adipositas 278
Abbildung 37 Exzess-Wahrscheinlichkeit für Erschöpfung im Lebenszyklus – Alkohol und Tabak 280
Abbildung 38 Exzess-Wahrscheinlichkeit für Erschöpfung im Lebenszyklus – Adipositas 280
Abbildung 39 Koeffizientenschätzung Missbrauchsopfer nach Geschlecht und Alter 282
Abbildung 40 Erwartete Pflegekosten – Alkohol 284
Abbildung 41 Erwartete Pflegekosten – Adipositas 285
Abbildung 42 Erwartete Pflegekosten – Rauchen 285
Abbildung 43 Entwicklung der akkumulierten Pflegebeiträge – Tabak 287
Abbildung 44 Entwicklung der akkumulierten Pflegebeiträge – Alkohol 287
Abbildung 45 Entwicklung der akkumulierten Pflegebeiträge – Adipositas 288
Abbildung 46 Renteneintrittsalter Männer 290
Abbildung 47 Renteneintrittsalter Frauen 291
Abbildung 48 Entwicklung des hypothetischen Rentenkapitals – Raucher 292
Abbildung 49 Entwicklung des hypothetischen Rentenkapitals – Alkoholiker 293
Abbildung 50 Entwicklung des hypothetischen Rentenkapitals – Adipositas 293
Abbildung 51 Eintritt in die Erwerbsunfähigkeit nach Konsumgruppen 295
Abbildung 52 Arbeitsunfähigkeitstage der Raucher und Alkoholkonsumenten pro Quartal 297

Abbildung 53 Arbeitsunfähigkeitstage pro Quartal bei Adipositas 298
Abbildung 54 ALG I Bezug nach Konsumgruppen 299
Abbildung 55 Risiko der Langzeitarbeitslosigkeit / ALG II Bezug 301
Abbildung 56 Arbeitslosigkeitsrisiko Gesamt / ALGI und ALGII 301
Abbildung 57 ALGI Risiko bei Adipositas 302
Abbildung 58 ALGII Risiko bei Adipositas 302
Abbildung 59 Beitragsentwicklung ALG I Raucher 303
Abbildung 60 Beitragsentwicklung ALG I – Alkohol 304
Abbildung 61 Beitragsentwicklung ALG I – Adipositas 304
Abbildung 62 Berufskrankheiten bei Rauchern 305
Abbildung 63 Unfallgeschehen Raucher 307
Abbildung 64 Allgemeine Unfallhäufigkeiten bei Alkoholikern 308
Abbildung 65 Arbeitsunfälle bei Alkoholikern 308
Abbildung 66 Allgemeine Unfälle – Adipositas 309
Abbildung 67 Arbeitsunfälle – Adipositas 309
Abbildung 68 Verteilung der Familienversicherten nach Alter 372
Abbildung 69 Prognostizierte Schmerzensgeldzahlungen bei einer Krebserkrankung 374
Abbildung 70 Verteilung der Raucher nach Alter und Kosten im Datensatz 381
Abbildung 71 Verteilung der schädlich Alkohol Konsumierenden nach Alter und Kosten 382
Abbildung 72 Verteilung der Adipositas-Patienten nach Alter und Kosten 382

III. Abkürzungsverzeichnis

ADHS	Aufmerksamkeits-Defizit-Hyperaktivitäts-Störung
ALGII	Arbeitslosengeld II / "Hartz IV"
ARGE	Arbeitsgemeinschaften / Jobcenter
AU	Arbeitsunfähigkeit
BGB	Bürgerliches Gesetzbuch
BGH	Bundesgerichtshof
BIG5	Die fünf Persönlichkeitsdimensionen nach dem OCEAN-Modell
BMI	Body Mass Index
CAPM	Capital Asset Pricing Model
COI	Cost-of-Illness
CV	Compensating Variation
CVM	Contingent Valuation Method
DAK	Deutsche Angestellten Krankenkasse
DALY	Disability-adjusted life year
DAV	Deutsche Aktuarsvereinigung
DGUV	Deutsche Gesetzliche Unfallversicherung
DKFZ	Deutsches Krebsforschungszentrum
DRV	Deutsche Rentenversicherung
DSMIV	Diagnostic and Statistical Manual of Mental Diseases IV
EBM	Einheitlicher Bewertungsmaßstab
EM	Erwerbsminderung
EV	Equivalent Variation
GAV	Gesetzliche Arbeitslosenversicherung
GEE	Generealized Estimating Equations
GG	Grundgesetz
GKV	Gesetzliche Krankenversicherung
GLM	Methode der verallgemeinerten linearen Modelle
GOÄ	Gebührenordnung der Ärzte
GPV	Gesetzliche Pflegeversicherung
GRV	Gesetzliche Rentenversicherung
GUV	Gesetzliche Unfallversicherung
HALex	Health and Acitivity Limitation Index
HRQOOL	Health Related Quality of Life

i.S.	im Sinne
ICD10	International Classification of Diseases 10. Revision
IQWiG	Institut für Qualität und Wirtschaftlichkeit im Gesundheitswesen
KnV	Knappschaftsversicherung
M.a.W.	Mit anderen Worten
Mio	Millionen
Mrd	Milliarden
OLS	Ordinary Least Squares
OR	Odds-Ratio
PKV	Private Krankenversicherung
QALY	Quality Adjusted Life Year
QOL	Quality of Life
Reha	Rehabilitationsmaßnahme / Maßnahme zur Teilhabe am Arbeitsleben
RV	Rentenversicherung
SGB	Sozialgesetzbuch
TK	Techniker Krankenkasse
VGR	Volkswirtschaftliche Gesamtrechnung
VSL	Value-of-a-statistical-life
WHO	World Health Organisation
WTA	Willingness to Accept
WTP	Willingness to Pay

IV. Tabellenverzeichnis

Tabelle 1 Vergleich der Umsätze in GKV und PKV in Mio. € 158
Tabelle 2 Instrumente zur Messung der Lebensqualität 164
Tabelle 3 Schmerzdiagnosen im ICD10 187
Tabelle 4 Ausgaben der DRV 217
Tabelle 5 Auswirkungen Gefährlicher Konsum auf Mortalität 254
Tabelle 6 Auswirkungen des Abiturs auf späteres Einkommen 273
Tabelle 7 Soziale Kosten des Rauchens – Prävalenzansatz 319
Tabelle 8 Soziale Kosten des Alkoholkonsums – Prävalenzansatz 320
Tabelle 9 Soziale Kosten der Adipositas – Prävalenzansatz 321
Tabelle 10 Anteile der Diagnosesicherheit 371
Tabelle 11 ICD-Diagnosen bei Alkohol- und Tabakkonsumenten 376
Tabelle 12 Mittelwertvergleich der Kosten von Rauchern und Nichtrauchern 378
Tabelle 13 Vergleich der Kosten vor der tabakassoziierten Erkrankung bis 35 Jahre 379
Tabelle 14 Regression des Nettoeinkommens 386
Tabelle 15 Schätzung der Schmerzensgeldhöhe anhand verschiedener Einflussfaktoren 387
Tabelle 16 Logit Regression Wahrscheinlichkeit Erwerbsminderungsrente 389
Tabelle 17 GEE Regression zur Ermittlung der Krankheitskosten der Ehegatten 390
Tabelle 18 GEE Regression Wahrscheinlichkeit Pflegefall 391
Tabelle 19 Negative Binomial Regression zur Ermittlung der Unfallhäufigkeiten 392
Tabelle 20 Negative Binomial Regression Anzahl Arbeitsunfälle 393
Tabelle 21 GLM-Modell zur Ermittlung der Schmerzwahrscheinlichkeit 394
Tabelle 22 GLM-Regression der individuellen Krankheitskosten 395
Tabelle 23 GEE-Regression zur Ermittlung der individuellen Krankheitskosten 396
Tabelle 24 GEE-Regression zur Ermittlung der Wahrscheinlichkeit der Arbeitslosigkeit ALGI 397
Tabelle 25 GEE-Regression zur Ermittlung der Wahrscheinlichkeit für ALGII 398
Tabelle 26 Negative BInmialregression zur Ermittlung der Anzahl AU-Tage 399

Tabelle 27 Negative Binomial Regression zur Ermittlung des Charlson-Punktwertes ... 400
Tabelle 28 Mortalitätsrisiko bei Ehepartnern gefährlich Konsumierender ... 401

1 Einleitung

BALNEA VINA VENVS CORRVMPVNT CORPORA NOSTRA SED VITAM FACIVNT BALNEA VINA VENVS[1].

Epitaph des Römers Tiberius Claudius Secundus, Bäder des Kaisers Caracalla, Via delle Terme di Caracalla, Rom, ca. 1. Jh. n. Chr.

Diese Habilitationsschrift untersucht und quantifiziert die ökonomisch relevanten Kosten „gefährlichen Konsums" in Deutschland anhand der Beispiele Tabakkonsum, Alkoholkonsum und Adipositas. Sie beginnt nicht ohne Grund mit der obigen Grabinschrift von Tiberius Secundus: man kann sich bildhaft vorstellen, wie dieser Römer gelebt haben muss, welchen Lebensstil er pflegte, dass ihm eine solche Grabinschrift zuerkannt wurde. Das „sinnlich-epikureische", aber zugleich riskante Leben; immer mit der Gewissheit, dass eine sich wiederholende Übertreibung eines ungesunden Lebensstils in gravierenden negativen Konsequenzen sogar dem frühzeitigen Tod enden kann: schon die alten Römer wussten um diese Tatsache. Eine wichtige Frage, die sich die Römer vielleicht philosophisch, aber nicht ökonomisch oder empirisch stellten, ist allerdings, wie dieser Trade-off zwischen Risiko und Schaden bzw. Kosten auf der einen Seite mit dem sinnlichen Erleben oder ökonomisch, dem Nutzen aus Konsum auszutarieren ist. Wie und unter welchen Voraussetzungen ist jemand bereit, die lebensstilbedingten großen Risiken für Leib, Leben und finanzielle Leistungsfähigkeit auf sich zu nehmen. Vielfach entscheiden sich Konsumenten dafür, solche Risiken einzugehen, obwohl sie deren wahres Ausmaß nicht kennen, kennen können oder wollen.

Die Wirtschaftswissenschaften haben als Antwort, stets auf Grundlage des individuellen Methodologismusses fußend, auf das nutzenmaximierende Individuum verwiesen, das selbst von sich am besten wisse, wie viel „gefährlicher Konsum" gut für es sei. Stärker noch gaben Stigler und Becker (1977) vor, dass sich über Geschmack nicht streiten ließe („De gustibus non est disputandum"), Milton Friedman (1953) verteidigte die Wirtschaftswissenschaften aufgrund der hohen Prognosefähigkeit des ökonomischen Analyse-Instrumentariums – man spricht in diesem Zusammenhang vom sogenannten „as-if"-Argument. Dem folgend würde man Tiberius Secundus wahrscheinlich als einen Mann charakterisieren, der sowohl um die guten wie schlechten Aspekte gefährlichen Konsums wusste und seine Orgien wohlweislich abwog; lediglich die Tatsache, dass diese Charakte-

1 Singgemäße Übersetzung aus dem Lateinischen: Bäder, Weine und die Liebe zerstören unseren Körper, aber sie machen das Leben aus, Bäder, Weine und Liebe.

risierung mittels einer Grabinschrift erfolgt, mag darauf hindeuten, dass Tiberius seine Weinamphoren, Liebschaften und Bäder vielleicht etwas zu sehr übertrieb als ihm letztlich recht sein konnte. Doch dies bleibt Spekulation. Tatsache ist, dass auch in Deutschland die negativen Auswirkungen gefährlichen Konsums deutlich sichtbar und eine wesentliche volkswirtschaftliche Größe sind. Alkoholismus, Fettleibigkeit und Lungenkrebs bei Rauchern sind nur einige Themen, die mit großem Leid und hohen Kosten verbunden sind. Phänomene wie „Rauschtrinken" unter Jugendlichen und zunehmend auch älteren Menschen, das Leid der Kinder süchtiger Eltern oder der Angehörigen eines Krebskranken, die Stigmatisierung Übergewichtiger und Fettleibiger, all dies sind ökonomische und soziale Probleme aus der Mitte unserer Gesellschaft.

Es zeigt sich immer wieder, dass die ökonomische Theorie, die in der individuellen Haushaltstheorie mit nur wenigen Axiomen auskommt, sich teils nur schwer mit dieser Realität vereinbaren lässt (z. B. Gowdy und Mayumi 2000). Vielmehr lässt sich ein Paradigmenwechsel in den neueren wirtschaftswissenschaftlichen Publikationen erkennen, der explizit Fehlwahrnehmungen und -bewertungen in das Rationalkalkül mit einzubinden versucht (z. B. Thaler und Sunstein „Nudge" 2008). Ganz besonders kritisch ist dies bei „gefährlichem Konsum", der mit dem Risiko hoher Folgekosten v. a. der individuellen Gesundheit verbunden ist. Diese Kosten trägt aber nicht nur das Individuum selber und ist damit „private Angelegenheit", sondern die ganze Gesellschaft, sei es in Form direkter externer Effekte oder über Versicherungsmärkte in Form von Umverteilungen, die teilweise auch als „finanzielle Externalitäten" bezeichnet werden[2]. Obwohl Versicherungen aus ökonomischer (statischer) Sicht häufig nur als Umverteilungsproblem und daher wohlfahrtsökonomisch als unbedenklich wahrgenommen werden, können von der Ausgestaltung und Dynamik dieser Versicherungsmärkte erhebliche Fehlanreize ausgehen – insbesondere kristallisiert sich dies im Phänomen des „Moral Hazard". Damit besteht aus wirtschaftswissenschaftlicher Perspektive die große Gefahr, dass sich ein vermeintliches wirtschaftliches Gleichgewicht so einstellt, dass zu viel und damit suboptimal „gefährlicher Konsum" in einer Ökonomie stattfindet[3]. Bei Betrachtung der besonders auffälligen und typischen gefährlichen Konsumweisen Fehlernährung, Tabak- und Alkoholkonsum kamen frühere Stu-

---

2 Zu dieser begrifflichen Konfusion vgl. Kapitel 4.2.3.

3 Befinden sich die Volkswirtschaft im „Gleichgewicht", so handeln alle Individuen nutzenmaximierend und die Märkte sind geräumt. Da man bei gefährlichem Konsum von Alkohol, Tabak und bei Adipositas annehmen kann, dass das Rationalkalkül nicht vollständig in Anwendung ist, befindet sich die Wirtschaft auch nicht in einem paretooptimalen Zustand: es besteht Korrekturbedarf.

dien bereits für Deutschland zu einigen, aber insgesamt unvollständigen Ergebnissen (Adams und Effertz 2010a, Effertz et al. 2014). Diese Habilitationsschrift soll einen Beitrag zu einer vollen Betrachtung der Komsequenzen gefährlichen Konsums leisten.

1.1 Das Problem – Gefährlicher Konsum und seine Kosten

Diese Arbeit untersucht die negativen ökonomischen Konsequenzen „gefährlicher Konsumgüter und Konsumweisen", die „Kosten gefährlichen Konsums". Darunter lassen sich Tabak- und Alkoholkonsum verstehen, ungesunde Ernährung, die dann zu Adipositas führt, Risikosportarten, Glücksspiel und verschiedene andere Konsumgüter. „Gefährlicher Konsum" ist kein etablierter Terminus technicus. Er lässt sich allerdings aus mehreren ökonomischen Theoriesträngen und -überlegungen her ableiten. Zunächst ist aus der Haushaltstheorie das Axiom der „lokalen Nichtsättigung", auch Monotonieaxiom bekannt, welches besagt, dass die mengenmäßige Zunahme eines Gutes in einem Güterbündel immer dem ursprünglichen Güterbündel vorgezogen wird. Allen (1934) und Georgescu-Roegen (1936) diskutieren in ihren grundlegenden Beiträgen, und abgeleitet von den theoretischen Überlegungen Edgeworths, die Beschaffenheit von Indifferenzkurven mit möglichen Sättigungspunkten im Nutzen; dies impliziert auch mengenmäßige Zunahmen bestimmter Güter, bei denen der Grenznutzen zunächst Null und dann negativ sein kann. Gefährlicher Konsum ließe sich also als ein „Zuviel" an Konsum eines bestimmten „gefährlichen" Gutes etwa Alkohol interpretieren. Das Problem hierbei ist, dass ein solches Verhalten ökonomisch nicht erklärbar wäre, da jedes rational handelnde Individuum nur maximal soviel konsumieren würde, bis der Grenznutzen des Konsums gerade Null und der Bedarf gesättigt wäre. Ein „Zuviel" wäre dann nur im Rahmen empirischer Ungenauigkeiten, Fehlinformationen oder falscher Erwartungen über die Konsequenzen denkbar. Gerade der Begriff „falsche Erwartungen" suggeriert, dass „gefährlicher Konsum" ein Risiko darstellt, welches sich konkretisieren kann, aber evtl. nicht muss. Bei der Erklärung solcher Phänomene mittels „Prospect Theory" (Kahneman und Tversky 1979) oder „Bounded Rationality" (Simon 2008) bewegt man sich wieder im Bereich der Verhaltensökonomie. Ein anderer ökonomischer Theorieaspekt unterscheidet Güter und „Ungüter"[4]. Ungüter meinen – als Gegensatz zu Gütern –

---

4 Diese deutsche Übersetzung des substantivisch gebrauchten „Bads" der englischen Ökonomie als „Ungut" stammt aus dem Buch von Pindyck und Rubinfeld „Mikroökonomie" Pearson Edition. Gemäß Milgate konstituiert sich der Begriff des Gutes etymologisch gemäß Carl Mengers Ausführungen in „Grundzüge der Volkswirtschafts-

etwas, für deren Meidung Personen bereit sind einen Preis zu bezahlen (Becker und Murphy 1993). Hierbei ist es denkbar, dass entweder sich ein konkretes Gut irgendwann oder ab einer bestimmten Menge in ein „Ungut" verwandelt und diese Wandlung vom Individuum nicht kalkulierbar ist, oder aber, dass sich analog zu den Commodities, der Produktion von Metagütern aus Gütern und anderen Ressourcen gemäß Stigler und Becker (1977) Meta-Ungüter konstruieren ließen. „Gefährlicher Konsum" oder vielleicht besser „ungesunder Lebensstil" wäre dann ein solches Meta-Ungut, welches zwar auf einer Vermeidungspräferenzordnung aufgrund möglicher Gefahren etwa für die Gesundheit hoch angesiedelt wäre, aber zwangsläufig als Nebenprodukt des Commoditys „Freude durch riskanten Lebensstil" entstünde. Auch hier stellt sich die Frage, warum es verwerflich sein sollte, auf ein solches Meta-Ungut im Rahmen rational handelnder und damit das Meta-Ungut berücksichtigender Individuen gesondert hinzuweisen, ohne auf Verhaltensanomalien abstellen zu müssen. Schließlich scheint es drittens anschaulich, „gefährlichen Konsum" als eine De-Investition in Gesundheit anzusehen. Klassische Modelle der Gesundheitsökonomie (z.B. Grossmann 1972 und Johannesson 1996) sehen Gesundheit als einen Zustand der durch Investitionen in präventive und kurative Maßnahmen verbessert werden kann (oder gesundheitliche Risiken entsprechend minimiert werden können). Gefährlicher Konsum könnte damit explizit als ein Faktor der Vergrößerung gesundheitlicher Risiken modelliert werden. Gefährlicher Konsum hat Einfluss auf zukünftige Geschehnisse im Leben des Konsumenten. Die negativen Konsequenzen werden häufig nicht überblickt oder aufgrund von Wahrnehmungsverzerrungen etwa der Kontrollillusion und der Optimismusverzerrung falsch eingeschätzt. Gefährlicher Konsum verändert also das individuelle Gefüge persönlicher Lebensrisiken[5]. In dieser Arbeit geht es deshalb darum, gefährlichen Konsum in seinen Konsequenzen möglichst vollständig darzustellen, diese zu definieren und zu quantifizieren, damit ein Referenzpunkt für eine wohlinformierte Konsum- oder Regulierungsentscheidung getroffen werden kann.

---

lehre" von 1871 als: „Diejenigen Dinge, welche die Tauglichkeit haben in Causalzusammenhang mit der Befriedigung menschlicher Bedürfnisse gesetzt zu werden, nennen wir Nützlichkeiten, wofern wir diesen Causalzusammenhang aber erkennen und es zugleich in unserer Macht haben, die in Rede stehenden Dinge zur Befriedigung unserer Bedürfnisse tatsächlich heranzuziehen, nennen wir sie Güter. (1871, pp. 1–2)"; zitiert nach Milgate 2008.

5 Grundsätzlich verursacht jedweder Konsum eine Veränderung zukünftiger Handlungsmöglichkeiten des Individuums; alleine schon dadurch, dass durch den gezahlten Kaufpreis und bei festem Budget, eine anderer Konsum ausgeschlossen wird.

Mit den „Kosten“ des gefährlichen Konsums sind in erster Linie negative monetäre Konsequenzen im Sinne von Gesundheitskosten gemeint. Trotzdem erstreckt sich der Kostenbegriff auch auf weitere relevante andere Bereiche wie etwa administrative Kosten aus Umverteilungsmaßnahmen der deutschen Sozialversicherung oder Kosten für die Kriminalitätsbekämpfung. Man könnte sich sogar auf den Standpunkt stellen, dass die Vielzahl an Konsequenzen, die von einem „in den Markt gegebenen Gut“ ausgehen, zu zahlreich sind, um eine vollständige Bilanz dieser Effekte zu generieren. Damit zusammenhängend ist die Frage zu sehen, welche Güter aus ökonomischer Sicht als „Ungüter“ gelten, also nutzenmindernd wirken und eigentlich von rationalen Konsumenten nicht nachgefragt werden sollten. Beispielsweise wird häufig angeführt, Alkoholkonsum in Maßen habe neben einer kulturellen Tradition und dadurch einer sozialen Verbindungsfunktion sogar positive Auswirkungen auf die Gesundheit. Dass eine solche Fragestellung im Wesentlichen vom Betrachtungshorizont abhängt, liegt auf der Hand. Wichtig ist es, eine sinnvolle aggregierte Bewertung des Gutes Alkohol oder der Zigarette in einem Gesamtkontext herzustellen. Diese Arbeit erhebt deshalb den Anspruch in einer umfassenden Gesamtschau die wesentlichen negativen Auswirkungen des Konsums gefährlicher Güter aufzuzeigen.

Um den Begriff des gefährlichen Konsums zu konkretisieren, sei er im Rahmen dieser Arbeit an drei häufig diskutierten gesundheitsschädigenden Konsumweisen veranschaulicht: dem Rauchen, riskantem Alkoholkonsum und den zu Adipositas führenden Ernährungsweisen. Die Ermittlung der Kosten gerade dieser drei Bereiche ist von großer politischer Bedeutung: Die Gesundheit des Menschen, als unbestreitbar wichtiges und hohes Gut, soll von Gesundheitspolitikern durch entsprechende Lösungsmaßnahmen verbessert und erhalten werden und dies vor dem Hintergrund knapper Ressourcen und steigender Gesundheitskosten möglichst effizient. Obwohl jeder Vertreter andere Ziele, Methoden und Herangehensweisen an den Gesundheitsschutz hat[6], ist eines gemeinsam: Es gilt ein „optimales“ Ausmaß an Gesundheitsschutz zu definieren, da es vor allem öko-

---

6 Politiker müssen zudem den Gesundheitsschutz gegenüber anderen Belangen und Wünschen der Bevölkerung positionieren und durchsetzen. Mediziner haben unter ethischen und medizinischen Geboten und Restriktionen zu handeln und „Krankheiten zu behandeln“, während Juristen das Rechtsgut Gesundheitsschutz gegenüber anderen Rechtsgüter abwägen und „Verletzungen“ der Gesundheit durch Dritte zu taxieren haben. Ein illustres und aktuelles Beispiel aus dem Bereich des Nichtraucherschutzes ist etwa die Frage, ob die Berufsfreiheit von Eckkneipenbesitzern höher wiegt, als der Gesundheitsschutz der Bevölkerung, der durch Tabakrauch beeinträchtigt wird und wie dieser bestmöglich durch rechtliche Normen festgelegt wird.

nomisch unsinnig wäre „um jeden Preis" einen umfassenden Gesundheitsschutz herzustellen, ohne z. B. die kostengünstigeren Sorgfaltsbemühungen des Einzelnen einzufordern und dadurch etwa Moral-Hazard-Problematiken abzumildern. Um also Gesundheit zu bewerten, müssen Kosten und Nutzen des Konsums nach bestimmten Methoden quantifiziert werden. Ökonomen berechnen hierzu die „sozialen Kosten" des gefährlichen Konsums. Die Frage nach diesen „sozialen", die Gesellschaft insgesamt betreffenden Kosten von Krankheiten ist im ökonomischen Kontext knapper Ressourcen direkt evident[7]. Die Konsequenzen, die aus dem Konsum bestimmter Güter resultieren, müssen quantifiziert werden[8].

Leider variiert die Aussagekraft der bislang ermittelten Kostengrößen je nach Methode und Datenlage und kann deshalb nicht für alle gesundheitspolitischen Steuerungen genutzt werden. Das vorwiegende Ziel dieser Arbeit ist es deshalb, neben der Klärung, was sich hinter dem Begriff der sozialen Kosten und deren Methodik verbirgt, auch Größen für Deutschland zu ermitteln, die einen zutreffenden Eindruck der negativen Konsequenzen gefährlichen Konsums vermitteln. Der Begriff „Eindruck" ist bewusst gewählt, da die Berechnung und Interpretation der „sozialen Kostengröße" mit erheblichen Problemen behaftet ist. Mit Krankheiten ist z. B. Schmerz verbunden, der nicht ohne weiteres in Geldeinheiten umgerechnet werden kann und auch nicht ohne weiteres umgerechnet werden darf, auch wenn z. B. in der Rechtsprechung Kompensationen in Form von „Schmerzensgeld" zugesprochen werden. Die in dieser Arbeit ermittelten Kosten sollen den tatsächlichen Wertverzehr der Volkswirtschaft widerspiegeln und sind streng von denjenigen Kosten zu trennen, die aus Sicht der Disziplin „Law and Economics" optimale Anreize generieren sollen. Der Gedanke der Anreizsetzung ist auch in der US-amerikanischen Rechtsprechung deutlich stärker vertreten als etwa in der europäischen wie deutschen Sicht und stellt darauf ab, die Handlungen eines Individuums zu einer optimalen Sorgfalt anzureizen.

---

7 Obwohl Ökonomen die Frage nach den Kosten meist nicht von deren Allokation trennen. So sind eher Nicht-Ökonomen an den Kosten bestimmter Krankheiten und damit verbundener Konsumweisen interessiert (Hodgson und Meiners 1982).

8 Die Wirtschaftswissenschaften haben sich dem Gut „Gesundheit" im Laufe der letzten hundert Jahre allerdings umständlich und indirekt genähert. Gesundheit wird nicht direkt an Märkten gehandelt, sondern nur indirekt durch Austausch bestimmter Güter hergestellt. Die gesundheitlichen Auswirkungen bestimmter Transaktionen können relativ abstrakt und komplex sein, beispielsweise wenn ein neues Haftungsrecht für Ärzte mit dem Ziel eines bestmöglichen Einsatzes für den Patienten verhandelt und beschlossen wird. Das hier relevante interdisziplinäre wissenschaftliche Feld „Law & Economics" untersucht hierbei die Anreizwirkung der Kosten- und Nutzenelemente des Konsums und des Gesundheitsschutzes.

Bewertung und Informationsgewinn aus der Ermittlung der Kosten gefährlichen Konsums sind damit wichtig zur gesundheitspolitischen Entscheidungsfindung sowie Festlegung von Prioritäten bei Behandlungen, Unterstützung von juristischen Auseinandersetzungen und internen Steuerungs- und Budgetierungsfragen. Sie dienen gleichzeitig auch zur Auseinandersetzung mit gegenläufigen Interessen der involvierten Lobbygruppen etwa der Zigaretten-, Alkohol- und Lebensmittelindustrie in Deutschland.

1.2 Aufbau der Arbeit

Im Rahmen dieser Arbeit sollen zunächst die theoretischen Ansätze und Überlegungen der Wirtschaftswissenschaften zu Kosten und Konsequenzen gefährlichen Konsums diskutiert und anschließend empirisch ermittelt werden. Beispielhaft soll dies für die gefährlichen Konsumweisen von Alkohol, Tabak und Adipositas in Deutschland geschehen. Diese Auswahl ist nicht willkürlich: die WHO hat in ihrem Bericht „Global Burden of Disease and Risk Factors" (2006, 2008, 2009, 2014) gerade bei den Risikofaktoren in den Staaten mit hohen Einkommen die Risikofaktoren für Mortalität und Morbidität aufgelistet. Aus dieser Aufstellung geht klar hervor, dass die Krankheitslast der „westlichen Industriestaaten" inklusive Deutschlands im Wesentlichen auf Faktoren zurückzuführen ist, die durch diese drei Konsumarten bedingt werden. Die Motivation für diese Forschungsaufgabe liegt auf der Hand: Fragen wie „Was kosten die Gesellschaft die Alkoholeskapaden Jugendlicher?", „Rauchen Individuen für die Rente?" oder „Welche Kosten verursacht Adipositas?" sind aktuell von enormer politischer Bedeutung. Durch die Quantifizierung der Kosten lassen sich Instrumente zur Korrektur des Marktmechanismus – etwa „Sündensteuern" – ableiten. Damit soll die Quantifizierung zum einen umfassen, wieviel Kosten entstehen und zweitens, von wem sie zu tragen sind.

Diese Arbeit unterteilt sich entsprechend in zwei Blöcke: In Teil A soll die historische Entwicklung und der aktuelle Stand der Methoden- und Konzept-Diskussion zur Berechnung von Kosten sowie deren Verknüpfung mit riskanten Konsumgütern dargestellt werden. In diesem Zusammenhang sollen die Grenzen und Inkonsistenzen der Diskussion aufgezählt und diskutiert werden. In Teil B sollen dann die Auswirkungen gefährlicher Konsumweisen innerhalb einer empirischen Analyse für Deutschland in Form der bereits erwähnten Konsummanifestationen von Alkohol und Tabak und übermäßiger, zu Fettleibigkeit führender Ernährung geschätzt werden. Eine besondere Schwierigkeit bei der Kostenbezifferung liegt in der konsolidierten Betrachtung der Wirkung der deutschen Sozialversicherungen und des Fiskus, deren Bedeutung zur Beantwortung der Frage nach den sozialen

Kosten gefährlichen Konsums besonders wichtig ist. Damit sind drei Komponenten konstituierend für diese Arbeit: die Methoden zur Quantifizierung von Kosten insbesondere der Gesundheitsökonomik darzustellen und sinnvoll zu integrieren, zweitens diese Kosten empirisch zu ermitteln und drittens unter Einbezug des deutschen Sozialversicherungs-, Steuer- und Transfersystems aufzuzeigen, wer welche Kosten trägt. Dies ist notwendig um die Frage zu beantworten, ob ein „gefährlich Konsumierender" ein Nettotransferempfänger oder -geber ist und deshalb Dritte durch externe Kosten belastet werden. In internationalen Studien, hauptsächlich aus dem US-amerikanischen Raum mit einem bekanntermaßen eher „rudimentären" Sozialsystem gibt es unterschiedliche Auffassungen dazu[9]. Ein Schwachpunkt bei deutschen Studien besteht vor allem darin, die Ergebnisse aus anderen Ländern als allgemeines Argument für die Situation in Deutschland anzuführen. Einige Studien – auch aus Deutschland – vertreten den Standpunkt, Sozialtransfers seien ein Nullsummenspiel, da die Transferzahlungen eines Individuums Transferempfang eines anderen und damit aufkommens- und wohlfahrtsneutral seien. Dies ist nur begrenzt im Rahmen der gewählten Analysemethode richtig: In einem System, in dem die Unwissenheit im späteren Leben zu erkranken an nicht beobachtbaren – z. B. genetischen – Faktoren hängt, mag ein im Versicherungssinne aktuarisch fairer Wert als Prämie für eine Sozialversicherung von allen Individuen einer Gesellschaft akzeptiert werden. Wenn allerdings unterschiedliche Risikoneigungen, unterschiedliche Konsumstile und damit unterschiedliche Präferenzordnungen bestehen, konkret sogar ein Raucher oder ein Nichtraucher Anlass hat zu glauben eher in das System ein- als auszuzahlen, wird er sich nicht versichern (wollen). Die Klärung dieser Frage, ob gefährlich konsumierende Individuen Nettoeinzahler oder -auszahler sind, wird in dieser Arbeit beantwortet.

1.3 Abgrenzung der Arbeit

Diese Arbeit soll grundsätzlich nur die Kostenseite des gefährlichen Konsums untersuchen und dann einen Ausblick geben, wie mit diesen Größen weiter verfahren werden kann. Selbstverständlich sind aber mit dem Konsum gefährlicher Güter auch positive Konsequenzen verbunden: Zum einen werden mit der Herstellung gefährlicher Güter Umsatz, Produktion und damit Arbeitsplätze

9 Etwa für Raucher im Sinne eines Nettotransferempfangs Sloan et al. (2004), Hodgson und Meiners (1982), oder im Sinne eines Nettotransferzahlers etwa in Leu und Schaub (1983). Die neueren Studien deuten eher auf eine Belastung der US-amerikanischen Transfersysteme durch Raucher hin.

geschaffen – wenn auch letztere in einem eher geringeren Umfang, als dies relativ zu anderen Branchen vermutet werden könnte. Es ist ein beliebtes Argument der Industrie und Lobbygruppen der betreffenden Güter, Beschränkungen im Konsum gefährlicher Güter seien mit einem Verlust dieser Arbeitsplätze verbunden. Obwohl dies ein vorgeschobenes Argument zu sein scheint, da eher die Umsatzentwicklung bzw. der Unternehmenswert das primäre Interesse der Eigentümer solcher Industrien ist, bleibt ökonomisch lediglich die Frage bestehen, bis zu welchem Grad diese Reduktion der wirtschaftlichen Tätigkeit, die damit verbundenen Kosten in Form von Krankheit und Tod überwiegt. Die damit verbundenen Nutzeneinbußen lassen sich direkt mit dem Umsatz der Unternehmen quantifizieren[10]. Ein zweiter wesentlicher Aspekt positiver Konsequenzen im ökonomischen Sinne besteht aber im sich durch den Konsum entfaltenden Nutzen der gefährlichen Güter bei Konsumenten und Dritten. Dieser Aspekt müsste den Kosten „gegengerechnet" werden, um eine Erwünschtheit eines Gutes in der Gesellschaft bestimmen zu können. Eine Quantifizierung dieses Nutzens erfolgt im Rahmen dieser Arbeit nicht. Vielmehr soll wie eingangs motiviert durch die autonome Darstellung der Kostenseite, dem Individuum die Konsequenzen seiner Konsumentscheidung vor Augen geführt werden und so im Sinne eines „Nudges" nach Thaler und Sunstein eine Entscheidungshilfe darstellen.

Neben dem ökonomischen Effizienzkriterium als Grundlage für die Nutzung der Kosten gefährlichen Konsums in weiterführenden Analysen, werden häufig Gerechtigkeitsüberlegungen angestellt (z. B. Warner 2000). Zusammen sind beide wesentlich für die Beurteilung, ob die identifizierte Kostenstruktur vor allem die Kosteninzidenz – also wer welche Kosten zu tragen hat – als solche „wünschenswert" ist. So lässt sich häufig konstatieren, dass gefährlicher Konsum ein Merkmal unterer sozialer Schichten – definiert anhand der Einkommens- wie Ausbildungssituation – ist. Teile der Sozialversicherung, insbesondere der gesetzlichen Krankenversicherung haben nach herrschender Meinung des Sozialrechts gerade die Funktion über das Leistungsfähigkeitsprinzip diese Schichten zu unterstützen. Dieser wichtige Solidaritätsgedanke könnte aber

10 Angenommen ist hier, die Unternehmen fungierten rein als juristische Person, deren Arbeitnehmern es letztlich egal ist, in welchem Unternehmen sie arbeiten. Sobald aus der Arbeit durch irgendeine Identifikation heraus Nutzen über dem Lohn vernichtet wird, muss dieser streng genommen ebenfalls hinzugerechnet werden. Allerdings kann eine berufliche Tätigkeit, die der Gesellschaft einen Nettoschaden verursacht, auch wenn dies für einzelne Individuen mit Nutzenerleben einhergeht aufgrund der daraus erwachsenden destruktiven Verhaltensweisen und Fehlanreize sozial nie wünschenswert sein.

dahingehend erweitert werden, einmal zu hinterfragen, ob Solidarität auch bei gefährlichem Konsum, also systematisch herbeigeführten Risiken und damit höheren Kosten, unbeschränkt oder zumindest an bestimmte Bedingungen geknüpft werden sollte[11]. Dies hätte v.a. auch Auswirkungen auf das für gefährlichen Konsum relevante Versorgungsniveau im Gesundheitswesen oder von der Versicherung ausgehende Verhaltensanreize, adverse Selektion und Moral Hazard. Die Frage nach der Gerechtigkeit der identifizierten Kosteninzidenzstrukturen durch gefährlichen Konsum wird in dieser Arbeit ebenfalls nicht behandelt.

Weiterhin mögen in einer Volkswirtschaft zahllose Konsequenzen und Interdependenzen aufgrund gefährlicher Konsumweisen existieren, die man zwar plausibel vermuten, aber nicht nur schwerlich messen kann. In den meisten Fällen handelt es sich hierbei um eher im Vergleich zu anderen Kostenkomponenten geringe, unwesentliche Auswirkungen (beispielsweise Effekte von zusätzlichen Pfandsystemen bei Bierflaschen in städtischen Vergnügungsvierteln) oder solche, die nicht nur unter ökonomischen Gesichtspunkten, sondern auch mit gesundem Menschenverstand nicht als Kosten gezählt werden sollten – etwa die

---

11 Bekannt aus dem Jahr 2007 ist die Gesetzesänderung des SGB V (der gesetzlichen Krankenversicherung GKV) § 52 II („Haben sich Versicherte eine Krankheit durch eine medizinisch nicht indizierte ästhetische Operation, eine Tätowierung oder ein Piercing zugezogen, hat die Krankenkasse die Versicherten in angemessener Höhe an den Kosten zu beteiligen und das Krankengeld für die Dauer dieser Behandlung ganz oder teilweise zu versagen oder zurückzufordern."). Auch eine Arbeitsunfähigkeitsbescheinigung darf nicht ausgestellt werden, der Patient muss Erholungsurlaub nehmen. Der § 52 II stärkt das Prinzip der Eigenverantwortung der Versicherten (§ 1 SGB V) und soll dem Solidarprinzip dahingehend dienlich sein, dass dadurch mittel- bis langfristig eine systematische Mehrbelastung durch die versicherungsinduzierten Anreize ausbleibt. Interessanterweise wird gefährlicher Alkohol- und Tabakkonsum deshalb nach Rechtsauffassung nicht vom § 52II abgedeckt, da (vgl. Höfler Kasseler Kommentar zum Sozialversicherungsrecht § 52 Rz 5b) es an der billigenden Inkaufnahme einer Krankheit durch den Konsumenten fehle, weshalb eine Ausweitung auf „fahrlässigen" Konsum gefordert wird. Diese rechtliche Auffassung wiederum steht diametral zu den von der Konsumgüterindustrie vertretenen Auffassung, jeder wisse selbst gut genug, wie viel riskanten Konsum er vertrage. Anderer riskanter Konsum wie Urlaubsreisen in gefährdete Gebiete und Extremsportarten werden ebenfalls nicht bei Krankheit oder Verletzungen von der gesetzlichen Krankenversicherung finanziert. Unter § 52II fallen damit rein kosmetische Maßnahmen („Schönheitsoperationen" ohne medizinisch indizierten Leidensdruck). Maßnahmen zur Erhöhung der Lebensqualität – und damit möglicherweise erstattungsfähig – hängen davon ab, ob ein zugrundliegendes medizinisches Leiden vorlag oder nicht.

hedonische Beeinträchtigung eines religiös motivierten Alkoholabstinenzlers beim Anblick einer Kneipe oder ein ästhetisches Missempfinden, das manche Menschen verspüren, wenn sie mit adipösen Menschen konfrontiert werden. Nicht nur, dass eine offene liberale Gesellschaft ohne Meinungs- und Ideenwettbewerb nicht vorstellbar wäre (Adams 1989): das bloße Missempfinden am vermeintlichen Fehlverhalten anderer gewinnt erst dann ökonomisch an Bedeutung, wenn es sich in messbarem Verhalten, wirtschaftlichen Handlungen und Allokationsveränderungen und damit auch verbunden Kosten- und Preisänderungen niederschlägt. Gefährlicher Konsum mag mittelbar weitere und unterschiedlichste Einflüsse auf Industriezweige (Kleinstmechanik von Zigarettenautomaten) oder das kulturelle Leben („Philip-Morris-Stiftung“) mit weiteren Arbeitsplätzen und Branchenknüpfungen aufweisen, die sich in der Volkswirtschaft weiter verästeln und entsprechende Allokationen erzeugen. Letztlich wäre eine vollständige Beurteilung der Kosten gefährlichen Konsums nur dann möglich, wenn eine komparativ statische Analyse zwischen den Zuständen mit und ohne gefährlichen Konsum gemessen würde. Dies ist im Rahmen dieser Arbeit nicht möglich. Die wesentlichsten Kostentreiber des gefährlichen Konsums sollen aber identifiziert und quantifiziert werden.

TEIL A – THEORIE

2 Gefährlicher Konsum

In der ökonomischen Theorie ist der Konsum neben Freizeit[12] das einzige nutzenstiftende Argument. Das Bestreben nach Maximierung des individuellen Nutzens ist sowohl das wesentliche Motiv zur Erklärung rationalen Verhaltens in ökonomischen Modellen als auch Beleg dafür, dass nachgefragte (Konsum-)Güter im klassischen Fall stets nutzenstiftend sind. In der Regel wird wie einleitend erwähnt Nichtsättigung in den unterschiedlichen nutzenstiftenden Konsumgütern unterstellt, d. h. höherer Konsum vermehrt, wenn auch mit abnehmenden Zuwächsen, den Nutzen. Dass dies häufig nicht zutrifft, zeigt sich am ökonomischen Konstrukt des „Ungutes" (engl. „bad"), das bei Konsum dem Individuum entweder direkt oder dosisabhängig jetzt oder später schadet. So kann es sein, dass ein anfänglich nutzenstiftendes Gut ab einer kritischen Konsumgrenze sowohl bei akuter „Überdosis" wie auch allmählicher Steigerung oder gar einer Sucht zum „Ungut" wird und damit die Nichtsättigungsannahme außer Kraft gesetzt wird.

Viele Güter sind in ihrem Konsum riskant, d. h. mit dem Konsum oder bestimmten Konsumprofilen können sowohl positive wie negative Konsequenzen eintreten[13]. Aus dem Bereich der Verhaltensökonomie und der Psychologie ist bekannt, dass diese Risiken häufig nicht wahrgenommen werden, da die negativen Konsequenzen nicht nur nicht deterministisch, sondern stochastisch und auch zeitlich stark verzögert anfallen (Simon 2008). Damit besteht das Problem, dass Ökonomen nur noch eingeschränkt eine Nutzenmaximierung unterstellen und zur Prognose in Modellen anwenden dürfen (Fehr und Rangel 2011). Dies tritt insbesondere für die hier behandelten Gütern Tabak, Alkohol und übermäßige Ernährung zu: Bei Tabak sind aus medizinischer Sicht Gesundheitsgefährdungen auch bei geringeren Konsummengen eindeutig bekannt (Bjartveit und Tverdal 2005). Alkohol ist ebenfalls ab einer bestimmten geringen Menge als gesundheitsschädlich anzusehen, insbesondere wenn dies über einen längeren Zeitraum erfolgt. Bei übrigen Lebensmitteln hingegen ist ein Grundkonsum (über-)lebenswichtig

12 Vgl. Marshall 1920/1961, p. 117 für eine der ersten Ausführungen der Dichotomie der Arbeit-Freizeit-Entscheidung, marginalem Arbeitsleid und Nutzen der Freizeit. Vgl. ebenso den abweichenden Ansatz von Krutilla (1967), in dem einem Gut auch ein sogenannter Existenzwert zugeschrieben wird unabhängig davon, ob das Gut vom Nutzer konsumiert wird oder nicht. Das bloße Wissen um die Existenz des Gutes stiftet hier einen Nutzen und wird in Befragungen mit entsprechendem Wert ermittelt.

13 In gewisser Weise gilt dies sogar für fast alle Güter, bei den meisten sind negative Konsequenzen einfach nur sehr unwahrscheinlich.

und stiftet damit direkt Nutzen[14]. Die besondere Schwierigkeit einer Taxierung sämtlicher negativer Konsequenzen aus den hier angeführten Konsumgattungen liegt vor allem in dem Umstand begründet, dass sie zumindest aus der Sicht des Konsumenten zu einem gewissen Zeitpunkt Nutzen gestiftet haben und weiter stiften. Akuter Überkonsum führt bei allen drei Gütern bzw. Gut- und Konsumkategorien zu direkten negativen gesundheitlichen Konsequenzen etwa einer Vergiftung. Alkoholische Getränke haben sogar eine besondere Stellung, da sie in Deutschland sowohl kulturell stark verankert sind, als auch ein geringer bis moderater Konsum häufig mit positiven Gesundheitskonsequenzen in Verbindung gebracht wird (Rehm und Frick 2010).

Im Rahmen dieser Arbeit soll von „gefährlichen Gütern" gesprochen werden. Den Begriff der „gefährlichen Güter" abzugrenzen ist schwierig: wie bereits in der Einleitung beschrieben, ziehen sie negative Konsequenzen etwa für die Gesundheit, aber ggf. auch für das Vermögen und Einkommen des Konsumenten und Dritten nach sich. Die mit dem Konsum dieser Güter in Verbindung gebrachten Kosten hängen sowohl korrelativ wie kausal zusammen. Ein wichtiger Themenkomplex in diesem Zusammenhang ist die deutsche Sozialversicherung. Ein korrelativer Zusammenhang von gefährlichem Konsum und Sozialversicherungsleistungen ist etwa für die Frage interessant, ob ein Raucher in die gesetzlichen Renten- und Krankenversicherungen eher einzahlt oder Leistungen empfängt. Abbildung 1 verdeutlicht dies: Ein gefährlich Konsumierender kann sich gegenüber „normal" Konsumierenden z. B. durch unterschiedliche Mortalität und Morbiditätsphasen unterscheiden. Er kann im Hinblick für seinen übermäßigen Alkoholkonsum oder Zigaretten schmuggeln und damit Straftaten begehen, andere Berufe ausüben, wodurch eine andere Produktivität impliziert ist oder höhere „intangible" Kosten oder Nutzen erzeugen. Diese Betrachtung ist eine einfache Beschreibung der IST-Situation, ohne allerdings eine Kausalität zwischen gefährlichem Konsum und Zahlungskonsequenzen aufzuzeigen. Dies bedeutet, dass die Frage, inwieweit etwa das Rauchen für Krankheiten verantwortlich ist, nicht beantwortet wird. Dies ist aber auch nicht nötig, um die Frage nach den Nettoein- oder auszahlern in die Sozialversicherung zu beantworten.

Eine andere Untersuchung wäre eine Kausalanalyse, um die Rolle des gefährlichen Konsums bei der Herbeiführung bestimmter Zahlungskonsequenzen aufzuklären und das Einsparungsausmaß und Verbesserungspotenzial bei Eliminierung gefährlichen Konsums zu berechnen. So wäre es etwa denkbar, dass

14 Einige Publikationen hingegen sprechen diesem Subsistenzkonsum allerdings eine nutzenstiftende Wirkung ab. Vgl. Johannesson 1996.

gefährlicher Konsum den Gesundheitszustand zunächst einschränkt und dies wiederum zu weiteren Konsequenzen, etwa Arbeitslosigkeit, Pflegebedürftigkeit oder Frühverrentung führt. Abbildung 2 verdeutlicht die Zusammenhänge für die Sozialversicherungen[15]. Die im Folgenden zu analysierenden drei gefährlichen Güter bzw. Konsumweisen Fettleibigkeit, Alkohol- und Tabakkonsum können auch in Kombination auftreten und damit insgesamt bestimmte „Konsumtypen" einhergehen. In den nächsten Kapiteln werden Adipositas, Alkohol- und Tabakkonsum hinsichtlich ihrer bekannten Auswirkungen dargestellt.

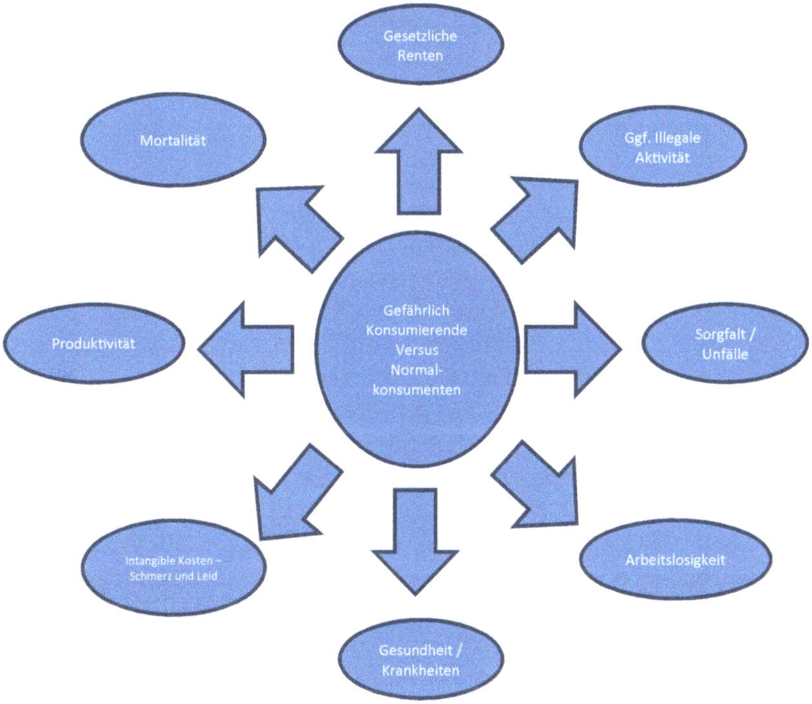

Abbildung 1 Denkbare Auswirkungen gefährlichem Konsums

15 Gefährlicher Konsum führt dabei ursächlich zu einer erhöhten Unfallwahrscheinlichkeit oder Sucht. Beide können zu Krankheiten oder Arbeitslosigkeit führen, welche wiederum Frühverrentung oder Pflegebedürftigkeit bedingen und schließlich in einem vorzeitigen Tod enden. Selbstverständlich kann auch ein Unfall direkt zu Pflegebedürftigkeit und Frühverrentung oder gar zum Tod führen, ebenso wie Sucht. Krankheit (und ggf. auch mittelbar Arbeitslosigkeit) können ebenso zu einem vorzeitigen Tod führen.

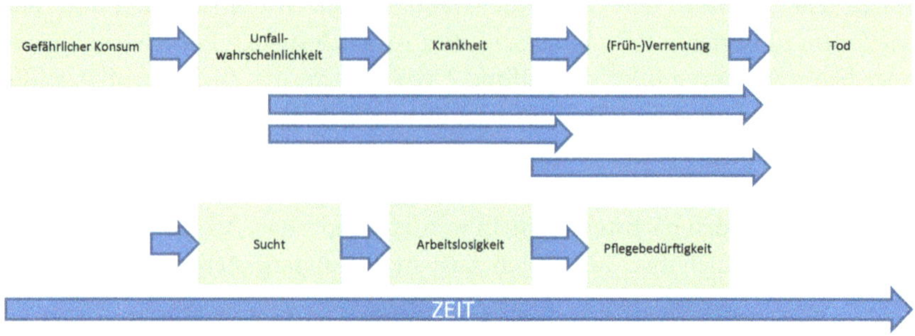

Abbildung 2 Kausalkette gefährlicher Konsum und spätere negative Konsequenzen

2.1 Gefährlicher Konsum I: Tabakprodukte

Das wohl am häufigsten in den Medien und in der öffentlichen Debatte hinsichtlich seiner Gesundheitsgefährdung thematisierte gefährliche Gut sind Tabakprodukte, insbesondere Zigaretten. Zwar sind die Raucherquoten in Deutschland leicht rückläufig (Mikrozensus 2005 und 2009, Kraus et al. 2010[16], Lampert 2014), allerdings entfaltet das Rauchen und Passivrauchen immer noch erhebliche negative Auswirkungen auf die Gesundheit von Rauchern und Nichtrauchern. Rauchbedingte Krankheiten besitzen insgesamt eine hohe Latenzzeit. Dies bedeutet, dass mit dem Rauchen in Verbindung stehende Krankheiten u. U. erst nach vielen Jahren oder gar Jahrzehnten zum Vorschein kommen. Es ist lange bekannt, dass Rauchen die Lebenserwartung verkürzt (Wynder und Graham 1950, US Department of Health 1964, Ezzati und Lopez 2003)[17]. Seit 1964 ist offiziell bekannt, dass der Tabakkonsum verschiedene Krankheitsbilder verursacht (US Department of Health and Human Services 1964), insbesondere verschiedene Krebsarten, kardiovaskulären Erkrankungen und Hypertonie (Clarke et al. 2009). Krebs ist nach wie vor eine der Haupttodesursachen in Deutschland und bei vielen Krebsarten tendenziell ansteigend (Robert Koch Institut 2010). Etwa ein Drittel der Krebserkrankungen sind

16 Kraus et al. (2010) ermittelten im Epidemiologischen Suchtsurvey 2009 knapp 30 % Raucher und 26 % Exraucher bei 6,3 % abhängigen Rauchern (nach DSM IV Kriterien).

17 Viele Todesursachen sind allerdings nicht eindeutig („Competing causes of death", Mackenbach et al. 1997).

auf das Rauchen zurückzuführen. Die wesentlichen Gesundheitsgefahren des Passivrauchens sind Herz-Kreislauferkrankungen, Atemwegserkrankungen, Krebs, Kopfschmerzen und erhöhte Infektanfälligkeit sowie bei Kindern und Neugeborenen Lungenentzündungen, Bronchitis, Mittelohrentzündungen, geringes Geburtsgewicht und plötzlicher Kindstod (DKFZ 2005b). Ein besonders vom Rauchen betroffener medizinischer Sektor stellt auch der Mund- Kiefer und Zahnbereich dar[18] (DKFZ 2010). Rauchen hat weiterhin eine sozioökonomische Dimension: Individuen mit niedriger Ausbildung, niedrigem Einkommen und unsicheren Beschäftigungsverhältnissen rauchen eher und stärker (Schulze und Lampert 2006). Entscheidend ist, dass sowohl der Konsum weniger Zigaretten pro Tag bereits negative Auswirkungen auf die Gesundheit hat (Bjartveit und Tverdal 2005) und das Suchtpotenzial von Tabakprodukten als besonders hoch angesehen werden kann (Benowitz 1998.)[19]. Tabakabhängigkeit scheint darüber hinaus auch stark mit anderen psychiatrischen Komorbiditäten wie anderen Substanzabhängigkeiten, Angststörungen, Depressionen und somatoformen Störungen zusammenzuhängen (John et al. 2004).

Raucherquoten sind bei Berufsgruppen wie Bauhilfsarbeitern, Straßenbauern und Dachdeckern sowie Raumpflegerinnen, Altenpflegerinnen und Gastwirtinnen besonders hoch (Schulze und Lampert 2006). Vor allem niedrige Einkommensempfänger rauchen somit überproportional viel. Rauchen korreliert hoch

18 Durch Rauchen und Alkoholkonsum wird die Mundschleimhaut angegriffen. Es besteht v. a. die erhöhte Gefahr für Mundhöhlenkrebs, das Zahnfleisch wird geschädigt, Plaque und Zahnstein entstehen stärker als bei Nichtrauchern, es drohen häufiger Karies, Zahnverluste, Implantatverluste, schlechtere Wundheilung im Mundraum. Rauchen befördert den Abbau des Kieferknochens und führt zu einer Veränderung der Zusammensetzung des Speichels, welche wiederum Parodontitis befördert (DKFZ 2010). Raucher empfinden ihre Zahnfarbe als unästhetisch und ihre Mundgesundheit als schlecht. Sie empfinden häufiger Schmerzen im Mund- und Gesichtsbereich, die etwa bei einem Rauchstopp zurückgehen. Schließlich führt das Rauchen während der Schwangerschaft zu einer Erhöhung des Risikos von Gesichtsspalten bei den Kindern.

19 Erstaunlicherweise finden einige Publikationen auch einen eher geringen Anteil an Süchtigen unter den Tabakkonsumenten, was eventuell auf die Befragungstechnik zurückzuführen ist. Vergleicht man im Sinne eines Konsistenzchecks diese positive Abgrenzung des Suchtbegriffes über eine mögliche negative („Wie oft haben Sie schon erfolglos versucht mit dem Rauchen aufzuhören?), so zeigt sich eine deutliche Diskrepanz (Weinstein 2001).

mit niedriger Schulbildung und niedrigem beruflichen Status (Schulze und Lampert 2006, eigene Berechnungen) und besonders mit Armut und Arbeitslosigkeit. In älteren Daten (Schulze und Lampert 2006) scheint bei 55 % der Kleinkinder zumindest ein Elternteil zu rauchen, bei fast jedem vierten Kind rauchten beide Elternteile. Von Mitte der 1980er Jahre bis in die Neunziger Jahre hinein rauchten etwa 21 % der Schwangeren in Deutschland, vor allem aus der Unterschicht. Externe werden vor allem durch das Passivrauchen geschädigt, Säuglinge und Föten bereits im Mutterleib, wenn die Mutter weiterraucht. Ca. 55 % der nichtrauchenden Bevölkerung sind weiterhin regelmäßig Tabakrauch ausgesetzt. Obwohl im Jahr 2007 weitgehende Rauchverbote zum Schutz der Bevölkerung vor den Gefahren des Passivrauchens ergingen und so etwa das Rauchen in öffentlichen Gebäuden und der Bahn nicht mehr erlaubt ist, bleibt es in vielen Bundesländern in der getränkegeprägten Gastronomie erlaubt. Ebenso scheint v. a. zu Hause und bei Besuchen bei Freunden ein hohes Risiko der Passivrauchbelastung zu bestehen. Der Bundesgesundheitssurvey 1998 (Schulze und Lampert 2006) zeigt weitere verschiedene signifikante Korrelationen mit dem Rauchen, etwa den Familienstand (Geschiedene und getrennt lebende Personen rauchen stärker, verwitwete und verheiratete seltener), gleiches ist auch beim Passivrauchen zu beobachten. Piontek et al. (2010) zeigen durch Age-Period-Cohort-Modellierung, dass das Rauchen in den letzten 30 Jahren abgenommen hat. Insbesondere in den unteren sozialen Schichten scheint das Rauchen einer inversen U-Kurve zu folgen, ebenso bezüglich der Geburtskohorten: das bedeutet, dass die Jahrgänge 1935–1940 und 1986–1991 relativ weniger rauchen als etwa die Jahrgänge 1961–1970.

Zahlreiche Studien haben sich auch mit den Kosten des Rauchens auseinandergesetzt[20]: Für Deutschland schätzen Ruff et al. (2000) die medizinischen Kosten mit Hilfe des später noch näher zu erläuternden Krankheitskostenansatzes für die sieben am häufigsten mit dem Rauchen assoziierbaren Krankheiten pro Jahr auf 16,6 Mrd. €[21]. Bei sog. DALY-Berechnungen, die die Krankheitslast durch das Rauchen beziffern sollen, wird zwischen den unterschiedlichen Komorbiditäten des Tabakkonsums, der an sich keine Krankheit ist, und der psychischen Erkrankung Tabaksucht und „schädlicher Konsum“ unterschieden (De Vocht et

20 Allein 200 werden in Sloan et al. (2004) aufgeführt. Diese sollen hier nicht im Einzelnen dargestellt werden, da sie alle annähernd ähnlich die Kosten des Rauchens bestimmen, d. h. gleiche Methodik und damit gleiche Kostenkomponenten haben.

21 Ruff et al. (2000) berücksichtigen, wie in der Krankheitskostenrechnung üblich, die älteren Personen bei der Bemessung der indirekten Kosten nicht. Als Diskontierungsrate wird 4 % genutzt. Diese beiden Aspekte werden in Kapitel 15.1.2 noch ausführlich diskutiert.

al. 2011). Beides gehört aber bei einer Kostenschätzung zusammen und es besteht die Gefahr bei einer Quantifizierung etwa nur der Tabaksucht, wesentliche gesundheitliche Auswirkungen zu unterschlagen (Effertz und Mann 2012). Eine sicherlich bedeutende Rauchkostenstudie stammt von Frank Sloan und Kollegen (2004). Dabei wurden die Komponenten Mortalität, Altersrenten und weitere Sozialtransfers, private Pensionsfonds, Lebensversicherungen, sowie Krankheitskosten und Disfunktionalität bewertet. Hinzu kommen auch die externen Kosten für Ehegatten und Gesellschaft. Als Ergebnis steht ein Zigarettenpackungspreis von knapp 40US$ als soziale Kosten des Rauchens. Die Hauptlast der Kosten trägt das Individuum selbst. Weitere Studien etwa von Adams und Effertz (2010a) beziffern die jährlichen tabakbedingten Kosten in Deutschland auf 33,5 Mrd. €, 35 Mrd. € (Effertz und Mann 2012) sowie 48 € Mrd. € (Effertz 2013). Die beiden letzteren stellen Aktualisierungen und Erweiterungen gegenüber Adams und Effertz (2010a) dar. Die Kosten fallen entsprechend aufgrund von Preissteigerungen und bisher nicht berücksichtigten Kosten höher aus.

Wie bereits in der Einleitung angesprochen, spielen neben den Auswirkungen durch den Tabakkonsum selbst, flankierende negative Auswirkungen eine Rolle. So werden Zigaretten illegal nach Deutschland geschmuggelt und zur Verfolgung dieser Straftat müssen Ressourcen des Zolls und der Polizei aufgewandt werden. Diese in der Öffentlichkeit häufig im Zusammenhang mit Steuererhöhungen thematisierte Problematik scheint aufgrund starker Preisgefälle in Europa aus ökonomisch-theoretischer Sicht plausibel, fraglich ist allerdings wie hoch dieser Effekt letztlich ist[22]. Weiterhin werden Zigarettenreste nach dem Konsum häufig achtlos entsorgt. Dies führt zu Verschmutzungen, hohen Reinigungskosten und vereinzelt auch weiteren, teils hohen Gesundheitsrisiken, etwa durch weggeworfene Zigaretten auf Kinderspielplätzen. Ebenfalls wird debattiert, ob Zigarettenkonsum während der Autofahrt evtl. Unachtsamkeit und damit Unfälle verursacht. Diese Komponenten sind nicht messbar, dem direkten Konsum nicht zuordenbar und wahrscheinlich auch in ihrer Höhe zumindest teilweise nicht wesentlich.

---

22 Leider gibt es zu dieser Fragestellung nur eine Studie der Zigarettenindustrie, die im Hausmüll weggeworfene Zigarettenschachteln dokumentiert. Es ist anzunehmen, dass sowohl verschiedene Schwächen in der Methodik (Adams und Effertz 2010a), als auch die Rohdatenbasis als solche dafür sorgen, dass der Anteilswert an nicht in Deutschland versteuerten Zigaretten im Sinne der Tabakindustrie nach oben verzerrt ist.

2.2 Gefährlicher Konsum II: Alkohol

Um den Alkoholkonsum in Deutschland ranken sich teils widersprüchliche Aussagen, die in ihrem Ausmaß Tabakprodukte als vergleichsweise eindeutige gefährliche Güter erscheinen lassen. Im Jahr 2009 wurden in Deutschland ca. 9,7 L reinen Alkohols pro Kopf konsumiert[23], 2012 noch 9,5. Dies ist im internationalen Vergleich noch relativ hoch. Ebenfalls wird häufig ausgeführt, dass der Alkoholkonsum seit Jahrzehnten – meist werden die 1970er oder 80er Jahre als Referenzpunkt genannt – rückläufig sei (Kraus et al. 2010, Gaertner et al. 2010). Deutschland zeichnet sich bekanntermaßen als Land aus, in dem die alkoholischen Getränke Bier und diverse Weine traditionell stark verwurzelt sind. Auch sprechen einige Publikationen von einem leichten Absinken des Konsums (DHS) oder finden ein fast robustes durchschnittliches Trinkverhalten seit Mitte der 90er Jahre und abnehmendes Binge-Drinking von Alkoholkonsumenten über alle Altersgruppen (Pabst et al. 2010), aber mit jeweils unterschiedlichen Alters-Perioden- und Kohorteneffekten, die den Gesamtkonsum erklären. Bei der Frage, ob der Alkoholkonsum wirklich sinkt bzw. in der ausgewiesenen Höhe nicht unterschätzt wird, muss unbedingt auf die Messmethode hingewiesen werden[24]: hierbei werden in der Regel bei Berechnungen des Reinalkoholkonsums pro Kopf

---

23 Vgl. Pressemitteilung der Deutschen Hauptstelle für Suchtfragen im Internet unter www.dhs.de, abgerufen am 28.04.2011. Vgl. auch Jahrbuch Sucht der DHS 2014.

24 Im Jahr 1995 wurde zwischen dem Bundesgesundheitsministerium und dem Bund der deutschen Spirituosenindustrie die durchschnittliche Maßzahl an Volumenprozent in Spirituosen von 36 % auf 33 % mit der Begründung abgesenkt, dass Produktportfolio habe sich durch eine Zunahme von Softspirituosen geändert. Tatsächlich zeigt eine Berechnung auf Basis der vom BSI veröffentlichten abgesetzten Spirituosenanzahlen nach unterschiedlichen Getränkegattungen bei konservativer Schätzung in Form jeweils niedriger Volumenprozentangaben für das Jahr 2007 bereits einen durchschnittlichen Volumenprozentanteil von ca. 35 %. Dies wird auch durch die als sehr zuverlässig geltenden deutschen Steuerstatistiken gestützt. In der aktuellen Verbrauchssteuerstatistik werden etwa höhere Werte im Inland abgesetzten und damit versteuerten Reinalkohols zu Trinkzwecken bei den Spirituosen für das Jahr 2009 als von der Industrie angegeben. Sollte also tatsächlich 1995 die 33 % Durchschnitt richtiggewesen sein, zeigt dies deutlich welche Auswirkung eine solche unflexible Festlegung für die Bemessung der Pro-Kopf-Alkoholbestimmung und damit letztlich auch für das politische Handeln besitzt. Gerade die Alkopopsteuer 2004 machte die Mischgetränke mit niedrigerem Alkoholgehalt wieder unattraktiv, so dass eine Veränderung im Produktportfolio ab diesem Zeitpunkt zu erahnen ist. Ebenso ist der geschätzte Pro-Kopf-Konsum des Weins nach Abzug des Schaumweins vom Statistischen Bundesamt erheblich höher

Konvertoren benutzt, die den einzelnen Getränkegattungen feste Alkohol-Volumenprozente zuweisen (Bühringer et al. 2000). In Abbildung 3 wurde ausgehend von Alkoholsteuerstatistiken und den Verkaufsstatistiken über die einzelnen Getränkegattungen der Alkoholindustrie eine eigene Zeitreihe ermittelt und in Reinalkoholkonsumgrößen pro Kopf umgelegt. Die beiden Pro-Kopf-Zeitreihen wurden sowohl mit den 1995/2000 festgelegten gängigen Konvertoren, als auch den durchschnittlichen Volumenprozentzahlen des Jahres 2007 dargestellt. Man erkennt deutlich den sprunghaften Anstieg des gesamten Alkoholkonsums mit der deutschen Wiedervereinigung und einen leichten Rückgang des Pro-Kopf-Konsums. Allerdings, und darauf sollten Untersuchungen zum Alkoholkonsum achten, macht eine Anpassung der Alkoholmaßzahlen doch einen deutlichen Unterschied im Pro-Kopf Konsum aus, so dass das Problem des Alkoholkonsums in Deutschland auch durchaus unterschiedlich bewertet werden kann: waren beispielsweise die „alten" Konvertoren zur Zeit ihrer Einführung 1995/2000 gültig, die neuen aber im Jahr 2007, so hat der Alkoholkonsum in Deutschland bei dieser singulären Betrachtung pro Kopf und der hier erfolgten Berechnung sogar von 11,6l auf 11,9l leicht zugenommen.

---

angegeben, als von anderen Quellen. Leider wird Wein in Deutschland nicht versteuert, so dass diese Schätzung unsicherer ist. Allerdings erscheint es auch fragwürdig, ob die tatsächliche durchschnittliche Volumenprozentanzahl von 11 % als Durchschnittswert der in Deutschland abgesetzten Weine betrachtet werden darf. Zwar sind Weine bereits ab 8,5 % Vol. als solche zu bezeichnen, allerdings weisen viele in Deutschland verkaufte Weine deutlich höhere Alkohol-Werte auf. Um die Auswirkungen an einem Zahlenbeispiel zu verdeutlichen: Von 1995 bis 2008 stieg der Weinkonsum in Deutschland um 3,3 Liter pro Kopf. Gemessen in Reinalkohol kompensiert dies einen Rückgang von 7,5 bis 8,9 Litern Bier. Ebenso wird nicht betrachtet, dass gerade bei Spirituosen ein hohes Cross-Border-Shopping existiert. Cnossen (2007) unterstellt für Deutschland in diesem Bereich ca. 1l pro Kopf zusätzlichen Reinalkohol. Zieht man die geringen Mengen an Zwischenerzeugnissen hinzu und erlaubt eine kleine Menge an nicht versteuertem Haustrunk und Weinverkostungen so ergibt sich unter Hinzuziehung aller Aspekte für 2009 ein Alkoholkonsum von bis zu 11,8l pro Kopf. Diese Überlegungen erheben nicht den Anspruch, die aktuelle Zahl zu ersetzen, sie zeigen aber auf, wie abhängig der ausgewiesene Pro-Kopf-Konsum von den gemeldeten Daten und den zugrundeliegenden Annahmen ist. Damit könnte der tatsächliche Pro-Kopf-Konsum an Reinalkohol seit Jahren unterschätzt worden sein und ist insbesondere bei internationalen Vergleichen kritisch zu betrachten.

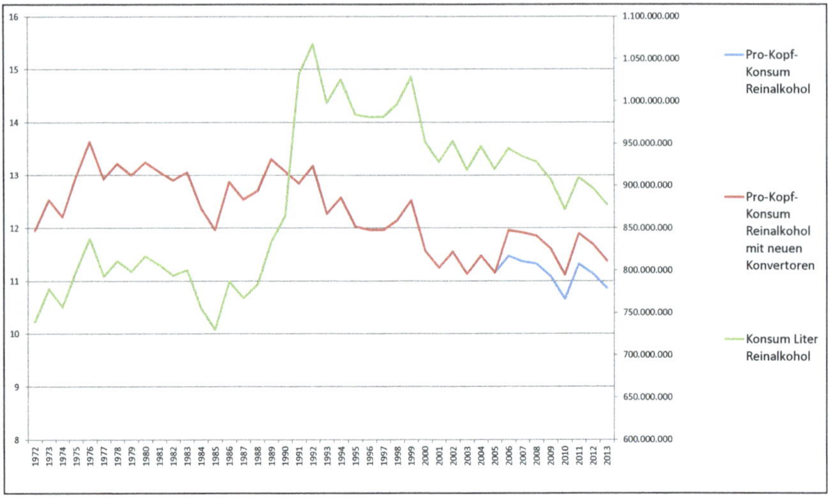

Abbildung 3 Verbrauch an Reinalkohol in Deutschland

Zusammenfassend lässt sich damit festhalten, dass bei Betrachtung seit den 1970er Jahren (Kraus et al. 2011) der Alkoholkonsum in Deutschland zwar deutlich zurückgegangen ist, aber in den letzten 10 Jahre zumindest auf einem im internationalen Vergleich eher hohen Niveau verharrte. Insbesondere hat auch das Rauschtrinken zugenommen. So weist das statistische Bundesamt altersübergreifend steigende Fallzahlen an stationär behandelten Alkoholintoxikationen aus, ein – zumindest sehr mutmaßliches – Indiz riskanter gewordenen Trinkverhaltens[25]. Ebenso ist das Phänomen des „Underreportings" bei Befragungen zum Alkoholkonsum bekannt (Dawson 1998). Die Zahl der Alkoholabhängigen in Deutschland 2012 liegt laut epidemiologischem Suchtsurvey bei 1,8 Mio. einer Zunahme von über 30 % gegenüber 2009[26]. Ein Age-Period-Cohort-Ansatz von Pabst et al. (2010) zeigt weiterhin auf, dass anscheinend insbesondere die jüngeren

25 Vgl. Tabelle des Statischen Bundesamtes unter www.destatis.de/DE/ZahlenFakten/GesellschaftStaat/ Gesundheit/Krankenhaeuser/Tabellen/DiagnoseAlkoholJahre.html, abgerufen am 18.06.2014. Auch wenn dies teilweise auf ein verändertes Anzeigeverhalten zurückzuführen sein mag, so erscheint dies zumindest bei Jugendlichen eher unplausibel, da öffentlich gewordene Alkoholintoxikationen möglicherweise elterliche Sanktionen oder schulische Maßnahmen beinhalten, die aus Sicht der Jugendlichen vermeidbaren Aufwand darstellen.

26 Vgl. Kurzbericht des IFT München im Internet unter www.ift.de/fileadmin/literaturliste/ESA_2012_Alkohol-Kurzbericht.pdf, abgerufen am 01.01.2015.

Alterskohorten ein deutlich gesteigertes Rauschtrinkverhalten haben; dies deckt sich mit den Befunden des statistischen Bundesamtes und birgt große Sorgen, dass sich dieses gefährliche Trinkverhalten auch im Erwachsenenalter fortsetzt (Hingson et al. 2006). Laut epidemiologischem Suchtsurvey von 2009 liegt in der 30-Tage-Prävalenz über beide Geschlechter und alle Altersgruppen gefährlicher Alkoholkonsum bzw. Hochkonsum bei 2,1 %. Laut ESA 2012 betrieben 12,5 % der Gesamtbevölkerung in den letzten 30 Tagen mindestens viermal Rauschtrinken (konsumierten also mehr als fünf alkoholische Getränke bei einer Gelegenheit).

Ein zweiter Aspekt des Alkoholkonsums betrifft sein gesundheitliches Gefahrenpotenzial. Obwohl unstrittig ist, dass Alkoholkonsum ab einer bestimmten Menge (meist werden 24g Alkohol pro Tag bei Männern und 12g bei Frauen als Maximalgrenzen genannt) bereits zu physischen und psychischen Beeinträchtigungen führen kann, wird häufig auf den sogenannten J-Kurven Effekt verwiesen, nach dem ein moderater Alkoholkonsum sogar positive gesundheitliche Effekte vor allem auf die Mortalität hätte. Allerdings ist diese Aussage entweder schlicht falsch (Knott et al. 2015) oder zumindest als kontrovers aufzufassen (z. B. Rehm und Frick 2010)[27], weshalb die Einteilung in risikolosen, riskanten und gefährlichen Konsum sowie Hochkonsum sinnvoller erscheint. Das Problem besteht nämlich darin, dass selbst wenn ein moderater Konsum positive Effekte auf Mortalität und Morbidität hätte, diese durch geringfügig stärkeren Konsum zunichte gemacht würden. Eine „optimale" minimale Trinkmenge hinsichtlich der Mortalität läge nach Di Castelnuovo et al. (2006) bei einem halben Standardgetränk pro Tag, also etwa einem halben Glas Wein – eine Menge die sicher auch von Gelegenheitskonsumenten dann überschritten werden dürfte, wenn sie konsumieren. Natürlich werden die positiven Effekte des Alkohols auch von der Industrie genutzt, um mittels Marketing das Image der Getränke günstig zu beeinflussen (Babor 2009)[28], was wiederum dazu führen könnte, dass die tägliche Trinkmenge deutlich über der gefahrlosen Menge liegt. Ein regelmäßiges empirisches Resultat ist das erhöhte Risiko im Erwachsenenalter alkoholabhängig zu werden, wenn bereits im Jugendalter exzessiv Alkohol konsumiert wurde („Binge-Drinking", Viner und Taylor 2007). Laut der KIGGS–Nacherhebung[29] des

---

27 So wird dargestellt, Alkohol wirke protektiv gegen Diabetes mellitus, in geringen Mengen gegen hypertensive Herz- und Nierenerkrankungen, ischämische Herzkrankheiten und zerebrovaskuläre Erkrankungen. Teilweise werden – fälschlicherweise – auch einzelne Getränkegattungen v. a. Wein als protektiv bezeichnet.

28 Vgl. hierzu auch die Webseite der europäischen Alkohollobby unter www.efrd.org.

29 Vgl. Erste Befunde der KIGGS-Nacherhebung im Internet unter http://www.kiggs-studie.de/fileadmin/KiGGS-Dokumente/kiggs1_tn_broschuere_web.pdf.

Robert Koch Institutes haben bereits 83 % der Jungen und 78,9 % der Mädchen mit 15 Jahren – also vor der legalen Altersgrenze in Deutschland – Alkoholerfahrungen gemacht, mindestens 15,5 % der Jungen und 14,3 % der Mädchen betreiben regelmäßig sog. Binge-Drinking, da heißt konsumieren mehr als 5 Getränke bei einer Trinkgelegenheit. Grant et al. (2001) zeigen zudem, dass die Wahrscheinlichkeit für eine Alkoholsucht negativ mit dem Alter korreliert.

Neben gesundheitlichen Konsequenzen etwa alkoholbedingter Leberzirrhose und verschiedenen Krebsarten besonders im gastrointestinalen Bereich (Singer et al. 2010) führt Alkoholkonsum besonders in Form des episodenhaften Rauschtrinkens in einem viel stärkeren Maße als Nikotinkonsum zu Verhaltensänderungen, die weitere negative Konsequenzen wie Unfälle und Suizide nach sich ziehen (Singer et al. 2010, Stolle et al. 2009 Forberger und Rehm 2010, Schilling et al. 2009). Leider sind die aus Medizin und Psychologie stammenden Bewertungsansätze eher eklektisch, teils auch erratisch zu nennen, da nicht systematisch die Konsequenzen des Alkoholkonsums auf das Individuum und seine Umwelt abgeleitet, sondern eher „zusammengestellt" werden[30]. Fergusson et al. (2013) finden etwa auf Alkoholmissbrauch und -abhängigkeit zurückführbare Auswirkungen auf Kriminalität, riskantes Sexualverhalten, Häusliche Gewalt, Beziehungsunsicherheit und mentale Gesundheit. Ebenso wirkt sich Alkoholkonsum deutlich auf die Unfallhäufigkeit und Unfallschwere aus (Taylor und Rehm 2012).

Besonders schwerwiegend sind die Konsequenzen, wenn Rauschtrinken in frühen Lebensjahren stattfindet (Stolle et al. 2009, Naimi et al. 2003). Die gravierendste Verhaltensänderung besteht in der enthemmenden Wirkung und damit auch der verstärkten Neigung Straftaten zu begehen. So zeigt sich regelmäßig ein verstärktes Aufkommen alkoholisierter Täter bei schweren Körperverletzungen und Sexualdelikten als bei anderen Straftaten[31]. Ein weiterer wichtiger Aspekt ist die durch den Alkohol beeinträchtigte Fahrtüchtigkeit und gesunkene Sorgfalt, welche dann zu häufigeren und schwereren Unfällen führt. Als dritter weiterer Bereich, der mit Kosten verbunden ist, seien Arbeitsunfälle genannt, d. h. neben Unfällen auf dem Arbeitsweg vor allem Unfälle in Betrieben. Analog wie bei Zigaretten könnte sich ein Problem aus dem illegal nach Deutschland verbrachten Alkohol ergeben. Da in Deutschland die Alkoholpreise aber ein international relativ niedriges Niveau aufweisen (Adams und Effertz 2010b) erscheint der Schmuggel von alkoholischen Getränken über steuerfreie Freimengen von untergeordneter

30 Forberger Rehm 2010 etwa unterscheiden zwischen Krankheiten, Verletzungen und „sozialen Problemen".

31 Vgl. Fergusson et al. (2013).

Bedeutung. Ein letzter erwähnenswerter Bereich der Kosten des Alkoholkonsums liegt in der sog. intangiblen Beeinträchtigung der Befindlichkeit Dritter durch das Verhalten eines Betrunkenen – dies sind in erster Linie die Familienangehörigen speziell die besonders betroffenen Kinder des Alkoholikers.

Verschiedene Studien analysieren den Alkoholkonsum auch in Kombination mit dem Rauchen (z. B. John et al. 2003) oder berücksichtigen ihn in den statistischen Analysen zur Berechnung der Kosten oder Konsequenzen der anderen Konsumart (z. B. Sloan et al. 2004). Bisherige Kostenstudien zum Alkohol sind für Deutschland aber im Vergleich zu anderen gefährlichen Konsumarten wie dem Tabakkonsum eher rar. Adams und Effertz ermitteln alkoholbedingte Kosten nach der Krankheitskostenmethode von 27 Mrd. €, Konopka und König (2007) von 24,4 Mrd. € und Effertz und Mann (2013) von 32,56 Mrd. € in Kaufkraftparitäten von 2012[32]. Rehm et al. (2012) schließlich weisen für Frauen 356 und Männer 1870 alkoholbedingte DALYs pro 100.000 Personen aus. Eine Studie von Anderson und Baumberg (2006) versucht die Kosten für die EU zu schätzen[33], indem alle Kostenaspekte bisheriger Studien in einer Gesamtstudie zusammengefasst werden[34]. Die gesamten tangiblen Kosten werden auf 125 Mrd. €, die intangiblen Kosten auf 270 Mrd. € geschätzt[35]. Auch die Kosten die Externen, gerade der Familie durch Alkoholkonsum auferlegt werden, dürfen nicht vergessen werden. Die Studie von Anda (2006) etwa zeigt, wie stark die Auswirkungen einer Alkoholsucht bei Eltern noch im Erwachsenenalter des Kindes sind[36]. Diese liegen in verminderter physischer und psychischer Gesundheit, gesteigerter Selbstmordneigung, sozialen

32 Dies diente der Herstellung der Vergleichbarkeit zwischen einzelnen europäischen Ländern. Für eine Vergleichbarkeit mit den anderen leidglich auf Deutschland bezogenen Studien muss dieser Wert durch einen angleichenden Kaufkraftparitätenfaktor dividiert werden, der pro Jahr etwa bei einem Prozent liegt. Für Deutschland bedeutet dies etwa, dass man mit einem Euro etwas mehr kaufen kann, als in anderen europäischen Ländern.

33 Hierbei werden wieder „Soziale Kosten“ und „Krankheitskostenrechnung“ synonym gesetzt (Seite 59 des Reports). Ebenso ist scheinbar die Quelle, die die Methoden der hier berechneten Kostengrößen darstellt nicht erhältlich bzw. nicht veröffentlicht, so dass man gerade für die Fragen zur Bestimmung der intangiblen Kosten keine Antwort erhält.

34 Dies sind nach Anderson und Baumberg (2006) Gesundheit, Prävention, Kriminalität (in Form von Prävention und Schäden), Unfälle, Mortalität, Arbeitsunfähigkeit und Arbeitslosigkeit. Interessanterweise werden Arbeitslosigkeit und Kriminalität kaum von anderen Studien berücksichtigt.

35 Zu den intangiblen Kosten vgl. Abschnitt 5.1.1.4.

36 Für einen Überblick siehe auch Heckman 2008.

Problemen wie Beziehungsunfähigkeit und geringerer Produktivität. Die Studie von Anda befragt Erwachsene, die entsprechend Auskünfte über ihre Kindheit machen und evtl. Erinnerungsverzerrungen unterliegen. Eine langfristige Studie, die die Kinder direkt untersucht und begleitet, gibt es noch nicht.

2.3 Gefährlicher Konsum III: Adipositas

Ein letzter in dieser Arbeit thematisierter Bereich ist gefährlicher Konsum in Form ungesunder, zu Fettleibigkeit führender Ernährung. Damit ist eine Ernährungsweise gemeint, die zu einer unausgeglichenen Energiebilanz führt: die durchschnittliche Kalorienzufuhr ist höher als der Kalorienverbrauch, was sich sowohl auf die Quantität und geänderte Verzehrarten wie dem „Snacken" als auch schlechter Qualität des Essens mit hoher Energiedichte und niedrigem Nährwert erreicht wird. Adipositas bzw. Übergewicht wird von einigen Studien mit riskantem Konsumverhalten direkt in Verbindung gebracht (Gil-Lacruz et al 2012). Ernährungswissenschaftlich als „adipogen" geltende Lebensmittel wie etwa Süßigkeiten, Snacks, Softdrinks und Fastfood zeichnen sich durch einen zu hohen Anteil an Fett oder Zuckerarten (Kohlenhydraten) und damit Kalorien aus. Leider konsumieren Kinder in Deutschland mehrheitlich ungesund (Mensink et al. 2007). Fettleibigkeit wird als eigene Krankheit in der ICD-Klassifikation (E66) aufgeführt. Häufig wird Adipositas lediglich als Risikofaktor für die Gesundheit betrachtet, aber nicht im Sinne des SGB V als Krankheit anerkannt. Dass die Kosten von Übergewicht und Fettleibigkeit in hohem Maße relevant und wohlfahrtsschädlich sind, zeigt sich an der – ausschnitthaften – Bezifferung der am meisten mit beiden Zuständen in Verbindung gebrachten Krankheiten: Allein 30 Mrd. € pro Jahr sollen nach Angabe des Bundesgesundheitsministeriums auf Übergewicht und Fettleibigkeit zurückzuführen sein[37]. Die deutsche Adipositas Gesellschaft geht von insgesamt 13 Mrd. € pro Jahr an medizinischen Kosten aus[38]. Auch für adipöse Kinder wurden bereits Kostenstudien durchgeführt (Batscheider et al. 2013). Adipöse Kinder weisen hier jährliche Mehrkosten von 354 € auf. Die Schätzung basiert – wie viele andere auch – auf der Verwendung von Standardkosten pro Tag (Krauth et al. 2005).

---

37 Vgl. Mitteilung des Bayerischen Rundfunks nach Verlautbarung des Bundesverbraucherschutzministeriums im Internet unter www.br-online.de/umwelt-gesundheit/artikel/0406/17-dicke-kinder/index.xml;jsessionid=5BXVXZSUGDCWRQZF04RCFEQ, AD:20.04.2007.

38 Vgl. Deutsche Adipositas Gesellschaft unter www.adipositas-gesellschaft.de/index.php?id=213.

Aktuelle Publikationen deuten die Datenlage teils so, dass von Übergewicht kein Gesundheitsrisiko ausgehe, andere, dass Übergewicht Risikofaktor da Vorstufe der Adipositas sei (Lewis et al. 2009). Übergewicht und Fettleibigkeit werden mithilfe des Body-Mass-Indexes, einer nicht unproblematischen Verhältniszahl von Größe und Gewicht festgelegt[39]. Für Werte über 25 ist der Patient übergewichtig, ab 30 fettleibig bzw. adipös. Ob auch bereits Übergewicht (Gelber et al. 2007, Kivimäki et al. 2008, Prospective Studies Collaboration 2009) zu einem erhöhten Mortalitätsrisiko führt, ist abhängig von der konkreten auf Übergewicht zurückführbaren Krankheit. Selbst im hohen Alter erscheint aber eine Gewichtsreduktion eine richtige ärztliche Anweisung zur Senkung des Mortalitätsrisikos zu sein (Shea et al. 2010). Trotzdem kommen andere Studien auch zu deutlich differenzierteren Ergebnisse: So ist Übergewicht *insgesamt* nicht mit höherer Mortalität verbunden (Lenz et al. 2009), Adipositas allerdings in Abhängigkeit bestimmter Krankheiten teils deutlich (Lewis et al. 2009).

Die Raten an Übergewicht und Adipositas in der Bevölkerung sind seit den 80er Jahren ansteigend (Mensink et al. 2005). Auch für Adipositas gilt, dass aufgrund der frühen Formung von Ernährungsweisen und -präferenzen der Zustand umso persistenter ist, je früher dieser im Leben beginnt. Gerade in Deutschland hat sich die Adipositas bei Kindern und Jugendlichen in den letzten Jahren stark ausgedehnt (Kurth et al. 2007). Schmechtig et al. (2012) fanden bei 11–15-Jährigen Kindern und Jugendlichen für 2010 einen erneuten Anstieg von Übergewicht und Adipositas. Eine Besonderheit im Zusammenhang mit Adipositas ist die systematische, stufenweise Zunahme der Adipositas in den westlichen Industrienationen. D. h. nach einer Phase des Anstiegs an Adipositas scheint der Anteil Fettleibiger zunächst auf dem Niveau zu verharren und dann später weiter zu wachsen (Rokholm et al. 2010). Die Epidemie der Fettleibigkeit entwickelte sich in den USA zu Beginn der 1960er Jahre[40]. Aktuell sind in Deutschland etwa 25 % der erwachsenen Bevölkerung fettleibig, in den USA sind es ca. 33 %. Immer wieder findet sich auch ein sozioökonomischer Gradient bei Adipositas: untere Schichten sind häufiger adipös (Robert Koch Institut 2010).

Mit Adipositas sind folgende Erkrankungen im Sinne Schellevis et al. (2003a) als resultierende Komorbidität zugeordnet: Atherosklerose, Diabetes Typ II, ver-

---

39 Problematisch ist der BMI deshalb, da für Kinder andere Verhältnisse gelten als für Erwachsene. Vgl. Kromeyer-Hausschild et al. (2001).

40 Vielleicht nicht ganz unzufällig begann das Marketing in dieser Zeit das Kind als eigenständigen Konsumenten zu sehen. Das Kindermarketing begann in dieser Zeit in den USA.

schiedene Krebsarten und demenzielle Krankheiten[41]. Besonders bei Kindern und Jugendlichen kann Adipositas zu psychosozialen Problemen wie Depressionen, Essstörungen und geringem Selbstwert führen ebenso zu Schlafapnoe, Asthma, Gallensteinen, Steatohepatitis, Glomerulosclerosis, muskuloskeletalen Defekten, kardiovaskulären Erkrankungen wie chronischen Entzündungen, Bluthochdruck und endokrinen Erkrankungen, vorzeitiger Pubertätseinsetzung (Lee 2009, Pulgarón 2013) und weiteren daraus resultierenden Konsequenzen[42].

Birmingham et al. (1999) schätzten die Kosten der Fettleibigkeit in Kanada auf 1,8 Mrd. $, dies entsprach 2,4 % der gesamten Gesundheitsausgaben. Geschätzt wurden die Kosten über deren ursächlich mit Fettleibigkeit in Verbindung stehenden Komorbiditäten; diese waren verschiedene Krebsarten, Bluthochdruck, Schlaganfall und Typ2-Diabetes. Für die USA werden nach Hammond und Levine (2010) für Fettleibige pro Jahr etwa 147 Mrd. US$ zusätzlich an direkten Kosten für Erwachsene und 14,3 Mrd. € für Kinder bezahlt. Hinzu kommen ca. 66 Mrd. US$ an indirekten Kosten. Zusammen mit gestiegenen Transportkosten und Mindererwerb an Humankapital summieren sich hier die Kosten auf 215 Mrd. US$ pro Jahr.

In einer Gesamtübersicht zu den Kosten der Adipositas in Europa (Von Lengerke und Krauth 2011) werden auch fünf deutsche Untersuchungen erwähnt, die in ihren Kostenschätzungen teils deutlich voneinander abweichen: Konnopka et al. (2010) kommen auf direkte und indirekte Kosten der Adipositas von 9,9 Mrd. €, Von Lengerke et al. (2010) auf jährliche medizinische Kosten von bis zu 3082 € in Abhängigkeit des sozioökonomischen Hintergrundes und der Adipositasausprägung. Pendergast et al. (2007) kommen auf ähnliche Werte unter Einbezug des Hüftumfangs; Liebl et al. (2008) in einer Kombination mit Diabetes Patienten vor

41 Viele Studien, überwiegend aus dem US-amerikanischen Bereich zeigen Komorbiditäten der Adipositas auf: Hoher Blutdruck, unterschiedliche Formen von Krebs (v.a. Brust, Prostata- und Darmkrebs). Hoher Blutdruck kann auf Adipositas zurückgeführt werden (Hall et al. 2002) und ist ca. zweimal so häufig unter Adipositas-Patienten als bei Normalgewichtigen zu finden. Ebenso weisen Adipositas-Patienten einen 50 % wahrscheinlicheren erhöhten Cholesterol Spiegel im Blut auf. Weiterhin bestehen erhöhte Risiken für Diabetes Mellitus (88–97 % der Diagnose), Herzversagen aufgrund von Herzmuskelschwäche, Herzinfarkt, Angina Pectoris; Herzrhythmusstörungen, Schlaganfall; Gallensteine und Gallenblasenstörungen, Koronare Herzkrankheiten, Dyslipidemia, Schlaf-Apnoen und respirative (Atmungs-)problem, Osteoarthritis (v.a. im Knie) und gynäkologische Probleme wie Menstruationsstörungen, unregelmäßiger Eisprung, Schwangerschaftsprobleme und Unfruchtbarkeit. Weiterhin Blasenprobleme (inkl. Inkontinenz) sowie psychische Erkrankungen wie Depression, Essstörungen, verzerrte Selbstwahrnehmung und niedriger Selbstwert.

42 Vgl. Graber 2013 für ein Review zur Psychopathologie von früh einsetzender Pubertät.

und nach einer Insulintherapie auf eine Höhe von etwa 400 € an durchschnittlichen Zusatzkosten in sechs Monaten und schließlich ermitteln Knoll und Hauner (2008) ca. 11 Mrd. € an direkten Kosten pro Jahr sowie 1.656,28 € indirekte Kosten pro Kopf. Effertz et al. (2013) schließlich schätzen allein die direkten Kosten der Adipositas auf 20 Mrd. €.

Ein wichtiger Teil der Kosten ist bislang aber noch gar nicht genannt worden: die intangiblen bzw. psychosozialen Anteile der Adipositaskosten. Diese bestehen, so etwa Puhl und King (2013) v. a. aus Stigmatisierung und „Bullying[43]" bzw. „Mobbing" (Rudolph et al. 2009). So bestehen etwa Vorurteile („Dicke sind faul, nachlässig, unmotiviert, haben keine Disziplin"), die auch zu indirekten „unfreiwilligen" Kosten der Adipositas führen, nämlich dann, wenn aufgrund dieser Vorurteile adipöse Menschen nicht den Job bekommen, der ihnen aufgrund ihrer Grenzproduktivität zustehen sollte (Giel et al. 2012). Puhl und King (2013) führen sogar weiter aus, dass allein aus Stigmatisierung Ungleichheiten in der medizinischen Behandlung (Hebl und Xu 2001, Huizinga et al. 2009) und Erziehung bzw. Bildung (Neumark-Sztainer et al. 1999, Greenleaf und Weiller 2005) existieren. Diese Kostenarten beinhalten tangible und intangible Anteile sowohl der direkten als auch der indirekten Kosten. Als weitere psychosoziale Konsequenzen des Bullyings bei Adipösen erwähnen Puhl und King (2013) Depressionen, Angststörungen und vermindertes Selbstwertgefühl.

2.4 Stilisierte Fakten des gefährlichen Konsums

2.4.1 Die Suchtgutproblematik

Das Nutzenmaximierungsproblem des Individuums beruht auf der Annahme der lokalen Nichtsättigung der Konsumpräferenzen. Das bedeutet, höherer Konsum erhöht den Nutzen. Ein wesentliches Charakteristikum der hier beschriebenen gefährlichen Güter bzw. gefährlichen Konsums ist es, dass sich bei einem zu starken Konsum negative Konsequenzen einstellen und ein Habitus oder eine Sucht entwickeln können, bei denen aus ökonomischer Sicht die Kosten einer Konsumänderung oder -abstinenz im schlimmsten Fall prohibitiv hoch sind. Damit erkauft sich der gefährlich Konsumierende den bei anfänglichem Konsum gewonnenen Nutzen durch mangelnde Substitutionsmöglichkeiten und hohe gesundheitliche Folgekosten. Zum einen entstehen bei einer Abhängigkeit von einem bestimmten

---

43 „Bullying" ist ein Synonym für „Mobbing" in englischsprachigen Ländern. Es wird v. a. im Schulkontext als aggressives Verhalten einiger „Täter" (den Bullys) gegenüber anderen Mitschülern verstanden. Die Beschreibung des Phänomens wird Konrad Lorenz und Heinz Leymann zugeschrieben.

Gut Kosten, wenn der Konsum ausgesetzt wird. Zweitens lässt sich dieses Gut nicht oder nur sehr schlecht durch ein anderes Gut mit geringeren Kostenkonsequenzen substituieren. Betrachtet man die Entscheidungsalternativen aus einer Barwert-Perspektive, so stellt sich das Individuum vor die Wahl eines kurzfristig hohe Nutzenniveaus mit langfristig hohen Kosten gegen den Status Quo nicht zu konsumieren. Es erscheint unmittelbar einleuchtend, dass sehr impulsive Individuen mit einer entsprechend starken Präferenz für Rauschzustände und einer hohen subjektiven Diskontrate damit in dieser Konsummöglichkeit einen Nutzenzuwachs sogar unter der Discounted Utility Theory (Samuelson 1937 und Ramsey 1928) erzielen könnten. Die rationalen Suchtmodelle von Becker und Murphy (1988) und Orphanides und Xervos (1992) legen dies nahe, insbesondere, wenn die Möglichkeit auf den Suchtpfad zu gelangen einer Lotterie ähnelt, welche risikofreudige Individuen bereit sind einzugehen. Leider fehlt im Ansatz exponentieller Diskontierung sowohl die Abbildung des häufig beobachtbaren myopischen Verhaltens, als auch der ebenfalls gut nachweisbaren hyperbolischen Diskontierung. Beide Ansätze unterstellen eine zeitabhängige Diskontrate, die man als „irrational" bezeichnen könnte[44]. Gleichzeitig ist gut belegt, dass sich die Anreizsetzung durch Gestaltung von Marktpreisen über Steuern als wirkungsvolle, weil das Verhalten gut beschreibende Methodologie auch bei Süchtigen erwiesen hat (Becker und Murphy 1988; Caulkins und Nicosia 2010).

Der Alkoholismus ist als Krankheit bereits seit Jahrhunderten bekannt (Singer et al. 2010). Jüngste Untersuchungen zeigen, dass die Gehirnareale, die verantwortlich für Belohnungsverarbeitung (i.e. der Nucleus accumbens im Striatum des Zwischenhirns) und aversive Reizverarbeitung (der Insulabereich der Großhirnrinde) sind, so stark durch schädlichen Alkoholkonsum verändert werden, dass trotz starker aversiver Reize weiter getrunken wird (Seif et al. 2013). Der Tabakkonsum hingegen wurde lange Zeit in seiner süchtig-machenden Wirkung insbesondere von dessen Herstellern verharmlost (DKFZ 2005a). Über Tabak bzw. Nikotin ist bekannt, dass bereits wenige Zigaretten pro Tag zu gesundheitlichen Beeinträchtigungen und Abhängigkeit führen können (Dierker et al. 2007). Mittlerweile ist es unstrittig, dass die gleichen oben genannten Eigenschaften sowohl auf Tabak als auch auf Alkohol zutreffen, wobei hier ein Zusammenspiel mit der Menge und genetischen Faktoren, eine Sucht bei einigen früher oder später auslösen kann (Agrawal und Lynsky 2008). Dies bedeutet, dass gefähr-

44 Dies allerdings in Ermangelung einer Erklärung für dieses Verhalten. Wie neuere Ansätze zeigen (siehe Andreoni und Sprenger 2012a, b), lassen sich sehr gute Modellierungen konsistenter Entscheidungsmodelle etwa unter Einbezug von Unsicherheit finden, die hyperbolisches Diskontieren durchaus als rational erscheinen lassen.

liche Konsumweisen zu einem hohen Anteil auch erblich sind. Da mittlerweile angenommen wird, dass sich Gene und Umwelt direkt beeinflussen[45], spielen etwa das Ausmaß an Werbung für Suchtgüter oder deren Gebrauch in unterschiedlichen kulturellen Kreisen eine wichtige Rolle für die Entwicklung von Suchtkrankheiten.

Eine eher neue und nicht allgemein anerkannte Krankheit ist die umgangssprachliche „Fettsucht", in ihrer physiologischen Manifestation der Adipositas. Damit ist Adipositas als Resultat einer Esssucht zu verstehen bzw. weist deutliche Gemeinsamkeiten zu anderen Süchten hinsichtlich der involvierten neurobiologischen Funktionssysteme auf (Kiefer und Grosshans 2009). Richards et al. (2007) etwa zeigen auf, dass Konsumenten im Einklang mit dem Becker-Murphy-Modell rationalen Verhaltens agieren, wenn Nährstoffe, Fett, Eiweiß, Kohlenhydrate und Salz als „Suchtgüter" in Lebensmitteln betrachtet werden. Damit reagieren Konsumenten auf Preise und Steuern. Gerade besonders preissensitive Individuen scheinen eher von Adipositas betroffen zu sein (Gandal und Shabelansky 2010). Hierzu äußern sich auch eine Vielzahl von Biologen und Medizinern ähnlich (Avena et al. 2008; Johnson und Kenny 2010); allerdings wird der Gedanke an zumindest in Teilen einem suchtähnlichen Verhalten gleichenden Essgewohnheiten noch nicht stark konkretisiert. Die Überwindung der Sucht bzw. des übergewichtigen Zustands geht mit einer Verbesserung des gesundheitlichen Zustandes einher[46]. Besonders mit dem Rauchen aufzuhören macht sich in einer wesentlich verbesserten Gesundheit bemerkbar (DKFZ 2005b). Bezüglich der Lebensqualität scheint sich zumindest bei Adipositaspatienten kaum eine Verbesserung zu zeigen (Maciejewski et al. 2005, obwohl die zusammengefassten Studien teilweise eine schlechte Designqualität aufwiesen).

Viele Studien zeigen an, dass die Sucht eines Individuums in engen Familienkreis deutliche Spuren hinterlässt. So sind bei Alkoholikern häufig Lebenspartner und v.a. Kinder stark in ihrem Leben beeinträchtigt (Anda 2006)[47]. Diese Beeinträchtigungen schlagen sich nicht nur in einer mehr oder weniger starken Einbuße der Lebensqualität nieder, sondern möglicherweise auch in höheren

---

45 Im Rahmen der sogenannten Epigenetik lassen sich Teile des menschlichen Genoms durch Umwelteinflüsse ein- oder ausschalten („muten").

46 Für unmittelbare positive Auswirkungen der Alkoholabstinenz auf das Gehirn vgl. Crews und Nixon (2009).

47 In diesem Zusammenhang wird häufig von Ko-Alkoholismus oder bei den Kindern auch von „Parentifizierung" gesprochen. Letzteres meint, dass Kinder in die Rolle ihrer Eltern schlüpfen und damit die sozialen Rollen umkehren. Als Spätfolgen resultieren Depressionen, ebenfalls Substanzmissbrauch und Angststörungen.

Krankheitskosten. Es gilt mittlerweile als relativ gesichert, dass genetische Prädispositionen einen wesentlichen Einfluss darauf haben, ob ein Kind im späteren Leben eine Sucht entwickelt. Ebenso gibt es sowohl intergenerative, genetische Zusammenhänge zwischen Adipositas, Alkoholkonsum und Rauchen insbesondere Sucht (Agrawal und Lynskey 2008, Kendler et al. 2008), als auch intersubjektive Zusammenhänge v. a. bei engen Freundschaften (Christakis und Frowler 2007, 2008). Insbesondere der hierin anklingende Netzwerkgedanke ist für eine Quantifizierung schwierig zu nutzen, da Sozialkapital, d. h. Menge und Qualität an Beziehungen direkt die Lebensqualität positiv beeinflusst, als auch verstärkende Effekte auf Konsum und damit Folgeerkrankungen und Lebensqualität im negativen Sinne hat. Ebenso erleiden Kinder spätere negative Konsequenzen durch den frühen Tod ihrer Eltern oder eines Elternteils durch Substanzkonsum (Hamdan et al. 2012) sowie mentales Leid (Oswald und Powdthavee 2008). Dieses Leid wird in vielen Ländern teils nur mit geringen Summen, teils überhaupt nicht kompensiert (vgl. Kapitel 5.2.1.4); etwa in UK mit 10.000 Pfund für Ehepartner oder Eltern – Kinder, die Waisen werden, erhalten nichts.

Aus rein psychiatrischer Sicht sind Sucht und gefährlicher Konsum als Diagnosen im ICD10 und im „Diagnostic and Statistical Manual of Mental Diseases IV“ (DSMIV) verankert. Es zeigt sich, dass die Prävalenzen sog. „Substance Use Disorders“ in den USA, in Deutschland und Europa außerordentlich hoch sind und entsprechend hohe Kosten verursachen (Olfson et al. 2000, Effertz und Mann 2013). Eine Studie von Sussman et al. (2011) zeigt allerdings für die US-Bevölkerung, dass in Abhängigkeit der gemachten Annahmen etwa 47 % der Bevölkerung Anzeichen einer Suchterkrankung (12 Monats-Prävalenz) aufweisen. Damit scheint der von Becker und Murphy (1988) fast schon harmlos anmutende Aspekt einer rationalen Entscheidung zur Sucht zusätzlich mit einer gewissen Alltäglichkeit verbunden. Sussman et al. (2011) schlagen dementsprechend auch vor, Sucht nicht als Krankheit sondern als „Lifestyle-Problem“ zu begreifen, mit der Konsequenz grundsätzlich exzessives, negative Konsequenzen verursachendes Konsumverhalten präventiv zu verhindern. Auch die direkten und indirekten Kosten der Alkohol- und Tabaksucht sowie die DALYs als „Burden of Disease“ wurden für Europa und Deutschland mehrfach ermittelt (Gustavsson et al. 2011 13,81 Mrd. €, Wittchen et al. 2011), wenn auch nicht vollständig (Effertz und Mann 2013).

2.4.2 Beginn gefährlichen Konsums

Ein weiterer wichtiger Aspekt des gefährlichen Konsums besteht darin, dass er überwiegend in Kindheit und Jugend beginnt und sich dort verstetigt. Für das Rauchen (Van Ours 2006 und Mei-Chen et al. 2006), wie auch den Alkoholkonsum

(Dawson et al. 2008. Alati et al. 2005) zeigt sich v.a. der Zusammenhang, dass je früher gefährlicher Konsum begonnen wird, dieser umso eher zu langanhaltenden, habituellen Konsummustern bis hin zur Sucht führen kann. Mehr noch ist die zeitliche Dauer von einem „regulären", aber noch nicht problematischen Gebrauch der potenziell gefährlichen Substanzen Alkohol, Tabak und etwa Cannabis hin zu Missbrauch beträgt im Median etwa 1,5 bis 4 Jahre und beginnt in der Regel zwischen dem 13 und 21 Lebensjahr (Wittchen et al. 2008)[48]. Dies legt nahe, dass es sich beim Problem des gefährlichen Konsums der drei hier exemplifizierten Konsumweisen um lang andauernde und früh im Leben eines Individuums beginnende Phänomene handelt.

2.4.3 Zusammenhänge zwischen Risikofaktoren

Es ist bekannt, dass ein hoher Prozentsatz an gefährlich Konsumierenden sich nicht nur auf eine Konsumweise beschränkt. Rauchen und Alkoholkonsum oder Übergewicht und Alkohol sind etwa häufig gemeinsam vorkommende Phänomene (Mellor 2011, French et al. 2010). Mögliche direkte Zusammenhänge können darin bestehen, dass Alkohol an sich schon sehr kalorienreich ist[49] und zum anderen die Körpereigenschaften der Fettverbrennung ungünstig beeinflusst. French et al. (2010) fanden diesen Zusammenhang aber nur bei Männern, wahrscheinlich weil Männer deutlich häufiger und mehr trinken als Frauen. Häufig wird deshalb ein spezielles Konsumentenprofil angenommen – ein gemeinsamer Faktor, eine Persönlichkeitsstruktur, die den gefährlichen Konsum auslöst und steuert; etwa eine besondere Risikoneigung oder eine hohe Impulsivität[50]. Dabei wird deutlich, dass hinter der Entscheidung gefährlich im Sinne der drei oben erklärten Weisen zu konsumieren ein gemeinsames Konstrukt steckt, dass man als „Risikogeneigtes Profil" bezeichnen könnte. Entscheidend in diesem Zusammenhang ist die Frage, welcher Einfluss der einzelnen Konsumart für spätere negative Konsequenzen zufällt. Damit ist quasi eine Zerlegung des Gesamteffektes auf Einzelkonsumarten notwendig, bei deren isolierter Betrachtung andere Konsumweisen als Kovariate bzw. konfundierende Einflüsse wirken können. Einige Publikationen der Krankheitskostenrechnung (Leu und Schaub 1983, Sloan et al. 2004) konstruieren hierfür eine Kontrollgruppe, die gegenüber dem gefährlich Konsumierenden bis auf den isoliert betrachteten Risikofaktor genau gleich ist (in diesem Fall den sog.

---

48 Dieser Befund rechtfertigt auch die Aufgrund von Datenschutzbestimmung im Rahmen der Analyse in Teil C auf 4,5 Jahre begrenzte benutzte Datenbasis.

49 Eine Dose Bier (0,33/12 Unzen) enthält ungefähr 145 Kalorien.

50 Vgl. hierzu etwa Verdejo-Garcia et al. 2008.

„nichtrauchenden Raucher"). Damit soll ausgeschlossen werden, dass ein nicht dem Risikofaktor zuzuschreibender Effekt die zu untersuchende Variable, etwa die Mortalität beeinflusst. Diese Konstruktion muss allerdings richtig spezifiziert sein, um dem Effekt des Risikofaktors genau zu messen. Insbesondere müssen zeitlichen Effekte und damit eventuelle Kausalitäten zwischen den Kovariaten berücksichtigt werden[51]. Damit ist die Frage verbunden, ob Risikofaktoren evtl. als endogen anzusehen sind, d. h. kausal als Folge eines anderen Faktors resultieren. So ließe sich beispielsweise eine Gewichtsreduzierung auf eine rauchbedingte Krebserkrankung zurückführen und eine Gewichtszunahme mit einem Rauchstopp in Verbindung bringen. Auch verstärken Rauschzustände und spätere Sucht impulsives Verhalten, das in der Konsequenz beispielsweise zu Verletzungen führen kann.

3 Konstituierende ökonomische Bewertungsrahmen und -konzepte

Das grundlegende bei Ökonomen vorherrschende Konzept eines Wertes bzw. von individuellem Wohlergeben und Wohlfahrt ist der „Nutzen". Die Deduktion des Begriffes aus den philosophischen Überlegungen der englischen Klassiker Adam Smith, David Ricardo und John Stuart Mill, sowie die Entwicklung des Begriffes im Rahmen der „marginalistischen Revolution" durch William Jevons, Léon Walras und Carl Menger hin zur Samuelson'schen Überleitung offenbarter Präferenzen lassen sich trotz ihrer herausragenden Bedeutung für die Wirt-

51 So ist es beispielsweise denkbar, dass bei der Auslassung wichtiger Kovariate deren Effekt auf das interessierende Merkmal fällt (etwa das Rauchen) und dies zu Verzerrungen in beide Richtungen führt. Besonders problematisch ist dies, wenn einseitig nur vermeintlich negativ auf die Gesundheit wirkende Confounder betrachtet werden, die dann einen zu stark positiven überlagernden Effekt beim betrachteten Risikofaktor erzeugen. Beispielsweise fehlen wichtige positive Einflussfaktoren in der Regression der Mortalität bei Sloan et al. (2004, Seite 92), etwa Sport, besonders günstiger BMI, Kinder und Einkommen. Darüber hinaus ist nicht ausgeschlossen, dass zeitlich verzögert ein Risikofaktor den anderen beeinflusst: So könnte starker Alkoholkonsum ggf. Übergewicht nach sich ziehen, das Rauchen etwa bei eintretenden Krebserkrankungen zu einer Gewichtsreduktion führen. Deshalb müssten ggf. Lag-Variablen in die Regressiongleichungen einbezogen werden. Man könnte annehmen, dass Rauchen die Risikoeinstellung beeinflusst und damit zu weiterem gefährlichem Konsum beiträgt.

schaftswissenschaften für die hier verfolgte Fragestellung als etwas „unglücklich“ charakterisieren[52].

Zunächst löste Adam Smith Irritationen dadurch aus, eine Unterscheidung zwischen dem Nutzen eines Gutes durch den individuellen Gebrauch, einer subjektiven Komponente auf der einen Seite und dem Nutzen bzw. Wert des Austauschs des Gutes auf der anderen Seite zu treffen[53]. Viele Ökonomen haben den Nutzenbegriff seither in seiner subjektiven Auslegung benutzt, d.h. im Nutzen eines Gutes ein Maß für die individuelle Bedürfnisbefriedigung gesehen[54]. Von John Stuart Mill sowie Jean Baptiste Say wurde das Nutzenkonzept dahingehend erweitert, es in einen sinnvollen Zusammenhang mit „Marktgeschehnissen“ zu bringen, konkret, im Preis eines Gutes ein Werturteil widergespiegelt zu sehen sowie einen Austauschpreis als „Grenze des Wertempfindens“ eines Käufers zu betrachten. Jules Dupuit (1844) verband das Nutzenkonzept als erster mit der Nachfragekurve und entwickelte den Begriff der Konsumentenrente als „tatsächlichen“, dem Konsumenten zufließenden Nutzen. Bereits die als „marginalistische Revolution“ benannte Hinwendung der Ökonomen – beginnend mit Hermann Heinrich Gossen und später Walras, Menger und Jevons – zu der Manifestation eines „Marktpreises“ für ein Gut als „Grad des Nutzens“ verliert aber die Fragestellung, welchen Gesamtnutzen ein Gut „in der Welt“ oder teleologisch „an sich“ hat, aus den Augen. Jevons ging zwar davon aus, dass „Wert vollständig auf Nutzen beruht“, allerdings gab es zu seiner Zeit noch keine Theorie, die es ermöglichte die Gesetzmäßigkeiten des Nutzens zwischen Individuen und Marktkräften abzubilden. Dies geschah später durch die Beiträge von Francis Ysidro Edgeworth (1899), Arthur Cecil Pigou, Vilfredo Pareto, Sir John Hicks und Paul Samuelson in der ersten Hälfte des 20. Jahrhunderts, die schrittweise die Gesetzmäßigkeiten des Nutzenkonzeptes durch Indifferenzkurven, ordinale Rangordnungen von Nutzen und Präferenzen erarbeiteten, in denen aber letztlich eine kardinale Vergleichbarkeit von Nutzen und damit eine explizite Summierung von Nutzenbestandteilen

---

52 Für einen Überblick siehe Collison Black, RD., (2010) „Utility“ in New Palgrave Dictionary of economics, Volume 8, 577–581.

53 Smith 1776, Buch I, Kapitel IV. Ricardo hat hierzu in seinen „Principles of Political Economy (1817, Kapitel I. Abschnitt 1)” klärend erwähnt, dass ein Gut zumindest einen subjektiven Wert besitzen müsse, um einen Austauschwert zu besitzen.

54 Siehe hierzu auch die etymologische Bedeutung des Wortes „Gut“ als Verkörperung einer Nützlichkeit in Fußnote 4.

nicht weiter verfolgt wurde[55]. Pigou schließlich verbindet Einkommen und Nutzen: das aggregierte Einkommen eines Landes wird als grundsätzliches Maß für den Wohlstand angesehen[56]. Neuere wirtschaftswissenschaftliche Forschung insbesondere aus dem Bereich der „Happiness-Forschung" (Easterlin 2008, Deutsch-Französischer Ministerrat 2010) kommt allerdings zu dem Schluss, dass Einkommen und Glück bzw. Wohlbefinden zwar zusammenhängen, das individuell resultierende Glück aber von einer Vielzahl an Faktoren abhängig ist, so dass die Zunahme an Glück aufgrund von Einkommenserhöhungen stark eingeschränkt sein kann. Damit schließt sich die Frage an, inwiefern beobachtete Faktorpreise etwa in Form erwirtschafteter Einkommen tatsächlich ein akkurates Maß für den Wohlstand eines Landes sind oder ob ggf. ein Nutzenwert aus beobachtbarem Verhalten von Individuen abzuleiten wäre, anhand dessen ein Bewertung von Konsum und speziell gefährlichem Konsum erfolgen könnte. Das Nutzenkonzept lässt sich auch biologisch evolutorisch begründen (Robson 2001): Nutzen erscheint evolutionsbedingt hedonischen Charakter zu besitzen, der einer kardinalen Nutzenfunktion entspricht. Allerdings können aufgrund von Adaptionsprozessen relativ wertvollere Alternativen identifiziert, aber nicht dauerhaft etabliert werden.

Ein grundlegendes Problem der Wirtschaftswissenschaften besteht darin, dass Nutzenfunktionen nicht direkt beobachtbar sind und es für ein beobachtetes individuelles Marktverhalten eine Vielzahl möglicher abbildender Nutzenfunktionen existiert (Vickrey 1945). Damit lässt sich eine exakte Quantifizierung mittels Vorher-Nachher-Vergleichen nicht durchführen[57], allerdings marginaler Nutzen mittels Entscheidungsdesigns unter Unsicherheit ermitteln. Für diese Arbeit und damit für die Frage, was eigentlich bei gefährlichem Konsum beim Konsumenten „abhandenkommt", sollte trotzdem primär der Nutzen das zentrale ökonomische Konzept sein. So verwundert es nicht, dass gerade im gesundheitsökonomischen Bereich eine Vielzahl von Bewertungen von medizinischen Maßnahmen und Konsequenzen anhand „nutzennaher" Indikatoren und Messkonstrukte erfolgt.

55 Vgl. Colander (2007); siehe den Ansatz von Edgeworth ein „Hedonometer", ein Apparat der Nutzen kardinal messen sollte, zu konstruieren sowie den Gegenansatz I. Fishers, der sich letztlich dursetzte.

56 Im Kontext der Marginalismusdebatte vertrat Pigou die Ansicht, bei abnehmendem Grenznutzen müsste eine gleichere Einkommensverteilung zu einer höheren Wohlfahrt führen.

57 Gewissermaßen bilden die von Samuelson (1936) formulierten Axiome der Haushaltstheorie damit die Vorstellung Paretos von ordinalen Präferenzstrukturen und statischen Indifferenzkurvenscharen ab.

Die Problematik der Nutzenmessung führt dann bei der Ermittlung der Kosten gefährlichen Konsums teilweise nur zu Annäherungen oder sogar aus konzeptionellen Gründen kompletten Ersetzungen. So konzeptionell durchdacht „Nutzen" also als Bewertungsgröße erscheint, so problematisch ist er für die konkrete „Benutzung" bei der Quantifizierung gefährlichen Konsums. Die Implementierung von nutzennahen Konzepten wird nachstehend weiter erörtert und mögliche Bedenken in den Auffassungen angeführt.

3.1 Nutzenbasierte Kenngrößen der Gesundheitsökonomie

Die in den Wirtschaftswissenschaften grundsätzlich übliche Bewertung über den Nutzen, hängt vom Konsum ab, lässt sich aber durchaus auch als von der Gesundheit des Individuums abhängig modellieren (Cutler et al. 1997). Bei gesundheitsökonomischen Fragestellungen geht es meist um die Bewertung der Effektivität und Effizienz konkreter einzelner Maßnahmen auf das Gesundheitssystem oder innerhalb des Systems, etwa um die Frage, ob die gesundheitlichen Verbesserungen einer therapeutischen Maßnahme deren Kosten rechtfertigen.

Um aus ökonomischer Sicht verschiedene Konsequenzen miteinander zu vergleichen, müssen Relationen zwischen den möglichen Konsequenzen definiert werden, die den üblicherweise angewandten Axiomen der ökonomischen Präferenzordnungen bzw. mathematischen Äquivalenzrelationen genügen: Vollständigkeit, Reflexivität und Transitivität. Darauf aufbauend lässt sich dann eine Metrik bzw. Abbildung auf die Rangordnungen implementieren, die jedem Gesundheitszustand einen numerischen Wert zuweist. Diese Abbildung oder Funktion muss „Rangfolgen-erhaltend" sein[58]. Da dies in der Realität nur schwer erreichbar ist, wird von vielen Gesundheitsökonomen gefordert, dass Gesundheitszustände zwar bewertet, d. h. ordinal zueinander in Beziehung gesetzt werden, aber nicht gemessen werden sollen (Hausman 2010).

Die bereits als „negative Konsequenzen" bezeichneten Folgen des gefährlichen Konsums sind letztlich aus ökonomischer Sicht mit dem Begriff der Kosten gleichzusetzen. Dabei ist es wichtig festzulegen, mit welcher Maßeinheit diese Kosten bewertet werden sollen. In der Gesundheitsökonomie werden verschiedene Analyseformen und unterschiedliche Bewertungskonzepte für solche Konsequenzen benutzt. Dem Investitionsgedanken folgend wird eine Maßnahme, die mit bestimmten Kosten verbunden ist, unterschiedlich gemessenen positiven

58 D. h. eine höhere Präferenz muss mit einem höheren numerischen Wert einhergehen und vice versa.

(und ggf. negativen[59]) Konsequenzen dieser Maßnahme gegenübergestellt[60]. In sog. Kosteneffektivitätsanalysen (engl. Cost-Effectiveness-Analysis) werden den investierten Kosten für bestimmte Behandlungen oder Gesundheitsmaßnahmen lediglich die resultierenden positiven Konsequenzen „als solche“ gegenübergestellt. Dabei wird Nutzen in gesundheitserhöhenden Konsequenzen nicht aber in Geldeinheiten gemessen. Dehnt man dieses Konzept über den Gesundheitsbereich hinaus aus, so lassen sich beispielsweise erhaltene Sachwerte, vermiedene Unfälle oder geringere Kapazitäten in der Kriminalitätsbekämpfung als positive Konsequenzen oder vermiedene negative Konsequenzen von Maßnahmen verstehen, die bei gefährlichem Konsum zu einem bestimmten Preis angefallen wären. Häufig werden damit die positiven Konsequenzen stets in Dimensionen wie Zeit etwa gewonnenen Lebensjahren oder konkreten veränderten physiologischen Parametern beispielsweise gesunkenem Blutdruck gemessen. Damit lassen sich zwar unterschiedliche Behandlungsmethoden miteinander vergleichen, allerdings keine Aussage darüber treffen, a) ob die sich ergebenden relativen Kennzahlen grundsätzlich unter Kostengesichtspunkten zu rechtfertigen sind und b) in welche Rangfolge die Maßnahmen zu bringen sind. Unterschiedlich dimensionale Konsequenzen (z. B. gewonnene Lebensjahre und Senkung des Blutdrucks) sind zueinander inkommensurabel[61].

Kosteneffektivitätsanalysen werden dennoch häufig in unterschiedlichen Bereichen genutzt, weil gerade im Gesundheitsbereich eine weitergehende Bewertung häufig an ethische Grenzen zu stoßen scheint. Einige Autoren sehen in der Kosteneffektivitätsanalyse die Möglichkeit, Aussagen über die gerechte Implementierung unterschiedlicher Maßnahmen abzuleiten (Hausman 2010); etwa wie viel Gesundheit für eine gerechte Verteilung der Gesundheitsmaßnahmen geopfert werden muss. Ein „Spezialfall“ der Kosteneffektivitätsanalyse, der den genannten Problemen versucht Rechnung zu tragen, ist die Kosten-Nutzwert-Analyse. Bei dieser Methode wird, da die in den Kosten-Effektivitätsstudien verglichenen und im extremsten Fall lediglich nominalskalierten Größen nicht kommensurabel sind, ein intervallskaliertes Maß der Gesundheit genutzt, um Rangordnungen zu erstellen. Dies ist ein den „Nutzen“ abbildender Index, in welchem alle Konsequenzen in einheitliche Bewertungen konvertiert werden können. Eine Vielzahl

59 Etwa Nebenwirkungen bei einem neuen Medikament.

60 Der klassische Fall ist ein neu entwickeltes Medikament oder eine Präventionsmaßnahme, die mit einem bestimmten Budget ausgestattet ist.

61 Wenn man unterstellt, dass die Konvertierung des gesunkenen Blutdrucks in gewonnene Lebensjahre von zahlreichen Faktoren abhängt und deshalb eine Zuordnung nur sehr komplex und aufwendig erfolgen kann.

solcher intervallskalierten Maße ist bereits entwickelt worden. Hierzu hat man verschiedene Konzepte konstruiert[62], deren Auswahl eine erhebliche Vereinfachung gegenüber einer Aggregation von Nutzenfunktion darstellt.

Das am meisten genutzte Konzept der Kosten-Nutzwert-Analyse sind die „Qualitätsadjustierten Lebensjahre" (abgekürzt QALYs, Klarman et al. 1968, Pliskin et al. 1980[63]), die einen Zeitraum in perfekter Gesundheit angeben. Dabei entspricht beispielsweise ein „normales" Lebensjahr in Krankheit einem halben QALY. Die qualitätsadjustierten Lebensjahre meinen damit Lebenszeit bei voller Lebensqualität und sind damit typischerweise geringer als etwa die Lebenserwartung. Die Qualitäts-adjustierten-Lebensjahre stellen somit eine Möglichkeit dar, in strukturierter Weise die Sinnhaftigkeit einer Maßnahme gegenüber Alternativen zu bewerten (Broome 1996), indem in der Maßzahl Lebensqualitätsgewinne und erhöhte Lebenszeit zusammengefasst werden. Der Nutzen einzelner Behandlungsmethoden lässt sich in QALYs umrechnen und dann im Vergleich mit den dafür aufzuwendenden Kosten bewerten. Vielfach wird diese Methode als besonders geeignet angesehen (Robinson 1993), weil eine subjektive Bewertung des Wohlbefindens („Well-Being") erfolgt. Das QALY-Konzept soll intuitiv eine Annäherung an das ökonomische Konzept des Nutzens darstellen (Garber und Phelps 1997). Hierbei ergeben sich aber gravierende Probleme (Nyman 2009): Die üblichen Gesetzmäßigkeiten, die sich aus den Axiomen der ökonomischen Nutzentheorie ableiten lassen (Luce und Raiffa 1985), etwa Unabhängigkeit zwischen den beiden Größen Lebensqualität und Lebensdauer oder Risikoneutralität hinsichtlich der Lebensdauer finden auf QALYs keine Anwendung und Gültigkeit. Nichtsdestotrotz lässt sich bei Hinnahme einiger vereinfachender Annahmen[64] zeigen, dass sich Evaluierungen bei Kosten-Nutzwert-Analysen im Rahmen des Von-Neumann-Morgenstern-Ansatzes durchführen lassen.

Ein weiteres Konzept zur einheitlichen Messung von Nutzwerten sind DALYS – Disability adjusted life years (Murray und Lopez 1997, Murray 1994, 1997)[65]. Diese

---

62 Häufig wird die Kosten-Nutzwert-Analyse als Spezialfall der Kosten-Effektivitäts-Analyse gesehen.

63 Zudem werden Christopher Cundell und Carlos McCarthy erwähnt, die das Konzept 1956 vorgestellt haben sollen – eine Veröffentlichung hierzu ist nicht bekannt.

64 Im Wesentlichen sind dies additiv-separable Nutzenfunktionen, d. h. also unabhängige momentane Nutzen in der Zeit, eine konstante Diskontrate und Risikoneutralität gegenüber dem Leben. Sicherlich lassen sich zu diesen Annahmen direkt berechtigte Einwände gerade für den Bereich der Gesundheitsökonomie finden.

65 Der Index „Healthy Life Years" von Hyder et al. 1998 ist eine weitere häufig genutzte Größe in diesem Zusammenhang. Ein weiterer Index, die „Äquivalente gesunder

stellen eine Maßzahl dar, in der umkehrt verminderte Lebensqualität und Lebenszeit zusammengefasst werden. Die Lebensqualität wird hierbei durch Expertenmeinungen beurteilt. Verschiedene Studien nutzen DALYs zur Bewertung der „Krankheitslast" z. B. bei schädlichem Alkoholkonsum (Shield et al. 2012, Effertz und Mann 2012). Diese alternative Maßeinheit errechnet die Krankheitsbelastung in Form der ausstehenden verlorenen Lebensjahre, die in voller gesundheitlicher Qualität ausgehend von einer statistischen Lebenserwartung noch erlebbar gewesen wären (Zweifel et al. 2009). Ebenso wird ein Anteil an Jahren in beeinträchtigter körperlicher und geistiger Funktionalität hinzuaddiert. Hierbei werden unterschiedliche Diskontierungen, Morbiditätsgewichte[66] und Altersgewichte verwendet, die von Gesundheitsexperten festgelegt werden. Der Nutzen einer Maßnahme resultiert aus der Anzahl eingesparter DALYs. Auch diese Kennzahl ist kritisch zu sehen (Anand und Hanson 1997). Ebenso wie die QALYs werden hier nur einzelne „charakteristische" Aspekte von Krankheiten in einer Maßzahl ausgedrückt; insbesondere die Reduzierung der „Human-Function" im Sinne Sens wird stark kritisiert, womit die Gesamtheit dessen gemeint ist, was einen Menschen ausmacht (d.s. bestimmte Aktivitäten des täglichen Lebens, Lernen, Arbeiten, Nahrungsaufnahme und Bekleiden etc.). Die Diskontierungen und Gewichtungen von Befindlichkeitszuständen sind – wenn auch teilweise Consensus herrscht[67] – willkürlich[68] und führen dazu, dass das Krankheitsleid von Kindern und Rentnern weniger stark gewichtet wird, als das potentieller Erwerbstätiger. Ebenso ist die Frage, wie Komorbiditäten zu berücksichtigen und einzuberechnen sind bislang ungeklärt (Schellevis et al. 1993a, Van Baal et al. 2006, Effertz und Mann 2013, Wun et al. 1998)[69].

Um die beschriebenen Nutzwert-Konzepte empirisch zu ermitteln, werden unterschiedliche Messmodelle angewendet. Hierbei wird häufig der gesundheitliche Wert zwischen Tod und perfekter oder zumindest „voller" Gesundheit auf dem Einheitsintervall 0 bis 1 verhältnisskaliert abgebildet. Die Konstrukte QALYs

---

Jahre" (Healthy Year Equivalents von Mehrez und Gafni 1989), wird durch individuelle Befragungen ermittelt.

66 Die Morbiditätsgewichte entsprechen hierbei einer von Gesundheitsexperten geäußerten sozialen Präferenz (vgl. z. B. Stouthard et al. 1997) für eine Ausarbeitung und Bestimmung der entsprechenden Gewichte für unterschiedliche Krankheiten.

67 Vgl. Schwarzinger et al. 2003.

68 Siehe hierzu Stouthard et al. 2000

69 Erstaunlicherweise sind die systematischen Untersuchungen zu Komorbiditätsmustern noch nicht allzu alt (Saltman et al. 2005), obwohl hieraus deutliche Erkenntnisgewinne für die Behandlung Kranker und die Optimierung von Kostenstrukturen im Gesundheitswesen erwartbar sind.

und DALYs werden dann häufig als Index über mehrere Dimensionen gebildet, die entsprechend der unterschiedlichen Gesundheitszustände gewichtet werden.

QALYs und DALYs stellen Zeiteinheiten dar, verbinden Morbiditäts- und Mortalitätsaspekte und – und darüber wird am kontroversesten diskutiert – sind dahingehend komplex, dass in die Festlegung unterschiedlicher Gewichte für bestimmte Gesundheitszustände verschiedenste Vorstellungen und Wertungen entweder von Gesundheitsexperten oder Individuen einfließen.

Als dritte Analysekategorie versuchen schließlich die Kosten-Nutzen-Analysen (engl. Cost-Benefit-Analysis) den monetären Kosten monetäre Nutzenäquivalente gegenüberzustellen[70]. So wäre es etwa denkbar, für eine Maßnahme, die eine bestimmte Krankheit komplett eliminiert, deren in der Krankheitskostenrechnung ermittelten Wert aus direkten, indirekten und falls möglich auch intangiblen Kosten als Nutzenäquivalent entgegenzusetzen (Rice 1969). Analog lassen sich die mit einer bestimmten gefährlichen Konsumart in Verbindung gebrachten Krankheiten sowie deren monetäre Äquivalente als Nutzengewinn für die Gesellschaft den Kosten, etwa dem Verlust von Arbeitsplätzen der betreffenden, das Konsumgut produzierenden Industrie gegenüberstellen. In internationalen Studien finden sich auch direkte monetäre Bewertungen von QALYs (50.000–100.000 US$ pro gewonnenem QALY; Shiroiwa et al. 2010). Hierbei besteht ein häufig auftauchendes Problem in der Inflationsbereinigung: Um QALYs zu ermitteln werden Befragungen durchgeführt. In diesen werden „gefühlte Werte" für Gesundheitsverbesserungen angegeben. Das liegt einfach daran, dass sich Befragte über einen Zustand Gedanken machen müssen, der oft rein hypothetisch ist. Dabei bleibt unberücksichtigt, ob Individuen die „reale" in der Volkswirtschaft vorherrschende Inflation genau wahrnehmen oder ggf. Zahlungsbereitschaften in Abhängigkeit bestimmter „mentaler Anker oder Konten" (Thaler 1999) ersinnen. So wäre es beispielsweise möglich, dass Individuen bei Befragungen zum Wert von Leben und Gesundheit an ein monetäres Opfer im Rahmen ihres persönlichen Budgets denken. Damit wäre eine Aussage zur Zahlungsbereitschaft eine hypothetische Konsumentscheidung, die vom realen Einkommen und der daraus herrührenden Kaufkraft bestimmt wird. Nur wenn gleichermaßen Preise und Einkommen im Jahr um den gleichen Prozentsatz ansteigen, wird dem Leben stets der gleiche Wert beigemessen, da sämtliche alternativen Güterbündel ebenfalls teurer geworden sind. Da Einkommen und (Faktor-)preisanpassungen

---

70 Hierbei ist nach wie vor der Nutzen die zentrale Größe, allerdings tritt dieser nicht mehr direkt in Erscheinung sondern lediglich das monetäre Äquivalent, das auf unterschiedliche Art (etwa der Willingness to Pay Methode, vgl. Kapitel 3.3) ermittelt werden kann.

im Lebens- und Zeitablauf deutlich schwanken, dürfen QALYs früherer Jahre nicht einfach mit der nominalen Inflationsrate verzinst werden, da die Werte zu hoch ausfallen könnten[71]. Ebenfalls ist problematisch, dass diese als durch das noch zu erläuternde Willingness-to-pay-Konzept erfragten Werte[72] teilweise wichtige Größen wie Konsum und Freizeit explizit nicht ausschließen, so dass es zu Verzerrungen in der Bewertung kommen kann. Eine heuristische Unterteilung sieht Maßnahmen als „kosteneffektiv" an, wenn ein zusätzliches QALY weniger als 20.000 US$ kostet; als „kontrovers" werden Maßnahmen bezeichnet, die zwischen 20.000 und 100.000 US$ liegen und als „fraglich" alle Maßnahmen mit höheren Beträgen. Mit steigendem Einkommen und mit der Bildung steigt im Übrigen die Zahlungsbereitschaft für ein zusätzliches QALY kulturübergreifend an (Shiroiwa et al. 2010).

Diese bisherigen Versuche, Nutzen mittels Maßzahlen zu quantifizieren, werden kritisch betrachtet. Das Institut für Qualität und Wirtschaftlichkeit im Gesundheitswesen (IQWiG 2010) in Deutschland bewertet therapeutische Maßnahmen anhand einer sog. „Effizienzgrenze". Diese weist eine gewisse Ähnlichkeit mit dem effizienten Rand des Markowitz-Portfolio-Modells bzw. dem CAPM von Sharpe und Lintner auf. QALYs werden vom IQWiG mit der Begründung kritisiert, sie stießen auf „Solidaritäts-, Gleichheits- und Gerechtigkeitsprobleme"; werden aber zumindest teilweise berücksichtigt. Patientenrelevanter medizinischer Nutzen hingegen ist wiederum ein nicht genau definierter, eher schwammig gehaltener Begriff, der mit „positiven Konsequenzen" gleichgesetzt wird (IQWiQ)[73].

---

71 Ökonomisch lässt sich dies auch noch erweitern: Nimmt man an, man könnte Lebensjahre am Markt direkt kaufen. Dann stiftet sowohl das Lebensjahr x, als auch das damit alternative zu erwerbende Güterbündel y – ein allgemeines Konsumbündel, das während des Lebens konsumiert wird – Nutzen, letzteres allerdings nur, wenn man lebt. Das bedeutet, dass man sich sowohl für ein kurzes und konsumintensives Leben oder für ein längeres – alternativ gesünderes Leben mit weniger Konsum entscheiden kann (Einkommensglättungsmechanismen wie Altersrenten einmal ausgeklammert). Gerade beim Gut Gesundheit bedeutet dies aber, dass gemäß der mikroökonomischen Haushaltstheorie zunächst der Preis der Gesundheit am Anfang des Lebens vergleichsweise niedrig ist und mit dem Alter und der Krankheitsanfälligkeit ansteigt, die Nachfrage nach Gesundheit mit Alter und Einkommen steigt und Preise für das Güterbündel y aufgrund der Komplementarität von Leben und Konsum ebenfalls ansteigen.

72 Diese Methode wird ausführlich in Kapitel 3.2 dargestellt.

73 Schreyögg et al. (2006) schlagen zur Systematisierung die Nutzung von angegebenen Kosten nach diagnosebezogenen Fallgruppen (Diagnostic Related Groups) vor. Nutzen wird mit 3 % diskontiert.

3.2 Monetäre Nutzenäquivalente

Soll Nutzen in monetäre Werte transformiert werden, müssen zunächst subjektiv empfundene Differentiale im Nutzen gemessen und anschließend mit geeigneten Instrumenten in Geldwerte konvertiert werden. Die Bestimmung von monetären Nutzenäquivalenten lässt sich aus empirischer Sicht aus zwei Ansätzen der Präferenzäußerungen entwickeln. Der sogenannte „Revealed-Preferences-Ansatz" (Samuelson 1938, Afriat 1967, Varian 1982) meint dabei eine Erfassung von Präferenzen der Individuen durch Beobachtung von Marktgeschehnissen, der „Stated-Preferences-Ansatz" die Offenlegung von Präferenzen durch Befragung von Individuen. Mit dem Begriff „Willingness-to-Pay" (WTP; dt. Zahlungsbereitschaft) wurde von Jacques Drèze 1962 ein konzeptionierter Ansatz geschaffen, bei dem individuelle Wertschätzungen über Leben und Lebensqualität erhoben werden, wobei sowohl Konsumaspekte, wie auch sogenannte psychosoziale Komponenten mit berücksichtigt werden können. Thomas Schelling (1968) wandte den WTP-Ansatz zuerst für die Fragestellung des Wertes des Lebens an. Der Willingness to Pay Ansatz ersetzt damit den Humankapitalansatz der Krankheitskostenrechnung (Schelling 1968, Mishan 1971, Johannesson 1996) [74], welcher häufig als nicht ökonomisch fundiert kritisiert wurde[75]. Ausgehend von der Theorie subjektiven Nutzens (Savage 1954) ließe sich bei der Ermittlung von Zahlungsbereitschaften und deren Aggregation eine auf dem Pareto-Prinzip fußende Regel ableiten, die damit Quantifizierungen von „Kosten und Nutzen" erlaubt[76]. Hinter dem Terminus verbirgt sich die individuelle monetäre Wertschätzung, die ein Individuum maximal bereit ist dafür auszugeben, eine Verschlechterung seines Nutzenniveaus aufgrund von Preisänderungen zu vermeiden.

Obwohl dieser mikroökonomisch fundierte Ansatz (Mas-Colell et al. 1995, Schelling 1968, Mishan 1971) als wesentliche Verbesserung in der Methodik der Bezifferung von Krankheitskosten gesehen wurde, stößt er an viele Grenzen v. a.

74 Vgl. hierzu ausführlich Kapitel 5.1.2. Besonders kritisch wurden Doppelzählungen und die Frage nach den wesentlichen Elementen, die Eingang in die Kostenrechnung finden sollten gesehen (Johannesson 1996).

75 Zum Humankapitalansatz und zur Krankheitskostenrechnung vgl. Kapitel 5.1.1 und 5.3.1.

76 Dabei wird außer Acht gelassen, dass der Humankapitalansatz eine makroökonomische Fundierung über die Marginalbedingungen erfährt und nicht das Problem birgt, die einzelnen Zahlungsbereitschaften aggregieren zu müssen. Außerdem stellt der Humankapitalansatz eine Komponente des gesamten Lebenswertes dar, der als Untergrenze des WTP-Ansatzes angesehen werden kann. Vgl. hierzu Johannesson (1996) der darauf verweist, dass dies nicht immer der Fall sein kann.

empirischer Natur. Dem WTP-Maß wird häufig das Willingness-to-Accept Maß gegenübergestellt, welches den Betrag angibt, den ein Individuum akzeptieren würde, um eine Nutzeneinbuße hinzunehmen. Eingebettet in der ökonomischen Theorie kann WTP mit den Hicks'schen Konzepten der Kompensatorischen Variation gleichgesetzt werden, die man formal so ausdrücken kann[77]:

$$CV(P_1, P_{0,}, w) = C(U_1, P_1) - C(U_0, P_1)$$

Dabei stehen $P_{0,1}$ für die jeweiligen alten und neuen Preisvektoren, w für das Einkommen bzw. Vermögen und $U_{0,1}$ für die jeweiligen korrespondierenden Nutzenniveaus. CV ist der Geldbetrag, den beispielsweise ein zentraler Planer dem Individuum für das Wiedererreichen des Ausgangsnutzens zahlen müsste. Wichtig ist hierbei der direkte Ausdruck der Nutzenänderung als monetäre Größe über die Funktion C(x), die man als „Money-metric-indirect-utility-function" bezeichnet[78]. Etwas genauer ist die folgende Schreibweise:

$$CV(P_1, P_{0,}, w) = C(v(y_1, P_1)P_1,) - C(v(y_0, P_0), P_1)$$

Hier meint C(x) die Ausgabenfunktion (Geldwert der kostenminimalen Güter-Kombination) und v(x) die indirekte Nutzenfunktion, die das maximale Nutzenniveau bei gegebenem Einkommen und Preisen ausweist. Die äquivalente Variation – die mit WTA korrespondiert – lässt sich ähnlich formal darstellen:

$$EV(P_0, P_1, w) = C(U_1, P_0) - C(U_0, P_0)$$

Dies ist der Betrag, dem man einem Individuum zahlen müsste, um dieses hinsichtlich einer Änderung der relativen Preise, die das individuelle Nutzenniveau beeinflussen, indifferent zu stellen. WTP und WTA wären bei Gleichheit mit den Konzepten der EV und CV ein geeignetes Wohlfahrtsmaß zur monetären Bewertung von Gesundheitsverschlechterungen. Ließen sich diese Konzepte sauber messen, wäre eine monetäre Bewertung mittels WTP oder WTA problemlos möglich. Allerdings sind in der Regel bereits die beiden Hicks'schen Konzepte aufgrund von Vermögenseffekten nicht gleich (Mas-Colell et al. 1995). Ebenso sind die Hicks'schen Konzepte nicht gleich mit den WTP-WTA-Konzepten, wenn letztere Momentaufnahmen ohne volle Information während einer Transaktion darstellen (Zhao et al. 2004). WTP und WTA lassen sich auch nicht unmittelbar aus Marktdaten errechnen, da üblicherweise keine direkten Märkte für Güter wie Gesundheit und Lebensqualität existieren. Häufig wird die Konsumentenrente

77 Mas-Colell et al. 1995, Seite 82. Vgl. auch Zhao et al. 2004.

78 In einer indirekten Nutzenfunktion ist die Budgetbedingung direkt in die Nutzenfunktion integriert.

aus der Marschall'schen Nachfragefragefunktion abgeleitet. Für Nichtmarktgüter, für die kein Preis beobachtbar ist, ist diese Herangehensweise aber unzuverlässig (z. B. Ebert 2008, 2010)[79]. Neben der Problematik der Aggregation von Nutzenfunktionen und damit verbunden von Zahlungsbereitschaften sind aber v. a. praktische Probleme vorhanden, die im Weiteren beschrieben werden sollen.

3.3 Probleme bei der Messung von monetären Nutzenäquivalenten

3.3.1 Das WTP-WTA Verhältnis

Das Kundtun von Präferenzen ist noch nicht hinreichend für die Ermittlung einer eindeutig bestimmten Nutzenfunktion. Gleichwohl ist es möglich einen monetären Wert aus Aussagen oder Handlungen von Individuen derart zu gewinnen, dass sich dieser mit der Hicks'schen Konzeption der äquivalenten bzw. kompensatorischen Variation vergleichen lässt (beispielsweise in Viscusi et al. 2008). Die im Rahmen von „Stated Preferences Ansätzen" gewonnen Größen Willingness-to-Pay oder Willingness-to-Accept sind häufig nicht gleich groß, obwohl sie dies theoretisch sein müssten. Das Verhältnis WTA-WTP ist regelmäßig größer als eins (Horowitz und McConnell 2002). Dies gilt besonders für öffentliche Güter und solche, für die keine „direkten" Märkte vorhanden sind, wie etwa Gesundheit und Sicherheit[80] und die damit auch über keine guten Substitute durch private Güter verfügen (Hanemann 1991) oder aber wenn Inkompatibilitäten zwischen den statischen Konzepten WTP und WTA und den Hicksianischen Wohlfahrtsmaßen der CV und EV in dynamischen Marktsettings bestehen[81]. Andererseits scheinen

79 Vgl. Ebert (2008) für den Ansatz der Taylorreihenentwicklung zur indirekten Schätzung der WTP von Nichtmarktgütern, aufbauend auf Vartia (1983).

80 Horowitz und McConnell (2002) haben hierbei den Aspekt der Versicherbarkeit dieser Risiken nicht berücksichtigt. Dieser würde, da er nicht den vollkommenen Ausfall des Nutzens kompensieren könnte auch nicht dazu führen, dass Individuen indifferent zwischen Versicherungen und keinem Risiko wären. Grundsätzlich gilt auch für die weitere Reihenfolge des Verhältnisses von WTA zu WTP, dass es umso kleiner wird, je marktbarer und „geldnäher" die Güter sind. So weisen Lotterien die komplett auf Geld basieren, aber unsichere monetäre Auszahlungen aufweisen eine niedrigere Ratio auf als normale private Güter. Auch zeitlich verteilte monetäre Auszahlungen besitzen niedrigere Ratios als private Güter.

81 Gemeint ist hier, dass Erfahrungsgüter wieder zurückgegeben werden können, Konsumunsicherheiten bestehen und daher in der WTP ein „intrinsischer Wert" für das Gut abzüglich von Commitment-Kosten abbildet, die das Auseinanderfallen der Konzepte bewirkt (Zhao und Kling 2004). Commitment Kosten fallen an, wenn das Individuum keine Möglichkeit des Rückabwickelns einer Transaktion mehr hat.

bisherige Experimente zur Ermittlung der WTA oder WTP mit verschiedenen Aspekten des Untersuchungsdesigns und irrelevanten Informationen konfundiert (Plott und Zeiler 2005), so dass Fehlwahrnehmungen oder Präferenzen gemäß der Prospect-Theory auszuscheiden scheinen. Ebenso scheinen anreizkonforme Studiendesigns zu höheren Verhältniszahlen zu führen, was dann aber eher als strategisches Verhalten und nicht als Präferenzoffenbarung interpretierbar ist. Ebenso erscheint es fraglich, ob durch ein wiederholtes Auseinandersetzen und damit durch einen „gewohnten Umgang" mit dem Präferenz-Experiment die WTA-WTP-Lücke geschlossen werden kann.

3.3.2 Empirische Probleme bei der WTP-Ermittlung

Ein „berühmtes" Zitat Gary Beckers lautet: "individuals maximize welfare as they conceive it, whether they be selfish, altruistic, loyal, spiteful, or masochistic. Their behavior is forward-looking, and it is also consistent over time." Wie weit sich die Gültigkeit dieser Aussage erstreckt wird fraglich, wenn man beispielsweise kinderlose Ehepaare über Modalitäten des Schulsystem abstimmen lässt. Bewertungsverzerrende Affekte und Stimmungen spielen überdies eine bedeutende Rolle, wenn etwa die Zahlungsbereitschaft für ein abstraktes Gut wie Gesundheit abgefragt wird.

Die Zahlungsbereitschaft eines Individuums lässt sich mittels Befragung direkt oder durch Marktbeobachtung indirekt ableiten. Häufig müssen öffentliche und nicht an Märkten gehandelte Güter bewertet werden, so dass eine CV-Methode teilweise schwierig zu rechtfertigen ist. Insbesondere für die Stated-Preference-Ansätze, die mittels Befragungen durchgeführt werden, lassen sich verschiedene Verzerrungen und Inkonsistenzen nachweisen: Beispielsweise ändert sich die Zahlungsbereitschaft mit dem Alter (Knieser und Viscusi 2006) und mit dem Einkommen. Ein häufig gewählter Methodenrahmen zur Ermittlung der WTP, ist die sog. Contingent-Valuation-Methode (ursprünglich von Ciriacy-Wantrup 1947 und immer noch favorisiert von Hanemann 1994 und Carson 2012). Diese Befragungstechnik ist grundsätzlich offen gestaltet und wurde zunächst zur Erfragung der individuellen Wertzumessung in der Umweltökonomie genutzt. Hierbei sollten Befragte angeben, wie viel ihnen beispielsweise der Erhalt einer bestimmten Tierart oder ein bestimmter Qualitätsgrad von Luft oder Wasser wert ist. Hanemann (1994) führt einen wichtigen Punkt aus: Individuen bewerten ein Gut nicht nur indirekt über Löhne und Eigentumswerte sondern auch über Haushaltsproduktionsmodelle durch Komplementärgüter etwa Freizeit. Die Zahlungsbereitschaft zu ermitteln, hängt im Wesentlichen vom richtigen Fragendesign ab. Diesen Punkt hebt auch Carson (2012) hervor: Die Fragen müssen konkret sein und geschlossene Designs beinhalten. Empirische Methoden erlauben es zudem, das Antwortverhalten der Individuen auf Unzulässigkeiten hin zu kontrollieren, zu validieren und zu verifizieren; so jedenfalls die Meinung Hanemanns (1994)[82]. Auch das Problem des Existenzwertes ist seiner Meinung nach rein definitorischer Art; im Sinne einer weiten Auslegung von Konsum. Wichtig nach Hanemann ist es, Befragungen möglichst konkret zu formulieren und damit die Reliabilität zu erhöhen. Damit wird es umgekehrt aber schwierig, etwa Schmerz und Leid durch gefährlichen Konsum abstrakt abzufragen. In offenen Fragen werden ebenso häufig Marktpreise und nicht Zahlungsbereitschaften genannt. Ein Problem hierbei ist die „hohe Vorstellungsferne“: wenige Befragte werden in der Regel mit einer vom Aussterben bedrohten Tierart intensiver befasst gewesen sein. Verschärfend ist die Auseinandersetzung mit Krankheit und – dem eigenen – Tod, eine allein aus psychologischer Sicht unangenehme und deshalb wenig valide bzw. rein hypothetische Bewertungssituation. Viele Studien weisen darauf hin, dass deshalb Befragten aufgrund des Nichtvorhandenseins vieler Märkte der Bewertungsgegenstand deutlich gemacht werden muss (Hahnemann 1994, Sloan und Perreira 2002), um damit eine möglichst genaue Vorstellung über diesen zu generieren[83]. Ebenso werden Konsistenzfragen empfohlen, um Widersprüche aufzudecken und validere Ergebnisse zu erzielen.

Magat et al. (1996) schlagen eine Befragungstechnik vor, die Risiken unterschiedlicher Krankheiten miteinander abwägt (eine sog. Risk-risk-Lotterie). Dieser Ansatz soll den Vorteil bieten, dass kein Umweg über ein monetäres Nutzenäquivalent nötig wird, sondern zunächst lediglich eine Präferenzordnung über Krankheiten erstellt werden kann, die dann eine „Aufhängung“ an einem WTP-Wert konsistent möglich macht. Das Problem mit diesem Ansatz ist ebenfalls, dass

---

82 Ebenso wird vorgeschlagen, die Fragesituation bzw. das Interview zu kontrollieren, also störende ablenkende Einflüsse auszuschließen und es nicht ad-hoc und mit persönlichem Interviewer durchzuführen. Es sollen „balancierte und objektive Befragungen“ durchgeführt werden, ggf. Substitute und Budgetbedingungen genannt bzw. vor Augen geführten werden. „Nicht wissen“ sollte als Antwort und ein Überdenken der Antworten insgesamt zugelassen sein. Ebenso sollte angeführt werden, dass bereits einige Personen bei einer Frage für und andere dagegen gestimmt haben. Schließlich sollte eine Debriefing-Session vorgenommen werden, um die Konsistenz der Antworten am Ende zu überprüfen. Kontrafaktische Fragestellungen („Was würden Sie dafür zahlen Fukushima zu vermeiden?) sollten ebenso vermieden werden.

83 Beispielsweise werden Filmaufnahmen von behinderten Personen in Alltagssituationen gezeigt, um Befragten die realen Einschnitte zu verdeutlichen.

sich Individuen die teilweise recht drastischen Konsequenzen unterschiedlicher Krankheiten vor Augen führen und gegeneinander abwägen müssen. Es ist bekannt, dass Individuen übersensibel auf kleine Wahrscheinlichkeiten reagieren oder auch kleine Veränderungen nicht wahrnehmen. Wie Slovic (1987) deutlich macht, ist die bloße Existenz einer Bedrohung von Leben und Gesundheit bereits Quelle möglicher Bewertungsverzerrungen. Ein schwieriges Resultat der Studie von Magat et al. (1996) ist etwa die gleiche Bewertung eines tödlichen Autounfalls und tödlichem Lymphdrüsenkrebs durch den Median. Dies bedeutet, dass 50 % der Befragten einen Unfalltod einem Krebstod vorziehen. Wie auch immer die Vorstellungen über diese Verläufe aussehen, es bleibt ungeklärt, inwieweit sich Individuen tatsächlich mit den Unterschieden dieser Lebensausgänge auseinandergesetzt, sich mit ihnen persönlich in Verbindung gebracht haben und sie wirklich vollkommen verstanden haben. Somit bleibt ein konfundierender Einfluss der reinen Todesdrohung (und deren mentaler Abwehr) als Effekt in den Befragungen möglich. Eine weitere Alternative besteht in der Nutzung des Vickrey-Auktionsmechanismusses (Vickrey 1961), welcher es ermöglicht, Zahlungsbereitschaften für bestimmte Güter in Form eines Höchstgebotes zu erfragen.

Die wohl wichtigste Verzerrung, der „Embedding Effect[84]" bringt einige Autoren zu dem Schluss (Diamond und Hausman 1994), dass die Contingent-Valuation-Methode nicht die wirklichen Präferenzen der Individuen abbildet und deshalb zu verwerfen bzw. „kein Wert besser als ein Wert – nicht ein Wert von Null – sei". Der „Embedding Effekt" meint eine Bewertungsinkonsistenz, bei der die Summe der Teilwerte stets größer ist, als die direkte Gesamtmengenbewertung. Ebenso existieren Reihenfolge- und Warm-Glow-Effekte. Mit einem „Warm-Glow-Effekt" ist ein Teil der durch WTP geäußerten Wertkomponente gemeint, die nicht den Wert des Gutes, sondern eine „moralische" Komponente abbildet, altruistisch durch Wertbeisteuerungen an der Bereitstellung des Gutes mitzuwirken („act of giving", Kahneman und Knetsch 1992). Einige Publikationen (Nunes und Schokkaert 2003) vertreten die Ansicht, einen um den Warm-Glow Effekt korrigierten WTP-Wert errechnen zu können. Da man gegenüber Interviewern dazu neigt sich teilweise sehr moralisch zu äußern, könnte

84 Formal drückt sich der Embedding Effect durch den Scope- und den Adding-Up-Test aus. Der Scope-Test besagt, dass die WTP der zusammen betrachteten Objekte etwa gleich groß ist, wie eine einzelne Bewertungen, bzw. der Adding-Up-Test, dass die WTPs der einzelnen Objekte gleich der Summe der Objekte sein muss. Der Adding-Up Test ist damit statistisch betrachtet restriktiver.

man einen Interviewer-Bias durch reine PC-Bearbeitung auszuschalten. Hierbei sollte der um den Warm-Glow-Effekt bereinigte Wert wieder die Eigenschaften aufweisen, die ihn als valide qualifizieren (z. B. den Scope-Test; und das Hausman Kriterium)[85]. Allerdings zeigt ein Review von Desvousges et al. (2012) zu 109 CV-Untersuchungen, dass der Scope-Test fast vollständig unerfüllt blieb. Weiterhin sind strategische Antwortverhaltensweisen möglich, die sich z. B. in Übertreibungen äußern, aber mittels Robustheitschecks vermieden werden können. Es bestehen Zurechenbarkeitsprobleme, da Investitionen in Prävention und Forschung nicht mit zeitgleich anfallenden Krankheiten verbunden sind. Auch das Vorhandensein unterschiedlicher Kostenträgerschaften (intern, extern, Private, Unternehmen, Sozialversicherung etc.) wirkt sich deutlich auf die WTP aus; beispielsweise werden zwar die Kosten medizinischer Dienstleistungen von der GKV übernommen, das Individuum muss aber nach wie vor Warte- und Wegzeit einkalkulieren, teilweise Zuzahlungen leisten und wird für Schmerz und Leid nicht vollständig kompensiert, da Therapien erst eine gewisse Zeit brauchen, bis eine Besserung eintritt. Bei dieser Gemengelage ist es schwierig einen Wert für die Kosten des Rauchens auf Basis der WTP zu rechtfertigen, den Individuen mit unterschiedlichen Präferenzstrukturen, Bildung und Erwartung an das Leben jeweils äußern.

Weiterhin besteht das Problem, dass „Präferenzen" aufgrund der hypothetischen Natur der Befragung konstruiert zu werden scheinen. Das „Wording" der Fragen hat eine enorme Bedeutung (Carlson et al. 2001). Jerry Hausman (2012), einer der stärksten Kritiker der Contingent Valuation Methode zur Ermittlung der WTP bestärkt 30 Jahre später seine geäußerte Kritik in den wesentlichen drei Punkten: der nur teilweisen Erklärung der WTA-WTP-Lücke, Verzerrungen aufgrund der hypothetischen Natur der Fragestellung und dem „Einbettungseffekt". Zu dem Befund, dass WTP und damit die CV-Methode zu überhöhten und verzerrten Werten führen können, kam übrigens auch das NOAA Expertengremium um Kenneth Arrow (et al. 1993) zur Begutachtung und Quantifizierung der Schäden des havarierten Öltankers „Exxon Valdez"[86].

85 Hierbei wird der Scope Test angewandt, also geprüft, ob die Summe der einzelnen Zahlungsbereitschaften gleich der Gesamtzahlungsbereitschaft (die jeweils unabhängig ermittelt werden) ist.

86 Auch „Second market effects" werden oft vergessen; damit wird die Konsequenz einer Entscheidung in seiner Tragweite nicht überblickt und nur partial erfasst.

3.3.3 Methodische Unterschiede der WTP-Ermittlung

Studien, in denen WTP gemessen werden soll, gehen in der Regel davon aus, dass diese in einem Contingent-Valuation-Setting mit unterschiedlichen Frage-Mechanismen etwa „Biet-Prozessen“, offenen oder geschlossenen Fragen-Designs, diversen „Discrete Choice“ Modellen oder ähnlichen Instrumenten ermittelt werden. Johnston et al. (2006) konnten zeigen, dass die WTP durch diese unterschiedlichen Methodologien teilweise erheblich beeinflusst wird[87]. Ryan et al. (2003) finden ebenfalls Unterschiede beim Vergleich der WTP-Ermittlung durch verschiedene Erfassungsmethoden. Porat und Tabbach (2011) beschreiben das Investitionsverhalten in risikominimierende Strategien, wenn Individuen mit dem Tod konfrontiert sind und empfehlen eine Veränderung des WTP Konzeptes. Obwohl viele Kostenstudien (etwa Sloan et al. 2004 oder Murphy und Topel 2006) WTP-ermittelte Werte des Lebens oder der Gesundheit einfach aus anderen Studien übernehmen, sind erhebliche Zweifel angebracht, ob WTP-Größen eine adäquate Basis zur Quantifizierung der Kosten von gefährlichem Konsum sein sollten.

3.4 Analytische Konzepte für Kosten und negative Konsequenzen

Im Fokus dieser Arbeit steht die Untersuchung und Quantifizierung negativer Konsequenzen gefährlichen Konsums. Es ist intuitiv naheliegend diese „negativen Konsequenzen“ als Kosten im ökonomischen Sinne zu verstehen[88]. Dies bedeutet zweierlei: Zum einen die Identifizierung und Benennung der einzelnen negativen Konsumkonsequenzen und zweitens die Durchführung einer Bewertung dieser Konsequenzen. Um einen sinnvollen Einstieg in die reichhaltige wirtschaftswissenschaftliche Literatur zu negativen Konsequenzen im Sinne von Kosten und deren Bewertung zu erhalten, müssen zunächst die aus ökonomischer Sicht „richtigen“ Methoden zur Kostenmessung dargestellt werden. Im „Externen Rechnungswesens“ sind Bewertungen von zentraler Bedeutung[89]. Als wichtigste

---

87 Signifikante Beispiele: Freiwilligkeit der Zahlung, nicht-parametrische Untersuchungen, „Trimmen“ von Ausreißern, Response-Raten, Annuitäten vs. Barwertdesign und weitere.

88 D.h. in Abgrenzung aber auch in Analogie zu einer betriebswirtschaftlichen Sicht der Kosten als bewertetem Verbrauch an Produktionsfaktoren wären hier aus der Warte des Individuums (nicht eines Unternehmung) alles an Kosten relevant, das bewertbar einen Verbrauch oder Verlust an Ressourcen darstellt.

89 Vgl. Wagenhofer und Ewert (2002) für eine ökonomisch-theoretisch fundierte Sicht auf den Gegenstand des externen Rechnungswesens. Hierbei spielen im wesentlichen

Informationsquelle steht der Jahresabschluss eines Unternehmens als eine Informationszusammenstellung für unterschiedliche Adressaten im Mittelpunkt der Analyse. Ziel ist es, über den Jahresabschluss ein Bild der Ertragskraft und Wertigkeit eines Unternehmens sowohl hinsichtlich seiner aktuellen, wie zukünftigen Situation wiederzugeben. Die hierbei wichtigen Fragestellungen sind erstens, nach welchem Konzept ein Unternehmen in seiner Wertigkeit durch Informationen abgebildet wird. Dies impliziert auch die Frage nach Bestandteilen, die zwar potentiell werthaltig und für das Unternehmen von Bedeutung sind, allerdings durch bilanzrechtliche Regelungen nicht in die Unternehmensbewertung mit einfließen dürfen[90]. Zweitens ist es von enormer Bedeutung anhand welcher „Regeln" Werte in einem Jahresabschluss errechnet und ausgewiesen werden. So ist es durchaus denkbar und im deutschen Handelsrecht beispielsweise durch das „Vorsichtsprinzip" des § 252 HGB kodifiziert, dass bestimmte Vermögensgegenstände eines Unternehmens nur zu einem entsprechend niedrigen Wert ausgewiesen werden dürfen. Ebenso bestehen „Wahlrechte", wie bestimmte Vermögensgegenstände bewertet werden können. Leider besteht hier die Gefahr, dass – zumindest für den externen Beobachter – häufig unklar bleibt, aus welchen Gründen bestimmte Wahlrechte genutzt wurden. Dies führt drittens zu einem Interpretationsdilemma: Zum einen wird nur ein Teil der Informationen über ein Unternehmen zur Verfügung gestellt, zum anderen sind diese wahrscheinlich nicht unverzerrt und ohne Zusatzwissen nicht interpretierbar.

Der betriebswirtschaftlichen Bewertung und Analyse eines Unternehmens entspricht auf makroökonomischer Ebene die volkswirtschaftliche Gesamtrechnung (VGR), in welcher die wirtschaftliche Tätigkeit bzw. das Vermögen eines gesamten Staates oder einer Gesellschaft zusammengefasst und bewertet wird. Hierbei wird über alle Unternehmen und Personen im Inland ein Aggregat nach einem bestimmten Konzept gebildet (Brümmerhoff 2007), etwa wird durch Erfassung der Produktion aller Inländer das Bruttoinlandsprodukt als Wert der wirtschaftlichen Tätigkeit in Deutschland errechnet. Um die negativen Konsequenzen des gefährlichen Konsums in einem Staat wie Deutschland zu erfassen, wäre dann etwa denkbar den Zustand der wirtschaftlichen Tätigkeiten und des Vermögens der Inländer ohne und mit gefährlichem Konsum zu erfassen und einen mög-

---

informationsökonomische Aspekte hinsichtlich der Anreizwirkung von Unternehmensbewertungen, Publizität und Ausschüttungsbemessungen eine Rolle.

90 Beispielsweise das „Aktivierungsverbot" von Firmenknowhow und Humankapital nach deutschem Handelsrecht.

lichen resultierenden Unterschied, wenn er denn kausal auf den gefährlichen Konsum zurückzuführen wäre, als negativen Wert bzw. negative Konsequenz entsprechend auszuweisen. In der Tat versuchen einige Ansätze diese beiden Zustände einer Ökonomie miteinander zu vergleichen und damit die Kosten gefährlichen Konsums als Differenz des Zustands mit gefährlichem Konsum und eines hypothetischen Zustands ohne einen solchen Konsum zu interpretieren (Lapsley et al. 2008)[91].

Die betriebswirtschaftlich relevanten Fragen bestehen auch auf Ebene der Volkswirtschaftlichen Gesamtrechnung weiter. So sind sicher nicht alle wohlfahrtsrelevanten Faktoren in der VGR erfasst. Der Sachverständigenrat zur Begutachtung der gesamtwirtschaftlichen Lage in Deutschland hat zusammen mit dem französischen Counseil d'Analyse économique die Frage der Wohlfahrtsmessung in einer Publikation thematisiert (2010) und dabei insbesondere auf die Qualität der statistischen Mess-Indikatoren hingewiesen. Diese sollten so ausgewählt werden, dass sie relevant sind, d.h. auch tatsächlich eine Wohlfahrtsänderung erfassen. Ebenso sollten sie konsistent und damit von der Theorie her abgeleitet sein. Drittens sollten die Indikatoren der Wohlfahrt messbar, dass bedeutet in erster Linie beobachtbar und durch Rohdaten erfassbar sein. Weiterhin besteht die Frage, in welcher Maßeinheit die negativen Konsequenzen gefährlichen Konsums ausgewiesen werden sollten. In der VGR wie auch den Unternehmensbewertungen der Wirtschaftsprüfung geschieht dies üblicherweise in der jeweiligen Geldeinheit. Weiche Faktoren wie etwa die Lebensqualität oder Ressourcennachhaltigkeit können allerdings nur schwer in solchen Einheiten gemessen werden. Es muss ebenso definiert werden, was unter dem Begriff „gefährlicher Konsum" zu verstehen ist, welche Konsumarten er umfassen soll und welchen Aufwand und welche Kosten er verursacht bzw. welche Positionen in der volkswirtschaftlichen Gesamtrechnung – in teilweise recht tief detaillierter Gliederungsebene – tangiert werden. Selbstverständlich sind dabei sowohl die Regeln zur Bemessung, als auch die Frage von nichterfassten Vermögenspositionen von Bedeutung[92].

---

91 Vgl. Lapsley und Kollegen (2008) für eine Quantifizierung der Kosten des Rauchens in Australien. Hierbei besteht die offensichtliche Schwierigkeit einen Zustand ohne gefährlichen Konsum in der Analyse zu skizzieren.

92 Um in der Analogie der Wirtschaftsprüfersprache zu bleiben: Eventuelle „stille Lasten" die sich hinter einzelnen Kostenarten verbergen können, machen natürlich einen konzeptionell großen Anteil aus.

3.4.1 Ökonomische Kostenkonzepte

Der Begriff der Kosten erfährt sowohl in betriebswirtschaftlicher wie auch ökonomischer Literatur verschiedene Ausprägungen und Interpretationen. Beide wissenschaftliche Sichten sind notwendig, um sich einem geeigneten, d. h. einem die negativen Konsequenzen am besten abbildenden Kostenbegriff im Rahmen dieser Arbeit zu nähern. Aus betriebswirtschaftlicher bzw. buchhalterischer Sicht unterscheidet man im Wesentlichen zwischen dem „pagatorischen" und dem „wertmäßigen" Kostenbegriff. Pagatorische Kosten sind hierbei durch „reale Auszahlungsströme" verursachte Kosten, die sich an tatsächlich bezahlten Marktpreisen orientieren. Wertmäßige Kosten hingegen meinen einen mit von durchaus unterschiedlichen Kalkulationssätzen bewerteten Verbrauch von Gütern und Dienstleistungen, der zur Erstellung einer Leistung notwendig ist. Damit beinhaltet er neben den pagatorischen Kosten auch sog. „kalkulatorische" Kosten, die keine Auszahlungen verursachen, aber dennoch Werte verbrauchen und kann daher v. a. zeitlich mit den pagatorischen Kosten auseinanderfallen, etwa durch Unterstellung kalkulatorischer Mieten[93]. Diese Kosten sind für die Berechnung von Krankheitskosten relevant, da vor allem medizinische Kosten des gefährlichen Konsums zeitlich in der Regel mit der Konsumhandlung auseinanderfallen und ebenso nicht im beobachteten Marktpreis der gefährlichen Güter enthalten sind[94]. Handelt das Individuum irrational bzw. sind die sog. privaten Kosten aufgrund dieses zeitlichen Auseinanderfallens wegen Nichtberücksichtigung höher als die im Zusammenhang mit der Konsumentscheidung berücksichtigten internen Kosten, so werden diese zunächst mit ihren Marktpreisen bewertet. Gleiches gilt für den Fall, dass die Kosten von Externen getragen werden, obwohl diese für die Konsumentscheidung keine Rolle spielen.

93 Darüber hinaus existieren verschiedene weitere Kostenbegriffe in der betriebswirtschaftlichen Literatur, die meist im Rahmen von Controlling- und Rechnungslegungsprozessen benutzt werden, um weitere Abgrenzungen vorzunehmen und alternative Sichten auf Kosten und Wertverzehr zu generieren.

94 Mit Verbrauchsteuern auf Alkohol und Tabakprodukte ist dies zwar teilweise intendiert; die Motivation ist aber bislang überwiegend eine fiskalische.

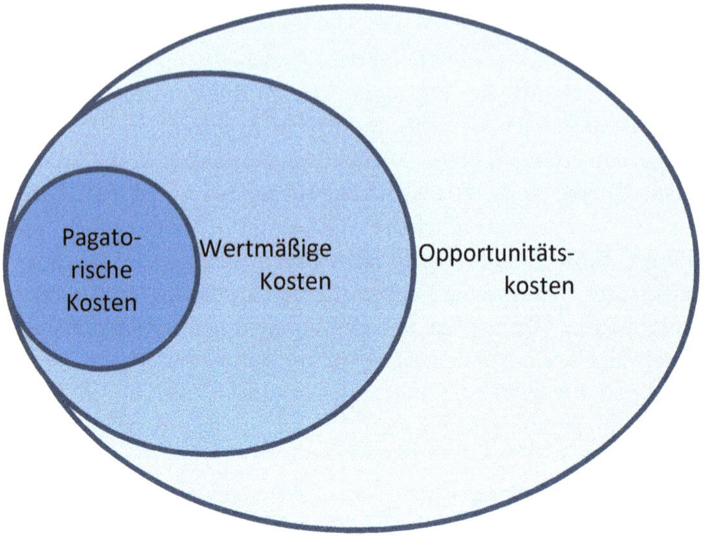

Abbildung 4 Kostenarten und ihre Abgrenzungen

Im ökonomischen Zusammenhang hingegen sind Kosten hinsichtlich ihrer Relevanz für zukünftige Entscheidungen und weniger aus historischer, buchhalterischer Perspektive bedeutsam[95]. Nach John Stuart Mill hat sich der Begriff der Opportunitätskosten (Buchanan 1987) herausgebildet, der damit den entgangenen Nutzen einer „besten" nicht gewählten Alternative als Kostengröße meint (Pindyck und Rubinfeld 2005)[96]. Opportunitätskosten beziffern die Wertigkeit der besten Entscheidungsalternative für zu nutzende und zu verbrauchende Ressourcen, gegen die der Nutzen gefährlichen Konsum zu stellen ist. Diese beinhalten wiederum pagatorische und wertmäßige Kosten. D. h. neben den Marktpreisen und weiteren später anfallenden kalkulatorischen Kostenkomponenten ist zu entscheiden, ob diese – nicht nur für sich betrachtet, sondern gegenüber der nächstbesten Alternative tatsächlich einen höheren Nutzen generieren. Grundsätzlich lässt sich damit eine Hierarchie der drei Kostenkonzepte für die Bewertung der negativen Konsequenzen gefährlichen Konsums herausbilden. Wie Abbildung 4 verdeutlicht, umfassen die

95 Vgl. etwa Pindyck/Rubinfeld (2010).

96 Opportunitätskosten werden häufig auch als ökonomische Kosten bezeichnet und meistens im Zusammenhang mit Finanzanlagemöglichkeiten eingeführt. Bei der Kalkulation einer lohnenden Investition muss diese beispielsweise eine sichere Mindestverzinsung erzielen um attraktiv zu sein.

Opportunitätskosten die wertmäßigen Kosten, die wiederum die pagatorischen Kosten umfassen. Jede eingesetzte Geldeinheit für gefährlichen Konsum fehlt an anderer Stelle. Unter dem Rahmen des ökonomischen Opportunitätskostenprinzips werden einzelne Kostenkomponenten pagatorisch angegeben für die ein direkter Marktwert vorhanden ist und im Sinne wertmäßiger Kosten erweitert, in dem Marktpreise oder Abschätzungen für die kalkulatorischen Komponenten vorgenommen werden. Methodisch problematisch für ein Zusammenspiel der Bewertung von gefährlichem Konsum im analytischen Rahmen der Wirtschaftswissenschaften sind die konstituierenden Merkmale der Opportunitätskosten zu sehen (Buchanan 1987): Demnach haben Opportunitätskosten einen „Ex-Ante-Charakter", fließen immer im Rahmen eines rationalen Entscheidungsprozesses ein und werden deshalb aus Sicht des Entscheiders im Kalkül voll berücksichtigt. Damit zusammen fällt das Charakteristikum, dass Opportunitätskosten subjektiv und lediglich vom Entscheider getragen werden, womit er sich auch vom Begriff der Externalitäten, die andere zu tragen haben, aber kein Argument in der zu maximierenden Nutzenfunktion des Entscheiders sind, abgrenzt. Dies schließt nicht aus, dass einige Bestandteile der Opportunitätskosten, etwa eine erwartete Mindestverzinsung durch einen Markt „objektiviert" worden sind. Zwei wesentliche Merkmale von Opportunitätskosten bestehen weiterhin darin, dass sie nur im Moment der Entscheidung Bedeutung haben, d. h. nach Entscheidungsfällung „versunken" sind und sich die nichtgewählte Alternative und damit deren Kosten niemals realisieren. Dies impliziert letztlich, dass die tatsächlich gewählte Alternative in jedem Fall einen Nettoertrag über den Opportunitätskosten der nichtgewählten Alternative erbringt, wenn man unterstellt, dass das Individuum rational entscheidet. Im Zusammenhang mit der Bewertung, welche Kosten eine bestimmte ungesunde oder riskante Konsumart etwa das Rauchen bewirkt, können deshalb Missverständnisse entstehen. Streng genommen muss man sich deshalb die Kosten bei Verwendung dieses Konzeptes als noch nicht entstanden vorstellen. Alternativ können die Opportunitätskosten dem Individuum auch ex post „vor Augen gehalten werden". Damit bleibt zusammenfassend festzuhalten, dass Opportunitätskosten vor allem dann einen Sinn als dargestellte und nach wie vor relevante Größe erlangen, wenn man annimmt, dass Individuen nicht rational im ökonomischen Sinne gehandelt haben und damit quasi als „Überprüfung" fungieren.

Damit sind als Opportunitätskosten für die Bewertung des gefährlichen Konsums alle diejenigen Kosten zu erfassen, die Erträge im Falle des Alternativkonsums[97] darstellen abzüglich eventueller Kosten, die aufgrund des gefährlichen

97 Dies kann auch der Verzicht auf gefährlichen Konsum bzw. Nichtkonsum sein.

Konsums gegenüber der Alternative nicht entstehen. Betrachtet man als Kostenausschnitt lediglich die mit dem Konsum verbundene Morbidität, so tauscht ein neu beginnender Raucher prinzipiell ein zukünftiges Krankheitsprofil gegen ein anderes aus. Das neue Krankheitsprofil muss nach der Buchanan'schen Definition theoretisch nicht zwingend besser sein, aber durch den Konsumnutzen überkompensiert werden, da es sonst aus Rationalität nicht gewählt worden wäre. Ist die „nächstbeste" Alternative der Verzicht auf gefährlichen Konsum, so sind die Opportunitätskosten des Rauchens damit der gesundheitliche Ertrag des Krankheitsprofils eines Nichtrauchers über dem des Rauchers und damit die Differenz der Barwerte der krankheitsbedingten pagatorischen und wertmäßigen Kosten eines Nichtrauchers zu einem Raucher[98].

Eine weitere Dimension der Berücksichtigung der Kosten gefährlichen Konsums betrifft deren Relevanz. Damit ist gemeint, dass der gefährliche Konsum zum einen kausal für die Entstehung bestimmter Kosten sein muss und zweitens Interdependenzen sowohl zwischen den Risikofaktoren – den gefährlichen Konsumgütern – den Krankheiten und den Kosten berücksichtigt werden müssen. Viscusi (1995) beispielsweise beschreibt die ehemalige vorherrschende skeptische Meinung hinsichtlich einiger Kosten des Rauchens. So war Mitte der 1990er Jahre die Ansicht vorherrschend, dass Passivrauchen nicht unbedingt schädlich wäre und, dass neu auf die Märkte gebrachte Teer-ärmere Zigaretten die gesundheitlichen Risiken zu mildern vermochten. Beide Ansichten gelten mittlerweile als widerlegt. Ebenso wird für Alkoholkonsum häufig angeführt, dieser sei in moderaten Maßen sogar gesundheitsförderlich (Rehm und Frick 2010).

Einige Autoren (Collins et al. 2006) benutzen auch das Konzept der vermeidbaren Kosten, bei dem tatsächliche Kosten mit denen einer „kontrafaktischen Wirklichkeit" verglichen werden. Dieses Kostenkonzept weicht dahingehend von ökonomischen Konzepten ab, als dass mit Hilfe geeigneter epidemiologischer Parameter und festgelegten möglichen Untergrenzen nur vermeidbare Kosten gezählt werden, die theoretisch deutlich unter den optimal oder maximal vermeidbaren Kosten von gefährlichem Konsum liegen[99]. Als kontrafaktische Situationen

98 Perloff (2008) führt aus, dass die Opportunitätskosten sowohl explizite (pagatorische) Kosten, wie Arzt-Gehälter und Medizinausgaben, wie auch implizite Kosten, die keinen expliziten Preis besitzen, also benutzte Ressourcen wie die entgangene Freizeit, die man aufgrund eines Krankhausaufenthaltes nicht genießen kann, umfassen.

99 Dieses Konzept soll hier nicht weiter betrachtet werden, da dessen Ansatz zum einen epidemiologischer Natur ist und zweitens die Parameter-Ansätze, die mit „attributablen Fraktionen" arbeiten gegenüber den hier verwendeten analytischen Ansätzen deutliche Schwächen haben.

werden beispielsweise Situationen mit bestimmten niedrigen Raucherquoten etwa in Kalifornien herangezogen und dann entsprechend in den Parametern der Modellierung integriert (Collins et al. 2006).

3.4.2 Analytischer Bezugsrahmen

Die zu quantifizierenden Kosten müssen auf einen zeitlichen Rahmen bzw. ein „zeitliches Konzept" hin bezogen werden. Im Rahmen der noch darzustellenden Krankheitskostenrechnung haben sich die beiden Konzepte des Prävalenz- und des Inzidenzansatzes herausgebildet. Der Prävalenzansatz, im Englischen auch einfach als „Cross-Sectional-Analysis" bezeichnet[100], berücksichtigt alle Kosten, die im Rahmen eines bestimmten Zeitraums anfallen, üblicherweise ist dies ein Jahr und bezieht sich auf alle Individuen einer Gesellschaft. Der Inzidenzansatz, im Englischen auch „Life-Cycle-Approach" genannt, hingegen betrachtet sämtliche Kosten, die bei einem einzelnen neu hinzutretendem Konsumenten im Laufe des Lebens anfallen. Bezieht man die hier thematisierten Risikofaktoren wie Rauchen und Alkohol mit ein, so betrachtet der Inzidenzansatz alle gesundheitlichen Kosten, die mit der Entscheidung, den Konsum zu beginnen, verbunden sind.

Bei der Entscheidung über den zu wählenden Ansatz gilt es verschiedene Vor- und Nachteile abzuwägen: Der Prävalenzansatz ist relativ leicht zu implementieren. Hierzu werden die Daten über Einkommen, Sterbefälle und Krankheitsstatistiken für ein Jahr benötigt. Allerdings weist der Prävalenzansatz die Krankheitskosten üblicherweise höher aus und stellt nur eine Momentaufnahme dar. Die tatsächlich verursachten Kosten etwa eines Fettleibigen während seines gesamten Lebens, auch etwa unter der Berücksichtigung der Möglichkeit eines kompletten Lebenswandels (Diäten, Sport, gesündere Ernährung etc.) werden üblicherweise ausgeblendet. Darüber hinaus bestehen Ungenauigkeiten, Kosten in einem Jahr tatsächlich bestimmten Krankheiten in genau diesem Jahr zuzuschreiben (Hodgson und Meiners 1982), etwa Investitionen in Forschungsaktivitäten gegen Krebserkrankungen.

Weitere wichtige Fragen im Rahmen der Krankheitskostenermittlung betreffen die zeitlich unterschiedlich anfallenden Zahlungsströme der gefährlich Konsumierenden im Vergleich zu normalen Konsumenten. Der Inzidenzansatz eignet sich zur Beantwortung der Frage, ob der frühzeitige Tod etwa eines Alkoholikers Behandlungskosten einspart, die im Rahmen eines Umverteilungssystems etwa der deutschen gesetzlichen Krankenversicherung von der Gesellschaft zu tragen gewesen wären, würde er länger leben. Insbesondere im letzten Lebensabschnitt

---

100 Vgl. Sloan et al. (2004).

fallen vergleichsweise hohe Gesundheitskosten an[101]. Hierbei ist allerdings zu berücksichtigen, dass Kosten nicht allein des Alters wegen entstehen, sondern v. a. mit der terminalen Phase kurz vor dem Tod altersunabhängig assoziierbar sind (Felder 2008). Im Rahmen des Prävalenzansatzes ist ebenfalls eine Umverteilung innerhalb des Umlageverfahrens von Gesunden auf Kranke zu beobachten, die wohlfahrtsökonomisch irrelevant ist – denn was dem Gesunden an Beiträgen genommen wird, bekommt bei Vernachlässigung von administrativen Kosten und Bildung von Rücklagen in den Sozialversicherungen in gleicher Höhe der Kranke ausbezahlt. Verschiedentlich ist auch die Ermittlung und Darstellung einer Kostenart im Inzidenzansatz sehr komplex. Etwa die Frage wie Alkohol auf die Wahrscheinlichkeit kriminell zu werden wirkt und welche Kosten damit verbunden sind. Hier mag es zweckmäßiger sein, im Rahmen des Prävalenzansatzes eine jährliche Betrachtung vorzunehmen.

Der „Inzidenzansatz" wird von Sloan et al. (2004) aus Public Health Perspektive bevorzugt, da er dynamisch das Individuum betreffende Änderungen mitsimulieren kann. Dies ist ein schwaches Argument, da auch im Prävalenzansatz unterschiedliche Momente von Konsumprofilen gefährlich konsumierender Individuen aufgegriffen werden könnten, etwa durch Anwendung genauerer Methoden, die beispielsweise einen temporären Rauchstopp miteinbeziehen. Lediglich hinsichtlich der Wirkung einer Steuer auf zukünftige Konsumweisen macht eine zukunftsgewandte Analyse Sinn. Die Wertigkeit der auf Basis des Prävalenz- oder Inzidenzansatzes errechneten Konsumweisen liefert aber bei Aggregation des Inzidenzansatzes über alle gefährlich Konsumierenden aller momentanen Kohorten das gleiche Ergebnis. Eine Vielzahl an Kostenstudien, die den Prävalenzansatz nutzen, implementieren stark aggregierte Zurechnungsfaktoren wie die „Populations-attributablen-Fraktionen" zur Kostenbestimmung. Damit reduziert sich das Problem auf die Präzision der Ansätze[102].

3.4.3 Volkswirtschaftliche Gesamtrechnungen und Wohlfahrtsvergleiche

In den Wirtschaftswissenschaften ist es üblich Wohlfahrtsvergleiche durchzuführen, v. a. um die Veränderungen bestimmter wirtschaftlicher Randbedingungen wie

101 Vgl. Auswertung der Krankheitskosten des Statistischen Bundesamtes von 2008 – www.destatis.de – die Kosten der über 65-Jährigen belaufen sich auf 48,4 % bzw. 123,1 Mrd. €. Vgl. hierzu Kapitel 7.4.

102 Die analytische Herangehensweise und Modellierung der Kostenmessung in Abhängigkeit bestimmter Kovariate etwa Rauchen und Übergewicht wird daher nicht umsonst als „Hardest to die" Thema bezeichnet (Pagano et al. 2008).

Preisniveau oder Beschäftigungsstand auf Einkommensniveaus oder Konsumpfade beispielsweise durch „Input-Output-Analysen“ oder „Computable General Equilibrium Modellierung“ beurteilen zu können. Dies bedeutet in der wirtschaftswissenschaftlichen Theorie den Vergleich von Resultaten „sozialer Wohlfahrtsfunktionen“. Die soziale Wohlfahrtsfunktion aggregiert die einzelnen Nutzenfunktionen der konsumierenden Personen einer Volkswirtschaft. Hierbei gibt es direkt mehrere Probleme, für die Lösungen nur teilweise vorhanden sind. Erstens wird in Wohlfahrtsanalysen – beispielsweise zu den Auswirkungen des Klimawandels – häufig eine soziale Wohlfahrtsfunktion aufgestellt, die direkt von den Einkommensströmen bzw. Konsumbündeln der Individuen abhängig ist und nicht indirekt über die individuellen Nutzenfunktionen damit verknüpft ist (Kaplow und Weissbach 2011). Diese verkürzte Sicht birgt wiederum die Probleme, dass sowohl die Beurteilung unterschiedlicher Wohlfahrtszustände fehlerhaft wird, als auch, dass insbesondere eine methodisch falsche Vermischung von rein empirisch zu überprüfenden Parametern der subjektiven Nutzenfunktion mit normativen Werturteilen, die die soziale Wohlfahrtsfunktion determinieren – etwa die Frage ob diese Utilitaristisch[103] à la Bentham und Bergsson oder im Sinne einer Max-Min-Funktion im Sinne Rawls erscheinen soll –, stattfindet. Auf den ersten Blick scheint deshalb die volkswirtschaftliche Gesamtrechnung (eng. „National accounts“) eine pragmatische Bewertungsalternative rein nutzenbasierter Überlegungen zu sein. Das Problem mit dieser Sicht auf Werte und Ressourcen besteht nach Ansicht vieler Ökonomen in der mangelnden Verbindung zwischen ökonomischer Theorie und dem aufgestellten Kontenwerk. Für Vanoli (2008) beginnt die Geschichte der VGR mit der „Great Depression“, dem zweiten Weltkrieg und den sich anschließenden Erholungs- und Wachstumsphasen der einzelnen Nationen. Als früherer neuzeitlicher Ausgangspunkt der VGR kann man das „Tableau economique“ von Francois Quesnay ansehen, dessen erste Version im Dezember 1758 per Brief an seinen Schüler den Marquis de Mirabeau[104] (Charles 2008) gesandt wurde. Simon Kuznets (Easterlin 2008)

103 Broome (1996) hingegen unterstellt, dass der von Ökonomen in Bewertungen häufig genutzte „durchschnittliche Utilitarismus“ dazu führt, dass zukünftige Generationen keinen Wert darstellen und deshalb – wohl implizit – bei Wohlfahrtsbetrachtungen nicht berücksichtigt werden.

104 Mit diesem veröffentlichte er weitere Versionen des Tableaus in physiokratischen Zeitschriften insbesondere in „Physiokratie“ eine seiner Aufsatzsammlungen. Quesnay, der damals als „Neuer Sokrates“ und „Konfuzius aus Europa“ bekannt wurde, entwickelte mit dem Tableau economique ein – wenn man so will – erstes ökonomisches Modell, in dem die Gesellschaft in drei Gruppen, die produktive Klasse (classe productive), die Klasse der Besitzenden (classe de propriétaires) sowie die

entwickelte wesentliche Teile der heutigen volkswirtschaftlichen Gesamtrechnung, die vor dem 1. Weltkrieg faktisch nicht vorhanden war und als Information während der „großen Depression" der 1930er Jahre dringend benötigt wurde, als Deduktion aus der ökonomischen Theorie. Seine Arbeit leistete damit einen wichtigen Beitrag dabei, die Wirtschaftswissenschaften zu einer empirisch gestützten Wissenschaftsdisziplin weiterzuentwickeln. Somit sind über die zentralen Größen der VGR, wie privater Konsum oder Volkseinkommen, konzeptionelle Aggregate vorhanden, die Berührungspunkte zwischen Nutzen, Risiken und monetären Werten darstellen.

Ein wesentlicher Schwachpunkt bleibt aber bestehen: Die Analyse von Preissystemen, die auf Märkten beobachtet werden können und Pseudopreissystemen, bei denen Wertigkeiten nicht beobachtbarer oder handelbarer Güter wie Gesundheit indirekt abgeleitet werden müssen, bleibt eine Herausforderung. Somit stellt auch der Sachverständigenrat zur Begutachtung der wirtschaftlichen Lage (2010) fest, dass die volkswirtschaftliche Gesamtrechnung in ihrer jetzigen Form nicht alle Werte einer Gesellschaft abbildet, sondern sich in erster Linie auf die aggregierten Wirtschaftsgrößen und ihre jeweilige Betrachtungsweise beschränkt. Dabei bemängelt der Sachverständigenrat (2010), dass die Wirtschaftsleistung nicht angemessen dokumentiert wird[105], sowie die Bereiche Lebensqualität und Nachhaltigkeit[106] in den Wertausweis nicht einbezogen sind. „Menschlicher Fortschritt" soll dabei mit einem Indikatorsystem anstelle eines einzelnen Indikators gemessen werden. Ein wichtiges Phänomen stellt hierbei das Easterlin-Paradoxon dar, das dokumentiert, dass wirtschaftlicher Wohlstand und Glück bzw. die subjektive Bewertung dieses Wohlstandes nicht gleichmäßig zunehmen.

---

unproduktive Klasse (classe sterile) eingeteilt wurde. Bereits hieran lässt sich die ehemalige Verknüpfung der klassischen Ökonomen mit der VGR ablesen, die sich die Ökonomie als im Wesentlichen aus den Akteuren Kapitalisten, Landbesitzern und Arbeitern bestehend vorstellte.

105 Wesentliche Kritikpunkte hierbei sind die ungenügende Behandlung von Abschreibungen zwischen Brutto- und Nettonationaleinkommen, der Ausweis von BIP-Pro-Kopf, der auf die Gesamtbevölkerung bezogen Präferenz für und Wert von Freizeit vernachlässigt sowie ein international unterschiedliches Niveau von Nichtmarkttätigkeiten. Ebenso bleiben Verteilungsaspekte unberücksichtigt. Die Thematik wurde auch von der europäischen Kommission im Rahmen der Initiative „GDP and beyond" aufgegriffen.

106 Der Bereich der Nachhaltigkeit ist v. a. aufgrund der Wirtschaftskrise 2008 thematisiert worden und meint, Handlungen, die kurzfristige Werte aber auch Ungleichgewichte erzeugen als nicht nachhaltig zu bezeichnen (etwa Überschuldung von Staaten ebenso wie Umweltaspekte).

Das Bruttoinlandsprodukt misst nicht die vollständige Wohlfahrt eines Landes, sondern lediglich die aggregierte Wertschöpfung der gesamten Marktaktivitäten. Dies kann hinreichend sein, um einen angemessenen Vergleichsmaßstab zu früheren Situationen und anderen Ländern herzustellen. Gleichwohl werden nicht alle materiellen Anteile der Wohlfahrt berücksichtigt, die mit dem Begriff „Lebensqualität" zusammenfallen. Der Sachverständigenrat führt exemplarisch Gesundheitsbedingungen, Bildungserfolge, Aktivitäten auf dem Arbeitsmarkt, Umweltaspekte, soziale Beziehungen, politische Teilhabe und Sicherheit an. Diese seien aber mithilfe impliziter Beurteilungen darstellbar. Beispielsweise Bildungserfolge können durch gefährlichen Konsum verhindert werden. Der Bereich der Schattenwirtschaft und Nichtmarktproduktion z. B. Kinderbetreuung, Hausarbeit, Kochen, Pflege und ehrenamtliche Tätigkeiten sind im BIP nicht erfasst. Auch werden negative externe Effekte nicht bei der Aggregation der Wirtschaftsleistung berücksichtigt und ein Wert für Freizeit fehlt ebenso, wie die Bewertung von Qualität bestimmter Produkte und Dienstleistungen. Das Bruttoinlandsprodukt variiert auch in Abhängigkeit der sozialen Präferenzen für Arbeit und Freizeit, so dass ein niedrigeres BIP mit einer höheren gesellschaftlichen Zufriedenheit einhergehen und daher dann kein gutes Wohlfahrtsmaß sein kann. Schließlich werden Verteilungsaspekte und -situationen in der VGR nicht abgebildet.

Der Ausweis des Wohlstands über einen einzigen Indikator ist unmöglich. Wichtige Indikatoren können nach Meinung des Sachverständigenrates die folgenden sein: BIP pro Kopf, BIP pro Arbeitsstunde als Maß für die Produktivität der Wirtschaft, Nettonationaleinkommen, Konsumausgaben pro Kopf und Beschäftigungsquote. Für den Bereich Lebensqualität werden z. B. Gesundheit, Sicherheit und Sozialkapital aufgezählt. Bei der Nachhaltigkeit werden Biodiversität, Rohstoffproduktivität und -verbrauch pro Kopf als Indikatoren genannt. Ein wichtiger Punkt im Zusammenhang dieser Arbeit sind etwa die „nichtmarktmäßigen Bildungs- und Gesundheitsdienste", also öffentlich bereitgestellte Dienst- und Sachleistungen.

Führt man die Auswirkungen aller durch Konsum betroffenen Marktsektoren und abgeleiteten Werte für betroffene Nichtmarktgüter zusammen und aggregiert über alle konsumierenden Individuen, so lässt sich die Situation mit gefährlichem Konsum mit einer hypothetischen Situation ohne Konsum vergleichen (Zweifel et al. 2009, Collins und Lapsley 2006). Hierbei handelt es sich, um den Vergleich zweier Umweltzustände – etwa eine Welt mit und ohne Alkohol – unter Berücksichtigung des oben genannten Opportunitätskostenkonzepts und mehr oder weniger streng gefassten Annahmen zur Rationalität der gefährlich konsumierenden Individuen. Die resultierenden Änderungen spiegeln sich dann in den Größen der VGR wieder, etwa im Bruttoinlandsprodukt als Maß des Wertes der wirtschaftlichen Leistung (Brümmerhoff 2007). Diese aggregierten realwirtschaftlichen Größen sollen einer hypothetischen Aggregation der Nutzenfunktionen möglichst nahe kommen.

3.4.4 *Diskontierungen*

Alle Bewertungen und Quantifizierungen mit intertemporalen Elementen müssen eine Diskontrate festlegen, wenn der Grundsatz gilt, dass ein heutiger Nutzen oder Wert höher bewertet wird, als ein gleicher Nutzen in der Zukunft (Cowen 2008). Die sogenannte „subjektive Diskontrate" ist ein zentraler Parameter sämtlicher ökonomischer Bewertungen und Analysen bei Bewertung von intertemporal anfallenden Konsequenzen. Der Grundgedanke der Diskontierung reicht zurück auf die Publikationen von Böhm-Bawerk (1889, 1923), Frank Ramsey (1928) und Irvine Fisher (1930), die davon ausgingen, dass Menschen von Natur aus ungeduldig sind, etwa weil sie sich die Zukunft nicht gedanklich so gut vorstellen könnten, wie die Gegenwart. Ein anderer Ansatz von Rae (1834, 1905) sieht in der Sterblichkeit des Menschen den Grund einer Präferenz für die Gegenwart, da zukünftige Prospects immer mit der Wahrscheinlichkeit vorher zu sterben unerfüllt bleiben. Diese Ausführungen sind zunächst rein deskriptiver, empirischer Natur und werden im Rahmen der Modellbildung dem realen Verhalten möglichst gut anzupassen versucht. Die orthodoxe ökonomische Theorie hat lange Zeit eine konstante Diskontrate unterstellt (Ramsey 1928, Samuelson 1937, Koopmans 1965). Neuere Ansätze modellieren das individuelle Verhalten durch zeitvariante Diskontierungsraten, die sich aus Diskontierungsfunktionen gewinnen lassen die nicht konstant sind, sondern einer Hyperbel gleichen („Hyperbolisches Diskontieren"; Strotz 1956, Laibson 1997, O'Donoghue und Rabin 2001)[107]. Hierbei lässt sich feststellen, dass insbesondere gefährlich konsumierende Individuen anscheinend über eine sehr hohe subjektive Diskontrate verfügen (Raucher: Bickel et al. 1999, Glücks-Spieler: Petry 2001, Alkoholiker: Bjork et al. 2004, auch Kirby et al. 1999). Die empirische Untersuchung von Chabris et al. (2008) zeigt einen – wenn auch schwachen – korrelativen Zusammenhang zwischen der individuellen Diskontrate und verschiedenen riskanten Verhaltensweisen. Die relative Prädiktionsfähigkeit einer hohen Diskontrate gegenüber anderen Parametern ist dabei ausgesprochen hoch, insbesondere, wenn ein Index verschiedener Ver-

107 Die Diskontrate lässt sich als Zeitänderungsrate der Diskontfunktion schreiben: Von Sozou (1998) Dasgupta und Maskin (2004), Dasgupta (2004, 2008) Halevy (2008) und Farmer und Geanakoplos (2009) existieren weitere Erklärungsansätze für hyperbolisches Diskontieren.

haltensweisen – also ein unterstelltes risikofreudiges Persönlichkeitsprofil oder auch ein „Suchtcharakter" – als korrelierte Größe genutzt wird. Andere Studien (Scharff und Viscusi 2011) zeigen, dass Raucher bei Inklusion verschiedenster Kovariate eine deutlich höhere subjektive Diskontrate aufweisen als Nichtraucher. Leider wird in dieser Studie die Möglichkeit hyperbolischen Diskontierens nicht operationalisiert, sowie viele teilweise strenge Annahmen getroffen[108]. Nicht ganz eindeutig ist die Frage, ob sich aus diesen Befunden ein „irrationales Verhalten" ableiten lässt[109]. Reynolds etwa untersucht die Kausalitätsrichtung zwischen Rauchen und hoher Diskontrate und findet „Belege dafür, dass Rauchen eine höhere Diskontrate verursacht" (Reynolds 2004). Allerdings zeigt etwa die Studie von Harrison et al. (2010), dass Raucher und Nichtraucher sich hinsichtlich des Ausmaßes und Grades zeitlich inkonsistenter Entscheidungen nicht unterscheiden, obwohl Raucher eine deutlich höhere Diskontrate aufweisen.

Zur ökonomischen Evaluierung von politischen Maßnahmen wird üblicherweise die sogenannte „soziale Diskontrate" der subjektiven Diskontrate vorgezogen. Die dabei zugrundeliegende normative Sicht der Ökonomie grenzt sich dabei von der Diskontrate als Maß und Gradmesser der Ungeduld ab und legt nahe, dass zukünftige Konsequenzen, die speziell die Gesellschaft als Ganzes betreffen nicht oder höchstens nur sehr gering zu diskontieren wären. Nach Cowen (2012) steht der sozialen Rate der Zeitpräferenz die Produktivität des Kapitals bzw. der zu Evaluierung stehenden Konsequenzen gegenüber; d. i. üblicherweise der risikolose Realzins an Kapitalmärkten[110]. Damit ist die Fähigkeit der Gesellschaft widergespiegelt, heutige Ressourcen in einen zukünftig größeren Wert zu trans-

108 In den Regressionsgleichungen ist lediglich ein konstanter Diskontfaktor geschätzt worden, die Annahmen unterstellen keine Vererbungsmotive sowie einen unendlichen Zeithorizont.

109 Zunächst lässt sich feststellen, dass es aufgrund von hyperbolischer Diskontierung zu einer Umkehr der Präferenzen kommt. Allerdings konfundieren die gemessenen Diskontierungsraten stark mit anderen Faktoren, v. a. mit dem Grad an Unsicherheit und Vagheit, der mit den zukünftigen Konsequenzen verbunden ist. Dieser Grad nimmt mit der zeitlichen Nähe zum Ereignis ab. Ebenso gibt es Wahrnehmungsverzerrungen, die sich auf die Beurteilungen der Wertigkeiten auswirken. Alleine die Tatsache, dass sich das Verhalten modellieren lässt sollte kritische Individuen dazu befähigen, sich mit den nötigen Konsequenzen rational zu verhalten (O'Donoghue and Rabin 2001).

110 Verfechter einer niedrigen sozialen Diskontrate wie etwa Arrow (1971) begründen diese auch mit für die Regierung nicht wesentlichen finanziellen Risiken. Deshalb wird häufig vorgeschlagen die Krankheitskostenrechnung mit unterschiedlichen Zinssätzen im Sinne einer Szenarioanalyse zu untersuchen.

formieren (Lind et al. 1982). Sie ist auch Ausdruck der Knappheit des Kapitals. Diese Komponente ist relativ gering – etwa bei Betrachtung der realen Zinssätze langfristiger Anleihen. Die soziale Zeitpräferenz meint analog zur subjektiven Diskontrate die Präferenz für Gegenwärtiges; diese wird mit normativen Argumenten festgelegt. Werden Nutzenwerte „diskontiert", werden Abwägungen zwischen „dem Erleben" von heutigem und zukünftigem Konsum getroffen. Die „Reagibilität" dieser subjektiv spezifischen Abwägungsregel auf reale Zinsänderungen wird als intertemporale Substitutionselastizität bezeichnet und ergibt sich als Differenz aus der prozentualen Änderung der heutigen und zukünftigen Grenznutzen abzüglich der subjektiven Diskontrate (Bliss 2012). Die Formel des Ramsey-Cass-Koopmans-Modells (Ramsey 1928, Cass 1965, Koopmans 1965) für einen endogenen Zinssatz ergibt sich als

$$r = \delta + \pi g$$

mit r, dem Zinssatz, δ der Rate der Zeitpräferenz, π der Elastizität des Grenznutzens bzw. Maß für die Risikoaversion und g der Wachstumsrate des Konsums. Das heißt, bei völliger Unproduktivität des Kapitals mag ein Rest an aus Mortalitätsrisiko resultierender Ungeduld bestehen, der einen positiven Zinssatz am Markt erzeugt. Vor allem in der Diskussion um die richtigen Maßnahmen zur Bekämpfung des Klimawandels sind die Parameter dieser „goldenen Regel" des Ramsey-Cass-Koopmans-Modells Streitpunkt vieler Diskussionen. Ein wesentlicher Kritikpunkt des Stern-Reports von Weitzman (2007) ist etwa die Annahme Sterns, δ sei Null und π sei 1, womit der Zinssatz der Wachstumsrate des Konsums – im Solow-Modell direkt mit technischem Fortschritt assoziierbar und im Steady-State gleich Null – entspricht. Weitzman hingegen plädiert in der Klimadebatte für einen Mittelweg, bei dem realistische Werte in der Ramseyformel zu einem Diskontierungsfaktor von ca. 2 % führen. Ebenso argumentiert Nordhaus (2007): Würde man in der Ramsey-Formel den realen Zinssatz der Finanzmärkte ansetzen, gäbe es für die anderen Parameter unter Aufrechterhaltung einer ethisch korrekten sozialen Zeitpräferenz von Null nur unplausible Werte. Vielmehr weist Nordhaus darauf hin, dass nach dem Stern-Report die Masse der Klima-Schäden als zeitlich sehr nah anfallend unterstellt werden, während weiter in der Zukunft liegende Generationen eher vage erfasst sind. Die hohen Ungenauigkeiten möglicher Klimaauswirkungen in der Zukunft rechtfertigten keine starren Annahmen. Stern wiederum verteidigt sich mit dem Argument, dass von seinen Kritikern teilweise falsche Diskontraten gleichgesetzt werden, so kommen in den Diskussionen immer wieder Verwechslungen der empirisch ermittelten subjektiven Diskontraten sowie der sozialen und privaten Zinssätze mit der normativen sozialen Diskontrate vor. Allein die subjektive Diskontrate wird von Moore und Viscusi (1990) zwischen 1 und 14 % verortet. Hinzu kommt das Argument, dass, da Nutzen nicht produktiv ist, die Komponente für subjektive Betrachtungsweisen nicht angesetzt werden darf. Nichtgeborene Individuen und Generationen erleiden keine Nutzenschmälerungen durch das Warten, auf die Welt zu kommen (Cowen und Parfit, 1992). Würde man hier eine Diskontierung im Rahmen einer Kosten-Nutzen-Analyse zum Klimawandel durchführen, bestünde die Möglichkeit, dass der Wert eines heutigen Lebens den Wert der gesamten Menschheit in 500 Jahren übersteigt.

In einer perfekten ökonomischen Welt wären private und soziale Diskontierungsraten gleich (Zeckhauser und Viscusi 2008). In der Realität ergibt sich ein deutlicher Unterschied zwischen subjektiv gemessenen Diskontraten und der aus theoretisch-ethischen Überlegungen abgeleiteten und benutzten Rate[111]. Deshalb herrscht weitgehende Einigkeit unter Ökonomen, eine soziale Diskontrate immer in Abhängigkeit der Fragestellung und aus einem ethischen Werturteil abzuleiten (Hodgson und Meiners 1982). Entscheidend könnte sein, wer – die Gesellschaft oder das Individuum – eine Entscheidung trifft und ob es sich um eine normative oder deskriptive Fragestellung handelt. Ebenso ist es wichtig, den betroffenen zeitlichen Horizont, die Anzahl der betroffenen Individuen, die Rolle der Unsicherheit und die Höhe der negativen Konsequenzen als wichtige Faktoren zur Festlegung der Diskontrate. Der „Hannoveraner Konsens" eine Gruppe aus Gesundheitsökonomen (Graf von der Schulenburg et al. 2007) nennt 5 % als Diskontrate, wobei eine Sensitivitätsanalyse mit verschiedenen Zinssätzen empfohlen wird. Dies würde bedeuten, dass im Steady-State des Solow-Modells unabhängig von der Risikoneigung der Individuen ein Verzinsung des Kapitals von 5 % risikolos möglich sein müsste; eine Annahme die sich nur schwer empirisch rechtfertigen lässt.

Kaplow und Weisbach (2011) weisen noch auf einen weiteren wichtigen Aspekt in der Klima-Diskontierungsdebatte hin: der Parameter π fällt „vom Himmel" dadurch, dass er nicht richtig abgeleitet wird. Dahinter steht das Problem, dass

111 Weiter wird argumentiert, der Zinssatz, den der Staat für Investments zahlen muss, sei eine obere Grenze für die Zeitpräferenzrate des Staates. Auf der anderen Seite muss die soziale Zeitpräferenzrate niedriger sein als der (soziale) Marktzinssatz. Andererseits kann man die Diskontrate als Opportunitätskosten der im öffentlichen Sektor benutzten Ressourcen auffassen; als der Verlust der im privaten Bereich erzielbaren Verzinsung des Budgets im Gesundheitssektor. Einige Autoren schlagen vor, einen gewichteten Zinssatz zu benutzen, der aber in mehr-perioden Überlegungen seine Gültigkeit verlieren kann.

soziale Wohlfahrtsfunktionen eigentlich zunächst von den Einzelnutzenfunktionen und nicht direkt von Konsumströmen abgeleitet werden sollten.

$$SW = \int_0^\infty W(U(c(t)))e^{-\delta t}\,dt \quad \neq \quad SW = \int_0^\infty Z(c(t))e^{-\delta t}\,dt$$

Während sich die Aggregation der Einzelnutzenfunktionen in die soziale Wohlfahrtsfunktion als ein normatives Problem darstellt – es könnte rein utilitaristisch die Summe der W(U) gebildet werden oder andere Gewichtungen als sozial wünschenswert berücksichtigt werden –, sollte die Ableitung der Grenznutzen zur Ermittlung des Parameters π empirisch erfolgen, ansonsten läuft man in verschiedene Dilemmata, etwa Risikoneutralität der Individuen anzunehmen oder das tatsächliche Handeln der Gesellschaft zu negieren und Werte normativ vorzugeben. Dies ist eine wesentliche Schwäche des Stern-Reports (Kaplow und Weisbach 2011). Kommt dann Unsicherheit hinsichtlich der Konsumströme der Zukunft hinzu, was hinsichtlich bestehender Vorstellungen zum Klimawandel gerechtfertigt erscheint, schrumpft der Beitrag zukünftiger Generationen zur zu maximierenden Sozialen Wohlfahrtsfunktion deutlich.

Gleichwohl sind für die Fragestellung, wie Konsequenzen gefährlichen Konsums diskontiert werden sollten, mehrere Aspekte wichtig. Erstens liegen zwar keine langen intergenerationellen Auswirkungen wie beim Klimawandel vor, wohl aber eine direkte Auswirkung auf die nächste Generation der Kinder über die externen Effekte des Passivrauchens oder das Leid bei Alkoholismus. Dies spricht eher für eine niedrige soziale Diskontrate, auch wenn gerade Raucher eine hohe subjektive Diskontrate aufweisen. Zweitens führt gefährlicher Konsum zu negativen Konsequenzen, die dann bei ihrem Eintritt bereut werden. Dies bedeutet nichts anderes, als dass die Diskontrate in einer ex-ante Planung des Lebens von einer ex-post Planung abweicht. Auch dies rechtfertigt eine eher niedrige Diskontrate. Schließlich sorgt das deutsche Sozialversicherungssystem für eine weitgehende finanzielle Absicherung der Risiken gefährlichen Konsums, bei deren Realisierung die Gesellschaft bezahlt. Damit sind Unsicherheiten zukünftiger Konsumströme reduziert. Zwar kann dies im Rahmen eines weit ausgelegten Solidaritätsgedankens gerechtfertigt sein. Es ist aber wahrscheinlich, dass eine Gesellschaft ein langes, gesundes Leben für alle als wünschenswerter einstuft, als das freie Entscheiden über Suchtgüter, zumal dies im Kindes- und Jugendalter beginnt. Zusammengefasst rechtfertigen diese Überlegungen für die Fragestellung eine niedrige Diskontrate. Zusätzlich sei bemerkt, dass der Konsum von Leistungen der Sozialversicherung dann erfolgt, wenn der Versicherungsfall eintritt. Der Konsum dieser Leistungen kann nicht vom Individuum geplant werden. Deshalb reduziert sich die Diskontierung dieser Ressourcen auf die Möglichkeit, deren Finanzierung zeitlich allozieren zu können.

4 Soziale Kosten

Gefährlicher Konsum verursacht negative Konsequenzen für den Konsumenten und seine Umwelt, im Sinne einer monetären Quantifizierung also Kosten. Die Beratungsfirma Arthur D. Little (2001) quantifizierte im Auftrag der Zigarettenfirma Philip Morris in der Tschechischen Republik die Kosten des Rauchens und kam zu dem Ergebnis, dass für den tschechischen Staatshaushalt durch das Rauchen eine Entlastung von 5,8 Mio. tschechischen Kronen resultiere, die sich im Wesentlichen mit der höheren Mortalität der Raucher begründen ließ. Die direkt aufkommenden ethischen Bedenken und bestehenden methodischen Mängel der Studie einmal ausgeklammert[112], findet eine solche Analyse große Beachtung in politischen Entscheidungsprozessen, da sie die fiskalische Sicht des Staates nicht die der Gesellschaft einnimmt. Der Staat hat gemäß der neuen Institutionenökonomik ein eigenes Interesse, seine finanziellen Einnahmen zu maximieren. Mit anderen Worten muss in Kostenanalysen auch stets berücksichtigt werden, wer welche Kosten trägt.

Es erscheint daher zweckmäßig, zunächst den in den Wirtschaftswissenschaften oft gebrauchten Begriff der „Sozialen Kosten" einzuführen und anhand dessen die Auswirkungen gefährlichen Konsums zu verdeutlichen. Der Begriff der „Sozialen Kosten" existiert in der ökonomischen Literatur – in seiner frühesten publizierten Verwendung – seit dem Aufsatz des Ökonomen Arthur Cecil Pigou (1920). Er wird verwendet um herauszustellen, dass bei der individuellen Entscheidung über den Konsum eines bestimmten Gutes lediglich Teile der aus dem Konsum resultierenden Kosten für den Kostenverursacher – das konsumierende Individuum – eine Rolle im Bewertungskalkül spielen. Damit stellt der Begriff der sozialen Kosten auf die Verteilung bzw. Inzidenz von Kosten ab und konstituiert

112 So macht etwa ein Großteil der positiven Auswirkungen Mehrwert- und Tabaksteuern als Teil des Kaufpreises aus. Die Mehrwertsteuer wird dann anteilig mit der Begründung reduziert, dass bei Wegfall des Rauchens anderer Konsum (der ebenfalls der Mehrwertsteuer unterfällt) entsteht. Gleiches gilt aber auch für die Tabaksteuer. Überlegt man sich, dass Rauchen einen sozioökonomischen Gradienten aufweist und die Sparquote mit dem Einkommen ansteigt, kann man davon ausgehen, dass ein Großteil der gesparten Tabaksteuer ebenfalls wieder zum Kauf von Konsumgütern ausgegeben wird. Ebenso ist überhaupt nicht berücksichtigt, dass Raucher aufgrund des Rauchens ein geringeres Einkommen und damit eine geringere Einkommenssteuer zahlen. Schließlich beeinflusst das Rauchen das Ausmaß der Arbeitslosigkeit und der Erwerbsfähigkeit, die ebenfalls mit staatlichen Transferzahlungen verbunden sind. Damit stimmt die gesamte Rechnung nicht mehr und das Gutachten ist insgesamt als willkürlich und im Sinne des Mandanten ausfallend anzusehen.

sich als Summe der sogenannten privaten und der externen Kosten (WHO 2011, Graff 1987). Damit ist gemeint, dass einerseits ein vom Konsumenten zu tragender „Preis“ für das zu konsumierende Gut aufzubringen ist und andererseits Dritte bzw. „Externe“ mit Kosten aus dem Konsum des Individuums belastet werden, die das Individuum selbst nicht zu tragen hat. Diese letzteren Kosten sind „externalisiert“ und werden entsprechend vom Individuum auch nicht in seinem Entscheidungskalkül berücksichtigt. Die Aufspaltung ist aus ökonomischer Sicht Ausdruck dafür, dass die aus individueller Sicht optimale Entscheidung gesamtgesellschaftlich eine suboptimale Allokation darstellt. Ein weiterer wichtiger Aspekt der sozialen Kosten besteht darin, dass sämtliche Kostenkomponenten in einem „Preis-Mengen-System“ bzw. Markt gedacht werden, d.h. ihnen in der Regel ein monetärer Wert zuerkannt wird oder ein solcher – etwa als Steuer – genutzt werden kann, um die externen Kosten zu „internalisieren“ und damit für das Individuum wieder relevant werden zu lassen[113].

Das Konzept der „sozialen Kosten“ ist damit in der Regel weiter gefasst, als etwa Kosten-Nutzen-Ansätze, die streng individuen- oder gruppenbezogen versuchen, monetäre Kosten und bestimmte gesundheitliche Verbesserungen in ein Verhältnis zu setzen, um daraus eine Entscheidung für oder gegen eine Maßnahme abzuleiten. Damit bringt sowohl diese neue monetäre Dimension, wie auch die Modellierung in Preis-Mengen- bzw. Kostenkomponenten sowie deren Konzeption eine präzisere und enger an Effizienz ausgerichtete Herangehensweise an die Benennung der negativen Konsequenzen „ungewünschten“ oder „gefährlichen“ Konsums. Die „sozialen Kosten“ gefährlichen Konsums entstehen der Gesellschaft als Ganzes durch die Konsumweisen lediglich einiger Bevölkerungsteile, umfassen also sämtliche auf die Konsumenten und Externe entfallenden Kosten. Damit ist vor allem gemeint, dass der Konsum bestimmter Güter etwa Zigaretten oder alkoholischer Getränke innerhalb eines gewissen Zeitraumes ursächlich „Werte verzehrt“ bzw. zerstört[114]. Es ist also nicht etwa nur der entrichtete „Marktpreis“ als Kostenbestandteil relevant, sondern auch nicht eingepreiste Kostenbestandteile, die dem Individuum beim Kauf bzw. Konsum des Produktes gegenwärtig sein sollten. Etwas abstrakter ließen sich mit dem Begriff der sozialen Kosten sämtliche

---

113 Obwohl die Standardbeispiele für resultierende externe Kosten, wie etwa Umweltverschmutzung, nicht direkt monetär erfassbar sind, scheint dieser Modellansatz durch eine hohe Anschaulichkeit erklärbar, die etwa auch im weiteren Verlauf in Analogie der Berechnung des Bruttosozialproduktes in Konten- oder Bilanzform erfolgen kann.

114 Der Begriff „bewerteter Wertverzehr“ ist in der betriebswirtschaftlichen Literatur gemeinhin als Definition von Kosten bekannt.

negative, aus dem Konsum gefährlicher Güter erwachsende Konsequenzen, die eben nicht nur vom Individuum, sondern auch vom familiären und weiteren Umfeld oder schließlich der Gesellschaft in Deutschland getragen werden, beschreiben.

4.1 Interne versus „private" Kosten

Das Begriffspaar der internen und der externen Kosten existiert seit der Schrift von Pigou (1920) über die externen Effekte in einer Volkswirtschaft. Es ist daher nicht verwunderlich, dass die Frage nach den internen bzw. privaten Kosten als negative Auswirkungen auf den gefährlich Konsumierenden selbst aus dem Fokus gerät, geht es in der Standardliteratur doch um Marktversagen aufgrund von Externalitäten. Vielleicht ist es deshalb auch erklärbar, dass häufig selbst Ökonomen die externen und sozialen Kosten gleich setzen (z. B. Markandya und Pearce 1989) und mutmaßlich dabei bereits die internen Kosten mit den Nutzenbestandteilen aus der Rechnung „herausgekürzt" haben. Obwohl es keinesfalls zwingend erscheint, die internen Kosten direkt zu saldieren, sondern vielmehr sinnvoll ist, Nutzen und Kosten zunächst getrennt zu behandeln[115], ruht diese Argumentation einzig auf dem Pareto-Kriterium: Ein marginaler Konsument stellt sich knapp besser, während eine Gruppe Externer schlechter gestellt wird. Die Frage ist, ob sich der Konsument – wie die Wirtschaftswissenschaften in der Regel annehmen – tatsächlich besser stellt. Bei Gültigkeit des Paradigmas der Konsumentensouveränität (Hutt 1936) werden sämtliche Kosten, die das Individuum bei Konsumentscheidungen für relevant hält, von diesem berücksichtigt und sind damit interne Kosten im Sinne von Pigou[116]. Überwiegt der Nutzen des Konsums die internen selbstgetragenen Kosten so, dass unter Berücksichtigung der Budgetrestriktion und Geltung der Gossenschen Gesetze der Konsum des Produktes einen Nettonutzen über den Kosten darstellt, wird es konsumiert bzw. sollte konsumiert werden. Hierbei wird in den Wirtschaftswissenschaften immer unterstellt, das Individuum handele rational. Rationalität im Konsum meint die konsistente Entscheidung für Konsumbündel

115 Etwa wenn ein „sozialer Nutzen" durch den Konsum anfällt, die externen Kosten hinreichend niedrig sind und insbesondere wenn unterschiedliche Gruppen unterschiedlich betroffen sind.

116 Pigou (1920). Mit dieser hier gewählten Unterscheidung von privaten und internen Kosten sind private Kosten – etwa wie bei Sloan et al. 2004 verwendet – die zwar vom Individuum zu tragenden, aber nicht zwingend auch im Maximierungskalkül berücksichtigten Kosten.

im Zeitablauf in Einklang mit persönlichen Präferenzstrukturen (Georgescu-Roegen 1936, Samuelson 1936, Houthakker 1950, Varian 1982). Bereits Fisher (1930) sprach an, dass zukünftiges Einkommen unsicher sei und daher diese Unsicherheit einen Einfluss auf die heutige Bewertung oder Zeitpräferenz haben müsse. Entscheidungen über zukünftige oder riskante Prospects liegen damit eng beieinander.

Die Frage nach Rationalität der Individuen lässt sich im Wesentlichen anhand der Erwartungsnutzentheorie (Von Neumann und Morgenstern 1944, Luce und Raiffa 1985) sowie der Theorie des diskontierten Nutzens (Samuelson 1937) beantworten. Diese beiden theoretischen Rahmen erlauben durch empirischen Abgleich mit dem tatsächlichen Verhalten die Feststellung einer Konsistenz im Verhalten, die sich sowohl auf gegenwärtige als auch auf zukünftige Konsequenzen bezieht. Beide Theorien werden unter Einbezug von Unsicherheit empirisch widerlegt (Kahneman und Tversky 1979, Allais 1953, Ainslie 1991). Zum einen treten Inkonsistenzen bei gegenwärtigen Entscheidungen unter Unsicherheit insbesondere im Zusammenhang mit kleinen Wahrscheinlichkeiten auf. Dies trifft vor allem auf Kinder zu, die entwicklungsbedingt suboptimal entscheiden (Effertz 2008) und damit einen Grundstein für spätere mögliche Konsumabhängigkeiten legen. Die aktuelle ökonomische Diskussion versucht daher, die beiden Rahmentheorien derart zu erweitern, dass Unsicherheit und Diskontierung in einem konsistenten Modell integriert werden, etwa durch explizite Modellierung von Wahrscheinlichkeitsgewichtungen (Halevy 2008, Epper et al. 2011, Andreoni und Sprenger 2012a). Es zeigt sich empirisch (Andreoni und Sprenger 2012b), dass ein hohes Maß an Unsicherheit mit hyperbolischer Diskontierung einhergeht. Ebenso scheint die emotionale Nähe, hervorgerufen etwa durch die regelmäßige Nutzung eines Gutes, dessen Diskontierung zu beeinflussen (Viscusi, Huber und Bell 2008). Auch werden zunehmend Emotionen als Erklärung von vermeintlich inkonsistentem Verhalten in Betracht gezogen. Die Frage wie Risiken gefährlichen Konsums wahrgenommen werden, ist auch nicht unumstritten (Viscusi und Hakes 2008 und Effertz et al. 2013) und scheint insbesondere hinsichtlich der Bewertung der Zukunft von kontextuell hervorgerufenen unterschiedlichen kognitiven Mustern abhängig (Frederick und Loewenstein 2008).

Vor dem Hintergrund der Problemstellung dieser Arbeit ist es wichtig, sich zu vergegenwärtigen, dass der Beginn des gefährlichen Konsums im Wesentlichen in Kindheit und Jugend beginnt und Süchte und Gewohnheiten in diesem Zeitraum ihre Wurzeln haben, die dann nur unter zusätzlichen weiteren Kosten behandelt und eliminiert werden können. Tatsächlich können aber auch Erwachsene Verhaltens- und Bewertungsinkonsistenzen aufweisen, die aufgrund asymmetrischer

Information oder systematischer Bewertungsverzerrungen über bestimmte Produkte nicht als rationales Verhalten im ökonomischen Sinne zu klassifizieren wären. Sind die privaten Kosten vom Individuum nicht oder nicht im ausreichenden Maße ins Entscheidungskalkül als interne Kosten mit einbezogen worden, handeln Individuen irrational und die privaten Kosten müssen den sozialen Kosten hinzugerechnet werden. Ein Ansatz der versucht nur den irrationalen Anteil der privaten Kosten in die sozialen Kosten miteinzubeziehen, wird z. B. von Lapsley und Collins (2006) verfolgt. Sloan et al. (2004) beziffern grundsätzlich private, d. h. vom Individuum zu tragende Kosten und stellen damit die Frage der Rationalität nicht. Private Kosten lassen sich als Opportunitätskosten auffassen: sie sind ein Geldbetrag, der letztlich für den gefährlichen Konsum getauscht, damit hergegeben wird und nicht mehr zur Verfügung steht.

Auch in dieser Arbeit werden die privaten Kosten ausgewiesen und zukünftige negative Konsequenzen mit einer niedrigen Diskontrate abgezinst. Vor dem Hintergrund der Diskussion über Diskontierungen und den eben ausgeführten Verhaltensanomalien stellt dieser Ansatz dann die tatsächlichen aktuellen und zukünftigen Kosten heraus, die ein rational handelndes planendes Individuum hätte einkalkulieren müssen. Erscheinen diese den Konsumenten dann zu hoch, ist dies ein Hinweis auf Entscheidungsinkonsistenzen und legitimiert die Aufführung der privaten Kosten in der Aufstellung der Kosten gefährlichen Konsums.

4.2 Externe Kosten

Neben den konsumierenden Individuen haben auch nichtkonsumierende Dritte Kosten des Konsums unfreiwillig zu tragen[117]. Diese werden zunächst als Externalitäten, externe Effekte oder, wenn sie sich als monetäre Größen quantifizieren lassen, als externe Kosten bezeichnet. In der ökonomischen Literatur werden beginnend mit der Arbeit von Arthur Pigou (1920) sog. externe Effekte als wesentlicher Einfluss beschrieben, durch die wie im ersten Hauptsatz der Wohlfahrtstheorie benannt, kein pareto-optimales Gleichgewicht hergestellt werden kann. Dabei sind externe Kosten solche, die ein verursachendes konsumierendes Individuum nicht in sein Rationalkalkül miteinbezieht. Einige Ökonomen sehen den Hauptgrund für die Existenz von Externalitäten im Fehlen von eindeutig zugewiesenen Eigentumsrechten (Demsetz 2011) und damit kein grundsätzliches Marktversagen (eher das Fehlen eines Marktes oder in der Worten Demsetzs:

117 Der Verweis in der Regel meint damit nur, dass Leidtragende z. B. in der Familie die psychischen Belastungen durch den Alkoholiker dulden oder ertragen und in diesem Sinne sich nicht durch Anpassungsreaktionen entziehen.

einer dezentralisierten privaten Wirtschaft[118]). Ein resultierendes Wettbewerbsgleichgewicht ist dann nicht pareto-optimal[119], weshalb externe Effekte durch geeignete Maßnahmen internalisiert werden müssen, um auf Märkten durch herrschende Preise die Knappheitsverhältnisse und Wertschätzungen bestimmter Güter richtig widerzuspiegeln. Neuere Ansätze wie beispielsweise von Köszegi und Rabin (2009) sehen in externen Kosten auch die unwissentlichen privaten Kosten zukünftiger „Selbsts". Damit sind die Lebensphasen eines Individuums gemeint in denen es unter den kurzsichtigen Entscheidungen seiner Vergangenheit zu leiden hat[120]. Dieser Gedanke erklärt damit eine Inkonsistenz im orthodoxen Rationalkalkül, nämlich das Phänomen, zukünftige Konsequenzen myopisch nicht miteinzubeziehen.

4.2.1 Technische Externalitäten

Externe Effekte bzw. Externalitäten unterteilen sich grundsätzlich in technologische und pekuniäre Externalitäten (Scitovsky 1954), wobei die Wirtschaftswissenschaften pekuniäre Externalitäten als nicht relevant für Wohlfahrtsfragen ansieht, da diese durch das Preissystem und den Marktanpassungsmechanismus entsprechend „aufgelöst" werden[121]. Technologische Externalitäten sind Auswirkungen von Handlungen eines Individuums 1 auf die Produktions- bzw. Nutzenfunktion eines Dritten, Individuum 2. Formal ausgedrückt bedeutet dies, dass in der nachstehenden Gleichung Einflussfaktoren rechts des Semikolons in der Nutzenfunktion das Nutzenniveau beeinträchtigen, indem sie die Menge der konsumierten Güter negativ beeinflussen oder direkt auf das Nutzenniveau U wirken:

$$U_1 = U(x_1, y_1, z_1, \dots ; x_2, y_2, \dots)$$

Technologische Externalitäten wie etwa das Passivrauchen, durch Alkohol verursachtes Randalieren und Störung der Nachtruhe sind solche externen Effekte die monetär quantifiziert und bei einer Kostenaufstellung berücksichtigt werden müssen.

---

118 Demsetz (2011) führt weiter aus, dass selbst der Staat und Gerichte die fehlende Eigentumsregelung nicht besser lösen könnten, als die private Seite.

119 Siehe zum Beispiel Mishan (1971) für einen umfassenden Überblick zum Thema externe Effekte.

120 Die Theorie der multiplen Selbsts wurde bereits von Thaler und Shefrin (1981) entworfen.

121 Vgl. Loong und Zeckhauser (1982) für eine gegenteilige Meinung.

4.2.2 Pekuniäre Externalitäten

In der Literatur werden von den klassischen technologischen Externalitäten die pekuniären Externalitäten abgegrenzt. Das Phänomen der pekuniären Externalitäten meint Kosten für Externe, die „ihren Weg durch das Preissystem" gehen (Loong und Zeckhauser 1982, Bohanon 1985). Genauer ist damit gemeint, dass infolge einer veränderten Nachfrage auf bestimmten Märkten etwa von gefährlich Konsumierenden Kosten für Externe durch höhere Preise an diesen Märkten entstehen[122]. Grundsätzlich gelten solche „Externalitäten" als nicht wohlfahrtsrelevant, da das Ergebnis solcher Preisveränderungen immer eine pareto-optimale Allokation in einer Wirtschaft produziert und deshalb ein Eingriff in die Märkte etwa in Form einer Umverteilung in einer streng utilitaristischen Gesellschaft immer zu einer Verschlechterung des Wohlstands führt (Kaplow und Shavell 2001). Mishan (1971) führt dazu aus, dass pekuniäre Externalitäten aufgrund geänderter relativer Preise entstehen, während technologische Externalitäten „direkt" als negatives Argument in Nutzen- und Produktionsfunktionen auftauchen – einer Definition, der sich auch Bohanon (1985) anschließt. Da auf jede pekuniäre Externalität normalerweise mit einer Reduktion der Nachfrage reagiert werden kann, die schließlich wieder einen gegenläufigen Effekt auf Preise haben kann, sind Preis-Mengen-Veränderungen auf Märkten infolge pekuniärer externer Effekte immer Markträumungen unter Nutzenmaximierungen, d.h. unterschiedliche Marktgleichgewichte, die nebeneinander nicht bewertet werden können.

Interessant ist allerdings die Frage, ob Versicherungen speziell die deutsche Sozialversicherung als Systeme verstanden werden können, die den Beteiligten pekuniäre Externalitäten auferlegen, da ihnen nicht mit Nachfrageentzug begegnet werden kann. Für den Fall der deutschen gesetzlichen Krankenversicherung kann dies sehr deutlich als Problem identifiziert werden, da es sich hier um eine – zumindest für wesentliche Bevölkerungsteile – zwingend zu konsumierende Versicherungsleistung handelt, die lediglich rudimentär das sog. Äquivalenzprinzip widerspiegelt, nach dem die eingezahlten Beiträge des Versicherten dessen Versicherungsleistung bestimmen und nach dem private Krankenversicherungen kalkulieren. Hierzu sei folgendes Beispiel zur Veranschaulichung angeführt: Die Nachfrage am Markt für Gesundheitsdienstleistungen hängt von der Nachfrage

122 Beispielsweise die Studiumsentscheidung VWL oder Medizin: Wenn das Einkommen der Mediziner gegenüber den Volkswirten ansteigt, werden so lange Studenten Medizin studieren, bis sich die Einkommen in ihrem Grenzertrag wieder angeglichen haben. Pekuniäre Externalitäten sind also Ausdruck einer Konvergenzbewegung zum Marktgleichgewicht.

des Marktes für Spirituosen ab: Ein Alkoholiker der zunehmend mehr Spirituosen nachfragt, erhöht marginal den Preis sowohl der Spirituosen, als auch der Gesundheitsleistungen, da er z. B. aufgrund starker und häufiger Intoxikation im Krankenhaus und später aufgrund von Sucht in Reha-Einrichtungen behandelt werden muss. Da die Versicherten der gesetzlichen Krankenversicherung sich dem dadurch gesteigerten Preis nicht entziehen können, haben sie die Preiserhöhung zu tragen. Dies ist immer dann der Fall, wenn die Versicherungsbeiträge im Sinne einer Umlagefinanzierung zur momentanen Deckung des aktuellen Finanzierungsbedarfs dienen. Eine adipöse, also im Regelfall ungesund konsumierende Person für die ein allgemeiner Preiszuschlag bei Flügen eingeführt wird, verursacht deshalb eine pekuniäre Externalität, die aber nicht wohlfahrtsrelevant ist, da infolge der höheren Flugpreise die Nachfrage nach Flügen zurückgeht. Hier wiederum kann den erhöhten Preisen teilweise dadurch ausgewichen werden, dass einige Fluglinien – rein hypothetisch – nur Nichtadipöse befördern und deren Kosten so niedriger sind, m.a.W. Preisdifferenzierungen möglich bleiben. Dabei hängt die Frage des Angebots an Flugrouten für Nichtadipöse auch am Anteil adipöser Personen in der Bevölkerung. Steigt dieser an, schrumpft der Markt für nichtadipöse Fluggäste und es wird für Fluglinien schwerer, sich lediglich auf diesen zu konzentrieren. Grundsätzlich sind diese Entwicklungen aber Teil des Marktmechanismusses, der anders als bei der GKV kein ökonomisches Problem darstellt. Die Relevanz von pekuniären Externalitäten für die Wohlfahrt hängt also von der Frage ab, ob sich die Gesellschaft von der Bürde durch Anpassungsreaktionen entziehen kann[123].

---

123 Man könnte aber auch die Sicht vertreten, dass sich das Umlageverfahren dynamisch an veränderte Bedingungen wie etwa höhere Gesundheitskosten anpasst. Damit ist gemeint, dass sich bei einer Veränderung der Lebensstile und damit des Gesundheitszustandes erhöhte GKV Beiträge ergeben, die aber solidarisch den systematischen Einfluss dieser Lebensstile verneinen. Letztlich ist dies aber eine Konvention: Entweder man betrachtet die deutsche gesetzliche Krankenversicherung als momentan aktuarisch fair und unter Vernachlässigung systematischer Gesundheitsgefahren bepreist, dann erzeugt das Hinzukommen gefährlicher Konsumweisen einen Anstieg der Beiträge oder eine Reduzierung des Leistungsangebots, oder aber es findet eine bloße Finanzierung der aktuellen Gesundheitsausgaben durch die Beitragszahler statt, so dass auf Mehrausgaben durch entsprechende aktuelle Zusatzbeiträge reagiert wird. Es kann dann immer noch sein, dass die resultierende Situation insgesamt noch besser als eine Welt ohne Sozialversicherung ist, v. a. wenn aufgrund von Fehlwahrnehmungen der Versicherungsschutz zu wenig nachgefragt würde.
Neben dem Zwangskonsum gibt es auch andere Argumente, die pekuniäre Externalitäten wohlfahrtsrelevant machen. Ein Beispiel sind unvollständige Contingent-

4.2.3 Finanzielle Externalitäten und Umverteilungen

Bei der Anrechnung der Kosten, die teilweise durch Versicherungen abgedeckt sind, weichen Kostenstudien deutlich voneinander ab: Meist wird verwechselt, dass negative Konsequenzen etwa verminderte Produktivität grundsätzlich einen Verlust für eine Volkswirtschaft darstellen, deren „Finanzierung" oder teilweise Kompensation aber eine Umverteilung ist. D. h. das Konsumrisiko aufgrund einer möglichen gesunkenen Produktivität wird teilweise durch Versicherungen aufgefangen und damit auf Externe verlagert. Versicherungen machen die negativen Konsequenzen aber nicht ungeschehen, sie verteilen diese nur auf unterschiedliche Parteien. Die meisten Studien sehen die Verschlechterung des Gesundheitszustandes als zentrales Element der negativen Konsequenzen gefährlichen Konsums an. Die gegen diese Verschlechterung aufgewandten monetären Gesundheitskosten dienen dann der Bewertung dieser Verschlechterung. Diese Kosten stellen aber gleichzeitig die Höhe eines Betrages dar, der – abzüglich des Versicherungsbeitrages des Konsumenten – umverteilt wird: Der Kranke erhält medizinische Leistungen die häufig preislich festgelegt und vom Gesundheitssektor erbracht werden. Der Gesundheitssektor wird wiederum von den Krankenversicherungen bezahlt, die schließlich ihr Budget hierfür aus den Beiträgen der Versicherten erhält. Der Schaden der konsumbedingten Krankheitsschäden und damit der Saldo zwischen dem Zustand mit und ohne gefährlichem Konsum bleibt bestehen, unabhängig davon, ob man ihn direkt bei der Entstehung mit Krankheitskosten bewertet oder ihn auf die Versichertenkollektive aufteilt (z. B. Sloan et al. 2004,

---

Claim-Märkte also Versicherungen zur Glättung zukünftigen Konsums wie von Loong und Zeckhauser (1982) dargestellt. In diesem Fall ergeben sich andere Preise und damit andere Konsummöglichkeiten, als dies im Fall der gegenseitigen Versicherung möglich wäre. Erweitert man das Szenario um asymmetrische Informationen, in denen der Preis ein Qualitätssignal ist, kann es ebenfalls zu Wohfahrtsverschlechterungen bei Preisbeeinflussung kommen.

Man könnte auch argumentieren, die Sozialversicherung sei ein Generationenvertrag, der wie John Rawls (1971; A Theory of Justice) beschreibt, die vorgeburtliche Risikoverteilung in der risikoscheuen Gesellschaft kompensiert. Vor dem Hintergrund, dass viele Versicherte höherer Einkommen an diesem System aber nicht teilnehmen (freiwillig Versicherte, die sich dann privat versichern), zeigt, dass für wohlhabende Bevölkerungsschichten Anreize bestehen, Risiken bei Kenntnis der Umweltbedingungen vor allem kostengünstiger und in anderem Umfang abzusichern.

Moller und Matic 2010; für eine Ausnahme vgl. etwa Prognos AG[124] zur Nicht-Berücksichtigung direkter Kosten der Reha-Behandlung).

Sozialversicherungsleistungen, die nicht der Gesundheitsfürsorge sondern der Kompensation verlorener Produktivität zuzuordnen sind, werden hingegen häufig als nicht wohlfahrtsrelevante Transferkosten bzw. Umverteilungen gewertet, obwohl der Auslöser auch hier konsumbedingt gesunkene Produktivität sein kann (z. B. Horch und Bergmann 2002, die auch das Risiko der Arbeitslosigkeit und der Pflegebedürftigkeit bei Alkoholkonsum nicht erfassen). Die Festlegungen, welche Kostenkomponenten Berücksichtigung finden sollten, werden damit häufig konventionell behandelt; der systematische Treiber – der gefährliche Konsum – hingegen bestimmt in seinem Ausmaß immer den Grad der Umverteilung der versicherten negativen Konsequenzen[125]. Viele US-amerikanische Studien zu den Kosten des Rauchens (Manning et al. 1989, Warner 1987, Hodgson 1992, Sloan et al. 2004) sehen deshalb in den veränderten Mortalitäts- und Morbiditätsrisiken monetäre aber technologische externe Effekte auf das Versichertenkollektiv. Johannesson (1996) setzt die externen Kosten des Versichertenkollektivs auch direkt mit den Auswirkungen einer medizinischen Maßnahme gleich.

Bei der Betrachtung der externen Kosten als Bestandteil der sozialen Kosten ergeben sich weitere ökonomische Probleme: Zum einen werden die beiden Formen der Externalitäten häufig voreilig mit externen Kosten gleichgesetzt, obwohl streng genommen mit externen Kosten zunächst das auf die Externalitäten zurückzuführende monetäre Äquivalent, das Dritte zu tragen haben, gemeint ist. Analog der Differenzierung zwischen Cost-Benefit- und Cost-Utility-Analyse,

---

124 Bericht zur Effizienz der (Sucht-)rehabilitation der Prognos AG im Internet unter www.degemed.de%2Fdownloads%2Fcategory%2F24-studien-und-gutachten.html%3Fdownload%3D84%253Aprognos-studie-medizinische-rehabilitation-erwerbsttiger_kurzfassung&ei=CEKoU4XdLoviywP-rIKACw&usg=AFQjCNE1Dx0QyU_qLAvzY26k6qK1MvnAZg&bvm=bv.69411363,d.bGQ, abgerufen 01.08.2014.

125 Mit ähnlichen Verwechselungen könnte man dann auch die Gesundheitskosten nicht anführen – dies geschieht dann teilweise auch, indem etwa von der Prognos AG die Kosten der Reha mit den Einkommen der Ärzte saldiert werden. Die hierfür aufzuwendenden Versicherungsgelder werden aber nicht berücksichtigt. Auch die als reine Umverteilungsgröße erscheinenden Einkommenssteuern könnte man – etwas abstrakt – als externen Nutzen einer gesteigerten Produktivität interpretieren: hier wird anknüpfend an ein erzieltes Einkommen als Äquivalent von Produktivität ein Geldbetrag abgezogen, der in gleicher Höhe beim Staat zum Zwecke der Umverteilung eingesammelt wird.

wäre hier also zwischen „Kosten" und „Kostenwerten" zu unterscheiden[126]. Eine Beeinträchtigung des akuten Wohlbefindens durch das Passivrauchen – eine Externalität – wäre so gesehen ein Kostenwert, ganz allgemein eine negative Konsequenz, die sich erst sukzessive in eine monetäre Kostengröße überführen ließe[127]. Sloan et al. (2004) beispielsweise unterteilen die externen Kosten in drei Posten: Gesundheitseffekte, finanzielle Effekte und Beeinträchtigungen der Lebensqualität durch Schmerz, Leid und Unwohlsein. Gesundheitseffekte meinen die direkten gesundheitlichen Auswirkungen auf Dritte, die letztlich verkürzend mit den Kosten für medizinische Behandlung gleichgesetzt werden. Hierzu zählen etwa die Verletzungen nach einer Auseinandersetzung mit einem Alkoholisierten oder die gesundheitliche Beeinträchtigung durch das Passivrauchen. Es handelt sich bei diesem Posten eindeutig um technologische Externalitäten, die sich partiell monetär etwa über die Behandlungskosten beziffern lassen. Die finanziellen Effekte sind direkt in monetären Größen ausweisbar, aber keine pekuniären Externalitäten, sondern – so stellen es Sloan et al. (2004) dar – hauptsächlich die finanzielle Konsequenz einer im Rahmen einer Versicherung getroffenen Vereinbarung – dies gilt streng genommen wohlgemerkt nur bei Freiwilligkeit der Teilnahme an dieser Versicherung. In diesem Sinne handelt es sich um eine Umverteilung, die wohlfahrtökonomisch eigentlich keinerlei Bewandtnis hat[128], allerdings ist sie auch Teil der auf Externe verlagerten Gesundheitskosten des Rauchers. Das Ausmaß der finanziellen Belastung Dritter wird regelmäßig in der US-amerikanischen Literatur als Externalität bezeichnet, die sich in verringerten Ressourcen und Konsum widerspiegelt (French et al. 2010, Johannesson 1996, Viscusi 1995), aber in den meisten Fällen nicht wohlfahrtsrelevant ist.

---

126 Hierzu sei angemerkt, dass in der deutschen Version des Lehrbuchs von Zweifel et al. 2009 Cost-Utility-Analysis mit Kosten-Nutzwertanalyse übersetzt wird, während die Cost-Benefit-Analyse als Kosten-Nutzen-Analyse bezeichnet wird. Dies mag missverständlich sein, da der reine Nutzen nicht in Geld- sondern in Nutzeneinheiten gemessen wird. Die Konvertierung von Nutzen in monetäre Größen mag man deshalb eher als Nutzwert verstehen.

127 Anders ausgedrückt, ist die Höhe einer Pigou-Steuer derart, dass das Passivrauchen so zurückgeführt wird, dass die privaten Kosten des Rauchers und soziale Kosten von Rauchern und Passivrauchern zusammenfallen – dies wäre ein WTA-Ansatz – nicht gleich dem Wert, den Passivrauchern infolge der medizinischen Behandlungen entsteht.

128 In der Methodik früherer Krankheitskostenrechnungen wurde dies häufig betont herausgestellt (Hodgson und Meiners 1982 oder Viscusi und Hersch 2011. Dies ist ein übliches ökonomisches Argument: Die Summe der Transfers ist immer gleich. Dementsprechend wird eine Versicherungsprämie kalkuliert.

Bei einer herkömmlichen privaten Versicherung entspricht üblicherweise die vom Versicherungsnehmer zu entrichtende Versicherungsprämie der erwarteten beanspruchten Leistungen, die sich aus Parametern wie dem Anteil der Erkrankten, Altersentwicklungen, dazugehörigen Übergangswahrscheinlichkeiten vom gesunden in den kranken Zustand und vice versa, Behandlungskosten und technologischen Entwicklungen berechnen lässt. In diesem Fall ist die Versicherungsprämie „aktuarisch fair" und entspricht dem Äquivalenzprinzip der Versicherung. Diese sichert damit die Effizienz des Wettbewerbsgleichgewichtes. In der gesetzlichen Krankenversicherung hat jeder Versicherte allerdings auch bei unterschiedlich hohen Beitragszahlungen stets nur Anspruch auf die Leistungen eines gesetzlich fixierten Leistungskatalogs mit nur marginalen Unterschieden zwischen einzelnen Versicherungen. Die meisten Versicherten der gesetzlichen Krankenkassen in Deutschland sind versicherungspflichtig, d.h. können nicht über ihre Mitgliedschaft frei entscheiden. Daraus resultieren drei ökonomische Probleme: Zunächst ist es für diejenigen v. a. mit hohen Einkommen, die freiwillig versichert sind, attraktiv, nicht an der gesetzlichen Krankenkasse teilzunehmen, wenn eine private Krankenversicherung einen günstigeren Versicherungsschutz bei gleichem Leistungskatalog verspricht und aufgrund der individuellen Kenntnis über die eigene Gesundheit ein Wechsel vorteilhaft ist. Es kommt zu einer adversen Selektion: die guten Risiken versichern sich günstiger privat und die schlechten Risiken verbleiben in der GKV. Zweitens besteht für die verbliebenen Versicherten kein Anreiz ungesunde Lebensweisen einzuschränken (Ehrlich und Becker 1972, Kelly und Markowitz 2009), da das Kollektiv unabhängig von den Beiträgen des Individuums die Gesundheit bezahlt. Man spricht in diesem Zusammenhang von Ex-ante-Moral-Hazard (vgl. Kelly und Markowitz 2009 für eine empirische Überprüfung bei Adipositas). Drittens besteht der Anreiz der Versicherten aus dem gleichen Grund insgesamt häufiger Versicherungsleistungen nachzufragen. Dies bezeichnet man als sog. Ex-post Moral Hazard Problem. Diese Probleme erhöhen die Kosten im System der gesetzlichen Krankenversicherung und müssten von Versicherungsunternehmen antizipiert werden.

Die gesetzliche Rentenversicherung als weiteres Beispiel, ist stärker am Äquivalenzprinzip ausgerichtet; d.h. bei längeren und höheren Beiträgen fällt auch die Altersrente höher aus. In diesem Zusammenhang wird in der bisherigen Literatur zum Thema gefährlicher Konsum häufig die Frage gestellt, ob der Konsumierende eher Rentenversicherungsbeiträge für die Gesellschaft einzahlt oder aufgrund eines längeren Lebens ausbezahlt bekommen hat. Das bei dieser Frage nicht einfach die Sichten der ausländischen Literatur auf Deutschland adaptiert werden dürfen, zeigt sich bereits an der sehr differenzierten Ausgestaltung des deutschen Rentensystems: Zum einen sind gefährlich Konsumierende während ihrer Erwerbszeit häufiger krank, arbeitsunfähig, erhalten ggf. auch eine Rehabilitationsmaßnahme oder sind im Extremfall bis zur Regelaltersrente sogar erwerbsgemindert mit entsprechenden Rentenauszahlungen; in solchen „beitragsfreien" Zeiten wurden die Beiträge zur Rentenversicherung bis vor kurzem voll von der Gesellschaft getragen[129]. Zweitens wird die Rentenversicherung häufig auf die „Rente wegen Alters", die Regelaltersrente verkürzt dargestellt. Allerdings zahlen die Rentenkassen ebenso „versicherungsfremde Leistungen" aus. Hierzu zählen vor allem Hinterbliebenen- und Erwerbminderungsrenten mit daran anknüpfenden früheren Regelaltersrentenzugängen, die größtenteils aus dem Bundeszuschuss, und damit wiederum von Externen bezahlt werden. Der Bundeszuschuss aus Steuern in der GRV macht etwa 25 % der Einnahmen aus.

Bei der deutschen Sozialversicherung zeigt sich die Besonderheit des Umlagesystems gegenüber einem Kapitaldeckungsansatz. Obwohl es sich wie schon ausgeführt beim Umlagesystem streng genommen um eine Umverteilung handelt, ändern sich die entscheidenden Parameter wie Beitragsstrukturen und Leistungskataloge im Zeitablauf. Pflichtversicherte Zwangskonsumenten müssen damit eine pekuniäre Externalität tragen, wenn sukzessive die Gesellschaft kränker wird und sich dadurch entweder die Beiträge erhöhen oder der Leistungskatalog abnimmt. Es ist deshalb fraglich, ob externe Effekte und externe Kosten im Sinne der hier eingeführten Definition als von Dritten, Nicht-Konsumierenden zu tragende Kosten kongruente Begriffe sind. Letztlich kann man die finanziellen Beeinträchtigung im Rahmen der Sozialversicherung als externe Kosten verstehen, da der Konsum gefährlicher Güter und die damit einhergehenden Krankheiten die Leistungsfähigkeit und Gesundheit der Konsumenten einschränkt, damit mehr medizinische Leistungen einhergehen, als im Durchschnitt ohne den Konsum und dies dann in Form höherer Beiträge die Budgetrestriktion und damit die Konsummöglichkeiten des extern Belasteten einschränkt. Ein normal Konsumierender subventioniert die Last der gefährlich Konsumierenden, wenn diese über das Leben verteilt kränker als die harmlos Konsumierenden sind.

Die mit bestimmten Risikofaktoren assoziierten Kosten im Gesundheits- oder Sozialversicherungssystem lassen sich auch unterschiedlichen Trägern zuordnen. Manning et al. (1989) versuchen dies beispielsweise für den Konsum von Zigaretten und Alkohol. Angesichts des komplexen deutschen Sozialversicherungssystems, in dem teilweise Beiträge für unterschiedliche Sozialversi-

129 Seit 2011 werden keine Beiträge mehr für Arbeitslosengeld II Empfänger mehr an die Rentenkassen überwiesen. Bei Erwerbsminderungsrenten wirken sich „Zurechnungszeiten" vom Beginn der Erwerbsminderung bis zur Regelaltersverrentung rentenerhöhend auf letztere aus.

cherungen vom Individuum oder aber für das Individuum von anderen Institutionen und damit von Versichertenkollektiven gezahlt werden, kann es hier zu Querverrechnungen kommen, die die Bestimmung eines Zahlungssaldos schwierig werden lässt. Bereits Viscusi (1995) erwähnt Probleme der Sozialversicherungssysteme in Form externer Kosten durch den Konsum riskanter Güter. Es ist entscheidend wie sich der Barwert der empfangenen Sozialversicherungsleistungen zum Barwert der Einzahlungen des Individuums verhält, um feststellen zu können, ob ein Raucher oder ein Adipöser „seine" Krankheitskosten auch bezahlt. Ein kritischer Einfluss hierbei bildet die verkürzte Lebenserwartung. Es scheint alleine schon aufgrund der grundsätzlich unterschiedlichen Ausgestaltung der Sozialversicherungssysteme in Deutschland und den USA ein direkter Vergleich gar eine direkte Übertragung der Ergebnisse (Viscusi 1995) falsch. Eine wesentliche Überlegung ist die Frage, ob etwa ein Raucher wirklich weniger Leistungen der gesetzlichen Krankenkasse erhält als ein Nichtraucher. Es wäre vorstellbar, dass sich die Therapien bei einem Bronchialkarzinom dermaßen gut entwickelt haben, dass auch die Kostensituation eine vollständig andere geworden ist. Ein frühzeitiger Tod hebt deshalb die Kosten nicht auf, wenn die Behandlungen vorher entsprechend kostenintensiv sind. Im Gegenteil wird durch die Diskontierung bei der Konvertierung der Zeitwerte tendenziell ein höherer Wert bei den zeitnahen Therapiekosten, als bei den – wie auch immer gearteten – Leistungen im hohen Alter anfallen. Ein weiterer gedanklicher Fehler besteht aber auch in der isolierten Zurechnung der eingezahlten Beiträge zu den eigenen Krankheitskosten. Die gesetzliche Krankenversicherung ist auf dem Solidaritätsprinzip aufgebaut, d. h. Gesunde zahlen für Kranke, Junge für Alte und Männer für Frauen (die tendenziell höhere Krankheitskosten und noch geringere Erwerbsquoten aufweisen). Rauchen oder Adipositas sind weitere systematische Risikofaktoren, die grundsätzlich in der Tendenz zwar eine Umverteilung zu Lasten der nicht gefährlich Konsumierenden bedeuten, die aber natürlich auch mit den anderen systematischen Risiken saldiert werden müssen. So könnte sich der schädliche Alkoholkonsum, der deutlich häufiger bei Männern festgestellt wird, nivellierend auf die Subventionierung für die Frauen, die weniger häufig schädlich Alkohol konsumieren auswirken. Zusammenfassend kann man konstatieren, dass die Frage, ob man Versicherungen im Zusammenhang mit gefährlichem Konsum als reine Umverteilungen beurteilen mag, deshalb verneinen, da eine Reduzierung systematischer Risiken – übrigens analog zur Kapitalmarkttheorie, die systematische Risiken prämiert – eine Entlastung für die Versicherung und damit für die Solidargemeinschaft bedeutet, oder anders ausgedrückt: durch das Rauchen entsteht ein gesundheitlicher

Schaden, der aus dem Versichertenpool bezahlt wird, der aber nur mit einem bestimmten Anteil vom Raucher selber getragen wird[130].

Der dritte Posten der Aufzählung von Sloan et al. (2004), die Beeinträchtigung des Wohlbefindens Dritter durch gefährlichen Konsum, ist wieder eine technologische Externalität in dem Sinne, dass der Nutzen aus der „seelischen Gesundheit" einer Person durch den Konsum einer anderen – wie gerade diskutiert nicht zwangsläufig monetär – beeinträchtigt wird. Der betroffene Dritte „erleidet" hedonische Einbußen und fühlt sich durch den Konsum im weitesten Sinne „gestört".

4.2.4 Die Familie als Träger externer Kosten

Ökonomen haben bereits seit Adam Smith darauf aufmerksam gemacht, dass Individuen sich nicht nur für ihr eigenes Wohlbefinden, sondern auch für das ihrer Mitmenschen, insbesondere nahestehender Personen interessieren und sich daran erfreuen. Ehepartner, Kinder, Geschwister und Eltern sind der engste und wichtigste Personenkreis des Individuums[131], die Familie. In der Sozialpsychologie wie in allen Sozialwissenschaften kommt der Familie als Untersuchungsgegenstand eine besondere Bedeutung zu (z. B. für die Ökonomen Gary Becker (1981); auch seit Beginn der Entwicklung der Psychologie als Wissenschaft durch Sigmund Freud nahm die Familie eine zentrale Bedeutung ein). Ökonomische

---

130 Unproblematisch hingegen sind externe Effekte aufgrund von verursachten nichtversicherten finanziellen Schäden z. B. durch von Zigaretten ausgelöste Bränden, Zerstörungen durch von Trunkenheit ausgelösten Vandalismus, ggf. auch die in Folge einer ungelenken Bewegung eines Fettleibigen zerstörten Sachwerte, wenn zwar grundsätzlich ein Recht auf Schadensersatz besteht, auch wenn dieser faktisch aber aufgrund der finanziellen Situation des Konsumenten nicht geleistet werden kann. Jedoch wurde eine gesündere Lebensweise zumindest bislang nicht oder nur ansatzweise über verminderte Beiträge zur Krankenversicherung belohnt. Ein wesentliches Problem der deutschen gesetzlichen Krankenversicherung in diesem Zusammenhang ist sicherlich, dass die meisten Individuen keine Wahl zur Versicherung haben.

131 Dies lässt sich bereits in der Biologie in der von Hamilton entwickelten Regel der „Fitness" und erweiterten Fitness einer Spezies ablesen, in dem der Verwandtschaftsgrad und die Größe der Familie direkt für das Überleben der Spezies entscheidend wird und damit eine biologische Fundierung des Nutzenkonzepts darstellt (vgl. Bergstrom 1996). Selbstverständlich reicht der Familienbegriff aber auch teilweise deutlich weiter und lässt sich evtl. mit besonders starkem Vertrauen, Reziprozität und positiven Emotionen gegenüber anderen nahestehenden Personen charakterisieren.

Modellierungen wie von Bergstrom (1995) versuchen, diesen Sonderstatus der Interaktionen in der Familie adäquat abzubilden.

Aus ökonomischer Sicht stellt sich für diese Arbeit die Frage, ob die Familie als Träger externer Kosten mit in die Dokumentation der Kosten gefährlichen Konsums miteinbezogen werden soll. Für Nicht-Ökonomen mag dies verwunderlich wirken, allerdings sehen klassische Ansätze der Familienökonomie das Familienoberhaupt als Entscheider für die ganze Familie und damit Maximierer des Familiennutzens unter Berücksichtigung der einzelnen Präferenzordnungen der Familienmitglieder[132]. Dennoch treten gerade bei gefährlichem Konsum systematisch Phänomene in Erscheinung, die dieser Sicht zu widersprechen scheinen: Eine Ehe kann durch den Alkoholismus eines Partners zerrüttet sein, Kinder von Alkoholikern leiden, Ehefrauen von Rauchern konsumieren passiv mit und versterben frühzeitig. Es zeigt sich also, dass es sich entweder um reale Belastungen der Familie handelt, die vermutlich nicht im Konsens coaseanisch lösbar sind oder aber mit einer sehr hohen Verantwortung des Familienoberhauptes einhergehen, durch den eigenen Konsum billigend die Familie zu schädigen. Dann gebietet eine normative Analyse der Kosten gefährlichen Konsums die Aufstellung dieser auch als quasi-extern bezeichneten Kostenart (Sloan et al. 2004).

4.3 Soziale Kosten und sozialer Nutzen

Die sozialen Kosten können ein Bestandteil von Kosten-Nutzen-Analysen sein. Ökonomisch stiften Güter einen Nutzen und verursachen Kosten, die wie dargestellt unterschiedlich in das eigene Kalkül eingehen bzw. mit den eigenen Präferenzen abgeglichen werden. Eine separate Aufteilung von Kosten- und Nutzenkomponenten macht nur Sinn, wenn sich berechtigterweise zeigt, dass aufgrund von Marktunvollkommenheiten oder Verhaltensabweichungen vom Rationalkalkül, die Saldierung beider Größen fraglich erscheint. Als Analogon zum Begriff der sozialen Kosten lässt sich aber auch sozialer Nutzen definieren, der sich als Summe aus individuellem und externem Nutzen ergeben würde und den sozialen Kosten „gegengerechnet" werden könnte. Dem sozialen Nutzen kommt eine entscheidende Rolle zu: Überwiegt dieser die sozialen Kosten, führt der Konsum des Gutes insgesamt zu einer Wohlfahrtsverbesserung. Bei Annahme von Rationalität der Individuen und vollständiger Internalisierung der externen Kosten etwa bei eindeutigen Eigentumsrechten ist dies immer der Fall. Eine Einschränkung des

132 Dies ist auch indirekt durch das Altruismus-Argument hervorgehoben: So lässt sich als Argument in der Nutzenfunktion des Familienoberhauptes die Nutzenniveaus der einzelnen Familienmitglieder aufnehmen.

Konsums würde damit eine Pareto-Verschlechterung im ökonomischen Sinne darstellen. Bei der gesamtgesellschaftlichen Beurteilung eines Marktergebnisses infolge gefährlichen Konsums, etwa von Zigaretten, werden die sozialen bzw. gesamtgesellschaftlichen Kosten dem durch den Konsum bzw. der Produktion gefährlicher Konsumgüter entstehenden sozialen Nutzen (engl. „social benefit") gegenübergestellt.

Um die Bedeutung der Nutzenkomponenten einschätzen zu können, sei darauf verwiesen, dass aus der verhaltensökonomischen Literatur bekannt ist, dass von Dritten verursachte Kosten und Nutzen individuell höchst unterschiedlich beurteilt werden: Während die Freude über den Konsum eines Dritten eher diffusen Charakter hat, erweist sich die kostenmäßige Belastung durch einen Dritten als durchaus relevant. Es fällt außerdem schwer sich konkrete Nutzenaspekte für Dritte aus individuellem gefährlichem Konsum vor Augen zu führen. Häufig wird etwa angeführt, der Alkoholkonsum in Deutschland befördere die Geselligkeit[133]. Für das Rauchen und übermäßige Völlerei scheint externer Nutzen schwer erklärbar. Kürzlich erschienene Veröffentlichungen über Netzwerkeffekte hingegen suggerieren, dass gefährliche Konsumweisen „ansteckend" zu sein scheinen. Die Freunde und engen Kontakte von gefährlich Konsumierenden konsumieren ebenfalls gefährlich (Christakis und Fowler 2007, 2008). Damit werden, wenn man diese Kausalität unterstellt, früher oder später Externe selber zu gefährlich Konsumierenden. Ob dann ein Nutzen aus diesem Peer-Group-Effekt existiert („Ich gehöre einer großen Community von Rauchern an") oder einfach wider besseres Wissen aufgrund von Cue-Reaktivität oder innerlicher kognitiver Dissonanz geraucht wird, bleibt unklar[134].

Auch die Komponenten sozialen Nutzens lassen sich theoretisch genauso in monetäre Werte oder Äquivalente umwandeln wie Kosten[135]. Man kann den Umsatz der Industrie für gefährlicher Konsumgüter als Annäherung des Nutzens der beteiligten Vertragspartner im Sinne Coases begreifen und deren Gewinn als Annäherung an den Nutzen der Aktionäre und Eigentümer. Es ist möglich der Arbeit eines Beschäftigten der Tabakindustrie einen hohen Anteil an Arbeitsfreu-

133 Argument des Präsidenten der deutschen Brauerei-Wirtschaft Rugard in der Sendung „Fakt ist..." im MDR vom August 2009.

134 Vgl. hierzu Arnett (2007).

135 Grundsätzlich haben Güter wie Zigaretten und Alkoholika durchaus auch mehrere Funktionen – auch jenseits des reinen Konsumgenusses – wie etwa auf das Selbstbild wirkende und ausbildende Funktionen. Ebenfalls lässt sich eine Konsumtradition dieser Güter aus der Geschichte ablesen. Völlerei und Maßlosigkeit wurden bereits früh in kirchengeschichtlichen Überlieferungen als Todsünden angeprangert.

de zu attestieren und man kann der Umverteilung durch Besteuerung gefährlicher Güter einen eigenen Nutzen zuschreiben, da tendenziell bei der aufgrund der hohen Preissensitivität der unteren, aber von gefährlichem Konsum besonders betroffenen Einkommensmillieus eine Steuererhöhung zu höherer vertikaler Steuergerechtigkeit führt. Damit ist gemeint, dass sich die Steuerbelastung der armen und reichen Bevölkerung bei hohen Steuern prozentual angleicht und dies kann sozial sehr wünschenswert sein. Nichtsdestotrotz muss auch auf diese Sichten das Opportunitätskostenprinzip angewandt werden. So ist bekannt, dass die Konsumgüterindustrien sehr kapitalintensiv sind und mit relativ wenigen Arbeitskräften auskommen. D. h. sind die Humankapitalanforderungen dieser Industrien vergleichsweise niedrig, so sind die Opportunitätskosten der Arbeitnehmer fast genauso hoch wie der Nutzen ihrer Beschäftigung in der Alkohol- oder Tabakindustrie. Für die Aktionäre ist die Herkunft ihrer Gewinne in der Regel ohne Bedeutung, solange diese sich im Wert nicht ändern[136]. Der individuelle Nutzen des Konsumenten ist damit die Größe, die verbleibt und die zumindest bei den Käufern größer als der am Markt beobachtete Preis ist. Auch hier suggeriert die Literatur, dass dieser Nutzen nicht langfristiger Art ist, sondern temporär dazu dient, evtl. Entzugs- oder Deprivationszustände auszugleichen (z. B. Weinstein 2001): bei Sucht muss der erlebte Mangel durch Konsum wieder neu gestillt werden. Befragt man diese Süchtigen unter den gefährlich Konsumierenden stellt sich eine hohe Reue-Rate heraus. Das bedeutet, dass von Süchtigen die Initiation des gefährlichen Konsums als Fehler und damit als langfristig höhere Nettokosten des Konsums beurteilt wird. Daher lässt sich normativ rechtfertigen, diese individuellen Nutzenkomponenten der Konsumenten nicht aufzuführen, sondern vielmehr jedem Individuum selbst nach Nennung der „tatsächlichen" Kosten gefährlichen Konsums anheim zu stellen, ob deren Konsumnutzen diese übersteigt oder nicht.

4.4 Kritik am Konzept der sozialen Kosten

Das Konzept der sozialen Kosten erfährt häufig Kritik[137], die im Wesentlichen auf uneinheitliche Verwendung bzw. unterschiedliche Interpretation des Begriffes der sozialen Kosten zurückzuführen ist (Single et al. 2001 und Uhl 2006). Wesentlich

---

136 Man könnte sogar argumentieren, dass ethische Investments vorgezogen werden. Dies wäre auch ein Grund, warum sich Alkohol-, Tabak- und Lebensmittelindustrie immer wieder mit PR-Maßnahmen philanthropischen und kulturellen Aktionen widmen, die letztlich das durch die operative Geschäftstätigkeit entstehende schlechte Image verbessern sollen.

137 Vgl. Uhl (2003, 2004, 2006).

ist hierbei, welcher Teil der privaten Kosten bzw. internen Kosten den sozialen Kosten zuzurechnen ist, bzw. ob ggf. die sozialen Kosten allein aus den externen Kosten bestehen sollten. Dabei geht es um die Überlegung, inwieweit interne Kosten im Sinne Pigous mit den privaten Kosten gleichgesetzt werden dürfen[138]. Dies hängt davon ab, welcher Anteil der privaten Kosten vom konsumierenden Individuum im Rationalkalkül berücksichtigt wird. Beispielsweise ließe sich argumentieren, dass lediglich der Marktpreis für ein gefährliches Gut vom Individuum als interne Kosten wahrgenommen wird, da aufgrund unterschiedlichster Beurteilungsverzerrungen – z. B. Overconfidence, Kontrollillusion und Myopie – gesundheitliche Konsequenzen, die in zukünftigen Jahrzehnten erwartet werden können, komplett ignoriert werden[139]. Die Kenntnis, dass ein Risiko bei einem Konsumgut existiert, reicht nicht aus, dies zu quantifizieren und als persönlich relevant im eigenen Entscheidungskalkül zu berücksichtigen. Dies gilt besonders für Kinder und Jugendliche, die üblicherweise mit dem gefährlichen Konsum beginnen (Weinstein 2001, Effertz 2008).

Ein weiterer konkreter Einwand besteht darin, soziale Kosten dienten nur einem reinen Anschauungszweck, der abhängig von den Zielen der die Kosten verwendender Interessengruppen beliebig in der Methodik variiert. Es besteht aber eher die Frage, ob auch tatsächlich alle relevanten Kostenpositionen erfasst worden sind. Dies ist tatsächlich häufig nicht der Fall. Insbesondere der Bereich des beeinträchtigten Wohlbefindens wird häufig mit der Begründung der angeblichen Nichtmessbarkeit ausgeklammert. Dies führt dann zu einer Unterschätzung der sozialen Kosten und einer Nichtvergleichbarkeit des Problems gefährlichen Konsums mit anderen gesundheitsökonomischen Problemen[140]. Mit der WTP-Methode existiert eine – wenn auch stark kritisierbare – Möglichkeit intangible Bestandteile wie Wohlbefinden zu messen und in monetären Äquivalenten abzubilden.

Eine weitere Frage betrifft die Kausalität zwischen dem gefährlichen Konsum und bestimmten Krankheiten oder anderen negativen Konsequenzen. Ohne Zweifel gibt es Krankheitskonstellationen, bei denen nicht deutlich wird, ob gefährli-

138 Damit wird deutlich, dass interne Kosten, die für das Entscheidungskalkül des Individuums relevant sind, nicht zwangsläufig gleich den privaten Kosten, die das Individuum zu tragen hat, sind.

139 Vgl. z.B. Kahneman und Tversky (1979).

140 So werden die bei der Evaluierung verschiedener Maßnahmen zur Verbesserung der Situation Pflegebedürftiger, die das Leid der Familie bei Pflege eines Angehörigen nicht einschließen andere Ergebnisse liefern, als wenn dies in den vermeidbaren sozialen Kosten mitaufgeführt wird.

cher Konsum tatsächlich kausal für entstandene Folgekrankheiten ist. Dadurch würde sich auch ein Zuordnungsproblem ergeben. Für die Identifizierung einer Kausalbeziehung zwischen einer gefährlichen Konsumweise und einer negativen insbesondere gesundheitlichen Konsequenz gibt es aber probate epidemiologische und statistische Ansätze die in Teil B und D dieser Arbeit ausführlich diskutiert werden. Diese genügen in weiten Teilen den von Hill (1965) aufgestellten Bedingungen für das Vorliegen von Kausalität. Häufig – aber nicht immer – reicht es aus, von einer korrelativen Assoziation zwischen Konsum und Krankheit auf Kausalität zu schließen. Dies hängt neben der richtigen Zuordnung der exogenen Variablen insbesondere von der richtigen Vergleichsgruppe ab, „gegen" die die Assoziation gemessen wurde[141].

Weiterhin wird kritisiert, der Nutzen aus dem Konsum eines Gutes würde häufig mit seinem Marktpreis gleichgesetzt. Dies vernachlässige die Konsumentenrente, die jeder nachfragende Konsument als Differenz aus dem Preis und seiner individuellen Zahlungsbereitschaft erzielt. Freilich gilt dies sowohl für den Nutzen eines gefährlichen Konsumgutes, wie auch dem Nutzen aus den seine Konsequenzen heilenden Kosten. Hier liegt in der Tat ein Problem vor, dass wahrscheinlich bei einer Saldierung der Kosten mit dem Nutzen entstehen würde. Zwar lassen sich mithilfe geeigneter Methoden aus Marktdaten Zahlungsbereitschaften und damit Nutzenniveaus ableiten, dies gestaltet sich aber mitunter wie diskutiert schwer. Wichtig ist auch hier festzuhalten, dass für die Betrachtung der sozialen Kosten ein wie auch immer gearteter Marktpreis als Untergrenze verstanden werden muss.

Ein nächster Kritikpunkt tangiert die Frage, ob ein Individuum die Kosten die es trägt, schuldhaft herbeigeführt hat und wie dies unterschiedlich bei der Berechnung der sozialen Kosten zu berücksichtigen sei. Ein Beispiel von Uhl (2004) verdeutlicht dies an der Frage, wer im Falle einer Grippeerkrankung welche Kosten schuldhaft verursacht bzw. zu tragen habe. Hier wird direkt ein wichtiger Unterschied für die hier untersuchte Frage des gefährlichen Konsums deutlich: während gefährlicher Konsum eine bewusste Entscheidung des jeweiligen Individuum darstellt, entzieht sich die Vermeidung von Grippeviren häufig einer kontrollierten Alltagsstrategie, auch wenn sich Individuen in einem sinnvollen Maße vorsichtig oder sorgfältig verhalten[142]. Die Frage der „schuldhaften" Verur-

---

141 Dies wird auch als "Matching" bezeichnet und findet seine konkrete Anwendung im „nichtrauchenden Raucher" nach Sloan et al. (2004).

142 Vgl. etwa Meldung von Spiegel-Online zur Effektivität von Grippeschutzimpfungen unter www.spiegel.de/gesundheit/diagnose/grippeimpfung-schuetzt-wahrscheinlich-schlechter-als-erwartet-a-1011051.html, abgerufen am 05.01.2015.

sachung ist im Übrigen für die Frage der Höhe und Bilanzierung der sozialen Kosten irrelevant, da man dem konsumierenden Individuum den Teil der negativen Konsequenzen automatisch zurechnet, die es selber zu tragen hat. Grundsätzlich sollte als Perspektive eine gesamtgesellschaftliche Sicht gewählt werden. Dieses Konzept einer quasi „integrierten Person" (Adams 2002) erlaubt es eine Wohlfahrtsbewertung durchzuführen, die sowohl im aggregierten Zustand optimale Ergebnisse erzielt, als auch für partiell benachteiligte Bereiche zumindest theoretisch eine Kompensation gemäß des Kaldor-Hicks-Kriteriums erlaubt. Umverteilungen sollten grundsätzlich in der aggregierten Sicht der sozialen Kosten mit erfasst werden, da es Dritte beeinträchtigt, wenn ihnen Ressourcen entzogen und an anderer Stelle wieder zugeführt werden (Uhl 2004). Dies hat, neben den administrativen Kosten der Umverteilung und trotz der durch die Sozialversicherung entstehenden Vorteile in Form von Risikotransformation und positiven Auswirkungen auf das Wohlbefinden (Sachverständigenrat 2010), wie schon erwähnt auch Anreizprobleme zur Folge, die insgesamt zu einer Kostenerhöhung führen. Natürlich mögen auch Institutionen wie die deutschen Sozialversicherungen einen Anreiz besitzen, ihren eigenen Anteil an den Kosten möglichst hoch auszuweisen, um so Problematiken deutlich zu machen oder zu erzeugen. Umso wichtiger ist es ein gesamtwirtschaftliches Bild der Kostenströme und Verrechnungen durchzuführen.

Es bleibt festzuhalten, dass aus ökonomischer Sicht der Begriff der sozialen Kosten klar definiert ist, wenn dessen Inhalt bestimmt und dessen Erhebungsmethodik hinreichend geeignet für die Feststellung von Kausalität und Kostenzuordnung ist. Soziale Kosten finden Eingang in Modellierungen, Verbesserungen und letztlich empirische Überprüfungen von Gesundheitsrisiken im Rahmen eines Marktgeschehens[143]. Eine Besteuerung des gefährlichen Konsums etwa hat dann den Sinn, die internen Kosten so stark auszuweiten, dass neben den vollständigen privaten Kosten auch Externalitäten bestmöglich eingepreist werden können. Die Nachfrage nach gefährlichen Konsumgütern wird auf ein solches Niveau zurückgeführt, dass die resultierenden sozialen Kosten pro Konsumeinheit dem Preis des Gutes pro Konsumeinheit entsprechen.

5 Determinanten negativer Konsequenzen und Kosten

Nachdem mit der Diskussion des Begriffs der „sozialen Kosten" die Unterscheidung der Kostenträger erfolgt ist, werden in diesem Abschnitt die Kostenarten

143 Beyond the Dark Clouds: Pigou and Coase on Social Cost; Aslanbeigui and Medema; History of Political Economy.1998; 30: 601–625.

als Konsequenzen gefährlichen Konsums abgeleitet[144]. Der offensichtlichste negative Effekt besteht in der sich im Zuge gefährlichen Konsums reduzierenden Gesundheit. Gesundheit ist ein ökonomischer Wert an sich, der allerdings in den Standardmodellen der Wirtschaftswissenschaften häufig nicht explizit modelliert wird, sondern lediglich indirekt etwa über den Markt für Gesundheitsleistungen oder noch abstrakter über den Markt für Versicherungen abgebildet wird (Mishan 1971). Die Auswirkung auf die Gesundheit hat nichtsdestotrotz vielfältige Folgekosten, die dem gefährlichen Konsum zuzurechnen sind, etwa ein Absinken der Produktivität und damit des Einkommens und Reduzierung zukünftiger Konsummöglichkeiten.

Für eine Systematisierung der sozialen Kosten gefährlichen Konsum im ökonomischen Sinne scheint es zweckmäßig sich klarzumachen, welche ökonomischen Größen und Variablen überhaupt durch Konsum und speziell gefährlichen Konsum betroffen sind. Wie sich zeigen wird, bestehen die wesentlichen Auswirkungen aus sechs Punkten:

1. Die gesunkene Gesundheit selbst in Form eines individuell empfundenen Wertverlusts an Lebensqualität und Wohlbefinden.
2. Die Veränderung der individuellen Konsumpläne aufgrund der gesunkenen Gesundheit und der daraus bestehenden Notwendigkeit medizinischer Behandlungen.
3. Die Veränderung der Produktivität aufgrund der gesunkenen Gesundheit und damit der gesundheitsbedingten Vernichtung von Ressourcen und damit auch Konsummöglichkeiten.
4. Die soziale, über den Verlust der Ressourcen hinausgehende Bewertung des Verlusts an Lebenszeit aufgrund gefährlichen Konsums.
5. Die Veränderung der Investitionen in Sozial- und Humankapital aufgrund gesunkener Gesundheit.
6. Die Veränderung des Sorgfaltsniveaus und der individuellen Verhaltenskontrolle aufgrund konsumbedingter Persönlichkeitsveränderungen.

Diese Größen betreffen nicht nur das konsumierende Individuum selbst, sondern auch das unmittelbare soziale Umfeld, die Familie, Arbeitskollegen und andere soziale Gruppen wie Schulklassen oder je nach Konsumart auch gänzlich Unbeteiligte und stellen dann externe Kosten dar.

144 Dies lässt sich aus zahlreichen theoretischen und empirischen Studien etwa zu den Kosten des Rauchens ableiten. Siehe hierzu z. B. Sloan et al (2004) und (Johannesson 1996).

Ein wichtiger Aspekt betrifft die Interdependenz der aufgeführten Größen. Eine Verkürzung der erwartbaren Lebenszeit hat Auswirkungen auf den geplanten Konsum, geplante Investitionen in Humankapital (Oster et al. 2013) und damit die Produktivität und ggf. sogar das Sorgfaltsniveau und sicherlich zumindest temporär auf das Wohlbefinden bzw. die Lebensqualität. Gefährlicher Konsum verändert über Suchtbildung die Investition in Humankapital, den Konsumplan, Sorgfalt und das Wohlbefinden. Gleiches lässt sich auch über den direkten Einfluss des Konsums auf Humankapitalinvestition und Lebensqualität exemplifizieren. Kommen dann noch die eben erwähnten Auswirkungen auf Dritte hinzu, ergibt sich ein sehr komplexes, dynamisch zu modellierendes System durch gefährlichen Konsum beeinflusster Größen, die in ihrer Dimension so noch nicht in der Literatur aufgeführt wurden und mit Sicherheit im Entscheidungskalkül des Individuums, gefährlich zu konsumieren, nicht vollumfänglich berücksichtigt wurden. Die hier aufgeführten Größen sind nicht theoretisch hergeleitet, sondern muten etwas „eklektisch" an. Bis auf die Sorgfaltsrisiken fußen sie auf der verminderten Gesundheit durch gefährlichen Konsum. Dieser Aspekt soll nun weiter vertieft werden.

5.1 Der Wert der Gesundheit

Wenn es um negative Konsequenzen im Zusammenhang mit gefährlichem Konsum geht, sind üblicherweise die „Krankheitskosten" auch als Konsequenzen sog. „Lifestyle-Faktoren"[145] gemeint. Die Weltgesundheitsorganisation (WHO, 2011) beschreibt die „Krankheitskostenmethode" eine auf Dorothy Rice (1966) zurückgehende zentrale, makroökonomisch ausgerichtete Methodik, die im nächsten Abschnitt dargelegt werden soll und die weltweit die vorherrschende Methode zur Ermittlung der Krankheitskosten ist. Allerdings lässt sich dieser „Standard" nur teilweise ökonomisch fundieren und viele Ökonomen versuchen, Gesundheit im Rahmen eines individuellen oder repräsentativ-aggregierten Nutzenmaximierungsmodells zu erklären.

5.1.1 Die Krankheitskostenrechnung

Der erste „traditionelle[146]" Ansatz einer Methodik zur Erfassung von Krankheitskosten in den Wirtschaftswissenschaften, die sog. Krankheitskostenrech-

---

145 Der Begriff der Lifestyle-Faktoren meint den (gefährlichen) Konsum von ungesunden Nahrungsmitteln, Tabakprodukten, Alkoholika und anderen riskanten Konsumweisen etwa Risikosportarten mit hohem Verletzungspotenzial.

146 Vgl. Tolley et al. 1994.

nung (engl. Cost-of-Illness-Approach, auch „Earnings Expenditure Approach") stammt aus den 1960er Jahren und beruht auf dem Humankapitalansatz (Rice 1966, Mushkin 1962, Weisbrod 1961, 1971). Dieser erfasst Gesundheitsverbesserungen in Form von vermiedenen „Schäden" für eine Volkswirtschaft, konkret einerseits durch gesunkene Gesundheitskosten und andererseits in gesteigerter Produktion, ist also damit direkt am Humankapital bzw. der Produktivität eines Individuums orientiert (Johannesson 1996). Zahlreiche Publikationen u. a. auch bereits in den 1980er Jahren für Westdeutschland sind im Laufe der letzten knapp 50 Jahre entstanden (z. B. Henke und Behrens 1986). Krankheitskosten gemäß diesem Ansatz lassen sich dann nach Johannesson (1996) als Veränderung im Konsum minus der Veränderung in der Produktion eines Individuums bzw. einer Volkswirtschaft oder Gesellschaft darstellen.

Krankheitskostenrechnungen dienen so Rice (1976) in erster Linie dazu, dass Ausmaß einer Krankheit in ökonomischen, monetären Werten zu beziffern, Interventionen und Forschungsgelder zu rechtfertigen, richtig zu alloziieren und schließlich eine ökonomische Fundierung der Krankheitskosten herzustellen. Die Krankheitskostenrechnung umfasst anlehnend an diese Unterteilung „direkte" und „indirekte" Kosten, welche allerdings häufig unter uneinheitlichen und nicht allgemein akzeptierten Methoden ermittelt werden, was zu teils gravierenden Ergebnisschwankungen führen kann (Hodgson und Meiners 1982, Levine und Levine 1976). Eine erste Aufführung der grundsätzlichen Durchführung von Krankheitskostenrechnungen stammt von Rice (1966). In diesem frühen Stadium der Krankheitskostenrechnung wurde neben direkten und indirekten Kosten ebenfalls auf eine dritte Komponente, die „intangiblen" Kosten – in Abgrenzung zu den tangiblen Kosten – als Größe für Schmerz und Leid hingewiesen (Rice 1966)[147], die in der herkömmlichen, lediglich auf Ressourcen fokussierten Krankheitskostenrechnung fehlt. Diese auch als „psychosozial" bezeichneten Kosten, meinen Beeinträchtigungen des Wohlbefindens bzw. „Schmerz und Leid[148]" infolge von Krankheiten. Sie beschreiben aber letztlich die vom Individuum empfundene Auswirkung des gefährlichen Konsums auf die Gesundheit.

---

147 Der Begriff der „Intangibilität" (dt. Unberührbarkeit) entstammt dem Rechnungswesen und hebt vor allem die Nichtmessbarkeit der involvierten Kostenkomponenten hervor.

148 Insbesondere in der US-amerikanischen Literatur findet sich häufig der feststehende Terminus „Pain and Suffering (z. B. Studdert et al. 2011).

Grundsätzlich wird versucht, die kostenverursachenden Elemente zu identifizieren, monetär zu bewerten und zu aggregieren (Hodgson und Meiners 1982)[149]. Bereits im Jahr 1982 existierten über 200 Krankheitskostenrechnungen in den USA. Im Wesentlichen basieren die methodischen Überlegungen auf der Frage, welche Veränderungen der Ressourcen einer Volkswirtschaft durch Krankheiten entstehen. Die in diesem Zusammenhang gebildeten Begriffe der „direkten" und „indirekten" Kosten entsprechen damit den Termini „Ressourcenverbrauch" und „Ressourcenverlust".

Die direkten und indirekten Kosten werden zusammengefasst auch als „ökonomische Kosten" bezeichnet (Shiell et al. 1987), um sie von den psychosozialen bzw. intangiblen Kosten, die als nicht oder nur schwer quantifizierbar angesehen werden, abzugrenzen. Aus der Kritik von Shiell wird direkt deutlich, dass unter Ökonomen Uneinigkeit herrscht, ob diese intangiblen Kosten überhaupt erwähnt werden sollten. Darauf aufbauend konstruierten Shiell et al. (1987) ihre Kritik an dem Krankheitskostenansatz. Diesem fehle die marginale Betrachtung, d. h. ein Ausweis der gesamten Kosten einer Krankheit sei für die Frage, welche Maßnahmen dagegen ergriffen werden sollten völlig irrelevant. Lediglich die marginale Veränderung der Krankheitskosten in Abhängigkeit einer Maßnahme sei eine entscheidungsrelevante Information[150]. Auf die Kritik von Shiell et al. entgegnete Hodgson (1989), dass das Pareto-Prinzip als Maßstab für wohlfahrtsökonomische

---

149 Die Zuordnung der Krankheiten bzw. Krankheitskosten und -zeiten zu gefährlichem Konsum erfolgt im Rahmen der Krankheitskostenstudien über die sogenannten „Attributablen Fraktionen". Damit sind „Quasi-Anteilswerte" gemeint, die aussagen, wie hoch der Anteil der auf bestimmte Konsumarten zurückgeht bei bestimmten Krankheiten ist (z. B. für Alkohol vgl. Single et al. 2000).

150 Interessanterweise gehen die Autoren davon aus, dass Krankheiten nicht aufgrund von bewussten Entscheidungen mit der expliziten Ausnahme vom Konsum gefährlicher Güter entstünden. Demnach seien QALYs die entscheidende Richtgröße. Alternativ könnte man sich die Krankheitskosten aber auch als ein Portfolio vorstellen: die direkten Kosten wären die Kaufpreise der unterschiedlichen Maßnahmen, die indirekten Kosten die daraus resultierenden Erträge (nur, dass hier diese möglichst gering sein sollten). Ebenso wird der Humankapitalansatz stark kritisiert: eine Frau sollte einem gleichaltrigen Mann ebenso gleichgestellt werden, wie ein Arbeitsloser einem Erwerbstätigen. Dies ist, da das Humankapital anhand von Löhnen und Gehältern abgeschätzt wird, nicht der Fall. Ebenso wird eingewandt, die Annahme das Humankapital entspräche dem Grenzlohn, sei unrealistisch. Schließlich wird – verspätet in der Konklusion – daraufhin gewiesen, dass die Bewertung von Krankheiten in Geldwerten eine nicht zwingende sondern u. U. der Analyse und deren Außenwirkung in die Politik schädliche Wirkung haben kann.

Entscheidungen zu schwach sei und eher eine sehr passive Entscheidungsdynamik der Politik hervorrufe. Dies bedeutet letztlich eine zumindest bedingte Eignung der COI-Methode für die Informierung von Gesundheitspolitik um Ressourcen entsprechend einzusetzen.

5.1.1.1 Kausalität gefährlichen Konsums

Der Begriff der negativen Konsequenzen gefährlichen Konsums suggeriert bereits, dass bestimmte gefährliche Konsumweisen kausal für diese sind. Neben der tatsächlichen Kausalität ist aber auch ein rein korrelativer Zusammenhang denkbar. Hierbei treten die Phänomene „Risikofaktor“ und „negative Konsequenz“ lediglich gemeinsam auf, ohne dass der Risikofaktor die Konsequenz verursacht. Meistens existiert dann ein dritter latenter Faktor, der die beiden anderen Variablen, den „Risikofaktor“ und die „Konsequenz“ gleichermaßen beeinflusst[151]. Die Eliminierung gefährlichen Konsums auf die Ökonomie hat nur dann eine zentrale Bedeutung, wenn aufgrund des Kausalitätszusammenhangs dadurch messbare Verbesserungen resultieren.

Für die Identifizierung und Bestimmung von Kausalität eines Risikofaktors auf bestimmte Ausprägungen wie Krankheiten haben sich in der Wissenschaft mehrere Ansätze herausgebildet[152]. In der epidemiologischen Forschung haben

---

151 Dieser Zusammenhang ist für verschiedene Teilaspekte der Forschungsfrage dieser Arbeit trotzdem nützlich, etwa zur Beantwortung der Frage, ob ein Raucher eher in die Rentenkasse einzahlt oder aus ihnen Erträge zieht oder ein gefährlich Alkohol Konsumierender eher arbeitslos oder erwerbstätig ist. Latente Faktoren können hierbei sowohl solche sein, die wiederum kausal auf das Rauchen zurückzuführen sind – etwa Krankheiten und damit verbunden weniger Arbeit und geleistete Sozialversicherungsbeiträge – oder aber Faktoren, die nicht durch das Rauchen verursacht wurden – etwa der sozioökonomische Hintergrund oder ein Lebensweg, in dem irgendwann der Substanzkonsum als Selbstmedikation gewählt wurde.

152 Der Epidemiologe Hill stellte 1965 einige Kriterien für den medizinischen und biologischen Bereich auf, aus denen sich Kausalität ableiten lässt: 1. Zeitlicher Zusammenhang: Der Risikofaktor muss der negativen Konsequenz zwingend zeitlich vorangegangen sein. 2. Effektstärke: Je stärker Risikofaktor und Konsequenz miteinander korreliert sind, umso stärker ist auch die kausale Beziehung. 3. Dosis-Response-Zusammenhang: Ein höherer Risikokonsum erhöht auch die Auswirkungen negativer Konsequenzen. 4. Konsistenz: Die Assoziation zwischen Risikofaktor und Konsequenz bleibt auch bei unterschiedlichen Messmethoden und -wiederholungen erhalten. 5. Plausibilität: Die Assoziation ist aus medizinischen /biologischen Überlegungen heraus fundiert und nicht bloß ein statistisches Artefakt. 6. Alternative Erklärungen: Der Zusammenhang ist robust und unwiderlegt gegenüber anderen möglichen Alternativerklärungen. 7. Experimentalbedingungen: Es besteht die Mög-

sich vor allem Kennzahlenansätze, auch als indirekte Methoden bezeichnet, herausgebildet, anhand derer der Zusammenhang zwischen Risikofaktoren und Krankheiten schnell hergeleitet werden kann. Hierzu bieten sich mehrere Maße an (Heller et al. 2002). Die vielleicht berühmteste Kennzahl ist der Konverter der „Populations-attributablen Fraktion (PAF)". Dieser gibt den Anteilswert von Personen bei einer Krankheit oder einer Todesursache an, die bei Eliminierung des Risikofaktors nicht erkranken oder sterben würden. Dieses Konstrukt ist eine Verhältniszahl von verbundenen Prävalenzen und relativen Risiken. Diesem Ansatz wird oft ein vereinfachter und deshalb nicht oder nur unzureichend zutreffender Kausalitätsnachweis unterstellt (Rothman et al. 2008). Die Kritik ist meist übertrieben, da die von Hill aufgestellten Kausalitätsbedingungen in der Regel bei den PAFs erfüllt sind. Allerdings besteht eine gewisse Ungenauigkeit hinsichtlich Aktualität und Festlegung der Referenzgruppen, ähnlich der im vorangegangenen Abschnitt diskutierten Frage des „Nichtrauchenden Rauchers". Die relativen Risiken und Prävalenzen sind zeitlichen, kulturellen, technologischen und anderen Heterogenitäten unterworfen. Zeitliche Unterschiede meinen vor allem einen sich ändernden Konsum im Zeitablauf oder begründen sich durch neue wissenschaftliche Erkenntnisse zu Kausalzusammenhängen zwischen Risikofaktoren und Krankheiten[153]. Darüber hinaus ist es üblich im Rahmen des sog. „synthetischen Ansatzes" der Krankheitskostenrechnung relative Risiken oder die PAFs bestimmter Krankheiten und Unfälle möglichst plausibel abzuschätzen, im Extremfall also mehr oder weniger fundiert Annahmen zu treffen[154].

Das Konzept der PAF, ursprünglich von Levin (1953) entwickelt und grundlegend in der Krankheitskostenrechnung, birgt einige Schwierigkeiten. Zunächst ist unter der PAF eine proportionale Reduzierung des durchschnittlichen Krankheitsrisikos in einem bestimmten Zeitintervall zu verstehen (Shiell et al. 1998). Auf-

---

lichkeit den Risikofaktor gezielt zu variieren, um Auswirkungen auf die negativen Konsequenzen beobachten zu können. 8. Spezifizität: Ein spezifischer Risikofaktor „erzeugt" einen spezifischen Effekt. 9. Kohärenz: Die Assoziation sollte kompatibel mit der aktuell gängigen wissenschaftlichen Sicht auf das zugrunde liegende Problem sein.

153 In Deutschland hat beispielsweise das Rauchen in den letzten Jahren und Jahrzehnten unter den Jugendlichen stark abgenommen. Dies führt dazu, dass die PAF für Lungenkrebs eines 40-Jährigen Rauchers heute eine andere als vor 30 Jahren ist und ebenso verschieden von der eines 40-Jährigen in 20 Jahren sein wird.

154 Es wundert deshalb nicht, dass beispielsweise die rauchen-attributablen Anteile in unterschiedlichen Studien (Warner et al. 1999) und somit Objektivität und Gleichheit der Krankheitskostenbezifferung unwahrscheinlich ist, bzw. lediglich auf Zufälle – dem Ausgleich über die Krankheitsgruppen hinweg – zurückzuführen ist.

grund der Möglichkeit, dass verschiedene Risikofaktoren im Verbund zusammen wirken und damit eine Krankheit auslösen können, unterscheiden sie sich von der sog. ätiologischen Fraktion. Die Definition der „Bevölkerungsattributablen Fraktionen“ werden aber teilweise synonym mit „Bevölkerungs-attributabler-Risikoproportion“, „Überschussfraktion“ oder eben fälschlich mit „Ätiologische Fraktion“ verwendet, was dazu führt, dass ihre Bedeutung falsch interpretiert wird. Die PAFs geben üblicherweise an, welcher Anteil einer Krankheit verhindert werden kann, wenn der entsprechende Risikofaktor eliminiert wird (Rowe et al. 2004). Andere Autoren (Rückinger et al. 2009) bezeichnen attributable Fraktionen als Anteile an Krankheitsfällen, die einem bestimmten Risikofaktor „zugeschrieben werden können“, was der Definition einer ätiologischen Fraktion nahekommt. Die ätiologischen Fraktionen geben an, welcher Anteil des Risikofaktors kausal für das Entstehen einer Krankheit ist und unterliegt starken biologischen Annahmen. PAFs können üblicherweise auch für einen Verbund von Risikofaktoren ermittelt werden. Hierbei werden häufig verschiedene Fehler gemacht (Rockhill et al. 1998): PAFs können zusammenaddiert beispielsweise mehr als 1 betragen (Rowe et al. 2004). Dieses kontraintuitive Ergebnis liegt in dem Umstand begründet, dass häufig erst mehrere Risikofaktoren zusammen eine Krankheit auslösen und deshalb bereits die Eliminierung eines Risikofaktors sämtliche im Verbund wirkenden Krankheitsauslöser eliminiert[155]. Hierbei wird bemängelt (Rückinger et al. 2009), dass die Sequenz der Eliminierung der Risikofaktoren unterschiedliche PAFs für die weiteren Risikofaktoren generiert[156]. Häufig liegen direkt mehrere chronische Erkrankungen vor (Ornstein et al. 2013), die auch eine entsprechend bessere und teurere medizinische Versorgung benötigen.

Neben diesem „singulären“ epidemiologischen Kennzahlen-Ansatz lassen sich mit Regressionen, Strukturgleichungsmodellen und hierarchischen Modellen Kausalitäten besser und vor allem flexibler modellieren. Dieser „analytische“ Ansatz wird auch in dieser Arbeit in Teil B verfolgt und entsprechend dargelegt. Letztlich sollen kausale Unterschiede in der Nachfrage nach Gesundheitsleistungen von Rauchern, Alkoholikern und adipösen Personen im Vergleich zu normalen Personen aufgezeigt werden. Dies hat den entscheidenden Vorteil auch Effekte

---

155 Ein Rechenbeispiel findet sich in Rowe et al (2004). Dies bedeutet schlicht, dass man die PAFs für unterschiedliche Risikofaktoren nicht zusammenaddieren darf, sondern sogenannte Sequential Attributable Fractions berechnen muss. Ebenso lassen sich durchschnittliche PAFs berechnen, die dann zusammengerechnet kleiner Eins sind.

156 Der gefährliche Konsum an sich ist keine Krankheit. Selbst Adipositas, als Krankheit im ICD erfasst und in den meisten Fällen Ausdruck einer andauernden positiven Energiebilanz, gilt nicht als Krankheit im Sinne des SGB V.

in die Rechnung mit aufzunehmen, die im Rahmen der attributablen Fraktionen der wesentlichen assoziierten Krankheiten unter den Tisch fallen. Z.B. zählt hierzu auch der Umstand, dass ungesunde Ernährung, Alkohol und Rauchen zu einem schlechteren allgemeineren Gesundheitszustand führen, der tendenziell eine vermehrte Nachfrage nach Gesundheitsleistungen nach sich zieht. Eine wichtige Aufgabe kommt der richtigen Bestimmung des funktionalen Zusammenhangs zwischen den hier interessierenden Größen „Inanspruchnahme von medizinischen Leistungen" der abhängigen Variablen und erklärenden Variablen wie Alter, Raucherstatus, BMI und Alkoholkonsum[157]. Ist dieser falsch gewählt oder werden wichtige erklärende Variablen ausgelassen, führt dies zu Verzerrungen in der richtigen Bemessung des Unterschieds der Kostenverursachung von gefährlich konsumierenden und gesunden Konsumenten[158].

Ein internationaler Vergleich zeigt, dass die westlichen „etablierten Marktwirtschaften" im Vergleich zu Entwicklungsländern einen überproportional hohen Anteil an Krankheitskosten tragen, während die intangible Krankheitslast – gemessen in DALYs – gerade in Ländern wie Indien oder Teilen Afrikas eher höher sind (Murray und Lopez 1997). Insbesondere Rauchen, Alkohol und die Risikofaktoren der physischen Inaktivität sind wichtige Treiber der DALYs in der westlichen Welt. Lediglich in den (ehemaligen) sozialistisch-kommunistischen Staaten und der lateinamerikanischen Region spielen Tabak und Alkohol eine ähnlich hohe Rolle wie in den USA und Westeuropa[159].

---

157 Ein weiterer wichtiger Aspekt ist die Kontrolle von sog. Kovariaten in der Abschätzung des Effektes gefährlichen Konsums auf die Gesundheit. Ein wesentlicher Punkt ist die „soziale Vernetzheit (engl. Social connectedness, Pescosolido 2011), die sowohl den gefährliche Konsum selber beeinflusst (Christakis und Frowler 2009) als auch die Gesundheit.

158 Eine interessante Herangehensweise zur systematischen Bestimmung des richtigen statistischen Modells liefern Hill und Miller (2010). Ausgangsüberlegung hierbei ist es, dass viele Regressionsmodelle etwa Gamma-, Poisson- und OLS-Modell Spezialfälle eines Allgemeinen Linearen Modells sind, das Regressand und Regressoren mit einer Verknüpfungsfunktion verbindet. Sowohl die Verknüpfungsfunktion als auch die Regressorenkoeffizienten müssen möglichst „gut" geschätzt werden. Hierbei bieten sich zwei allgemeine Modellerweiterungen an: Zunächst die Extended-Estimating-Equations Prozedur, sowie das allgemeine Gamma-Modell.

159 Dies ist wenig überraschend: Obwohl die Analyse von 1990 stammt, bestehen immer noch gravierende Probleme der Nahrungsmittelversorgung in Teilen Afrikas, Indiens und auch Chinas. Im mittleren Osten ist der Substanzkonsum wenig verbreitet und teilweise sogar bei Todesstrafe verboten.

5.1.1.2 Direkte Kosten

Ein wesentlicher durch gefährlichen Konsum tangierter Punkt besteht im geänderten Ressourcenverbrauch bzw. den geänderten Möglichkeiten individuellen Konsums. Mit der Entscheidung gefährlich zu konsumieren und der damit einhergehenden Risiken werden andere Konsumpläne optimal, insbesondere dann, wenn sich ein Risiko z. B. in Form von Krankheit realisiert hat. Aufgrund der verschlechterten Gesundheit ändert sich der Konsumplan des Individuums und der betroffenen Externen, z. B. der Familie, da kranke Familienmitglieder entsprechende Güter konsumieren müssen, um die Gesundheit wieder herzustellen oder zumindest den Krankheitszustand erträglich zu machen[160]. In Deutschland finanzieren das große Kollektiv der gesetzlichen Krankenversicherung (GKV) überwiegend die medizinischen Maßnahmen der gefährlich Konsumierenden über das umlagefinanzierte Sozialversicherungssystem und sichern damit konsumbedingte Krankheiten ab[161]. Verliert ein Raucher einen Teil seiner Lungenfunktion, sind sportliche Aktivitäten nur noch eingeschränkt durchführbar, es müssen gesündere Lebensmittel konsumiert und die Freizeit anders gestaltet werden. Häufig wird angeführt, dass medizinische Kosten gerade für Individuen im letzten Lebensabschnitt besonders hoch sind (Felder 2008)[162]. Ein weiterer Aspekt veränderter Konsumpläne betrifft die Natur der Suchtgüter: aufgrund von Toleranzentwicklung und Entzug findet mit der Zeit verstärkte Nachfrage nach gefährlichen Gütern zur Selbstmedikation oder Befriedigung der sich etablierenden Sucht statt. Im ökonomischen Sinne wird sich das betroffene Individuum zwar auch hier rational an Preissignale anpassen –

160 „Medizinische Leistungen" und Medikamente. Aber auch der Umstand, dass bestimmte Güter aufgrund von Krankheit oder Behinderung nicht mehr konsumieren können, verändert Konsumpläne.

161 Gleiches gilt in ähnlicher Weise für die private Krankenversicherung (Nell und Rosenbrock 2008).

162 Durch frühzeitigeren Tod werden diese Kosten zeitlich vorverlegt. Insbesondere fallen bei früherem Tod hohe Krankheitskosten früher und damit höhere Barwerte der medizinischen Kosten heute an, als dies bei länger Lebenden der Fall ist. Damit ist die Frage, ob ein längeres Leben zwangsläufig mit höheren Krankheitskosten verbunden ist, als bei früher Versterbenden mindestens zum Teil eine Frage des anzuwendenden Diskontierungssatzes, mit dem heutiges Einkommen in die Zukunft transferiert werden kann. Weiterhin wird etwa bei Arbeitsunfähigkeit das individuelle Einkommen in Form einer Lohnersatzleistung zunächst vom Arbeitgeber und – bei längerer Krankheitsdauer von der Gesellschaft also Externen getragen. In Deutschland gibt es eine Vielzahl von Sozialtransfers, die im Falle einer ganzen oder teilweisen Arbeitsunfähigkeit erfolgen. Als Nettogröße bleibt die nichterbrachte mit dem Lohn bewertete Arbeitsleistung.

etwa eine nicht mehr ausübbare sportliche Aktivität hat dann einen prohibitiv hohen Preis bekommen – allerdings wird ein vorheriges Nutzenniveau nicht mehr erreicht werden[163]. Durch Verschlechterung der Gesundheit ändert sich das maximal erzielbare Nutzenniveau für das Individuum. Die Konsumänderungen, die die Verlagerung auf medizinische Leistungen meinen, werden als „direkten Kosten" bezeichnet und erfassen den wertmäßigen direkten Verbrauch an Ressourcen des Gesundheitssektors aufgrund von Krankheit (Rice 1969; Larg und Moss 2011). Diese umfassen die ambulanten wie stationären Behandlungskosten durch Ärzte und anderes medizinisches Personal, Rehabilitationsleistungen, Medikamente und weitere Hilfsmittel, Dienstleistungen im Zusammenhang mit der medizinischen Behandlung wie Krankentransporte, Präventionsausgaben, Gesundheitsschutz und medizinische Forschung. Weiterhin sind Investitionen in Gesundheitsinstitutionen etwa Krankenhäuser ein wichtiger Kostenfaktor[164]. Ebenso zu beachten sind periphere medizinische Dienstleistungen wie etwa „kalkulatorische" Pflegedienstleistungen durch Familienmitglieder und Verwandte.

Diese Kosten im Rahmen der Krankheitskostenrechnung beziffern nur die im Zusammenhang mit bestimmten Konsumweisen anfallenden medizinischen Ressourcenverbräuche. Es fallen allerdings auch weitere direkte Kosten durch den Konsum gefährlicher Güter an: Dies sind der Verlust an Eigentum durch Sachschäden, Zerstörung und Diebstahl bei Alkoholsucht. Diverse private Haushaltsausgaben, insb. anderer Familienmitglieder in Form von Zeit, Haushaltshilfen, Spezialkleidung, die Installation von Aufzügen, Counseling sowie evtl. Umzugs- und Transportkosten erfolgen ebenfalls. Aufwendungen zur Kriminalitätsbekämpfung und Aufwendungen für die Aufrechterhaltung des Humankapitals in Form von Weiterbildungen. Ebenso treten Wertminderungen infolge von Neubewertungen des Eigentums bei Gesundheitsrisiken hinzu. Die direkten Kosten werden üblicherweise mit ihrem Marktpreis angesetzt. Damit handelt es sich zunächst um rein pagatorische Kosten.

Eine wichtige Kontroverse umgibt das Gebiet der Aufteilung der direkten Kosten auf externe und interne Träger hinsichtlich deren zeitlicher Verursachung: So existiert insbesondere die Meinung, dass Raucher aufgrund ihrer höheren

163 Das Individuum hätte dann im Übrigen bereits vor dem Krankheitszustand eine entsprechende Konsumwahl tätigen können.

164 Einige Quellen verweisen auf die Möglichkeit von Doppelzählungen bei Investitionen im Gesundheitsbereich, die über die Kapitalmärkte abgewickelt werden, da ein Teil der Finanzierungskosten – Zinsen und Tilgungszahlungen – der Gesellschaft wieder zu Gute kommt und damit aus den direkten Kosten herausgerechnet werden müssen.

Mortalität weniger Gesundheitskosten verursachen, da die im Alter üblicherweise anfallenden hohen Krankheitskosten nicht mehr verursacht werden[165]. Dieses Argument ließe sich analog auch für Alkoholiker und Fettleibige vorbringen. Leu und Schaub (1983), ebenso wie Barendregt et al. (1997)[166] ermitteln beispielsweise eine Ersparnis bei den direkten Kosten durch das Rauchen. Andere Autoren kommen zu gegenteiligen Ergebnissen (Hodgson 1992). Der Ausgang der Ergebnisse hängt im Wesentlichen von der Präzision der getätigten Annahmen und der verfügbaren Daten, sowie dem Gesundheitssystem des betreffenden Landes ab. Die direkten Krankheitskosten scheinen mit dem Alter grundsätzlich zuzunehmen und sind insbesondere kurz vor dem Tod relativ hoch (Hodgson 1992, Felder 2008). Ebenso erscheint es aus biologisch-medizinischer Sicht plausibel, dass zu Lebzeiten Raucher geschlechtsübergreifend eher kränker als Nichtraucher sind und damit Gesundheitsausgaben von lebenden Rauchern durchschnittlich höher sind. Goldman et al. (2006) zeigen weiterhin, dass bei erfolgreicher Prävention insbesondere bei den Komorbiditäten der Adipositas in älteren Bevölkerungsteilen der USA enorme Einsparungen möglich wären[167].

Hierin zeigt sich die enorme Bedeutung des Betrachtungshorizonts der Krankheitskostenrechnung. Während das Problem der Krankheitskosten im individuellen Inzidenzansatz von den lebenslangen Ein- und Auszahlungen und der damit verbundenen Verzinsung abhängt, kann im Prävalenzansatz nur eine Momentaufnahme der aktuellen Finanzierungsdeckung erfolgen. Streng genommen müssten auch im Prävalenzansatz die direkten verzinsten Nettokosten zum aktuellen Zeitraum des gefährlichen Konsums bzw. der Krankheiten ermittelt werden, die, solange sie negativ blieben, eine Nettoeinzahlung des Rauchers gegenüber dem Versichertenkollektiv darstellen. Da das deutsche Krankenversicherungssystem im Wesentlichen umlagefinanziert und nicht robust hinsichtlich demographischen Entwicklungen ist, sondern starken Entwicklungen unterliegt, ist eine Zuordnung nicht möglich.

---

165 Ein ähnliches Argument findet sich für die gesetzliche Altersrente. Diese wird aber, da sie entgegen der gesetzlichen Krankenversicherung teilweise dem sog. „Äquivalenzprinzip“ folgt, bei den indirekten Kosten diskutiert.

166 Mögliche Kritik an diesen Studien bestehen vor allem darin, dass a) ein „Nicht-rauchender Raucher“ als Kontrollgruppe dient, b) teilweise ohne empirische Grundlage Kostenzuordnungen („Schlüssel“) zum Rauchen angenommen werden und c) nur ein Teil der durch das Rauchen verursachten Krankheiten erfasst wird.

167 Für die Prävention des Rauchen ergeben sich keine hohen Einsparungsmöglichkeiten. Dies mag daran liegen, dass hier die älteren Individuen ab 70 Jahre betrachtet werden, bei denen eine Prävention nicht mehr so stark ins Gewicht fällt, weil entweder die Rauchprävalenz sehr niedrig ist („weil Raucher früher sterben“) oder der Habitus sehr unelastisch reagiert.

Einige Autoren (Hodgson und Meiners 1982) sehen die direkten Kosten als ökonomische Opportunitätskosten an, wenn die Faktormärkte unverzerrt sind und keine Nachfragewirkung auf die Preise besteht, also die Preise infolge erhöhter Nachfrage nicht steigen[168]. Damit ist gemeint, dass beispielsweise ein Arzthonorar infolge einer Behandlung genau der entgangenen finanziellen Anlagemöglichkeit in gleicher Höhe, den Opportunitätskosten der Behandlung, entspricht. Ob dies der Fall ist, erscheint fraglich, da heute getätigte Investments keine Zusatzkosten benötigen, während der Arztbesuch die physische Präsenz des Patienten voraussetzt und Warte- und Wegezeit nötig macht[169]. Man darf aber mitnichten in diesem Zusammenhang von einer Zirkularität in der Argumentation der direkten Kosten, d.s. solche, die den Ressourcenverzehr durch gefährlichen Konsum abbilden, sprechen (Uhl 2004). So trägt jede nicht-erfolgte medizinische Maßnahme zu einer Verschlimmerung der Krankheiten bei[170]. Die direkten Kosten können dann als „kostenminimale" Lösung eines bestimmten Therapie- und Präventionsmixes

168 Ansonsten wären die Opportunitätskosten die Summe der Konsumenten und Produzentenrente zusätzlich zu den Ausgaben. Gegebenenfalls bestehen auch Preisgrenzen (wie Mindestlöhne) die die Opportunitätskosten verzerren.

169 Es werden häufig auch die eingesparten Kosten durch früheren Tod gefährlich Konsumierender vergessen, deren Modellierung im Prävalenzansatz nicht üblich ist. Betrachtet man etwa jährliche Krankheitskosten kommt es zu einer unzulässigen wenn auch geringen Verkürzung der Opportunitätskosten. Streng genommen müssten die nicht entstandenen Gesundheitskosten der im Betrachtungsjahr verstorbenen Raucher gegengerechnet werden. Dies wird zwar dadurch abgemildert, dass mittels attributabler Fraktionen die rauch-assoziierten Krankheiten entsprechend aggregiert zugeordnet sind, man unterstellt aber, dass diese „on-top" zusätzlich zu den verstorbenen Rauchern entstanden sind. Dies ist damit aber nur zulässig, wenn alle Raucher an Silvester sterben. Wertmäßige Kosten des Gesundheitssektors und Opportunitätskosten sind damit nur annähernd gleich. Legt man eine Längsschnittbetrachtung zu Grunde, summieren sich die Gesundheitskosten aus den nicht mehr erlebten Jahren des Rauchers zu einem Vorteil gegenüber den Nichtrauchern, bei denen diese teils sehr hohen Kosten im Alter anfallen. Ein möglicher Unterschied in den Krankheitskosten ist allerdings bei Berücksichtigung der Längsschnittbetrachtung abhängig von der Diskontrate zukünftiger Gesundheitskosten. Da die Opportunitätskosten des Rauchens um die im späteren Leben anfallenden Kosten verringert werden müssen, diese aber u. U. erst relativ spät im Leben anfallen und damit stark diskontiert werden, muss ein Zinssatz existieren, ab dem sich höhere Krankheitskosten von länger lebenden Nichtrauchern mit ggf. geringeren Krankheitskosten von früher versterbenden Rauchern ausgleichen.

170 Zumindest in geringem Ausmaß oder mit einer hinreichend großen Wahrscheinlichkeit. Ansonsten hätten medizinische Maßnahmen schlicht keinen Sinn.

interpretiert werden. Wenn dann eine neue innovative Therapie zur Bekämpfung der konsumbedingten Erkrankungen effektiver ist, das heißt zu geringeren Kosten einen höheren Erfolg verspricht, und andere kostenintensivere Therapien ersetzt, sinken die direkten Kosten dieser Krankheit und andere medizinische Probleme können Priorität erlangen.

5.1.1.3 Indirekte Kosten

Die indirekten Kosten als zweite Kostenkategorie der Krankheitskostenrechnung meinen den bewerteten Verlust der Produktivität einer Volkswirtschaft aufgrund bestimmter Krankheiten. Damit sind bewertete Fehlzeiten gemeint, in denen – aufgrund von Krankheit oder Tod – keine Arbeit geleistet wird bzw. der Kranke nicht produktiv ist. Diese lassen sich wiederum hinsichtlich der Betroffenen in interne und externe Kosten aufspalten, da beispielsweise durch Passivrauchen die Gesundheit der Nichtkonsumenten ebenfalls tangiert ist. Die Bewertung dieser Zeiten wird meist mit dem Marktpreis der Tätigkeit am Arbeitsmarkt, differenziert nach Geschlecht, Alter, beruflicher Stellung und Tätigkeit differenziert angesetzt. Rice (1969) schlägt folgende Komponenten als indirekten Kosten vor: die morbiditäts- und mortalitätsbedingte Reduzierung der Arbeitszeit (Krankheitszeiten inklusive Arztbesuchen), den Arbeitsproduktivitätsverlust durch reduziertes Wohlbefinden, den Verlust an Nichtmarkttätigkeiten etwa im Haushalt, in Form von Ehrenämtern und sozialem Engagement, Erziehungsleistungen, Anteilige Steuerausfälle, ungewollte Umsetzungen, Arbeitsplatztausch, krankheitsbedingte Verluste und Verhinderung der Produktivitätssteigerung durch Weiterbildung. Besondere Beachtung findet hierbei die Aufführung von nicht messbaren, intangiblen Bestandteilen – hier des reduzierten Wohlbefindens – als Teil dieser indirekten Kostenkomponenten.

Die indirekten Kosten lassen sich nach einer Brutto- und eine Nettomethode berechnen (Hodgson und Meiners 1982, Mishan 1971). Der Unterschied besteht im Abzug der Konsumausgaben von den Produktivitätsverlusten bei der Netto-Methode (Dublin und Lotka 1941, Fein 1958, Klarman 1965). Damit wird lediglich der Nettobeitrag eines Individuums zur Gesellschaft als durch Krankheit zerstörter Wert berücksichtigt. Bereits Hodgson und Meiner erklären, dass es bei der Berechnung der „totalen Kosten" einer Krankheit in der Regel nicht darauf ankommt, den Konsum von der Produktivität abzuziehen. Ebenfalls wäre es falsch zu unterstellen, der Konsum eines Individuums wäre für die Gesellschaft schädlich[171]: Konsum steht in direktem engem Verhältnis zu Nutzen – Konsum

171 Darüber hinaus sei angemerkt, dass sowohl bei der Ermittlung der monetären Größen mittels Humankapitalmethode wie auch Willingness to Pay Ansatz der Konsum

generiert Nutzen. Deshalb darf man als Untergrenze annehmen, dass der getätigte Konsum einer Volkswirtschaft ein konservatives Äquivalent seines – momentanen – Nutzen- bzw. Wohlfahrtsniveaus ist[172]. So wird auch von Ökonomen trotz einiger Schwächen das Bruttoinlandsprodukt als sinnvolles Konstrukt zur Bestimmung der Wohlfahrt angesehen[173]. Darin sind die privaten Konsumausgaben eine wesentliche Größe. Für deutsche Krankheitskostenrechnungen wird das sog „Arbeitsentgelt", das jährliche Bruttoarbeitseinkommen zuzüglich der Sozialversicherungsbeiträge der Arbeitgeber zur Bewertung eines durch Krankheit und Tod verlorenen Jahres verwendet (Von der Schulenburg et al. 2007)[174]. Die Vertreter der Sicht, Konsumausgaben seien abzuziehen, stellen heraus, dass Individuen überhaupt erst konsumieren müssten, um am Leben zu bleiben und dadurch Nutzen zu erfahren. Somit wären Ausgaben eingespart, wenn ein Individuum stirbt. Dies ist aber eine reine Konvention: Der das Leben erhaltende Subsistenzkonsum kann genauso als nutzenstiftend angesehen werde, wie der darüber hinausgehende Konsum. Einem gesunden Individuum, das seine Grundbedürfnisse wie Nahrung, Wohnung und Schlaf erfüllen kann, wird sicherlich ein Nutzenempfinden nicht abzusprechen sein. Krankheiten verringern die Arbeitszeit und damit verbunden auch die Produktivität; ebenso können sich die beruflichen Perspektiven eines Kranken verändern, da diesem vielleicht gekündigt wird oder er auf eine andere berufliche Stelle versetzt wird, die weniger Anreize zur Produktivität liefert. Nichtmarkttätigkeiten wie Hausarbeit sollten im Rahmen der Krankheitskostenrechnung ebenfalls berücksichtigt werden, soweit dies sinnvoll möglich ist (Hodgson und Meiners 1982), allerdings finden Nichtmarkttätigkeiten

---

bzw. der sich daraus entfaltende Nutzen als eigener Wert darstellt und in aggregierte Größen wie das Bruttosozialprodukt eingeht. Vgl. z. B. Brümmerhoff (2007).

172 Wie dieser Nutzen letztlich dargestellt wird, ist irrelevant. In der volkswirtschaftlichen Gesamtrechnung beispielsweise lässt sich zwischen einer Entstehungs- Verwendungs- und Verteilungsrechnung unterscheiden. Analog wären diese Sichten auch für die Krankheitskostenrechnung denkbar.

173 Auch wenn die privaten Konsumausgaben in der BIP-Berechnung zwar eine wesentliche, aber nicht die entscheidende Größe darstellen. So wäre es im Rahmen der Verteilungsrechnung der BIP-Berechnung nach Ansicht des Sachverständigenrates (2010) sinnvoller, das „Volkseinkommen" pro Kopf (auch „Nettonationaleinkommen") als Wohlfahrtsindikator zu verwenden.

174 Andere Einkunftsarten gemäß § 10 EStG etwa Kapitaleinkünfte und Sachvermögen werden in der Regel nicht berücksichtigt, da sie durch Vererbung auf den nächsten Angehörigen oder durch Gesetz an den Staat fallen.

in der Berechnung des Bruttosozialproduktes der VGR keinen Eingang[175]. Der Humankapitalansatz galt lange Zeit als „State of the Art" der Krankheitskostenrechnung und anderer hier aufgeführter Analysen der Gesundheitsökonomie. Die im Rahmen der Krankheitskostenrechnung definierten Kostenarten v. a. der Ressourcenverlust werden mit deren Marktwert im Sinne von Opportunitätskosten erfasst; also mit dem Wert, den sie erbracht hätten, wären sie nicht aufgrund der Krankheit abhandengekommen. Je genauer Marktdaten, also die Entlohnung von Individuen am Arbeitsmarkt nach Alter, Geschlecht und Ausbildung vorhanden sind, umso genauer ist der Ansatz, wobei Diskriminierungen am Arbeitsmarkt das Humankapital verzerrt ausweisen können (Hodgson und Meiners 1982).

Die indirekten Konsequenzen einer Krankheit führen auch zu einer Änderung der Freizeit. Dies ist ein wesentlicher Kritikpunkt im Zusammenhang mit der Frage, ob der Krankheitskostenansatz eine Untergrenze darstellt. Streng genommen sollte, so Johannesson (1996), die aus Krankheit resultierende gesunkene Arbeitszeit und damit gestiegene Freizeit gegengerechnet werden. Unabhängig davon, dass Freizeit nicht in der VGR noch in der Krankheitskostenmethode als Ressource aufgeführt wird – was man durchaus als Fehler betrachten kann – ist fraglich, von welcher „Qualität" diese gewonnene Freizeit ist[176]. Eine Befragung über die Bewertung der Freizeit ist problematisch (Smith 2011). Bei dem Versuch Freizeit zu definieren kommt man lediglich über das ökonomische Haushaltsmodell zur Arbeitsentscheidung zu dem Schluss, dass „Freizeit alles das sei, was keine Arbeit ist (sic)"[177]. Hier stellen das Fehlen eines Entgelts für die Tätigkeit und der Aspekt, dass viele Freizeitaktivitäten „Nichtmarkttätigkeiten" sind, kein hinreichendes Kriterium dafür dar, dass es sich um Freizeit handelt: So erge-

---

175 Als möglicher Lösungsansatz wird „Output Accounting" in Analogie zur Volkswirtschaftlichen Gesamtrechnung vorgeschlagen. Die Nichtmarkttätigkeiten werden dabei entweder durch professionellen Arbeitskräfteeinsatz approximiert (Marktwertansatz) oder als entgangene Löhne im Sinne des Opportunitätskostenprinzips. Beide Ansätze können zu ähnlichen, aber auch grundverschiedenen Wertausprägungen führen.

176 Ein Aspekt der Freizeit scheint es beispielsweise zu sein, sie mit anderen Menschen zu teilen. Im Falle von Krankheit ist dies aber unwahrscheinlich.

177 Vgl. Palgrave Dictionary of Economics 2008, „Leisure". Natürlich kann man auch hier die Marshall'sche Arbeit-Freizeit-Entscheidung in Richtung Beckers Ansatz der Commodities erweitern: Damit ist der Wert der Freizeit ihr Wertbeitrag an den in ihr geschaffenen Commodities und in einem Opportunitätskostenstundensatz bezifferbar. Leider ist dies auch nicht hilfreicher, da viele dieser Commodities wie „Freunde treffen", „Gemeinsames Candle-Light-Dinner" oder „auf dem Liegestuhl entspannen" ebenfalls intangibler Natur und nicht beliebig austauschbar sind.

ben sich z. B. alltägliche Pflichten, die sicherlich nicht als Freizeit im Sinne einer Vergnügen bereitenden Aktivität zu sehen sind. Auf der anderen Seite ist der Begriff des „Arbeitsleids“ ebenfalls schwammig. So würden viele Arbeitnehmer verneinen, dass Arbeit nur Leid und so z. B. immaterielle Kosten darstellt. Im Gegenteil kann man bei Langzeitarbeitslosen immaterielle Kosten in Form von Depressionen als Folge nachweisen und würde sicherlich anerkennen, dass sich Individuen Arbeit suchen, die ihnen zumindest ein bisschen Freude bereitet und ein Stück weit Selbstverwirklichung darstellt[178].

5.1.1.4 Intangible Kosten

Die intangiblen Kosten, teilweise auch als psychosoziale Kosten bezeichnet, meinen den Verlust an Lebensqualität oder auftretendem Schmerz und Leid aufgrund von Krankheiten[179]. Um keine Kostenart ranken sich mehr Verständnis- und Erfassungsschwierigkeiten. Erste Erwähnung findet diese Kostenart in Rice (1969; hierzu auch Gorman 1966), wobei insbesondere auf die Schwierigkeit der Messung dieser Kostenart, aber auch die möglichen Verzerrungen bei deren Ignorierung hingewiesen wird. Ursprünglich fand diese Kostenart in der Krankheitskostenrechnung keinen Eingang (Cooper und Rice 1976), „da sie nur schwer zu quantifizieren sei“. Aus ökonomischer Warte sind diese Kosten alleine deshalb relevant, da implizit Ressourcenallokationen durch sie stattfinden: beispielsweise Forschungsgelder in solche Krankheiten zu investieren, die mit besonders hohem Schmerz verbunden sind. Kontrastiert man die Krankheitskostenmethode mit WTP-Ansätzen so wird direkt ersichtlich, dass die intangiblen Kosten prinzipiell sehr nah an der subjektiv empfunden und bewerteten Reduktion der Gesundheit selbst angelehnt sind – das Begriffspaar „Schmerz und Leid“ kann daher irreführend sein.

---

178 Unter indirekte Kosten fallen auch Strafvollzugszeiten, wenn etwa die Tat im Alkoholrausch begangen wurde. Die Kosten für Polizei, Gefängnisse und Justizwesen hingegen wären direkte Kosten (Mark et al. 2001).

179 Die intangiblen Kosten in der Krankheitskostenrechnung sollen einen Geldwert für das im Zusammenhang mit gefährlichem Konsum verursachte Leid und Schmerz darstellen. Der Begriff „Schmerz und Leid“ (Engl. „Pain and Suffering“) kommt originär aus der US-amerikanischen Rechtssprache. Gemeint sind die immateriellen Schäden, die aufgrund von Verletzungen zu einer Schadensersatzpflicht für den Verletzer führen. Auch in der deutschen Jurisprudenz existiert mit dem sog. Schmerzensgeld eine monetäre Größe, die einen Ausgleich und eine Genugtuung für erlittenen immaterielle Lebensbeeinträchtigung sein soll.

Fasst man intangible Kosten als „Lebensqualität" auf, so sind diese in Krankheitskostenstudien sowohl konzeptionell, wie hinsichtlich ihrer zu operationalisierenden Messbarkeit den größten Schwierigkeiten ausgesetzt. So ist fraglich, ob „Schmerz und Leid" die einzigen intangiblen Kostenarten sein sollen, die durch gefährlichen Konsum hervorgerufen und Berücksichtigung finden sollen. Der Begriff „Lebensqualität" ist, wie noch dargestellt wird, deutlich umfassender als „Schmerz und Leid", da auch schmerzfreie Menschen unterschiedliche Stufen an Lebensqualität erfahren und unterschiedlich zufrieden mit ihrem Leben sind. Aus ökonomischer Warte kann dann das Nutzenkonzept als Aggregat fungieren, in welchem sich auch die Lebensqualität niederschlägt[180]. Damit zeigt sich die Schwierigkeit bei der Ermittlung der intangiblen Kosten im Rahmen der Krankheitskostenmethode gegenüber der WTP-Methode darin, dass diese als einzelner Bestandteil abgeschätzt werden müssen, während eine Zerlegung in einzelne Kostenkomponenten bei der WTP-Methode nicht erfolgen muss und eine gesamte, alle Aspekte umfassende Zahlungsbereitschaft für Gesundheit – subjektives Empfinden und finanzielle Konsequenzen und Ressourcenänderungen – ermittelt wird.

Eine weitere Schwierigkeit, diese Kostenart in die Krankheitskostenrechnung bislang zu integrieren, bestand darin, unterschiedliche „Kostenqualitäten" miteinander vergleichen zu müssen. So ist zwar der Verlust an direkten und indirekten Kosten in monetären Größen am Markt beobachtbar. Bei Schmerz und Leid bzw. Lebensqualität ist dies aber erheblich schwieriger. Man kann argumentieren, dass sich – analog zu den Überlegungen zur verlorenen Lebenszeit im Bereich Willigness to Pay – der Wert der Lebensqualität durch den Wert des Schattenpreisvektors auszeichnet, der für ein Güterbündel respektive der Lebensqualität gerade gezahlt wird. Dies birgt wiederum die Schwierigkeit, dass nicht alle Güter als Commodities der Lebensqualität (Stigler und Becker 1977) am Markt erwerbbar

180 Intersubjektiv entfaltet der Konsum eines bestimmten Gutes unterschiedlichen Nutzen Dies mag zum einen in den unterschiedlichen Präferenzstrukturen der Individuen begründet sein; betrachtet man diese aber nicht nur als ordinale Rangliste, sondern als eine Art „Nutzer-Profil", so kommen den kardinalen Nutzenabständen intrapersonal, wie auch deren Abgleich mit der Struktur eines anderen Individuums mehr zu: Unabhängig vom Einkommen, ist es dann eine höchst individuelle Eigenschaft aus dem Konsum eines bestimmten Gutes ein größtmögliches Maß an Nutzen zu ziehen. Die Gesamtheit dieser „Ars vivendi", bestimmte optimale Nutzenstrukturen zu erkennen und für sich zu „nutzen" kann man dann als Lebensqualität bezeichnen, die automatisch mit dem Rationalkalkül der Wirtschaftswissenschaften zusammenfällt und auch als Konsumentenrente verstanden werden kann.

sind. Damit sind nicht alle Preis bestimmt und das Zusammenwirken der einzelnen Konsumgüter mit Freizeit und individueller Konsumzusammenführung und -nutzung ist nicht ablesbar.

Weiterhin erschwerend kommt hinzu, dass diese Kostenart ebenso auch Externe trifft, etwa Familienangehörige oder Arbeitskollegen des Betroffenen[181]. Hodgson und Meiners (1982) benennen sogar weitere teilweise diese Begriffe überdeckende intangible Kosten: etwa Entstellungen, Verlust eines Körperteils, Verlust der Sprachfähigkeit, Ängste, Selbstwertminderungen, Minderung des Wohlbefindens, Verbitterung und andere Persönlichkeitsänderungen, die therapiebedürftig sind. Bereits hier ist zu sehen, dass die intangiblen Kosten eng mit den direkten und indirekten Kosten verbunden sind: Eine Persönlichkeitsstörung wird beispielsweise über die direkten Behandlungskosten erfasst, ebenso über die indirekten Kosten, etwa in Form versäumter Arbeit, und drittens über den intangiblen Bestandteil der Krankheit, beispielsweise Verwirrtheitszustände, die das Nutzenempfinden eintrüben. Schwierig wird es, wenn die Persönlichkeitsstörung lediglich eine den Nutzen beeinträchtigende Persönlichkeitsveränderung und damit keine eigenständige Krankheit, sondern den Teil einer anderen Krankheit darstellt[182]. Weitere von Hodgson und Meiners aufgeführte psychosoziale Faktoren von Krankheiten schlagen sich in Scheidungsraten, Heiratsdauer, Dauer des Verwitwet-Seins, Dauer das Waisen-Daseins, Veränderungen der Wohnumgebung und Verlust des Arbeitsplatzes nieder (Hodgson & Meiners, 1982), ebenso emotionale Probleme, Phantomschmerz bei Verlust eines Körperteils, Behinderung, soziale Isolation, wirtschaftliche Abhängigkeit, Todesangst und weitere Lebensqualitätseinbußen. Zwar betonen Hodgson und Meiner, dass das „Umfeld eine Krankheit kreiert" und damit zu Leid und Schmerz führt, wichtig ist es aber festzuhalten, dass intangible Kosten eine eigene Kostendimension darstellen. Oben genannten Beispiele sind keine intangiblen Kosten, sondern führen zu intangiblen Kosten. Grundsätzlich ist auch die Frage, ob diese Kosten überhaupt in Krankheitskosten- und weiteren Rechnungen enthalten sein sollten (Portney 1994). So trieben in US-amerikanischen Schadensersatzprozessen insbesondere die intangiblen Bestandteile der Schäden (die „Non-Economic Damages") die Entschädigungssummen in astronomische und damit zweifelhafte Höhen.

Der Begriff der „Intangibilität" weckt sofort Assoziationen mit der Position der „intangiblen Assets" oder des „Intangible Capital" im Bereich des externen Rech-

---

181 Etwa der „Ko-Alkoholismus".

182 Man könnte sich auch auf den Standpunkt stellen, Schmerz und Leid ausschließlich mit den direkten Kosten für Schmerzmittel oder einer Schmerzmitteltherapie anzusetzen.

nungswesens[183]. Hiermit ist zunächst eine „Nichttraditionalität“ der Erfassung dieser Größen in der Rechnungslegung (Sichel 2000) gemeint, nicht zwingend eine Nichtmessbarkeit, wie dies in anderen medizinischen Veröffentlichungen in diesem Zusammenhang häufig angegeben wird. Da sich auch intangible Vermögensgegenstände auf die Produktivität eines Unternehmens auswirken, erscheint es naheliegend, die intangiblen Kosten im Rahmen der Krankheitskostenmethodik als auf die Produktivität und damit auf das Humankapital wirkende Größe abzubilden. Damit blieben „Schmerz und Leid“ aber wiederum nicht vollständig erfasst. Was der Prävalenzansatz, der sich üblicherweise auf ein Berichtsjahr bezieht hierbei nicht zwingend beachtet, ist die dynamische Interaktion zwischen Krankheit, bestehend aus Konsumänderungen und intangiblem gesunkenem Wohlbefinden, und den intangiblen Kosten auf die Produktivität und vice versa, welche nur im Rahmen eines Inzidenzansatzes wiedergegeben werden kann. Es ist also auch einleuchtend, Schmerz und Leid einer Erkrankung zuzuordnen[184]. Der Prävalenzansatz der Krankheitskostenrechnung als Momentaufnahme eines Querschnitts während eines Jahres vernachlässigt die von Schmerz und Leid ausgehende Dynamik auf Produktivität, etwa in Form von unterschiedlichen Einkommenspfaden, die diskontiert werden.

Nach Sichel (2008) werden intangible Assets dadurch bewertet, dass man sie als Differenz zwischen Buch- und Marktwert eines Unternehmens betrachtet. Das Problem dieses Ansatzes für die intangiblen Kosten besteht darin, dass ein

---

183 Siehe hierzu den Übersichtsartikel von Sichel (2008).

184 Damit besteht auch die Möglichkeit, bei Entkopplung psychosozialer Kosten von den direkten und indirekten Kosten, Substitutionsraten zwischen den Größen zu definieren. Dies bedeutet, dass sich etwa durch den Einsatz von Schmerzmitteln Leid temporär vermeiden lässt, umgekehrt aber direkte Kosten verursacht und ggf. auch die Produktivität einschränkt. Unterstellt man, dass sich die Wirtschaft auf allen relevanten Märkten im Gleichgewicht befindet, wird ein optimaler Einsatz an Schmerzmitteln stattfinden, der keine vollständige Eliminierung von Schmerz und Leid zulässt. Die Becker-Murphy-Problematik (1988) eines sich verschlimmernden Schmerzmittelkonsums infolge einer Medikamentenabhängigkeit sei hier ausgeblendet. Die optimale Schmerzmittelrate ist somit abhängig von einer hinreichend niedrigen, nicht zu Abhängigkeit führenden Dosis, sowie einer „Inneren Lösung“ bei der die Grenzrate der Schmerzvermeidung durch Medikamente gerade deren Grenzkosten entspricht. Damit befindet man sich in einer „Second-Best-Welt“: ein Rest an Schmerz und Leid bleibt neben den indirekten und direkten Kosten bestehen, der quantifiziert und in die Kostenrechnung mit einbezogen werden muss. Wahrscheinlich ist dieser Anteil hinsichtlich des physischen Schmerzes jedoch aus den dargelegten Gründen gering.

gefährlich Konsumierender nicht wie im Fall eines Unternehmens durch einen Markt in seiner Produktivität möglichst umfassend bewertet wird, sondern zwangsläufig Ungenauigkeiten verbleiben. Es ist aber daraus ableitbar, dass eine Beziehung zwischen WTP und der Krankheitskostenmethode besteht, wobei zunächst das WTP-Maß als umfassender, die intangiblen Kosten beinhaltend, erscheint (Johannesson 1996). Ein zweiter Ansatz vergleicht die Lohndifferenziale von Unternehmungen um von diesen auf den Wert des Humankapitals zu schließen. Diese Erweiterung stößt bei gefährlichem Konsum an die Grenzen, da hier ein Individuum verschieden von einem Unternehmen nicht den korrigierenden Kräften eines „rationalen Schwarms" ausgesetzt ist. Zusätzlich kommen Lohnrigiditäten und mit der Zeit immer wieder Produktivitätsschwankungen auf, die nicht unmittelbar in Lohnunterschieden abgebildet sind. Außerdem ist unklar, wie Lohndifferenziale Aussagen über Schmerz und Leid zulassen sollten, ohne diskriminierend zu sein[185]. Larg und Moss (2011) verbinden mit den intangiblen Kosten den Begriff „Burden", welcher auch in der DALY-Berechnung verwendet wird. Eine frühe Publikation von Abt (1975) schließlich versucht eine Qualifizierung psychologischer und sozialer Kosten von Krebserkrankungen in den USA[186].

Im ökonomischen Ansatz lassen sich Aussagen über Nutzenschmälerung nur allgemein darstellen: So führt eine Verschiebung der Nachfrage aufgrund geänderter relativer Preise z. B. einer neuen Steuer durch Substitution- und Einkommenseffekte zu einem niedrigeren Nutzenniveau. Eine spezielle Steuer auf ein bestimmtes Gut verursacht ein sog. Deadweight-Loss, einen Wohlfahrtsverlust. Es ist naheliegend diesen „Reibungsverlust" als psychosoziale bzw. intangible Kosten

---

185 Eine dritte Möglichkeit bestünde darin, intangible Kosten anhand der Ausgaben zu bemessen, die aufgewendet werden, um Schmerz und Leid zu vermeiden. Dieser WTP-Gedanke findet bereits darin seinen Ausdruck, dass etwa Besuche beim Therapeuten vorgenommen werden, OTC-Schmerzmittel aus eigener Tasche bezahlt werden oder Wartezeit beim Arzt in Kauf genommen wird. Dies sind aber lediglich Ausschnitte von Schmerz und Leid; so werden Familienmitglieder häufig nicht mit erfasst.

186 „Soziale Kosten" meint hier noch die negativen Konsequenzen des Individuums auf die soziale Teilhabe z. B. Diskriminierung, Isolation, verlorene Freizeit und unterbrochene Kindesentwicklung. Ebenso werden psychologische Kosten angegeben, die etwa Familienkonflikte, Schuldgefühle und begrenzte Aufmerksamkeit (durch Medikation) beinhalten. Diese Publikation greift wesentlich in die einzelnen Facetten dessen ein, was sich unter dem Konzept der Lebensqualität im Verlauf immer weiter herausstellen wird.

zu interpretieren. D. h. eine Krankheit macht den Konsum eines Gutes teurer – oder schmälert den Genuss also Nutzen; das Harberger-Dreieck symbolisiert die entstehenden intangiblen Kosten. Diese Ansätze würden es z. B. erlauben, die Substitution bestimmter Güter explizit einzubeziehen. Der Verlust eines Armes mag aus funktionaler Sicht die Aktivität des Tennisspielens ungleich stärker beeinflussen als das freizeitliche Anschauen einer DVD. Zumindest zu einem wenn auch kleinen Teil wäre der Verlust hier substituierbar, allerdings eben bis auf wenige Individuen nicht perfekt. Es gibt deshalb durch Krankheiten „Verschlechterungen" in Form von Änderungen der relativen Preise in einer Vielzahl von Konsumgütermärkten, deren Summe die psychosozialen Kosten der Krankheit widerzuspiegeln vermögen.

Bisherige Untersuchungen zur Krankheitskostenmessung verzichten meist auf eine Bewertung der intangiblen Kosten. Moore und Shepherd (2006) ermitteln den Schattenpreis der intangiblen Kosten aus Angst Opfer krimineller Taten zu werden (Moore und Shepherd 2006)[187]. Hier werden bereits gravierende Probleme deutlich: Erstens ist im Ergebnis eine Kompensation von fast 500 % des jährlichen Einkommens nötig, um einen Anstieg von Angst vor kriminellen Handlungen durch eine erstmalige konkrete Bedrohung auszugleichen. Bestand bereits eine Bedrohung in der Vergangenheit war bei einer weiteren Zunahme an Bedrohungen lediglich ein Betrag von 116 % des Einkommens nötig, um die Zunahme der Angst zu kompensieren. Dies zeigt einen scheinbar abnehmenden emotionalen Grenzschaden der Bedrohung und suggeriert ein optimales Niveau zur Kriminalitätsbekämpfung: Obwohl eine vollständige Vermeidung von kriminellem Verhalten mit prohibitiv hohen Kosten verbunden sein dürfte, ist es aus Sicht der betroffenen Individuen wünschenswert, den „unbeschwerten Zustand" möglichst zu bewahren, da der Verlust mit den besagten hohen Kosten verbunden ist. Hier wird bereits deutlich, dass intangible und indirekte Kosten zusammenhängen: So besteht ein Zusammenhang zwischen dem Grad an Angst vor Kriminalität und dem Einkommen (Moore & Shepherd, 2006). Niedriges Einkommen fällt häufig mit größerer Angst vor Kriminalität zusammen. Ähnliche Zusammenhänge sind bei Krankheiten denkbar: Durch Schmerz und Leid wird wohlmöglich die Arbeitsmotivation und der Drang zum beruflichen Fortkommen beeinträchtigt.

187 Moore und Shepherd (2006). Die Autoren untersuchten Datensätze aus Großbritannien mittels Regressionsanalyse. Angst wurde kategorial in vier unterschiedliche Stufen eingeteilt.

Insofern gehen der Volkswirtschaft auch Ressourcen verlustig, die aufgrund eines schlechten Wohlbefindens sich „nicht entfalten" können[188].

Intangible Kosten als Bestandteil abgegrenzt von finanziellen Aspekten einer Krankheit ließen sich lassen theoretisch auch im Rahmen der Contingent-Valuation-Methode ermitteln (CVM, Ciriacy-Wantrup 1947, Portney 1994). Hierbei würden unter Zuhilfenahme eines hinreichend „funktionierenden" Fragendesigns Zahlungsbereitschaften bei Individuen für eine hypothetische Situation abgefragt, etwa Schmerzen oder Angst bei vollständiger finanzieller Kompensation zu vermeiden. Perreira und Sloan (2002) führten eine Untersuchung durch, die durch die CVM einen Wert des Lebens von 12 Millionen US$ und einem Wert der Lebensqualität von 1,2 Mio. US$ an reinen intangiblen Kosten, also unter Beibehaltung des Einkommens ermittelte[189]. Eine andere Studie (Jeanrenaud et al. 2012) errechnet die intangiblen Kosten der Leberzirrhose über einen indirekten Weg: Zunächst werden mit Hilfe eines Standard-Gamble-Designs Gewichte für unterschiedliche Krankheitszustände ermittelt. Danach wird die Zahlungsbereitschaft, Leberzirrhose zu vermeiden indirekt über die Zahlungsbereitschaft für eine andere Krankheit über die Gewichte, die in der Studie dem Nutzenindex der

---

188 Ebenfalls möglich wäre allerdings eine sowohl auf Schmerz als auch auf Einkommen wirkende dritte psychologische Variable. Dies zeigt sich beispielsweise in Effertz, Linder und Verheyen 2014, Posterpräsentation auf der Deutschen Konferenz für Versorgungsforschung mit dem den Titel „Schmerzen, Adipositas und schädlicher Alkohol- und Tabakkonsum – Identifizierung von Wirkungspfaden unter Berücksichtigung des psychiatrischen Krankheitsspektrums mit seinen moderierenden und mittelbaren Effekten". Hierbei zeigt sich, dass verschiedene psychiatrische Erkrankungen stark das Schmerzempfinden, welches wiederum von Alkoholkonsum, Adipositas und Tabakkonsum beeinflusst wird, moderieren. Damit existiert wahrscheinlich eine Vielzahl an Wirkungspfaden, die aus Substanzkonsum oder Adipositas kommend das Schmerz- und Wohlbefinden weiter beeinflussen.

189 In diesem Zusammenhang werden immer wieder Skalen erwähnt, die die „Funktionsfähigkeit" bzw. den Grad der gesundheitlichen Beeinträchtigung messen sollen (Hodgson & Meiners, 1982). Ebenso soll die Dauer des Schmerzes hinsichtlich Häufigkeit, Dauer und Schwere quantifiziert werden. Dies ist schwierig, da zum einen valide Lebensqualitätsindikatoren gefunden werden müssen und auf diesen dann entsprechende Maße des Gesundheitszustandes konstruiert werden müssen. Hier stellt sich weiter die Frage, ob dies wie bei direkten und indirekten Kosten in einem Geldwert erfolgen muss oder ob man die intangiblen Kosten in einer anderen Dimension berücksichtigt. Leider hilft die Bemerkung, die intangiblen Kosten „seien beträchtlich und dürften nicht vernachlässigt werden" dann nicht weiter und führt zu unangemessen hohen Einschätzungen bei dem Versuch, diese doch monetär auszudrücken (vgl. hierzu das Kapitel zur Lebensqualität).

Krankheit entsprechen, ermittelt. In einem zweiten Schritt werden diese Gewichte dann in Geldeinheiten umgerechnet. Dies hat den Vorteil nicht direkt im Rahmen der Willingness-to-Pay-Methodik arbeiten zu müssen, sondern mittelbar über andere, den Individuen u. U. vertrautere Krankheiten einen Preis für Leberzirrhose ableiten zu können[190].

Der Bericht zum Alkoholkonsum in der EU von Anderson und Baumberg (2006) schließlich unterteilt intangible Kosten in „Psychosoziale- und Verhaltenseffekte", das „Leid der Opfer von unter Alkoholeinfluss verübten Straftaten" sowie dem Verlust an „Healthy Life". Leider sind hierzu kaum weitere Ausführungen gemacht, so dass einige methodische Aspekte im Unklaren bleiben, insbesondere, wie diese Kategorien voneinander abgegrenzt werden. So ist anzunehmen, dass die Schätzungen aus DALY-Werten gewonnen und denen dann ein Geldwert zugeordnet wurde. Zwar werden hier intangible und tangible Kosten nicht zusammengefasst, aber beispielsweise die Verluste des verlorenen Lebens doppelt erfasst: einmal bei den tangiblen Kosten in Form des Produktivitätsverlustes aufgrund höherer Mortalität und zweitens bei den intangiblen Kosten, ohne sicherzustellen, dass die Bewertung nicht doch Aspekte des tangiblen Produktivitätsverlustes beinhaltet. Dies ist falsch und zeigt, dass die Produktivitätsverluste nicht wirklich im Sinne sozialer Kosten verstanden wurden.

5.1.2 Kritik der Krankheitskostenrechnung

5.1.2.1 Erfassung sämtlicher Kostenkomponenten

Bisherige Untersuchungen zu ausgewählten Risikofaktoren und deren Kosten sind sowohl im Ergebnis wie in der Methodik sehr uneinheitlich und kommen zu teilweise sehr unterschiedlichen Kostenschätzungen. Die Gesundheitsberichterstattung des Bundes (2009) berechnet nur die „direkten" Kosten also den Ressourcenverbrauch im Gesundheitswesen, für die indirekten Kosten werden lediglich verlorene Erwerbsjahre gezählt, aber nicht bewertet. Eine Fehlkonzeption in der Darstellung der Krankheitskostenmethodik in dieser wie auch vielen anderen Publikationen besteht darin, dass man immer von drei verschiedenen Kostenarten, den direkten, indirekten und intangiblen Kosten ausgeht, die – so jedenfalls wirkt es – komplett getrennt voneinander berechnet werden können, um dann theoretisch addiert zu werden (Abbildung 5, die dargestellten Anteilsgrößen dienen hier rein der Verdeutlichung).

---

190 Dies geschieht normalerweise indem man für die erhaltenen Datenpunkte eine möglichst gute Funktion schätzt, von der nur einige Parameter im Vorhinein festgelegt werden müssen, etwa die Steigung und deren Entwicklung.

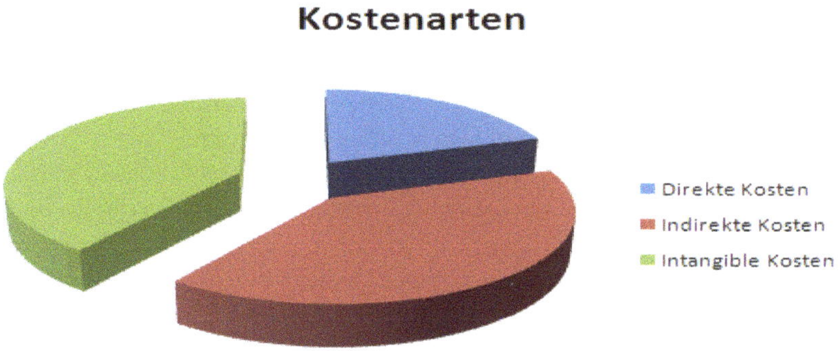

Abbildung 5 Herkömmliche Darstellung der Kostenarten in der Krankheitskostenrechnung

Viele Lehrbücher zur Gesundheitsökonomie treffen diese Unterscheidung (Van der Beek und Van der Beek 2011), teilweise sogar aktuelle Journalveröffentlichungen (Larg et al. 2011). Dies führt dann in einigen Kostenstudien dazu, dass direkte, indirekte und intangible Kosten einfach addiert werden (z. B. indem bewertete QALYs zu den direkten und indirekten Kosten addiert werden), obwohl hierbei massive Überschneidungen und Doppelzählungen der Kosten entstehen können. Werden die „intangiblen" Kosten – wenn überhaupt – als separater Bestandteil ausgewiesen, geschieht dies teilweise ohne genau zu wissen, wie die Berechnung zustande kam (z. B. Anderson und Baumberg 2006). Wie aus den vorherigen Ausführungen deutlich wurde, ist im ökonomischen WTP-Ansatz die Beurteilung intangibler Bestandteile wie Schmerz in den Werturteilen des Individuums direkt mitenthalten. Ein rationales Individuum entscheidet sich so, dass es die Risiken einer möglichen Erkrankung durch gefährlichen Konsum und den daraus folgenden Konsequenzen, Schmerz, Leid und Zeit, die für die Behandlung verloren gehen, sowie Kosten für die Familie berücksichtigt[191]. Dabei scheint es einfacher, die einzelnen Kostenarten in eine tangible und eine intangible Komponente auszuteilen. So haben absolute Größen wie Einkommen und Vermögen einen deutlichen Einfluss auf die Zufriedenheit und das Wohlbefinden – trotz Geltung des Easterlin-Paradoxons (Frank 2012). Easterlin gibt aber an (2013), dass v. a. Arbeitslosigkeit einen stark negativen Einfluss auf die Zufriedenheit („Subjective

191 Auch wenn dies dann wie dargestellt häufig in einer schnellen und gefühlsdominierten Entscheidung vollführt wird.

Well-Being") hat. Hinzu kommt, dass das deutsche Sozialversicherungssystem ein enormes Maß an Lebenszufriedenheit und Freude erzeugt (Sachverständigenrat 2010). Ebenso gelten die direkten Kosten medizinischer Behandlungen eher als behelfsmäßiger Proxy für die Opportunitätskosten, anhand derer das Individuum entscheidet. So werden Krankheiten mit ihren Behandlungskosten bewertet; Schmerz und Leid der Krankheit zumindest bis zum Einsetzen der Behandlung und teils noch während der Behandlung – etwa bei sehr schmerzhaften Krebstherapien – werden nicht erfasst, aber als Essenz der intangiblen Kosten angeführt. Einige Studien zählen die mortalitätsbedingten Kosten sowohl über den Humankapitalansatz in Form entgangener Einkommen und addieren dann über mit Geld bewerteten verlorenen QALYs den Wert des Lebens doppelt hinzu. Es empfiehlt sich daher den Gedanken der tangiblen und intangiblen Komponenten entsprechend stärker zu betonen wie in Abbildung 6 dargestellt.

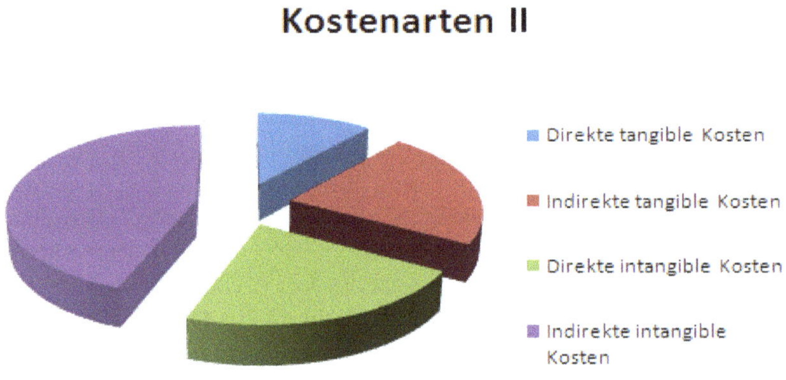

Abbildung 6 Verbesserte Darstellung der COI Kostenarten 1

Ebenfalls werden als die Kosten für Externe häufig nicht erfasst. Dies lässt sich in einer weiteren Unterteilung darstellen: Abbildung 7 zeigt die Aufteilung von Abbildung 5 in private und externe Komponenten bzw. Abbildung 8 zeigt die vollständige Aufteilung der Kostenkomponenten in die Dimensionen direkt/indirekt, privat/extern sowie tangibel und intangibel.

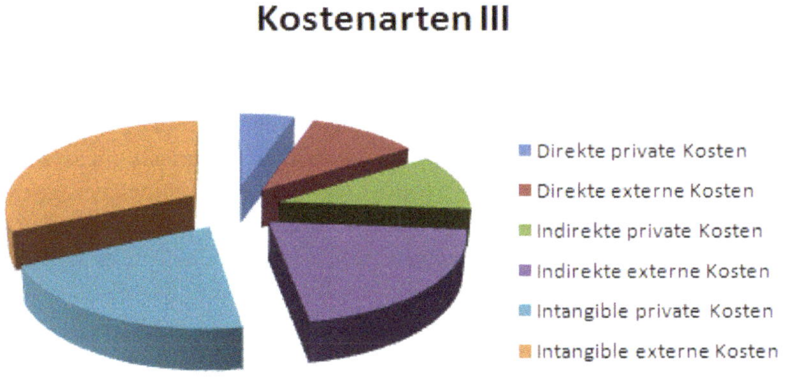

Abbildung 7 Verbesserte Darstellung der COI Kostenarten II

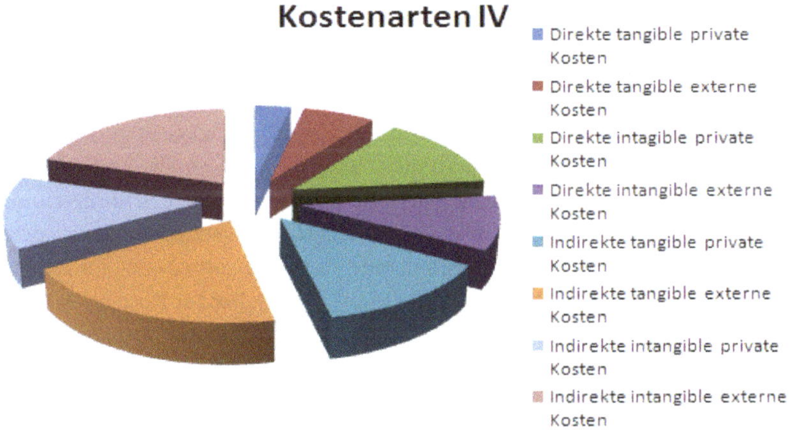

Abbildung 8 Vollständige Darstellung der COI-Kostenkomponenten

Rice selber (2000) gibt an, dass sich die direkten und indirekten Kosten jeweils in „Kernkosten", die direkt mit der Krankheit zusammenhängen und andere „Nichtgesundheitskosten" aufteilen lassen. Damit wäre als vierte Dimension der vollständigen Erfassung der Kostenkomponenten das Begriffspaar „gesundheitsbezogen" / „nicht-gesundheitsbezogen" verwendbar, wobei dann allerdings der Begriff

„Krankheitskostenmethode" nicht mehr adäquat erscheinen mag[192]. Grundsätzlich müssen bei einer umfänglichen, auf bestimmte Risikofaktoren zurückzuführenden Krankheitskostenrechnung die relevanten Kosten, also mittel- und unmittelbar durch die Gesundheit betroffene Aspekte aller belasteten Individuen, d.s. Konsumenten und Externe, berücksichtigt werden. Dies ist in den wenigsten Studien der Fall. Die intangiblen Kosten werden fast nie erfasst. Meistens werden nur die Konsumenten selber in die Kostenrechnungen mit einbezogen. Die Behandlung der durch gefährlichen Konsum ausgelösten Zahlungsströme in den Sozialversicherungen werden sehr uneinheitlich, mal als reine Transferzahlungen, mal als „finanzielle" externe Effekte und damit als relevante Kosten betrachtet.

5.1.2.2 Kritik am Humankapitalansatz und indirekten Kosten

Der Humankapitalansatz ist ein weiterer großer Kritikpunkt der Krankheitskostenrechnung, mit dem die gesunkene Produktivität als indirekte Kosten erfasst (Johannesson, 1996) wird, z. B. mit dem Wert, den das kranke Individuum auf dem Arbeitsmarkt erwirtschaftet hätte[193]. Dies wird häufig mit der Begründung kritisiert, es würde nur die Werterstellung, die ein Individuum zum Sozialprodukt beitrüge berücksichtigt (Zweifel et al. 2009) und nicht der Wert des Lebens als solcher. Der Wert des Lebens, gerade von Menschen, die nicht oder nicht mehr aktiv am Arbeitsleben teilnehmen, wird dann nicht berücksichtigt. Auch wird bemängelt, dass Haushaltstätigkeiten meist keinen Eingang in die Rechnung fänden, da diese auch nicht im Rahmen der Volkswirtschaftlichen Gesamtrechnung erhoben würden (Brümmerhoff 2007). Dies hat aber gegenüber den anderen Methoden den entscheidenden Vorteil, eine Zahl zu ermitteln, die im Rahmen von Marktdaten objektiviert wurde und die als Untergrenze zur Kostenbemessung gesehen werden kann. Streng genommen trifft die Bezeichnung Humankapitalansatz nur auf die indirekten Kosten zu. Insbesondere intangible Kosten lassen sich nicht mit dem Humankapitalansatz schätzen: Das Opportunitätskostenprinzip hingegen trifft auf alle drei Kostenarten zu[194].

---

192 Interessanterweise findet sich in Rice et al. (1991) eine weitergehende Methodologie: Hier werden Kosten in Kernkosten (Core-Costs) und verwandte Kosten für eine Krankheitskostenstudie für Drogensüchtige aufgeführt. Beide können – so Rice et al. – in eine direkte und eine indirekte Komponente aufgespalten werden.

193 Der Begriff Human Capital wird Petty (1899) zugeschrieben.

194 Verbessert sich die Gesundheit eines Individuums ändert sich ggf. seine Arbeitsnachfrage. Dies führt dazu, dass einige Autoren das Argument Freizeit in der Nutzenfunktion im Rahmen des Humankapitalansatzes nicht berücksichtigt sehen (Johannesson 1996). Ebenso hat die Gesundheit an sich einen Einfluss auf den Nutzen,

Der Einbezug indirekter Kosten an sich ist nicht unstrittig: Einige Gegner führen aus, dass der Einschluss der Produktivitätsverluste eine unzulässige Besserstellung der arbeitenden Bevölkerung gegenüber der älteren oder geistig behinderten Bevölkerung bedeute (Koopmanschap et al. 1995)[195]. Lediglich unter materiellen Wohlfahrtsbegriffen ist die Berücksichtigung der aktiv arbeitenden Gesellschaft eine zu bevorzugende Methode. Ebenso erscheint fraglich, ob der Ausfall in seiner Höhe richtig ist. Koopmanschap et al. (1995) konzipierten deshalb die Friktionskostenmethode, die lediglich den Ausfall bewertet, der als Kosten in einer Zeitspanne zur Herstellung des ursprünglichen Produktionsniveaus notwendig ist. Dieser Ansatz weist teils deutlich niedrigere indirekte Kosten aus (Hutubessy et al. 1999), beruht allerdings auf teils falschen ökonomischen Annahmen (Johannesson und Karlsson 1997), so dass eine Überschätzung der indirekten Kosten bei Verwendung des Humankapitalansatzes nicht befürchtet werden muss. Das Konzept der Friktionskostenmethode verkennt darüber hinaus, dass bereits die Gleichsetzung der Gesundheitsreduktion mit Ressourcenverlusten eine Verkürzung des tatsächlichen Wertes der Gesundheit darstellt. Darüber hinaus erscheint es vor dem Hintergrund der deutschen Sozialversicherung im Humankapitalansatz optimal zu sein, Personen mit Erreichen des „unproduktiven" Rentenalters sterben zu lassen; m.a.W. es wird dem Leben an sich kein Wert beigemessen. Die Friktionskostenmethode verstärkt diesen nicht haltbaren Kritikpunkt[196].

5.1.2.3 Doppelzählungen

Viele Studien auf Basis der Krankheitskostenrechnung machen Fehler in Form von Doppelzählungen bei der konzeptionellen Erfassung der Kosten schädlichen Konsums. Studiert man beispielsweise das „Toolkit-Dossier" der WHO (2011)

---

wird aber im Humankapitalansatz nicht berücksichtigt. Wird Freizeit reduziert, so sei der Humankapitalansatz keine untere Schranke. Behelfsweise kann man aber argumentieren, dass sich im normalen Haushaltsmodell Gesundheit selber wie eine Budgetrestriktion in der Arbeit-Freizeit Entscheidung verhält.

195 Die Sicht Behinderungen und Erkrankungen mit einem Lohnsatz von 0 zu modellieren, stammt von Diamond und Mirrlees (1978).

196 Ein ebenfalls häufig gemachter Fehler der Ökonomen besteht darin, dass angenommen wird, der Produktivitätsausfall durch gefährlichen Konsum; also Krankheiten und Tod stelle keine sozialen Kosten dar, da diese privat, also beim Individuum anfielen (Warner et al. 1999). Überdies besteht das Problem, dass der Zusammenhang zwischen Nutzen und Einkommen nicht klar erkennbar und vereinfacht ist. So wäre es beispielsweise möglich, dass Individuen Nutzeneinbußen hinnähmen, wenn sie ihr Einkommen auf unterschiedliche Perioden verteilen würden, anstelle es konzentriert in einer Periode einsetzen zu können.

zur Beschreibung der mit dem Rauchen zusammenhängenden Kosten, so werden teilweise die Kosten doppelt gezählt, indem zum einen Versicherungsprämien für durch Zigaretten verursachte Brände und Sachschäden durch Brände als direkte Kosten benannt werden[197].

Bei der Bewertung des Lebens wird verkannt, dass das verlorene Leben aufgrund höherer Mortalität sich im Humankapitalansatz ausschließlich aus den nicht entstandenen Einkommen herrührt. Eine doppelte Ansetzung der verlorenen Einkommen zusammen mit einem Wert für verlorene Lebensjahre nach dem WTP-Ansatz stellt eine Doppelzählung in dem Sinne dar, dass ein Individuum bei der Bewertung des Lebens in jedem Fall sein entgangenes Erleben vor Augen hat, dass überwiegend aus Konsum – wie weit oder wie eng, wie materiell oder spirituell auch immer gefasst – besteht, der zumindest in den Grundzügen der Volkswirtschaftlichen Gesamtrechnung und den walrasianischen Marktgrundsätzen gleich dem erwirtschafteten Einkommen sein muss. D. h. der WTP-Ansatz müsste nach dem Residualwert des Lebens fragen, ohne dass der Einkommens- und Konsumstrom in der Bewertung enthalten sind.

Collins und Lapsley (2008) erfassen die sozialen Kosten von Alkohol- Tabak- und Drogenkonsum für die australische Gesellschaft in 2004/2005. Hierbei werden tangible und intangible Kosten ausgewiesen. Diese australische Studie[198] birgt einige Schwierigkeiten. So werden in der isolierten Sicht der Produktivitätsverluste nicht „verkonsumierte" Mengen saldiert. Auch dies ist schwierig zu rechtfertigen, da wie gezeigt Konsum – wenn er stattfindet – ein Proxy für Nutzen ist, der entgangen ist. Ebenso werden nicht entstandene Gesundheitskosten durch frühzeitigen Tod saldiert. Dies ist zwar vom Konzept her richtig, allerdings schwierig zu erfassen. Gerade bei der australischen Bevölkerung (die mit etwa 23 Mio. Einwohnern deutlich kleiner als die deutsche Bevölkerung ist) sollten die Todesfälle im Jahr genau an den Todesdaten erfasst werden. Da Collins und Lapsley mit ätiologischen Fraktionen arbeiten, birgt dies eigene Risiken der Zu-

197 Streng genommen dürfen bei aktuarisch fairen Versicherungsprämien nur die Prämien oder der Sachschaden angesetzt werden. Man kann diskutieren, ob der durch die Versicherung geschaffene Mehrwert – nämlich auf Grund der Möglichkeit der Risikodifferenzierung den Einkommensstrom der Individuen zu glätten und dadurch bei risikoaversen Individuen einen Nutzenzuwachs zu erzeugen – neben den Versicherungsprämien angesetzt werden darf.

198 Australien wird im Rahmen der Public Health Politiken ein hoher Stellenwert eingeräumt. Dort werden v. a. effektive Präventionsinstrumente eingesetzt und ein hohes Maß an Forschung auf die Wirksamkeit von Verhältnisprävention gelegt. Ätiologische Fraktion und PAF werden ebenfalls fälschlicherweise gleichgesetzt.

rechnung. Ebenso erscheinen die epidemiologischen Konzepte der populations-attributablen-Fraktion sowie der ätiologischen Fraktion zwar grundsätzlich geeignet ähnlich gute Ergebnisse wie ein analytischer Ansatz zu generieren, allerdings hängt dies von der Genauigkeit der Ermittlung dieser Größen ab. Diese Ansätze beinhalten in der Regel nicht alle kontrollierenden Einflüsse, die beispielsweise den Effekt des Rauchens isoliert erscheinen lassen. Ein Grund, warum nicht alle Effekte des Rauchens in Kostenstudien abgebildet sind, mag auch daran liegen, dass bisherige Datengrundlagen keinerlei Zusammenhang zwischen der ätiologischen Fraktion und etwa der Inanspruchnahme von Arbeitslosengeld zuließen[199]. Schließlich wird der Wert des Lebens sowohl über den Humankapitalansatz bei den Produktivitätsverlusten eingestellt, als auch in Form intangibler Kosten durch WTP hinzuaddiert. Viele andere v. a. intangible Kostenelemente fehlen.

5.1.2.4 Fehlende Differenzierung makroökonomischer Parameter

Der wesentliche Nachteil der sog. Krankheitskostenmethode ist der dem Konzept innewohnende Versuch, möglichst pragmatisch die wesentlichen ökonomischen Aspekte der durch Krankheiten hervorgerufenen negativen Konsequenzen zu erfassen. Da dieser Ansatz im Grunde eine makroökonomische Sichtweise auf Krankheitskosten verfolgt, lassen sich die ebenfalls in der makroökonomischen Theorie behafteten Abstraktionen als Ungenauigkeiten in die Kostenmessung übertragen; z. B. in Form nicht ausreichend differenzierter Größen wie Einkommen, Arbeitszeit und Alter. Dies betrifft vor allem die Nutzung der durch Aggregation gewonnenen Preise und Zeiten, die zur Berechnung genutzt werden.

5.1.2.5 Zusammenhänge zwischen Ursprungs- und Folgeerkrankungen

Es ist sehr wahrscheinlich, dass Krankheiten, die durch gefährlichen Konsum hervorgerufen werden, andere bereits existierende Leiden verstärken, neue Krankheiten erzeugen oder häufig einfach gemeinsam in bestimmten Konstellationen auftreten (Schellevis et al. 1993a). Dies mag insbesondere ebenso für nicht chronische Erkrankungen bedeutsam sein (Wu et al. 1998). Es ist etwas strittig, ob diese sogenannten Komorbiditäten als eigene Kostenfaktoren den Krankheitskosten dem gefährlichen Konsum zugerechnet werden sollen (Effertz und Mann 2013). Geschähe dies nicht und würde gefährlicher Konsum als reines psychiatrisches Phänomen – in diesem Sinne nach der gängigen Klassifikation der Krankheiten ICD 10 gefährlicher Konsum oder Sucht unter den F-Diagnosen der psychiatri-

199 Eine Zuordnung von Diagnosen zu Leistungen besteht in deutschen verfügbaren Datensätzen nur bei den Routinedaten der GKV und Scientific Use Files der deutschen Rentenversicherung.

schen und neurologischen Erkrankungen aufgeführt – gewertet, lägen die Kosten deutlich niedriger, als die bisher in unterschiedlichen Studien für Deutschland ausgewiesenen Schätzungen[200].

Empirisch-epidemiologische Studien prüfen unter Zuhilfenahme anspruchsvoller methodischer Settings die Mutmaßlichkeiten des kausalen Einflusses einer Bedingung auf ein Krankheitsbild, beispielsweise dem Entstehen einer majoren Depression durch Alkoholsucht unter Zuhilfenahme von Feste-Effekte-Modellen und Strukturgleichungsmodellen (Fergusson et al. 2009). Um aus einer lediglich korrelierten Komorbidität auf eine Kausalität zu schließen, muss das Untersuchungsdesign mithilfe der Hill Kriterien (Hill 1965) abgeglichen werden. Ein wichtiges Beispiel sind etwa depressive Erkrankungen (ICD F31-33). Da Depressionen in Deutschland weit verbreitet – 12 % Jahresprävalenz in der Allgemeinbevölkerung zwischen 18 und 65 Jahren; bzw. 19 % Lebenszeitprävalenz – und mit erheblichen Konsequenzen verbunden ist (erhöhte Mortalität aufgrund von Suizidalität, ungesunder Lebensstil, Arbeitsunfähigkeit; Wittchen et al. 2010) wäre es falsch, die durch gefährlichen Konsum verursachte Depression und die damit verbundenen negativen Konsequenzen nicht dem Konsum zuzurechnen. Allerdings sollte eben auch umgekehrt keine Konsumkosten-Zurechnung bei diesen auslösenden Depressionen erfolgen.

5.1.2.6 Benutzung des Willingness to Pay Ansatzes

Die Idee, mit dem WTP-Ansatz eine mikroökonomisch fundierte Sicht in die Krankheitskostenmessung einzuführen, erscheint zwar aus theoretischer Sicht besser, scheitert aber in erster Linie an der praktischen Messung. Wie dargestellt, teilt sich hier das Lager der Ökonomen in solche, die die praktischen Probleme der Erfassung und Quantifizierung monetärer Werte als durch ein „gründliches" Studiendesign vermeidbar ansehen, als auch in solche, die v. a. die begleitenden Verhaltensheuristiken und Wahrnehmungsverzerrungen als so komplex und für Experimente „unkontrollierbar" ansehen, dass die WTP Erfassung mittels „Contingent-Valuation" oder „Standard-Gamble" komplett abgelehnt wird. Im Gesundheitsbereich tritt dies besonders am sehr anschaulichen Phänomen der Existenzwertschätzung zutage, bei der außerhalb eines Marktsettings Preise und Zahlungsbereitschaften für Güter ermittelt werden, zu denen der Konsument ex ante überhaupt keinen Bezug hat – etwa die Bereitschaft eine bedrohte seltene Vogelart im brasilianischen Urwald vor dem Aussterben zu retten.

200 Für eine eingehende Diskussion dieses Themas vgl. Effertz und Mann 2013, sowie die Krankheitskostenstudien von Wittchen et al. 2011 und Gustavsson et al. 2011.

Wird der Willingness to Pay Ansatz zur Messung der sozialen Kosten gewählt, so müssen neben der individuellen WTP, die angibt wieviel das Individuum zu zahlen bereit ist, die durch Konsum entstehenden negativen Konsequenzen zu vermeiden, auch die eingesparten Kosten der übrigen Gesellschaft hinzugezählt werden. Hinzu kommt die bereits erwähnte Vermischung der WTP-Methode, meist genutzt, um den Wert des Lebens aus individueller Sicht zu bemessen, mit dem Humankapitalansatz. Hierbei kommt es zu den bereits erwähnten Doppelzählungen, da beide Komponenten den Wert des Lebens messen. In Sloan et al. (2004) wird dies vermieden, da der genutzte WTP-Wert eines Lebensjahres in Höhe von 100.000 $ all das erfasst, was sich ein Individuum unter „Leben" vorstellt; dies schließt insbesondere den Konsum mit ein, der letztlich die Verwendung des erzielten Einkommens darstellt. Hierbei ist es wichtig, sowohl den sich ändernden Gesundheitszustand der Betroffenen selber, als auch die Ressourcenkonsequenzen zu berücksichtigen. Die Ressourcenkonsequenzen bestehen aus verminderter Arbeit und höherem Verbrauch an medizinischen Dienstleistungen und Hilfsmitteln. Im Rahmen der Humankapitalmethode werden diese Ressourcenkonsequenzen dann mit ihren Marktpreisen angesetzt. Wenn die intangiblen Kosten, die Lücke zwischen WTP und herkömmlicher Krankheitskostenmethode schließen können, wäre zumindest eine gewisse Konsistenz ablesbar. Allerdings wurde bereits auf die Veränderung der Freizeit als Ressourcenveränderung in Folge von Krankheit hingewiesen (Johannesson 1996). Im Willingness-To-Pay-Ansatz werden diese Ressourcenveränderungen ganzheitlich bewertet. Der Humankapitalansatz stellt deshalb bei Berücksichtigung lediglich der Ressourcenveränderungen im Krankheitsfall dann eine untere Grenze des Willingness-to-Pay-Ansatzes dar, wenn die Veränderung in der subjektiven Wertigkeit des Gesundheitszustandes die der Freizeit, die man als Kranker hinzugewinnt überwiegt[201]. Dies hängt darüber hinaus auch von dem Ausmaß an Transferzahlungen ab, die im Krankheitsfall aus dem Sozialsystem zufließen. In US-amerikanischen Gerichtsprozessen werden „Hedonic Damages", also Schadensersatzzahlungen für den Verlust an Leben bzw. Lebensqualität gewährt. Die Willingness to Pay Methode wird hierbei allerdings häufig nicht anerkannt[202].

Ein Individuum wird mutmaßlich mehr für gute Gesundheit zu zahlen bereit sein, wenn im Krankheitsfall das Arbeitseinkommen zum größten Teil nicht kompensiert würde. Weiterhin – so z. B. Johannesson (1996) – können Humankapi-

---

201 Diese Ausführung wird tatsächlich in der Literatur diskutiert (Johannesson 1996 für einen Überblick).

202 Vgl. z. B. die Definition des Centers for Forensic Economic Studies unter www.cfes.com/publications/Hedonic_Damages.htm, abgerufen am 13.07.2014.

talansatz und WTP bei lebensverlängernden Maßnahmen deutlich auseinanderfallen, wenn ein nicht nutzenerzeugender, „autonomer Konsum" zum Überleben des Individuums notwendig ist: Wenn beispielsweise ein Medikament das Leben um ein Jahr verlängert, für dieses Jahr dann aber auch ein bestimmter Betrag für Konsumgüter (Essen, Kleidung etc.) aufgewendet werden muss, wird im Willingness to Pay Ansatz – so Johannesson (1996) – dies als Abzug berücksichtigt werden. Diese Sicht ist aber nichts anderes als der Netto-Ansatz im Rahmen des Humankapitalansatzes[203].

Häufig findet man dann eine Vermischung der traditionellen Krankheitskostenmethode mit dem Willingness to Pay Konzept, bei der einzelne Komponenten mit Marktpreisen bewertet und andere mittels WTP erfragt werden (so z. B. Sloan et al. 2004)[204]. Eine solche Vermischung kann schnell unübersichtlich und irreführend sein, wenn nicht mehr klar ist, was das Individuum letztlich zu bewerten hat. Zum Beispiel wird ein Raucher, nach den Geldwert gefragt, den er zu zahlen bereit wäre, um nicht mehr zu rauchen, dann einen positiven Betrag nennen, wenn es den Konsum als Sucht begreifen würde und einen negativen Geldwert, wenn Rauchen, wie so häufig von der Tabakindustrie betont, Genuss darstellt; umgekehrt würde es gemäß WTA Ansatz einen positiven Betrag nennen, wenn Rauchen einen empfundenen Genuss darstellte und umgekehrt – vermutlich – einen negativen Wert angeben, würde es Rauchen als Sucht empfände. Hier sind direkt die Schwierigkeiten der Ansätze deutlich: nach dem Rationalkalkül ist zunächst jeder Raucher der Überzeugung, eine richtige Entscheidung getroffen zu haben. Kannte er die negativen Auswirkungen des Rauchens, so wird er stets einen positiven Betrag fordern, um auf das Rauchen zu verzichten. Man könnte nun annehmen, dass ein Raucher sich freut von der Tabaksucht befreit zu werden, wenn er diese als Belastung empfindet. Allerdings kann es ebenso gut sein, dass er eingedenk eigener Entzugserfahrungen und Aufhörversuche einen positiven

203 Es ist deshalb auch nicht verwunderlich, dass der Autor eine Beziehung zwischen den externen Kosten und dem Humankapitalansatz herstellt, da externe Kosten direkt der Finanzierung der Krankenversicherungsleistung durch das Versichertenkollektiv entspricht, in das das Individuum vorher entsprechende Beiträge eingezahlt hat. Darüber hinaus ist in der Modellrechnung ein viel höherer Beitrag an Steuern zu zahlen als über Versicherungen zu empfangen. Dies ist aber bei der Ermittlung einer Nettoposition und damit der Bestimmung, ob tatsächlich eine „Externalität" vorliegt zwingend erforderlich. Der Ansatz zeigt aber mögliche Anreizwirkungen eines Sozialsystems auf, wenn etwa durch Kompensationszahlungen Individuen im Krankheits- bzw. Arbeitslosenfall (annähernd) genauso gestellt werden, wie im Fall der Erwerbstätigkeit.

204 Eine interessante, konzeptionell richtige Zusammenführung zwischen Humankapitalansatz, Willingness-to-Pay und Kostenträgern zeigt Johannesson (1996).

Wert fordert, um diese negativen Affekte zu kompensieren. Zumindest resultiert dann ein verzerrter aggregierter Wert für die süchtigen Raucher.

5.1.2.7 Konzeptionelle Inkonsistenz des Opportunitätskostenprinzips

Die Krankheitskostenrechnung benutzt das Konzept der Opportunitätskosten, um die „Schäden" einer bestimmten Krankheit bzw. einer für eine Anzahl von Krankheiten ursächlichen Konsumweise zu bestimmen. Die Nutzung von Opportunitätskosten impliziert mehrere Aspekte: Erstens erscheinen diese Kosten als monetär beziffertes alternatives „Opfer" für eine nicht gewählte Entscheidung beispielsweise „nicht zu rauchen". Dies besagt aber gemäß der definierenden Kriterien von Buchanan, dass das Rauchen als beste Alternative gewählt wurde. Würde man feststellen, dass dem nicht so ist, beispielsweise weil die Opportunitätskosten des Rauchens höher sind als die des Nichtrauchens, hätte das Individuum mit dem Rationalkalkül unvereinbar fehlerhaft entschieden. Ungeachtet dessen ist aber eine Bezifferung der Kosten möglich, die zumindest als Entscheidungshilfe zu sehen ist. Deshalb erscheint es passender, das Opportunitätskostenprinzip in der Inzidenzanalyse – unmittelbar vor der Entscheidung gefährlich zu konsumieren – zu verwenden. Im Rahmen einer Prävalenzanalyse ist davon auszugehen, dass die Individuen bereits die Entscheidung gefährlich zu konsumieren getroffen haben. Im Gegensatz zu den durch die Entscheidung entstehenden Kosten haben Opportunitätskosten einen Einfluss auf die Entscheidung selbst. Sowohl interne wie externe Kosten, die im Laufe der Entscheidung entstehen, sollten ex ante bereits mit ihrem Nutzenpotenzial abgewogen worden. Allerdings beeinflussen die externen Kosten nicht die individuellen Entscheidungen für gefährlichen Konsum, sie sind lediglich Konsequenz der Entscheidung. Sie werden deshalb nur vom Individuum in die Bewertung miteinbezogen, wenn es z. B. altruistisch veranlagt ist. Dann sind diese aber streng genommen keine externen Kosten mehr. Opportunitätskosten werden erst dann wieder relevant, wenn erneut über Konsumalternativen zu entscheiden ist, etwa mit dem Rauchen aufzuhören. Auf der anderen Seite sind buchhalterische und damit ex post betrachtete Kosten niemals als Bewertungsgrundlage hinreichend, da man nicht weiß, welche Kosten aus einer anderen Alternative entstanden wären. Über diese Ungenauigkeit in der Auffassung der Opportunitätskosten als Gradmesser der Konsequenzen gefährlichen Konsum darf hinweggesehen werden.

5.1.2.8 Diskontraten

Ob Gesundheitskosten tatsächlich geringer für Personen mit riskanten Konsumweisen sind, da diese früher sterben scheint zum einen von der Vollständigkeit der Erfassung negativer Konsequenzen abzuhängen (Warner et al. 1999)[205]. Die Studie von Viscusi (1995) beispielsweise spricht von einer deutlichen Einsparung an Krankheitskosten bei Rauchern aufgrund früheren Ablebens. Ebenso werden die Konsequenzen des Passivrauchens als vage bezeichnet und teerreduzierte Zigaretten als von rationalen Individuen nachgefragte Produkte gesehen[206]. Andererseits ist dies auch eine Frage der richtigen Diskontierung zur Quantifizierung zukünftiger Konsequenzen. Dabei müsste wie dargestellt eigentlich zunächst die Frage geklärt werden, ob und was überhaupt zu diskontieren ist. Die Diskussion um einen Verzicht der Diskontrate im Zusammenhang mit Erderwärmung und Klimawandel verweist berechtigterweise auf die „unethische" Möglichkeit durch entsprechende Wahl der Diskontrate das monetäre Nutzenäquivalent zukünftiger Generationen „kleinzurechnen". Aber selbst wenn sich die zukünftigen Kosten nur auf die aktuell gefährlich konsumierende Person beziehen, ist es nicht leicht eine positive Diskontrate zu rechtfertigen. Der Wert des Lebens beispielsweise wird im Humankapitalansatz als monetäres Äquivalent zukünftiger Einkommen angesehen. Dadurch, dass es sich letztlich um einen Proxy für Leben und nicht um Einkommen im eigentlichen Sinne handelt, muss ein Individuum mögliche spätere Lebensphasen gegen heutigen Konsum abwägen. Es ist nicht klar, warum spätere Lebensphasen lediglich mit der Begründung der möglichen Mortalität diskontiert werden sollten, ebenso kann es Ziel sein, etwa spätere Lebensphasen mit angemessener Lebensqualität zu verbringen. Hinzu kommt die Vielzahl an Vorschlägen über die Höhe infrage kommender Diskontraten. Der Hannoveraner

205 Die Frage wurde ursprünglich von Leu und Schaub gestellt (1983), die zu dem Ergebnis kamen, dass in der Schweiz die aufgrund verfrühten Ablebens der Raucher eingesparten Kosten diejenigen der nichtrauchenden Bevölkerung übersteigen.

206 Der Autor äußert sich ebenfalls indirekt zweifelnd darüber, ob Nikotin süchtig mache und spricht von einer elastischen Nachfrage bei Rauchern. Viscusi spricht aber auch einen wichtigen Aspekt an: die Möglichkeit, dass Individuen Risiken überschätzen. Insgesamt hängt diese Frage aber an den medizinischen Möglichkeiten, Kranken zu helfen: War vor 40 Jahren die Diagnose des Bronchialkarzinoms ein sicheres Todesurteil, sind mit dem medizinischen Fortschritt weitere Therapiemöglichkeiten entstanden, deren Kosten sich ebenfalls im Zeitablauf unterschiedlich entwickelt haben mögen. Zum einen sind neue Medikamente etwa zur Krebsbehandlung zunächst relativ teuer und werden dann mit Ablauf von Patentfristen und alternativ konkurrierenden Methoden allmählich preisgünstiger, wobei gleichzeitig weitere hochpreisige Therapien mit noch höheren Heilungschancen hervorgebracht werden können. Diese Komponente eines möglichen Kostenverlaufs für die Zukunft sollte in jedem Fall mit berücksichtigt werden, da insbesondere in Deutschland die Ausgaben im medizinischen Bereich seit Jahren stark ansteigend verlaufen.

Konsensus (2007) empfiehlt 5 %. Studien wie die von Moore und Viscusi (1988) ermitteln deutlich höhere Diskontraten von 10–12 % je nach Alter, teilweise sogar noch höher, um im WTP-Ansatz ermitteltes Leben konsistent bewertet erscheinen zu lassen (Wang et al. 2008).

5.1.3 Kontrastierung der Krankheitskostenrechnung

Neben der Krankheitskostenrechnung lassen sich konzeptionelle Rahmenmodelle zur Bewertung der Gesundheit erstellen (Cutler et al. 1997), die an üblichen Haushaltsmaximierungsmodellen angelehnt sind – etwa dem bereits vorgestellten Ramsey-Cass-Koopmans-Modell. Das sehr häufig benutzte Modell von Grossmann (1972) führt z. B. das Konzept des „Gesundheitskapitals" als Barwert der zukünftigen Lebenszeitgesundheit analog zum Humankapital – als Gegenwartswert der Produktivität – ein. Investitionen in dieses Gesundheitskapital bewirken, dass Menschen länger und gesünder leben, zweitens – so zumindest die Ansicht von Cutler und Richardson (1997) – steigt mit zunehmender Lebenserwartung die Krankheitsprävalenz, da vormals Personen an schweren Krankheiten gestorben wären, die nunmehr überleben und drittens steigt die Gesundheit derer, die schwere Krankheiten überleben an, da aktuelle Behandlungs- und Nachsorgemethoden besser als in der Vergangenheit sind. Zusammengenommen soll der Nettoeffekt auf die Gesundheit positiv sein (Cutler und Richardson 1997). Für die Bewertung der in den Modellen benutzten Größen lassen sich grundsätzlich zwei dominante bereits vorgestellte Ansätze in der Literatur identifizieren: den Humankapitalansatz und die Willingness-to-Pay-Methode zur direkten Bewertung von Gesundheitszuständen durch das Individuum selbst. Es darf nicht verwundern, dass die Höhe der Kosten von der gewählten Methode abhängt (Yabroff et al. 2009a; Honeycutt et al. 2009; Yabroff et al. 2009b).

Um eine mikroökonomische Sicht auf die wesentlichen für eine Kostenmessung relevanten Größen einzunehmen, eignet sich das Modell von Grossmann (1972, siehe auch Tolley et al. 1994). Grossmann (1972) modelliert das Gesundheitsverhalten der Haushalte als Konsum und Produktion von Gesundheit. Das Individuum „produziert" seine Gesundheit selbstständig, indem präventiv Ausgaben zum Erhalt der Gesundheit getätigt werden (Sport, ärztliche Vorsorgeuntersuchungen, etc.). Dabei werden Güter, wie Medikamente und medizinische Dienstleistungen und Zeit des Individuums – durchaus auch im Sinne neuer Commodities nach Stigler und Becker (1977) – miteinander kombiniert. Willingness to Pay des Individuums setzt sich zusammen aus dem Zuwachs an Arbeitseinkommen und dem Zuwachs an Nutzen bzw. dessen monetärem Äquivalent, das durch verbesserte Gesundheit erzielbar ist. Damit geht das Grossman-Modell bereits weit über die Krankheitskostenrechnung hinaus, da es neben den indirekten Kosten den Konsumnutzen einbezieht. Damit ist Gesundheit teilweise endogen. Verschiedene Publikationen haben dies entsprechend berücksichtigt[207]. Eine Investition in Gesundheit verringert spätere höhere Auszahlungen durch Krankheiten und ist damit ein ungefähres Pendant der Krankheitskosten. Mit diesem Ansatz soll auch dem Umstand Rechnung getragen werden, dass Gesundheit nicht explizit an Märkten gehandelt wird. Ein Standardmodell für ein Individuum mit Gesundheitskapitalstock im Alter a lautet hier (Cutler und Richardson 1997):

$$V_t(a) = E_t\left[\sum_{s=0}^{\infty} \frac{U(C_{t+s}, H_{t+s})}{(1+r)^s}\right]$$

Die Nutzenfunktion U hängt hier von Konsum und Gesundheit ab. Der Nutzen nimmt bei Tod den Wert Null an und wird ansonsten mit dem Zinssatz r diskontiert. Der Erwartungswertoperator drückt aus, dass es sich bei den zukünftigen Werten um unsichere Größen handelt. Diese Formel kann jetzt im Rahmen einer dynamischen Modellierung mit Statusvariablen, die entsprechende Umweltfaktoren darstellen, angereichert werden, die dann unterschiedliche, sich im Zeitablauf ändernde Niveaus widerspiegeln:

$$V_t(a) = E_t\left[\sum_{s=0}^{\infty} \left(\frac{U(C_{t+s}, H_{t+s})}{(1+r)^s} \middle| d_{t,t}, m_{t,t}, c_{t,t}, e_{t,t}\right)\right]$$

Hier meint d den Krankheitsverlauf eines Individuums vor und nach dem Beobachtungszeitraum, m die medizinische Versorgung, e soziale und politische Umweltfaktoren und c die anderen Konsumgüter. Setzt man einmal voraus, dass Umweltfaktoren exogen sind und erweitert man die Gleichung um einen Humankapitalstock Hum und einen Sozialkapitalstock Soz sowie den beiden Statusvariablen s für die Investitionen in Sozialkapital und h für Humankapital, sowie schließlich einen Suchtkapitalstock S (Becker und Murphy (1988)) kann man ersehen, welche Konsequenzen einem Individuum in Abhängigkeit von „Investitionen" in Suchtkapital sprich „gefährlichem Konsum" erwachsen:

207 Etwa Sloan et al. (2004) durch Berücksichtigung der Quit-Rates des Rauchens und Koch 2011 durch Einbezug sich im Zeitablauf verändernder BMIs.

$$V_t(a) = E_t\left[\sum_{s=0}^{\infty}\left(\frac{U(C_{t+s}, H_{t+s}, S_{t+s}, Soz_{t+s}, Hum_{t+s})}{(1+r)^s}\middle| d_{t,t}, m_{t,t}, c_{t,t}, e_{t,t}, h_{t,t}, s_{t,t}\right)\right]$$

Bei bindenden Budgetrestriktionen gehen steigende Konsumausgaben aufgrund von Sucht zu Lasten anderer Ausgaben v. a. für ein Re-Investment in die übrigen Kapitalstöcke. So kann man schließlich die Veränderungen am Lebensende (oder als Barwert zu Beginn des Konsums) miteinander vergleichen. Der Becker-Murphy-Ansatz – vielfach kritisiert – funktioniert hier als Behelfskonstrukt, die Handlungen und Entscheidungen des Individuums zu modellieren, das glaubt, sein Weg in die Adipositas und Alkoholsucht sei rational und richtig. Da etwa die Krankheitskosten und die Investition in Gesundheit durch Versicherungen und damit keiner bindenden Budgetrestriktion unterworfen sind, ergeben sich diese als mit Preisen bewertete Änderungen der jeweiligen Kapitalstöcke. Man kann den Effekt der Mortalität direkt ablesen als Differenz des diskontierten Erwartungsnutzens mit und ohne Suchtkapitalstock. Topel und Murphy (2006) etwa modellieren auf eine ähnliche Weise die Krankheitskosten und den Wert des verlorenen Lebens aufgrund von Krankheit und bewerten die Eliminierung der Krebsprävalenz in den USA mit 500 Milliarden US-Dollar. An dem obigen Modell von Cutler und Richardson (in Anlehnung an Grossman) kann man aber auch ablesen, dass, wenn hier Willingness-to-Pay-Werte eingefügt werden um das Modell zu schätzen, Individuen schnell an Grenzen kommen, ihre Werturteile konsistent zu benennen. Neben der hohen zu berücksichtigen Parameterzahl, werden Individuen den Effekt des Suchtkapitals und den Nutzenverlust aus gesunkener Gesundheit nicht voll erfassen. Somit besteht immer der Trade-off zwischen dem pragmatischen aber unvollständigen Humankapitalansatz und dem theoretisch fundierten aber unreliablen WTP-Ansatz. Will man die Frage nach den Kosten gefährlichen Konsums normativ beantworten – wie hätte sich ein Konsument optimal verhalten, wenn er nicht den Irrationalitäten und Verhaltensanomalien der Verhaltensökonomie unterworfen wäre – so lässt sich der Humankapitalansatz als Feststellung einer Untergrenze für die Krankheitskosten rechtfertigen.

5.1.4 *Krankheitskosten in Deutschland*

Um die im „Gesundheitssektor“ entstehenden Kosten durch „gefährlichen Konsum“ quantifizieren zu können, benötigt man geeignete Daten. Mit Gesundheitssektor ist im Sinne der Krankheitskosten der alle Dienstleistungen, Warenerstellungen wie Medikamente und medizinisches Gerät umfassende Sektor gemeint, der für die Behandlung der gesundheitlich negativen Konsequenzen gefährlichen Konsums zuständig ist. Hierfür werden Ressourcen verbraucht, etwa für Operationen, Rehabilitationstherapien oder für Hilfsmittel[208]. Die Gesundheitskosten sind zentral in dieser Arbeit; so soll gezeigt werden, wie die aktuelle Situation der Krankheitskosten in Deutschland aussieht, welche Zuordnung zu den gefährlichen Konsumweisen besteht. Schließlich soll eine Aufteilung auf interne und externe Kosten sowohl im Prävalenz- wie im Inzidenzansatz erfolgen. Die Krankheitskosten in Deutschland sind laut Statistischem Bundesamt seit Jahren stetig steigend. Folgendes Schaubild verdeutlicht die Situation für die Jahre 2002–2008 über alle Träger[209]:

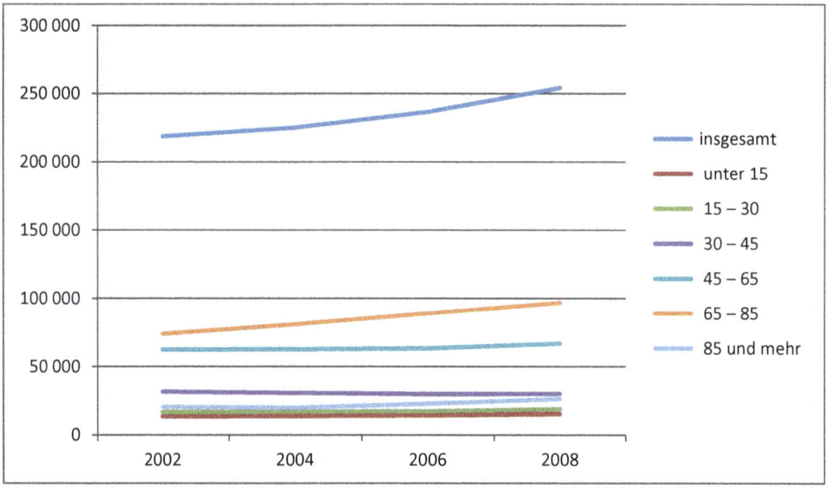

Abbildung 9 Entwicklung der gesamten Krankheitskosten in Deutschland in Mio. €

Man erkennt, dass die meisten Kosten im Gesundheitssystem von Personen im Ruhestand verursacht werden. Die Krankheitskostenrechnung des statistischen Bundesamtes benutzt einen Top-Down-Ansatz um die Gesamtkosten einzelner

208 Streng genommen umfasst dieser Sektor auch solche Fix-Kosten, die durch die Schaffung von Einrichtungen, Personal und weiteren Infrastrukturen- kurz der Ausweitung des Gesundheitssektors aufgrund gefährlichen Konsums erst entstehen bzw. sukzessive ausgeweitet und angepasst werden müssen.

209 Zu den Trägern gehören sämtliche Sozialversicherungen, die von Kosten im Gesundheitswesen betroffen sind, die private Krankenversicherung PKV sowie eigene Leistungen der Patienten selber. Aktuellere Zahlen sind leider nicht vorhanden. Der GKV-Spitzenverband weist allerdings steigende Kosten bei den gesetzlichen Krankenversicherungen auch für die vergangenen Jahre bis 2014 aus.

Träger auf die einzelnen Krankheiten zu verteilen[210]. Ebenso wird durch Krankheit und deren Behandlung Zeit verbraucht, die anderweitig hätte eingesetzt werden können; etwa zur Erwerbstätigkeit und Produktion von „Nichtmarktgütern". Der DAK-Gesundheitsreport 2008 weist etwa eine Arbeitsunfähigkeitsquote von 46,4 % aus. D.h., dass etwa die Hälfte aller erwerbstätigen gesetzlich DAK-Versicherten in der einen oder anderen Form aufgrund von Krankheit ihrer Arbeit nicht nachgingen. Eine wichtige Frage die sich hier stellt ist es, ob die Menschen, die krankgeschrieben werden, auch tatsächlich krank sind und welche Befindlichkeit vorherrscht. Ebenso werden nicht alle Arbeitsunfähigkeitsmeldungen bei den entsprechenden Krankenkassen eingereicht, weil Patient z.B. in einem Betrieb arbeitet, in dem eine Anzeigepflicht erst ab dem 4. Tag besteht[211]. In der klassischen gesundheitsökonomischen Sicht tauscht ein Individuum hier unfreiwillig Arbeitszeit gegen Freizeit. Für die weitere – rein kostenmäßige – Betrachtung soll daher davon ausgegangen werden, dass der Zustand der dokumentierten Krankschreibung immer schlechter ist, als derjenige ohne Krankheit. Dies macht auch aus ökonomischer Sicht Sinn, da man grundsätzlich nur zum Arzt geht, wenn zumindest vermutlich durchschnittlich ein Befindlichkeitszustand vorliegt, der aus subjektiver Sicht eine Arztbehandlung rechtfertigt.

5.1.5 Die gesetzliche Krankenversicherung

2013 waren 69,86 Mio. Deutsche bzw. 86,75 % der in Deutschland lebenden Personen in der gesetzlichen Krankenversicherung versichert[212], davon 17,4 Mio. beitragsfreie Familienversicherte wie Kinder und nicht erwerbstätige Ehepartner. Die gesetzliche Krankenversicherung ist im Sozialgesetzbuch V geregelt und deren originäre Aufgabe besteht darin, den Versicherten einen Schutz für den Risikofall Krankheit zu bieten. Dies soll überwiegend einkommensunabhängig erfolgen, aber auch Lohnersatz- und Geldleistungen umfassen. Die Leistungen der gesetzlichen Krankenkasse umfassen die Finanzierung bestimmter medizi-

---

210 Neben den medizinischen Kosten werden vom Statistischen Bundesamt die verlorenen Erwerbsjahre in die Klassen Invalidität, Arbeitsunfähigkeit und Mortalität unterteilt ausgewiesen. Es findet keine Umrechnung der Lebensjahre in Kostengrößen statt.

211 Statistik des Bundesgesundheitsministeriums unter www.bmg.bund.de/fileadmin/dateien/Downloads/Statistiken/GKV/Mitglieder_Versicherte/KM1_JD_2013.pdf, abgerufen am 22.05.2014.

212 Vgl. Darstellungen des GKV-Spitzenverbands unter www.gkv-spitzenverband.de/presse/zahlen_und_grafiken/gkv_kennzahlen/gkv_kennzahlen.jsp, abgerufen am 18.06.2014.

nischer Güter und Dienstleistungen[213]. Aus Sicht der Krankenversicherung ist einer möglichen Pflegebedürftigkeit des Patienten vorzubeugen. Allerdings kön-

213 Hierzu zählen im Allgemeinen normale Kontrolluntersuchungen, Standardimpfungen, Therapie schwerer, langwieriger Krankheiten sowie die Behandlung von Unfällen und die anschließende Nachsorge. Ambulante Behandlungen so wie stationäre Aufenthalte im Krankenhaus, Medikamente exklusive eines vom Patienten zu tragenden Eigenanteils. Krebsvorsorgeuntersuchungen bei Frauen ab 20. Lebensjahr, bei Männern ab 45 Jahren Krankengymnastik, Sprach- und Beschäftigungstherapie. Hilfsmittel z. B. Prothesen, Rollstühle oder Hörgeräte in einfacher Ausführung. Bandagen, Einlagen und Kompressionsstrümpfen, Kinderkrankengeld und Zahnbehandlungen. Kieferorthopädie wird in der Regel nur für Jugendliche unter 18 Jahren gezahlt, bei Abschluss der Behandlung aber bis zu 100 %. Fahrtkosten zur Behandlung werden für Blinde, Gehbehinderte und in der Mobilität Eingeschränkte erstattet. Alle 4 Jahre kann für ca. 3 Wochen eine ambulante Kur bewilligt werden, sofern sie notwendig ist, um einer drohenden Behinderung vorzubeugen, eine Behinderung zu beseitigen, zu bessern oder eine Verschlimmerung zu verhüten. Sollte eine ambulante Kur nicht ausreichen, kann eine stationäre Kur bewilligt werden. In diesem Fall übernimmt die Krankenkasse auch die Unterbringungs- und Verpflegungskosten. Für jeden Tag der gesamten Dauer ist eine Zuzahlung von 13,- EUR fällig. Seit 01.01.99 ist auch die Psychotherapie im Rahmen des Wirtschaftlichkeitsgebotes im Leistungskatalog. Alternative Behandlungsmethoden zahlen einige Krankenkassen freiwillig unter Beachtung des Gebotes der Wirtschaftlichkeit. Für Heilpraktikerbehandlungen dürfen die Krankenkassen jedoch gar nicht leisten. Schutz im Ausland besteht grundsätzlich bei Aufenthalt in einem anderen EU-Staat. Dort können Leistungen auch ohne vorherige Zustimmung der Krankenkasse in Anspruch genommen werden. Eine Genehmigung ist nur noch bei Krankenhausbehandlungen erforderlich. Allerdings werden Kosten nur bis zu den Sätzen erstattet, die die Krankenkasse in Deutschland zahlen müsste und der Leistungsumfang richtet sich nach den Rechtsvorschriften der einzelnen Länder, die nicht unbedingt dem deutschen Standard entsprechen. Ein Rücktransport aus dem Ausland wird nicht erstattet. Ein weiterer wichtiger Leistungsbereich der gesetzlichen Krankenversicherung sind Rehabilitationsmaßnahmen. Diese Leistungen sollen nach § 4 und § 26 SGB IX Behinderungen – d. h. eine wahrscheinlich länger als 6 Monate andauernde Beeinträchtigung der Gesundheit und daraus folgender Beeinträchtigung der Teilhabe an der Gesellschaft (§ 2 SGB IX) – infolge von chronischen Krankheiten mindern, beseitigen, Folgen mildern und Verschlimmerungen verhüten. Ebenso wird explizit eine Vermeidung der Einschränkung von Erwerbs- und Pflegebedürftigkeit als Ziel der Reha genannt. Rehabilitation umfasst auch Entwöhnungsbehandlungen für Alkoholabhängige, die den wesentlichen Anteil der Suchtrehabilitationen ausmachen: 26 % der stationären Reha-Einrichtungen sind Sucht-Reha-Einrichtungen. Insgesamt unterteilen sich die Leistungen der Rehabilitation in medizinische Leistungen, Leistungen zur Teilhabe am Arbeitsleben sowie ergänzenden Leistungen wie Krankengeld und gleichartige Entgeltersatzleistungen sofern keine Einkommensanrechnung stattfindet

nen Rehabilitationsmaßnahmen nach § 5 SGB IX neben der GKV auch von GRV, GUV, Trägern der Jugend- und Sozialhilfe sowie der Bundesagentur für Arbeit übernommen werden[214].

Man kann die Leistungen der GKV wie auch der anderen Sozialversicherungen in versicherungsgemäße und versicherungsfremde Leistungen unterteilen. Erstere sollen aus Beiträgen finanziert werden, letztere aus den allgemeinen Haushaltsmitteln des Staates. Versicherungsfremde Leistungen sind unter Zugrundelegung des Äquivalenzprinzips die sog. primäre Prävention und Gesundheitsförderung, die damit reine externe Kosten darstellen. Die einkommensabhängige Beitragsgestaltung verstößt gegen das Äquivalenzprinzip. Hinsichtlich der versicherungsfremden Leistungen und gefährlichem Konsum ist festzuhalten, dass v. a. die beitragsfrei mitversicherten gefährlich konsumierende Ehegatten und Lebenspartner vollständig externe Kosten verursachen[215].

Im Zuge von Inanspruchnahmen des Gesundheitssektors fallen sogenannte Routinedaten bei den zuständigen Krankenkassen an. Diese Daten enthalten nach §§ 198–206 SGB V genau festgelegte Merkmale, u. a. das Geschlecht und Alter des Behandelten, sein Erwerbsstatus sowie seine Staatsangehörigkeit und die anfallenden Kosten im Gesundheitssektor. Damit lassen sich bereits die pagatorischen Kosten der durch gefährlichen Konsum beeinträchtigen Gesundheit abbilden. Es ist daher möglich, die Inanspruchnahme des Gesundheitssektors quantitativ abzubilden, sowie diese mit den Preisen der gesetzlichen Krankenversicherung zu bewerten[216]. Nachstehende Abbildung 10 zeigt die Aufteilung der Krankheits-

---

(§ 52 SGB IX), Sozialversicherungsbeiträge sowie weitere Kosten für Reha-Sport, Kinderbetreuung und mit der Reha verbundene Reisekosten.

214 Ebenso sind Träger der Kriegsopferfürsorge und Träger der Alterssicherung für Landwirte mögliche Träger von Rehabilitationsmaßnahmen.

215 Beitragsfrei mitversicherte Kinder werden laut Fichte (2010) nicht als versicherungsfremde Leistungen Empfangene betrachtet, da die hauptversicherten Eltern mit ihrer Betreuung und Erziehung dafür sorgen sollten, dass künftig wieder neue Beitragszahler ins Umlagesystem kommen. Dies ist ökonomisch nicht ganz richtig, da die von der GKV investierten Gesundheitskosten letztlich der gesamten Gesellschaft, nicht nur den GKV-Versicherten zu Gute kommen.

216 Auch hier gibt es verschiedene Probleme: Zunächst sind die zwischen Leistungserbringern, Pharmaindustrie und den Krankenkassen ausgehandelten Preise nur in diesem Bereich gültig. Private Krankenkassen bieten andere meist bessere Abrechnungsmöglichkeiten für die Leistungserbringer. Auch kann man nicht unterstellen, dass diese Preise die Investitionen in den Gesundheitssektor adäquat mit erfassen. Bislang war der Gesundheitsbereich stark defizitär, d. h. die Kosten stiegen über Jahrzehnte deutlich an und machte Beitragserhöhungen notwendig. Aktuell verzeichnen

kosten innerhalb der GKV für das Jahr 2012[217]. Man kann deutlich erkennen, dass die wesentliche Hauptkostentreiber Krankenhauskosten, Arzneimittel und ärztliche Behandlungen sind.

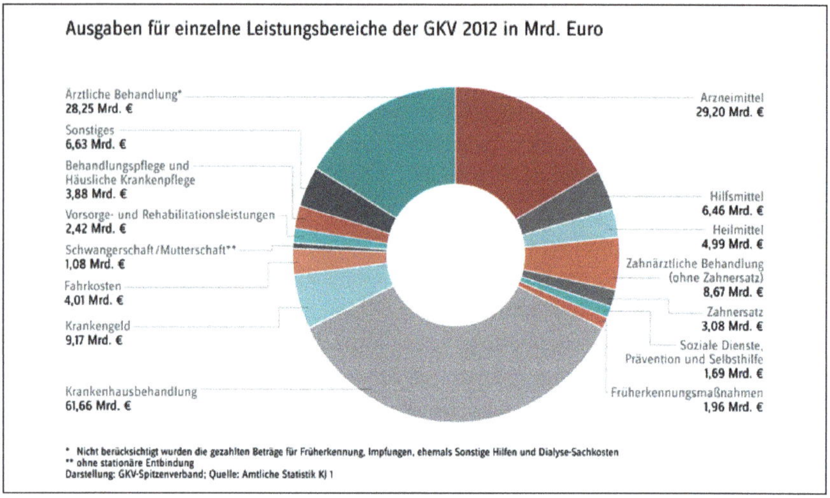

Abbildung 10 Die Kosten in der gesetzlichen Krankenversicherung

5.1.6 Die private Krankenversicherung

Neben der gesetzlichen Krankenversicherung existieren in Deutschland private Krankenversicherungen, bei denen Anfang 2010 rund 8,86 Mio. Menschen vollversichert waren; dies entspricht 10,8 % der Bundesbürger. Die Versicherten teilen sich fast hälftig auf die beiden Unternehmensformen Versicherungsverein auf Gegenseitigkeit und Aktiengesellschaften auf. Allerdings sind die Beiträge bei den Aktiengesellschaften insgesamt um ca. 32 % höher.

Ein Datensatz zu den privat Versicherten Personen stand nicht zur Verfügung. Es gibt aber für den Bereich der Krankheitskosten durchaus plausible Überlegungen, die eine Ähnlichkeit der PKV- und der GKV-Patienten nahelegen. So ist davon auszugehen, dass gleich gefährlich Konsumierende unabhängig von deren Versicherung auch die gleichen Krankheitskonsequenzen erleiden müssen.

viele Krankenkassen in Deutschland Überschüsse; allerdings wird dieses Geld weder an die Versicherten zurückgezahlt noch zur Investition benutzt, sondern lediglich als Rücklage verwendet. Es ist daher schwierig einen Preisanteil für Investitionen oder gar Instandhaltungen festzumachen.

217 Quelle: Webseite des Spitzenverbands der GKV unter www.gkv-spitzenverband.de.

Hinsichtlich der Auswahl der Versicherten können sich alle Personen PKV versichern, wenn ihr regelmäßiges Jahresentgelt die JAE-Grenze nach § 6 Abs. 6 und 7 SGB V überschreitet. Hinzu kommen unter bestimmten Bedingungen Berufsgruppen wie Beamte, Richter, Soldaten, Geistliche und Pensionäre sowie Selbstständige und Landwirte. Es kann aber durchaus auch sein, dass aufgrund der Krankenversicherungshistorie Arbeitslose, Studenten oder Rentner privat krankenversichert sind. Die meisten PKV-Versicherten sind Beamte (24,7 %), Pensionäre (17,5 %), Selbstständige (15,7 %), Arbeitnehmer (11,6 %) und sonstige Nichterwerbspersonen (10,3 %). Die restlichen PKV-Versichertengruppen liegen unter 10 % (Finkenstädt und Keßler 2012). Eine wichtige empirische Frage liegt nun darin zu beurteilen, ob diese Personengruppen aus irgendwelchen Gründen andere Ausgaben, Einzahlungen oder ein Gesundheitsverhalten an den Tag legen, als dies GKV-Versicherte tun. Da eine reine empirische Überprüfung hier nicht möglich ist, muss auf Annahmen zurückgegriffen werden. Viele der Personengruppen existieren auch in der GKV und lassen sich durch die zur Verfügung stehenden Variablen abbilden. Der Unterschied zwischen Pensionären und Rentnern ergibt sich (meist) aus dem Erwerbsleben und ist damit über sozioökonomische Variablen sowie das Alter vermutlich schon gut abgebildet. Ein Problem stellt die Gruppe der Beamten dar, die aber meist nicht voll PKV-versichert sondern Beihilfe-berechtigt sind, d. h. ihre Arztrechnungen direkt mit der zuständigen Rechnungsstelle des Dienstherrn abrechnen und hierfür auch keine Beiträge zahlen. Da bei der Rechnungsstellung für privat versicherte Patienten höhere Beträge angesetzt werden dürfen, würden die für einen GKV-versicherten Raucher oder Alkoholiker anfallenden Kosten gleichzeitig eine Untergrenze der Kosten eines PKV-versicherten Alkoholikers oder Rauchers darstellen. Ob und inwieweit die PKVen gefährlichen Konsum in ihrer Beitragsberechnung berücksichtigen bleibt hier unklar. Aus den Unterschieden zwischen GKV und PKV ergeben sich auch Unterscheide in der Vergütung der medizinischen Leistungen. Die PKV gewährt hier nach dem Kostenerstattungsprinzip, die GKV nach dem Sachleistungsprinzip (Niehaus 2013).

Die Frage, ob Raucher, Alkoholiker oder Adipöse ihren „Beitrag zahlen", d. h. ihre Krankheitskosten durch die eingezahlten akkumulierten Beiträge begleichen können, lässt hinsichtlich des Unterschieds PKV oder GKV versichert zu sein allein schon aus methodischen Gründen unterschiedliche Antworten vermuten. Während in der umlagefinanzierten GKV sämtliche die Gesundheit negativ beeinflussenden Lifestyle-Faktoren komplett von der Solidargemeinschaft getragen werden, ist dies in der PKV zumindest differenzierter darstellbar. Wie Nell und Rosenbrock (2008) darstellen, muss die PKV zur Erhaltung einer lebenslang konstanten (lediglich durch Inflationseinflüsse steigenden) Versicherungsprämie verschiedene Risiken berücksichtigen: Erstens das kurzfristige Krankheitsrisiko, das vom Versichertenkollektiv übernommen wird, zweitens die systematischen, altersbedingt höheren Gesundheitsausgaben, die durch den Aufbau von Kapital (den „Altersrücklagen") finanziert werden; drittens kann sich der Gesundheitszustand des Versicherten im Zeitablauf systematisch gegenüber dem Kollektiv verschlechtern, etwa aufgrund rauchbedingt chronischer Erkrankungen. Dieses „individuelle Prämienrisiko" wird durch „gute Risiken", also Versicherten, die im Zeitablauf einen eher besseren als durchschnittlichen Gesundheitszustand aufweisen kompensiert[218]. Es findet hierbei keine Prämienanpassung statt. Schließlich können sich die Preise für medizinische Leistungen ändern, dadurch können sich bedingt durch die Gesundheitsstrukturen eines Versichertenkollektivs

Niehaus (2013) zeigt etwa, dass PKV-Versicherte rund 11 Mrd. € mehr im Gesundheitswesen umsetzen, als GKV-Versicherte. Dies entspricht Mehrkosten in Höhe von 63 % gegenüber den Ausgaben die PKV-Versicherte in der GKV verursacht hätten. Wesentliche Treiber sind die Arzthonorare, Arznei-, Heil und Hilfsmittel sowie – sehr deutlich – zahnmedizinische Leistungen, während stationäre Leistungen annähernd gleiche Umsätze aufweisen (Niehaus 2013). Nachstehende Tabelle 1[219] zeigt die Mehrausgaben von privat Versicherten gegenüber GKV-Versicherten in absoluten und relativen Werten.

Tabelle 1 Vergleich der Umsätze in GKV und PKV in Mio. €

Jahr	2006	2007	2008	2009	2010	2011
Leistungsausgaben Vollversicherte	22.646	24.272	25.540	26.744	27.771	28.635
Hypothetische Ausgaben in der GKV	12.955	13.792	14.679	16.111	16.999	17.526
Mehrumsatz	9.691	10.480	10.861	10.633	10.772	11.110
davon Mehrumsatz ambulanter Bereich	7.235	7.671	7.703	7.835	7.847	8.227
Mehrumsatz prozentual	0,748	0,76	0,74	0,66	0,634	0,634
Arzthonorare PKV	7.532	8.222	8.760	9.219	9.424	9.742
Arzthonorare GKV	3.157	3.378	3.615	3.984	4.197	4.360
Mehrumsatz Arzthonorar	4.375	4.844	5.145	5.235	5.227	5.382
Mehrumsatz Arzthonorar prozentual	1,386	1,434	1,423	1,314	1,246	1,234

218 Nell und Rosenbrock (2008) gehen davon aus, dass schlechte Risiken höhere Altersrückstellungen benötigen. Dies bedeutet implizit, dass schlechte Risiken hinreichend lange leben, um diese Altersrückstellungen auch aufzehren zu können. Unter der ceteris paribus Annahme ist die Aussage also nur bei hinreichend ähnlicher Mortalität gültig.

219 Quelle Niehaus 2007 sowie eigene Berechnungen.

Jahr	2006	2007	2008	2009	2010	2011
Arznei-, Heil- und Hilfsmittelausgaben PKV	5.957	6.319	6.580	6.792	6.941	7.131
Arznei-, Heil- und Hilfsmittelausgaben GKV	3.097	3.492	3.809	4.192	4.321	4.285
Mehrumsatz Arznei-, Heil- und Hilfsmittel	2.860	2.827	2.771	2.600	2.620	2.846
Arznei- HH-ausgaben prozentual	0,923	0,81	0,727	0,62	0,606	0,664
Ausgaben zahnmedizinischer Bereich PKV	3.076	3.246	3.620	3.791	3.969	4.116
Ausgaben zahnmedizinischer Bereich GKV	1.392	1.458	1.504	1.567	1.709	1.764
Mehrumsatz zahnmedizinischer Bereich	1.684	1.788	2.116	2.224	2.260	2.352
Mehrumsatz Zahnmedizin prozentual	1,21	1,226	1,407	1,419	1,322	1,333
Ausgaben stationärer Bereich PKV	6.081	6.485	6.580	6.942	7.437	7.647
Ausgaben stationärer Bereich GKV	5.308	5.464	5.751	6.366	6.772	7.116
Mehrumsatz stationärer Bereich	773	1.021	829	576	665	530
Mehrumsatz station. Bereich prozentual	0,146	0,187	0,144	0,09	0,098	0,074

Wenig überraschend sind prozentual betrachtet die Mehrausgaben im zahnmedizinischen Bereich sowie bei den Ärztehonoraren am höchsten[220]. PKV-versicherte gefährlich Konsumierende müssten also c.p. einen höheren Beitrag zahlen als GKV Versicherte. Diese Betrachtungsweise ist aber nicht korrekt. So ist die Frage nach vermeintlicher Kapitaldeckung in der GKV rein fiktiver Natur, da die Umlagefinanzierung letztlich die Gesamtkosten aller aktuell Versicherten decken muss.

5.1.7 Nichtversicherte und Sozialhilfeempfänger

In Deutschland gab es 2012 ca. 343.000 Menschen, die Sozialhilfe in Form der Hilfe zum Lebensunterhalt bekamen sowie 1,34 Mio. Menschen die weitere „Sozialhilfeleistungen" etwa „Hilfen zur Gesundheit" erhielten. Die Sozialhilfe geregelt in SGB XII ist eine Leistung der Gesellschaft an Bedürftige, die es ermöglichen soll, ein „der Würde des Menschen angemessenes Leben zu führen" (§ 1 SGB XII),

220 Dies ergibt sich direkt aus den Gebührenordnungen der ambulanten Ärzte und Zahnärzte die jeweiligen Gebührensätze mit einem Multiplikator um das bis zu 3,5 fache gegenüber dem 1,5 fachen bei der GKV zu erhöhen. Dies ergibt ein prozentuales Erhöhungspotenzial von 133 %, also in etwa der auch hier ermittelten Größe etwa bei den ambulanten Arzthonoraren von 123 %.

allerdings „nachrangig“ gegenüber Leistungen aus der Sozialversicherung ist, insbesondere dann, wenn das bedürftige Individuum arbeitsfähig ist (§ 2 SGB XII, „den Lebensunterhalt nicht oder nicht ausreichend aus eigenen Kräften ... bestreiten können § 18 SGB XII). Die Sozialhilfe kann etwa die Kranken- und Rentenversicherungsbeiträge für Pflichtversicherte und teilweise auch freiwillig Versicherte tragen, wenn bestimmte Voraussetzungen vorliegen. Für Nichtversicherte trägt sie gemäß §§ 47–52 SGB XII Hilfen zur Gesundheit. Hierunter fielen auch Ausgaben im Zusammenhang mit gefährlichem Konsum soweit die daraus resultierenden Krankheitskosten inklusive Sucht nicht von den Trägern der Sozialversicherung übernommen werden[221]. Die Träger der Sozialhilfe sind örtliche und überörtliche Träger, vor allem aber die Kommunen. Obwohl die Sozialhilfe laut BAR-Geschäftsbericht die höchsten Ausgaben zur Rehabilitation leisten (im Jahr 2008 über 12,45 Mrd. €)[222], ist das Ausmaß der Kosten aufgrund gefährlichen Konsums hierbei schwierig zu bestimmen.

Die Sozialhilfe ist also als Unterstützung für diejenigen Gesellschaftsmitglieder gedacht, die per Definition nicht arbeitsfähig sind. D. h. in erster Linie chronisch Kranke und behinderte Menschen. Ein wichtiger Bereich im Zusammenhang mit gefährlichem Konsum zeigt sich offen beim regelhaften Alkoholismus von Obdachlosen, die eigentlich nicht zwingend unter die Sozialhilfe fallen, aufgrund gravierender negativer Lebensläufe, verlorenem Lebensmut und damit (teilweise auch bewusst gewählter) Nicht-Sesshaftigkeit nicht in den Statistiken des Statistischen Bundesamtes auftauchen. Man könnte annehmen, dass diese Menschen die Solidargemeinschaft besonders stark finanziell belasten, da möglichen Kosten keine Einnahmen in Form von Einkommenssteuer oder Sozialversicherungsbeiträgen gegenüberstehen. Es ist aber bekannt, dass Obdachlosigkeit zu einer stark erhöhten Mortalität führt (Morrison 2009) und v. a. medizinische Leistungen wenn überhaupt von Obdachlosen eher zögerlich in Anspruch genommen werden (Grabs et al. 2008).

5.2 Lebensqualität, Schmerz und Leid

Neben den „klassischen“ Veränderungen von Konsum von Gesundheitsleistungen und Produktivität, durch gefährlichen Konsum hat eine weitere Größe insbeson-

---

221 In der Gesundheitsberichtserstattung des Bundes/Gesundheitsausgaben verbergen sich diese Positionen unter dem Träger „Öffentliche Haushalte“.

222 Vgl. Geschäftsbericht der Bundesarbeitsgemeinschaft für Rehabilitation 2009 im Internet unter http://www.bar-frankfurt.de/upload/BAR_GB_2009_A4_(2)_1251.pdf, abgerufen am 24.04.2011.

dere in den letzten Jahren in der medizinischen und gesundheitsökonomischen Literatur eine besondere Bedeutung erfahren: das subjektive Wohlbefinden (engl. Subjective Well-Being). Wie bereits aus der Darstellung der Krankheitskostenmethode und deren Kontrastierung mit dem WTP-Ansatz deutlich wurde, fehlt die subjektive Bewertung der Gesundheit, der intangible Bestandteil. Dieser auch als „subjektives Wohlbefinden" weiter gefasste Begriff sollte als selbstständige Größe für die Quantifizierung der gesamtwirtschaftlichen Wohlfahrt eine Rolle spielen, wie bereits der Sachverständigenrat zur Begutachtung der gesamtwirtschaftlichen Lage zusammen mit dem französischen Conseil d'Analyse économique im Auftrag des Deutsch-Französischen Ministerrates in einem Gutachten (2010) darlegt. „Wohlbefinden" in der Axiomatik der Wirtschaftswissenschaften ist nicht immer gleich dem erzielten Nutzen. So gibt es verschiedene Begriffsabgrenzungen wie „Freude (Happiness)", subjektives Wohlbefinden oder gesundheitsbezogenes subjektives Wohlbefinden, die in späteren Kapiteln noch genauer betrachtet werden. Bisherige Studien zur Quantifizierung der Kosten etwa von Alkohol und Tabak haben meist vermieden, diese Größe eigenständig zu erfassen, was nicht zuletzt daran lag, dass unklar ist, wie sich eine solche Größe in Entscheidungsmodellen und ökonomischen Nutzenoptimierungskalkülen niederschlägt.

5.2.1 Die Erfassung von Lebensqualität - Abgrenzung des Begriffs

Lebensqualität als relevante Größe zu quantifizieren und deren Verlust als Kosten zu fassen, ist die anspruchsvollste Aufgabe im Rahmen der hier unternommenen Kostenerfassung. Der Bereich Lebensqualität ist im Vergleich zum Wert des Lebens eher schlechter von den Wirtschaftswissenschaften erschlossen worden. Deshalb erscheint es sinnvoll, die nicht unmittelbar auf der Hand liegende Wichtigkeit der Lebensqualität aus ökonomischer Sicht herzuleiten und mit Sichten anderer Wissenschaftsdisziplinen abzugleichen.

5.2.1.1 Epistemologische Sichten auf die Lebensqualität

Die Weltgesundheitsorganisation definiert „Lebensqualität" als subjektive individuelle Wahrnehmung der „eigenen Position im Leben" in Relation zu kulturellem Kontext, Zielen, Wertesystemen, Erwartungen und Standards (Hawthorne 2007; Health related QOL meint in diesem Zusammenhang die Dimensionen und Aspekte des Lebens, die durch Gesundheit beeinflusst sind), ein breites Konzept, das auf komplexe Weise durch die körperliche und psychische Gesundheit, den Grad der persönlichen Unabhängigkeit, sozialen Beziehungen und Beziehungen zu „salienten" (d. h. auffälligen) Umweltaspekten beeinflusst wird. Rosenberg (1995) zeigt auf, dass sich die Qualität des Lebens (Quality of Life, QOL) entweder als ein psychometrisches, mehrdimensionales Konstrukt, also ein rein empirisches Erkenntnisobjekt oder ein – wie er es selbst bezeichnet – hermeneutisch-ontologisches Objekt[223], das in sich die aus anthropologischer Sicht wesentlichen Charakteristika des Menschseins beinhaltet, auffassen lässt. Hieraus lässt sich das Dilemma der „Lebensqualität" ablesen: es gibt kein einheitliches Konzept, dass sowohl vollständig Lebensqualität widerspiegelt, als auch messbar wäre. Damit stößt eine Quantifizierung der Lebensqualität immer an die Grenze nicht vollumfänglich erfassbar zu sein. Ebenso ist es nicht weiter verwunderlich, dass vor allem in medizinischen Untersuchungen meist psychometrische Konstrukte der Lebensqualität untersucht wurden, die lediglich Teilaspekte der Lebensqualität widerspiegelten.

Grundsätzlich wird davon ausgegangen, dass Individuen ihren eigenen Gesundheitszustand zutreffend beschreiben und bewerten können. Gemäß Torrance (1976), auf dessen Studie sich die meisten Instrumente zur Messung der Lebensqualität und der in den 1950er Jahren etablierten Nutzentheorie aufbauen lassen, ist es wichtig, eine soziale Präferenzfunktion zu definieren, die sämtliche Gesundheitszustände in einer gemeinsamen Maßeinheit – Nutzeneinheiten- erfassbar macht[224].

Lebensqualität nach Adler und Posner (2008) lässt sich ebenso durch drei philosophische Ansätze beschreiben. Erstens lassen sich „objektive Listen" erstellen, die philosophisch anthropologische Wahrheiten, Aspekte und Bedürfnisse des Menschen aufführen, die mit „Wohlbefinden" oder Lebensqualität assoziierbar sind. Die Autoren verstehen darunter vorläufig abgeschlossene Aufzählungen über Aspekte des Wohlbefindens, die einen möglichst breiten Consensus finden, etwa die Tatsache „am Leben zu sein an sich", körperliche Gesundheit, körperliche Integrität, Gefühle, praktische Vernunft, Spiel etc. Solche objektiven Listen lassen

---

223 Nach dem Begriff der „Hermeneutik", der Theorie des Verstehens nach dessen bedeutendstem Vertreter Hans-Georg Gadamer und dem Begriff der Ontologie (Von Aquin, Hegel, Heidegger), der Grundstrukturen der Wirklichkeit. Gemeint ist hier ein fließendes, dynamisches Verständnis von Lebensqualität, wie sie „an sich ist". Lebensqualität stellt sich damit intersubjektiv unterschiedlich und in der Zeit durchaus anders dar und kann vom Individuum unterschiedlich erfahren – etwa durch kulturelle Einflüsse – und unterschiedlich interpretiert werden.

224 In den 1970er Jahren griff man dann auf den „Vignetten-Ansatz" zurück, bei dem dann jeder Gesundheitszustand in eine Rangordnung überführt wird (Patrick et al. 1973). Rosser und Kind (1978) kamen zu dem Ergebnis, dass je nach der Rolle der Befragten (Ärzte, Patienten, Pflegepersonal) unterschiedliche Bewertungen zu den einzelnen Gesundheitszuständen resultieren.

sich dann durch Index-Konstruktionen operationalisieren. Ein Beispiel hierfür ist etwa der WHOQOL-Index[225].

Ein zweiter Ansatz verknüpft Lebensqualität mit der Befriedigung oder Erfüllung von Präferenzstrukturen (Fisher 1918). Dies ist der klassische ökonomische Ansatz, in dem Wohlbefinden durch ein hohes Nutzenniveau impliziert wird – wenig verwunderlich wurde deshalb auch das Maß der Wohlfahrt bisher am Bruttosozialprodukt bzw. Bruttoinlandsprodukt als Proxy abgelesen. Ein dritter Ansatz verfolgt die Sicht Jeremy Benthams nachdem Wohlbefinden sich als reduziertes Wahrnehmen von Freuden und Schmerzen darstellt (Kahneman 2000). Diese etwas enge Sicht der Definition von Wohlbefinden wird meist dem präferenzbasierten Ansatz vorgezogen, der wiederum mit der objektiven Liste – als Resultat von Präferenzstrukturen – vergleichbar ist. Prinzipiell ist jeder dieser drei Ansätze empirisch zumindest teilweise überprüfbar. Das Problem der Forschung, dass Lebensqualität nicht umfassend definiert wird, genauer, dass der empirischen Untersuchung normative Argumente zur Substantiierung der Lebensqualität fehlen, besteht fort. Somit bleibt als Alternative für eine empirische Quantifizierung der Lebensqualität lediglich eine möglichste gute Annäherung an deren unterschiedliche Dimensionen; etwa die mentalen Zustände, die sich als Affekte bzw. unliebsame Emotionen aufgrund einer Schädigung darstellen, als auch die physische Unversehrtheit, die sich insbesondere in der Funktionalität des Körpers ausdrückt.

5.2.1.2 Medizinische Ansätze zur Bewertung von Lebensqualität

In der medizinischen und epidemiologischen Forschung hat seit ca. 25 Jahren der Begriff der „Lebensqualität" eine besondere Bedeutung erfahren (Bullinger 2000, Radoschewski 2000), obwohl einige Quellen den Begriff bereits mit den 1950er Jahren in Verbindung bringen, als ein rein materialistisch ausgerichtete Wohlfahrt als nicht mehr ausreichend angesehen wurde (Zautra et al. 1979). So wurde relativ schnell zwischen sozialen und psychologischen Aspekten der Lebensqualität unterschieden. Mediziner legten das Konzept „eng an einzelne Krankheiten an", während die Sozialwissenschaften einen weiten allgemeinen Begriff zu diskutieren suchten. Das krankheitsbezogene Messkonstrukt wird zur Beurteilung gesundheitlicher Maßnahmen hinzugezogen und zahlreiche Instrumente zur Messung

---

225 Der WHOQOL umfasst etwa die Dimensionen Physis (Schmerz, Unwohlsein, Müdigkeit, Schlaf), Psyche (Positive Gefühle, Denken, Lernen, Erinnern, Konzentration, Selbstbewusstsein), Unabhängigkeit (Mobilität, Aktivitäten), Soziales (Beziehungen, soziale Unterstützung), Umweltbedingungen (Sicherheit, finanzielle Ressourcen, Freizeit, Verkehrsanbindungen) und Spiritualität.

der gesundheitsbezogenen Lebensqualität (HRQOL) sind bereits etabliert worden[226]. Hinter dem Begriff verbirgt sich nach Radoschewski (2000) ein multidimensionales Konstrukt, das Eigenschaften und Fähigkeiten des Lebens selbst ausmacht und deshalb fachspezifisch nicht vereinnehmbar ist[227]. Ware (1987, 1991) unterteilt die „Gesundheitsbezogene Lebensqualität" weiter in die Dimensionen „physisch", „psychisch", „sozial", „Rolle in der Arbeit" und „Vitalität"[228]. Insbesondere bei chronischen Krankheitsprozessen kommt der Lebensqualität eine entscheidende Bedeutung zu[229]. Laut der von der WHO eingesetzten WHO-Quality of Life Assessment-Group" ist Lebensqualität ist eine subjektive Kategorie, die sich häufig am ökonomischen Präferenzkonzept orientiert; d. h. Patienten werden in Surveys gebeten, unterschiedliche Gesundheitszustände zu beurteilen, welche dann mittels Gewichtung in ein „Nutzenmaß" konvertiert werden (Torrance et al. 1989, Tosteson 2010, Guyatt et al. 1993). Nach Smith et al. (2010) sind die Determinanten der subjektiv beurteilten Gesundheit über alle sozialen Schichten annähernd gleich. Damit deutet sich bereits an, das in dem Begriff Lebensqualität wesentlich mehr als nur Krankheit und Tod abgebildet sind und damit als Werte in einer ökonomischen Bewertung gefährlichen Konsums miteinbezogen werden müssen, so er denn die Lebensqualität eher senkt als steigert.

Tabelle 2 Instrumente zur Messung der Lebensqualität

Index/ Instrument	**Autor**	**Konstrukte**
Quality of Well-Being Scale	Kaplan, R.,1997	3 Funktionalität; 1 Symptome, die Funktionalität beeinträchtigen könnten
SF-12-Health Survey	Ware, JE.,1996	12 Items; 8 Konstrukte: physical functioning, role limitations due to physical health problems, bodily pain, general health, vitality (energy/fatigue), social functioning, role limitations due to emotional problems and mental health
Health Utility Index 1–3	Maddigan et al. 2006	Social Relation, Usual Social Role, Communication or Speech, Cognitive function, Emotional Function, Mobility, Physical Activity, Self-Care, Sensory Function or Loss, Symptoms or Impairments

226 Bullinger (2000) spricht von ca. 1500 Messinstrumenten im Jahr 2000.

227 Damit wird auch QOL von HRQOL abgegrenzt (Schadorschewski 2000).

228 Dies stellt eine deutliche Erweiterung in Bezug auf die Dimension „Gesundheit" des Sachverständigenrates (2010) dar, die noch näher dargelegt wird.

229 Da es hierbei ein „restitutio ad integrum" nicht gibt und es darum geht, wie der Patient mit der (chronisch-degenerativen) Krankheit auskommt.

Index/ Instrument	Autor	Konstrukte
SF-36-Health Survey	Ware, JE.,1989	körperliche (physikalische) Funktionsfähigkeit KÖFU, Rollenverhalten wegen körperlicher Funktionsbeeinträchtigung KÖRO, Schmerzen SCHM, allgemeiner Gesundheitszustand AGES, Vitalität und körperliche Energie VITA, soziale Funktionsfähigkeit SOFU, Rollenverhalten wegen seelischer Funktionsbeeinträchtigung EMRO, seelische (psychische) Funktionsfähigkeit PSYC
EQ5D	EuroQol Group,1987	5 Items; 3 Antwortlevel, Subkosntrukte Mobilität, Selbstversorgung, Gewöhnliche Aktivitäten, Schmerz/Unwohlsein und Angst/Depression
Sickness Impact Profile	Bergner, M., Jurkovuch et al 1995	136 Items; 12 Kategorien; sleep and rest, emotional behavior, body care and movement, home management, mobility, social interaction, ambulation, alertness behavior, communication, work, recreation and pastimes, and eating)
WHO-QOL	Adler 2006	Sechs Kategorien: Physical Domain, Psychological Domain, Social Domain, Independence Domain, Environment domain, Spiritual Domain
Rosser Index	Rosser R, Kind P, Williams A. Valuation of quality of life: some psychometric evidence. In: Jones-Lee M, ed. The value of life and society. Amsterdam: Elsevier-North Hoiland, 1982.	Tensor mit drei Dimensionen : Disability (8 Levels), Distress (4 Levels) und Pain
London Handicap Scale (LHS)	Harwood, RH,1994	6 Items mit je sechs Dimensionen
Nottingham Health Profile	Teeling-Smith G. Measurng heath a practical approach. Chichester: John Wiley, 1988.	First Part: 38 items which deal with pain, energy, sleep, mobility, emotional reaction and social isolation; Second Part: 7 items which deal with problems regarding occupation, housework, social life, family life, sexual function, hobbies and holidays
Duke Health Profile	Parkerson, G.,1990	17 Items; 11 Konstrukte ; 6 Konstrukte messen Funktionalität, fünf dysfunktionale Gesundheit (Depression, Angst, Schmerz)

Gängige Instrumente zur Messung der Gesundheit und des Wohlbefindens sind Tabelle 2 zu entnehmen. Für Kinder existieren eigene Messinstrumente (Ravens-Sieberer 2000). Das am meisten eingesetzte Instrument, der SF36 (Medical Outcomes

Study Short-Form Health Survey 36, Ware, JE., 1993) ist ein Befragungsinstrument aus 36 Fragen (Items), die Konstrukte auf 8 Skalen messen, darunter physische Funktionalität[230], körperlicher Schmerz und Vitalität (Bellach et al. 2000a). Aus den acht Meßkonstrukten lassen sich dann zwei Aggregatgrößen bilden, eine mentale und eine physische Gesundheitsgröße. Leider zeigt sich, dass dieser Index in unterschiedlichen nationalen Kontexten zu abweichenden Ergebnissen führt (Brazier et al. 2009). Der ebenfalls häufig benutzte EQ5D ist ein Befragungsinstrument mit unterschiedlichen deskriptiven und visuell analogen[231] Items (Cheung et al. 2009). Beide Instrumente weisen eine hohe Assoziation auf. Weiterhin existiert der „General Well Being Schedule", der je nach Version aus bis zu 33 Items besteht, die wiederum sechs Bereichen (u. a. Ängste, Depressionen, Vitalität) zugeordnet sind (Dupuy 1978). Auch der Health Utility Index[232], als ebenso stark verbreitetes Instrument, besteht aus 8 Dimensionen, die mittels Fragebogen erhoben werden. Zu diesen Dimensionen gehören Sprachfähigkeit, Gang, Geschicklichkeit, Emotion, Kognition und Schmerz. Die „Quality of Well Being Scale" und der "Health and Activity Limitation Index" (HALex, Bradley et al. 1999) sind weitere bekannte Instrumente zur Messung der Gesundheit bzw. der Lebensqualität. Ebenso existieren Messinstrumente für die Lebensqualität von einzelnen Krankheiten etwa Lungenkrebs (Hollen et al. 1994), Asthma (Mancuso und Peterson 2004) oder auch die der pflegenden Verwandten von Multiple Sklerose Patienten (Benito Léon et al. 2011). Lawton's Sektoreneinteilung[233] (Jonker et al. 2004) beurteilt Pharmazeutika zur Linderung der Symptome der Alzheimerkrankheit. Die Kategorie „Schmerz" taucht dabei als zentrales Element der Lebensqualität immer wieder auf (Bellach et al. 2000b). Selbstverständlich wird auch versucht, die Dimension der „Funktionalität" direkt anhand der durch erlittene Behinderung eingeschränkten „bewerteten Lebensaktivitäten" zu messen. Der Ansatz der „Valued Life Activities (Yelin et al. 1987, Katz et al. 2004) umfasst 14 Kategorien[234] und macht deutlich, dass sich

230 Teilweise müssen Aspekte einer Krankheit im Rahmen der Möglichkeiten beurteilt werden, mit denen sie zum Teil wieder kompensiert werden kann; etwa den Mobilitätserleichterungen für Querschnittsgelähmte im Rollstuhl.

231 Damit ist gemeint, dass der Befragte seinen Gesundheitszustand in den Fragebogen einzeichnen soll.

232 Vgl. z. B. Horsman et al. 2003.

233 Lawtons Sektoren sind psychologisches Wohlbefinden, Verhaltenskompetenz, Umwelt, Wahrgenommene Lebensqualität und Persönlichkeitsmerkmale.

234 Zur Veranschaulichung: Diese sind home maintenance, housework, cooking, shopping and errands, nurturing activities, socializing in one's own home, participation in social events, entertainment activities outside the home, walking just to get around,

gerade die eigenschränkte Funktionalität in einer Vielzahl von Lebensaspekten niederschlägt.

Bech (1993) führt weiter in Analogie eines Vorschlags der WHO aus, dass sich die Lebensqualität stufenweise, ausgedrückt durch die Kategorien „Impairment, disability und handicap", reduziert. Impairment („Beeinträchtigung") meint die rein biologischen Auffälligkeiten aufgrund einer Krankheit oder Verletzung, während disability („Behinderung", „Unfähigkeit") die Beeinträchtigungen auf der Funktionalität meint. Handicap („Behinderung", „Hindernis") meint dann die aufgrund der eingeschränkten Funktionalität erlebten Nachteile des Betroffenen. Lebensqualität spiegelt sich im ersten und letzten Konstrukt wider. Unabhängig von der Sinnhaftigkeit dieser Unterteilung macht sie aus ökonomischer Sicht einen wichtigen Aspekt deutlich: das Ausmaß an krankheitsbedingten biologischen Veränderungen des Menschen ist nicht gleich dem Ausmaß der erlebten Nachteile im Leben. D. h. eine Gesundheitsbeeinträchtigung kann die Funktionalität des Betroffenen derart einschränken, dass dieser nur mit hohen Kosten einen gleichen Nutzen wie im gesunden Zustand herstellen kann. In diesem Fall ist die Kompensationsmöglichkeit des geminderten Nutzens, den man als Proxy für Lebensqualität sehen kann, eine zulässige monetäre Bewertung der Lebensqualität. Lebensqualität wird von auch von kulturellen Aspekten beeinflusst: in Ländern scheinen jeweils spezifische Schwerpunkte auf unterschiedliche Aspekte der Lebensqualität gelegt zu werden (Scott et al. 2008). Ebenso können schnell Probleme bei der Übersetzung von Messinstrumenten entstehen (Braziera 2009, Acquadro et al. 2008 Guillemin et al. 1993).

Mit diesen Messmethoden gehen verschiedene Probleme einher: So zeigt sich immer wieder, dass die unterschiedlichen Messinstrumente teilweise sehr unterschiedlich messen; so z. B. das Ergebnis der Studie von Kaplan et al. (2011), in der verschiedene Instrumente der Erfassung der Lebensqualität u. a. SF6D und HUI3 deutlich unterschiedlich stark bei Patienten mit „Grauem Star" und „Herzversagen" reagieren. Bei einem direkten Vergleich der Messinstrumente ergeben sich Unterschiede (Kopec und Willison 2003, Brazier et al. 1999, Longworth und Bryan 2003). Quercioli et al (2009) zeigen annähernd gleichwertige Resultate für den nutzenbasierten SF6D (die 8 Dimensionen des SF36 wurden auf 6 reduziert), dem nutzenbasierten HUI3 (8 Attribute) und dem ebenfalls nutzenbasierten EQ5D, allerdings kommen immer wieder Inkonsistenzen, etwa zwischen Eigenberichten der HRQL mit HUI2 und Beobachter-Aussagen etwa MS-HSI zustande (Wodchis et al. 2007).

---

recreational activities, hobbies or crafts, getting around one's community, participating in religious activities, and work.

Da die vielen Dimensionen der Gesundheitszustände schwierig zu aggregieren sind, werden von Gesundheitsökonomen häufig nur wenige Alternativen zur Nutzenmessung herangezogen, aus denen dann eine multiple Nutzenfunktion berechnet werden kann. Es ist also wichtig, die richtigen Items zur Bewertung des Nutzens heranzuziehen. Ebenso zeigt sich, dass die in gerichtlichen Auseinandersetzungen ermittelten Werte für Gesundheit („Non-Economic-Damages") von den sozialen Werten stark abweichen (Hausman 2010). Viele Menschen mit Behinderungen geben an, sich genauso „gut" zu fühlen, wie Menschen ohne Behinderung, ein Phänomen, das sich Adaptation nennt. Aus ökonomischer Sicht bedeutet dies aber, dass durch Ressourcenreallokation keine gesundheitlichen Verbesserungen eintreten. Ebenso lässt sich festhalten, dass Präferenzen über Gesundheitszustände nicht mit dem persönlichen Wert für diese Gesundheitszustände zusammenfallen, zweitens Beurteilungen des persönlichen Wertes der Gesundheit höchst unzuverlässig sind, da Wissen, Erfahrung und Zeit gebraucht werden, die bei Individuen häufig nicht vorhanden sind und drittens sich die öffentliche soziale Wertschätzung von Gesundheitszuständen nicht als Aggregation persönlicher Werte der Gesundheit ergibt (Hausman 2010). Dies lässt alternative Methoden zur Bewertung der Gesundheit als Befragungen sinnvoll erscheinen. Für die Kosten-Nutzwert-Analysen gelten ansonsten die gleichen Probleme wie für die Kosteneffektivitätsstudien, etwa, dass sich ohne Werturteile immer noch keine Aussage über die Rentabilität bestimmter Maßnahmen machen lässt.

5.2.1.3 Wirtschaftswissenschaftliche Sichten auf die Lebensqualität

Im strengen Sinne der rationalitäts-orientierten Ökonomie gibt es eigentlich keinen Grund, Lebensqualität bzw. deren Einbußen aufgrund gefährlichen Konsums in monetären Werten auszudrücken oder gar explizit in ökonomischen Modellen zu berücksichtigen, da auf der Individualebene diese intangiblen Kosten bei der Entscheidung zu konsumieren bereits Berücksichtigung hätten finden sollen – erwartete Nutzen und Kosten werden zusammen wahrgenommen[235]. Damit wird auf individueller Ebene ein Wert – Schmerz und Leid – verrechnet, der auf der Marktebene eigentlich als inkommensurabel gilt (Sunstein 1994). Das Rationalitätskalkül dient dann auch als „Vermeidungstrick", der Lebensqualität einen Wert zuweisen zu müssen. Häufig wird angeführt (Effertz 2008), dass Bedauern als Ausdruck eines Fehlers im Rationalkalkül und als intangible Kosten gesehen werden kann. Das Gefühl des Bedauerns ist aber nur dann ein Fehler im Ratio-

235 Eine Bewertung von Schmerz und Leid für den Eingang in eine Schadensersatzzahlung („sog. Non-Economic Damages") wird etwa von Viscusi (2007) mit dem Argument abgelehnt, dass sich hiergegen niemand rational versichern würde.

nalkalkül wenn es ex ante nicht in der Entscheidung gefährlich zu konsumieren Berücksichtigung fand (Orphanides und Xervos 1995). Ein wichtiger Grund, warum Lebensqualität in Form intangibler Kosten Berücksichtigung in Modellierung und Quantifizierung finden sollte, ist die Möglichkeit, dem Individuum vor Augen führen zu können, welche Kosten – teilweise erst nach einem langen Zeitraum – tatsächlich anfallen, etwa wenn Individuen dazu neigen, myopisch zu entscheiden.

Die ökonomische Bewertung der Lebensqualität erfolgt relativ simpel. Im Rahmen der Kosten-Nutzwert-Analysen werden Lebensjahre mit ermittelten Gewichten für unterschiedliche Gesundheitszustände bewertet. Dabei ergeben sich dann Größen wie DALYs, QALYs oder andere Konzepte, die jeweils verrechenbar sind und auf Basis der (Erwartungs-)nutzentheorie aufgebaut sind. Instrumente um die benötigten Nutzenwerte zu ermitteln, sind beispielsweise der EQ5D, der HUI3, der Rosser-Index oder der SF6D.

Viele Aspekte des Lebens wirken sich auf die Zufriedenheit aus. Der Sachverständigenrat (2010) mit Bezug auf die Quellen Layard (2005) und Helliwell (2003) auf Grundlage des World Value Surveys nennt u. a. das „geschieden und getrennt leben", die Arbeitslosigkeit und die subjektive Gesundheit als wichtigste Werte, die auch in dieser Arbeit erfasst werden können[236]. Es besteht eine hohe Korrelation zwischen Einkommen, Gesundheit und Wohlbefinden. Die Gleichsetzung von Einkommen und Zufriedenheit ist zwar falsch (z. B. Adler und Posner 2008), wird aber häufig als Behelfskonstrukt durchgeführt (Dolan und Peassgood 2008). Willingness to Pay umfasst in diesem Zusammenhang mehr an Nutzen und damit Lebenszufriedenheit als die Einkommensgrößen alleine auszudrücken vermögen. Einige wichtige Aspekte sind aber nur bedingt mit gefährlichem Konsum assoziierbar, bzw. werden nicht von diesem kausal beeinflusst, etwa einige der in Sens „Capability-Ansatz" (1999) geschilderten Freiheiten des Individuums.

Ebenso ist eine Einordnung der Lebensqualität in verschiedene Dimensionen nicht unbedingt vor dem Hintergrund heterogener Präferenzen möglich. Es bleibt offen, wie aus diesen Präferenzordnungen eine soziale Präferenzordnung normativ vorgegeben werden sollte[237]. Dennoch fand die Stiglitz-Sen-Fitoussi-Kommission 8 Dimensionen der Lebensqualität, die auch der Sachverständigen-

236 Vgl. hierzu Kapitel 5.2.1.1. Natürlich sind viele andere Aspekte relevant z. B. „Persönliche Werte wie Gott ist wichtig in meinem Leben" oder Persönliche Freiheit gemessen durch die Qualität der Regierung – Austausch der Regierung von Ungarn 1995 mit der Weissrusslands 1995".

237 Fleurbaey (2009) weist bereits darauf hin, dass die Präferenzen verschiedener Individuen innerhalb eines Landes so unterschiedlich sind, dass eine Aggregation bzw.

rat als Grundlage übernimmt. Dies sind materieller Wohlstand (Einkommen, Konsum, Vermögensverteilung), Gesundheit (Lebenserwartung, Erkrankungen, Verteilung der Gesundheit) , Bildung (Analphabetismus, Problemlösekompetenz), Persönliche Aktivitäten (Pendeln, Arbeiten, Freizeitgestaltung), Politische Einflussnahme und Kontrolle (Stimmrechte, Rechtsstaatlichkeit), Soziale Kontakte und Beziehungen (Familiäre Bindungen, Freundschaften, deren Intensität), Umweltbedingungen (saubere Luft und Wasser, Klima) und persönliche wie wirtschaftliche Unsicherheit (Kriminalitätsrate in der Umgebung, Arbeitslosigkeit, soziale Ausgrenzung)[238]. Die Dimensionen „Persönliche Aktivität" „politische Einflussnahme" und „Umweltbedingungen" sind schwierig mit gefährlichem Konsum in Verbindung zu bringen[239]. Soziale Kontakte und Beziehungen hingegen könnten sehr wohl mit gefährlichem Konsum – man denke an Alkoholismus – in Verbindung stehen. Hierbei ist es wichtig, soziale Kontakte richtig zu messen und den gefährlichen Konsum entsprechend als kausal zu identifizieren, nicht etwa als Folge weniger sozialer Kontakte. Auch die persönliche und wirtschaftliche Unsicherheit lässt sich mit gefährlichem Konsum über das Arbeitslosigkeitsrisiko und die Erwerbssituation in Verbindung bringen. Ferner werden auch die Häufigkeit von Unfällen und verlorenen Lebensjahre genannt sowie die Zahl der Eigentums- und Gewaltdelikte, welche mit Alkohol in Verbindung stehen.

Bislang waren alle empirischen Versuche, die Lebensqualität zu quantifizieren auf der Grundlage subjektiver Werturteile im Rahmen von Contingent-Claim- oder Lotterie-Analysen durchgeführt worden, die dann in Index- oder Maßzahlen

---

Aussage zur „Freude (Happiness)" nicht möglich oder zweifelhaft erscheint; insbesondere wenn Altruismus vorliegt.

238 Gesundheit wird hier als bedeutendste Dimension der Lebensqualität festgelegt, der Vorschlag der Messung beschränkt sich dann aber auf die HLYs oder als Alternative der DALYs.

239 Geht man davon aus, dass die von der Kommission vorgeschlagenen Dimension sich gegenseitig nicht bedingen also unabhängig zueinander sind, dann sind persönliche Aktivitäten nicht durch Gesundheit oder Bildung – den beiden sicherlich durch gefährlichen Konsum beeinflussten Dimensionen der Lebensqualität – beeinflusst. Betrachtet man hingegen die Messung dieser Dimension, so kann man feststellen, dass es sich hierbei im Wesentlichen um die Messung von Arbeitsbedingungen (z.B. Schichtarbeit, Nachtarbeit, Sonntagsarbeit) handelt. So könnte Schichtarbeit v.a. in handwerklichen oder bestimmten Dienstleistungsberufen vorliegen, deren Ausbildung nicht zwangsläufig ein Studium voraussetzt und damit Bildung doch eine Rolle spielt. Von diesen Überlegungen soll in dieser Arbeit aber Abstand genommen werden.

plausibilisiert werden sollten[240]. Dies war und ist zugleich auch das stärkste Argument gegen Vertreter der – durchaus nachvollziehbaren – Position, dass Leben und Lebensqualität nicht bewertbar wären, da zumindest das über sich selbst wertende Individuum auch die Verantwortung für sein eigenes Urteil übernimmt. Ähnliche Fundamente der Ökonomie etwa der methodologische Individualismus bzw. die Konsumentensouveränität betonen diese Richtung gleichsam. Als Antwort auf die berechtigten Zweifel der individuellen Nutzenmessung wurden für abstrakte Werte, die nicht an Märkten verifizierbar oder messbar waren in der Krankheitskostenrechnung mit „Null" angesetzt. Neuere Publikation (Adler und Posner 2008) hingegen fordern verstärkt eine Berücksichtigung von „Einheiten subjektiven Wohlbefindens" in Kosten-Nutzen-Analysen[241].

5.2.1.4 Rechtswissenschaftliche Sichten auf die Lebensqualität

Ein wichtiger Bereich, in dem Schäden für Leib und Leben bewertet werden müssen, ist das Recht und die Rechtsprechung. In der US-amerikanischen Law & Economics Literatur wird im Bereich des „Tort-Law" (dt. etwa „Schadens(ersatz) recht") zwischen drei Arten des Schadensersatzes differenziert: Economic-Damages, Non-Economic-Damages und Punitive-Damages[242]. Während das US-amerikanische Rechtssystem stärker als das Deutsche an Anreizsetzung interessiert ist, wird aber gleichzeitig festgehalten, dass „Non-Economic-Damages", das

240 Die Nutzenwerte lassen sich mittels Time-trade-off; Standard Gamble Visual Analog Rating Scale Magnitude Estimation oder Person Trade off bestimmen (Hawthorne 2007).

241 Ebenso machen Adler und Posner (2006) deutlich, dass eine allein auf CV-Methodik beruhende Kosten-Nutzen-Analyse nicht optimal ist. So sollen zunächst die Präferenzen „gereinigt" werden, wenn nicht alle Aspekte der „Zufriedenheit (Well-Being) aufgrund kognitiver Verzerrungen erfasst sind".

242 Die „Economic Damages" meinen hierbei Schadensersatz im Sinne direkter Kosten; d.h. solche Auslagen, die zu ersetzen sind, um den ursprünglichen Zustand (siehe hierzu auch „reliance damages" im Sinne Cooter/Ulens) vor einem Schadensereignis wieder hierzustellen. Die „Punitive Damages" ist eine die Kompensation übersteigende Schadensersatzgröße und dient dazu, einen Abschreckungseffekt zu erzielen. Dieses Instrument des US-amerikanischen Rechts ist dem deutschen Rechtswesen fremd. Non-Economic-Damages sind dementsprechend der Teil des Schadensersatzes, für den eine Kompensierung erfolgen soll, der sich aber durch Verifizierungen auf Märkten nicht monetarisieren lässt. In Schadensersatzprozessen wird beispielsweise der monetäre Schaden einer erlittenen körperlichen Behinderung als Summe aus medizinischen Kosten, entgangenem Arbeitsentgelt und eines „ad-hoc"(Adler und Posner 2008) festgesetzten Betrages für Schmerz und Leid gebildet (Oswald und Powdthavee 2006; ebenso 2008 für die monetäre Entschädigung von Verwandten Verstorbener).

Pendant im Schadensersatzrecht zu den intangiblen Kosten der Krankheitskostenrechnung, ein wichtiges und erforderliches Element in der Schadensregulierung sind. Bei der Bewertung dieser verlorenen Lebensqualität bzw. der intangiblen Kosten von Schmerz und Leid werden regelmäßig in US-amerikanischen Gerichtsprozessen hohe Schadensersatzsummen an Geschädigte ausbezahlt (Viscusi 1988). Häufiger Kritikpunkt sind die geradezu astronomischen Betragshöhen in diesem Zusammenhang, die aufgrund einer gewissen nach außen hin suggerierten Willkürlichkeit „gegriffen erscheinen" (Abel 2006) und lediglich 40 % der Kompensationshöhe mit dem Ausmaß der Verletzung in Verbindung gebracht werden kann (Geistfeld 1995). Unter dem Begriff „Schmerz und Leid" werden deshalb auch negative Gemütszustände gefasst, die im weiteren Sinne mit der Verletzung zusammenhängen, etwa Nervosität, Angst, Trauer, Demütigungen und Beleidigungen. Studdert et al. (2011) führen aus, dass durch die häufig inakkurate, eher erratisch durchgeführte und dadurch stark variierende Bewertung von Non-Economic-Damages im US-amerikanischen Recht Auswirkungen auf Versicherungsmärkte bestehen, Anreizeffekte resultieren, sowie Gerechtigkeit und Vertrauen in das Rechtssystem gefährdet sind[243]. Nach Ausführungen von Geistfeld (1995) liegt eine hohe Varianz bzw. Unsicherheit selbst bei der Zumessung von „Non-Economic-Damages" bei ähnlich strengen Jurys vor. Dies bedeutet eine problematische Beliebigkeit in der Zumessung von Schadensersatz für Schmerz und Leid, die sich ebenfalls negativ auf den Abschreckungseffekt bei einer zu niedrigen Sorgfalt auswirkt. Ein wichtiges ökonomisches Problem besteht darin, dass rein „finanzielle" Verluste den Grenznutzen nicht verändern, während dies Schäden in Form von Schmerz Leid und Gesundheit tun. Wie Levin (1989) beschreibt, entspricht die „Kompensationsfunktion" des US-amerikanischen Tort-Laws der Wertschätzung der Gesellschaft für die Schwere des erlittenen körperlichen Schmerzes und mentalen Leides bei einer aufgrund von Fahrlässigkeit oder Vorsatz herbeigeführten Verletzung. Einige Meinungen sehen allerdings ähnlich der deutschen juristischen Auffassung zum Schmerzensgeld keine wirkliche Kompensationsfunktion, da Entschädigungen in Geld eine Restitution zu einem Zustand wie vor der Verletzung nur unvollkommen herzustellen vermag („Myth of making whole"). Somit beinhaltet der Wert der Non-Economic-Losses aus Sicht von Levin keinerlei Information. Es fehlt zumindest im US-amerikanischen

243 Ob die Ungenauigkeiten evtl. Resultat der Laienhaftigkeit in der US-amerikanischen Jury ist, wird kontrovers diskutiert. Die US-amerikanische Jury ist darüber hinaus natürlich auch durch die prozessuale Ausgestaltung in den USA den Ausführungen der Anwälte sowie anderen Einflüssen und Eindrücken ausgesetzt, die zu Beurteilungsverzerrungen (z. B. Ankereffekte) führen können.

Recht eine Fundierung der Zumessung und Quantifizierung der Non-Economic-Losses. Ein wichtiger Unterschied zwischen dem US-amerikanischen und dem deutschen Rechtssystem besteht darin, dass in den USA eine Jury die Höhe der Kompensationszahlung für Schmerz und Leid festlegt, während die Zumessung in Deutschland sich orientierend an höchstrichterlicher Rechtsprechung und vergangener Urteile ergibt.

Bisherige Untersuchungen aus dem US-amerikanischen Raum deuten trotzdem auf einige Systematiken hin, etwa dass sich die Höhe der Kompensation der Non-Economic-Damages am Alter des Betroffenen, der Schwere der Verletzung und der Dauer der Beeinträchtigung orientiert (Wissler et al. 1997). In einem Experiment mit Studenten konnten Wissler et al. (1997) etwa zeigen, dass sich Jurys in den USA anscheinend bei der Geldzumessung für Schmerz und Leid an der Schwere der Verletzung orientieren, wobei der Grad der Funktionalitätsbeeinträchtigung am stärksten Einfluss nimmt, gefolgt von mentalem Stress und Grad der Entstellung. Die Rolle der Schuld des Verletzten am Unfall spielte hingegen keinerlei Rolle.

Das deutsche Recht kennt laut § 253 I BGB eigentlich keinen Ersatz von Nichtvermögensschäden mit einigen Ausnahmen so § 253 II BGB, der vom Gesetz bestimmten Ausnahme des § 651 f Abs. 2 („angemessene Entschädigung in Geld wegen nutzlos aufgewendeter Urlaubszeit") und 823 I BGB (Schadensersatzpflicht bei vorsätzlicher oder fahrlässiger Verletzung des Lebens, Körpers, Gesundheit, Freiheit, Eigentum oder sonstiger Rechte(!); siehe auch § 847 BGB a. F.) mit Geldersatz bei Verletzung des „allgemeinen Persönlichkeitsrechts (Adams 1989; Entschädigung gemäß 823 I i.V.m. Art. 1 und 2 GG)[244]. Das Nichtanerkennen von Nichtvermögensschäden und damit bei Übernahme in die ökonomische Sichtweise auch das Gebot der Nichtbezifferung bestimmter Sachverhalte hat seinen Grund in der „Lähmungswirkung sämtlicher Handlungen, die mit der jeweils haftungsrechtlich geschützten nicht vereinbar wären" (Adams 1989). Ein „in Rechnung stellen" sämtlicher intangible Kosten verursachender Handlungen schreckt genau diese vielfach wichtigen wettbewerblichen Handlungen („Auf dem Markt der Ideen und Weltanschauungen") um bessere „Einsichten und Anpassungen" der Gesellschaft und damit letztlich die „offene" freiheitliche Gesellschaft ab. Ein nicht erstatteter Nichtvermögensschaden kann als Selbstbehalt (Adams 1989) angesehen werden, da er keine sozialen Kosten zu verursachen scheint, bzw. eine Umschichtung von Geld zugunsten des Geschädigten keiner-

244 Adams spricht ebenso die „Gliedertaxe" bei Schmerzensgeldregelungen und die Schadensschätzungen nach § 287 ZPO bei Verletzung des guten Rufes an.

lei zusätzlichen Nutzen erbringt: der Nichtvermögensschaden erzeugt keinerlei zusätzlichen Geldmittelbedarf. Allerdings ist dieser Selbstbehalt u. U. extrem hoch – etwa bei dem Verlust des eigenen Kindes. Auf der anderen Seite wird mit dem „Schmerzensgeld" in Deutschland eine „billige Entschädigung" in Geld bei den oben erwähnten Verletzungen durch unerlaubte Handlungen gezahlt, die durch das zweite Gesetz zur Änderung schadensersatzrechtlicher Vorschriften vom 01.08.2002 erheblich ausgeweitet wurde.

Das in Deutschland zuerkannte Schmerzensgeld erfüllt juristisch zwei Funktionen (Fuchs und Pauker 2012). Es soll erstens einen Ausgleich für die „Lebenshemmung und Schäden" bieten, die nicht vermögensrechtlicher Art sind und zweitens dem Gedanken Rechnung tragen, dass der Schädiger dem Geschädigten aufgrund des angetanen Schmerz und Leides Genugtuung schuldet (BGH 1955)[245]. Hierbei tut sich eine vermeintliche Inkonsistenz auf: die Tötung eines Menschen oder die Verkürzung der Lebenserwartung ist keine Voraussetzung für einen Entschädigungsanspruch nach § 253 II, § 823 BGB (vgl. für einen ausführliche Betrachtung Merten 2007). Dies wird damit begründet, die Zeit zwischen Schadensereignis (der Verletzung) und Tod sei meist zu kurz und aufgrund deren „Vordergründigkeit" nicht fassbar.

Das deutsche System des immateriellen Schadensersatzes, das Schmerzensgeld, wird in der Regel immer am Einzelfall bemessen. Dabei spielt es eine Rolle, wie schwer die Verletzung war, wie lange der Verletzte im Krankenhaus lag oder arbeitsunfähig war, sowie das Alter und persönliche Verhältnis, das der Schädiger zum Opfer hatte und ob eine Haftpflichtversicherung berücksichtigt werden kann (da sich hieraus Implikationen auch für da Sorgfaltsniveau ergeben). Schwierigkeiten bestehen dann, wenn die Wahrnehmung und Empfindungsfähigkeit des Opfers bereits teilweise nicht mehr vorhanden ist, da dann eine Genugtuung seitens des Opfers nach h.M. nicht mehr möglich ist. Allerdings wird mittlerweile (BGH NJW 1993, 781) der Verlust der Persönlichkeit schon als immaterieller

245 BGHZ 18, 149, 154. Die Genugtuungsfunktion ist stark umstritten, da man eine „Pönalisierungsfunktion", also eine private Strafwirkung im Privatrecht als „unpassend" ansieht. Ebenfalls ist bei dem Genugtuungsgedanken zu beachten, dass dieser unabhängig vom Haftungsregime vom Verschuldensgrad abhängig sein sollte. Der BGH hat in seiner Urteilsbegründung von 1955 (BGH: Bemessung des Schmerzensgeldes NJW 1955, 1675) dazu ausgeführt, dass „grundsätzlich alle in Betracht kommenden Umstände des Falles berücksichtigt werden", etwa der Grad des Verschuldens sowie die wirtschaftlichen Verhältnisse bzw. damit einhergehend Höhe und Maß der Lebensbeeinträchtigung.

Schaden per se gesehen[246]. Der BGH führt in seinem Urteil hierzu 1955 aus, dass es sich beim Schmerzensgeld nicht um eine wirkliche Wiedergutmachung – wie etwa bei der Naturalrestitution des Vermögensschadens – handeln könne. Es solle ein Ausgleich durchgeführt werden, der aber rechnerisch nicht streng festlegbar sei, da es sich bei immateriellen Schäden nach Sicht des Gerichtes „nicht um in Geld messbare Güter" handele[247]. Hinzu kommt, dass nach Ansicht des BGH nur ein Ausgleich stattfinden kann, wenn der Verletzte ein Bewusstsein für die Schädigung besitzt. Deshalb wird die Genugtuung als weitere Funktionskomponente des Schmerzensgeldes als unerlässlich angesehen[248].

Der BGH sieht den Grad des Verschuldens als wesentliche Komponente für die Höhe des Schmerzensgeldes. Hier spielt auch eine Rolle, dass grob fahrlässiges oder vorsätzliches Verhalten sich nach Ansicht des Gerichtes „verbitternd" auf den Verletzten auswirken kann. Zweitens können die wirtschaftlichen Verhält-

---

246 In Kombination mit Todesfolge wird dies aber u. U. wieder verneint. Erstaunlicherweise wird hierzu vom Bundesgerichtshof auch ausgeführt: „Weder erfolgt die Rechtsverletzung bei typischen Verkehrsunfällen vorsätzlich, noch ist diese durch die Verfolgung kommerzieller Interessen motiviert. Spielt der Gedanke der Gewinnerzielungsabsicht hier keine Rolle, ist ein auf Prävention zielender Ansatzpunkt für eine entsprechende Berücksichtigung als Bemessungsfaktor der Schmerzensgeldhöhe nicht gegeben. Auch ist im Regelfall nicht zu erwarten, dass von einer entsprechenden Erhöhung des Schmerzensgelds ein potenzieller Unfallverursacher veranlasst wird, sich an die Sorgfaltsanforderungen im Straßenverkehr zu halten. Eine solche Wirkung ist auch deshalb kaum zu erwarten, weil die Entschädigung im Ergebnis – so im vorliegenden Fall – nicht von dem Schädiger selbst, sondern von der Haftpflichtversicherung getragen wird." (S. 2188). Diese Verneinung der Anreizwirkung des Schadensersatzes bei Unfällen mit Todesfolge ist schwierig zu vertreten, würde man doch aus Sicht der ökonomischen Analyse des Rechts annehmen, dass sehr wohl das bei mangelnder Sorgfalt erhebliche Geldzahlungen auslösende Unfallereignis für potenzielle Schädiger zumindest in der Tendenz berücksichtigt wird.

247 Expressis Verbis wird im Urteil (BGH 1955) ausgeführt: „Der zu ihrem Ausgleich zu gewährende Geldbetrag lässt sich nicht dadurch ermitteln, dass man sozusagen die Schmerzen mit den Freuden saldiert, durch die der Verletzte die Erinnerung an die Schmerzen tilgen soll". Dies ist vor dem Hintergrund der neueren neuroökonomischen Erkenntnisse interessant, die genau diese „Gegenspieler" als bestimmte Gehirnareale ausmachen. Biologisch scheint es daher genauso zu sein, dass Schmerz und Freude miteinander saldiert werden, und daraus etwa spontane Kaufentscheidungen entstehen.

248 Auch die frühere Nichtvererbbarkeit des Schmerzensgeldanspruchs wurde damit gerechtfertigt, das besondere Verhältnis zwischen Schädiger und Verletztem sei für die Genugtuung zwingende Voraussetzung – 1990 aufgehoben.

nisse des Geschädigten bei der Bemessung eine Rolle spielen – etwa wenn diese so sind, „dass Schmerzensgeldzahlungen bei besonders günstigen Vermögensverhältnissen – gemeint sind vermögendere Personen – keinen Ausgleich mehr herzustellen vermögen[249]. Die wirtschaftlichen Verhältnisse des Schädigers spielen ebenfalls eine Rolle, gleichwohl soll dieser hinsichtlich des Ausgleiches nicht in wirtschaftliche Not geraten[250]. Die Erwägungen die hier bei der Bemessung des Schmerzensgeldes eine Rolle spielen stehen unter dem Gedanken der „Billigkeit", also dem, was man als „angemessen" oder „gerecht" erwarten würde[251]. Größe, Heftigkeit und Dauer der Verletzung sind ebenfalls bestimmend für die Höhe des Schmerzensgeldes. Eine allgemeine Rangfolge bei den zu berücksichtigenden Einzelfallgegebenheiten wird vom BGH nicht gesehen.

5.2.2 Modellierung und Messung der psychosozialen Kosten

Allen bisherigen Ansätzen zur Bemessung der intangiblen Kosten ist gemeinsam, dass sie letztlich für die Bewertung ein subjektives Werturteil nutzen (mussten). Messinstrumente der Gesundheit dienen laut Hausman (2010) dazu, Behandlungsoptionen zu bewerten („klassischer Kosten-Nutzen-Ansatz"), Ursachen für bestimmte Krankheiten in Bevölkerungsgruppen zu identifizieren und gesundheitsbezogene Ressourcen bestmöglich zu alloziieren. Leider weisen die Instrumente zur Erfassung der Gesundheit, wie schon gezeigt, eine Vielzahl an Bewertungsdimensionen und Gesundheitsabstufungen auf; der EQ5D etwa 244, der Health Utility Index sogar 972.000. Ein großes Problem in der Vielzahl an möglichen Gesundheitszuständen liegt darin, dass Präferenzen über Gesund-

---

249 Dies ist ein interessanter Gedanke, da bereits Adams (2002) hierzu ausführt, dass Nichtvermögensschäden nicht unbedingt einen Bedarf nach Geld nach sich ziehen. Ebenfalls geht auch Viscusi davon aus, dass aufgrund erlittener immaterieller Schäden eine vollständige Kompensation von Individuen nicht gewünscht wird, da ein solcher Versicherungsschutz am Markt nicht existiert und empirisch der Grenznutzen des Einkommens nach erlittenem Schaden – anscheinend (WTP-Methode) – abgenommen hat. Umso erstaunlicher ist es, dass dann der Genugtuungsgedanke eine solche Legitimation eingeräumt wird. Ökonomisch erklärbar bleibt er damit nur in seiner Funktion als Abschreckung unerlaubter Handlungen.

250 Dies ist laut BGH eine Rechtfertigung der Auszahlung des Schmerzensgeldes an den Geschädigten als Rente.

251 Hieran lässt sich die gesamte Theorieungebundenheit der Schmerzensgeldbemessung ablesen. Es handelt sich um reine durch Empfindung gewonnene Wertvorstellungen eines Gremiums an Rechtswissenschaftlern, die ihre Erkenntnisse und „Ankerwerte" letztlich aus dem „normalen" Leben entnommen haben.

heitszustände im Vergleich zu subjektiven Bewertungen der Gesundheitszustände und deren Auswirkungen auf das subjektive Wohlbefinden nicht „Rangfolge-erhaltend“ sind (Hausman 2010). Ebenso fällt es schwer monetäre Werte an eine Vielzahl von Gesundheitszuständen zu binden. Es zeigt sich, dass Präferenzen über Gesundheitszustände nach Hausman nicht mit persönlichen Werturteilen über Gesundheit zusammenfallen, zweitens nicht reliabel sind, da Menschen Gesundheitszustände beurteilen müssen, die sie nicht kennen und nie erfahren haben sowie drittens die durch die Öffentlichkeit festgelegte soziale Bewertung von Gesundheit nicht mit der Aggregation der individuellen Werturteile oder Präferenzen zusammenfallen muss. Hausman schlägt daher vor, Gesundheit lediglich auf einer zweidimensionalen Skala durch Experten bewerten und verorten zu lassen – dies sind subjektives Empfinden und eingeschränkte Funktionsfähigkeit (Hausman 2010)[252]. Dies vermeidet die durch den WTP-Ansatz individuell stark verzerrten Wertvorstellungen übernehmen zu müssen. Diese zwei Dimensionen, Aktivität und Emotion, so Hausman, sollten lediglich hinsichtlich der Einschränkung an durchführbaren Aktivitäten und andererseits des empfundenen Schmerzes klassifiziert werden.

Nach den vorangegangenen Ausführungen zur rechtswissenschaftlichen Sicht auf Lebensqualität und Schmerzensgeld soll deshalb hier ein neuer Vorschlag zur Bewertung intangibler Kosten vorgestellt werden: Es sollen einerseits intangible Konstrukte aus der vorgeschlagenen zweidimensionalen Verortung der Gesundheit gemessen werden und zweitens diese Unterschiede mit dem passenden Fall einer Schmerzensgeldentschädigung bewertet werden[253]. Hierzu sollten Verlet-

---

252 Hausman (2010) möchte bestehende Bewertungssysteme in dieser Zweidimensionalität abbilden, die dem HALEX und Rosser Kind of Disability Distress am nächsten kommt.

253 Hinsichtlich der Modellierung intangibler Kosten sind grundsätzlich auch zwei vollkommen andere Ansätze denkbar: Der erste Ansatz versteht intangible Kosten als verminderte Lebensqualität über das gesamte Leben die sich auf den Nutzen, d. h. das Erleben von Konsum und Freizeit auswirken. Ebenso wäre es denkbar die Nutzenfunktion mit einem relativen Einkommensterm oder einer Statusvariablen zu versehen, die wiederum von der intangiblen Befindlichkeit abhängen. Häufig werden Nutzenfunktion aber als additiv separabel in den Argumenten dargestellt und damit solche Interdependenzen zwischen Freizeit, Konsum, Status und intangiblen Effekten ausgeblendet (Weisbach 2008). Dies ist eine problematische Verkürzung: Beispielsweise wäre es denkbar, dass ein Individuum sich in Folge einer Status-getriebenen Arbeitssucht eine Burn-Out-Erkrankung zuzieht, dadurch intangible Kosten erleidet, sich selber aber nicht mehr als leistungsfähig wahrnimmt und sogar noch mehr arbeitet, um seinen Status nicht zu gefährden. Mit Hinblick auf Glücksspielsüchtige

zungen und Krankheitsleid in „ähnliche" Gruppe eingeordnet („horizontale Gerechtigkeit") und hinsichtlich des Schweregrades mit steigenden Zahlungen versehen werden („vertikale Gerechtigkeit"); dies kann auch mit Gewichten geschehen. Der Vorschlag von Studdert et al. (2011) beinhaltet fünf mögliche „Regeln" für Herangehensweisen, die für eine Bewertung von „Non-Economic-Damages" eine Rolle spielen: Eine „kasuistische Konsistenz" d. h. eine Orientierung an historischen Urteilen zu ähnlich gelagerten Fällen. Dies hat den Nachteil, dass ggf. einmal gemachte Fehler durch die starke Orientierung späterer Urteile persistent bleiben. Zweitens ein quantitativer Ansatz, der Skalen der Versicherungswirtschaft nutzt, die Verletzungen und Krankheiten in sinnvolle Kategorien einteilen und metrisch zueinander in Beziehung setzen[254]. Alternativ könnte drittens ein qualitativer Ansatz gewählt werden, der kohärent und reproduzierbar ist und als

---

wird etwa häufig festgestellt, dass für eine gewisse Zeit der „Schein" gewahrt wird, noch ein geregeltes Leben zu führen und alles unter Kontrolle zu haben, obwohl dies wider besseres Wissen die Situation für den Süchtigen und Angehörige verschlimmert. Es soll aber im weiteren unterstellt sein, dass die intangiblen Effekte des gefährlichen Konsums keine relativen interpersonellen Nutzenauswirkungen haben, obwohl Fettleibigkeit und Alkoholismus evtl. als „Zügellosigkeit" und nicht als Krankheit von der Gesellschaft gewertet werden könnten. Entscheidend ist aber bei Verneinung von Interdependenzen, dass die intangiblen Kosten adäquat – z. B. multiplikativ – mit der Nutzenfunktion verknüpft sind. Es bietet sich etwa an, die Nutzenfunktion im Sinne eine Rieman-Stiltjes-Integral mit einer gegen 1 konvergierenden Gewichtungsfunktion in Abhängigkeit der Zeit zu modellieren; z. B. als g(t)= -ye^-t+u. Der Parameter y legt fest, wie schnell die Lebensqualität wieder hergestellt ist, der Parameter u ist negativ und gibt den Abschlag an Lebensqualität an, der nicht mehr hergestellt werden kann. Ein zweiter Ansatz bestünde in Bewertung der intangiblen Kosten mit einem monetären Äquivalent zum Zeitpunkt des Eintretens einer Krankheit oder aber in Form einer schrumpfenden Zahlungsreihe. Als dritten Vorschlag der Bewertung des Lebens nach Mishan (1971) besteht die Möglichkeit den Konsum im Rahmen der Berechnung von Schmerz und Leid herauszurechnen, wenn man an dem „reinen" Wert der Lebensqualität interessiert ist. Dies hat den Hintergrund, dass in zahlreichen Studien die Lebensqualität als Konstante oder Funktional mit der Nutzenfunktion verknüpft wird (beispielsweise multiplikativ). Es kann also sinnvoll sein aus einer beispielsweise durch Befragung gewonnen Wertzumessung für das Leben den Konsum zu Marktpreisen herauszurechnen, um dann diese Nettogröße als Proxy für die Lebensqualität zu operationalisieren.

254 Hierbei sind wahrscheinlich Skalen untereinander mit Konsistenzproblemen behaftet, da nicht jeder Fall richtig einsortiert werden kann. Gleichfalls gelten die allgemeinen Probleme mit der Konstruktion von Messskalen. Auch wird bemängelt, dass bisherige Skalen nicht Einteilungen fein genau vornehmen.

gerecht wahrgenommen wird. Dieser nutzt dann Informationen aus medizinischen Skalen, etwa das Einteilungsinstrument zur Bestimmung des Grades an Funktionsverlust der Amercian Medical Association (AMA-Guide) oder dem skandinavischen Schadensersatzpanel[255]. Viertens schlagen Studdert et al. 2011 durch gesundheitsökonomische Konzepte wie DALYS, QALYS oder Disability-Gewichte eine Bewertung vorzunehmen. Fünftens wird ausgeführt, dass „Hedonic Damages" als Schadensersatzzahlung für entgangene Lebensfreude etwa seit Mitte der 1980er Jahre als eigenständige Komponente im Gerichtsprozess behandelt wurde. Diese überlappt mit Schmerz und Leid und bietet den Vorteil bereits über „etablierte" Skalen zur Messung von vergangener Lebensfreude zu verfügen[256]. Die Verbindung von Score-Werten der Skala mit Geldwerten soll dann beispielsweise wieder mit der „Contingent-Valuation-Methode" geschehen. Leider liefert der Studdert-Ansatz nur den Versuch mittels Befragungsdaten und Expertenmeinungen ein konsistentes nichtmonetäres Bewertungssystem für die „Non-Economic-Damages" zu schaffen. Eine Verbindung mit Geldwerten bleibt aus. Allerdings lässt sich die erste Forderung sehr gut auf die deutschen Schmerzensgeldurteile anwenden.

Der Ansatz, intangible Kosten durch die Höhe eines hypothetischen Schmerzensgeldes zu schätzen ist eine wichtige Alternative zu den bereits vorgestellten VGR- bzw. Nutzenbasierten Methoden und weist zudem verschiedene Vorteile auf[257]. Zunächst wird von Hausman der Ansatz favorisiert, nicht auf Individual-

---

255 Die Schmerzensgeldtabelle bzw. Gliedertaxe der privaten Unfallversicherung vollführen bereits konsistente Einteilungen. Die Frage, ob damit eine richtige Kompensation erfolgt bleibt strittig. Bemerkenswert in diesem Zusammenhang ist, dass US-amerikanische Geschworenenjuries ebenfalls dazu neigen, die langfristigen Effekte der intangiblen Schäden zu überschätzen. Es ist daher wichtig, sich an einem komparativen und konsistenten System zu orientieren, wie es beispielsweise in der deutschen Rechtsprechung vorliegt.

256 Z.B. die „Lost-Pleasure-Of-Life-Scale mit Werten von 0 (kein Verlust) bis 100 (keine Möglichkeit des Erlebens von Lebensfreude): Edward P. Berlá et al., Hedonic Damages and Personal Injury: A Conceptual Approach, 3 J. FORENSIC ECON. 1 (1990). The LPL scale and illustrative examples of each level are available in the TASK FORCE REPORT, supra note 1, at 52.

257 Intangible Kosten wurden in der Vergangenheit über Befragungen und Marktbeobachtungen ermittelt. Marktbeobachtungen erfolgten beispielsweise hedonischen Lohnmodellen (Viscusi 1993) in denen ein Risikozuschlag für den Wert des Lebens und damit implizit der Lebensqualität ermittelt wurde. Andere Ansätze (z. B. Sloan und Perreira 2002) ermitteln durch Befragung die Lebensqualität indem ein Individuum zwischen unterschiedlichen Gesundheitszuständen wählt (Risk-risk-

ebene sondern auf der Ebene eines Expertenkollektivs Bewertungen vorzunehmen (Hausman 2010). Gerichte sind hier eine Analogie zu den geforderten Expertengremien, da in ihnen bzw. der Rechtsprechung, die Auffassung aller „recht und billig“ denkenden Menschen eines Rechtskreises, hier Deutschland, zum Ausdruck kommt. Obwohl in den unteren Instanzen der Prozesswege, d.s. die Verfahren in den Amtsgerichten nur durch einen Richter durchgeführt werden, sind auf nächsthöherer Ebene, den Landgerichten Kammern bereits teilweise mit zwei Berufsrichtern besetzt. Die Zahl der Richter nimmt dann mit den Instanzen zu. Ebenso orientieren sich Richter der Amts- und Landgerichte an den Rechtsprechungen der höheren Instanzen, so dass in der Bemessung des Schmerzendgeldes eine gewisse Konsistenz vermutet werden kann. Damit gibt es austarierende Elemente auf horizontaler Ebene und eine Konsistenzzwang in der vertikalen Ebene

Ebenso lässt sich vermuten, dass mit der Zeit eine Konvergenz hin zu einem „wahren“ Wert für Schmerz und Leid stattgefunden hat. Damit ist nicht gemeint, dass ein wahrer Wert für ein verloren gegangenes Körperteil oder eine bestimmte Menge Schmerz existiert, sondern, dass die im Zeitablauf in der Kasuistik widergespiegelten Schmerzensgeldhöhen sich zu einem Wert hinbewegt haben, der konsistent der Wertvorstellung zu entsprechen scheint, die sich ein Großteil der Richter und Rechtsgelehrten unter Hinzuziehung zeitlichen Wandels und sich ändernder Wertvorstellungen von einem konkreten immateriellen Schaden machen. Dies sind Werturteile und -vorstellungen von Personen die die Lebenswirklichkeit tagtäglich neu einordnen und abgleichen müssen. Gegenüber den Befragungen von Individuen, die ebenfalls Werturteile – wenn auch weniger reliabel – äußern, erscheint dies zumindest nicht schlechter. Vielmehr verbindet dieser Ansatz das Erfordernis einer normativen sozialen Präferenzordnung und Bewertung von Schmerz und Leid mit der subjektiven Einschätzung einer bestimmten Berufsgruppe.

Ubel und Loewenstein (2008) sprechen sich dafür aus, dass die Kompensationszahlungen für Schmerz und Leid – im Gegensatz zur gängigen Praxi in den USA – nicht hoch sein sollten, allerdings auch andere Komponenten jenseits von Schmerz und Leid mit hinzugezogen werden sollten. Diese betreffen v. a. die Funktionalität bzw. die erlittene Einschränkung. Die Beträge des Schmerzensgeldes in Deutschland sind weit von den „astronomischen Höhen“, die regelhaft

Approach) und dann ein Zustand mit einem monetären Wert „geankert“ wird (Risk-Dollar-Approach). Damit ist dann eine Monetarisierung sämtlicher Gesundheitszustände möglich.

in US-amerikanischen Schmerzensgeldprozessen zuerkannt werden, entfernt. Da die Vermögenssituation und deren Dispositionsfähigkeit bei der Bemessung des Schmerzensgeldes eine Rolle spielen soll, wirken die gefundenen Höhen zumindest dahingehend mit der Realwirtschaft und deren Preissystem verbunden, als dass hier keine Budgetrestriktion von Verletzern unsinnig berührt werden.

Allerdings bestehen bei dem Ansatz, immaterielle Schäden durch gefährlichen Konsum mit Schmerzensgeld zu bewerten mehrere Probleme. Zunächst muss vollkommen klar sein, dass es sich hierbei nicht um reale, monetäre Marktgrößen handelt. Ob eine entsprechende Höhe an Schmerzensgeld einem gefährlich Konsumierenden tatsächlich zugesprochen worden wäre, wenn die Industrie haftbar gemacht werden könnte, lässt sich nur aus der empirischen Befundlage der Vergangenheit vermuten. Es gibt keinen Markt für durch Sorglosigkeit, Fahrlässigkeit oder Vorsatz herbeigeführten Schmerz und ebenso wenig für Schmerzensgeldansprüche. Somit bleiben die Bewertungen rein hypothetischer Natur und ohne eine Validierung durch ein realwirtschaftliches Preissystem. Es bleibt also unklar, ob es einen wirklichen Wert für Schmerz und Leid gibt und wie willkürlich der von den Gerichten ermittelte Wert letztlich von einem möglichen wahren Wert entfernt ist. Letztlich wirkt er „gegriffen", woran auch der Umstand der Konsistenz und der Konvergenz der Werte über die Zeit nichts ändert. Trotzdem erfolgt die Quantifizierung dessen, „was da gegriffen wurde" und „was einen Ausgleich und eine Genugtuung beim Verletzten bewirken soll", nach den gleichen Methoden und mit großer Akribie bei der Würdigung der differenzierten „Prägung" des Einzelfalls gegenüber vergangenen Fällen. Aus Sicht der ökonomischen Analyse des Rechts kommt ebenso ein weiteres Erschwernis hinzu: Von Gerichten festgelegte Werte für immaterielle Schäden enthalten auch eine Präventivkomponente, d. h. dass mit der Höhe des Schadensersatzes nicht nur eine Genugtuung oder ein Ausgleich angestrebt wird, sondern auch eine Abschreckung gegenüber möglichen zukünftigen Verletzern erzeugt werden soll. Diese darf aber nicht Kostenkomponente des gefährlichen Konsums sein.

Für eine richtige Interpretation des Schmerzensgeldes muss geklärt sein, welchen Wahrheitsgehalt die Schmerzensgeldzahlungen hinsichtlich der Bewertung von Schmerz haben, bzw. ob das Schmerzensgeld tatsächlich eine subjektiv oder sozial adäquate Festlegung für die „Entgeltung" des Schmerzes ist. Bereits Robson (2001) hatte ausgeführt, dass optimales Verhalten im Rahmen des evolutorischen Prozesses gewachsen ist. Richter haben sich also heuristisch im Zeitablauf bestimmte Beträge, die sie für angemessen hielten, ermittelt. Dies lässt sich im Lichte der ökonomischen Theorie nur beantworten, wenn die Funktionen des Schmerzensgeldes – juristisch intendiert oder ökonomisch festgestellt – zu einem Verhalten von Schädiger und Geschädigtem führen, das die Nutzen beider maximiert. Dies schließt sowohl mit ein, dass durch das Schmerzensgeld eine gewisse Abschreckung besteht und Sorgfalt im Umgang mit anderen erfolgt, als auch, dass das erhaltene Schmerzensgeld hinreichend hoch ist, um kompensatorisch auf den Betroffenen wirken zu können[258]. Ein alternativer Ansatz bestünde aber in der Anfertigung eines Systems durch Märkte oder Externe, in dem unterschiedliche Zustände von Schmerz und Leid in eine Rangfolge gebracht werden und danach mit monetären Werten versehen werden, deren Höhe wirtschaftlich als äquivalent zum erlittenen Schaden zu sehen sind. Dies scheint aus den bereits diskutierten Gründen eher die schlechtere Alternative zu sein.

5.2.2.1 Das Phänomen der Adaption

Um Lebensqualität und konkret die Entwicklung damit verbundener Aspekte infolge gefährlichen Konsums bewerten zu können, ist es sinnvoll an dieser Stelle das Phänomen der hedonischen Adaptation vorzustellen und zu diskutieren. Das Phänomen der hedonischen Adaptation (Frederick und Loewenstein 1999, Diener et al. 2006, Helson 1964) beschreibt, dass die affektiven Konsequenzen bzw. emotionalen Effekte, die sich aus einem negativen (oder positiven) Ereignis wie Konsequenzen gefährlichen Konsums ergeben, sich mit der Zeit reduzieren[259]. In einem weiteren Sinne werden darunter aber auch funktionelle Anpassungen, etwa das Ausführen bestimmter Tätigkeiten nach dem Eintritt einer Querschnittslähmung erfasst. Eine Bestätigung dieser Adaptation findet sich in zahlreichen empirischen Analysen (Brickman et al 1978; Ubel et al. 2005). In der sogenannten Happiness-Forschung (Easterlin 1974, Clark et al. 2008) wird neben dem sozialen Vergleich als sozialpsychologischem Mechanismus für Glück und Freude Adaptionen als wesentliche Ursache dafür gesehen, dass Einkommensänderungen nur kurzfristige Effekte zu haben scheinen. Dies ist ein wichtiges Argument dafür, den Wert der verlorenen Lebensqualität zu begrenzen und nicht, wie häufig in US-amerikanischer Literatur zu Non-Economic-Damages zu lesen ist, mit astronomisch hohen Werten zu versehen (Sunstein 2008).

---

258 Dies wurde etwa für die Kompensationszahlungen an Missbrauchsopfer der katholischen Kirche von durchschnittlich 5.000 € kontrovers diskutiert. Im direkten Abgleich mit den hierfür in Frage kommenden Schmerzensgeldurteilen in Kapitel 9.4 lässt sich allerdings feststellen, dass dies allenfalls ein unterer Wert sein kann, da in ähnlich gelagerten Fällen (wiederholter Missbrauch über längeren Zeitraum) deutlich höhere Schmerzensgeldsummen gezahlt wurden.

259 Die Unterscheidung zwischen Affekt und Emotion wird häufig hinsichtlich der inhärenten Handlungsabsicht des Affekts, der Motivation getroffen (Effertz 2008).

Erstaunlicherweise wird dieser Adaptationsprozess nicht in der individuellen Bewertung ex ante erfasst. Individuen sind im Rahmen sogenannter Time-trade-off-Befragungen[260] bereit einen hohen Anteil ihrer Lebenszeit für die Wiederherstellung ihrer Gesundheit zu opfern (Torrance 1976). Dies gilt auch für bereits Kranke, die zu unterschätzen scheinen, wie stark sie sich noch im Laufe des Lebens an ihre Krankheit gewöhnen werden (Wilson und Gilbert 2003). Zusammenfassend zeigt sich hier typisches verzerrtes Fehlbewerten solcher Zustände, die mit der eigenen Gesundheit, mit dem eigenen Wohlbefinden verbunden sind[261]. Nichtsdestotrotz führen einige Adaptationsprozesse nicht zu einer vollen Wiederherstellung der körperlichen und seelischen Funktionsfähigkeit. In solchen Situationen muss eine zusätzliche Kompensation für die entgangenen Konsummöglichkeiten erfolgen. Dieser Aspekt ist einleuchtend: Würde ein durch Alkohol bedingter Unfall ein Individuum aufgrund einer Verletzung des Gehirns in eine permanent gute Laune versetzen, sollte dies trotzdem weniger erstrebenswert sein, als ein unglücklicher Mensch ohne Gehirnverletzung. Diese von J. S. Mill vertretene Ansicht wirft aber auch die großen Schwierigkeiten auf, die bei einer Kompensation von nicht mehr vorhandenen Möglichkeiten bestehen. Zunächst wäre wichtig zu ermitteln, welche Möglichkeiten überhaupt einzubeziehen wären: so muss man sicher sein, dass das Individuum diese im gesunden Zustand auch tatsächlich unternommen hätte, damit diese Einschränkung bindenden und nutzenmindernd ist. Eine weitere wichtige aber etwas unglücklich vorgenommene Kategorie sind intangible Kosten, die aus dem Verlust der Eigenständigkeit entstehen. Viele Aktivitäten werden aus moralischen Überlegungen oder Pflichtbewusstsein unternommen, etwa die Pflege von älteren Angehörigen oder Kindern. Solche Aktivitäten haben nicht unbedingt etwas mit individuellem Glückserleben zu tun, sind aber unbestritten konsistent mit der individuellen Präferenzordnung. Damit sind solche Bestandteile letztlich eine Mixtur aus hedonischem Leid und einer Funktionsbeeinträchtigung. Erwähnenswert ist beispielsweise die Umkehrung der Verantwortung bei Co-Alkoholikern: der erwerbstätige Ehemann wird alkoholabhängig, verliert seine Arbeit, die Ehefrau muss für den Erwerb der Familie sorgen und die alkoholisierten Zustände ihres Mannes ertragen. Es fallen also hedonische intangible Kosten bei beiden Eheleuten an; die Frage hingegen

260 Individuen werden gefragt, ob sie bereit wären, einen bestimmten Teil ihrer Lebenszeit für einen verbesserten Gesundheitszustand zu opfern.

261 Zahlreiche empirische Untersuchungen aus dem Schnittmengenbereich Psychologie und Ökonomie konnten zeigen, dass Individuen überzuversichtlich sind, glauben Risiken kontrollieren zu können und inkonsistent sensibel auf kleine Wahrscheinlichkeiten mit hohen negativen Konsequenzen reagieren.

wie stark die versagte Pflichterfüllung als Verlust beim Ehemann bzw. die aufgezwungene Pflicht der Ehefrau als Kosten anzurechnen sind, hängt von der Frage der Substituierbarkeit der Pflichterfüllung mit anderen Aktivitäten ab[262]. Auch die empirische Arbeit von Vendrik (2013) mittels des SOEP-Panel-Datensatzes[263] zeigt einen deutlichen Adaptionseffekt bei Einkommensänderungen auf die Lebenszufriedenheit. Ebenso deuten einige Arbeiten zu chronischen Erkrankungen auf Adaptionsprozesse (Kern und Brown 2004). Hsee et al. (2008) sowie Tay und Kuykendall (2013) beschäftigen sich mit der Frage, wie sich „Happiness" dauerhaft erhöhen lässt. So finden letztere einen besonderen Zusammenhang zwischen allmählichen Veränderungen in den wirtschaftlichen Lebensumständen und gesellschaftlicher (nicht individueller) Zufriedenheit. Arbeitslosigkeit ist mit einem deutlichen Absinken der individuellen Lebensqualität verbunden; hinzukommt, dass Spill-Over Effekte auf Beschäftigte möglich sind. Janse et al. (2005) zeigen etwa auf, dass sich die Sicht auf die Lebensqualität von Eltern kranker Kinder und deren Ärzten deutlich unterscheiden können.

Schließlich scheinen einige Erfahrungen anfälliger für Adaptionsprozesse zu sein als andere (Hsee et al. 2008, Kurtz et al. 2007). So scheinen gerade die sicheren und stabilen Ereignisse einen Adaptionsprozess zu begünstigen, während unsichere stark variierende Ereignisse nicht gut adaptierbar sind – eine Erkenntnis, die auch aus neuroökonomischen Bereichen bekannt ist. Ganz konkret auf Krankheit, Schmerz und Leid bezogen, heißt dies, dass Patienten, die Hoffnung auf Heilung haben („unsicheres Ereignis") weniger adaptiv sind, während solche ohne Hoffnung zum Ausgangsniveau an Glücksseligkeit zurückkehren. Diese Annahme ist natürlich insbesondere für die Bewertung der Lebensqualität problematisch, will man doch besonders schwere Einschränkungen als höheren Verlust durch gefährlichen Konsum bewerten als nur leichte Beeinträchtigungen[264].

262 In der Tat scheint es auf den ersten Blick durchaus plausibel, dass die moralischen Kosten eines Nichtalkoholikers deutlich höher und damit die Substituierbarkeit mit Alternativen schlechter wären, diese Pflicht nicht mehr ausüben zu können, als beispielsweise die Kosten eines Alkoholikers, der i. d. R. eine längere Historie an entsprechendem hohem Alkoholkonsum aufweist in der er die Pflicht hätte ausüben können.

263 Das Sozioökonomische Panel des DIW ist mit seinem mittlerweile umfassenden Zeitraum von 30 Jahren einer der qualitativ besten Datensätze für eine Abbildung der deutschen Gegebenheiten.

264 Dies liegt übrigens auch aus mathematischen Überlegungen nahe. So gehört es zu den Axiomen eines messbaren Mengensystems gemäß der Maßtheorie nach Emile Borel, dass ein Maß mindestens einen „Halbring" darstellt. Dies bedeutet, dass wenn eine leichte Beeinträchtigung Teilmenge einer größeren Menge allgemeinerer Ge-

Um festzulegen, ob ein Individuum seinen Zustand adaptiv verarbeitet hat, wäre es möglich, bei Annahme zumindest begrenzter Rationalität, Nicht-Adaption dann festzustellen, wenn das Individuum hohe Gesundheitsausgaben hat und anscheinend die Opportunitätskosten aus Zeit und entgangenen Alternativhandlungen als nicht hinreichend hoch ansieht. Ebenso lassen sich bestimmte chronische Erkrankungen wie Diabetes Mellitus durchaus mit Adaption in Verbindung bringen. Diese Krankheit ist zunächst mit starkem Leid verbunden. Die Therapien sind für diese Erkrankung, wenn sie rechtzeitig erkannt wird, aber effektiv und die Einschränkung der Lebensqualität durch notwendige Medikation zwar lebenslang aber nicht schlimm. Problematischer wird es bei Krebserkrankungen oder psychischen Leiden wie Depressionen: hier ist direkt kritisierbar, einen Leidenden als adaptiv zu bezeichnen, wenn er einen Modus-Vivendi findet und sein Leid erträgt. Für nicht-therapierbare Krebserkrankungen ist eine systematische Verschlechterung des Gesundheitszustandes absehbar, die nicht als stabile Entwicklung akzeptiert werden kann. Eine Depression hingegen, wenn sie etwa dauerhaft eine leichte Beeinträchtigung im Sinne einer Disthymia (ICD F34.1) darstellt, ist ein Akzeptieren eines dauerhaften Absinkens des Wohlbefindens, das wahrscheinlich im Alltag keine Rolle spielt, obwohl das vorherige Level an Freude nicht mehr erreicht wird. Wenn sich depressive Personen in ihr Schicksal ergeben und die Hoffnung auf Änderung aufgeben, tritt also ein Fall ein, der nicht als Adaption verstanden werden darf.

5.2.2.2 Intangible Dimensionen von Gesundheit und Lebensqualität

Wie bereits dargelegt, sind die intangiblen Kosten der Bestandteil an den vollen Konsumkosten der über das Maß von direkten und indirekten Kosten hinausgeht. Dieser lässt sich in der Regel nicht messen. Dolan und Peasgood (2008) sprechen sich dafür aus, das Gesamt-Konstrukt Lebensqualität mit adäquaten Teil-Konstrukten zu messen. Die Autoren fordern drei Eigenschaften, anhand derer sich ein Maß für die Lebensqualität ausrichten soll. Es soll konzeptionell geeignet, valide und empirisch handhabbar sein. Die beiden Dimensionen Affekt und Funktionalität nach Hausman erfüllen diese Kriterien. Aber die Bewertung der intangiblen Kosten darf nicht allein vor dem Hintergrund einer rein hedonischen Schmerzbemessung erfolgen. Wie bereits beschrieben, erfolgt durch sogenannte Adaptation eine Anpassung des Schmerzlevels auf ein vorheriges Glücksniveau.

---

sundheitsbeeinträchtigungen ist, der Messwert der Teilmenge kleiner als die umfassende größere Menge sein muss (dies ist die Monotonieeigenschaft eines Maßes).

Daher ist eine Unterteilung der Affekte und Funktionalität in dauerhafte und vorübergehende Auswirkungen wichtig.

5.2.2.3 Schmerz und chronisches Krankheitsleid

Gefährlicher Konsum verschlechtert die Gesundheit und verkürzt das Leben. Eine schlechtere Gesundheit wiederum äußert sich zunächst in einer Reduzierung des Wohlbefindens. Baumeister et al. (2005) fanden deutliche negative Zusammenhänge zwischen somatischen und psychiatrischen Komorbiditäten und der Lebensqualität. Kranke haben häufig Schmerzen und sind in ihren regulären Aktivitäten eingeschränkt, was zusätzliches Unwohlsein und Frustration hervorrufen kann. Ebenso sind Externe von diesem Schmerz und Leid betroffen: Angehörige leiden beispielsweise unter der zunehmenden Verwahrlosung und Verrohung eines Alkoholikers. Passivraucher bekommen Kopfschmerzen vom Ausharren im Tabakrauch oder ärgern sich über weggeworfene Zigarettenkippen. In solchen „psychischen" Zuständen entfaltet intuitiv eine Konsumhandlung nicht die gleiche Qualität bzw. den gleichen ökonomischen Nutzen wie eine gleiche Handlung bei schmerzfreien Personen[265]. Es ist nicht verwunderlich, dass verschiedene Ansätze existieren, die versuchen diesen als „Lebensqualität" zu umschreibenden Parameter in ökonomische Modelle einzubauen und zu schätzen (Viscusi und Evans 1990, Murphy und Topel 2006). Häufig wird aber die Frage nach dem Einfluss der Lebensqualität auf das Konsumempfinden bzw. den Nutzen gar nicht gestellt, sondern schlicht damit argumentiert, dass verschiedene Märkte für Kranke nicht existieren. Dies ist keine sinnlose Verkürzung, sondern lenkt vielmehr das Augenmerk auf die wichtige Beobachtung, dass Schmerz und Leid nicht von langer Dauer sind. Es finden häufig „Adaptionsprozesse" statt, die das Individuum, obschon in seiner Funktionalität etwa durch Behinderung eingeschränkt, wieder eine angemessene Lebensqualität empfinden lassen, die sich nicht mehr stark von der gesunder Menschen unterscheidet[266]. Eine andere Sichtweise zu Schmerz und Leid diskutiert längerfristige Persönlichkeitsdispositionen. So lassen sich Persönlichkeitszüge in der Psychologie mit dem OCEAN-Modell abbilden, das die Persönlichkeit anhand von fünf verschiedenen (unabhängig zueinander stehenden, orthogonalen) Dimensionen beschreibt[267]. Würde gefährlicher Konsum dazu führen, dass sich die Persönlichkeit verändert, ist nicht ausgeschlos-

265 Empirisch lässt sich dies zum Beispiel an Studien z. B. von Cosway et al. 2000 zeigen.

266 Vgl. hierzu das Kapitel über intangible Kosten.

267 Das Ocean-Modell wurde im Laufe der Zeit mehr oder weniger „zusammengetragen". Eine erste „organisierte Darstellung" der auch als BIG-FIVE bezeichneten Persönlichkeitsdimensionen finden sich bei Goldberg (1993).

sen, dass sich dies auch auf die Einkommenssituation des Individuums auswirkt (Roberts et al. 2011). So wird etwa emotionale Stabilität mit hohen Einkommen assoziiert. Dies ist freilich noch keine kausale Beziehung, allerdings erscheint es plausibel, dass die gut dokumentierten kausal auf gefährlichen Konsum folgenden Erkrankungen, etwa Depressionen durch Alkoholabhängigkeit (Fergusson et al. 2009), zusätzliches Leid und Unwohlsein erzeugen, welches dann in geringerer Motivation und Leistungserbringung im Beruf führt. Schmerz und Depressionen wiederum sind eigenständig miteinander verbunden (Bair et al. 2003) in einigen Studien aber nicht direkt mit Alkoholkonsum in Verbindung stehend (Cerne et al. 2013). Auf einem weiteren indirekten Pfad scheinen Persönlichkeitsdispositionen mit Morbidität und Mortalität verbunden (Roberts et al. 2011). Demnach beeinflussen charakterliche Dispositionen die individuellen Erfahrungen und über diese, so Roberts et al. (2011), auch die Lebensqualität und die Lebensdauer. Im ICD10 existieren mehrere Schmerzdiagnosen die von Ärzten entsprechend codiert werden und für einen statistischen Vergleich gefährlich Konsumierender mit einer Kontrollgruppe genutzt werden können. Die folgenden Schmerzdiagnosen in Tabelle 3 wurden dabei für die weitere Analyse benutzt:

Tabelle 3 Schmerzdiagnosen im ICD10

ICD-10 Diagnose	Bezeichnung
F066	Organische emotional labile [asthenische] Störung
F072	Organisches Psychosyndrom nach Schädelhirntrauma
F410	Panikstörung
F45	Somatoforme Störungen
darunter F454	Anhaltende Schmerzstörung
F62	Andauernde Persönlichkeitsänderungen, nicht Folge einer Schädigung oder Krankheit des Gehirns
darunter F6280	Andauernde Persönlichkeitsänderung bei chronischem Schmerzsyndrom
G43-44	Migräne und sonstige Kopfschmerzsyndrome
G50	Krankheiten des N. trigeminus
darunter G500	Trigeminusneuralgie
darunter G501	Atypischer Gesichtsschmerz
H57	Sonstige Affektionen des Auges und der Augenanhangsgebilde
darunter H571	Augenschmerzen
H92	Otalgie und Ohrenfluss
darunter H920	Ohrenschmerzen
K08	Sonstige Krankheiten der Zähne und des Zahnhalteapparates
K14	Krankheiten der Zunge
darunter K146	Glossodynie
M25	Sonstige Gelenkkrankheiten, aonk

ICD-10 Diagnose	Bezeichnung
darunter M255	Gelenkschmerz
M54	Rückenschmerzen
darunter M545	Kreuzschmerz
M75	Schulterläsionen
darunter M758	Sonstige Schulterläsionen
M79	Sonstige Krankheiten des Weichteilgewebes aonk
darunter M796	Schmerzen in den Extremitäten
N23	Nicht näher bezeichnete Nierenkolik
O294	Kopfschmerz nach Spinal- oder Periduralanästhesie in der Schwangerschaft
O745	Kopfschmerzen nach Spinal- oder Periduralanästhesie während der Wehentätigkeit und bei der Entbindung
O894	Kopfschmerzen nach Spinal- oder Periduralanästhesie im Wochenbett
R07	Hals- und Brustschmerzen
R10	Bauch- und Beckenschmerzen
R51	Kopfschmerz
R52	Schmerz aonk
darunter R520	Akuter Schmerz
darunter R521	Chronischer unbeeinflussbarer Schmerz
darunter R522	Sonstiger chronischer Schmerz
T828	Sonstige näher bezeichnete Komplikationen durch Prothesen, Implantate oder Transplantate im Herzen und in den Gefäßen

Die Literatur zum sehr komplexen Thema „Schmerz“ geht davon aus, dass akute und chronische Schmerzzustände mit psychischen Erkrankungen wie etwa Depressionen oder Angstzuständen zusammenhängen bzw. von diesen „moduliert“ werden (Bär 2012, McWilliams et al. 2004, Bair et al. 2003). Verschiedene Studien kommen zu dem Ergebnis, dass schädlicher Substanzkonsum mit einer Reduzierung der Lebensqualität einhergeht (Cerne et al. 2013) und entsprechende Assoziationen mit Schmerz bestehen (Patterson et al 2012, Ackerman 2012, Prince 2012). Hier ist entscheidend, dass zwei Kausalitätsrichtungen existieren. Einige Schmerzpatienten nutzen beispielsweise Alkohol und Tabak im Sinne einer „Coping“-Strategie um chronische Schmerzen erträglicher zu machen. Andererseits sind Alkohol und Tabak auch Auslöser von Schmerz. Ob es sich hierbei um direkte Effekte handelt oder durch psychische und psychiatrische Erkrankungen moderierte oder komplett vermittelte Effekte, ist noch nicht ganz geklärt. Es lässt sich neurologisch zeigen, dass Schmerz aus vier Dimensionen besteht (Neugebauer et al. 2009), die sog. nociceptive, nocifensive, affektive und kognitive Dimensionen des Schmerzes ausmachen. Es ist daher naheliegend, dass Veränderungen oder Störungen in der Perzeption von Emotion und Kognition wahrscheinlich auch das Schmerzempfinden maßgeblich beeinflussen. Für die hier relevante Kausalitätsrichtung des gefährlichen Konsums auf Schmerz sind aber moderierende Effekte vernachlässigbar, solange die mögliche Endogenität des schädlichen Konsums in den Modellen berücksichtigt wird. Ein weiterer negativer Einfluss auf die Lebensqualität besteht beim Vorliegen chronischer Erkrankungen (Patrick et al. 2000), die auf gefährlichen Konsum zurückzuführen sind[268] (COPD, Van Manen et al. 2003; gemessen mit dem SF36). Es ist also wichtig, die chronischen und momentanen Affektdimensionen trennen und operationalisieren zu können. Eine Zumessung von Schmerzensgeld müsste dann die Unterscheidung von andauerndem Leid und Adaptionsprozessen durch die Höhe zum Ausdruck bringen können.

5.2.2.4 Funktionalität

Die zweite von Hausman genannte Dimension der Gesundheit ist die Funktionalität. Damit ist die physische Fähigkeit zur Aktivität gemeint. Körperliche Behinderungen aber durchaus auch psychische Erkrankungen – etwa Depressionen – haben einen Einfluss darauf, wie gut ein Individuum diese Aktivitäten ausführen kann. Die empirischen Befunde zum Zusammenhang zwischen Lebensqualität und Funktionalität sind gemischt: Patrick et al. (2000) etwa finden in einer Querschnittsanalyse einen nur teilweise negativen signifikanten Zusammenhang zwischen eigeschränkter Funktionalität und Lebensqualität („Je eingeschränkter, desto weniger Lebensqualität"). Auch chronische Erkrankungen scheinen negativ auf die Lebensqualität zu wirken. Dies mag damit zusammenhängen, dass viele Individuen noch nicht den Prozess der Adaptation vollzogen haben, sondern ihre Krankheit und Funktionalitätseinbuße gerade erst erfolgt oder stetig schlechter geworden sind. McClellan et al. 1991 zeigen einen starke unabhängige Wirkung von Lebensqualität und Funktionalität auf die Mortalität. Verändert sich also der Zustand der Funktionalität, ist es plausibel anzunehmen, dass dies mit dem Gefühl einer verminderten Lebensqualität einhergeht. Bleibt der Funktionalitätszustand hingegen gleich (schlecht), ist es möglich, dass sich die Befindlichkeit hierüber ggf. sogar verbessert.

Aus ökonomischer Sicht ist es interessant sich beispielsweise vorzustellen, dass eine eingeschränkte Funktionalität für den Konsum bestimmter Tätigkeiten wie eine Steuer auf den Preis wirkt. Dabei handelt es sich um ein Commodity im Sinne Beckers: Die Sportart Squash beispielsweise kostet Geld für Ausrüstung, Hallen-

268 Ein ebenfalls wichtiger, häufig nicht genannter Aspekt der Lebensqualität ist die sexuelle Gesundheit (Jansen et al. 2013). Es ist beispielsweise wissenschaftlich gut belegt, dass das Rauchen Impotenz beim Mann begünstigt und die Fruchtbarkeit reduziert (Tostes et al. 2008, Sofikitis et al. 2000).

miete oder Vereinsgebühr, sie fordert aber auch einen Teil Freizeit und körperliche Verausgabung. Bei eingeschränkter Funktionalität steigt die Verausgabungskomponente und damit der „volle“ Preis der Tätigkeit. Analog zu den Überlegungen der Schmerzdimension, müsste für eine statistische Untersuchung Funktionalität messbar sein. Eine Bewertung mit Hinblick auf mögliche Adaptionsprozesse würde wiederum durch die Schmerzensgeldhöhe zum Ausdruck kommen.

5.3 Lebenszeit

Gefährlicher Konsum im Sinne dieser Arbeit stellt ein Risiko dar, dass sich verkürzend auf die Lebenserwartung und damit auf die individuelle zur Lebensverwirklichung verfügbare Zeit auswirkt. Lebenszeit ist ein fundamentaler Gesundheitsindikator (Cutler und Richardson 1997). Dies wird unmittelbar durch die durch Konsum verursachte erhöhte Morbidität deutlich, die aufgrund einer nicht immer vorhandenen „perfekten“ Therapie[269] eine erhöhte Mortalität nach sich zieht. Damit verändert sich die einem Individuum zur Verfügung stehende Lebenszeit durch gefährlichen Konsum. Neben der Erhöhung des Risikos aufgrund von Morbidität frühzeitig zu sterben[270], kann man sich vorstellen, dass der Konsum einiger Güter direkt ein höheres Todesrisiko – also ohne vorangegangene Morbidität – bedeutet, beispielsweise sei das Autofahren unter Alkoholeinfluss erwähnt[271].

In verschiedene ökonomische Modelle geht Zeit als wichtiger Parameter ein (z. B. im Overlapping Generations Modell von Diamond oder im Diskontierungsmodell von Samuelson 1937), eine Verkürzung oder veränderte Nutzung von Zeit führt daher aus Sicht des Individuums immer zu einer im Vergleich der Ausgangssituation suboptimalen Situation[272]. Zeit wird mit unterschiedlichen Aktivitäten ausgefüllt: Neben der notwendigen Rekreationszeit (Schlafen, Nahrungsaufnah-

---

269 Eine perfekte präventive wie auch kurative Therapie würde das Morbiditätsrisiko komplett „hedgen“ können. Selbstverständlich kommt auch ein Alterseffekt hinzu, der Therapien mit zunehmendem Alter weniger wirkungsvoll werden lässt.

270 Vgl. z. B. Sloan et al. (2004).

271 Drittens ist es möglich, dass sich die für Freizeit und Arbeit zur Verfügung stehende Zeit infolge gefährlichen Konsums verkürzt. Denkt man etwa an Suchtgüter wie Alkohol oder Heroin, so besteht irgendwann eine so große Abhängigkeit, dass ein beträchtlicher Zeitanteil auf die Zustände „Rauscherleben“, „Erholung“ und „Entzugbewältigung“ entfallen. Damit sind große Anteile des Tagesablaufes darauf ausgerichtet, den Konsumzirkel des Suchtgutes aufrecht zu erhalten.

272 Wenn die Rede davon ist, dass aufgrund erhöhter Mortalität weniger Gesundheitsausgaben oder Rentenzahlungen erfolgen, ist dies eine Partialbetrachtung, die den

me) dient sie entweder zur Erzielung eines Einkommens (Arbeitszeit), wird als Freizeit verbracht oder dazu genutzt Humankapital – hierzu könnte man auch Maßnahmen zur Aufrechterhaltung der Gesundheit zählen – aufzubauen. Ein Individuum kann nur konsumieren, wenn noch Lebenszeit vorhanden ist. Mit dem Tod wird, ökonomisch abstrakt formuliert, die Fähigkeit zu konsumieren und damit Nutzen – zumindest im Diesseits der knappen Ressourcen – zu erleben (man nannte dies zu Beginn des 20. Jahrhunderts als „Ophelimität") beendet. Durch den Umstand, dass gefährlicher Konsum sich auf Gesundheit und Wohlbefinden auswirkt, wird also effektiv Zeit reduziert, in der die eben genannten Aktivitäten ausgeführt werden können. Ein Individuum wird sich also für gefährlichen Konsum entscheiden, wenn es unüberlegt diesen Lebenszeitverlust ausblendet oder rational durchführen, wenn der Nutzen des gefährlichen Konsums bestehend aus z. B. besonders intensivem Erleben kurzer Momente z. B. „Rauschzuständen" den Verlust der Lebenszeit übersteigt. Auch wenn dies unwahrscheinlich klingen mag, ist nicht ausgeschlossen, dass solche Präferenzen vereinzelt existieren.

Man könnte Zeit an sich als nutzenstiftend ansehen, d. h. unabhängig davon, ob und wie viel in der zur Verfügung stehenden Zeit konsumiert wird. Ein häufiges Argument gegen diese Sicht führt an, dass zumindest ein gewisser „Subsistenzkonsum" stattfinden muss (Johannesson 1996), um die vorhandene Zeit adäquat genießen zu können. Abstrahiert man aber von dem Umstand etwaiger Grundbedürfnisse hat Zeit an sich einen Wert, etwa weil ein Individuum ohne Zutun weiterer Ressourcen in der Lage ist Nutzen aus Zeit zu generieren. Diese rein hypothetische Debatte hängt aber letztlich an der Frage, was alles unter Konsum zu verstehen ist. Im Marshall'schen Sinne wird Zeit strikt in Arbeitszeit und Freizeit unterteilt. Arbeitszeit stiftet lediglich indirekt Nutzen, in dem ein Einkommen erzielt wird, das dann in Konsumgüter eingetauscht wird. Freizeit als Argument ist hier nutzenstiftend. Das diese Abstraktion sicherlich nicht (mehr) den tatsächlichen Gegebenheiten entspricht, kann man der Tatsache entnehmen, dass in vielen Berufen von Arbeitsleid keine Rede mehr sein kann und im Gegenteil eher eine „Selbstverwirklichung" im Beruf wichtig wird. Damit ist auch Arbeitszeit nutzenstiftend, wenn in ihr eine befriedigende berufliche Rolle ausgefüllt wird. Ebenso ist Freizeit nicht immer nutzenstiftend, man denke etwa an Pflichten wie Amtsgänge, Beerdigungen oder hauswirtschaftliche Tätigkeiten. Der Marshallsche Ansatz scheint deshalb nicht mehr zweckmäßig zu sein. Im Gegensatz dazu hat Gary Becker in mehreren Aufsätzen (z. B. Stigler und Becker 1977) die

---

Wert des Lebens und darin entstehenden Nutzen nicht mitberücksichtigt. Vgl. aber auch Johannesson (1996) zu der Frage des Subsistenzkonsums.

Rolle von Zeit für die „Produktion" von „Supragütern" hervorgehoben. Damit ist gemeint, dass Konsumgüter zusammen mit Zeit und ggf. weiteren kostenverursachenden Tätigkeiten zu einem konsumierbaren Endprodukt für das Individuum gefertigt werden (z. B. ein für Freunde hergerichtetes Essen).

5.3.1 Der Wert des Lebens

Unter Nichtökonomen – und einigen Ökonomen – gestaltet sich die Diskussion um den Wert des Lebens häufig als sehr schwierig. So ist meist die Ansicht vorhanden, man könne dem Leben aus ethischen Gründen keinen Wert zuweisen[273]. In der medizinischen Literatur ist die Bewertung des Lebens – gegenüber der gesundheitsökonomischen Literatur – daher auch unüblich[274]. Alternativ wird der Wert des Lebens oft auch mit „unendlich" beziffert[275]. Aus der Verweigerung resultiert dann häufig, dass der Wert des Lebens in ökonomischen Kosten-Nutzen-Analysen implizit oder explizit mit „Null" angesetzt wird – eine vielfach noch unbefriedigerende Lösung, da Entscheidungen dann lediglich anhand von am Markt beobachteten Ressourcengrößen getroffen werden. Als drittes Charakteristikum wird häufig angeführt, der Wert des Lebens sei für alle Individuen gleich (unendlich), d. h. das Leben eines Kindes wie eines Greises, Frau, Mann, Topverdiener oder eines Obdachlosen sei gleich viel wert – eine normativ ethisch verständliche Festlegung, die aber in der Realität häufig nicht beachtet wird und damit empirisch keine Gültigkeit erfährt[276]. Ein vierter wichtiger Punkt ist überdies, dass, wenn das Leben doch bewertet wird, kaum eine sinnvolle ökonomische Erklärung zur Hand ist, was konkret dem Leben einen Wert gibt. M.a.W. der Wert des Lebens könnte behelfsweise mit konstituierenden Merkmalen „erklärbar" werden, die das Leben „ausmachen" und die idealerweise auch mess- und

---

273 Frank Ackerman and Lisa Heinzerling, Priceless: On Knowing the Price of Everything and the Value of Nothing (2004).17 (N.J. 2002).

274 „Unüblich" ist hierbei im Zusammenhang mit der ärztlichen Ethik („Hippokratischer Eid", Genfer Deklaration des Weltärztebundes, in Deutschland allerdings ohne rechtliche Bindung) zu sehen.

275 Aus mathematischer Sicht ist dies übrigens gleichbedeutend mit einer Nichtbewertung des Lebens, da der Wert „Unendlich" kein Element eines üblicherweise benutzten Zahlenkörpers o. ä. ist.

276 Wenn beispielsweise medizinische Eingriffe aufgrund des Alters oder eines fortgeschrittenen Krankheitsbildes nicht mehr vorgenommen werden, bestimmte teure Medikamente und Therapien für hohe Einkommensbezieher erschwinglich sind oder aufgrund geäußerten Krankheitsleides Ressourcen unterschiedlich verteilt werden, obwohl die gleiche tödliche Gefahr droht.

quantifizierbar sein sollten, um daraus einen konkreten Wert abzuleiten. Dies birgt wiederum neue Schwierigkeiten: Festlegung konstituierender Merkmale des Lebens und – besonders kritisch – deren Gewichtung. Ebenso ist es nicht zwingend, Leben in Geldeinheiten zu bewerten; es ist u. U. inhaltlich intuitiver und methodisch einfacher in der Umsetzung, Leben beispielsweise einfach in Zeit zu messen, die eine gewisse Qualität aufweist. So ergeben sich etwa die gesundheitsökonomischen DALY und QALY Maße als Zeiteinheiten in denen Leben in vollkommener Gesundheit ausgedrückt wird. Brent (1991) schlägt weiter vor, Leben über die Präferenz für Zeit (etwa durch schnelleres Fahren auf der Autobahn, ein Verhalten, das auch ein höheres Risiko für Leib und Leben birgt) zu bewerten. Maßnahmen zur Reduzierung der Mortalität lassen sich dann als Verhältnis der eingesparten Mortalitätsjahre zu dem mit der Maßnahme verbundenen Zeitaufwand für die Individuen z. B. einem Tempolimit setzen.

Grundsätzlich scheint es aus ökonomischer Sicht essentiell, sich dem Problem der Bewertung des Lebens über einen nutzenbasierten Ansatz zu nähern. Damit stellt sich die Frage, welche Auswirkungen eine Verschlechterung der Gesundheit oder des Todes auf den individuellen Nutzen hat. Dies ist gemäß Schelling (1968) in erster Linie eine individuelle Frage: Es scheint zweckmäßig, aus der Präferenzstruktur des Individuums selber eine Bewertung des Lebens abzuleiten[277]. Viscusi und Evans (1990) zeigen empirisch, dass sowohl der Nutzen in gesundem Zustand bei gleichem Einkommen ein höherer ist als im kranken Zustand, und, dass der marginale Nutzen im Krankheitszustand geringer ist, als im gesunden Zustand. Mit dem Grundrisiko für Krankheit, gemeint ist die Abwägung zwischen diesem Risiko und Geld bzw. Konsum, steigt auch die Wertigkeit des Lebens. Obwohl bei rein utilitaristischen Sichten kein zusätzlicher Wert durch zukünftige Leben per se entsteht, nehmen Menschen zweifelslos Anteil am Tod nahestehender Personen. Dowdy (2010) etwa verweist auf die negativen Konsequenzen von Kindern, die früh Ihre Eltern oder einen Elternteil verloren haben. Auch diese Kosten des gefährlichen Konsums sollten erfasst werden.

5.3.1.1 Marktbasierte Bewertung von Leben

Frühe Quantifizierungen des Lebens basieren auf dem schon vorgestellten Humankapitalansatz (Weisbrod 1961). Der Humankapitalansatz ist aus Sicht von

277 Broome (1996) verdeutlicht allerdings das Problem dieses Ansatzes und verweist auf die Unterschiede zwischen unstrukturierten und strukturierten Ansätzen etwa mittels QALYs. So lassen sich einzelne Nutzenfunktionen nicht aggregieren und eine Maßnahme daher nicht durchgeführt. Dies kann die Sicht eines zentralen Planers auf QALYs erforderlich so Maßnahmen umsetzbar machen.

Rice (2000) eine Unter- nicht eine Überschätzung des menschlichen Lebens. Im Rahmen der eben ausführlich behandelten Krankheitskostenrechnung (Rice 1966) wird das menschliche Leben im Humankapitalansatz mit dem Wert der erzielbaren bzw. durch frühen Tod nicht mehr erreichten Einkommen angegeben (Rice und Cooper 1967). Dabei versucht man die erzielten bzw. besser nicht mehr erzielten Einkommen als Näherungsgröße des Verlustes der Produktivität zu verwenden. Die bereits bei Mishan (1971) im Rahmen der Krankheitskostenrechnung aufgezeigte Brutto- und Nettomethode gilt auch hier: Bei der Bruttomethode werden lediglich die durch Tod verlorenen Einkommensströme – üblicherweise in deutschen Untersuchungen das sogenannte Arbeiterentgelt, die Summe aus Bruttoeinkommen und Sozialversicherungsbeiträgen der Arbeitgeber – verwendet. Diese werden dann diskontiert und in einem Barwert des Betrachtungszeitraumes des Prävalenzansatzes eingebracht. Der Wert der Freizeit geht nicht in die Berechnung mit ein, obwohl dieser – unterstellt das Arbeit und Freizeit nutzenmaximal durch das Individuum bestimmt sind – vom Wert für das Individuum sogar größer als die Arbeit angesehen werden kann. Es liegt nahe, eine solche Bemessung des Lebenswerts als eine untere Grenze anzusehen. Ebenso wird bei diesem Ansatz eine Nähe zur Volkswirtschaftlichen Gesamtrechnung deutlich, in der der Wert des Bruttosozialproduktes zu den jeweiligen Marktpreisen im Rahmen der „Verteilungsrechnung" anteilig auch aus Faktoreinkommen herrührt (Brümmerhoff 2007). Bei der Nettomethode werden von den Einkommensströmen, die individuellen Konsumströme abgezogen, so dass nur die Einkommensanteile in die Bewertung eingehen, die das Individuum bis zu seinem Tod gespart hat und der Gesellschaft quasi als Erbe hinterlässt[278]. Dieser Ansatz ist, wie schon angesprochen, schwierig zu rechtfertigen: Der Wert des Lebens wird allein durch Einkommen angenähert; im Extremfall wäre der Wert des Lebens dann gleich Null, wenn Individuen ihr Einkommen mit einem bewussten Vererbungsmotiv sparen und man sie

278 Diese zweite Sicht hingegen sieht den Wert des Lebens als Summe der erzielbaren Einkommen abzüglich des individuellen Konsums. Es wird also nur der „Mehrwert" der Produktivität den ein Individuum im Laufe seines Lebens für die Gesellschaft erwirtschaftet als Lebenswert angesehen. Obwohl auch hier ein Analogon in der Volkswirtschaftlichen Gesamtrechnung existiert – die Wertschöpfung. – wird hier fälschlicherweise der Eindruck erweckt, Konsum schmälere den Wert des Lebens. Dies ist genau nicht der Fall: Konsum bzw. präziser Konsummöglichkeiten determinieren den Wert des Lebens dahingehend, dass sich der aus dem Konsum entfaltende Nutzen letztlich den Lebenswert bestimmt (vgl. z.B. Murphy und Topel 2006).

mit deren Nachkommen als Familie oder Dynastie zusammenfasst. Damit fällt Externen bzw. der „Gesellschaft" nichts von der Ersparnis zu und der Wert des Lebens ist entsprechend Null. Ob man dann den Konsum oder die Konsummöglichkeiten der Nachkommen als extern oder überhaupt nicht klassifiziert, ist reine Konvention. Zweitens werden hier zwei Sichten der volkswirtschaftlichen Gesamtrechnung vermischt, nämlich die Sicht der Verwendungs- und der Verteilungsrechnung. So sind Arbeitnehmerentgelt („Verteilung") und privater Konsum („Verwendung") zwei Beiträge unterschiedlicher Rechnungen zum Bruttoinlandsprodukt. Legt man den Wert des Lebens als Summe der diskontierten Konsumströme fest, so muss dieser bei Geltung der sogenannten Transversalitätsbedingung dynamischer ökonomischer Modelle und der Annahme rationaler Entscheidungen der Individuen exakt dem Wert der diskontierten Einkommensströme entsprechen[279]. Untersuchungen zur Nachfrage von Lebensversicherungen zeigen, dass sich Individuen teils sehr rationale Erwartungen über ihre Lebenserwartung machen (Kocherlakota 1996) und so teilweise sehr exakt entsparen. Ärmere Bevölkerungsschichten sparen fast überhaupt nicht. Deren Leben mit dem Wert Null anzusetzen, wäre ethisch bedenklich und entspräche sicherlich auch nicht der subjektiven Wertschätzung des Lebens dieser Personengruppe. Gerade bei der Behauptung, es handele sich bei individuellem Konsum zunächst um sogenannten Subsistenzkonsum, der Leben überhaupt erst ermöglicht, tritt die Fraglichkeit des Nettoansatzes zutage. Wenn ein gewisser Konsum überhaupt erst ein menschenwürdiges Leben ermöglicht, so ließe sich doch dieser Konsum eher als Untergrenze des Wertes des Lebens interpretieren, als ihn vom Wert des Lebens abzuziehen[280].

Neben der Humankapitalmethode stellt Mishan (1971) noch zwei weitere Ansätze vor, die man im weiteren Sinne als „marktbasiert" bezeichnen kann. So ließe sich aus den politischen, insbesondere gesundheitspolitischen Investitionen des

279 Dies wird auch als „No-Ponzi-Bedingung" in Anspielung auf einen über seine Verhältnisse und damit immer von neuen aber niemals rückzahlbaren Darlehen lebenden italienischen US-Immigranten Adligen namens Charles Ponzi, bezeichnet.

280 Die Problematik, dass der Wert des Lebens bei Personen mit geringem Humankapital niedriger als bei anderen sein soll, lässt sich dadurch abmildern, dass es letztlich nicht um die erzielten Einkommen, sondern um den Wert der Möglichkeiten zu konsumieren und seine Freizeit zu verbringen geht, die den Nutzen und damit den Wert der Gesundheit und des Lebens bestimmen. Dies muss nicht mit Reichtum oder Bildung zusammenhängen.

Staates eine soziale Bewertung des Lebens ableiten[281]. Dieser auch von Schelling (1968) und Fromm (1965) erwähnte Ansatz vernachlässigt leider die Rolle der Institutionen des Staates als eigene Nutzenmaximierer[282]. Es mag plausibel sein anzunehmen, die Handlungen des Gesundheitsministers dienten dazu, Leben zu bewahren und die Gesundheit zu verbessern. Allerdings sind die Handlungen der Exekutive immer ein Kompromiss der gerade herrschenden parlamentarischen und auf Wählerstimmen angewiesenen Mehrheiten[283], so dass es fraglich erscheint, ob die Zielfunktion der Investments tätigenden Gesundheitsinstitutionen der sozialen Präferenzordnung für Leben und Gesundheit folgt. Schließlich wird als letzter Ansatz zur Bewertung des Lebens das „Versicherungsprinzip" von Mishan (1971) vorgeschlagen. Dabei wird die individuelle Bereitschaft zur Zahlung einer Prämie um bestimmte Risiken für Leben und Gesundheit abzusi-

---

281 Ein dritter Ansatz zur Bewertung des Lebens besteht in dessen impliziter Berechnung über institutionelle oder politische Handlungen in denen der Schattenpreis des Lebens zum Ausdruck kommt; ein Beispiel wäre hier etwa die Maßnahmen die ergriffen werden, um einen Straftäter zu fassen und zu bestrafen. Es ist durchaus denkbar, dass bei entsprechend hohem öffentlichem Druck Präventionsmaßnahmen zum Erhalt des Lebens oder aber auch zur Erleichterung von Sterbehilfe in bestimmten Lebenssituationen - mit sehr niedriger Lebensqualität - erreicht werden. Auch hier wäre bei entsprechender Quantifizierung des hierfür eingesetzten Aufwandes theoretisch möglich einen Wert des Lebens zu berechnen, der aus dem kollektiven Empfinden (Public Choice) einer größeren Teilmenge der Gesellschaft herrührt. Da allerdings diese Teilmenge evtl. nur Partikularinteressen widerspiegeln oder auch starken Schwankungen aufgrund von starken Emotionen oder und Stimmungen unterworfen sind, ist es fraglich, ob sich bei dieser Methode ein valides und effizientes Schätzwert für den Wert des Lebens errechnen lässt.

282 Der Begriff der „Neuen Institutionenökonomik" wurde von Williams aufbauend auf Coases „Nature of the firm von 1937" 1975 geprägt. Wichtige Arbeiten etwa von Mancur Olson (1965 The Logic of Collective Action: Public Goods and the Theory of Groups) James Buchanan (1965 An Economic Theory of Clubs) oder Coase (1960 The Problem of Social Cost) lagen zeitlich beieinander. Es scheint also ein wenig so, dass die Theorie der "Öffentliche Güter" und der "Sozialen Präferenzordnung" für diesen Ansatz noch nicht entwickelt genug war.

283 So herrschen wahrscheinlich in der aktuellen großen Koalition unterschiedliche Meinungen vor, wie Gesundheit zu bezahlen und welche Therapien wie stark zu fördern sind. Auch für zukünftige Regierungen ist dies nicht auszuschließen. Dies führt zu Abweichungen vom sozial erwünschten Investment in unterschiedliche Gesundheitsmaßnahmen.

chern als individuelle Zahlungsbereitschaft für Lebenserwartungsverlängerung abgeleitet[284].

Die rechtswissenschaftliche Diskussion aus den USA trägt im Schadensersatzrecht einige wichtige Überlegungen zum Wert des Lebens bei. Grundsätzlich war es lange Zeit möglich, beispielsweise Ärzte bei Kunstfehlern für die Beeinträchtigung der Lebensqualität und dem Wert des Lebens nahezu in unbegrenzter Höhe zu verklagen. Dies resultiert aber in Anreizen, die Ärzte suboptimal und risikominimal handeln lassen. Diese anreiztheoretischen Überlegungen haben pragmatische Relevanz für die Messung des Wertes des Lebens: Ein gesetzlich festgelegter „Cap", eine Haftungsobergrenze, beschränkt die Bewertung des Lebens mit einem maximalen Höchstwert. Damit lassen sich unterschiedliche Nutzendifferentiale an diesem Wert „aufhängen". Entspricht der Höchstwert einer gut begründeten und mit etwa auf der Leistungsfähigkeit einer Gesellschaft fußenden Gedanken, lassen sich die ermittelten und in monetäre Äquivalente umgewandelten Nutzenwerte des Lebens den konkreten wirtschaftlichen Daten gegenüberstellen, ohne dem Vorwurf der grundsätzlichen Unvergleichbarkeit zu erliegen. Wird das Leben in Geldeinheiten ausgedrückt, hieß dies nicht, dass sich dieses als normales Gut darstellt; es entsteht lediglich eine Intuition für die Höhe des erlittenen Schadens im medizinischen und nicht im allgemeinwirtschaftlichen Sinn. Durch einen Konsistenzcheck, diese Werte im Notfall auch begleichen zu können, erfährt der Wert des Lebens indirekt seine Plausibilität.

5.3.1.2 Nutzenbasierte Bewertung von Leben

Die Wirtschaftswissenschaften haben den „Wert des Lebens" auch in unterschiedlichen nutzenbasierten Ansätzen und damit unter Zugrundelegung des WTP-Konzeptes untersucht. Wichtige Arbeiten etwa stammen von Cropper und Sussman (1988), Mishan (1988), Rosen (1988) und Smith und Desvousges (1987). Allerdings ging es dabei – so Viscusi (2008c) – niemals um die „ökonomische" Ermittlung eines Wertes, die gleichzeitig auch mit einer ethischen Fundierung also der sozialen, gesellschaftlichen Überzeugung über die Wertigkeit eines Men-

284 Als bisher nicht benutzte Alternative wäre auch denkbar, den Humankapitalstock eines Individuums als solchen zur Bewertung des Lebens heranzuziehen, der sich mit Zeitablauf abschreibt oder aber vergrößert. Damit würde explizit die Lebenserfahrung älterer Menschen mit einem Wert versehen. Ebenso bestehen zwei Möglichkeiten, den bisherigen Produktivitätsansatz zu erweitern: Einmal die Altersrenten anzusetzen, die in Phasen der Produktivität angespart wurden und zweitens die Tatsache, dass nicht nur Arbeitszeit den Nutzen steigert, sondern auch sinnvoll verbrachte Freizeit im Rentner-Dasein.

schenlebens einherging. Trotz der Existenz der verschiedenen Probleme in der Konzeption und empirischen Umsetzung nutzenbasierter Bewertungsmethoden hat sich, v. a. auf dem Ansatz hedonischer Preis-Modelle aufbauend, ein auf dem Nutzenkonzept fußender Ansatz zur Bewertung des Lebens entwickelt. Im Grunde genommen bestehen aktuell zwei nutzenbasierte Konzepte des „Value of Life[285]“: einen aus versicherungswirtschaftlicher Sicht „optimalen Wert“ des Lebens sowie einen Wert des „statistisches Lebens“, der insbesondere zur Anreizung und Abschreckung bestimmten Verhaltens in politische Überlegungen Eingang findet.

Der Wert des Lebens aus versicherungswirtschaftlicher Sicht beziffert den Geldbetrag, der nach einem Unfall oder schwerer Krankheit aufgewandt werden müsste, um den marginalen Nutzen des Einkommens wieder dem vor dem Unfall vorherrschenden Level anzugleichen (Viscusi 2007). Dem liegt die Annahme zugrunde, dass eine monetäre Kompensationsmöglichkeit als Argument in einer sich „wohlverhaltenden[286]“ Nutzenfunktion existiert. Folgt man der empirischen Studie von Viscusi und Evans (1990), in der gezeigt werden konnte, dass Nutzen und Grenznutzen des Einkommens – und damit über die Budgetrestriktion des Konsums – nach einem Unfall oder durch schwere Erkrankungen gesunken sind, weisen ermittelte optimale Versicherungswerte tendenziell eher einen geringeren Betrag auf. Dabei ist die zentrale Frage, welche Versicherungsprämie ein Individuum aktuarisch fair zu zahlen bereit wäre, um heute einen möglichen zukünftigen Einkommensausfall aufgrund einer schweren Erkrankung zu versichern[287]. Rational handelnde Individuen werden nicht den gesamten Einkommensausfall versichern.

Unter dem „Value of a Statistical Life“ (VSL; „Wert des statistischen Lebens“), von Viscusi 1982[288] eingeführt, versteht man einen extrapolierten Wert, den ein

---

285 Siehe W.K.Viscusi „Value of Life in Palgrave Dictionary of Economics 2010, p. 586 ff.

286 Mit dem Begriff des „Wohlverhaltens“ ökonomische Nutzenfunktionen sind Eigenschaften wie Monotonie und Quasi-Konkavität in den (nutzenstiftenden) Argumenten gemeint; manchmal auch die additive Separabilität von (momentanen) Nutzenfunktionen in dynamischen Modellierungen.

287 Siehe Viscusi (2007); hierbei zeigt sich, dass Individuen ca. lediglich 85 % ihres aktuellen Einkommens versichern würden, woraus sich schließen lässt, dass der Grenznutzen des Einkommens im Krankheitsfall geringer ist.

288 Der Wert des statistischen Lebens wurde sowohl mittels Revealed-Preferences Ansätzen wie Stated Preferences Ansätzen verschiedentlich ermittelt. Dieser lässt sich auch in einen Value of a Statistical Life Year durch Division mit der diskontierten Anzahl an Restlebensjahren errechnen. Damit ist der VSL abhängig von Alter und Vermögen sowie u. U. von anderen soziodemographischen Merkmalen.

Individuum zu zahlen bereit wäre, um ein geringes aber tödliches Unfallrisiko in seinem Beruf abzuwenden[289]. Der Wert des statistischen Lebens fußt auf der Forderung Schellings (1968) nach einer ökonomischen Fundierung, um den Wert etwa zur Erklärung von Austausch mit zu Leben und Gesundheit komplementären Gütern verwenden zu können. Die wirtschaftswissenschaftliche Argumentation stellt heraus, dass ein solcher Wert gerade bei schweren Unfällen in der Regel höher ist als der versicherungstechnische Wert. Bei der Ermittlung dieses Wertes werden üblicherweise Reduzierungen eines bestimmten kleinen Risikos und nicht die Verhinderung eines sicheren tödlichen Unfalls bewertet[290]. Damit sind kleine Wahrscheinlichkeiten im Bewertungsfokus des Individuums, die aufgrund einer Vielzahl von Studien der Verhaltensökonomie als verzerrt wahrgenommen beschrieben werden[291]. Aus den Geldwerten, die die Verringerung eines Risikos um einen bestimmten Prozentbetrag symbolisieren, lässt sich - bei „Hochrechnung" zu 100 %[292] - der sogenannte „Wert eines statistischen Lebens" (VSL) ermitteln. Viscusi und Aldy (2003), mit Bezug auf Schelling (1968), verweisen selber darauf, dass es bei dem Konzept um den Wert der Vermeidung kleiner Risiken als „einen Referenzpunkt" geht. Damit ist der „Value of a Statistical Life" ein auf dem Willingness-to-Accept-Ansatz basierendes lokal gültiges Maß. Ein Individuum hingegen wäre nicht bereit, für die Vermeidung des fast sicheren Tod diesen Betrag auszugeben, da dadurch das Vermögen soweit

289 Alternativ und wahrscheinlich anschaulicher: Der Trade-off zwischen einem eingegangenen Risiko mit kleiner Wahrscheinlichkeit einen tödlichen Unfall zu erleiden und der dafür geforderten Risikoprämie in Form des Lohnaufschlags.

290 Häufig werden Marktdaten (d.h. Markttransaktion) als bessere Indikatoren für die diese auslösenden Präferenzen angesehen (Samuelson 1937). Dieses beobachtbare Verhalten wird als „Revealed Preferences Ansatz" bezeichnet. Problematisch hieran ist, dass die Grundaxiome der Präferenzordnung bei Individuen, insbesondere bei Kindern und Jugendlichen, häufig verletzt sind (List und Millimet 2008); gerade in diesem Alter beginnt gefährlicher Konsum. Ebenso gibt es für eine Vielzahl von Konsequenzen gefährlichen Konsums keinerlei Märkte (etwa für Lebensjahre), so dass diese nicht gehandelt und damit kein Preis bestimmt werden kann. Dies kann höchsten indirekt passieren.

291 Auch Viscusi nimmt zur Kenntnis, dass verschiedene Anomalien im individuellen Verhalten existieren (Status Quo Bias, Endowment Effect, Loss-Aversion), die die Aussagen zum Wert des Lebens stark verzerren.

292 Hierzu gibt es zwei einfache Ansätze: Entweder auf Individualebene - ein Individuum ist bereit 500 € zu bezahlen um auszuschließen, mit Wahrscheinlichkeit 1/10.000 zu sterben - oder der kollektive Ansatz - in einer Gruppe von 10.000 Personen wird mit Sicherheit eine Person sterben, jedem ist die Eliminierung dieses Risikos 500 € wert.

geschmälert würde, dass der Grenznutzen des Konsums irgendwann zu stark abgesunken wäre. Umgekehrt ist der VSL-Wert zu gering um Individuen für den sicheren Tod zu kompensieren; allerdings muss man sich diese Abwägungen der Risiken auf einem Kontinuum allmählich größer werdender Wahrscheinlichkeiten vorstellen. Das Auseinanderfallen von WTP und WTA ist dann insbesondere bei größer werdenden Unterschieden der zu vermeidenden Wahrscheinlichkeit zu beobachten. Den Wert des Statistischen Lebens kann man aus Befragungen (Viscusi et al. 1989), allgemeinem Verhalten (Melinek 1974), Risikoprämien in riskanten Berufen oder beobachteten Nachfrageverhalten und gezahlten Preisen bei Gütern, die Risiken senken oder erhöhen (sichere Autos; Winston und Mannering 1984, Rauchmelder; Dardis 1980, Lebensversicherungen; Landefeld und Seskin 1982) ablesen[293]. Ob es allerdings tatsächlich Compensating Wages für die Inkaufnahme von höherer Mortalitätsrisiken gibt, wird von anderen Autoren bezweifelt (Leigh 1991).

Empirisch haben sich für den Wert des statistischen Lebens einige „stilisierte Fakten" herausgebildet: So folgt der Wert des statistischen Lebens hinsichtlich des Alters mehr oder weniger einer inversen U-Kurve[294] (Aldy und Viscusi 2008). Jüngere und ältere Menschen scheinen der Verminderung kleiner tödlicher Risiken also geringere Werte zuzumessen. Es zeigt sich, dass Individuen für höhere berufliche Risiken eine entsprechende Kompensation in der Vergütung fordern (Moore und Viscusi 1988) und sich dies auch im Hinblick auf das Alter bemerkbar macht: Jüngere Arbeitnehmer riskieren mehr als Ältere, da sie mehr Lebenszeit bei eintretendem Tod verlieren[295]. Ebenso werten Männer Risikominderungen höher als Frauen (Viscusi und Hersch 2008). Daneben existieren Modelle von Shepard und Zeckhauser (1984) in denen sich der VSL

293 Thaler und Rosen (1975) und Blomquist (1979) präsentierten erste Schätzungen des VSL in Höhe von 561.000 US$ (Wert im Jahr 1981).

294 Der VSL müsste intuitiv ab der Geburt stetig abnehmen, da die Restlebenszeit und damit die Möglichkeit des Konsums und damit des Nutzens schwindet. Dies ist – auch nach Kontrolle von Kohorteneffekten (die mit der Zeit höhere Einkommen erzielen und deshalb eine höhere WTP für Risikoreduzierungen haben – nicht der Fall. Dies wird v. a. mit dem Nichtvorhandensein von bestimmten Versicherung- und Kapitalmärkten erklärt, die sich erst ab einem bestimmten Alter und Einkommen erschließen. Ebenso entsteht ein komplexer Trade-off aus verminderter Restlebenszeit und damit schwindenden Konsummöglichkeiten sowie dem empirischen Phänomen, dass ältere Menschen bereit sind höhere Ausgaben für ihre Sicherheit zu tätigen.

295 Moore und Viscusi (1998) finden eine subjektive Diskontrate von ungefähr 10–12 %. Das Problem in dieser Diskontierungsrate liegt allerdings in dem Ausschnitt des Arbeitslebens, den sie repräsentiert.

auf den Strom diskontierter Konsumgüter zurückführen lässt, wenn keine Kapitalmärkte vorhanden sind. Ebenso lässt höheres Einkommen den VSL steigen: sog. Blue-Collar-Worker (die „klassischen“ Arbeiter) haben einen niedrigeren Wert des statistischen Lebens als White-Collar-Worker (Büroangestellte). Mit der Zeit steigt der Wert des statistischen Lebens aufgrund von Inflation und Einkommensanstieg (Viscusi 2010). Teilweise werden Ausländer, die nicht die Sprache des Arbeitsmarktes verstehen und damit Informationsdefizite haben, geringere Löhne gezahlt und es kommt zu Verzerrungen bei der Bemessung des VSL (Hersch und Viscusi 2010). Interessant ist auch das empirische Resultat, dass VSL und Konsumprofile eine sehr ähnliche U-Kurve aufweisen (Viscusi 2008b). Zusammengenommen beläuft sich der Wert eines statistischen Lebens auf ungefähr 7 Mio. US$ (in Jahr 2000 US$). Die aufgezählten Unterschiede werden häufig bei der Abwägung von politischen Maßnahmen zur Beeinflussung von Risiken im öffentlichen Bereich nicht vorgenommen. Interessant ist die Beobachtung von Viscusi und Hersch (2008) nach der Raucher dem Lebens anscheinend einen deutlich höheren Wert beimessen, als in vorherigen Studien (etwa in Sloan et al. 2004, die dies aber nicht originär untersuchten, sondern lediglich alte Werte nutzten) angenommen. Die rauchenden Individuen sind nur dann rational im Sinne von konsistenten Entscheidungen, wenn sie über eine entsprechend hohe Zeitpräferenzrate verfügen; diese ist aber nicht konstant, sondern zeitvariant (Ainslie 1991), so dass mutmaßlich Raucher die Risiken ihres Konsums nicht richtig abschätzen. Ein Stated-Preference-Ansatz von Khwaja et al. (2008) zeigt auf, dass Raucher ihr Leben niedriger bewerten als Nichtraucher und so eine Internalisierung der Kosten des verlorenen Lebens etwa durch Steuern nicht gerechtfertigt erscheint[296]. Hier zeigt sich die methodische Schwierigkeit, Präferenzen für den Wert des Lebens sicher und präzise offenzulegen: auf der einen Seite lassen sich monetäre Äquivalente für den Wert des Lebens nach Risk-Risk-Vergleich und imputiertem Wert eines verlorenen Lebensjahres mit dem ebenso verwendeten Risk-Dollar-Ansatz nicht überein bringen. Die Werte weichen hier um teils mehr als 500.000$ voneinander ab. Versucht man dies mittels Diskontierung in Einklang zu bringen – wobei sich nicht ganz erschließt, warum in der Risk-Risk-Methode Diskontierungen vorgenommen werden und im Risk-Dollar-Ansatz nicht – so ergeben sich subjektive Dis-

296 Die Studie hat allerdings einige Schwächen: Es ist eine Querschnittsuntersuchung. Die Befragten sind zwischen 50 und 70 Jahren alt.

kontraten von 12 % für Nichtraucher und bis 17 % für Raucher. Dies erscheint als sehr hohe „Do-it-Now" Präferenz für den Gegenwartsnutzen. Schließlich vermeidet die Arbeit von Khwaja, Sloan und Wang, dass Kostenbestandteile doppelt gezählt werden, indem – richtigerweise – den Befragten für den Fall der Krankheit ein vollständiger monetärer Ersatz mittels Versicherung zugesagt wird. Befragte bewerten also scheinbar tatsächlich einen „Nettoeffekt" des Lebens und der Lebensqualität selbst. Gibt man den unterstellten und imputierten Wert von 100.000 US$ pro Lebensjahr auf, so ergibt sich noch ein Restwert des Lebens- und der Lebensqualität von 33.000 bis 42.000 US$ pro Lebensjahr. Dies wird von den Autoren als unplausibel verworfen, obwohl es sich hier wie eben erwähnt um einen Restwert über den monetären Konsumwert, der versichert ist, handelt. Schließlich sei angemerkt, dass neben den gut dokumentierten Bewertungsverzerrungen von Rauchern und Nichtrauchern bei der Einschätzung selber eine schwere Krankheit zu bekommen, die hier dargestellten Ansätze der Präferenzoffenbarung unsichere Ereignisse in der Zukunft komplett im Zusammenhang bewerten. Dies ist nicht plausibel, da viele aktuelle Modelle die Frage der Diskontierung und Risikobewertung getrennt modellieren. Dies erfolgt hier nicht, so dass die Ergebnisse etwas „passend gemacht" erscheinen. Gleichwohl ist es naheliegend, dass Raucher risikofreudiger sind und auch im Vergleich mit Nichtrauchern eine starke Gegenwartspräferenz haben. Dies zeigt sich nicht zuletzt auch im sozialen Gradienten des Rauchverhaltens. Leitet man dann daraus ab, dass Raucher lieber kurz und intensiv leben als Nichtraucher, würden in der Tat Steuern auf Tabakprodukte zu Wohlfahrtsverlusten führen, allerdings nur, wenn sie hinreichend hoch sind. Denn auch wenn Raucher dem Leben einen geringeren Wert zuweisen, so ist dieser doch nicht Null, sondern immer noch sehr hoch. D. h. einem Raucher durch Steuern die individuell bewertete verlorene Lebenszeit vor Augen zu führen, ist immer noch gerechtfertigt, ebenso wie einem Nichtraucher entsprechend anderes mortalitätserhöhendes Verhalten.

Zur Ermittlung des VSL werden im Wesentlichen die für Risiken im Beruf kompensierenden Lohndifferentiale verwendet und ökonometrisch durch verschiedene Parameter v. a. den tödlichen und nichttödlichen Berufsrisiken regressiert. Der dahinterliegende Ansatz der hedonischen Preismodelle von Rosen (1986) meint damit „Qualitätsadjustierte Preise und Löhne". Formal lässt sich dies wie folgt veranschaulichen: Das Individuum steht vor einem Maximierungsproblem. Die Form der Nutzenfunktion hängt hierbei von dem jeweiligen gesundheitlichen Zustand ab. Es wird unterstellt, dass der Nutzen im gesunden Zustand höher ist, als im kranken Zustand, d. h. eine höhere Präferenz für Gesundheit als für Krankheit besteht. Im Gleichgewicht liefert der zu maximierende Erwartungsnutzen $\max_p EU = (1 - P)U(w(p)) + pV(w(p))$ mit den Eigenschaften der Nutzenfunktion U(w) > V(w), U′, V′> 0 und U″, V″ ≤ 0 folgende Lösung[297]

$$\frac{dw}{dp} = \frac{U(w) - V(w)}{(1-p)U'(w) + pV'(w)}$$

D.h. im Gleichgewicht ist das marginale Lohndifferential für eine kleine zusätzliche Einheit des Risikos gerade gleich dem Unterschiedsbetrag der Nutzen in beiden Zuständen, normiert auf den durchschnittlichen marginalen Nutzen. Die einzelnen Erwartungsnutzen tangieren die Angebotskurven der Unternehmen die sog. Offer-curves (OC in Abbildung 11). Ökonometrisch wird folgende Lohngleichung aufgestellt[298]:

$$\ln(w_i) = \alpha + X_i'\beta + \gamma_1 p_i + \gamma_2 q_{i+}\gamma_3 WC_i + \varepsilon_i$$

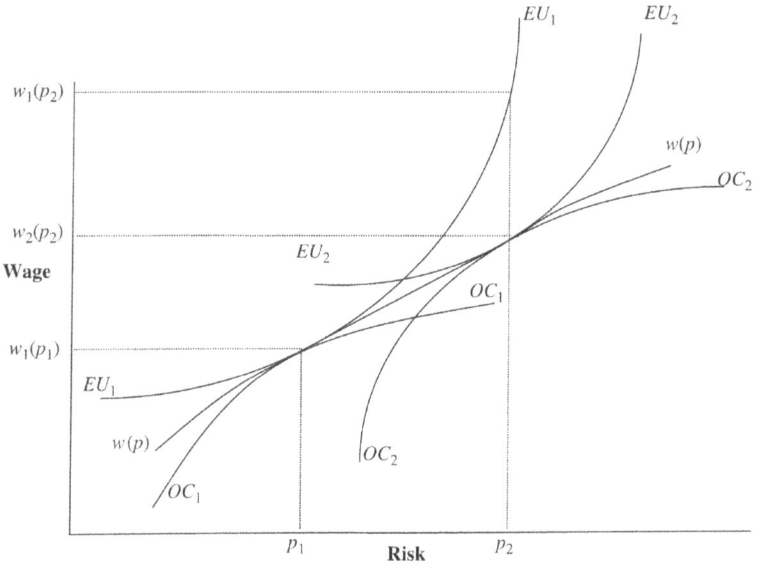

Abbildung 11 Darstellung der Tangentialpunkte aus Lohnangeboten und Erwartungsnutzen

297 Hierbei bezeichnet U(w) die Nutzenfunktion im Falle der Gesundheit, die von dem Lohnsatz w abhängt, V die entsprechende Nutzenfunktion im Falle der dramatischen beruflichen Krankheit oder des Unfalls und p die Wahrscheinlichkeit eines fatalen bzw. tödlichen Unfalls. Der Lohnsatz w hängt von dem beruflichen Risiko p ab.

298 Hier bedeutet wi den Lohnsatz, Xi einen Vektor von Persönlichkeitsmerkmalen and Job-Charakteristika, pi ist das Todesrisiko, qi ist das sonstige Verletzungsrisiko und WCi ist ein Maß für die Kompensationszahlungen an den Arbeiter.

Häufig wird der „Wert des statistischen Lebens“ in den USA von unterschiedlichen Behörden benutzt, um bestimmte Regulierungen etwa im Verkehrsbereich im Rahmen von Kosten-Nutzen-Analysen zu begünstigen oder zu verhindern. Je nachdem welche Partei im Falle der Durchsetzung mit höheren Kosten konfrontiert wäre, werden unterschiedliche den Interessen der jeweiligen Parteien günstige VSL-Werte benutzt. So ist es nicht verwunderlich, dass der Wert des Statistischen Lebens in unterschiedlichen Bereichen wie Verkehr, Produktsicherheit, Lebensmittelsicherheit oder Luftverschmutzung teilweise stark variiert[299]. Hierbei ist es entscheidend, den VSL lediglich als Hilfe zur Abwägung politischer Maßnahmen, die durchschnittlich für eine bestimmte Menge an Betroffenen relevant ist, zu verstehen, die schon allein aufgrund ihrer budgetären Höhe lediglich in der Lage sind ein Risiko um einen geringen Prozentsatz zu ändern. Die „Hochrechnung“ auf den Wert des Lebens dient damit einer Vergleichbarkeit der Bewertung unterschiedlicher Risiken.

Posner und Sunstein (2005) stellen dar, dass in den USA zwei unterschiedliche Systeme, das Schadensersatzrecht (Tort-Law) und diskretionäre Anreizregulierungen redundant den Wert des Lebens bemessen. Dabei versucht das „Tort Law“ den Verlust für Angehörige insbesondere entgangene Einkommen in die Entscheidungen mit einzubeziehen und dabei sehr Einzelfall-orientiert zu entscheiden[300]. Das Leben von Kindern hingegen wird im Tort-Law geringer bewertet als das von Erwachsenen. Selbstverständlich gehen vom Tort-Law, das eigentlich nur eine Kompensationsfunktion besitzt, ebenfalls Anreizwirkungen aus[301]. An dieser Stelle gewinnt der VSL als Instrument für unterschiedliche staatliche Institutionen an Bedeutung. Innerhalb der Law & Economics Literatur herrscht Uneinigkeit darüber, ob der VSL zur Bemessung einer Schadensersatzzahlung herangezogen

299 Vgl. Viscusi (2007) Seite 116: als Spannweite werden hier Werte von 1 Mio. $ bis 6.3 Mio $ in (Jahr 2000 Dollar) angegeben. Eine Meta-Analyse von Day (1999) ermittelt beispielsweise einen durchschnittlichen Wert des statistischen Lebens von 7 Mio. US$.

300 Es ist evtl. der Umstand, dass Tote selbst nicht mehr kompensiert werden können – lediglich deren Verwandte und deshalb Gerichte Zurückhaltung bei der Bemessung eines Wertes des Lebens zeigen.

301 Posner und Sunstein weisen darauf hin, dass es keinen Ersatzanspruch gegen das Leben selbst gibt (*Hedonic* damages). Kläger eines Opfers, das keinerlei Schmerz gefühlt hat, keinen Ehegatten hatte und kein Einkommen erzielt hat, hätte demnach nur einen geringen Schadensersatzanspruch, etwa in Höhe der Beerdigungskosten. Dies gilt dann für ältere Menschen, Arbeitslose, Obdachlose und auch Kinder.

werden darf[302]. Während etwa Posner und Sunstein (2005) einen Einbezug der „Hedonic damages" also einer auf Basis der Wertschätzung der Vermeidung kleiner Risiken ermittelten Schadensersatzzahlung zusätzlich zum Einkommensausfall (Economic Damages) und einem Schmerzensgeld (Non-Economic Damages) favorisieren, befürchtet Viscusi (2007) hierdurch sowohl eine Überabschreckung als auch einen versicherungsökonomisch falschen Wert, der einen Zwangskonsum an Versicherung nach sich zieht. Es gibt aus einem versicherungsökonomischen Argument heraus ebenso keinen Grund, sog. nichtökonomische Schäden des Individuums zu kompensieren[303]. Da Schäden am Eigentum - so die Sicht Viscusis - nicht zu einer Abnahme des Grenznutzens führen, sei es aus ökonomischer Sicht richtig, lediglich diese ökonomischen bzw. finanziellen Schäden vollständig zu kompensieren.

Auf der anderen Seite erscheint die Argumentation zum VSL weder schlüssig noch konsistent: So lehnt Viscusi (2008) die Nutzung von entgangenem Einkommen - ein gängiges Konzept des Humankapitalansatzes der Krankheitskostenrechnung - als Bewertungsgröße für das Leben ab, da die Bewertung von lebensbedrohlichen Risiken legitimierter seien. Der statistische Wert des Lebens sei einer rationalen Überlegung entsprungen und stehe der Auffassung das Leben sei „preislos" entgegen. Ebenso ist der VSL aber aus ökonomisch methodischer Sicht lediglich eine „Veranschaulichungsrechnung", die keinen direkten Zusammenhang zu den volkswirtschaftlichen Kosten gefährlichen Konsums hat. Dafür ist er nicht gedacht. Obwohl zahlreiche Studien (Viscusi und Hersch 2008, Sloan et al. 2004) existieren, die den VSL-Wert zur Berechnung des Wertes des Lebens nutzen, dient er somit letztlich nur als Gradmesser für die notwendige Allokation und die Höhe verwendeter Mittel für eine Politik, das Leben zu schützen. Der Wert des verlorenen Lebens eines frühzeitig verstorbenen Rauchers ist nur der

302 Fasst man das Schadensersatzrecht als isoliertes Anreizsystem in einem Staat auf, besteht ein Trade-off zwischen Effizienz und optimalen Versicherungen: als Marktergebnis werden sich Versicherungen einstellen, die nur einen Bruchteil des zur effizienten Abschreckung notwendigen Schadensersatzhöhe ausmachen. Dies wird in der US-amerikanischen Literatur als Standardargument für die sog. „Punitive Damages" verstanden. Diese dem Staat und damit der Allgemeinheit zufließende zusätzliche Zahlung des „Schädigers" soll die „Anreizlücke" schließen.

303 Aus juristischer Sicht steht hier der „Make Whole" Gedanke im Vordergrund, der auch einen Ausgleich - ähnlich dem deutschen Schmerzensgeld - für Schmerz und Leid zugesteht; eine Art Restitution des Geschädigten. Eine mögliche Ausnahme ist hier die Kompensation der Gerichts- und Anwaltskosten.

Wert, den er für die Vermeidung eines kleinen Risikos zu zahlen bereit gewesen wäre, würde er noch leben.

Damit wird folgendes deutlich: Akzeptiert man, dass die am Markt beobachteten Wertäußerungen von Individuen, für ein sichereres Leben einen bestimmten Preis zu zahlen, eine ökonomische Fundierung und empirische Validität besitzen, so ist es in der Tat ökonomisch sinnvoll, den Wert des statistischen Lebens als Orientierungsgröße für eine zielgerichtete Allokation etwa von Präventionsressourcen zu verwenden. Jedes monetäre Äquivalent, das ein Individuum für die Reduzierung eines tödlichen Risikos zu zahlen bereit ist, stellt auf der anderen Seite immer einen Konsumverzicht dar, so dass – zumindest in Marktdaten – keinerlei Unstimmigkeiten mit der ansonsten problematischen Contingent Valuation Methode vermutet werden kann. Dies stellt auch nicht das Leben eines risikoaversen Spitzenverdieners über das eines offensichtlich sehr riskant lebenden Obdachlosen. Das Dilemma hierbei ist eher, dass sich keine „Lohndaten" von Obdachlosen finden. Vielmehr müsste man aus „anderen Märkten" Verhaltensweisen gewinnen, die dann eine Wertschätzung eines Obdachlosen zur Vermeidung von Risiken ableiten lassen. Die Tatsache, dass das Leben eines Obdachlosen sicherlich mit höheren Wahrscheinlichkeiten für Tod und Krankheit verbunden ist, als das eines Büroangestellten im öffentlichen Dienst, lässt also keinerlei Rückschlüsse auf den jeweiligen VSL zu, wenn man nicht die Kosten betrachtet, um diese Risiken zu vermeiden oder bestmöglich zu „hedgen"[304].

Selbstverständlich gibt es Einwände gegen den VSL-Wert. Die Marktdaten zu Löhnen und Gehältern zeigen, welchen Betrag Individuen akzeptieren, um einer ein-prozentigen Erhöhung des Risikos durch den ausgeübten Beruf zu sterben zuzustimmen. Dieser Umweg über Arbeitsmarktdaten unterstellt, dass erstens die gefundenen Löhne, Gleichgewichtslöhne sind, d. h. dass jedes Individuum seinen Nutzen gemäß seiner Risikopräferenzen maximiert hat und zweitens kein

304 Die Problematik der Obdachlosen besteht v. a. im hohen Ausmaß an Abhängigkeitserkrankungen, insbesondere Alkoholismus. Dieser kann als rationale „Coping-Strategie" angesehen werden, um mit dem eigenen Los umzugehen oder aber als Beleg irrationalen Verhaltens. Im letzteren Fall lassen sich keine konsistenten Wertschätzungen des Lebens für diese Personengruppe gewinnen. Auch wenn vielleicht der Eindruck entsteht viele hätten mit ihrem Leben abgeschlossen, existieren durchaus Belege, dass Obdachlose versuchen, Risiken zu minimieren – etwa durch Meidung von Obdachlosenheimen mit hohen Diebstahlsraten oder Aufsuchen von warmen Plätzen im Winter – sowie die sozialen Sicherungssysteme eher zu ent- als zu belasten, indem beispielsweise erst ein Arzt aufgesucht wird „wenn nichts mehr geht" (Grabs et al. 2008).

Ungleichgewicht auf den Faktormärkten existiert, beispielsweise unfreiwillige Unterbeschäftigung herrscht. Diese Annahmen sind gerade für Arbeitsmärkte häufig nicht gegeben. Ebenso wie der Wert des Lebens eines Arbeitslosen nicht gleich Null ist, besteht die Frage, ob ein Arbeitnehmer seine Gehaltsvorstellungen aufgrund von Risikoerwägungen überhaupt durchsetzen konnte. Dies ist eine Frage von Marktmacht, die ebenfalls berücksichtigt werden muss. Die Klasse der sogenannten „Hedonischen Struktur Modelle“ (Viscusi et al.1993) zeigt hierbei, dass sich der Wert des Lebens und der Gesundheit über die Risikoprämien der Löhne bzw. deren Lohndifferenzeiale für unterschiedlich gefährliche Tätigkeiten am Markt abbildet. Kahn und Lang (1988) schätzen ebenfalls strukturelle hedonische Systeme, bei Biddle und Zarkin (1988) werden nachfrageseitige Präferenzen für riskante Berufe ermittelt. Auch hier wird davon ausgegangen, dass Individuen rational auch kleine Risiken abschätzen können[305]. Kommt dann noch ein Extremereignis wie der eigene Tod hinzu, entstehen wahrscheinlich zusätzliche Verzerrungen. Auch bestehen Schwierigkeiten, das Differenzial des Lohnes auf den Wert des Lebens mittels Dreisatz „hochzurechnen“. Es ist aber davon auszugehen, dass auch die wahrgenommenen Risiken im Beruf selber unterschiedlich stark variieren, so dass ein akut wahrgenommenes Risiko anders bewertet wird, als ein später auftretendes größeres Risiko. Evtl. sind auch nicht alle Informationen über die Risiken im Markt vorhanden. Damit existieren auch verschiedene Argumente, die gegen die Nutzung von Marktdaten sprechen. Zudem scheinen die Werte auch aufgrund methodischer Ungenauigkeiten nach oben hin verzerrt (Spengler 2004)[306].

Schließlich muss noch einmal festgehalten werden, dass rein konzeptionell ein nutzenbasiertes und damit durch WTP oder WTA ermitteltes monetäres Äquivalent wie der VSL weder „der Wertschätzung der Gesellschaft“ für ein Menschenleben entspricht, noch eine Richtgröße darstellt, anhand derer einzelfallabhängige Schadensersatzzahlungen bemessen werden sollten. Auch ist eine Kombination des VSL mit anderen Konzepten, etwa QALYs oder Happiness-Skalen als problematisch anzusehen, da diese nicht mit der Erwartungsnutzentheorie (Viscusi

305 Diesen Fehler hat Viscusi bereits im Zusammenhang mit Zigarettenkonsum gemacht. Hierbei sind sowohl empirisch-methodische Fehler wie auch grundsätzlich eine theoretische Problematik entstanden.

306 Spengler ermittelt den Wert eines statistischen Lebens mit Daten der IAB-Beschäftigtenstichprobe und Arbeitsunfallinformationen der Berufsgenossenschaften. Er ermittelt mittels Panel Ansatz einen Wert von 1,65 Mio. € – deutlich niedriger als der durchschnittliche Wert in anderen Querschnittsuntersuchungen (4,5 Mio. €).

2007, Von Neumann und Morgenstern 1944, Savage 1954) konform und damit ökonomisch problematisch sind.

5.3.2 Das Todesfallrisiko und der Wert des Lebens

Neben der erwähnten Sicht vieler Nichtökonomen, den Wert des Lebens quantifizieren zu wollen als unethisch anzusehen, wurden sowohl der Humankapitalansatz wie auch der Willingness to Pay Ansatz häufig in bisherigen Studien verwendet. Viscusi (2008a, 2008b) beispielsweise weist den Wert des verlorenen Lebens von Rauchern mit der Willingness to Pay Methode auf 4–214 US$ pro Zigarettenpackung je nach Geschlecht und Diskontrate aus. In Scharff und Viscusi (2008) wird die subjektive Diskontrate von 14 % ermittelt. Die aktuellste Studie von Viscusi und Hersch (2010) etwa schätzt den Verlust an Lebenserwartung eines Rauchers auf 222 US$ und einer Raucherin auf 94 US$ pro Zigarettenpackung. Die aufgrund schädlichen Konsums zusätzlichen Mortalitätsrisiken scheinen sich auch im Altersverlauf zu verändern. So fanden Thinggaard et al. (2010) beispielsweise eine Verminderung des Mortalitätsrisikos bei Personen mit hohem BMI über 70 Jahren. Mithilfe von Längsschnittdaten, die den Todeszeitpunkt beinhalten, lassen sich die jeweiligen Lebensdauern von verschiedenen Konsumentengruppen abschätzen. Speziell lassen sich so genannte Survival-Funktion schätzen, die angeben, mit welcher Wahrscheinlichkeit ein Raucher oder Nichtraucher ein bestimmtes Alter erreicht. Aus dieser Funktion lassen sich dann die Anzahl vorzeitig Verstorbener und daraus die insgesamt verlorenen Lebensjahre abschätzen. Bislang wurden zur Bewertung der verlorenen Lebenszeit der Humankapitalansatz oder der WTP-Ansatz gewählt (Spengler 2004). In dieser Arbeit soll der Humankapitalansatz gewählt werden, der auch durch angenäherte Marktgrößen Bewertungen der Freizeit zulässt. Darüber hinaus wäre es auch möglich den „intangiblen Anteil des Todes“ zu quantifizieren, indem dieser mittels Schmerzensgeldzahlungen für sehr schwere Verletzungen etwa der Zerstörung der Persönlichkeit („Apallisches Syndrom“) oder durch eine zum Tode führende Verletzung – die in der Regel aber Schmerzensgeld senkend Berücksichtigung findet (Slizyk 2010) – angenähert werden könnte[307]. Zur Ermittlung des aufgrund

---

307 Dieses Beispiel wird sicherlich Kontroversen auslösen. Es geht hierbei aber lediglich um die Idee, den Schmerzensgeld-Gedanken auf einen Zustand zu übertragen, der gemäß der Gewichtungsskalen der QALY oder DALY Berechnung „nahe dem Tod“ ist. Wie angesprochen, mag es auch Gesundheitszustände geben, denen der Tod vorzuziehen ist. Dennoch ist das Schmerzensgeld für den Gesundheitszustand, der dem Tod am nächsten kommt, die beste Schätzung für den intangiblen Teil des Lebens.

riskanten Konsums verlorenen Lebens wurden weiterhin die Routinedaten der deutschen gesetzlichen Krankenversicherung genutzt[308]. Bei den Vergleichen der Lebenszeit ist es wichtig, sowohl die internen Kosten, die das konsumierende Individuum selbst betreffen, als auch ein möglicher Einfluss auf die Mortalität von externen beispielsweise passiv mitrauchenden Familienmitgliedern zu beziffern. Auch dies ist im empirischen Teil dieser Arbeit geschehen.

5.3.3 Versicherungen „gegen den Tod"

Das Todesereignis kann verschiedene weitere Geldströme auslösen, die zu Umverteilungen führen. So existieren in Deutschland die „große und kleine Witwenrente" sowie „Voll- und Halbwaisenrenten" für hinterbliebene Kinder. Diese sollten deswegen in die Kostenerfassung miteingerechnet werden, da es sich hierbei – wie schon dargelegt – um einen Aspekt der Kompensation eines durch gefährlichen Konsum entstandenen Schadens handelt. Es wäre also zu überlegen, den mortalitätsbedingten Verlust der Produktivität, der letztlich ein Proxy für den Wert des Lebens ist, in seinen resultierenden Einzelkomponenten wie hier der Hinterbliebenenrenten möglichst vollständig abzubilden[309]. Üblicherweise geschieht dies aber schon durch die Produktivitätsbewertung im Rahmen des Humankapitalansatzes beim Individuum selbst. Damit ist der monetäre Wert dieser Renten eine finanzielle Externalität für das Versichertenkollektiv der GRV durch gefährlichen Konsum.

Im Gegensatz zu diesen staatlichen Hinterbliebenenrenten existieren zusätzlich am Kapitalmarkt sogenannte Risikolebensversicherungen, die im Falle des Todes des Versicherungsnehmers einen bestimmten Geldbetrag oder eine Rente an die Hinterbliebenen ausbezahlen und somit die staatlichen Leistungen im Todesfall privat ergänzen. Diese Verträge sind üblicherweise an die Konsumgewohnheiten des Versicherungsnehmers angepasst und bemessen z. B. die Höhe der Prämie

---

308 Der Datensatz stammt aus dem Versichertenkollektiv der Techniker Krankenkasse. Siehe Kapitel 9.1.

309 Hinzu kommt, dass es sich bei diesen Zahlungen um versicherungsgemäße Leistungen handelt, da deren Höhe durch die Beitragszahlungen des Verstorbenen bestimmt werden und somit das Äquivalenzprinzip zumindest annähernd gültig ist sowie die Anspruchsmöglichkeiten für alle Versicherten gleich sind (Fichte 2011). Damit sind die anfallenden Hinterbliebenenrenten zumindest „locker" an die Produktivität des gefährlich Konsumierenden gebunden.

daran, ob das Individuum Raucher ist oder nicht – d.h. da Raucher eine höhere Sterbewahrscheinlichkeit haben, sind deren Prämien deutlich höher[310].

Die deutsche Aktuarsvereinigung (DAV) hatte bereits mit Schreiben vom 23.06.2008 neue Sterbetafeln für Raucher bei Lebensversicherungen mit Todesfallcharakter vorgeschlagen[311]. Bei diesem Versicherungstyp profitieren die Nachkommen eines früh versterbenden Versicherungsnehmers in Form der Auszahlung eines einmaligen Kapitalbetrages oder einer Hinterbliebenenrente in gewisser Höhe. Wenn Rauchen – plausiblerweise – eine das Leben verkürzende Konsumweise ist, sollte diese in einem Versicherungsmodell, das Zahlungen an den Todesfall knüpft entsprechend eingepreist werden[312]. Die Übersterblichkeit der Raucher gegenüber Nichtrauchern ist in der nachfolgenden Abbildung abzulesen (Quelle DAV):

---

310 Vgl. Finanztest 8/2004 Plus für Nichtraucher – Testbericht liegt dem Verfasser vor. Es wurden die Modalitäten von 65 Versicherungsunternehmen miteinander verglichen. Hierzu wurden mittels Binomialmodell von Cox/Ross/Rubinstein die faire Prämien ermittelt, die man bei Duplikation der Zahlungskonsequenzen aus den Verträgen am „freien Markt“ bei Arbitragefreiheit hätte zahlen müssen. Die Prämien sind bei dieser Bewertung allesamt deutlich zu hoch. Berücksichtigt man eine unternehmensspezifische „Hurdle“, also einen Prämienzuschlag, der aufgrund der Gesamtportfoliosteuerung und der damit nicht optimalen Diversifikation legitim ist, so erscheinen die Prämien immer noch deutlich zu hoch.

311 Schreiben abrufbar im Internet unter http://www.aktuar.de/download/dav/presse/2008-06-23-Presse-Sterbetafeln-Hintergrund.pdf, abgerufen am 22.04.2011.

312 Im Schreiben wird auch deutlich auf die Merkmale Geschlecht sowie auf die im Zeitablauf steigende Lebenserwartung der Versicherten Bezug genommen, weshalb ebenfalls Anpassung nötig seien. Durch den Urteilsspruch des EUGH zur Gleichbehandlung der Geschlechter ist damit mit einer wesentlichen Subventionierung der Männerpolicen durch Frauen zu rechnen. Ebenso wird darauf hingewiesen, dass ein Selektionsmechanimus existent ist; nur bestimmte Personen mit niedriger Sterblichkeit Lebensversicherungen nachfragen. Dahinter verbirgt sich ein sozioökonomischer Hintergrund mit einem verbundenen Konsum- und Lebensstil. Die Methodik zur Errechnung der verlorenen Lebensjahre ist von der DAV wie folgt vorgenommen worden: Mithilfe der Versichertendaten einiger Rückversicherer zur Sterblichkeit sowie Bevölkerungsdaten des Statistischen Bundesamtes wurden zunächst sogenannte Sterblichkeiten 2. Ordnung berechnet und dann unter Berücksichtigung von Schwankungs- und Irrtumszuschlag die Sterblichkeit 1. Ordnung ermittelt. Für die Ableitung der Rauchertabellen mussten sogenannte Übersterblichkeiten abgeleitet werden – dies wurde von der DAV mit Hilfe ausländischen Daten ermittelt.

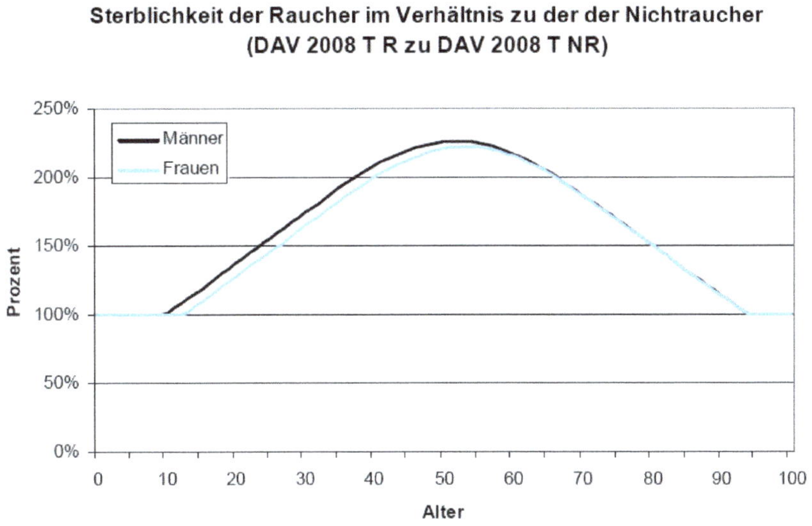

Abbildung 12 Übersterblichkeit der Raucher nach Berechnungen der DAV

Es zeigt sich hier deutlich, dass mehr als 50 % der Übersterblichkeit der Raucher noch zu Erwerbszeiten vor dem 65 bzw. mittlerweile 67. Lebensjahr besteht. D. h. gerade in den Phasen hoher Produktivität bzw. hoher Einkommen sterben Raucher deutlich häufiger als Nichtraucher.

Ebenso ist es möglich an verschiedenen Kapitalmärkten das eigene Todesfallrisiko abzusichern oder sogar auf den Tod anderer Menschen „zu wetten"[313]. Trotzdem scheinen diese Formen der Versicherung des Todes oder aber der Spekulation auf den Tod eher ein Marketingtrick der Anbieter zu sein, durch geschicktes Framing solche Produkte solchen Individuen verkaufen zu wollen, die sich besondere Sorgen um ihre Hinterbliebenen machen oder ein schlechtes Gewissen wegen ihres Lebensstils haben. Dies lässt sich nur mit Informationsasymmetrien, Irrationalität oder fehlenden Finanzmarktprodukten erklären, denn gemäß der Portfoliotheorie von Markowitz reicht es aus Präferenzen zu besitzen, die eine höhere Rendite einer niedrigeren vorziehen und geringeres Risiko einem höheren. So bestünde bei gleichem Risiko die Möglichkeit privat eine höhere Rendite zu erzielen, demnach werden alle Angebote der Risikolebensversicherung

313 Vgl. SPIEGEL-Meldung vom 05.02.2012 im Internet unter www.spiegel.de/wirtschaft/unternehmen /0,1518,813421,00.html, abgerufen am 05.02.2012.

durch bessere Rendite-Risiko-Anlagen dominiert. Die privaten Risikolebensversicherungen werden für diese Kostenaufstellung im weiteren nicht mehr behandelt, da – hier als Annahme – über die Erfassung der Merkmale zum gefährlichen Konsum davon auszugehen ist, dass die Versicherungsprämien ungefähr den erwartbaren Auszahlungen aufgrund gefährlichen Konsums entsprechen und sich diese Position somit zu Null saldiert.

5.4 Produktivitätsrisiken

Als wesentliches Nutzen auslösendes Argument wurden in Kapitel 3 Konsumgüter oder allgemein Konsum genannt. Materieller Wohlstand ist nach wie vor ein wichtiger Indikator und sollte daher in jedem Fall berücksichtigt werden. Konsum und Einkommen sind unmittelbar miteinander verknüpft: Je nachdem, wie stark man den individuellen Nutzen eines Erbes anerkennen mag, bedeutet gefährlicher Konsum und alle vorhergenannten Risiken eines möglichen Produktivitätsverlustes ein Einkommens- und damit ein Konsumrisiko[314]. Die Produktivitätsrisiken lassen sich in mehrere Unterrisiken aufspalten. Wichtig für die konzeptionelle Erfassung der Kosten ist es, die im Rahmen von Versicherungsleistungen erfolgenden monetären Kompensationen der Einkommen nicht doppelt zu zählen. Der Verlust der Produktivität ist ein volkswirtschaftlicher Schaden, der üblicherweise mit dem am Markt erzielten Preis („dem Arbeitslohn") bewertet wird. Die Umverteilungen, bei denen einem Versichertenkollektiv Gelder entzogen werden und die gefährlich Konsumierenden als Entgeltersatz zufließen, um die ausgefallene Produktivität zu kompensieren haben wohlfahrtökonomisch keine Bedeutung, auch wenn einige Publikationen in diesem Zusammenhang von finanziellen Ex-

314 Ein wichtiger Punkt der Quantifizierung besteht hinsichtlich der Frage der Opportunitätskosten des Einkommensverlustes. So führt Johannesson (1996) aus, dass durch (konsumbedingte) Krankheit zwar Arbeitszeit und damit Einkommen wegfallen, auf der anderen Seite aber auch Freizeit gewonnen wird. Diese Sicht ist stark an die Konvention gebunden, Arbeitszeit habe einen geringeren Wert als Freizeit. Verschiedene Einschränkungen sind hier zu machen: Erstens gilt dies nicht für nicht Erwerbstätige; diese haben so gesehen nur Freizeit. Nimmt man Nichtmarkttätigkeiten als Arbeit hinzu, stellt sich die berechtigte Frage, ob sich jemand, der außerhalb des Marktes freiwillig tätig ist, durch Krankheit mehr Freizeit gegenüber diesen Tätigkeiten erhält, da üblicherweise diese Tätigkeiten im Haushalt selbst ausgeführt werden. Zweitens ist die Zeit der Krankheit nicht der Qualität der Freizeit gleichwertig. Ebenso kommt es in der heutigen Zeit bereits vor, dass Arbeitnehmer auch dann zur Arbeit erscheinen, wenn sie eigentlich nicht oder zumindest weniger produktiv sind – dies nennt man Präsentismus.

ternalitäten sprechen (z. B. Sloan et al. 2004)[315]. Trotzdem kann man diese analog zur Hinterbliebenenrente als die monetäre Belastung erfassen, die der Gesellschaft bei Zerstörung der Ressource „Produktivität“ als Verlust zufällt[316].

5.4.1 Das Risiko der Pflegebedürftigkeit

Das Risiko der Pflegebedürftigkeit steigt typischerweise mit dem Alter an[317]. Es bedeutet einen gänzlichen oder teilweisen Verlust der Selbstständigkeit im Alltag oder etwas abstrakter und technischer ausgedrückt, der „Funktionalität“. Dieser Zustand kann damit sowohl als Verlust von Produktivität durch Reduktion der Funktionalität, als auch der Konsummöglichkeiten angesehen werden. Der Teil der Pflegebedürftigkeit, der über die gesetzliche Pflegeversicherung abgedeckt ist, lässt sich relativ leicht monetär quantifizieren. Viel schwieriger wird es wiederum, den intangiblen Teil der Pflegebedürftigkeit zu erfassen, insbesondere da häufig die Angehörigen des Pflegebedürftigen die Pflege übernehmen. Ebenfalls ist ein Phänomen der gesetzlichen Pflegeversicherung, die als Teilkasko-Versicherung konzipiert ist, dass die möglichen abrufbaren Gelder in der Regel nicht vollständig ausbezahlt werden. Dies liegt v. a. daran, dass ein Großteil der Angehörigen von pflegebedürftigen Personen noch selber die Pflegetätigkeiten durchführt und dadurch teilweise Leistungen der GPV nicht abgerufen werden[318]. Geht

---

315 Sloan et al. (2004) verwenden wie viele andere Publikationen auch in diesem Zusammenhang den Life-Cycle-Ansatz um zu zeigen, ob ein Raucher mehr in die sozialen Sicherungssysteme einzahlt als er an Leistungen erhält. Dies lässt sich grundsätzlich auch für den Prävalenzansatz zeigen.

316 Im Humankapitalansatz geht man davon aus, der erhaltene Lohn entspräche der Produktivität des Arbeitnehmers. Damit erhält das Unternehmen keinen Mehrwert vom Arbeitnehmer und der Verlust der Ressource interpretiert in monetären Konsumeinheiten kann beim Individuum angesetzt werden. Als alternative Darstellung wäre es möglich die entgangenen Sozialversicherungsbeiträge bei Ressourcenverlust entsprechend bei den Sozialversicherungen anzusetzen. Schließlich entspricht dann die Umverteilung einer aufgrund gesunkener Produktivität ausgezahlten Rente der monetären Last der entsprechenden auszahlenden Sozialversicherung.

317 Nähere Informationen und Statistiken unter www.bmg.bund.de/fileadmin/dateien/Downloads/Statistiken/Pflegeversicherung/Zahlen_und_Fakten/Zahlen_Fakten_05-2014.pdf, abgerufen am 15.01.2015.

318 Vgl. z. B. Bericht der Bundesregierung über die Entwicklung der Pflegeversicherung unter www.bmg.bund.de/fileadmin/dateien/Publikationen/Pflege/Berichte/Vierter_Bericht_ueber_die_Entwicklung_der_Pflegeversicherung.pdf oder Pressemitteilung des Statistischen Bundesamtes zur Versorgung der Pflegebedürftigen durch Angehörige zu Hause unter www.destatis.de/DE/PresseService/Presse/Pressemitteilungen/

man davon aus, dass gefährlicher Konsum systematisch die Wahrscheinlichkeit pflegebedürftig zu werden erhöht, muss dieser Aspekt in der Kostenaufstellung Berücksichtigung finden. Dies gilt sowohl für den innerhalb der indirekten Kosten bewerteten Verlust an Produktivität, wie auch die direkten Kosten in Höhe der ausgezahlten Pflegeversicherungsleistungen. Letztere werden hier analog zu den direkten Krankheitskosten als Proxy für die tangiblen Bestandteile der Bewertung verlorener Konsummöglichkeiten aufgefasst.

5.4.2 Das Produktivitätsrisiko im Alter

Das Risiko, im Alter nicht mehr erwerbsfähig sein zu können, ist ebenfalls von besonderer Bedeutung. Insbesondere die sinkende Produktivität, die höhere Anfälligkeit für Verletzungen und die langsamere Regenerationsfähigkeit des Körpers haben letztlich als Argumente dazu geführt, dass eine gesetzliche Rentenversicherung eingeführt wurde, die in Anlehnung an das Äquivalenzprinzip bei entsprechenden Beiträgen zur Rentenversicherung während der aktiven Erwerbszeit eine „entsprechende" Altersrente generiert. Damit werden Einkommensströme durch anteilsmäßige zeitliche Verlagerung in die Zukunft transferiert und insgesamt der Einkommensstrom geglättet. Die Leistung „Regelaltersrente" ist aber keine Kompensation eines durch gefährlichen Konsum entstandenen Schadens im Sinne von Krankheitskosten, sondern eine Umverteilung und damit mögliche Minderung von Konsummöglichkeiten bei Beitragszahlern und Erhöhung des Konsums bei Rentenempfängern.

Grundsätzlich ist das aktive Erwerbsleben bei Erreichen der sog. Regelaltersgrenze – der Vollendung des (aktuell) 67. Lebensjahres – das Ende des regulären Erwerbslebens und das Eintrittsalter in die Regelaltersrente. Dieses Alter wird allerdings in vielen Fällen nicht das tatsächliche Verrentungsalter. So beträgt das durchschnittliche Verrentungsalter bei Männern etwa 60 bei Frauen etwa 61 Jahre[319]. Da gefährlicher Konsum das Leben verkürzt, werden ceteris paribus weniger Rentenbeträge der Regelaltersrente an gefährlich Konsumierende ausgezahlt werden. Damit scheint zunächst aus Sicht der Rentenversicherung gefährlicher Konsum entlastent zu sein, wohlfahrtökonomisch wird aber lediglich scheinbar Geld von gefährlich Konsumierenden auf normal Konsumierende umverteilt.

2013/01/ PD13_024_224pdf.pdf;jsessionid=67A5C3986F4E5F8BD8B3CF8DC0C7 2C74.cae4?__blob= publicationFile abgerufen am 14.09.2014.

319 Vgl. Rentenversicherung in Zahlen unter www.deutsche-rentenversicherung.de/ cae/servlet/contentblob/ 238692/publicationFile/61815/01_rv_in_zahlen_2013.pdf, abgerufen am 15.01.2015.

Die häufig konkret angeführte Meinung, dass Raucher die Rentenkassen entlasten würden („Rauchen für die Rente!"), gründet sich auf die durchaus logische Vorstellung, dass Raucher aufgrund ihrer erwiesenermaßen kürzeren Lebenserwartung kürzere Altersrenten beziehen und deshalb eher Nettoeinzahler als Nutznießer der Rentenversicherung sind. Die Gefahr dieser vereinfachten Sicht wird deutlich, wenn man sich die Komplexität der Einnahmen- und Ausgabenseite der gesetzlichen Rentenversicherung genauer ansieht: Zunächst bestehen neben der Rente wegen Alters eine Vielzahl an weiteren Leistungen, die die gesetzliche Rentenversicherung zu erbringen hat. Damit wird deutlich, dass wenn ein Raucher eher erwerbsgemindert ist, eher eine Hinterbliebenenrente erhält und eher längere Zeiten arbeitslos oder krank gewesen ist, sich das Vorzeichen bei alleiniger Betrachtung der gesetzlichen Rentenversicherung umkehren und so ein Raucher zum „Nutznießer" der Rente werden könnte. Bereits bei Adams und Effertz (2010a) wurde darauf hingewiesen, dass lediglich eine geringe Nettoentlastung der gesetzlichen Rentenversicherung bei Rauchern zu erwarten ist[320].

5.4.2.1 Die gesetzliche Rentenversicherung

Die gesetzliche Rentenversicherung (GRV) ist im Sozialgesetzbuch VI geregelt und wurde als drittes Sozialversicherungsgesetz genauer als „Gesetz über die Alters- und Invaliditätssicherung" von Reichskanzler Otto von Bismarck im Deutschen Reich zum 01.01.1891 eingeführt. Viele Jahrzehnte später, im Jahr 1957 wurde dann unter dem Stichwort des sog. „Generationenvertrages" das Umlagesystem zur Finanzierung der gesetzlichen Rentenversicherung in der Bundesrepublik Deutschland von der damaligen Regierung Adenauer eingeführt. Wie in den anderen Sozialversicherungsbereichen bedeutet dies eine Finanzierung der gegenwärtigen fälligen Versicherungsleistungen überwiegend in Form von Altersrenten durch momentane Beitragszahlungen junger Erwerbstätiger ohne Bildung eines Kapitalstocks. Ein wichtiger Risikofaktor in diesem Zusammenhang ist die schon seit Jahrzehnten in Deutschland vorherrschende demographische

320 Für die bloße Feststellung, ob das Rauchen, der Alkoholkonsum oder die Fettleibigkeit deshalb eine Be- oder Entlastung der Rentenkassen bedeutet, reicht es aus, den durchschnittlich jeweils gefährlich Konsumierenden mit einem durchschnittlich nicht gefährlich Konsumierenden zu vergleichen. Lediglich für die Frage, ob sich durch nicht gefährlichen Konsum damit die Situation für die Sozialversicherung ändert, muss der Konsum natürlich kausal für die Beitrags- und Kostenverläufe sein.

Entwicklung, nach der immer weniger junge Erwerbstätige im Umlageverfahren ältere Rentner finanzieren müssen[321].

Die gesetzliche Rentenversicherung soll die Risiken eines Einkommensausfalls im Alter, durch Erwerbsminderung und Tod und damit verbunden den Versorgungsausfall der Hinterbliebenen sichern. Versichert sind alle Personen, die gegen Arbeitsentgelt erwerbstätig sind[322], allerdings sind Beamte, Vorstände, Richter und Soldaten versicherungsfrei. Grundsatz der Finanzierung der GRV ist ebenfalls das Versicherung- bzw. Äquivalenzprinzip, nach dem Beiträge und Leistungen in einem angemessenen und „gerechten" Verhältnis zueinander stehen sollen. Allerdings kommt bei der GRV lediglich die sog. „Teilhabeäquivalenz" zum Tragen. Dies bedeutet, dass die gezahlten Beiträge nicht der absoluten Höhe des Rentenanspruchs entsprechen, sondern lediglich eine relative Anspruchsposition bedeuten.

Die bereits aufgeworfene Frage, ob gefährlich Konsumierende Nettoeinzahler in die Rentensysteme sind, d. h. aufgrund frühzeitigerer Mortalität nicht den Betrag ausbezahlt bekommen, den sie auch verbrauchen oder eben das Gegenteil, soll in dieser Arbeit beantwortet werden[323]. Eine solche Untersuchung für die deutsche Regelaltersrente liegt bisher noch nicht vor. Hier ist es sinnvoll, den Inzidenzansatz für die Beantwortung der obigen Frage zu nutzen, um zu ermitteln, ob eine finanzielle Externalität vorliegt. Die Sicht des Prävalenzansatzes ist für die Regelaltersrente nicht sinnvoll, da es sich hierbei um eine Umverteilung handelt, die nicht wohlfahrtsrelevant ist und gegenüber

---

321 Die Einfügung eines mittlerweile wieder abgeschafften demographischen Faktors 1998 und die Heraufsetzung des Renteneintrittsalters auf 67 Jahre waren Versuche, diesem Problem entgegen zu wirken.

322 Die Beitragsberechnung erfolgt durch Multiplikation der Bemessungsgrundlage mit einem bestimmten Beitragssatz, aktuell 18,9 %. Risikofaktoren, die auf das erwartete Lebensalter und damit die Dauer der Rentenzahlungen Einfluss haben, werden anders als bei privaten Renten- oder Lebensversicherungen nicht berücksichtigt.

323 Präziser müsste man fragen, wie sich gefährlicher Konsum auf die relative Position und die damit verbundenen Anwartschaften innerhalb des Rentensystems auswirken. Der Ausdruck „Rauchen für die Rente" ging beispielsweise lange Zeit durch die Medien und gab die Argumente der Zigarettenindustrie wieder, die behauptete den Rauchern seien keine höheren Steuern aufzuerlegen, da sie Nettoeinzahler in das Rentensystem wären (vgl. Arthur D. Little 2001). Diese Meinung hat sich auch aus der Adaption unterschiedlicher Publikationen aus anderen Ländern gebildet, die hauptsächlich die Krankenversicherungen (!) betrachtet haben.

den anderen Rentenleistungen nicht aufgrund eines Produktivitätsverlustes ausgelöst wird[324].

Die Leistungen der gesetzlichen Rentenversicherung lassen sich in versicherungsgemäße und versicherungsfremde Leistungen unterteilen (Fichte 2011). Häufig wird argumentiert, Sozialversicherungsleistungen dürften nur von denjenigen in Anspruch genommen werden, die als Mitglieder einer speziell definierten Versicherungsgemeinschaft gesonderte Beiträge in die jeweilige Sozialkasse eingezahlt hätten (Fichte 2011). Für übrige Sozialleistungen gilt demnach das Fürsorgeprinzip und diese sollten aus gemeinschaftlichen Steuergeldern geleistet werden. Neben der Regelaltersrente zahlt die gesetzliche Rentenversicherung viele weitere Leistungen aus, etwa Hinterbliebenen- und Erwerbsminderungsrenten. Die wichtigsten Leistungen mit ihren jeweiligen Ausgaben sind nachstehender Tabelle 4 für das Jahr 2012 zu entnehmen.

Tabelle 4 Ausgaben der DRV

Rentenausgaben	**RV insgesamt in Mio. €**	**Allg.RV in Mio. €**	**KnV in Mio. €**
Rentenausgaben	229.231	215.999	13.232
Leistungen zur Teilhabe	5.679	5.555	124
Verwaltungs- u. Verfahrenskosten	3.645	.3530	115
Kindererziehungsleistungen	165	161	4
Sonstige Ausgaben inkl. Beitragserstattungen und Verrechnungen	402	236	231
Ausgaben insgesamt	255.370	249.226	14.892

Wie man ersehen kann, bestehen die wesentlichen Leistungen der Deutschen Rentenversicherung aus den Ausgaben für verschiedene Renten und den Leistungen zur Teilhabe am Arbeitsleben – der beruflichen Rehabilitation. Gerade die Suchtrehabilitation ist für Alkoholiker eine wesentliche und zentrale Leistung der GRV (Effertz 2011) – allerdings sind auch Rehabilitationsmaßnahmen bei mit Rauchen und Adipositas in Verbindung zu bringende Erkrankungen, wie

324 Es ist gleichwohl möglich, dass gefährlich Konsumierende auch systematisch früher die Regelaltersrente beantragen. Dies ist dann aber nur unter Inkaufnahme von Rentenabschlägen möglich. Ob dies dann aus konsumbedingten Produktivitätsreduktionen geschieht, wird hier nicht geklärt. Für die Untersuchung einer möglichen finanziellen Externalität in der GRV ist dies aber nicht relevant.

verschiedenen Krebsarten und orthopädischen Leiden, denkbar. Die medizinische Rehabilitation im Rahmen der gesetzlichen Rentenversicherung geschieht nach § 15 SGB VI mit dem Ziel die Erwerbsfähigkeit zu bessern und wiederherzustellen. („Reha vor Rente"). Ca. 85 % der Reha-Maßnahmen sind 2008 stationäre Leistungen gewesen. 56.000 Leistungen sind Entwöhnungsbehandlungen, dies entspricht 6 % aller Leistungen. Allerdings ist festzuhalten, dass nach dem Reha-Bericht der gesetzlichen Rentenversicherung[325] die Reha-Leistungen bei Abhängigkeitserkrankungen mit 6.227 € mehr als 2,5 teuerer sind als andere medizinische Reha-Leistungen. Die Behandlungsdauer einer Suchtrehabilitation, die überwiegend stationär stattfindet liegt mit durchschnittlich 88 Tagen deutlich über allen anderen Reha-Dauern, die bei ca. 30 Tagen liegen. Der Erfolg der Rehabilitationsmaßnahmen wird häufig über die Erwerbsfähigkeit gemessen bzw. die Zeiten lückenloser Beiträge zur Rentenversicherung werden als Indikator für den Erfolg der Rehamaßnahme gewählt. Leider fallen hierunter auch Zeiten der Arbeitslosigkeit und Krankheit, in denen der Versicherte nicht erwerbstätig ist, so dass sich der Erfolg einer Reha-Maßnahme mitunter nur schwer ermitteln lässt.

Im Normalfall werden Beiträge aus der beruflichen Tätigkeit des Versicherten – etwa direkt prozentual vom Arbeitsentgelt bei abhängig Beschäftigten – zur Finanzierung der älteren Generation abgeführt. Es gibt aber zahlreiche rentenrechtliche Zeitvariationen, in denen mehr oder weniger auch das Nichtzahlen eines Beitrages zu einer Rentenerhöhung führt[326]. Die Regelaltersrente eines Versicherten der 45 Jahre lang ein Durchschnittsentgelt bezogen hat, lag am 01.07.2010 bei 1.224 € in West- und 1.086 € in Ostdeutschland[327]. Die gesetzliche Rentenversicherung ist schon seit Jahren defizitär. Nur etwa 74,36 % der Einnahmen der

325 Download unter www.deutsche-rentenversicherung.de/cae/servlet/contentblob/89894/publicationFile /10890/rehabericht_2010.pdf, abgerufen am 24.04.2011.

326 Ersatzzeiten sind z. B. Zeiten, die sich rentenerhöhend auswirken, in denen Versicherte aber aufgrund von Kriegsumständen u. ä. nicht in der Lage waren selber Beiträge zu leisten. Dies gilt vor allem für Bürger der ehemaligen DDR. Obwohl der damit verbundenen Ausgaben mit 1,7 Mrd. € noch relativ gering sind (Fichte 2011) stellt sich die Frage, ob eventuell besonders diese Betroffenen gefährlich konsumieren. Wenn dem so wäre, verschiebt sich deren Einzahlungs-Auszahlungsprofil zu Lasten des übrigen Versichertenkollektivs. Renten nach dem Fremdrentengesetz werden aktuell fast nur noch Spätaussiedlern gewährt. Wenn diese eher gefährlich konsumieren, gilt ebenfalls, dass gefährlicher Konsum eher mit Nettoauszahlungen aus der Rente zusammenfällt.

327 Vgl. Publikation der gesetzlichen Rentenversicherung download unter http://www.deutsche-rentenversicherung.de/cae/servlet/contentblob/29996/publicationFile/1409/rv_in_zahlen_2010_pdf, abgerufen am 24.04.2011 sowie http://www.deutsche-

Rentenversicherung 2012 stammen aus Beitragszahlungen. Einen wesentlichen Anteil haben die sog. Bundeszuschüsse in Höhe von insgesamt 65,27 Mrd. € (25 % der Einnahmen im Jahr 2013), die direkt aus Steuergeldern verwendet werden und neben der Finanzierung versicherungsfremder Leistungen auch der Stabilisierung der Rentenzahlungen allgemein dienen.

5.4.2.2 Private Renten und Lebensversicherungen

Neben der gesetzlichen Regelaltersrente existieren eine Vielzahl an privaten Zusatzversicherungen und betrieblichen Vorsorgemaßnahmen und Pensionen. Auch hier gilt grundsätzlich, dass sich die Versichertenkollektive von gefährlich und nicht gefährlich Konsumierenden signifikant hinsichtlich der Vertrags-Parameter wie Laufzeit und Prämie unterscheiden müssten, um mögliche Netto-Unterschiede auszuschließen. Als Hypothese mag man vermuten, dass gefährlich Konsumierende, da sie eine kürzere Lebenserwartung haben bei ansonsten gleichen Konditionen eine Quersubventionierung solcher Verträge darstellen könnten, die längere Auszahlungszeiten haben. Dagegen lässt sich vermuten, dass die gefährlich Konsumierenden zumindest zum Teil aus solchen sozialen Milieus stammen, in denen zum einen Erwerbstätigkeit geringer ausgeprägt ist und zum anderen bei Erwerbstätigkeit keine berufliche Altersabsicherung über den Arbeitgeber erfolgt. Diese Sachverhalte werden aber in dieser Arbeit nicht geprüft, da die notwendigen Daten von Lebensversicherern und Pensionskassen nicht zur Verfügung standen. Man kann vermuten, dass analog zu den von Sloan et al. (2004) ermittelten Quersubventionierungen durch Raucher auch in Deutschland solche Umverteilungen existieren. Diese Frage muss zukünftige Forschung aufgreifen. Hier soll daher analog zu den Überlegungen der Risikolebensversicherung gelten, dass private Rentenversicherungen gefährlichen Konsum adäquat einpreisen.

5.4.3 Das Arbeitslosigkeitsrisiko

Der Cost-of-Illness-Ansatz beinhaltet mit den indirekten Kosten sogenannte Ressourcenverluste, d. h. menschliche „Kräfte“, die durch gefährlichen Konsum verloren gehen. Die Produktivität ist zunächst einmal eine Größe, die nicht direkt bewertet werden kann, aber durch die Erwerbstätigkeit eines Menschen zum Ausdruck kommt. D. h. Produktivitätsverluste können sich dadurch bemerkbar machen, dass Individuen unfreiwillig nicht mehr erwerbstätig oder -fähig sind. In vielen Krankheitskostenstudien wurden Kosten der Arbeitslosigkeit nicht be-

---

rentenversicherung.de/cae/servlet/contentblob/238692/publicationFile/57922/rv_in_zahlen_2013.pdf abgerufen am 15.02.2015.

rücksichtigt; dies hat wahrscheinlich den Grund, dass mit der Arbeitslosigkeit die Ressource Arbeitskraft nicht vernichtet ist, sondern lediglich im Sinne des Friktionskostenansatzes von Koopmanshap et al. (1995) „nicht zum Zuge kommt"; das bedeutet, es findet lediglich eine Umverteilung der Ressource Arbeit von gefährlich auf nicht-gefährlich Konsumierende statt.

Es ist aber auch eine andere Argumentation denkbar: Wenn aufgrund gefährlichen Konsums die Gesundheit beeinträchtigt wird, kommt die Arbeitslosigkeit deshalb zustande, da das Grenzprodukt der Arbeit nicht mehr der Entlohnung entspricht[328]. Die Tatsache, dass es sich bei dokumentierter Arbeitslosigkeit um einen „unfreiwilligen" Zustand handelt, macht zudem deutlich, dass ein arbeitsloses Individuum den Zustand der Erwerbstätigkeit dem der Arbeitslosigkeit zumindest im Durchschnitt vorziehen würde[329]. Schließlich wird in vielen Publikationen Arbeitslosigkeit als bedeutende Beeinträchtigung der Lebensqualität angesehen (vgl. Kapitel 5.2). Dieser Zustand weist damit einen hohen intangiblen Kostenanteil auf. Die Bewertung dieses nicht eingesetzten Ressourcenkontingents ist schwierig, da nicht klar ist, wie produktiv ein Individuum während der Arbeitslosigkeit ist[330]. Da es sein kann, dass Arbeitslosigkeit ein Resultat lediglich marginaler Produktivitätsreduktionen ist und im Falle der Arbeitslosigkeit annähernd die gleiche Produktivität wie im Zustand der Erwerbstätigkeit vorhanden ist,

---

328 M.a.W. interessiert es einen Arbeitgeber lediglich, wie produktiv seine Arbeitskräfte und die ihm geschuldete Arbeitsleistung sind und damit geht es letztlich um die zu bewertende gesunkene Produktivität, die in der Arbeitslosigkeit zum Ausdruck kommt. In der Makroökonomik ist beispielsweise das Phänomen der „starren Löhne" bekannt, die wenig Abwertungspotenzial besitzen, da sie meist in Tarifverträgen oder individuell arbeitsvertraglich fixiert sind („Mindestlohndebatte"). Dies trägt dann kurzfristig zur Arbeitslosigkeit bei, da es Lohnangleichungen an die Produktivität verhindert (vgl. Akerlof et al. 1996).

329 Strategisches Verhalten, bei dem aus subjektiver Sicht der Bezug von Entgeltersatzleistungen wie Hartz IV einem Zustand in Erwerbstätigkeit vorgezogen wird, mag es natürlich auch geben. Dieser hängt aber zumindest nicht direkt mit gefährlichem Konsum zusammen, sondern nur dann, wenn langfristig gefährlicher Konsum die Arbeit-Freizeit Präferenzen entsprechend ändern würde.

330 Man kann Annahmen treffen, dass der Arbeitslose komplett hauswirtschaftliche Produktion unternimmt. Dies ist unwahrscheinlich, da bereits mit Erwerbstätigkeit ein hinreichendes Ausmaß an hauwirtschaftlicher Produktion stattfindet. Würde man deshalb den Verlust durch Arbeitslosigkeit als volles Einkommen ansetzen, so lässt man wiederum außer Acht, dass der gefährlich Konsumierende vielleicht zu einem geringeren Lohn eine Arbeit finden würde. Damit ist seine gesunkene Produktivität nicht Null, sondern ggf. nur etwas niedriger als vorher.

wären die indirekten Kosten hier nicht anzusetzen. Es kann aber ebenso sein, dass Arbeitslosigkeit komplett unproduktiv verbracht wird. Für diesen Fall müssen die indirekten Kosten angesetzt werden. Direkte Kosten als Konsumänderung der Gesellschaft aufgrund durch gefährlichen Konsum herbeigeführter zusätzlicher Arbeitslosigkeit existieren nicht, dies sind Umverteilungen.

Das Arbeitslosigkeitsrisiko ist bei Arbeitslosigkeit bis zu einem Jahr durch die gesetzliche Arbeitslosenversicherung abgedeckt. Diese umfasst einen dem Versicherungs- bzw. Äquivalenzprinzip folgenden Schutz bei eintretender Arbeitslosigkeit in Form einer Lohnersatzleistung[331], als „Arbeitslosengeld I" geregelt in SGB III bezeichnet. Ebenso existiert eine vom Fürsorgegedanken geprägte Leistung, die aus finanzwissenschaftlicher Sicht als gesamtgesellschaftliche Aufgabe bzw. Leistungen in Form des Arbeitslosengeldes II (auch „Hartz IV", geregelt in SGB II) einen Mindeststandard der Versorgung sicherstellen soll, der „ein Leben in Würde" ermöglicht. Diese letztere Zahlung wird aus Mitteln der ARGEn und der Kommunen sowie teilweise vom Bund getragen. Eine Reihe von versicherungsfremden Leistungen müssen gemäß dem „Konnexitätsprinzip" (Art. 104a GG) aus allgemeinen Steuermitteln bezahlt werden. Dementsprechend sind alle versicherungsfremden Leistungen externe Kosten.

Hinsichtlich des gefährlichen Konsum spielt die Arbeitslosenversicherung dahingehend eine Rolle, dass entweder Versicherte aufgrund des Konsums zunächst krank und danach arbeitslos werden oder direkt aufgrund gefährlichen Konsums in Arbeitslosigkeit geraten (etwa weil sie am Arbeitsplatz unerlaubt geraucht oder Alkohol konsumiert haben und dadurch abgemahnt und gekündigt wurden). Da die Dauer des Arbeitslosengeldes I altersabhängig ausgestaltet ist, besteht insbesondere für den Fall der spät aufgrund der langen Latenzzeit bei gefährlichem Konsum einsetzenden Krankheiten und Erwerbsminderungen, die von der GRV noch nicht anerkannt sind und deshalb in Form von Arbeitslosengeld beglichen werden, die Gefahr, dass eine nicht dem Versicherungsprinzip zugrundeliegende Leistung und damit externe Kosten bei gefährlichem Konsum bestehen. Es besteht aber auch eine umgekehrte Wirkungsweise: So wird in verschiedenen Veröffentlichungen auf Rolle gefährlichen Konsums als Selbstmedikation bei unsicheren Lebenssituationen hingewiesen (Barnes und Smith 2009). Das bedeutet, dass in Arbeitslosigkeit geratende Personen häufiger als Folge gefährlich konsumieren, um damit quasi kompensatorisch Unwohlsein und Stress im Zusammenhang

331 Ebenso gibt es eine Reihe flankierender Maßnahmen wie Umschulungen, Reha-Maßnahmen und einem pauschalen Sozialversicherungsbeitragsabschlag zur Sicherung der Beiträge in die anderen Sozialversicherungszweige.

mit der Lebensplanung zu begegnen. Da das Risiko arbeitslos zu werden und gefährlich zu konsumieren wesentlich von bestimmten Soziodemografika wie Ausbildung und ggf. auch Familienstand[332] abhängt, ergibt sich hier ein direkter Pfad zwischen sozialer Schicht und sozialen Kosten.

Studien kommen bezüglich schädlichem Alkoholkonsum überwiegend zu dem Ergebnis, dass dieser Arbeitslosigkeit nach sich zieht (Leino-Arjas et al., 1999; Morris et al., 1992; Virtanen et al., 2008). Eine umgekehrte Wirkrichtung ist nicht immer eindeutig (Backhans et al 2012) und ein Verstärkereffekt – Steigerung des Alkoholkonsums nach Eintritt der Arbeitslosigkeit – nicht gesichert.

Ebenso wird für Arbeitslose über 58 Jahren Arbeitslosengeld bezahlt, obwohl diese Personengruppe weder für den Arbeitsmarkt zur Verfügung steht noch an einer Weiterbeschäftigung interessiert ist (sog. Scheinarbeitslose, Fichte 2008). Zusätzlich werden verschiedene Maßnahmen zur Wiedereingliederung Arbeitsloser in den Arbeitsmarkt oder zur Überbrückung und Abwendung drohender Arbeitslosigkeit unternommen[333]. Ein gefährlich Konsumierender wird, wenn er häufiger arbeitslos als andere ist, ebenfalls einen entsprechend höheren Bedarf an diesen zum Teil versicherungsfremden Leistungen und damit externen Kosten aufweisen. Ebenso ist es wichtig, einen Anteil an Verwaltungsausgaben auf die gefährlich Konsumierenden Arbeitslosen umzulegen[334].

5.4.4 Erwerbsunfähigkeit und Berufskrankheiten

Eine weitere wichtige Leistung für die Versicherten der GRV ist die Erwerbsminderungsrente. Diese wird gewährt, wenn Versicherte nicht mehr fähig sind, eine gewisse tägliche Stundenanzahl am Tag zu arbeiten (§ 43 SGB VI)[335] und ist

---

332 Siehe etwa Gary Beckers (1981) Sicht auf Heirat als gegenseitige Versicherung gegen Lohnausfall.

333 Ein Teil davon sind versicherungsfremde Leistungen etwa: Altersteilzeit, Sondermaßnahmen für Jugendliche, Sozialpädagogische Ausbildungsvorbereitung, Kurzarbeitergeld und Eingliederungszuschüsse (vgl. Fichte 2008).

334 Nach Fichte (2008) sind 53,3 % der Verwaltungsausgaben der Arbeitslosenversicherung – gemeint sind Leistungen nach SGB III – versicherungsgemäß, entsprechend 46,7 % versicherungsfremd. Ebenso bestehen sogen. Eingliederungsbeiträge, die die Bundesagentur an den Bund zur Mitfinanzierung von SGB II Leistungen zu entrichten hat.

335 Vgl. dazu § 43 SGB VI, ausführlicher: Deutsche Rentenversicherung Bund (Hrsg.), Die Renten wegen verminderter Erwerbsfähigkeit, Grundsätze der gesetzlichen Rentenversicherung, DRV-Schriften Band 96, Sonderausgabe der DRV, Dezember 2011, S. 19 ff.

damit direkt Ausdruck gesunkener Produktivität. Während die EM-Renten in den letzten 15 Jahren insgesamt deutlich zurückgingen – bei Männern wesentlich deutlicher als bei Frauen – kam es in den letzten Jahren wieder zu einem leichten Anstieg (Kaldyabajewa und Kruse 2012). Aktuell kommt es jährlich zu etwa 180.000 neuen EM-Rentenzugängen. Dies entspricht etwa 5,4 ‰ der rentenversicherten Männer bzw. 5,8‰ der Frauen ohne geringfügig Beschäftigte. Das durchschnittliche Zugangsalter der Männer zur EM-Rente liegt bei 49,9 Jahren bei Frauen und 51,1 Jahren bei Männern, die durchschnittliche EM-Rente betrug 596 €. In die Entwicklung der letzten Jahre geht auch mit ein, dass eher Personen aus sozial niedrigeren Schichten eine EM-Rente bekommen und dadurch der durchschnittliche Rentenbetrag etwas gesunken ist. Ab etwa dem 48. Lebensjahr steigt die Wahrscheinlichkeit für eine EM-Rente deutlich an. Ebenso scheint es der Fall zu sein, dass vermehrt Personen aus der (Langzeit-)arbeitslosigkeit EM-verrentet werden, und dies überproportional aufgrund psychischer Erkrankungen wie auch Substanzabhängigkeiten.

Berufskrankheiten, bei deren Vorliegen die gesetzliche Unfallversicherung eine Rente auszahlt, sind eigentlich per definitionem nicht mit gefährlichem Konsum in Zusammenhang zu bringen. Sie sollen mit der ausgeführten Tätigkeit eines Arbeitnehmers in direktem Zusammenhang stehen, beispielsweise ein Hörschäden aufgrund von Lärm der Arbeitsumgebung oder Erkrankung durch anorganische Stäube (Silikose bei Bergleuten oder Asbestose). Es ist durchaus denkbar, dass gefährlicher Konsum das marginale Risiko der Arbeit erhöht (z. B. könnte ein alkoholisierter Arbeiter des Baugewerbes seine körperliche Leistungsfähigkeit überschätzen). Berufskrankheiten werden durch die Berufskrankheiten-Verordnung festgelegt. Eine Kausalität nachzuweisen ist häufig schwer. Aktuell existieren 68 anerkannte Berufskrankheiten. Die Leistung der Träger der gesetzlichen Unfallversicherung bei Vorliegen einer Berufskrankheit bestehen in deutlich höheren Leistungen, als etwa die im Rahmen der gesetzlichen Krankenversicherung gewährten.

5.5 Sorgfaltsrisiken

Sorgfaltsrisiken meinen alle Verhaltensänderungen aufgrund gefährlichen Konsums, die eine Erhöhung der Schäden bzw. negativen Konsequenzen für Externe und den Konsumenten selber haben; d.s. Fahrlässigkeiten und vorsätzliche unerlaubte Handlungen. Dies können etwa die Konsequenzen alkoholbedingter Unfälle sein oder das Leid der Opfer von Straftaten unter Alkoholeinfluss, die ohne einen solchen Konsum nicht stattgefunden hätten.

5.5.1 *Unfälle*

Es ist naheliegend anzunehmen, dass gefährlicher Konsum kurz- und langfristig Auswirkungen auf die Wahrscheinlichkeit hat zu verunfallen. Dies kann zum einen dadurch geschehen, dass akuter Konsum von Alkohol dazu führt, dass motorische und kognitive Fähigkeiten sowie die Wahrnehmung und das Sorgfaltsniveau unter Alkoholeinfluss massiv eingeschränkt sind[336]. Andererseits ist es denkbar, dass sich ein riskanter Konsum von Tabak und Alkohol bzw. ein langfristig zu Adipositas führender Konsum allmählich einen Einfluss auf die Unfallwahrscheinlichkeit hat. Es erscheint weiterhin sinnvoll aufgrund der bestehenden sozialversicherungsrechtlichen Situation in Deutschland Unfälle durch gefährlichen Konsum in solche zu unterteilen, die während der Arbeitszeit (oder mit dieser zusammenhängen) oder in der Freizeit stattfinden. Für Alkoholkonsum sind mögliche negativen Einflüsse sehr gut dokumentiert (z. B. Bork 2010), bei Tabakkonsum gibt es mehrere Wirkmöglichkeiten: so ist mittlerweile bekannt, dass sich Rauchen während der Schwangerschaft auf das Verhalten des Kindes auswirkt und etwa ADHS begünstigt (Ernst 2001, Gaysina et al. 2014); es wird dann angenommen, dass diese Kinder mit dem Rauchen anfangen, um durch das Nikotin eine Regulierungsmöglichkeit der ADHS-relevanten Verhaltensdefizite zu erhalten. Damit ist nicht das gegenwärtige Rauchen, sondern das Rauchen der Mutter entscheidend. Grundsätzlich gilt es als erwiesen, dass Nikotin die Aufmerksamkeit erhöht (Frankenhaeuser et al. 1971); es wäre daher plausibel anzunehmen, dass Raucher, wenn ihnen das Rauchen auf der Arbeit untersagt wird, im Zuge ihres Cravings deutlich unkonzentrierter und fahriger agieren als Nichtraucher (Singer et al. 2010)

Die gesetzliche Unfallversicherung ist in SGB VII geregelt. Die Beiträge zur gesetzlichen Unfallversicherung (GUV) werden von Unternehmen entrichtet, die zwangsweise einer Berufsgenossenschaft, den Trägern der Unfallversicherung

---

336 Akuter, „normaler" Konsum von Nahrungsmitteln ist bislang nicht mit biologischen oder pharmakologischen Effekten in Verbindung gebracht worden. Tabakkonsum hingegen schon (Ackerman 2012), v. a. als „selbstgenutztes" Analgetikum. Bei beiden Konsumformen wäre denkbar, dass sich die Konzentration im Straßenverkehr senkt, so dass es zu Unfällen v. a. mit dem Auto kommen könnte. Da dies aber nicht (oder nur schwer) unmittelbar auf Adipositas zurückzuführen ist und das Rauchen während der Autofahrt nicht in Datensätzen zum Unfallgeschehen enthalte ist, wird auf diese Kostenkomponente verzichtet.

zugewiesen werden[337]. Die Berufsgenossenschaften unterteilen sich aktuell (2011) in 9 Branchen gegliederte gewerbliche und 9 landwirtschaftliche Berufsgenossenschaften. Die Unfallversicherungsträger der öffentlichen Hand gliedern sich in 20 Unfallkassen und Gemeindeunfallversicherungsverbände, vier Feuerwehr-Unfallkassen sowie die Eisenbahn-Unfallkasse, die Unfallkasse Post und Telekom und die Unfallkasse des Bundes[338].

Die Unfallversicherungsträger der öffentlichen Hand werden aus Steuergeldern getragen. Damit sind die Kosten der gesetzlichen Unfallversicherung fast ausschließlich externe Kosten[339]. Ebenfalls problematisch ist, dass die Leistungen der GUV im Vergleich mit der GKV aufgrund von Ineffizienzen wesentlich umfangreicher und teurer sind. Der Versicherungsfall tritt bei Unfällen während der Arbeitszeit sowie bei Unfällen auf den „Wegen zwischen Wohnung und Arbeitsstelle" ein. Ebenso werden die bereits erwähnten Berufskrankheiten – darunter sind Krankheiten, die nachweislich durch die jeweilige Tätigkeit entstehen – von der GUV getragen. Die Leistungen sind deutlich höher. Die Betrachtung der gesetzlichen Unfallversicherung ist deshalb so interessant, da zum einen die Leistungen aus der Versicherung ein Vielfaches großzügiger und damit teurer sind, als etwa bei der GKV oder GRV zum anderen diese Leistungen bis auf einen minimalen Anteil externe Kosten darstellen. Die Absicherung des Wegeunfallrisikos besteht seit 1925. Es weist mit dem betrieblichen Unfallrisiko keinerlei inneren Zusammenhang auf (Römer 2004). Damit ist gemeint, dass ein Unternehmen durch Maßnahmen kaum Einfluss auf die Höhe des Unfallrisikos hat[340]. Abgesichert sind eine Vielzahl von „Wegen", die nicht unmittelbar mit der Arbeitsstelle etwas zu tun haben (z. B. Wege der Kinder wegen eigener Berufstätigkeit). Darüber hinaus existiert eine Reihe von versicherungsfremden Leistungen etwa für den Versicherungsschutz von Personen für die keine Beiträge gezahlt werden (Schwarzarbeiter). Daneben ist das Honorarsystem für Ärzte bei der GUV wesentlich großzügiger ausgestaltet.

---

337 Die Berufsgenossenschaften verfügen über eine Monopolstellung, die die Verhandlungspositionen der Unternehmen schwächt und Wettbewerb unter den Trägern der GUV behindert. Dies führt zu ineffizienten Kostenstrukturen und damit höheren Beiträgen (Römer 2004).

338 Vgl. Webseite der DGUV unter http://www.dguv.de/inhalt/BGuUK/index.jsp, abgerufen am 20.05.2011.

339 Der einzige interne, dem Individuum verbleibende Kostenteil ist der über Steuern bezahlte anteilige Beitrag für den Träger öffentliche Hand.

340 Damit könnte ein Unternehmer im Übrigen nicht zivilrechtlich haftbar gemacht werden, da bei einer in diesem Fall bestehenden Gefährdungshaftung keine vom Verantwortlichen beherrschbare Gefahr existiert.

Gefährlicher Konsum kann die Wahrscheinlichkeit einen Arbeits- oder Wegeunfall zu erleiden erhöhen. Das wohl einsichtigste Beispiel ist Alkoholkonsum. Alkohol wirkt sich direkt auf die Koordinationsfähigkeit, Sorgfalt und beispielsweise Fahrtüchtigkeit aus. Weniger offensichtlich ist die Frage inwieweit sich Tabakkonsum auf Arbeitsunfälle auswirkt. Der Zusammenhang zwischen Unachtsamkeit am Steuer durch das Anzünden einer Zigarette und Wegeunfall mag plausibel erscheinen. Allerdings ist es bereits mangels Datenlage aktuell nicht möglich dem Einfluss der Zigaretten in diesem Fall zu quantifizieren.

Vor einer Rentenzahlung werden zunächst Heil- und dann Rehabilitationsbehandlungen durchgeführt. Bei Arbeitsunfähigkeit wird in Anlehnung an das Krankengeld der GKV ein Verletztengeld bezogen. Während das Krankengeld zeitlich befristet ist, besteht beim Verletztengeld keinerlei zeitliche Befristung. Das Verletztengeld beträgt 80 % (Vergleich Krankengeld 70 %) des regelmäßigen Arbeitsentgelts aus allen Beschäftigungen. Ärztliche Dienstleistungen, Arznei- und Verbandsmittel dürfen uneingeschränkt verordnet werden, ebenso besteht ein „Erstzugriffsrecht", Patienten in den Berufsgenossenschaften-eigenen Unfallkliniken unterzubringen. Im Vergleich dazu schließt die GKV Leistungen aus und es existieren Zuzahlungen. Die Vergütung der Ärzte erfolgt nach der Gebührenordnung der Ärzte (GOÄ), die auch bei Privatversicherten zum Tragen kommt und nicht nach dem einheitlichen Bewertungsmaßstab (EBM) der GKV. Besteht eine Erwerbsminderung in Folge eines Unfalls von mindestens 20 % nach der 26. Woche erhält der Verunfallte eine Rente. Diese ist unabhängig von dem nach dem Unfall erzielten Erwerbseinkommen. Ebenso besteht eine Vorrangigkeit der Unfallrente gegenüber der gesetzlichen Rentenversicherung. Auffällig ist, dass die Beitragskalkulation eher einer Umlage auf bestimmte Branchen unabhängig von Risikopotenzialen entspricht. So verzeichnet die GUV laut Römer (2004) seit 1960 stetig sinkende Unfallzahlen.

Die Unfallversicherung verfolgt zwei Hauptaufgaben: Die Prävention von Arbeitsunfällen, Berufskrankheiten und arbeitsbedingten Gesundheitsgefahren (Prävention) sowie die Wiederherstellung von Gesundheit und Leistungsfähigkeit des bei einem Unfall Verletzten (Reha und Entschädigung, Fuchs und Preis 2009). Die Existenzberechtigung der gesetzlichen Unfallversicherung rührt aus der Überzeugung her, dass ein solches System die beiden benannten Aufgaben besser in einem ökonomischen Sinne effizienter verfolgen kann, als dies auf zivilrechtlichem Wege für Geschädigten und Schädiger der Fall wäre[341].

---

341 Selbstverständlich schwingen bei solch einer Überzeugung direkt Probleme in Form von Fehlanreizen hinsichtlich des optimalen Sorgfaltsniveaus mit. Anscheinend

Die Ermittlung des Ausmaßes von Unfällen, die auf gefährlichen Konsum zurückzuführen sind, ist äußerst schwierig[342]. Es gibt einige Statistiken, die dennoch hierüber Auskunft erlauben: Die Krankenkassen zahlen im Auftrag der Berufsgenossenschaften das Verletztengeld aus, damit lässt sich schon ein direkter Vergleich von gefährlich konsumierenden Erwerbstätigen mit anderen Erwerbstätigen durchführen. Darüber hinaus enthalten die Mikrozensen und das SOEP detaillierte Daten zu Leistungen der gesetzlichen Unfallversicherung und teilweise auch Leistungen privater Versicherungsunternehmen. In den Mikrozensen 1999 und 2003 wird darüber hinaus explizit nach einer Berufskrankheit im Zusammenhang mit der Verrentung gefragt. Dies ist besonders für die Gruppe der Raucher wichtig. Das Straßenverkehrsunfallgeschehen wird – wenn es polizeilich erfasst wird – detailliert über das statistische Bundesamt erhoben. Hierbei lässt sich feststellen, ob der Unfall unter Alkoholeinfluss erfolgte und ob es sich um einen Arbeitsunfall handelte. Nicht erfasst ist etwa das Rauchen am Steuer und dessen Auswirkung auf die Konzentration beim Fahren und die Unfallwahrscheinlichkeit. Ebenso lässt sich Adipositas nicht mit Straßenverkehrsunfällen in Zusammenhang bringen.

5.5.2 Kriminalität

Verlässt man einmal die Sphäre der Gesundheitsbeeinträchtigung und stellt auf den gefährlichen Konsum als solchen ab, lassen sich weitere Re-Allokationen an Konsumströmen identifizieren, die durch gefährlichen Konsum entstehen. Beispielsweise ist bekannt, dass Alkohol enthemmend wirkt. In diesem Zusammenhang werden überproportional häufig Straftaten begangen; vornehmlich gefährliche Körperverletzungen und Sexualdelikte[343], die wiederum Schmerz,

---

ist aber genau das Gegenteil herrschende Meinung: Nach Fuchs und Preis (2009) kommt ein zivilrechtliches Anspruchssystem der Präventionsfunktion nicht nach.

342 In einem persönlichen Telefongespräch gaben sowohl Arbeitgeberverband als auch DGB und die Träger der Unfallversicherungen an, keinerlei Kenntnis über die Häufigkeit von durch Alkoholkonsum verursachten Unfällen in deutschen Unternehmen zu haben. Sicherlich bestehen aber auch auf beiden Seiten Interessen, diese Zahlen nicht öffentlich werden zu lassen, gäbe es sie denn. Lediglich eine Zahl aus dem Jahr 1997, die besagt, dass ca. 25 % aller betrieblichen Unfälle auf Alkoholkonsum zurückzuführen seien findet sich hierzu (Adams und Effertz 2010a). Dies ist alleine schon deshalb unbefriedigend, da sich zwischenzeitlich die Unternehmenssicherheit sicherlich erhöht hat und Alkohol am Arbeitsplatz heute deutlich restriktiver gehandhabt wird, als Ende der 90er Jahre.

343 Vgl. Polizeiliche Kriminalstatistik 2010, abrufbar unter www.bka.de.

Leid und beeinträchtigte Gesundheit bei Opfern herbeiführen und Ressourcenreallokationen etwa in höhere Polizeipräsenz nötig macht. Die Verfolgung der Straftaten durch Justiz und Polizeibehörden verursachen wiederum Ressourcenverbräuche, die bei Fehlen des gefährlichen Alkoholkonsums nicht benötigt würden. Ein im Vollrausch verursachter KFZ-Unfall ist meist um ein Vielfaches sowohl an Personen- wie Sachschäden höher als ein „normaler Unfall“[344] aufgrund wesentlich beeinträchtige Fahrfähigkeit. Subsummiert man solche Auswirkungen, lässt sich ein Einfluss des konsumierten Gutes auf das Handeln konstatieren, die ähnlich eines nicht erfolgten ausreichenden Sorgfaltsniveaus suboptimale Ergebnisse in Märkten erzeugt. Dies bedeutet, dass zwar auch ohne Alkoholkonsum Straftaten begangen werden, der Konsum von Alkohol diese aber häufig verschlimmert, da diese in gewisser Weise „weniger sorgfältig“ verübt werden. Collins und Lapsley (2008) haben in ihrer Übersicht zu den Kosten gefährlichen Konsums in Australien die Kosten der Kriminalität nur auf Alkohol und andere illegale Drogen bezogen. Hierbei wurde zwischen den Kosten der Polizei, der Gerichte, der Gefängnisse, zerstörten Eigentums, Versicherungsverwaltungskosten, Gewalt und der verlorenen Produktivität der Inhaftierten unterschieden. Ebenso wurde das Leben der Todesopfer von Kriminalität bewertet. Für diese Arbeit werden die alkoholbedingten Kosten der Kriminalität mangels geeigneter Datengrundlage nicht geschätzt.

5.6 Auswirkungen auf Human- und Sozialkapital

Neben dem Konsum können auch Investitionen in Humankapital durch gefährlichen Konsum beeinträchtigt werden. Eine für das Individuum wichtige Investition ist die in das eigene Humankapital. Humankapital ist aus ökonomischer Sicht kein Selbstzweck, sondern dient in erster Linie dazu ein höheres Arbeitseinkommen am Markt zu erzielen. Dies wurde von Mincer bereits 1958 in einer grundlegenden Arbeit mit stilisierten Fakten zur Humankapitalinvestition dargelegt. Ein heutiger Konsumverzicht bedeutet einen höheren Konsum in der Zukunft. Mit höherem Arbeitseinkommen können also mehr Güter gekauft und konsumiert werden. Dadurch entsteht dem Individuum ein Nutzen, der wiederum im Rahmen der hier durchgeführten Kostenanalyse monetär bewertet wird[345]. Ob aus Humankapital als solchem ein Nutzen entsteht, ist diskussionswürdig: Der

344 Vgl. Statistik der Unfälle unter Alkoholeinfluss, Statistisches Bundesamt Fachserie 8 Reihe 7 unter www.destatis.de.

345 Damit ist die Gleichsetzung der Bewertung von Nutzen aus Konsum mit dem dafür benutzen Einkommen – wie es im später noch zu erläuternden Humankapitalansatz

Prozess der Humankapitalaneignung, das Lernen, wird üblicherweise bei der Betrachtung als Investition als nicht kostenlos angesehen, da Konsumverzicht stattfindet. Gleichzeitig wird neben der Anstrengung auch Zeit zum Lernen benötigt. Man erkennt schnell, dass es eine „reine" Unterteilung zwischen Konsum und Investition in Humankapital nicht gibt. Wie eben ausgeführt, wird durch die beeinträchtigte Gesundheit das Vermögen reduziert, Einkommen und damit Konsum zu erzielen und – an sich – zu konsumieren, im Wesentlichen aufgrund der reduzierten Lebenserwartung. Gleichzeitig legen empirische Studien nahe, dass Humankapital mit höherer Lebenszufriedenheit verbunden ist und auch mit höherer Gesundheit assoziiert werden kann (Grossman 1972, Galor und Weil 2000). Ob Bildung tatsächlich kausal die Gesundheit positiv beeinflusst oder lediglich korrelativ daran gebunden ist – weil für beides bestimmte Fähigkeiten und eine eher geringe subjektive Diskontrate ausschlaggebend sind (Clark und Royer 2013) ist allerdings fraglich. So konnten etwa Clark und Royer (2013) zeigen, dass eine bloße Erhöhung der Schulzeit und damit des Humankapitals lediglich kleine Verbesserungen der Gesundheit bewirkt. Für die weitere Analyse muss dies unbedingt beachtet werden. Die Auswirkungen auf berufliche Entwicklungsmöglichkeiten lassen sich ökonomisch in Form von Mehrsektorenmodellen (Cunha und Heckman 2007) darstellen. Hier ist aufgrund der niedrigen Substitutionselastizität zwischen den einzelne Lebensabschnitte darstellenden Sektoren, ein früher Ausfall bei der Humankapitalakkumulation schwerer auszugleichen als ein in späteren Phasen. In diesem Sinne lässt sich das Humankapital eines Individuums als ein „Vermögen" im Sinne der Lucas'schen makroökonomischen Modelle betrachten, welches aufgrund von Krankheiten abgeschrieben wird, in das z. B. durch Ausbildung investiert wird und über das jedes Individuum – Eltern für ihre Kinder – gemäß seines Nutzenkalküls maximierend entscheidet und zur Arbeit einsetzt. Humankapital und Gesundheit fallen als Größe nicht zusammen, obwohl Gesundheit unmittelbar die Produktivität eines Individuums beeinflusst. Allerdings wird in den gegenwärtigen Ansätzen etwa noch häufig der Wert des Lebens mit der Produktivität des Individuums gleichgesetzt[346]; es soll aber berücksichtigt werden, dass das Leben an sich einen Wert, auch ohne produktiv zu sein, hat[347]. Einige Publikationen weisen auf einen Zusammenhang zwischen Humankapital

erfolgt – eine Verkürzung und Vereinfachung in der Bewertung, die im Rahmen des WTP-Ansatzes so zumindest angenähert Ausdruck findet.

346 Vgl. hierzu das Kapitel über die Krankheitskostenrechnung.

347 Dies geht beispielsweise in die Analyse von Wang und Sloan (2008) ein, in der nach dem Wert des Lebens gefragt wird und gleichzeitig die ökonomischen Ausfälle wie Arbeitsentgelte als versichert unterstellt werden.

und Mortalität hin (Oster et al. 2013). Es ist also denkbar, dass Humankapital nicht nur höhere Entgelte am Arbeitsmarkt ermöglicht, sondern zusätzlich einen gesunden Lebensstil befördert oder auch weniger gesundheitsbelastende Berufe ermöglicht[348].

Hammond und Levine (2010) untersuchten in einer Übersichtsarbeit Reduktionen bzw. geringere Akkumulationen des Humankapitals infolge von Adipositas als eigenständige Kostenkomponente. Sie verweisen v. a. auf eine Studie von Gortmaker et al. (1993) in der 16- bis 24-Jährige über sieben Jahre hinsichtlich Einkommen, Schulabschlüssen, Gesundheit und Selbstwertgefühl beobachtet wurden. Sie fanden eine um 0,3 Schuljahre signifikanter niedrigere Bildung bei adipösen Frauen, ein deutlich niedrigeres Haushaltseinkommen – auch nach Kontrolle diverser Kovariate, höhere Armutsraten und weniger Verheiratete. Kaestner et al. (2009) fanden in ihrer Studie eine höhere Quote an Schulabbrechern unter den Adipositaspatienten. Geier et al. (2007) entdeckten, dass fettleibige Kinder häufiger in der Schule fehlten. Schließlich untersuchte Sabia (2007) den Zusammenhang von Gewicht und Schulnoten und kam auch hier zu dem Ergebnis, dass diese negativ zusammenhängen. Ebenso sei erwähnt, dass zumindest für Rauchen und Adipositas immer wieder ein sozioökonomischer Gradient dokumentiert wird (Schulze und Lampert 2006); d. h., dass Raucher und Adipöse durchschnittlich über niedrigere Schulbildung, Berufsabschlüsse und Stellung im Beruf verfügen als andere Personen. Die Kausalitätsrichtung muss hierbei natürlich eindeutig geklärt sein.

Gemäß dem Humankapitalansatz der Krankheitskostenrechnung wird jeder krankheitsbedingte Arbeitsunfähigkeitstag mit dem eigentlich erzielten Arbeitslohn bewertet. Dies ist in mehrfacher Hinsicht eine Verkürzung der tatsächlichen Werterfassung: Erstens ist die Sicht statisch. Das Humankapital ändert sich im Zeitablauf durch Investitionen beispielsweise in Form von Fortbildungen und kann ggf. auch Schrumpfen etwa aufgrund des natürlichen Alterungsprozesses. Mit der Änderung des Humankapitals sind auch Veränderungen des Einkommens zu erwarten. Sieht man einmal von der Problematik „Starrer Löhne“ und

348 Hier hat man gegebenenfalls das Bild des klassischen Arbeiters vor Augen, der körperlich stark durch die Arbeit beansprucht wird. Ob angesichts der stetig steigenden Zahlen an Depression und Burn-Out nicht auch gerade hochbezahlte und Humankapital voraussetzende Berufe gesundheitsschädlich sind, kann hier nicht untersucht werden. Es ist wahrscheinlich, dass Humankapital Freiheitsgrade bei der Berufsauswahl ermöglicht, die eine mehr oder weniger optimale Auswahl eines Berufes mit entweder höherem Einkommen oder mehr Rekreations- und Freizeit ermöglicht.

tariflich fixierter Lohnstufen oder Gehaltsbändern ab, sollte die Größe des Humankapitals mit Einkommen korreliert sein. Zweitens kann man sich vorstellen, dass durch Humankapital ein Wert jenseits des Arbeitsmarktes entsteht, indem durch Bildung positive Externalitäten für Dritte entstehen oder – intern – in der Nichtarbeitszeit produktivere Aktivitäten mit höheren Werten stattfinden. Für diese Nichtmarktaktivitäten wurden bereits Äquivalente in Form von Löhnen aus der Kindeserziehung, handwerklicher und hauswirtschaftlicher Tätigkeiten, sozialer und karitativer Tätigkeiten inklusive von Pflegetätigkeiten gefunden. Schwierig wird auch eine Bewertung hinsichtlich des reinen persönlichen Potenzials von Humankapital. Es bleibt unklar, wie Unterschiede im Humankapital beispielsweise zwischen Wissenschaftler und ungelerntem Arbeiter auf das Wohlbefinden einwirken und zu quantifizieren wären. Die Aussage gerade diese beiden Erwerbstypen würden aufgrund ihres Humankapitals Freizeit unterschiedlich empfinden, ist so nicht haltbar.

Sozialkapital spielt in ökonomischen Abhandlungen ebenso eine nicht unwichtige Rolle (Putnam 2000, Coleman 1988). Sozialkapital meint die Menge und Qualität an interaktiven Beziehungen eines Individuums, die unter gefährlichem Konsum leiden können.

6 Zusammenfassung

Die wichtigsten Gedanken des Theorieteils dieser Arbeit seien an dieser Stelle nochmals zusammen gefasst: Die Erfassung der Kosten gefährlichen Konsums ist eine wichtige ökonomische Aufgabe, die für viele gesundheitspolitische Entscheidungen Relevanz besitzt. Die Quantifizierung der Kosten gefährlichen Konsums muss alle Kostenkomponenten und alle negativen Konsequenzen des Konsums erfassen. Damit sind die Komponenten veränderter Konsum durch verstärkte Nachfrage medizinischer Leistungen, Produktivitätsverluste, den Wert der Gesundheit und Lebensqualität, der Wert des Lebens, der Wert des Verlustes an Sozial- und Humankapital sowie Sorgfaltsrisiken, die zu Unfällen und kriminellen Handlungen führen, gemeint. Diese Komponenten treffen sowohl die Konsumenten selber, als auch mehr oder weniger unbeteiligte Dritte. Obwohl im Individualkalkül diese externen Kosten nicht berücksichtigt werden, müssen sie mit erfasst werden. Schließlich ist eine wichtige Frage, wer welche Kosten zu tragen, ob ein Konsument durch seine Versicherungsbeiträge seinen verursachten Schaden selber trägt oder die Gesellschaft und ob gefährlicher Konsum bestimmte Sozialversicherungsbereiche ent- oder belastet.

Es wurde deutlich gemacht, dass es zur Beantwortung dieser Quantifizierung keinen zweifelsfreien Standardweg gibt. Die Wahl für ein Verfahren ist mit bestimmten positiven und negativen Aspekten versehen, die es abzuwägen gilt. Die genutzten Parameter wie die Diskontrate zur Konvertierung zukünftiger Ereignisse in heutige oder der analytische Betrachtungsrahmen hängen stark von der Fragestellung ab. Trotzdem lassen sich für die Quantifizierung der Kosten gefährlichen Konsums Festlegungen treffen, die nachvollziehbar, plausibel und adäquat sind und im Weiteren auch nun konkret für die Kosten von Alkohol, Tabak und Adipositas angewandt werden sollen.

TEIL B – EMPIRIE

7 Die Kosten gefährlichen Konsums

Der nun folgende Teil der Habilitationsschrift beschäftigt sich mit der konkreten empirischen Quantifizierung der Kosten gefährlichen Konsums in Deutschland. Hierzu werden die in Teil A ermittelten Kostenkomponenten für Konsumenten und Externe mit statistischen Verfahren ermittelt. Eine Beschreibung der benutzten Datensätze sowie einiger methodischer Überlegungen sowie der Tabellenteil, der den Lesefluss zu sehr beschränkt hätte, finden sich im Anhang D dieser Arbeit.

7.1 Gefährliche Konsumenten und extern Betroffene

Sämtliche für diese Analyse benutzten Prävalenzen, Fallzahlen, Anteilswerte und weitere Parameter wurden aus der GEDA09 Untersuchung des Robert-Koch-Instituts[349], diversen Datensätzen der Deutschen Rentenversicherung Bund[350], dem PASS-Datensatz der Bundesagentur für Arbeit[351] sowie der Mikrozensen des Statistischen Bundesamtes[352] gewonnen, die allesamt repräsentativ sind bzw. Hochrechnungsfaktoren für den Bundesdurchschnitt beinhalten. Die Bewertung intangibler Kosten wurde mit einem selbsterstellten Datensatz über Schmerzensgeldurteile vorgenommen[353]. Den Kern dieser Arbeit stellen aber zwei Datensätze mit „Routinedaten" der Techniker Krankenkasse dar, die das Krankenversicherungsgeschehen abbilden. Der erste Datensatz enthält die individuellen Daten zur Inanspruchnahme von medizinischen Leistungen von 146.108 Patienten der Techniker Krankenkasse, die vom 1. Quartal 2007 bis zum 2. Quartal 2012 ununterbrochen dort versichert waren. Der zweite Datensatz beinhaltet 144.788 Personen, die jeweils paarweise miteinander verwandt sind. Identifizieren lassen sich diese 72.394, auch als soziale Dyaden bezeichneten verwandtschaftlichen Paare über die Möglichkeit Kinder und Ehegatten kostenlos mit zu versichern (sog. Familienversicherung). Unter diesen Paarungen sind 23.175 Kinder und 50.671 Ehegatt(inn)en[354]. In beiden Datensätzen finden sich neben Anhaltspunkten zu

349 Weitere Informationen zu der GEDA Erhebung www.rki.de/DE/Content/Gesund heitsmonitoring/Studien/Geda/Geda_node.html.

350 Dies sind die Datensätze zum Rentenzugang – der aktiven Rentenbeitragszahler, der Erwerbsminderungsrente sowie der Rehabilitation.

351 http://fdz.iab.de.

352 http://www.forschungsdatenzentrum.de.

353 Nähere Ausführungen zu diesem Datensatz finden sich im Anhang.

354 Dass die Fallzahlen der Kinder und Ehepartner sich zu mehr als 72.394 addieren, liegt daran, dass im Datensatz zuerst als Kinder familienversicherte Personen später direkt (eine andere Person) heirateten.

gefährlichem Konsum, der über entsprechende Diagnosen identifiziert werden kann, sämtliche anderen Krankheitsdiagnosen, die im Rahmen der Erbringung von Leistungen im Gesundheitssektor sowohl von Haus- wie Fachärzten und Krankenhäusern erstellt wurden, der sozialversicherungsrechtliche Status sowie verschiedene Kontrollvariablen, die für die Analyse der Kostenkomponenten wichtig sind[355]. Eine genauere Beschreibung der Datensätze findet sich ebenfalls im Anhang. Zukünftige Kostengrößen wurden für sämtliche Analyserahmen stets mit einem Zinssatz von 2 % diskontiert.

7.1.1 Raucher und Passivraucher

Die für den Prävalenzansatz benötigten Fallzahlen der aktiven Raucher nach Altersjahren wurden aus dem GEDA09 Datensatz gewonnen. Gegenüber dem Jahr 2014 hat sich die Rauchprävalenz insgesamt wie dargestellt nur wenig geändert, so dass die Hochrechnung noch als einigermaßen aktuell angesehen werden kann. Insgesamt gibt es in Deutschland etwa 20,38 Mio. Raucher. Die Bestimmung der Anzahl passiv-rauchender Ehegatten und Kinder – sowie weiterer Familienmitglieder im Haushalt – ist eine Herausforderung. Hierbei kommt man ohne Annahmen nicht aus. Als wesentlich wurde hier unterstellt, dass in den Haushalten mit Kindern, in denen zumindest ein Ehepartner nach GEDA09 angibt, einer Passivrauchbelastung zuhause ausgesetzt zu sein, wohl auch die Kinder dieser Passivrauchbelastung ausgesetzt sind. Da erwartbar ist, dass alleinerziehende Raucher nicht von sich selbst als passivrauch-belastet sprechen würden, muss der Anteilswert Passivrauchbelasteter aus den Familien auch auf die Alleinerziehenden übertragen werden, da vermutlich das Verantwortungsbewusstsein von Rauchern gegenüber einem im Haushalt lebenden Kind ähnlich sein dürfte wie bei einem Ehe- oder Lebenspartner im Haus. Diese Annahme ist natürlich nicht unkritisch, da man annehmen könnte, dass der Status „alleinerziehend" in irgendeiner Weise auch mit dem Rauchverhalten gegenüber dem eigenen Kind verbunden sein könnte[356]. Ermittelt man hier

---

355 Dies sind Geschlecht, Alter, der Versichertenstatus (ob freiwillig oder pflichtversichert), Angaben, ob derjenige arbeitslos, abhängig oder selbstständig erwerbstätig, verrentet oder Sozialhilfeempfänger ist.

356 Dabei ist der Zusammenhang noch nicht einmal klar: es kann sein, dass der Status „alleinerziehend" eher mit einer gescheiterten Beziehung und damit verbunden evtl. mangelnder Rücksicht gegenüber dem Partner und Kind assoziierbar ist. Andererseits trifft viele alleinerziehende Männer und Frauen aber auch gar keine „Schuld" am Scheitern der Beziehung mit dem Partner und sind im Gegenteil sogar besonders verantwortungsvoll, um diese familiäre Schwierigkeit auszugleichen.

die Fallzahlen, so kann man davon ausgehen, dass ca. 1,83 Mio. Kinder bis 26 Jahre in ihren Elternhäusern passiv mitrauchen. Darunter sind ca. 126.069 Kleinkinder unter drei Jahren und 1,34 Mio. Minderjährige. Hinzu kommen nach GEDA09 etwa jährlich 25.230 schwangere regelmäßige Raucherinnen und weitere 26.684 Gelegenheitsraucherinnen. Ebenso geben 6.176 schwangere Exraucherinnen an, zuhause passiv mitzurauchen sowie 16.266 Frauen, die noch nie in ihrem Leben rauchten, aber angaben, passiv zu Hause mitzurauchen. Damit sind etwa 11 % aller Schwangerschaften[357] in Deutschland Passivrauch ausgesetzt. Unterstellt, dass schwangere Gelegenheitsraucherinnen ihr Rauchen als zwar grundsätzlichen, aber während der Schwangerschaft abgestellten Habitus begreifen, sind dies immer noch 7 % bzw. 47.672 Schwangerschaften pro Jahr. Schließlich summieren sich die passiv mitrauchenden Ehe- oder Lebenspartner auf etwa 3,53 Mio. Personen[358].

7.1.2 Alkoholiker, Alkoholmissbrauchende Konsumenten und extern Betroffene

Gefährlich bzw. schädlich Alkohol konsumierende Personen lassen sich über das AUDIT-C Befragungsinstrument ermitteln: Rechnet man die Personen aus der GEDA 09 Telefonbefragung hoch, die einen AUDIT-C Wert von 7 oder mehr aufweisen, ergeben sich 3,2 Mio. Personen, dies entspricht 4,7 % der Bevölkerung ab 18 Jahren, die entweder alkoholabhängig sind oder schädlich Alkohol konsumieren. Aus dem Datensatz lassen sich auch die von schädlichem Alkoholkonsum betroffenen Kinder ableiten. So leben in Deutschland ca. 1,039 Mio. Kinder unter 18 Jahren in Haushalten mit mindestens einem Elternteil, der einen AUDIT-C Wert von 7 oder höher aufweist[359]. Von den schädlich Alkohol konsumierenden Personen gaben 51,8 % an mit einem Lebenspartner oder Ehepartner in einem Haushalt zusammen zu leben (entspricht ca. 1,66 Mio. Partnern).

7.1.3 Individuen mit Adipositas

Für die Hochrechnung der Personen mit Adipositas wurde ebenfalls der GEDA09 Datensatz benutzt. Hier ergeben sich 10,7 Mio. Menschen in Deutschland ab 18 Jahren, die einen BMI ab 30 aufweisen. Dabei muss darauf hingewie-

---

357 Berechnet aus 673544 Lebend- und 2400 Totgeborenen im Jahr 2012.

358 Hierunter fallen auch mit in der Wohnung lebende Geschwister, Eltern und sonstige Familienangehörige.

359 Zu beachten ist hierbei, dass die kürzlich veröffentlichten Zahlen des epidemiologischen Gesundheitssurveys von 2012 eine Steigerung der Alkoholsüchtigen von 30 % auswiesen und die Schätzung damit eine Untergrenze darstellt.

sen werden, dass dies deutlich weniger Personen sind, als etwa in der Studie des Robert Koch Instituts „Gesundheit Erwachsener in Deutschland (DEGS) 2013 ermittelt, nach der knapp 25 % der Bevölkerung adipös sind; dies entspräche der doppelten Fallzahl[360]. Für die kommenden Untersuchungen wurden die üblichen Einteilungen in BMI Kategorein vorgenommen: Grad I entspricht einem BMI von 30 bis 35 (dies sind 7,8 Mio. Personen im GEDA09 Datensatz), Grad II von 35 bis 40 (1,99 Mio. Personen) und Grad III ab 40 (knapp 870.000 Personen).

7.2 Einkommen

7.2.1 Einkommen der Konsumenten im Vergleich

Gefährlich Konsumierende verdienen nicht genauso viel wie nicht-gefährlich-Konsumierende. Dies liegt zum einen korrelativ in dem starken sozioökonomischen Gradienten bei Adipositas und Tabak begründet; hier scheint der Einkommensunterschied also nicht kausal auf den gefährlichen Konsum zurückzuführen zu sein. Andererseits führt gefährlicher Konsum zu Krankheiten und damit zumindest tendenziell zu einem auch am Arbeitsmarkt bemerkbaren Produktivitätsverlust. Daher sollten auch zumindest mittelbar Konsumeffekte auf das Einkommen kausal messbar sein. Zur Berechnung der Einkommen wurde der PASS-Datensatz der Bundesagentur für Arbeit genutzt[361]. Dabei wurden nur solche Individuen berücksichtigt, die erwerbstätig im Sinne der Rentenversicherung

360 Mikrozensus 2009 und GEDA09 weisen annähernd die gleichen Anteilswerte auf. Auch wenn man darüber spekulieren kann, welche Faktoren dieses Ergebnis beeinflusst haben (systematische Antwortverweigerungen der Adipositas-Patienten) oder schlicht ungenaues Wissen oder willentliches Unwissen über das eigene Körpergewicht mit tendenziöser Untertreibung, so darf man für die Hochrechnung über die Altersgruppen die ermittelten Fallzahlen als Untergrenze für die Kostenbewertung mit aufnehmen.

361 Aufgrund der Beschaffenheit des Datensatz wurde ein GLM-Design benutzt. Um den Effekt gefährlichen Konsums auf das Einkommen richtig zu erfassen, wurden Variablen zur Schul-/Ausbildung sowie die fünf Dimensionen des OCEAN-Persönlichkeitsmodells verwendet. Ebenso wurden Familienstatus, die Anzahl der Kinder und weitere krankenversicherungsrelevante Variablen genutzt. Damit bilden die Regressorschätzungen den Effekt gefährlichen Konsums auf das Einkommen ab.

waren[362]. Die Regressionsergebnisse finden sich im Anhang[363]. Abbildung 13 zeigt den Einkommensverlauf für Raucher

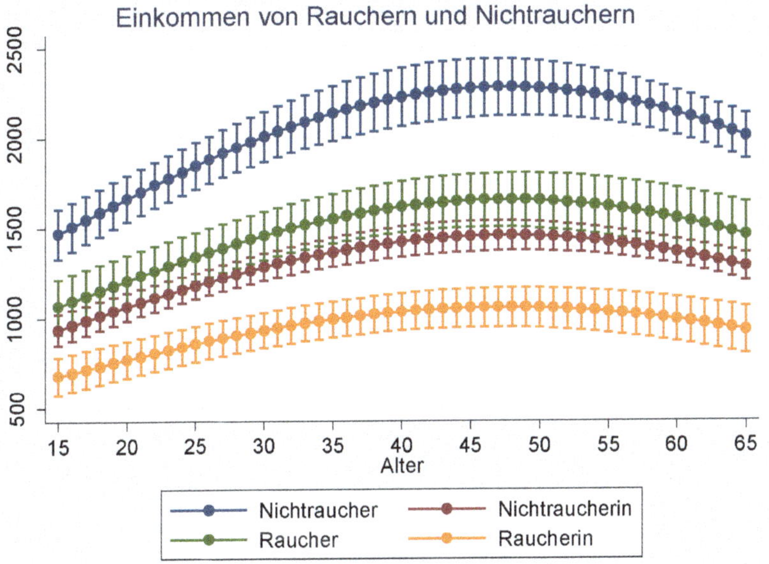

Abbildung 13 Monatliches Nettoeinkommen von Rauchern und Nichtrauchern[364]

362 D. h. entweder angestellt erwerbstätig – auch unter 400 € –, selbstständig oder als mithelfendes Familienmitglied erwerbstätig waren. Die ermittelnden durchschnittlichen Einkommen entsprechen in der Größenordnung in etwa den ermittelten Einkommen der Einkommens- und Verbrauchsstichprobe 2012 des Statistischen Bundesamtes.

363 Diskussionswürdig erscheint hier, dass die Persönlichkeitsfaktoren der BIG5 einen maßgeblichen Einfluss auf das Nettoeinkommen haben. Demnach verdienen Personen mehr, die höhere Werte auf der Verträglichkeits- und Gewissenhaftigkeitsskala aufweisen, aber weniger bei hohen Werten von Neurotizismus.

364 Unter Berücksichtigung der Kontrollvariablen der Big5 Persönlichkeitsdimensionen (Neurotizismus, Gewissenhaftigkeit, Extraversion, Offenheit und Verträglichkeit), Kinderanzahl und Familienstatus, Ausbildung und Schulabschluss sowie weiteren; siehe Anhang.

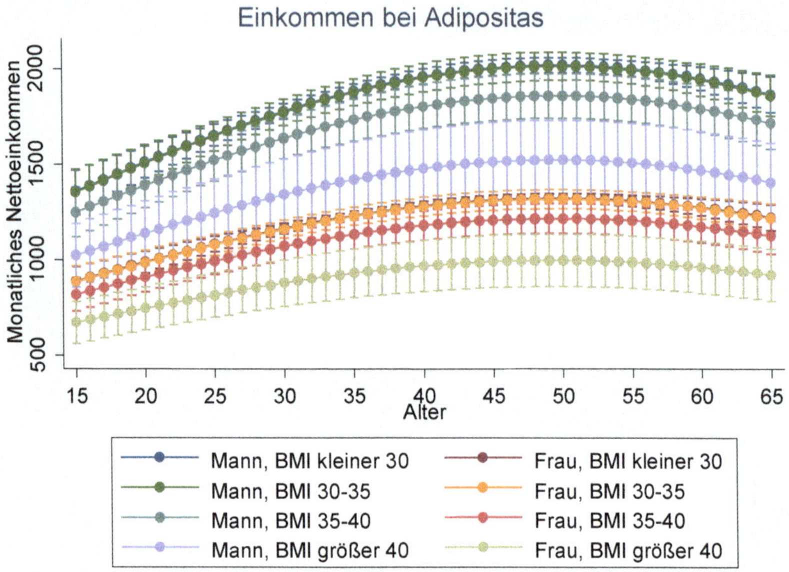

Abbildung 14 Monatliches Nettoeinkommen bei Adipositas

und Nichtraucher. Man kann deutlich erkennen, dass die monatlichen Netto-Einkommen der Raucherinnen und Raucher unter dem Nettoeinkommen der Nichtraucher liegen.

Der durchschnittliche Unterschied im monatlichen Bruttoeinkommen beläuft sich auf ca. 353 € bei Männern (durchschnittlich 2.575 € vs. 2.212 €) und 617 € bei Frauen (durchschnittlich 1.894 € vs. 1.277 €). Gleiches gilt für Adipositas Grad 2 und 3 wie Abbildung 14 zeigt: Die Unterschiede im monatlichen Brutto-Einkommen zwischen Adipositas Grad III (BMI größer 40) und Nicht-Adipösen belaufen sich auf durchschnittlich 1.111 € bei Männern und 569 € bei Frauen.

Bei Alkoholkonsum existieren keine Unterschiede im Einkommen. Dieser Befund wird auch in der Literatur bestätigt. Demnach ist schädlicher Alkoholkonsum in allen Bevölkerungsschichten vorhanden. Eine Eliminierung des schädlichen Alkoholkonsums würde deshalb auch keinen Einfluss auf die relative personelle Einkommensverteilung innerhalb der Erwerbstätigen besitzen. Allerdings würden Gesundheit und Produktivität insgesamt ansteigen, so dass auch insgesamt eine Einkommenserhöhung und reduzierte Entgeltersatz- und Rentenleistungen resultieren würden. Das verwendete durchschnittliche Arbeitsentgelt pro Jahr beträgt hier 33.177 € für Männer und 19.912 € für Frauen.

7.2.2 Erwerbstätigenquoten der Konsumenten im Vergleich

Auch die Erwerbstätigenquoten, d. h. der Anteil an der Gesamtbevölkerung derjenigen, die nach Definition des Statistischen Bundesamtes einer Beschäftigung gegen Entgelt nachgehen[365], unterscheidet sich zwischen den einzelnen Konsumarten deutlich. Hierin lässt sich bereits ein möglicher Kausalzusammenhang zur Arbeitslosigkeit vermuten, der in Kapitel 7.7.5 auch bestätigt wird. Abbildung 15 zeigt die Erwerbstätigenquoten der Raucher gegenüber den Nichtrauchern. Insbesondere bei den Männern zeigen sich hier deutliche Unterschiede[366].

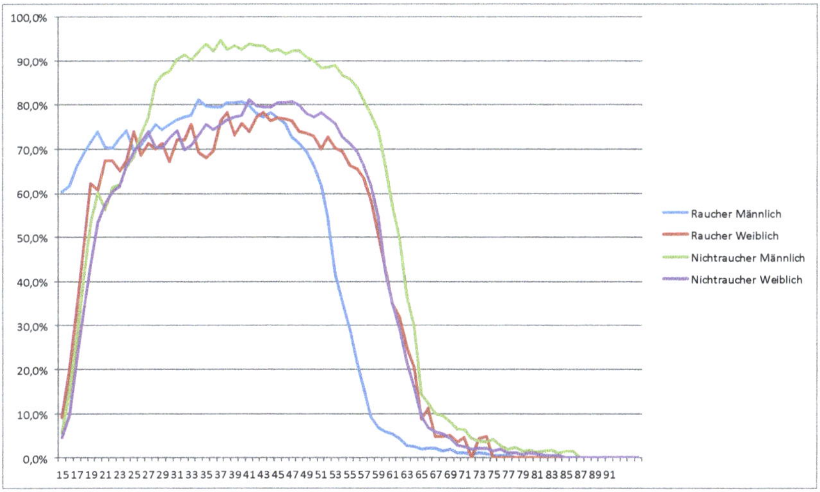

Abbildung 15 Erwerbstätigenquoten der Raucher und Nichtraucher

365 Diese ist nicht mit der Erwerbsquote, dem Anteil der Beschäftigen an den Erwerbspersonen (Erwerbstätigen und Erwerbslosen) zu verwechseln. Auch kann es sein, dass ein Erwerbstätiger Entgeltersatzleistungen etwa ALGII bezieht, da er nur geringfügig beschäftigt ist.

366 Die Erwerbstätigenquote ist direkt aus dem Mikrozensus 2009 heraus ermittelt und wie Abbildung zeigt rein deskriptiv übernommen worden. Als erwerbstätig wurde jede Person klassifiziert, die in irgendeiner Form ein Entgelt gegen Tätigkeit bekam.

Bei Adipositas ist es ebenfalls ähnlich. In Abbildung 16 zeigt sich folgendes Bild[367]:

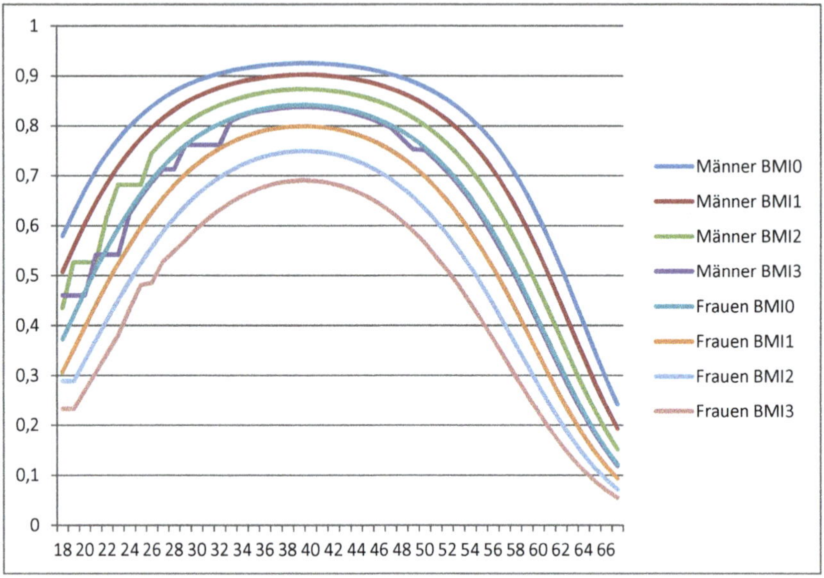

Abbildung 16 Erwerbstätigenquoten Adipositas vs. Nicht-Adipositas

Die Tatsache, dass gerade in jungen Jahren teilweise eher Adipöse und Raucher höhere Erwerbstätigkeitsquoten aufweisen, liegt im sozioökonomischen Gradienten begründet: diese Individuen haben eine Ausbildung oder Lehre abgeschlossen und befinden sich bereits im Erwerbsleben, während Abiturienten und Studierende erst deutlich später an den Arbeitsmarkt kommen.

367 Die Erwerbstätigkeitsquote bei Adipositas ist aus dem GEDA09 Datensatz mittels logistischem Modell geschätzt worden.

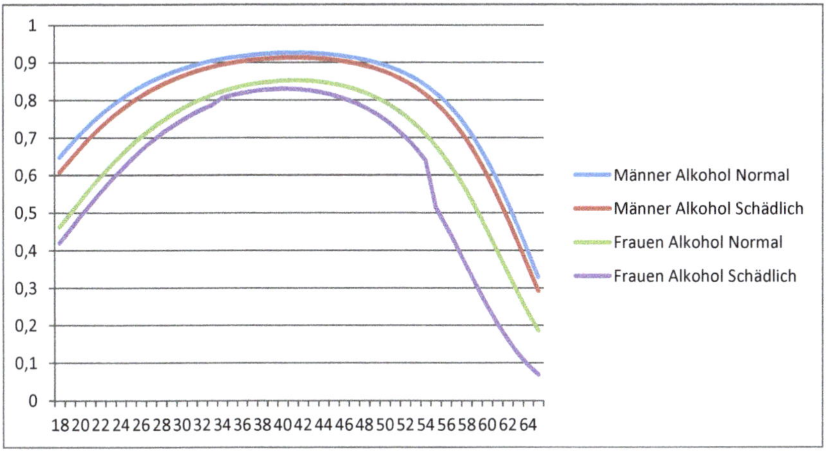

Abbildung 17 Erwerbstätigkeitsquoten schädlich Alkohol Konsumierender[368]

Die Ermittlung der Erwerbstätigkeitsquoten bei schädlichem Alkoholkonsum ist mit einigen Problemen verbunden. Dies liegt daran, dass sich aus den gewöhnlichen Items in Befragungen zum Thema Alkohol meist keine Skala wiederfindet, die einen Rückschluss auf tatsächlich schädlichen Alkoholkonsum zulässt[369]. Der GEDA-Datensatz beinhaltet das AUDIT-C Instrument, mit dem sich einigermaßen valide schädlicher Konsum feststellen lässt. Da auch in diesem Datensatz die Fallhäufigkeiten sehr klein sind, wurde die Erwerbstätigkeitsquote mittels logistischer Regression geschätzt und deren Wahrscheinlichkeiten in Abbildung 17 wiedergegeben. Man kann – als direktes Ergebnis des signifikanten Koeffizienten für schädlichen Alkoholkonsum[370] – erkennen, dass sowohl für Männer als auch Frauen schädlicher Alkoholkonsum mit einer niedrigeren Erwerbstätigkeitsquote einhergeht – wenn auch insbesondere bei Männern teilweise nur um 1,5 %. Insbesondere zum Ende des Erwerbslebens spreizt sich dieser Unterschied wieder etwas aus. Schädlicher Alkoholkonsum wurde konsistent mit der bereits getroffenen Festlegung von 7 Punkten oder mehr auf der AUDIT-C

368 Die Erwerbstätigkeitsquote ist ebenfalls mittels logistischem Modell aus dem GEDA09 Datensatz geschätzt worden.

369 So fragen etwa das SOEP und der PASS Datensatz lediglich nach der Trinkhäufigkeit, aber nicht der Trinkmenge; demnach würde man den täglich risikolos Konsumierenden ggf. mit stark Abhängigen einer Gruppe zuordnen.

370 Regressiert wurde die Variable Erwerbstätigkeit Ja/Nein durch die Variablen Alter Alter^2, schädlichen Alkoholkonsum (7 Punkte oder mehr auf AUDIT-C) und Geschlecht. Daraus lassen sich dann die prognostizierten Wahrscheinlichkeitswerte ermitteln.

Skala festgelegt. Dies zeigt auch, dass insbesondere schädlich Alkohol konsumierende Männer ihren Konsum fast „unbemerkt" vollführen und durchgehend aktiv erwerbstätig bleiben. Dies deckt sich auch mit dem Befund, dass es faktisch keinen Unterschied in den Einkommen der schädlich und nicht schädlich Alkohol konsumierenden Personen gibt. Die hier ermittelten Größen werden im weiteren Verlauf für die Berechnung der einzelnen Kostenkomponenten wieder verwendet.

7.3 Kosten des verlorenen Lebens

7.3.1 Vorüberlegungen

Für eine empirische Voruntersuchung wurden Daten der Todesursachenstatistik 2007–2009 ausgewertet. Dies dient vor allem einer möglichen Hypothesenbildung und Modellwahl bei der weiteren Untersuchung[371]. In Deutschland versterben pro Jahr ca. 850.000 Menschen[372]. Dass Frauen hierbei älter als Männer werden, ist ein gut dokumentiertes und fundiertes Resultat vieler Studien (Wingard 1984). Als ungefähres durchschnittliches Sterbealter für die Jahre 2007–2009 wurde 76,52 Jahre ermittelt, der Median liegt bei ca. knapp unter 80 Jahren, d. h. die Hälfte der Bevölkerung verstirbt vor diesem Zeitpunkt. Die häufigsten Todesursachen waren Krankheiten der I und C-Kategorie der ICD10-Krankheits- und Unfallklassifizierung[373], d. h. entweder Herz-Kreislauf-Erkrankungen wie ischämische Herzkrankheiten (Herzinfarkt, Angina Pectoris), zerebrovaskuläre Erkrankungen (Hirninfarkt, Schlaganfall), Herzinsuffizienz oder bösartige Neubildungen der Atmungsorgane, der Verdauungsorgane, Mund und Pharynx (Rachen). Wie bereits dargelegt sind diese Erkrankungen mit dem hier dargestellten riskanten Konsum assoziierbar. Die Verteilung des Sterbealters ist nicht gleichmäßig, vielmehr zeigt sich eine linksschiefe Verteilung in den Untersuchungszeiträumen die in den folgenden Balkendiagrammen abgebildet ist[374]:

---

371 Die Todesursachenstatistik 2007–2009 wurde im Statistikamt Nord in Hamburg ausgewertet. Da es sich bei den Daten der Todesursachenstatistik um eine Vollerhebung handelt, bestehen hohe Anforderungen an den Datenschutz, weshalb die Statistik lediglich für eine Validitätsüberprüfung ex ante genutzt werden konnte.

372 2007: 827.155 Personen, 2008: 844.439 Personen, 2009: 854.544 Personen, 2010: 858.768 Personen.

373 Vgl. Übersicht des deutschen ICD-10 auf der Internetseite des DIMDI unter www.dimdi.de.

374 Quelle Todesursachenstatistik 2007–2009. Es zeigt sich, dass Heirat, - unerwartet - Scheidung und das Verwitwet sein sowie in Westdeutschland zu wohnen einen positiven Einfluss auf das Sterbealter haben, während Männer etwa 3,3 Jahre früher gestorben sind. Ebenso sterben in Deutschland lebende Ausländer früher. Mit der Zeit hat sich die Lebenserwartung um ca. 3–4 Monate erhöht. Besonders interessant ist, dass Personen mit

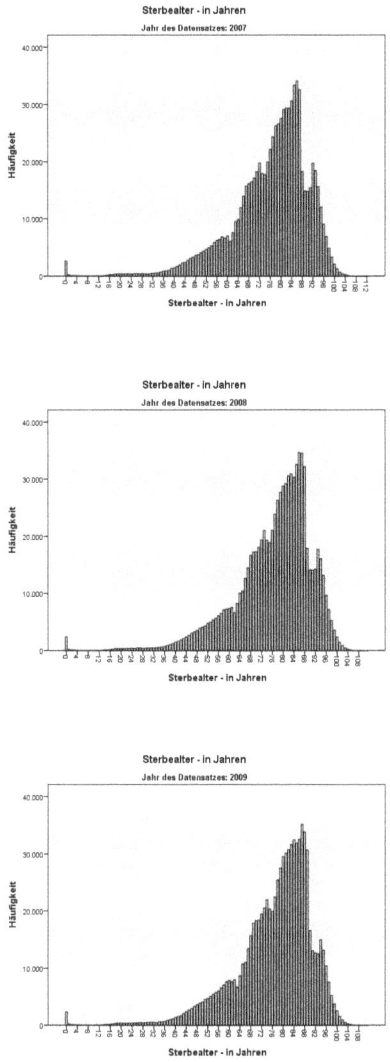

Abbildung 18 Sterbehäufigkeiten nach Alter

bösartigen Neubildung deutlich früher und Personen mit Herz-Kreislauferkrankungen als Todesursache deutlich später gestorben sind. Während bei den Soziodemographika eine Kausalität nicht in die Ergebnisse hineininterpretiert werden darf, ist etwa der Einfluss unterschiedlicher Todesursachen auf das Sterbealter durchaus plausibel.

7.3.2 Verlorene Lebenszeit

Um den Einfluss verschiedener Faktoren auf das Todesalter zu ermitteln, muss ein geeignetes Modell gefunden werden. Wie Perez-Rios und Montes (2008) ausführen, ist eine Berechnung der durch gefährlichen Konsum attributablen Mortalität durch sog. indirekte Methoden mit verschiedenen methodischen Schwächen versehen[375]. Nur ein geringer Teil der verfügbaren Studien benutzt direkt individuelle Daten (d.h. tatsächlich beobachtete Zeiträume mit Sterbeereignissen einzelner unterschiedlich konsumierender Individuen) in einem analytischen Ansatz. Ein solcher soll aber hier verwendet werden: Zur Ermittlung des aufgrund riskanten Konsums verlorenen Lebens wurden die Routinedaten der deutschen gesetzlichen Krankenversicherung genutzt[376]. Bei den Vergleichen der Lebenszeit ist es wichtig sowohl die internen Kosten, die das konsumierende Individuum selbst betreffen, als auch ein möglicher Einfluss auf die Mortalität extern Betroffener, etwa direkter Verwandter oder dem engen Familienkreis zu berücksichtigen. Nachstehende Grafik zeigt die Verteilung des Sterbealters in der Gesamtbevölkerung und in der Stichprobe.

7.3.2.1 Verlorene Lebenszeit aktiver Konsumenten

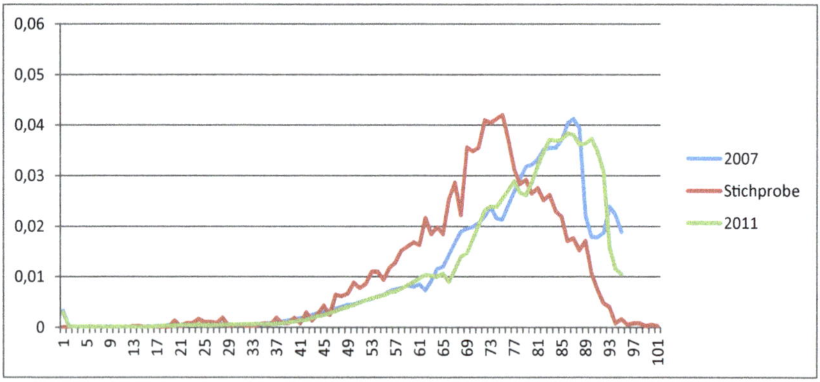

Abbildung 19 Verteilung des Sterbealters der genutzten Stichprobe

375 Damit sind solche Studien gemeint, die einen Anteilswert (z. B. Ätiologische Fraktionen; Fraktionen einer bestimmten Krankheit, die auf das Rauchen, Alkohol oder Adipositas zurückzuführen sind) auf eine bestimmte Krankheit(-gruppe) anwenden.

376 Der Datensatz stammt aus dem Versichertenkollektiv der Techniker Krankenkasse. Siehe Krankheitskosten , 7.4 und Anhang 9.1.

Der „Gipfel“ des Sterbealters in der hier verwendeten GKV-Stichprobe liegt deutlich vorgelagert gegenüber den allgemeinen Daten der Todesursachenstatistik, die eine Vollerhebung darstellt. Wie schon beschrieben, hat sich in den Jahren von 2007 auf 2011 die Verteilung ein wenig nach rechts geschoben, das heißt im Zeitablauf ist die Lebenserwartung ebenfalls gestiegen. Gemessen an den rein deskriptiven Maßen liegt der Median des Todeszeitpunktes zwischen 78 und 79 Jahren in 2007 und 2011, während er in der Stichprobe – mit zur Hälfte gefährlichen Konsumweisen – bei 71 Jahren liegt. Es ist daher zu erwarten, dass die Lebenserwartung von gefährlich Konsumierenden deutlich geringer ist. Nach einigen notwendigen Anpassungen des Datensatzes[377], können die Mortalitätsmediane der einzelnen gefährlich Konsumierenden jeweils nach Geschlecht ermittelt werden. Zur Schätzung wurde ein Gompertz-Regressions-Modell genutzt[378].

377 Für die Analyse der Todesfälle im Datensatz wurde nur das Jahr 2012 berücksichtigt. Dies liegt am zugrundeliegenden „Ziehalgorithmus“, der entsprechend die Jahre vor dem Tod als Vorlaufzeit mitabbildet. Die Todesfälle entsprechen mit insgesamt 1.685 Verstorbenen etwa der Anzahl, die man proportional zur Stichprobengröße auch erwartet hätte. Trotzdem wurden die Daten gewichtet und zwar nach den Variablen Geschlecht, Alter, Sozialversicherungsstatus (Pflichtversichert / freiwillig versichert / familienversichert), der sog. Personenmerkmalsunterteilung (Rentner, Arbeitsloser, Schüler, Sozialhilfeempfänger, Arbeiter/Angestellter und Selbstständiger) sowie den tatsächlichen Todesfällen in Altersklassen (laut Todesursachenstatistik).

378 Dies ist ein bei Ökonomen beliebter voll-parametrischer Ansatz, der die Mortalität mit langsamem Wachstum zu Beginn und am Ende modelliert. Diese Eigenschaft wird häufig als für die Mortalitätsmodellierung adäquat angesehen.

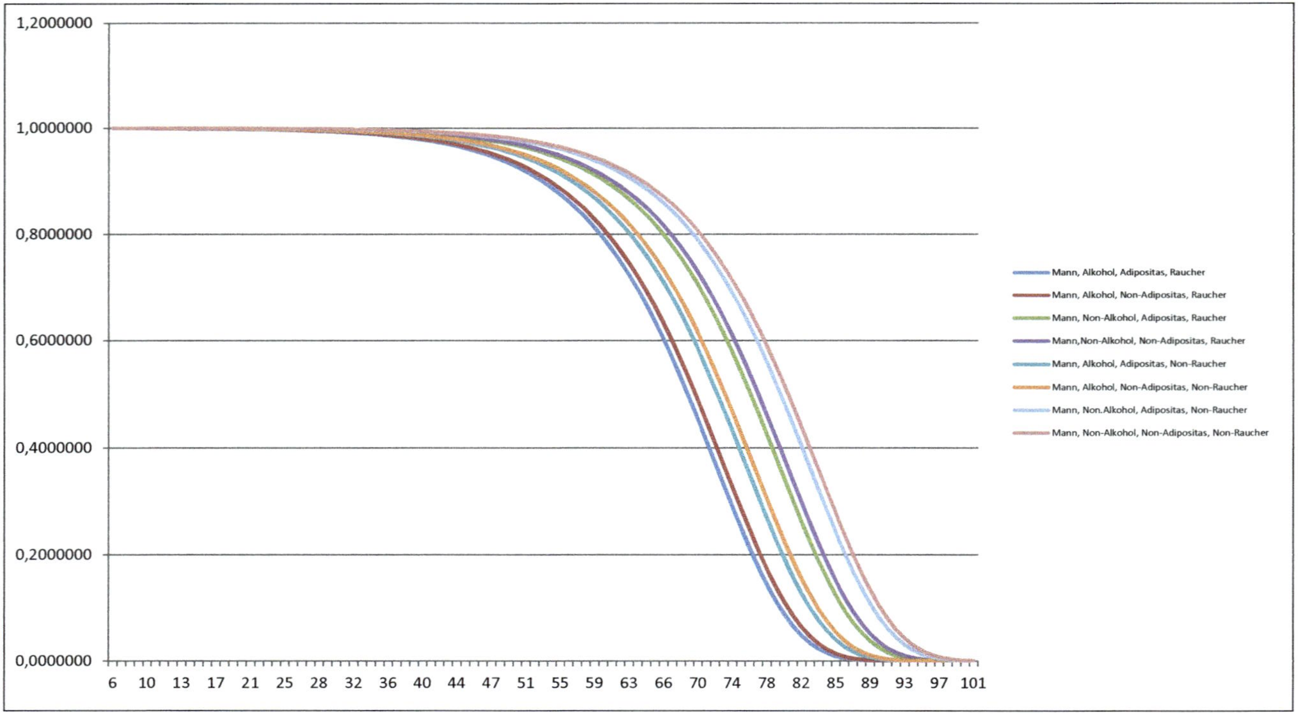

Abbildung 20 Überlebensfunktionen Männer

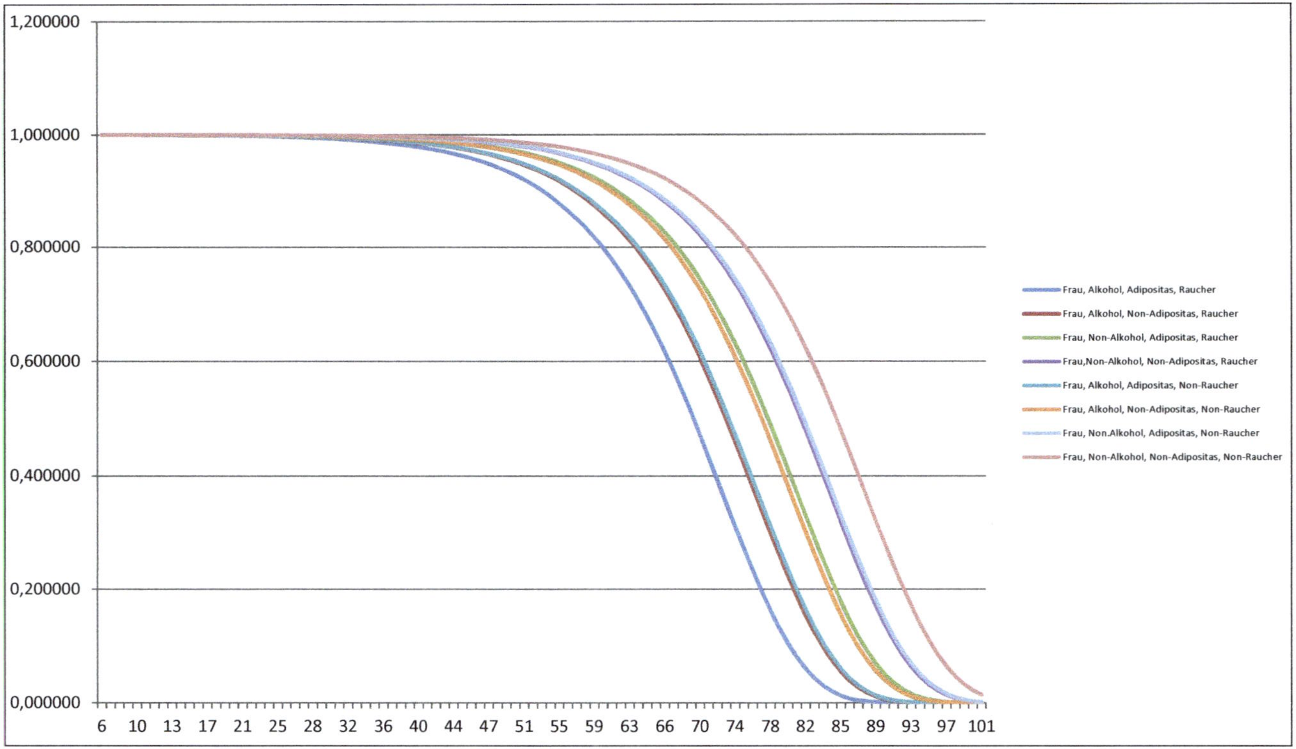

Abbildung 21 Überlebensfunktionen Frauen

Neben den Abbildungen, die alle Konsumausprägungen beinhalten kann man auch den direkten Effekt des Rauchens, Trinkens und Adipositas modellieren[379]. Abbildung 22 zeigt die unterschiedlichen Mortalitäten von Rauchern und Nichtrauchern, im Median macht hier das Rauchen 3 Jahre an Verlust an Lebenserwartung aus.

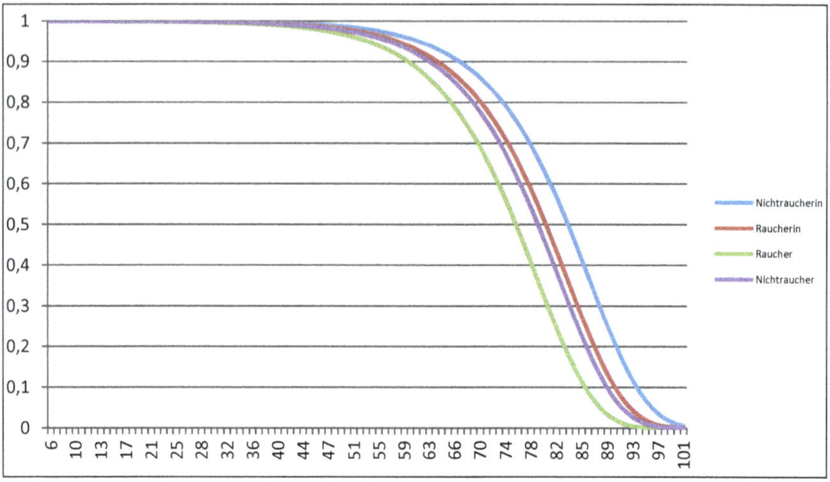

Abbildung 22 Mortalität Raucher versus Nichtraucher

Abbildung 23 zeigt den Verlust an Lebenserwartung durch schädlichen Alkoholkonsum. Diese beträgt für Männer und Frauen jeweils 7 Jahre. Abbildung 24 schließlich zeigt die Reduktion der Lebenserwartung durch Adipositas. Diese beträgt für Männer und Frauen bei Adipositas Grad I ca. 0,5 bis 1 Jahr (Grad II 1 Jahr; Grad III 4 Jahre)[380]. Diese Reduktionen der Lebenserwartung wirken deutlich niedriger als manche Befunde in anderen Publikationen, allerdings werden hier explizit andere Risikofaktoren in der Modellierung berücksichtigt. Die Studie von Doll et al. (2004) zum Rauchen von britischen Ärzten, die bis zu 10 Jahre Lebenserwartung verlieren, nutzt keine anderen Faktoren. Sloan et al. zeigen mit Daten der Jahre 1998/99 eine Verkürzung des Lebens um 7,1 Jahre bei lebenslang rauchenden Männern und 4,5 Jahren bei lebenslang rauchenden Frauen. Hinzu kommt eine leichte Erhöhung der Lebenserwartung – sicherlich auch in Folge verbesserter Medizintechnologie – die mit berücksichtigt werden sollte, so dass

379 Dies ist die Betrachtung der Einzeleffekte unter Kontrolle (!) der anderen Effekte; dies ist nicht eine Überlebensanalyse nur mit den einzelnen Risikofaktoren Tabak, Alkohol oder Adipositas (!).

380 Das Geschlecht hat hierbei einen am Median gemessenen Niveaueffekt.

der hier ermittelte Verlust an Lebenserwartung sicherlich als plausibel bezeichnet werden kann.

Für Alkoholkonsum wurden jüngst neue Befunde von John et al. (2012) publiziert. Dort wurden allerdings dokumentierte Alkoholsüchtige in der Follow-Up Untersuchung hinsichtlich ihrer Mortalität analysiert; der Median der Mortalität lag dort bei 60 Jahren für Frauen und 62 Jahren für Männer. Dies zeigt, dass die hier verwendete Stichprobe auch minderschwere oder nur akute Fälle von gefährlichem bzw. schädlichem Alkoholkonsum beinhaltet.

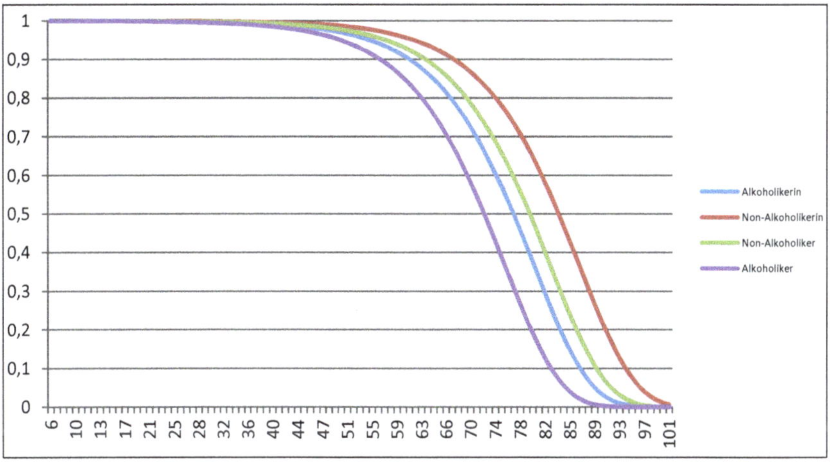

Abbildung 23 Mortalität Alkoholkonsum Schädlich versus Risikoarm

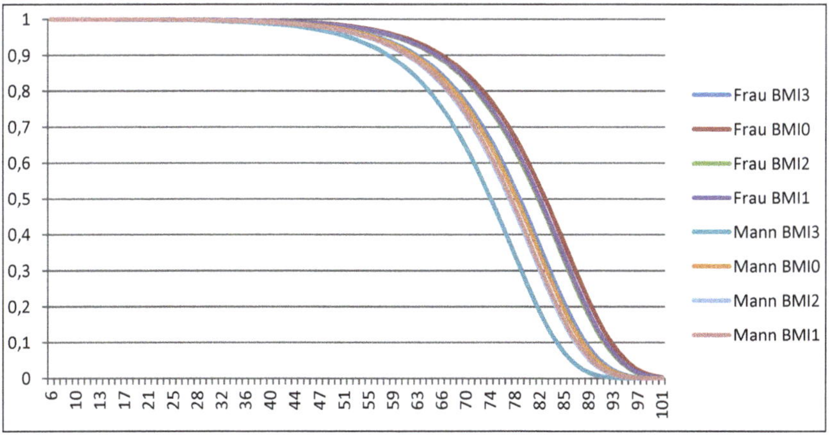

Abbildung 24 Mortalität Adipositas nach BMI

Für Adipositas muss noch einmal auf die trotz medizinischer Plausibilität für Wirkfaktoren teils sehr widersprüchlichen Ergebnisse bzgl. der Mortalität hingewiesen werden. So ist strittig, ab wann Übergewicht oder Adipositas tatsächlich negativ auf die Mortalität wirkt und ob überhaupt der Body-Mass-Index ein gutes Kriterium zur Ermittlung der Mortalitätseffekte darstellt. Dies zeigt sich auch in den Ergebnissen hier: Leichte Adipositas vom Grad I (BMI 30–35) reduziert die Lebenserwartung um gerade einmal ein halbes Jahr, sehr starke Adipositas vom Grad III (BMI größer 40) dann aber deutlich um 4 Jahre. Da einige Publikationen für Übergewicht sogar teilweise zuletzt positive Auswirkungen auf die Mortalität festgestellt hatten, besteht hier sicherlich noch Forschungsbedarf. Gleichwohl bedeutet aber Adipositas aufgrund der gut dokumentierten medizinischen Wirkzusammenhänge ein Morbiditätsrisiko. Damit erhöhen sich die lebenslangen Behandlungskosten der Adipositas, so dass deren Reduzierung auch bei uneindeutigen Effekten auf die Mortalität geboten ist; auch weil nicht klar ist, in welchem Gesundheitszustand das Leben eines Adipösen verlängert wird.

Aus den Gompertz-Regressionen lassen sich die aufgrund gefährlichen Konsums vorzeitig gestorbenen Personen ermitteln[381]. Für Tabakkonsumenten kommt es insgesamt zu 107.581 Toten (74.780 Männern und 32.801 Frauen im Jahr 2012). Diese Zahl ist konsistent mit den Ergebnissen früherer Studien zur tabakbedingten Mortalität (Adams und Effertz 2010a; Mons 2011), obwohl diese indirekte Methoden nutzten. Auch wenn frühere Zahlen noch deutlich höher lagen (z. B. Ruff et al. (2000) 140.000 Tote pro Jahr) zeigt sich, dass tabakbedingte Mortalität auch im Jahr 2014 noch eine gewichtige Rolle spielt und in den kommenden Jahre noch spielen wird, da die Raucherquote immer noch hoch und die Latenzzeit der rauchbedingten Krankheiten lang ist.

Für Adipositas ergeben sich insgesamt 101.886 frühzeitig Verstorbene pro Jahr (Grad I 42.482 Männer, 28.361 Frauen; Grad II 8.332 Männer und 9.913 Frauen; Grad III 4.148 Männer und 8.650 Frauen). Diese Zahl ist angesichts des hohen aktuellen Anteils der Adipositas in Deutschland plausibel. Durch den Anstieg der Adipositas-Prävalenz in den letzten zehn Jahren und der wie beim Rauchen eher hohen Latenzzeit ist mit steigenden Adipositas-Bedingten Todesfällen für die kommenden Jahre zu rechnen. So kann die Prognose gestellt werden, dass Adipositas das Rauchen als führenden Risikofaktor der Mortalität in Deutschland in naher Zukunft ablösen wird.

381 Hierzu werden aus den unbedingten Wahrscheinlichkeiten der durch die Gompertzregression geschätzten Überlebenskurve zunächst die bedingten Wahrscheinlichkeiten ermittelt und diese anschließend mit den betroffenen gefährlich Konsumierenden multipliziert.

Die alkoholbedingten Todesfälle ergeben sich bei Zugrundelegung der Fallzahlen anhand der AUDIT-C Skala in der GEDA 09 Befragung als 34.655 Tote, wobei dies einer eher konservativen Abschätzung entspricht[382]. Dies ist ein deutlich niedriger Wert als beispielsweise der auf John und Hanke (2002) zurückgehende und häufig zitierte Wert von 74.000 Toten. Allerdings hatten die Autoren diese Sterbefälle unterteilt in sichere, anteilsmäßige und mit Tabak verbundene alkoholbedingte Todesfälle. Die alleinig auf Alkohol zurückzuführenden Todesfälle belaufen sich nach John und Hanke (2002) auf 19.240 – dies sind 26 % von 74.000. Laut den Ausführungen zum Epidemiologischen Suchtsurvey 2012 kam es gegenüber den Anzahlen Alkoholabhängiger und schädlich Konsumierenden von 2009 zu einer Zunahme von 30 %. Diesen Anstieg eingeschlossen würde den hier ermittelten konservativen Schätzwert auf exakt die Größenordnung der alkoholbedingten Todesfälle von Adams und Effertz (2010a) bringen.

7.3.2.2 Verlorene Lebenszeit passiver Konsumenten

Insgesamt lässt sich aus dem Familiendatensatz der GKV-Routinedaten kein erhöhtes Mortalitätsrisiko des Ehepartners aufgrund des Konsumverhaltens des anderen Ehepartners ermitteln[383]. Es deutet sich ein Passivrauchrisiko an, ist aber mit $p<.058$ nicht mehr signifikant (Tabelle 29). Die momentanen Schätzungen zu Passivrauchtoten liegen bei 3.300 Personen pro Jahr. Auch wenn dies eine konservative Schätzung ist, müsste zur Bestätigung dieses Befundes die genutzte Familienstichprobe sicherlich größer sein. Bei Kindern zeigen sich ebenfalls

382 Zugrunde gelegt wurden die Personen, die auf der AUDIT-C Skala einen Wert von 7 oder größer erreichten. Dieser Wert wurde bereits in Effertz und Mann (2013) benutzt und führt zu den gleichen alkoholbedingten Krankheitskosten (Siehe Abschnitt Krankheitskosten) wie andere Publikationen. Verschiedene Studien sehen einen AUDIT-C Wert von 4, 5 und größer schon als sehr riskant an – bei Frauen bereits ab 3. Würde hier der AUDIT-C Wert von 6 als Grenze genutzt werden, ergäben sich sogar mehr als 87.000 alkoholbedingte Todesfälle. Dies erscheint aber angesichts möglicher Ungenauigkeiten bei der Erfassung des Alkoholkonsums zu unsicher. Adams und Effertz (2010a) ermittelten einen Wert von 49.933. Nur um den AUDIT-C Wert von 7 zu veranschaulichen. Dieser wird etwa erreicht, wenn man täglich 5 bis 6 alkoholische Getränke zu sich nimmt, wobei es selten auch vorkommt, dass sogar mehr Alkohol konsumiert wird. Ein Wert von 6 kommt beispielsweise zustande, wenn einmal die Woche 5 bis 6 alkoholische Getränke konsumiert werden, wobei einmal im Monat es auch mehr als 6 Getränke sind. Den Fragebogen kann man unter www.alkohol-leitlinie.de/material/AUDIT-C.pdf?PHPSESSID=a7c5021db5dc419c84c753f49b03c9e3 herunterladen.

383 Vgl. Tabelle 29 im Anhang.

keine Auswirkungen auf die Mortalität. Dies liegt v.a. in dem auf fünf Jahre beschränkten Beobachtungszeitraum im Datensatz. Es ist aber nicht auszuschließen, dass gerade die in früher Kindheit erlittenen Gesundheitsschäden besonders langfristige Konsequenzen haben. Auch diese Frage muss zukünftiger Forschung vorbehalten bleiben, die beispielsweise das Rauchverhalten der Eltern besser und über einen längeren Zeitraum dokumentiert.

7.3.3 Bewertung verlorener Lebenszeit

Wie in Teil A dieser Arbeit beschrieben, wird das verlorene Leben mit dem Humankapitalansatz also der verlorenen Produktivität bewertet. Tabelle 5 fasst die wesentlichen Auswirkungen gefährlichen Konsums auf die Mortalität zusammen[384].

Tabelle 5 Auswirkungen Gefährlicher Konsum auf Mortalität

Konsum	Geschlecht	Verstorbene	Jährlich verlorene Lebensjahre	Bewertete Lebensjahre	Intangibler Wertanteil des Lebens
Rauchen	Männer	74.780	1.146.406	12.798.345.506,20	1.513.567.350,98
	Frauen	32.801	571.105	6.815.652.578,09	602.736.647,87
Alkohol	Männer	29.826	705.890	9.684.076.612,71	620.442.125,33
	Frauen	4.830	110.010	1.299.933.996,57	602.736.647,87
BMI1	Männer	42.482	822.471	9.494.216.981,46	871.792.379,59
	Frauen	28.361	608.576	6.806.099.988,80	526.057.738,66
BMI2	Männer	8.332	168.171	1.794.241.552,88	172.058.474,95
	Frauen	9.913	215.353	2.332.149.709	184.272.963,41
BMI3	Männer	4.148	92.290	916.526.340	79.279.394,35
	Frauen	8.650	165.068	1.774.348.512,88	157.900.309,96
Gesamt		244.123	4.605.338	28.253.787.452	5.330.844.033

384 Die verlorenen Lebensjahre wurden dabei als Summe der Produkte der bedingten Wahrscheinlichkeiten, ein weiteres Jahr zu leben, wenn kein gefährlicher Konsum stattfindet, ermittelt. Dies ist ein übliches Vorgehen bei der Ermittlung der verlorenen Lebensjahre (z. B. Konnopka und König 2007). Für die intangiblen Werte wurden die Fallzahlen direkt mit einem entsprechenden Wert aus der Regression zur Höhe des Schmerzensgeldes multipliziert. Siehe Anhang.

Hinzu kommt eine geschätzte intangible Komponente, die als Schmerzensgeldanspruch bei Verletzung mit Todesfolge zugesprochen wurde. Dies dient lediglich einer Annäherung eines Wertes über die reinen Ressourcenkonsequenzen hinaus. Für beide Komponenten bedeutet dies damit eine normative Untergrenze[385]. Tabakkonsum führt zu 1,7 Mio. verlorenen Lebensjahren, ca. 19,613 Mrd. € an gemäß Humankapitalansatz verlorener Produktivität und weiteren 2,11 Mrd. € an intangiblen Kosten durch die tabakbedingten Todesfälle[386]. Dieser Wert ist konsistent mit früheren weitaus aggregierter gemessenеren Werten der mortalitätsbedingten Verluste durch Tabakkonsum (Adams und Effertz 2010a). Adipositas verursacht analog insgesamt 23,12 Mrd. € p.a. an Produktivitätsverlusten und 1,99 Mrd. € an intangiblen Kosten. Alkohol schließlich führt zu 10,98 Mrd. € p.a. an mortalitätsbedingten Verlusten der Produktivität und 1,22 Mrd. € an intangiblen Verlusten des Lebens. Auch dieser Wert ist konsistent mit früheren Veröffentlichungen (Adams und Effertz 2010a).

---

385 Normativ meint hier, dass es sich nicht um ein wie bei der WTP-Methode ermitteltes empirisches Ergebnis handelt, sondern das Leben aus „konstituierenden Merkmalen" begriffen wird. Produktivität nimmt mit dem Alter ab. Zwangsläufig bedeutet dies eine niedrigere Bewertung des Lebens alter Menschen gegenüber jungen Menschen. Ebenso bemessen Richter in Deutschland das Schmerzensgeld für jüngere erwachsene Personen höher als für alte Menschen und Kinder (vgl. hierzu Tabelle 16). Schließlich zeigen auch Aldy und Viscusi (2008), dass selbst beim WTP-Ansatz alte Menschen gegenüber jungen Menschen, in riskanten Situationen Konsum gegenüber Leben vorziehen und deshalb der Wert des Lebens bei diesen niedriger eingeschätzt wird. Man kann diese Aspekte zur Kenntnis nehmen und für ökonomische Fragestellungen nutzen, aber die ethischen Fragen, die mit diesen Bewertungsunterschieden verbunden sind, können nicht mehr im Rahmen der ökonomischen Theorie gelöst werden. So wäre es denkbar, sich Argumente für die Bewertung des Lebens älterer Menschen zu überlegen, die Eingang in eine soziale Wohlfahrtsfunktion haben und im Sinne eines ideellen Generationsvertrages dem Leben im Alter einen besonderen Wert zuweisen, da dies aus Sicht aller Gesellschaftsteilnehmer ein wünschenswerter Zustand ist oder von den aktuell jüngeren als Versicherung für ihr Alter angesehen wird – da von dieser Wertschätzung Allokationen abhängen könnten.

386 Bei der Höhe der intangiblen Kosten für zum Tode führender Verletzungen – die nur eine Annäherung mittels alternativer Methodik sind, lässt sich allerdings beobachten, dass die Werte von 23.668 € Männer 18 Jahre alt, bis 16.924 € Frauen 105 Jahre alt in einem Bereich liegen, der deutlich unter sämtlichen Schätzungen für den Wert eines statistischen Lebens liegen.

7.3.4 Witwen, Waisen und Versicherungen „im Todesfall"

Durch den frühen Tod der gefährlich Konsumierenden werden jedes Jahr ca. 56.734 Ehepartner zu Witwe(r)n und 16.949 Kinder unter 18 Jahren zu Halb- oder sogar Vollwaisen[387]. Wie bereits beschrieben, existiert mit der von der GRV ausbezahlten Witwen- und Waisenrente im Falle des Todes des Versicherungsnehmers eine finanzielle Kompensation, die man als durch gefährlichen Konsum bedingt ansehen kann. Die Höhe dieser Renten wurde direkt aus den Statistiken der Rentenversicherung entnommen[388] – für Waisen beträgt diese durchschnittlich 161 € pro Monat, für Witwen und Witwer 544 €. Diese Renten wegen Todes sind nicht besonders hoch und auch nicht hinsichtlich des zum Tode des Versicherungsnehmers führenden Risikos differenziert. Allerdings sterben gefährlich Konsumierende in der Regel früher; damit ist die Wahrscheinlichkeit einer Auszahlung von Renten an Hinterbliebene gegenüber ungefährlich Konsumierenden dann höher, wenn sich die Familie des Verstorbenen in ihrer Struktur nicht merklich von der Struktur der Familien normal Konsumierender unterscheidet. Die zu bestimmende Größe ist damit die Rentenbezugsdauer für Hinterbliebene von gefährlich Konsumierenden, die zusätzlich aufgrund des „passiven" gefährlichen Konsums eine kürzere Lebenserwartung haben könnten[389]. Die Ermittlung der

---

387 Diese Berechnung erfolgte mittels GEDA09 Hochrechnung einzelner Parameter: Zunächst wurde für die gefährlichen Konsumgruppen der jeweilige Anteil mit Ehepartnern und Kindern unter 18 Jahren ermittelt. Von diesen wurde dann das Durchschnittsalter ermittelt, um dann diesem die barwertige Hinterbliebenenrentenhöhe zuzuschlüsseln.

388 Dies hatte sich aber in den hier vorgenommenen Analysen nicht unmittelbar signifikant gezeigt. Allerdings sind die Krankheitskosten der Passivraucher erhöht; vgl. Kapitel 7.4.1.2. Die Hinterbliebenen können auch selber aktiv gefährlich konsumieren. Für die Berechnung der Rentenbezugsdauer wurden die bedingten Wahrscheinlichkeiten einer durchschnittlichen, d. h. über alle Konsumgruppen gehenden Survival-Kurve genutzt. Die mögliche Korrelation, dass ein Hinterbliebener aufgrund des Versterbens eines gefährlich Konsumierenden besonders oder gerade gar nicht gefährlich konsumiert wurde nicht explizit berücksichtigt. Damit ist die Überlebensmodellierung wahrscheinlich eher konservativ implementiert – da der Verstorbene vielleicht als abschreckendes Beispiel fungiert.

389 So kann es sein, dass die Hinterbliebenen eines starken Rauchers über Jahre hinweg passiv mitrauchten. Kinder und Ehegatten von Alkoholikern ertragen erhebliches Leid. Dieser seelische Stress führt evtl. zu Depressionen oder anderen Erkrankungen, die damit wieder das Leben verkürzen. Fettleibige weisen häufig ein soziales Netzwerk aus weiteren Fettleibigen auf (Christakis und Fowler 2007); Ehepaare haben ähnliche Essgewohnheiten etc.

Rentenbezugsdauer erfolgte mittels linearer Regression der Anteilswerte für den Erhalt einer Witwen- oder Waisenrente aus dem PASS-Datensatz und Berechnung der bedingten Wahrscheinlichkeiten in einem Jahr eine Hinterbliebenenrente zu erhalten, wenn im Vorjahr bereits eine solche Rente bezogen wurde. Daraus ergeben sich Zahlungen an Witwen und Witwer in Höhe von 2,018 Mrd. € pro Jahr, sowie von 194,91 Mio. € für Waisen pro Jahr durch gefährlichen Konsum. Dies stellt nur einen Teil der tatsächlichen Ausgaben durch den Tod gefährlich Konsumierender dar. Neben der Möglichkeit durch Passivrauchen oder Beeinträchtigung des Wohlbefindens als Nicht-gefährlich-Konsumierender ebenfalls indirekt in der Mortalität betroffen zu sein (z. B. Suizid bei Kindern von Alkoholikern), lösen solche indirekten Sterbefälle auch wiederum Zahlungen der GRV aus. Diese dürften aber nicht mehr wesentlich sein. Ebenso ist das Leid der Hinterbliebenen eine wichtige Größe, auch wenn der Tod eines Alkoholikers von dessen Kindern evtl. in schlimmen Fällen sogar als Erleichterung empfunden werden mag. Bereits im vorherigen Kapitel wurde ein intangibler Bestandteil ausgewiesen, der den Tod direkt als Bestandteil des Schmerzensgeldes quantifiziert. Dieser ist auch als Anspruch vererbbar, so dass man das mit dem Tod eines Menschen verursachte Leid auch in diesen Anspruch als miteingegangen ansehen kann[390].

7.4 Die Krankheitskosten

7.4.1 Krankheitskosten in Deutschland

Die Modellierung von Krankheitskostenverläufen ist ein komplexes Thema zahlreicher Publikationen. Bei den „indirekten" Methoden der Ermittlung der direkten Kosten im Rahmen der Krankheitskostenrechnung mittels populationsattributablen oder ätiologischen Fraktionen können verschiedene Schwierigkeiten auftauchen (Scitovsky 1982; Perez-Rios und Montes 2008). Der Hauptkritikpunkt ist deren Ungenauigkeit. Je nach genutztem statistischen Modell kann die Anpassung an die Daten sowie die damit verbundenen Ergebnisse deutliche schwanken (Manning und Mullahy 2001; Gregori et al. 2006, Mullahy 2009). Ein grundsätzliches Charakteristikum von Krankheitskosten ist es, dass diese

390 Davon unabhängig existieren auch Schmerzensgeldansprüche aus sog. „Schockschäden" bei denen etwa enge Angehörige das zu Tode kommen eines engen Verwandten unter sehr psychisch schmerzhaften Umständen erleiden mussten. Dies ist hier nicht gemeint, könnte aber ebenfalls bei den mit gefährlichem Konsum in Verbindung stehenden Krankheiten etwa Krebs eine Rolle spielen.

nicht symmetrisch auftreten, sondern in der Regel rechtsschief verteilt sind. Dies bedeutet, dass eine Vielzahl von Patienten ein relativ geringes Ausmaß an Kosten verursacht, während einige wenige Patienten enorm hohe Kosten verursachen. Dieses „Schiefe-Problem" lässt sich auf unterschiedliche Art modellieren: entweder Box-Cox-Transformationen der abhängigen Variablen, Generalized Linear Models, Generalized-Gamma- oder Überlebensmodellierungen[391]. Ebenso existieren weitere Möglichkeiten z. B. beruhend auf gemischten Verteilungsannahmen, Zweiteiligen Modellen (sog. Hurdle-Modellen die in Anlehnung an die Tobit-Regression eine erste Wahrscheinlichkeit schätzen, Kosten überhaupt zu verursachen), Ereignisdatenanalysen, nicht-parametrischen Methoden, Markov-Simulationen, Meta-Aggregationen und abschnittsweisen Schätzungen (sog. Bucket-Methoden; vgl. Mihaylova et al. 2011 für einen Überblick) der Kostenverteilung[392]. Grundsätzlich gilt, dass es keinen Königsweg gibt, sondern die Schätzung immer mit der Anpassung des Modells an die Beobachtungen abgeglichen werden muss: daher sind pauschale Aussagen und bedenkenlose Verwendung des linearen OLS-Modells falsch[393].

Ebenso bestehen aus empirischer Sicht neben dem Problem der Schiefe zwei weitere Aspekte von Krankheitskostendaten die angemessen in ökonometrischen Modellen berücksichtigt werden müssen. Zum einen das hohe Aufkommen von Null-Kosten – viele Patienten verursachen in gewissen Zeiträumen einfach keine Kosten –, zum anderen das Phänomen zensierter Daten[394]. Eben-

---

391 Wichtige Veröffentlichungen in diesem Bereich sind Manning, Basu, Mullahy 2002, hier wird lediglich das „Schiefe-Problem" analysiert und eine Heuristik zur richtigen Modellwahl vorgestellt (entweder Transformation der abhängigen Variable a la Box-Cox, alternative Gewichtungen v. a. GLM oder Überlebensmodelle wie Cox-Proportional Hazard. Die OLS-Schätzung (mit logarithmierter abhängiger Variable weist bei homoskedastischen Störtermen sogar eine angemessene Abbildung auf. Gregori et al. (2011). Andere Autoren gehen von einer Tauglichkeit des OLS-Ansatzes aus (Powers et al. 2005).

392 Teilweise werden hier deutliche Fehler gemacht, etwa die Null-Kosten mit einer Konstanten addiert (Wacker et al. 2013) oder logarithmierte Daten falsch umgerechnet (Manning und Mullahy 2001).

393 Dies ist ein häufiges Problem: Der OLS-Schätzer ist nach dem sog. Gauss-Markov-Theorem der beste LINEARE Schätzer, der ohne Verteilungsannahme auskommt. Trotzdem kann er zu Problemen führen, wenn die Verteilung eben nicht linear ist.

394 Damit ist gemeint, dass beobachtete Datenzeitreihen an einem bestimmten Punkt enden, an dem die Kostenakkumulation noch nicht beendet ist. Für die kumulative Kostenberechnung haben sich Ereignisdatenmodelle etabliert. Diese lassen sich in

so ist zu bedenken, dass gefährlicher Konsum zum einen Krankheiten kausal auslöst, zum anderen aber auch bei bereits bestehenden Krankheiten, diese mutmaßlich verschlimmert, was dann ebenso zu höheren Kosten führt. Die Krankheitskostenanalyse hat deshalb versucht durch entsprechende Indizes[395], die als erklärende Variablen bzw. genauer Kovariate den Confounding Effekt von Komorbiditäten aus der Kostenregression herauszufiltern[396]. Ein ähnliches Prinzip wurde bereits beim Konzept des „Non-smoking-smokers“ in Sloan et al. (2004) deutlich, bei dem man als Kontrollgruppe der Raucher eben solche wählte, die hinsichtlich aller erklärenden Variablen bis auf den Raucherstatus selber dem Raucher glichen.

7.4.1.1 Individuelle Krankheitskosten

Mittels der Methode der „Verallgemeinerten linearen Modelle“ (GLM) lassen sich die Krankheitskosten für unterschiedliche Konsumentengruppen pro Quartal abschätzen. Datengrundlage ist der im Anhang beschriebene GKV-Routinedatensatz, der 144.108 Individuen, deren Krankheitsdiagnosen und Kosten für einzelne medizinische Leistungen über einen Zeitraum von 4,5 Jahren umfasst. Abbildung 25 zeigt die geschätzten GKV-Kosten pro Quartal im Altersablauf nach Schätzung eines GLM-Modells (Tabelle 23), Abbildung 26 zeigt die Schätzungen mit Hilfe eines GEE-Modells (Tabelle 24)[397]. Man kann deutlich erkennen, dass

---

parametrische Modelle mit bekannten Störtermverteilungen, Semiparametrischen Modellen mit bekannter (multiplikativer) Effekteinwirkung (etwa die Cox-Regression mit konstanter Hazardrate) sowie schließlich die nicht-parametrischen Modelle, in denen. Unter den letzteren hat sich das Aalen-Modell (vgl. Aalen 1993) einiger Beliebtheit erfreut.

395 Die berühmtesten Beispiele sind der Charlson-Index nach Charlson et al. (1987), sowie der Elixhauser-Index (Elixhauser et al. 1998).

396 Einer der wesentlichen Befunde vergangener Forschung besagt, dass Männer und Frauen sich in der Krankheitslast deutlich unterschieden (Wingard 1984), weshalb diese Variable natürlich ebenso mit erfasst wird.
Ebenso werden in den kommenden Modellen für die Krankheitskostenschätzungen auch der Charlson-Komorbiditätsindex – entsprechend auf ICD-10 konvertiert – als Variable genutzt. Die Kosten des LifeCycles wurden in Anlehnung an Basu und Manning (2010) geschätzt.

397 Der Unterschied zwischen beiden Modellarten besteht darin, dass im GEE Modell explizit die Korrelationsstruktur der Datensatz eines Individuums berücksichtigt werden. Da anzunehmen ist, dass diese voneinander abhängen, ermöglicht dies eine präzisere Schätzung unter Ausnutzung von mehr Informationen. Wie man aber an

sich mit jeder zusätzlichen Konsumart die Kosten deutlich steigern. Die Panelschätzungen des GEE-Models sind etwas konservativer, so dass diese zur Berechnung der Krankheitskosten benutzt werden. Die Hochrechnung für die einzelnen Konsumgruppen erfolgt wieder mit dem GEDA09 Datensatz[398].

Pro Jahr ergeben sich zusätzliche Kosten des Rauchens im durch die GKV finanzierten Gesundheitswesen in Höhe von 22,76 Mrd. €. Für Alkohol ergibt sich eine Summe von zusätzlich 7,55 Mrd. € und schließlich für Adipositas über alle BMI-Grade von 27,60 Mrd. € an Krankheitskosten. Bei Adipositas teilen sich diese gemäß des BMI-Grades wie folgt auf: 16,33 Mrd. € bei einem BMI von 30–35, 7,84 Mrd. € bei einem BMI von 35–40 und 3,43 Mrd. € bei einem BMI größer 40. Diese Zahl liegt nahe an der Schätzung des Bundesministeriums von 2007 (vgl. Fußnote 33). Eine frühere Schätzung von Effertz et al. 2013[399] hatte 20 Mrd. € pro Jahr als medizinische Kosten der Adipositas ermittelt, hierbei allerdings nicht nach BMI-Schweregraden differenziert, sondern die erhöhten Kosten bei BMI-Grad I für alle Adipositas-Ausprägungen zugrunde gelegt.

---

den grafischen Darstellungen ablesen kann, unterscheiden sich die Schätzungen nicht wesentlich voneinander. Die Modellschätzungen enthalten beide die geschätzten Reste einer First-Stage Instrumentregression, um die Kausalität des Konsums zu modellieren. Instrumentiert wurden diese durch Variablen zum sozioökonomischen Status, die in den Routinedaten der GKV zu finden sind.

398 Hierzu sei angemerkt, dass die Prävalenzzahlen zu Adipositas seit 2009 angestiegen sind, ebenso die Alkoholkonsumenten mit Abusus und schädlichem Konsum sowie, dass die Raucher nicht deutlich abgenommen haben.

399 Effertz, Linder und Verheyen 2013 Die ökonomischen Kosten von Adipositas in Deutschland; Posterpräsentation auf der 8. Jahrestagung der Deutschen Gesellschaft für Epidemiologie (DGepi) Universität Leipzig 24.-27. September 2013.

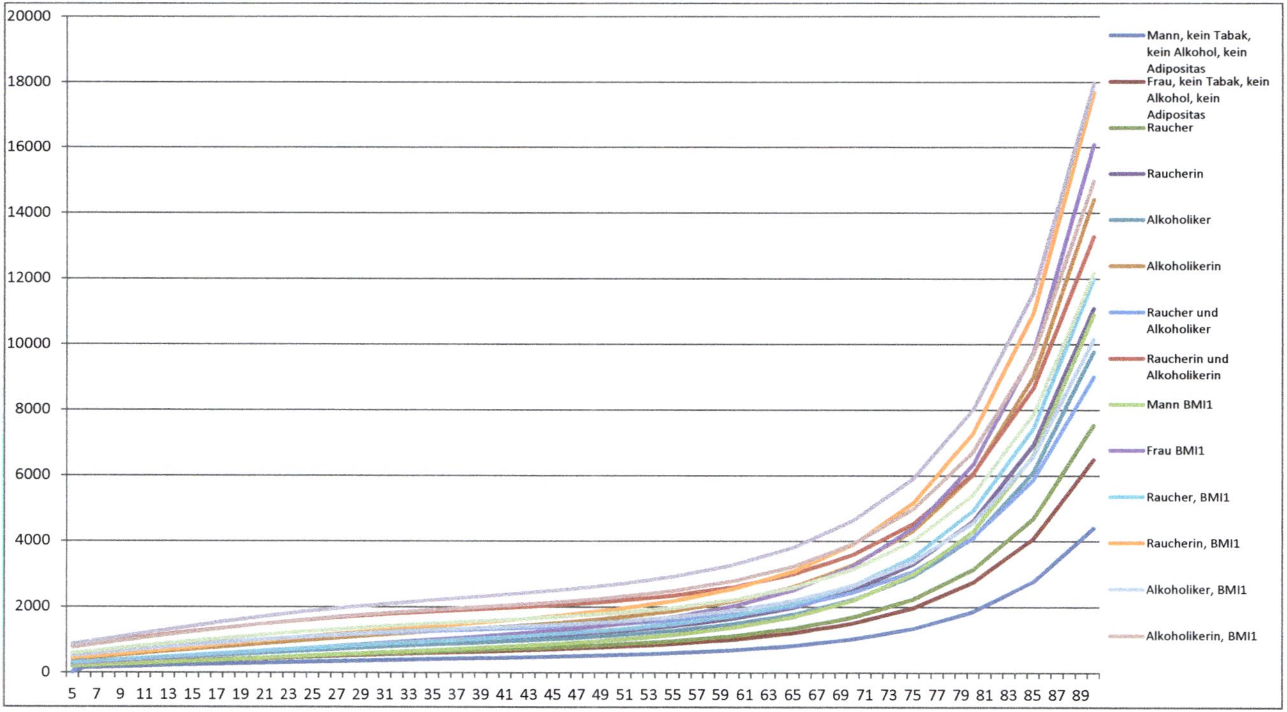

Abbildung 25 GLM Schätzung Kosten pro Quartal nach Konsumart

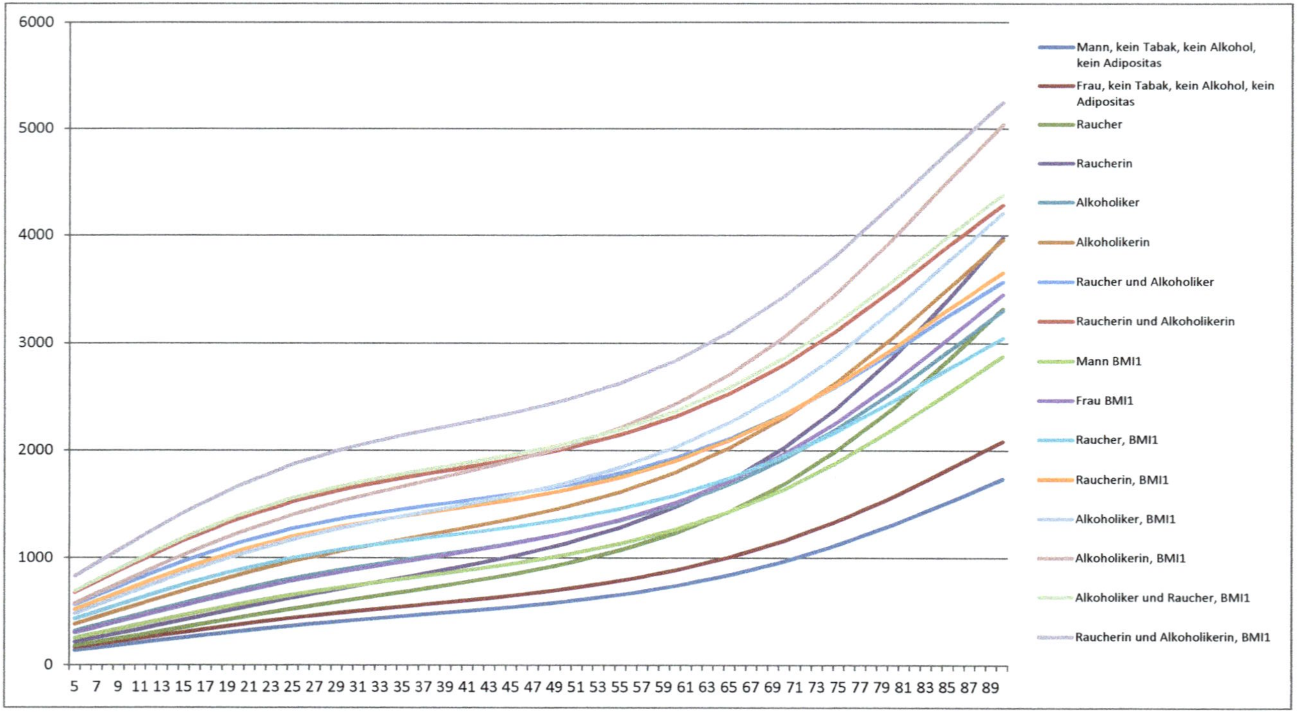

Abbildung 26 GEE-Schätzung Kosten gefährlichen Konsums pro Quartal

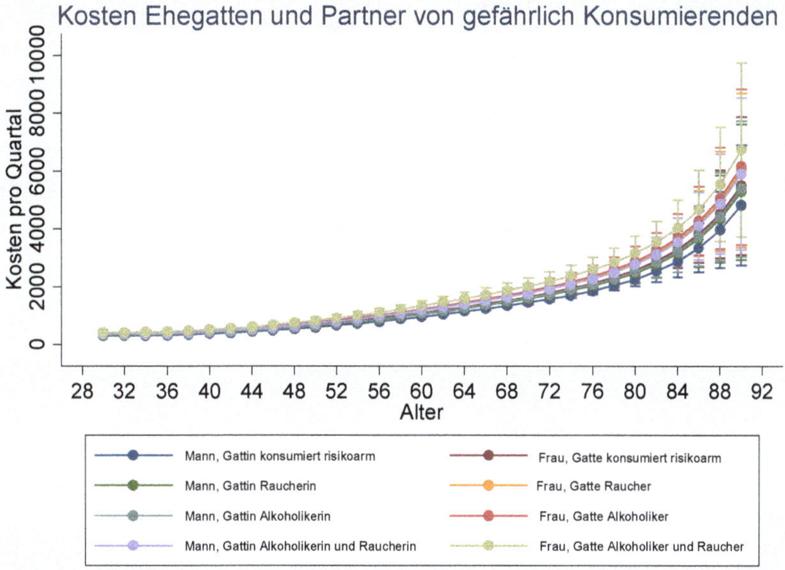

Abbildung 27 Kosten – Partner von gefährlich Konsumierenden

7.4.1.2 Externe Krankheitskosten

7.4.1.2.1 Krankheitskosten von Ehegatten und Partner

Die Kosten gefährlichen Konsums, die insbesondere vom engeren Familienumfeld zu tragen sind, lassen sich mithilfe des zweiten Familien-Paneldatensatzes an GKV-Routinedaten ermitteln. Die nicht-gefährlich konsumierenden Ehegatten/innen und Partner des gefährlich Konsumierenden weisen ab ca. dem 60. Lebensjahr höhere Krankheitskosten auf. Wie man Abbildung 27 entnehmen kann, sind die Kosten über weite Teile des Lebens zunächst annähernd gleich. Als Startpunkt für die graphische Darstellung wurde hier das 30. Lebensjahr gewählt, da man ab diesem Zeitpunkt mit einer gemeinsamen Hausgemeinschaft üblicherweise rechnen kann[400]. In dem benutzen Modell (GEE, Gamma-Log-Link, Tabelle 18) weisen Partner von Rauchern und Alkoholikern höhere Kosten auf, allerdings

400 Vgl. etwa das durchschnittliche Heiratsalter laut Statistischem Bundesamt. Dies gilt aber auch für nicht verheiratete Paare. Partalkohol und -tabak meint hier, dass der Partner raucht oder schädlich Alkohol konsumiert (1) oder nicht (0); unterteilt nach Geschlecht.

nur bei den Partnern von Rauchern sind diese signifikant und betragen im Mittel etwa 117 € pro Quartal. Für die Hochrechnung des Prävalenzansatzes wurden die Fallzahlen der GEDA09 Befragung genutzt[401]. Hieraus lassen zusätzliche Kosten des Passivrauchens der Lebenspartner, Ehegattinnen und anderer in häuslicher Gemeinschaft lebender Personen ab 30 Jahren von 1,01 Mrd. € pro Jahr ableiten. Mit Hilfe der GEDA-Daten lässt sich auch der Barwert der zusätzlichen Kosten eines passivrauchenden Partners ermitteln, der aus der Sicht eines 15-jährigen Rauchers durchschnittlich im weiteren Leben durch den Konsum belastet werden wird. Dies sind geschlechtsübergreifend 3.731 €[402].

7.4.1.2.2 Krankheitskosten von Kindern

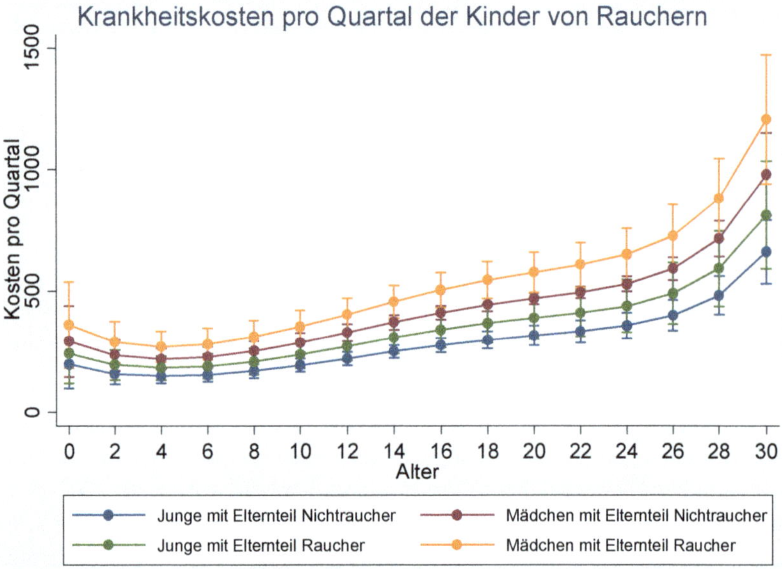

Abbildung 28 Kosten – Kinder von Rauchern

---

401 Diejenigen, die angaben, Passivrauch zuhause ausgesetzt zu sein und nicht selber rauchten.

402 Diese Abschätzung ist nur über Umwege möglich. Zunächst ermittelt man den Anteil von Personen, die durch ihren Partner zuhause Passivrauch ausgesetzt sind unterteilt nach dem Alter der Personen. Dann berechnet man die durchschnittlichen Alter der Partner von Rauchern, die gemeinsam mit diesen in einem Haushalt leben. Schließlich müssen die Kosten des Passivrauchens altersabhängig an die von Passivrauch betroffenen Personen zugeschlüsselt werden.

Bei den Kindern gefährlicher Konsumenten zeigt sich folgendes Bild: Kinder von Rauchern haben signifikant höhere Krankheitskosten als Kinder von Nichtrauchern[403], Kinder von gefährlich Alkohol-Konsumierenden weisen keine signifikant erhöhten Kosten in dem hier benutzten Modell auf[404]. Nachstehende Abbildung 28 zeigt den Verlauf der Kosten der Kinder von Rauchern pro Quartal. Hierbei fällt auf, dass insbesondere am Lebensanfang sowie etwa mit Beginn der Pubertät die Kosten von Kindern von Rauchern und Nichtrauchern deutlich auseinander liegen. Die Kosten der Kinder lassen sich im Prävalenzansatz als Multiplikation der Kosten mit den von Passivrauch betroffenen Kindern errechnen[405]. Diese belaufen sich pro Jahr auf 219,39 Mio. € an zusätzlichen Kosten. Jeder auf die Welt kommende Junge eines Raucherhaushaltes benötigt damit zusätzliche Gesundheitsleistungen im Wert von 1.874 €, jedes Mädchen von 2.738 €, wenn sie bis zum 26 Lebensjahr der Passivrauchbelastung ausgesetzt bleiben[406].

403 Diese Aussage lässt sich unter den Einschränkungen, die mit dem Familienpaneldaten zusammenhängen. Grundsätzlich ist die Analyse für die komplette Familie „blind", d.h. es kann nur überprüft werden, ob ein Elternteil raucht oder trinkt oder adipös ist. Für das Rauchen ergeben gerade durch Modellierung des Interaktionsterms („Rauchendes Kind plus rauchender Elternteil") plausible Ergebnisse. Das verwendete Modell ist ein GEE-Modell mit konstanter (Gauss) Varianz und Log-Link-Funktion um die Kostenschiefe zu modellieren. Es wurden robuste Standardfehler (Huber-White-Residuen) geschätzt. Das Modell kontrolliert die üblichen Kovariaten, etwa die Unterscheidung nach eigener sozialversicherungspflichtiger Beschäftigung sowie den verfügbaren sozioökonomischen Variablen der Eltern wie auch des Kindes. Die Ergebnisse sind dem Anhang zu entnehmen.

404 Die Legende ist analog zur vorherigen Abbildung. Je nach Schätzmethode kommen Mehrbelastung von ca. 50 € pro Quartal bei den Kindern zustande. Zusammengefasst deutet dies lediglich auf leicht erhöhte Krankheitskosten hin. M.a.W. das Ausmaß der Beeinträchtigung der Kinder von einem schädlich Alkohol konsumierenden Elternteil kommt in den momentanen Krankheitskosten nicht deutlich zum Ausdruck.

405 Die von Passivrauch betroffenen Kinder lassen sich aus dem GEDA-Datensatz ermitteln.

406 Bis Volljährigkeit ergibt sich ein Barwert von 1.376 € für Jungen und 2.011 € für Mädchen.

7.4.2 Die gesetzliche Krankenversicherung

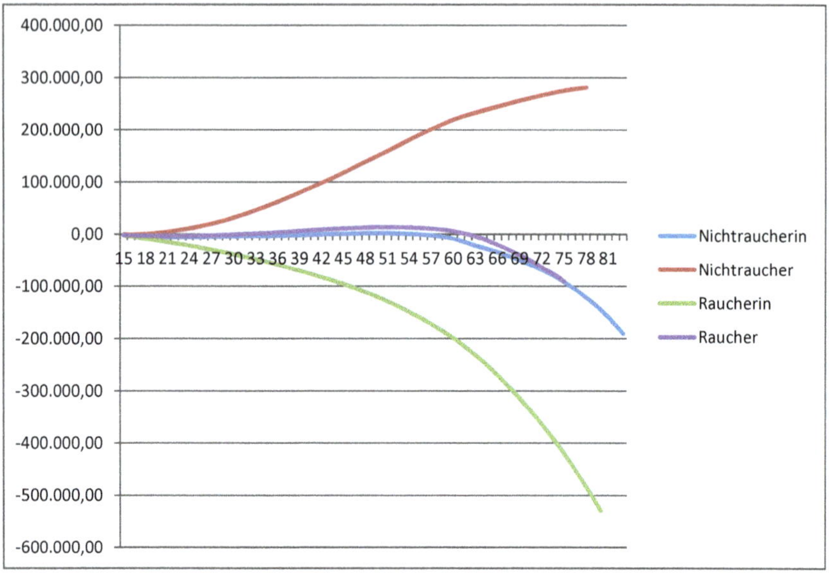

Abbildung 29 Entwicklung der GKV-Beiträge und Kosten im Lebenslauf von Rauchern

Ein wichtiger Aspekt dieser Arbeit besteht darin, zu klären, ob gefährlich Konsumierende ihre zusätzlich verursachten Krankheitskosten selbst bezahlen oder ob die Gesellschaft diesen in der GKV subventionieren. Wie man Abbildung 29 entnehmen kann, ist der einzige Fall, der Nettoeinzahlungen in die gesetzliche Krankenversicherung darstellt, der männliche Nichtraucher[407]. Alle anderen Typen, die nichtrauchende Frau sowie Raucherin und Raucher verursachen deutlich höhere Kosten. Die GKV kann deshalb kein Interesse daran haben, dass Versicherte in Deutschland rauchen. Selbst das Umschwenken einer Nichtraucherin zur Raucherin würde den „Endwert" der Kosten deutlich erhöhen.

407 Abbildung 29 – wie auch die nachfolgenden Abbildungen in den anderen Sozialversicherungszweigen – zeigt die Verläufe der gesammelten und verzinsten Versicherungsbeiträge über den Krankheitsausgaben der GKV an (entsprechend verzinst mit 2 %). Befindet sich die Kurve entsprechend zu einem Zeitpunkt im Leben (Wert auf der Abszisse) im negativen Bereich (Ordinatenwert), so bedeutet dies, dass in diesem Alter ein Individuum durchschnittlich bereits mehr Krankheitskosten verursacht, als Beiträge eingezahlt hat.

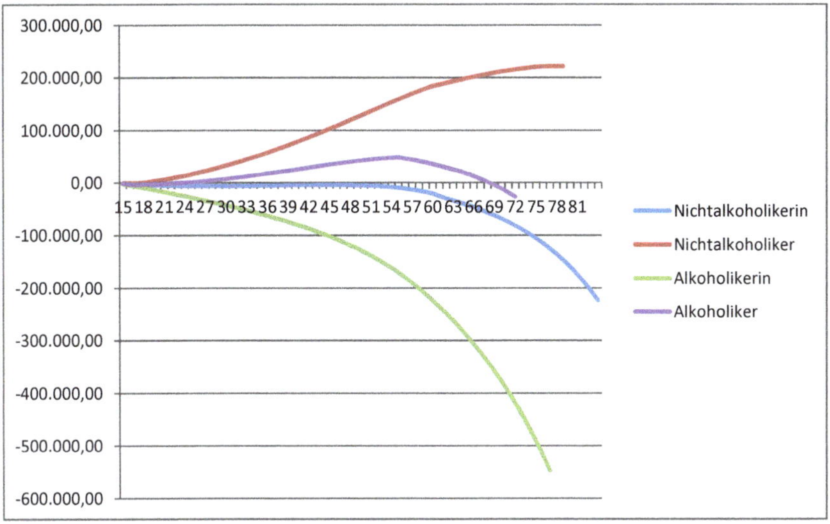

Abbildung 30 Entwicklung der GKV-Beiträge und Kosten im Lebenslauf – Alkohol

In der Barwertbetrachtung stellt jeder lebenslange Raucher zu Beginn seiner „Raucherkarriere" Kosten in Höhe von 27.578 € dar, Raucherinnen von 146.164 €. Eine erfolgreiche Prävention des Rauchens bei einem jungen Mann, der ansonsten lebenslang Raucher wäre, bedeutet Mehreinnahmen für die GKV in Höhe von 108.241 € und bei einer jungen Frau Mehreinnahmen von 93.114 €. Für schädlich Alkohol Konsumierende ergeben sich negative Barwerte von 26.940 für Alkoholiker und 160.314 für Alkoholikerinnen. Eine wirksame Prävention würde den Barwert bei Männern um 70.969 € und bei Frauen um 106.815 € erhöhen. Auch Adipositas rechnet sich für die GKV nicht. Jede Stufe des BMIs stellt eine heutige Belastung gegenüber Nicht-Adipösen dar (Männer 94.193 € BMI1, 119.885 € BMI2, 166.512 € BMI3; Frauen 157.403 € BMI1, 140.230 € BMI2 und 117.308 € BMI3). Hierbei sinken die Belastungen der Frauen mit steigendem BMI aufgrund der höheren Mortalität.

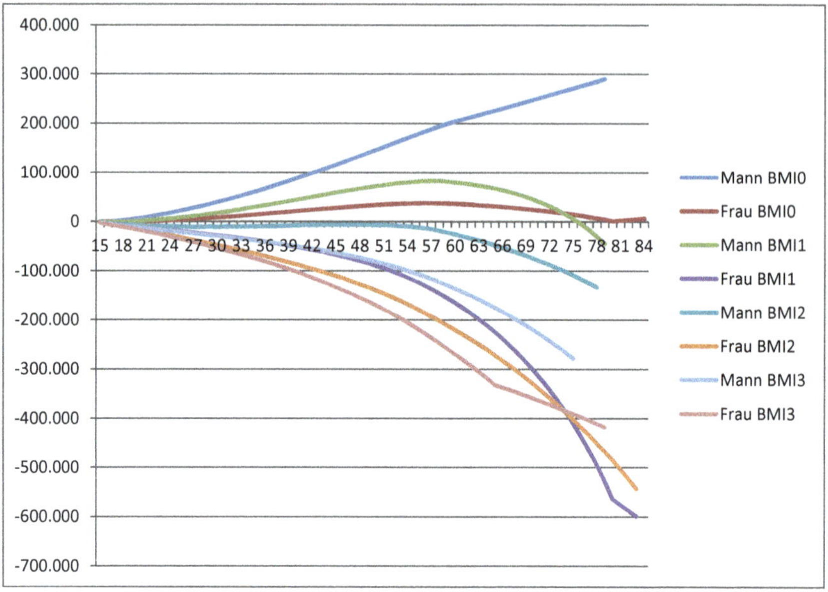

Abbildung 31 Entwicklung der GKV-Beiträge und Kosten im Lebenslauf – Adipositas

7.4.3 Private Krankenversicherung und sonstige Nichtversicherte

Aus den bisherigen Befunden lässt sich deutlich ablesen, dass für die gesetzliche Krankenversicherung (GKV) gefährlicher Konsum immer mit erhöhten Kosten einhergeht. Damit ist die Frage, ob gefährlich Konsumierende in Deutschland ihre konsumbedingten Krankheitskosten durch gezahlte Versicherungsbeiträge auch bezahlen für ca. 90 % der Bevölkerung zu verneinen. Die Frage, ob sich diese Ergebnisse auch auf Nichtversicherte und Privatversicherte übertragen lassen, muss offen bleiben. Wie gezeigt wurde, sind die Kosten der medizinischen Leistungen bei Privatversicherten insgesamt deutlich höher. Da aber eher Schichten mit höheren Einkommen privatversichert sind – die Wechselmöglichkeit besteht erst ab einer gesetzlich festgelegten Versicherungspflichtgrenze, aktuell 4.462,50 € im Monat – und gerade Adipositas und das Rauchen in niedrigeren Schichten prävalenter ist, werden nicht viele Fälle der Privatversicherten betroffen sein, d. h. eine Hochrechnung der Kosten im Lebenszyklus mit den GEDA-Daten wird die vollständigen Kosten erfassen, da fast alle Adipositas-Fälle gesetzlich versichert sind. Weiterhin wird in der privaten Krankenversicherung vor Vertragsabschluss eine eingehende Gesundheitsprüfung durchgeführt und mögliche Risikofaktoren bei der Berechnung der Versicherungsprämie berücksichtigt. Das bedeutet

i. d. Regel eine bessere Anpassung der Prämie an das individuelle Krankheitsrisiko[408]. Da insbesondere die Folgen des schädlichen Alkoholkonsums nach einer langen Latenzzeit zu Tage treten und im Gegensatz zu Rauchen und Adipositas nicht so leicht erkennbar sind, kann es durchaus sein, dass auch die PKV die Lasten gefährlichen Konsums nicht akkurat den Konsumenten zurechnen kann. Eine Aussage hierzu kann deshalb nur mit einem entsprechenden Datensatz von Privatversicherten werden, der sämtliche Versicherungsparameter insbesondere mögliche Selbstbehalte und Leistungsumfang beinhaltet. Diese Analyse muss zukünftiger Forschung vorbehalten bleiben[409].

Eine besonders sozialpolitisch bedeutsame Gruppe sind nichtversicherte Personen. Vor allem Obdachlose, also Personen ohne festen Wohnsitz fallen unter diese Gruppe. Diese besitzen in der Regel kein Vermögen, sind nicht kranken- oder anderweitig versichert und konsumieren gefährlich; v. a. Alkoholismus ist weit verbreitet. Die vorliegende Sucht trägt in einem hohen Maße zu unterschiedlichen Krankheiten bei, die schlussendlich auch zum Tode führen können. Die Lebenserwartung eines Obdachlosen liegt bei ca. 46,5 Jahren (Grabs et al. 2008), knapp 33,5 Jahre vor der aktuellen Lebenserwartung von ca. 80 Jahren. Da Nichtversicherte nur in wenigen Statistiken auftauchen, ist eine Abschätzung der entstehenden Krankheitskosten schwierig. Auch kann das Krankheitsverhalten von versicherten Süchtigen oder gefährlich Konsumierenden nicht 1:1 auf die Nichtversicherten übertragen werden, da die Verhaltensanreize des Sozialversicherungssystems für diese nicht bestehen. D. h. es bestehen zumindest keine Anreize übertrieben oft den Arzt aufzusuchen. Im Gegenteil scheint es eher so, dass gerade Obdachlose bis zu einem Punkt ihrer Krankheit warten, ab dem Schmerz und Leid in besonderer Weise „nicht mehr auszuhalten sind" (Grabs et al. 2008). Kommt es zu einer medizinischen Behandlung von Nichtversicherten, werden diese durch Leistungen der Sozialhilfe finanziert. Ob die Kosten der gefährlich konsumierenden Nichtversicherten tendenziell höher sind – wenn sie zum Arzt

---

408 Hinzu kommt, dass bei Vorhandensein einer Selbstbeteiligung oder anderer Vetragsklauseln die anfallenden Kosten bei der PKV nicht den tatsächlichen Kosten entsprechen müssen, da Individuen evtl. Rechnungen gar nicht einreichen oder schlicht dann keine Kosten verursachen, obwohl gesetzlich Versicherte diese aufweisen (etwa durch Ex-Post-Moral-Hazard häufiger zum Arzt gehen).

409 Neben gesetzlich und rein privat krankenversicherten Personen haben Beamte in Form der Beihilfe ein Versicherungssystem, das zu einem großen Teil die Krankheitskosten dieser Personen übernimmt, ohne dass dafür Sozialversicherungsbeiträge der Beamten abgeführt werden. Dies sind also rein externe finanzielle Kosten. Neben Beamten fallen auch Richter und Soldaten in diese Gruppe.

gehen – als der versicherten gefährlich Konsumierenden muss ebenso unbeantwortet bleiben[410]. An dieser Stelle muss man sich noch einmal klarmachen, dass es bei der Bewertung nicht darum geht, Gesundheit als medizinischen Ausgaben aufzufassen, sondern diese Ausgaben als „Proxy“ für den Wert der Gesundheit zu begreifen, der grundsätzlich auch auf Personen mit der selben Krankheitslast übertragen werden darf, die aber aufgrund mangelnden Versicherungsschutzes keine Ausgaben im Gesundheitssystem erzeugen.

7.4.4 Rehabilitation und Leistungen zur Teilhabe am Arbeitsleben

Ein wichtiger Kostenblock, der hier systematisch den Krankheitskosten zugeordnet, aber nicht von der GKV oder privaten Versicherungen sondern überwiegend von der GRV getragen wird, sind Rehabilitationsmaßnahmen[411]. Diese gliedern sich in medizinische und berufliche Rehabilitationsmaßnahen, die beide durch gefährlichen Konsum veranlasst sein können. Als direkt evident ist die Suchtrehabilitation (auch „Entwöhnungsbehandlung“) als Maßnahme zur Erhalten oder Wiederherstellung der Erwerbsfähigkeit bei Vorliegen gefährlichen Konsums (hier einer Sucht) anzusehen. Zur Auswertung der Kosten der medizinischen wie beruflichen Rehabilitationsmaßnahmen wurde der REHA-Längsschnittdatensatz der GRV[412] von 2002 bis 2009 ausgewertet. Vergleicht man die Reha-Patienten, bei denen eine Nikotin- und Alkoholkarenz, oder Gewichtsreduktion während der Reha durchgeführt wurde – was hier als Indiz gefährlichen Konsums gewertet

410 Ein Indiz besteht in dem positiven signifikanten Koeffizienten für die Sozialhilfe in den Regressionsmodellen zur Krankheitskostenberechnung. Allerdings müsste für die Gruppe der Sozialhilfeempfänger dann nochmals zwischen gefährlich und nicht gefährlich Konsumierenden unterschieden werden. Dafür sind die Fallzahlen in den hier verwendeten Stichproben zu gering, so dass die Variable „Sozialhilfe“ nur als Kontrollvariable und nicht als zu untersuchende Gruppendimensionalität („Faktor“) verwendet werden kann.

411 Rehabilitationsmaßnahmen können von sämtlichen Sozialversicherungen durchgeführt werden. Aus früheren Publikationen (Effertz 2011) ist aber bekannt, dass die Suchtrehabilitation zu knapp 86 % von der Gesetzlichen Rentenversicherung finanziert wird. Reha-Maßnahmen der GKV sind bereits in den Krankheitskostendaten der Analyse in 7.4.1 enthalten. Reha-Maßnahmen der GUV fließen in die Unfalldaten mit ein. Die Daten der Bundesagentur für Arbeit sind hier nicht in die Analyse eingegangen, allerdings ist die Bundesagentur in erster Linie für die berufliche Förderung behinderter Menschen zuständig, die zu gefährlichem Konsum keinen direkten Bezug haben (siehe Information des Landschaftsverbands Rheinland unter www.lvr.de/app/publi/PDF/568-zb_info_Rehatr%C3%A4ger.pdf .)

412 SUF-Längsschnittdatensatz Reha 2002–2009. Vgl. www.fdz-rv.de.

wird – so zeigt sich ebenfalls eine deutlich höhere Maßnahmenanzahl. Patienten mit gefährlichem Alkoholkonsum haben, wenn sie medizinische Rehabilitationen erhalten, durchschnittlich zwei Reha-Maßnahmen (versus 1,67 bei anderen Patienten) innerhalb des 7 Jahres Zeitraumes des Datensatzes. Dies zeigt sich auch bei einfacher deskriptiver Auswertung der Sucht-Reha-Maßnahmen von Alkoholabusus (im Durchschnitt etwa 2 medizinische Reha-Maßnahmen innerhalb von 8 Jahren gegenüber 1,68 bei nicht gefährlich Konsumierenden). Das durchschnittliche Alter der Reha-Patienten, die gefährlich Alkohol und Tabak konsumieren, ist signifikant niedriger als das der übrigen Reha-Patienten[413] (43,83 versus 48,62 Alkohol; 47,02 versus 48,48 Tabak), bei Adipositas ist es umgekehrt (48,55 versus 48,27). Für den Prävalenzansatz lassen sich die direkten Kosten von medizinischen Rehabilitationen errechnen: für Raucher sind dies pro Jahr 498,9 Mio. €, 119,88 Mio. € an Übergangsgeld und nach dem Humankapitalansatz bewertete Reha-Tage von 642,95 Mio. €. Für Alkoholkonsumenten entstehen jährliche Kosten von 685,2 Mio. €, 117,23 Mio. € an Übergangsgeld und 968,96 Mio. € an indirekten Kosten durch Reha-Tage. Adipositas schließlich verursacht jährliche direkte Kosten von 1,043 Mrd. € für die in Verbindung stehenden medizinischen Rehabilitationsmaßahmen, zusätzlich 2,678 Mrd. € an indirekten Kosten in Form bewerteter Reha-Tage und 181,832 Mio. € an Übergangsgeld. Übergangsgeld kompensiert jeweils den Einkommensausfall der Reha-Patienten und ist damit eine Umverteilung. Genauere Daten zu den Kosten der Leistungen zur Teilhabe am Arbeitsleben (LTA) der GRV lagen nicht vor, so dass hier nur ein kalkulatorischer Zuschlag von 20 %[414] erfolgt. Dies entspräche bei Alkohol 101,27 Mio. €, bei Tabak 139,1 Mio. € und bei Adipositas 393,56 Mio. €.

---

413 Wilcoxon-Mann-Whitney Rangsummen-Test auf Gleichheit der Stichprobenverteilungen z=149,023 bei Alkohol, z=60,792 für Tabak und z=-25,77 für Adipositas. Dies deckt sich mit Befunden aus dem REHA-Bericht der GRV (http://www.deutsche-rentenversicherung.de/cae/servlet/contentblob/331538/publicationFile/63811/reha bericht_2013.pdf;jsessionid=E496F36CFB9D78A9367B8F630088F139.cae02

414 20,3 % ist der Anteil der LTAs ohne Übergangsgeld – das hier auch nach der medizinischen Rehabilitation erfasst wurde – zu den medizinischen Rehaleistungen laut dem Rehabericht (2013). Im Internet unter http://www.deutsche-rentenversicherung.de/Allgemein/de/Inhalt/6_Wir_ueber_uns/03_fakten_und_zahlen/ 04_reha_jahresberichte/downloads_reha_jahresberichte/rehabericht_2013.html. in der Zeitreihe der Ausgaben im Reha-Bericht schwankt der Anteil der LTAs an den medizinischen Reha-Maßnahmen im Mittel immer um diesen Wert.

7.5 Kosten verringerten Human- und Sozialkapitals

Wie dargelegt kann gefährlicher Konsum in mehrfacher Hinsicht dazu führen, dass zu wenig Humankapital akkumuliert wird, als optimal wäre. Dies kann zum einen darin bedingt sein, dass gefährlicher Konsum selbst aufgrund seiner v. a. pharmakologischen Wirkung bei Alkohol und Tabak die kognitiven Fähigkeiten verringert; oder gefährlicher Konsum ist die Ausprägung eines bestimmten Lebensstils, in dem Humankapitalakkumulation eine nachranginge Rolle spielt. In diesem Fall sollte der Nutzen aus dem gefährlichen Konsum nicht nur höher als die selten in die Kalkulation eingehenden erwarteten intangiblen Gesundheitskosten, krankheitsbedingten Einkommenseinbußen und daraus resultierenden Konsumeinschränkungen liegen, sondern auch über der dynamischen Entwicklung des Konsums entlang des Lebenspfads aufgrund sich ändernden Humankapitals. Da man davon ausgehen kann, dass zumindest für einige Personengruppen solche Beurteilungsungenauigkeiten gegeben sind, sollte man die monetären Einbußen zu quantifizieren versuchen. Betrachtet werden soll hier nur eine wichtige Zäsur im Life-Cycle der Humankapitalakkumulation im deutschen Bildungswesen: das Abitur[415]. Damit stellt sich als erste Auswirkung die Frage nach dem Bestehen des Abiturs und der Möglichkeit ein Studium zu ergreifen. Beide Aspekte haben nachweislich einen positiven Effekt auf das Einkommen.

Wiederum mit dem GKV-Routinedatensatz der Familien, lässt sich ermitteln, dass Kinder von Rauchern und Alkoholikern bzw. gefährlich Alkohol-Konsumierenden eine deutlich geringere Aussicht haben Abitur zu machen. So ist die Wahrscheinlichkeit eines Sohnes von Rauchern das Abitur zu machen um 6 %

415 Sicherlich ließen sich wichtige Faktoren des Humankapitals auch aus bestimmten Erfahrungen jenseits des klassischen Bildungswegs in Deutschland skizzieren, die hier nicht hinsichtlich ihrer Qualität zu Bildungsabschlüssen bewertet werden sollen. Beispielsweise junge Erwachsene , die durch die Welt reisen und ein enormes Wissen über interkulturelle Interaktion erlernen. Personen, die sich über ihre Hobbys gezielt Humankapital erschaffen, besonders abwechslungsreich lebende Menschen, die ihre fluide Intelligenz dadurch trainieren und wirkungsvoll der Demenz (einer radikalen Form der Abschreibung von Humankapital) vorbeugen können, etc. pp. Das Problem mit solchen Humankapitalindikatoren ist deren Messbarkeit und die mangelnde Erfassung in den für diese Arbeit genutzten Datensätzen. Die Akkumulation von Humankapital durch ständige Erwerbstätigkeit hingegen sollte durch die Entwicklung der Entlohnung (idealerweise Ausdruck des Grenzproduktes des Humankapitals) also der Gehaltssteigerung mit Altersjahren entsprechend abgebildet sein.

geringer, eines Alkoholikers um 10 % und bei Vorliegen beider Konsumarten um 15 % (vgl. Regressionsergebnisse im Tabellenanhang)[416]. Die Töchter leiden im Vergleich zu den Söhnen stärker unter dem Substanzkonsum der Eltern. Hier betragen die Reduktionen: 6,1 %, 10,3 % und 16,3 %. Adipositas der Eltern hat keine Auswirkungen auf das Abitur der Kinder. Dies gilt speziell auch, wenn alle möglichen sozioökonomischen und demographischen Informationen ausgenutzt werden – insbesondere das Vorhandensein eines Abiturs bei dem versicherten Elternteil, welches als Indiz für den Einfluss des Humankapitals der Eltern auf den kindlichen Werdegang interpretiert werden kann.

Tabelle 6 Auswirkungen des Abiturs auf späteres Einkommen

	Barwert Mann mit Abitur	Barwert Frau mit Abitur	Barwert Mann ohne Abitur	Barwert Frau ohne Abitur	Differenz Mann	Differenz Frau
Bruttogehalt	1.329.312,01	796448,5655	1052351,967	630059,5754	276.960,04	166.388,99
KV	109.003,58	65308,78237	86292,86127	51664,88518	22.710,72	13.643,90
KVAG	97.039,78	58140,74528	76821,69357	45994,349	20.218,08	12.146,40
PV	13.957,78	8362,709938	11049,69565	6615,625542	2.908,08	1.747,08
PVAG	13.625,45	8163,597796	10786,60766	6458,110648	2.838,84	1.705,49
RV	125.619,98	75264,38944	99447,26086	59540,62987	26.172,72	15.723,76
RVAG	125.619,98	75264,38944	99447,26086	59540,62987	26.172,72	15.723,76
AV	19.939,68	11946,72848	15785,2795	9450,893631	4.154,40	2.495,83
AVAG	19.939,68	11946,72848	15785,2795	9450,893631	4.154,40	2.495,83
Einkommens-steuer	208.526,50	85175,72103	141404,6718	51627,54044	67.121,83	33.548,18
Soli	28.151,08	11498,72234	19089,63069	6969,717959	9.061,45	4.529,00
Netto	821.122,45	537099,5026	676914,7751	442772,6487	144.207,67	94.326,85

416 Obwohl ein Endogenitätsproblem aufgrund von Feedbacks unwahrscheinlich ist („aus Sorge um die schulischen Leistungen des Kindes fängt der voll-versicherte Elternteil an zu trinken oder zu rauchen"), können immer noch unbeobachtete Heterogenität bei den Kindern für diese Resultate verantwortlich sein. Diese Heterogenität wird mit Hilfe des Panelmodellansatzes erfasst.

Aus dem PASS-Datensatz kann ermittelt werden, dass das Nettoeinkommen mit Abitur um durchschnittlich 328 € im Monat höher liegt. Über das Erwerbsleben gerechnet bedeutet dies einen Nettobarwert im Alter von 20 Jahren von 276.960 € bei jungen Männern und 166.388 € bei jungen Frauen.

Tabelle 6 zeigt die einzelnen Barwertunterschiede aus Sicht eines/einer 20-Jährigen. Alleine der Einkommenssteuerunterschied beläuft sich auf 67.121 € (Männer) bzw. 33.548 € (Frauen). Da der Arbeitsmarkt und die resultierende Einkommensverteilung hier nicht modelliert werden, gilt diese Betrachtung zunächst nur für einen marginalen Abiturienten; für die weitere Analyse wird das Humankapital in Form des Abiturs deshalb nicht mehr angesetzt.

Sozialkapital meint die Quantität und Qualität an sozialen Beziehungen eines Individuums. Wichtige qualitative soziale Beziehungen sind Familienbeziehungen. Im ICD-10 wird auch unter der Diagnose Z73 die Familienzerrüttung als Grund für den Arztbesuch aufgeführt. Abbildung 32 zeigt den Verlauf der Wahrscheinlichkeit von Familienzerrüttung betroffen zu sein für die verschiedenen Konsumgruppen. Hierbei fällt auf, dass Frauen deutlich häufiger von Zerrüttung betroffen zu sein scheinen als Männer. Dies kann man aber auch einfach darauf zurückführen, dass Frauen wahrscheinlich häufiger wegen dieses Problems zum Arzt gehen. Allerdings zeigt sich ebenso häufig, dass Alkohol und Tabak Ursachen der Zerrüttung sein können. Ganz besonders ist hiervon die rauchende und alkoholabhängige Frau betroffen. Da für diese Form der Sozialkapitalabschreibung kein tangibler Wert existiert[417], kann man dieses Phänomen als rein intangibler Natur auffassen.

417 Es sei denn in der Folge entstehen Ressourcenverluste oder Konsumänderungen. Beides ist durchaus möglich. Konsumveränderung etwa die Kosten des Scheidungsanwaltes sind aber reine Umverteilungen.

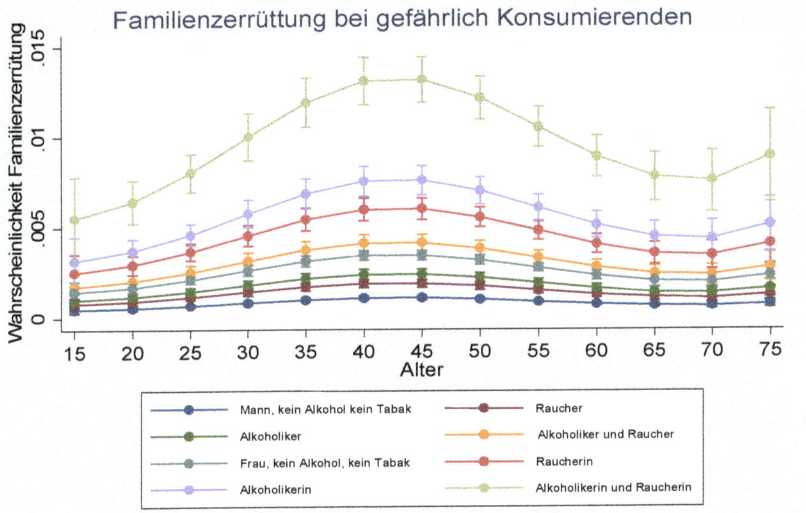

Abbildung 32 Verlauf der Zerrüttung von Ehen aufgrund gefährlichen Konsums

Die Quantifizierung der Reduktion des Sozialkapitals kann hier deshalb nicht erfolgen, da nicht klar ist, wie sich dieser Befund der Ehepaare auf andere Familienformen übertragen lässt und hier evtl. weitere Faktoren eine Rolle für die Familienzerrüttung spielen. Die Analyse liefert aber die Information, dass gefährlicher Konsum insbesondere von Alkohol Eheprobleme begünstigt.

7.6 Die Kosten der verlorenen Lebensqualität

7.6.1 Chronisches Krankheitsleid

Dem Vorschlag J.Hausmans (2010) und D.Hausmans (2012) folgend soll ebenso die Affektdimension gefährlichen Konsums betrachtet werden. Um eine plausible Untergrenze für den monetären Wert der Lebensqualität angeben zu können, wurde ein Datensatz von Schmerzensgeldurteilen in Deutschland erstellt[418]. Gleich-

418 Die darin abgebildeten Variablen sind neben der Schmerzensgeldhöhe, die genaue Lokalisation des betroffenen Körperteils, auch einer allgemeine Erkrankung festgehalten. Ebenso wurden verschiedene qualitative Merkmale erhoben; siehe 9.4. Quelle war hierfür das Buch „Beck'sche Schmerzensgeldtabelle" von Andreas Slizyk des Beck-Verlages, 6. Auflage 2010. Interessant ist ebenso, das Gericht, die Instanz und den dazugehörenden Bezirk des zuständigen Oberlandesgerichtes zu erfassen, da

zeitig wurden aus den Sekundärdaten der GKV solche Diagnosen und Diagnosehäufigkeiten miteinander verglichen, die einen direkten Bezug zur Lebensqualität aufweisen. Abbildung 33 zeigt den Punktwert des Charlson-Indexes im Lebensablauf für Raucher. Dieser ist hier und analog auch bei schädlichem Alkoholkonsum und Adipositas signifikant gegenüber den Nichtkonsumenten erhöht. Wie bereits in Teil A aufgeführt, sind chronische Erkrankungen ein wesentlicher Grund für gesunkene Lebensqualität. Die Differenz der Punktwerte einzelner Konsumgruppen ist damit ein Maß für die Differenz des chronischen Krankheitsleides.

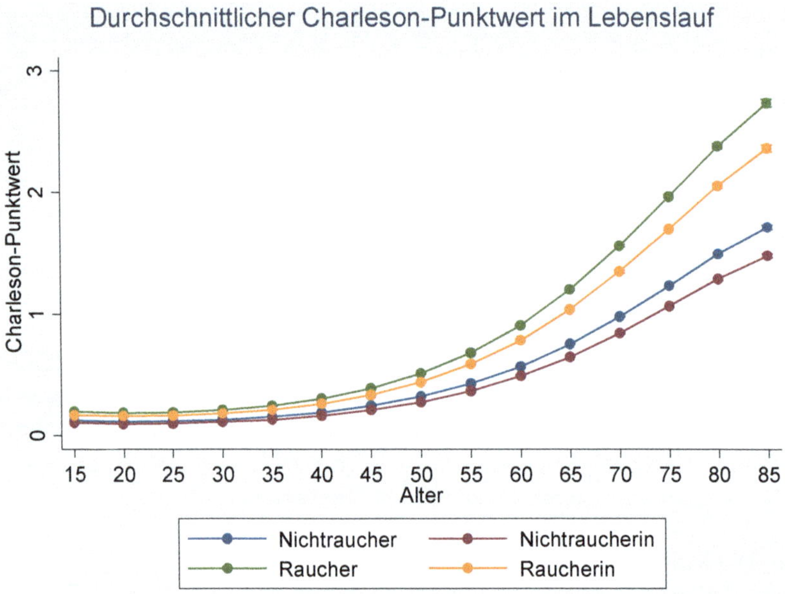

Abbildung 33 Charlson-Score Differenzen bei Rauchern und Nichtrauchern

Diese Differenz lässt sich anhand der Schmerzensgeld-Auswertungen mit einem monetären Wert versehen. Der hierfür verwendete Geldwert ist die Schmerzensgeldhöhe einer Krebserkrankung im Frühstadium (siehe Anhang 9.4, Tabelle 16, Tabelle 28), die entsprechend mit Alter und Geschlecht variiert. Hieraus ergibt sich für Raucher eine zusätzliche Krankheitslast pro Jahr von 65,406 Mrd. €, für gefährlich Alkohol Konsumierende von 11,756 Mrd. € und für adipöse Individuen

man davon ausgehen könnte, dass hier eine bestimmte Abhängigkeit in der Kasuistik alleine schon durch den konkreten Rechtsweg durch die Instanzen zu erwarten ist.

von 251,26 Mrd. €. Der sehr hohe Wert von Adipositas kommt dadurch zustande, dass die im Charlson Index gemessene zusätzliche chronische Ko-Morbidität bei Adipositas deutlich höher ist, als bei Alkohol und Tabak[419]. Barwertig betrachtet bedeutet dies für einen 15-Jährigen Raucher eine zusätzliche intangible chronische Krankheitslast von 221.662 € und für Raucherinnen von 178.377 €. Für Adipositas BMI Grad I betragen die Barwerte 565.132 € für Männer und 454.776 für Frauen, für Grad II 732.960 € und 589.832 € und für Grad III 981.090 € und 789.508 €. Bei schädlichem Alkoholkonsum ergeben sich Barwerte von 445.881 € für Männer und 366.859 € für Frauen.

7.6.2 Schmerz

Auch bei den Schmerz-Diagnosen zeigt sich ein deutlicher Unterschied zwischen den gefährlich und nicht gefährlich Konsumierenden (Tabelle 22).

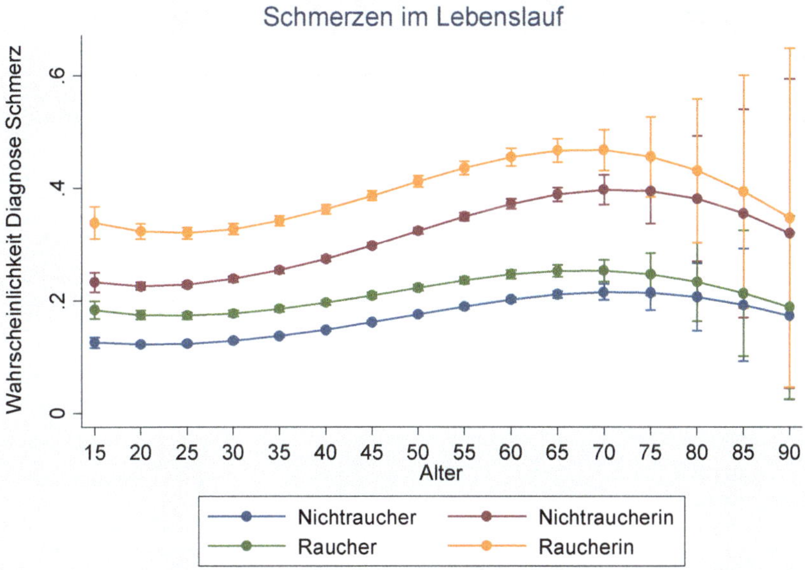

Abbildung 34 Wahrscheinlichkeit Schmerzdiagnose Raucher

419 Da der Charlson-Komorbiditätsindex ein festes Bündel an chronischen Erkrankungen erfasst, mag er für unterschiedliche Konsumarten mehr oder weniger gut geeignet sein. Diabetes geht beispielsweise neben sämtlichen Krebserkrankungen in den Index ein.

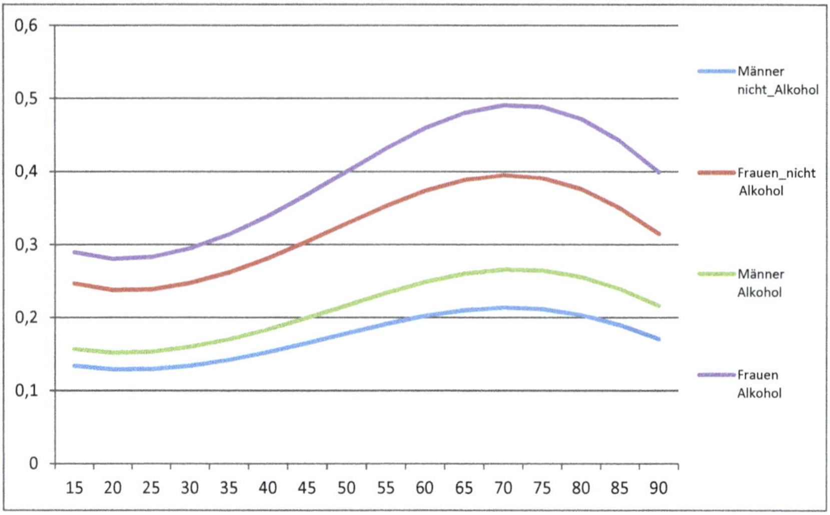

Abbildung 35 Wahrscheinlichkeit Schmerzdiagnose Alkohol

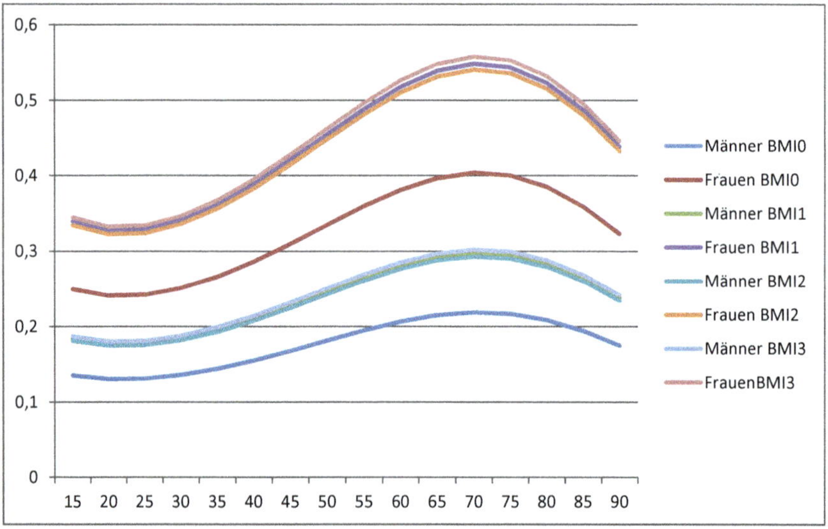

Abbildung 36 Wahrscheinlichkeit Schmerzdiagnosen Adipositas

Bewertet mit dem altersabhängigen Schmerzensgeld für einen „normalen Schmerz aufgrund einer Verletzung" (siehe Datensatzbeschreibung im Anhang), ergibt sich eine Mehrbelastung bei Rauchern von 19,35 Mrd. € an hypothetischen Schmerzensgeldzahlungen[420] pro Jahr, die alle Raucher aufgrund des Tabakkonsums insgesamt erhalten würden, wenn die Tabakindustrie für diesen Schmerz haftbar gemacht werden könnte. Analog ergibt sich für schädlich Alkohol Konsumierende ein Wert von jährlich 2,06 Mrd. € und für Individuen mit Adipositas 21,33 Mrd. €. Barwertig betrachtet sind dies pro Raucher aus Sicht eines 15-Jährigen 33.627 € und pro Raucherin 64.174 €, für schädlich Alkohol Konsumierende 15.706 € und für Frauen 38.627 € und für adipöse Individuen 40.864 € für Männer und 69.066 € für Frauen BMI-GradI.

7.6.3 Erschöpfung, Burn-Out und Depressionen

Ein aktuell weit verbreitetes Phänomen ist das „Burn-Out-Syndrom“. Damit ist ein Zustand starker emotionaler Erschöpfung und reduzierter Leistungsfähigkeit gemeint. Veröffentlichungen zu diesem Thema (Cordes und Dougherty 1993, Shaufeli et al. 2009) sehen aktuell v. a. die jungen Bevölkerungsgruppen einem erhöhten Risiko ausgesetzt[421]. Für diese Arbeit wurden die Diagnosen des ICD-10 für Depressionen und Erschöpfungszustände zusammengefasst. Die Ergebnisse im Quartal eine solche Diagnose zu erhalten sind in Abbildung 38 abgebildet. Es zeigt sich hier noch der klassische Verlauf des Bundesgesundheitssurveys von 1998[422] mit einer maximalen Mutmaßlichkeit der Erschöpfung bzw. Depression um etwa das 55.-60. Lebensjahr[423]. Es besteht ein deutlicher Zusammenhang zwischen den Erschöpfungszuständen und gefährlichem Konsum: ein 60-Jähriger rauchender und trinkender Adipositaspatient

---

420 Für den Prävalenzansatz analoge Vorgehensweise wie bisher. Quartalsdifferenz der Wahrscheinlichkeit eine Schmerzdiagnose zu erhalten zwischen Rauchern und Nichtrauchern multipliziert mit dem jeweiligen mit 4 (Quartalen) multiplizierten Schmerzensgeldwert. Die Differenz der Schmerzdiagnosenwahrscheinlichkeit ist nur ein grobes Maß, eine gemittelte Wahrscheinlichkeit über alle Schmerzdiagnosen und -intensitäten. Trotzdem ist es eine ärztlich festgestellte Differenz, aufgrund derer ein Raucher einen Arzt aufgesucht hat. D.h. die Multiplikation über die vier Quartale ist auch vor dem Hintergrund von Adaptionsprozessen gerechtfertigt.

421 Vgl. auch Aussage von Wittchen im SPIEGEL 14.06.2012, dass Depression und Burnout zu einem hohen Maße das gleiche Krankheitsbild meinen: für untere soziale Milieus wird der Ausdruck „Depression“ gewählt, für höhere Einkommensschichten eher „Burn-Out“ (im Internet unter www.spiegel.de/gesundheit/diagnose/gesundheitsreport-degs-jugendliche-leiden-haeufiger-unter-depressionen-a-838843.html)

422 S.o. Aussage Wittchen – anscheinend sind damit ein Teil der aktuellen Befunde auch auf Codierungsänderungen zurückzuführen.

423 Codiert wurden die Depressionsdiagnosen des ICD-F-Spektrums sowie die Erschöpfungsdiagnosen Z73 und R53. Dieser Befund hat auch Implikationen für die Frage, welches Renteneintrittsalter sinnvoll ist.

hat fast eine 800 % höhere Chance an Depression oder Burn-Out zu erkranken, als ein Normal-Konsumierender.

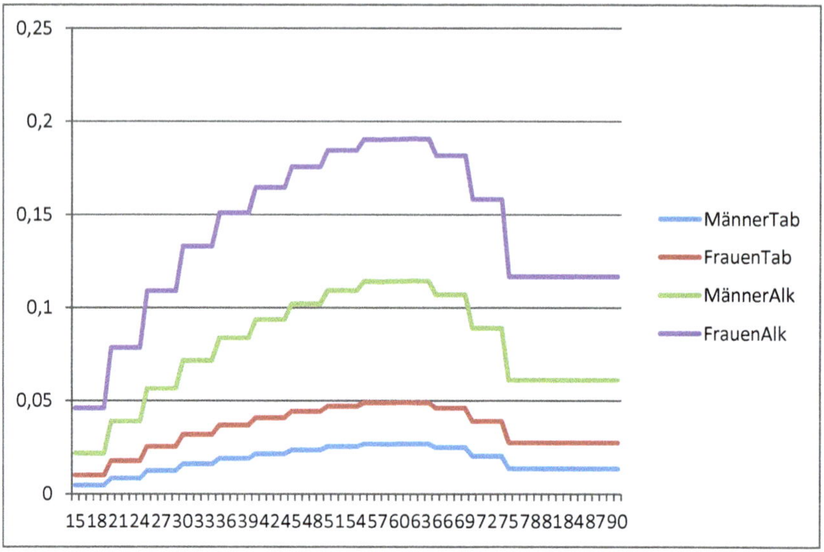

Abbildung 37 Exzess-Wahrscheinlichkeit für Erschöpfung im Lebenszyklus – Alkohol und Tabak

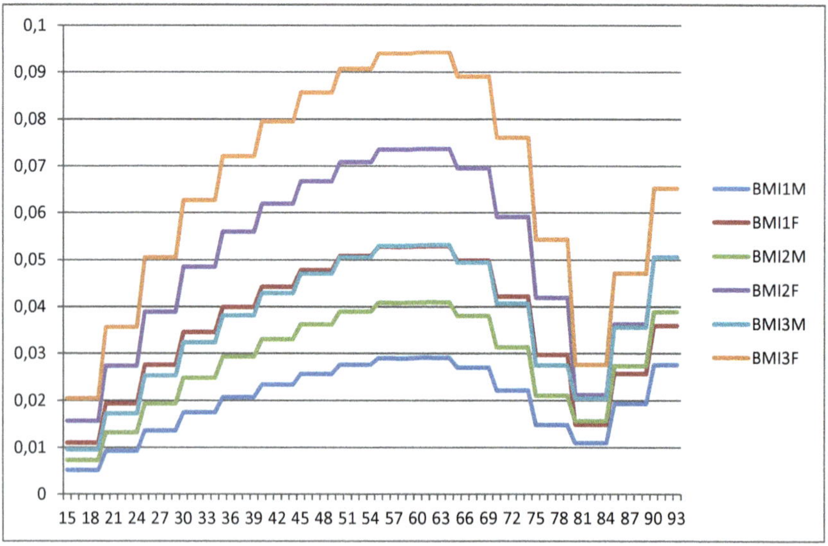

Abbildung 38 Exzess-Wahrscheinlichkeit für Erschöpfung im Lebenszyklus – Adipositas

Aufgrund des gewählten Modellierungsansatzes gilt auch hier der kausale Einfluss des Konsums für die Burn-Out-Erkrankung. Ob sich diese auch im Rahmen eines riskanten Berufsumfeldes stärker herausbildet, ist zwar wahrscheinlich, kann aber hier nicht untersucht werden. Für Raucher und Raucherinnen bedeutet dies, analog zu den Berechnungen vorher, eine intangible Zusatzlast im Jahr von 5,33 Mrd. € pro Jahr bei Rauchern, für schädlich Alkohol Konsumierende 3,345 Mrd. € und für Adipositas-Patienten von 6,232 Mrd. €. Barwertig für Raucher sind dies 8.155 € und für Raucherinnen 14.388; für schädlich Alkohol Konsumierende 35.766 € und 58.916 € und für Adipositas 565.133 und 454.777 €.

7.6.4 Missbrauch

Eine wichtige zu quantifizierende Größe intangiblen Leids durch gefährlichen Konsum ist das Ausmaß an Missbrauch, den Kinder aufgrund gefährlichen Konsums v.a. im Elternhaus erfahren. Die Auswertung der Missbrauchsfälle im Datensatz ist mit verschiedenen Schwierigkeiten verbunden, da nur das gemessen werden kann, was von Medizinern codiert wird. Die hier genutzten Diagnosen des ICD-10 sind T74 (Misshandlung) und Z045 (Betreuung von Personen, die durch andere verletzt oder vergewaltigt wurden). Die Fallzahlen sind sehr gering; im genutzten Familiendatensatz mit 144.000 Individuen sind insgesamt 148 Kinder Opfer von Missbrauch zu finden. Da nicht klar ist, zu welchem Zeitpunkt der Missbrauch stattgefunden hat, musste auf einen Random-Effects-Panel-Ansatz mit Logit-Funktion zurückgegriffen werden, auch auf die Gefahr hin, dass die Schätzer dadurch inkonsistent sein können. Es lässt sich festhalten, dass neben den Variablen Geschlecht (junge Frauen und Mädchen sind einem deutlich höheren Risiko ausgesetzt, Opfer von Missbrauch zu werden), nur die eigenen Konsumvariablen Alkohol und Tabak signifikant das Risiko erhöhen und der Alkoholkonsum des Elternteils, über den das Kind familienmitversichert ist. Die absolute Effektgröße ist hier nach Geschlecht am größten und erhöht das Risiko durchschnittlich um 280 % (exp(3,379)). Nachfolgende Abbildung 39 zeigt die Schätzungen der Koeffizienten des Modells. Die Gesamtwahrscheinlichkeit liegt trotz der signifikanten Unterschiede sehr nahe bei null. Dies liegt wahrscheinlich an der hohen Dunkelziffer, die nicht ärztlich versorgt oder bloß behandelt, aber nicht erkannt wird.

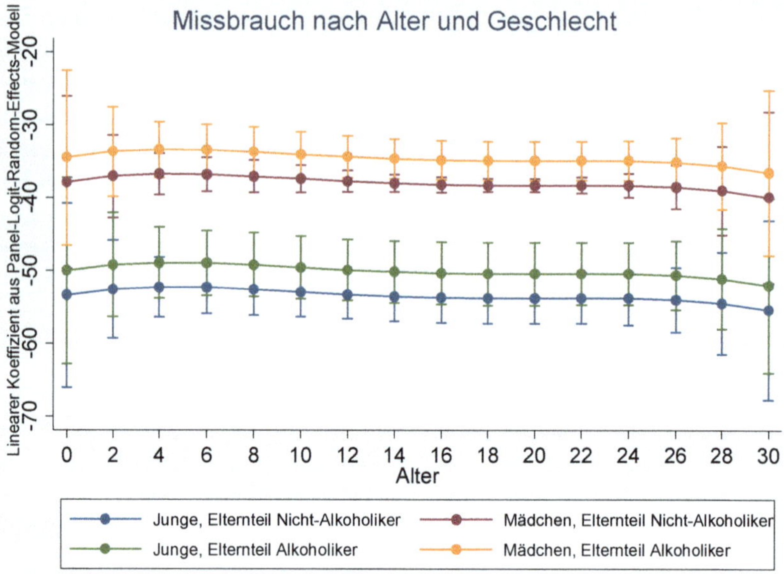

Abbildung 39 Koeffizientenschätzung Missbrauchsopfer nach Geschlecht und Alter

7.7 Die Kosten gesunkener Produktivität

7.7.1 Funktionalitätseinschränkungen und Kosten der Pflege

Büßt ein Mensch aufgrund einer dauerhaften Erkrankung oder körperlichen Behinderung seine Eigenständigkeit ein, so wird er pflegebedürftig und ist auf die Hilfe anderer angewiesen[424]. In den bereits zitierten Krankheitskostenstudien zu gefährlichem Konsum entspricht die Pflegebedürftigkeit einem evidenten Zustand der Funktionalitätseinschränkung: es kann nicht mehr alles selbstständig erledigt werden. Die Pflegebedürftigkeit soll über die soziale Pflegeversicherung zumindest teilweise in ihren Kosten beherrschbar gemacht werden. Die Routinedaten der Pflegeversicherung liegen bei den Krankenkassen vor, bei der der Pa-

424 Vgl. hierzu die Definition des Begriffes der Pflegebedürftigkeit nach § 14 Abs. 1 des SGB XI. „Pflegebedürftig sind Personen, die wegen einer körperlichen, geistigen oder seelischen Krankheit oder Behinderung für die gewöhnlichen und regelmäßig wiederkehrenden Verrichtungen im Ablauf des täglichen Lebens auf Dauer, voraussichtlich für mindestens sechs Monate, in erheblichem oder höherem Maße der Hilfe bedürfen."

tient krankenversichert ist[425]. Damit ist ein wesentlicher Bereich der „Disability" auch in den hier genutzten Datensätzen enthalten. Die Pflegebedürftigkeit ist auch deshalb von besonderem Interesse, da theoretisch durch schwere Krankheitsverläufe und früheren Tod Pflegekosten, die üblicherweise mit dem hohen Alter assoziiert werden, eingespart werden könnten[426]: ebenso ein wichtiges Argument der Konsumgüterindustrie in der Debatte um Kosten und Nutzen gefährlichen Konsums.

Die Anzahl an pflegebedürftigen Personen nimmt in Deutschland auch bedingt durch den demografischen Wandel und der älter werdenden Bevölkerung kontinuierlich zu. Im Frühjahr 2007 waren in Deutschland 2,25 Mio. Menschen pflegebedürftig[427]. Schätzungen zufolge sollen im Jahr 2050 etwa 4,5 Mio. Personen in Deutschland pflegebedürftig sein[428]. Durch die Verbindung der Daten der GKV und GPV mit entsprechenden Diagnosen für gefährlichen Konsum ist es möglich, einen direkten Zusammenhang mit der Pflegebedürftigkeit und den damit verbundenen Kosten herzustellen. Auch hier werden zunächst die Wahrscheinlichkeiten ermittelt, bei gefährlichem Konsum ein Pflegefall zu werden und dann zweitens die Kosten bei Pflegebedürftigkeit geschätzt. Auch hier wurde zunächst die GEE-Schätzung für eine Kausalität zwischen dem Eintritt der Pflegebedürftigkeit und gefährlichem Konsum durchgeführt (Tabelle 19). Es zeigt sich deutlich, dass Alkohol mit Abstand der größte Risikofaktor für den Eintritt der Pflegebedürftigkeit ist (Odds-Ratio 3,2574). Auch bei Rauchern ergibt sich immerhin noch ein erhöhtes Risiko von 30 %, bei extrem Fettleibigen von 50 %[429]. Abbildung 40 (Alkoholiker), Abbildung 41 (Adipöse) und Abbildung 42 (Raucher) zeigen die erwarteten Kosten der gesetzlichen Pflegeversicherung pro Quartal. Die Kurven sind je nach Konsumart recht unterschiedlich. Bei Alkoholikern liegen die erwarteten Kosten zunächst unter den Kosten der nicht schädlich Alkohol Konsumierenden, übersteigen diese ab ca. dem 55 Lebensjahr aber deutlich.

---

425 Gemäß § 1 III SGB XI i.V.m. § 4 SGB V.

426 Dies ist natürlich analog zu den Überlegungen der Studie von der Beratungsfirma Arthur D. Little in der Tschechischen Republik zu den eingesparten Kosten der Rentenversicherung durch früher sterbende Raucher.

427 Vgl. Statistik des statistischen Bundesamtes unter www.destatis.de

428 Vgl. Mitteilung im Ärzteblatt unter www.aerzteblatt.de/archiv/152754/Demografischer-Wandel-Zahl-der-Pflegebeduerftigen-auf-Hoechststand, abgerufen am 18.6.2014.

429 Die restlichen Variablen weisen einen plausiblen OR-Wert auf. So haben etwa Berufstätige ein deutlich geringeres Risiko, Männer ein etwas höheres Risiko (12 %). Sozialhilfeempfänger haben ein um 600 % höheres Risiko pflegebedürftig zu werden als normal Kranken- bzw. Pflegeversicherte. Ebenso weisen Drogensüchtige bzw. ehemalige Drogenkonsumenten ein deutlich höheres Risiko auf (36 %).

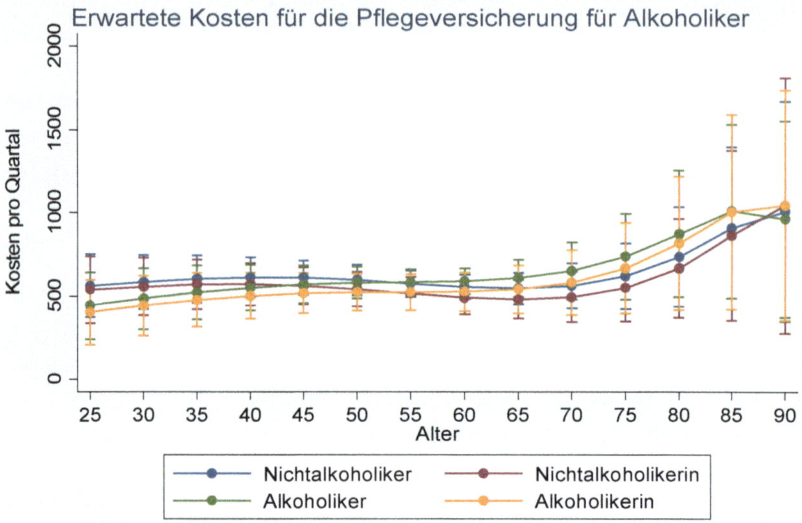

Abbildung 40 Erwartete Pflegekosten – Alkohol

Die erwarteten Kosten[430] der Pflege sind bei Adipositas-Schwergrad I mit -87 Mio. € geringer als bei Nichtadipösen, bei Grad II aber mit 407,24 Mio. € deutlich höher und bei Grad III um 21,29 Mio. € reduziert. Diese Werte sind im Vergleich zu anderen Kostenpositionen eher gering. Allerdings sind die Wahrscheinlichkeiten, pflegebedürftig zu werden, für Adipositas mit BMI Grad II und III deutlich erhöht. Im Zusammenhang mit den zu erwartenden Kosten lässt sich dies so interpretieren, dass gerade bei schwer adipösen Patienten noch stärker Verwandte die Pflege zu übernehmen scheinen und dabei eher weniger Mittel der GPV abgerufen werden. Auch ist es denkbar, dass etwa bei schwerer Krankheit und längerer Bettlägerigkeit auch viel Gewicht verloren wird, so dass vielleicht irgendwann, wenn professionale Versorgung der Pflegebedürftigen erfolgen muss, die Adipositas zurückgegangen ist. Dass Adipositas Grad I mit im Vergleich zu nicht-adipösen Pflegefällen eher niedrigere Pflegekosten wie Wahrscheinlichkeiten, ein Pflegefall zu werden einhergeht, kann

430 Diese erwarteten Kosten wurden mit einem Two-Part-Modell geschätzt. In der ersten Stufe wird dabei geschätzt, wie hoch die Wahrscheinlichkeit überhaupt Kosten zu verursachen ist, während dann in einer zweiten Stufe mittels Generalized-Linear-Models-Ansatz ein entsprechendes Modell angepasst wird. Bei Kostendaten ist dies meisten aufgrund der charakteristischen Schiefe der Kostendaten eine wichtige Modellierungsalternative.

ebenfalls damit zusammenhängen, dass schwere Erkrankungen wie Krebs infolge des Rauchens eher mit starken Gewichtsreduktionen einhergeht oder aber dieser Adipositas Grad lediglich die Vorstufe einer Funktionalitätseinschränkung darstellt.

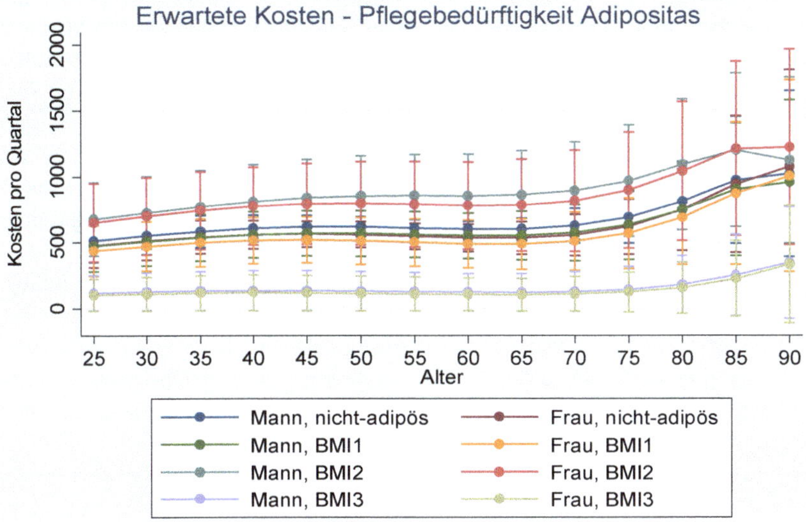

Abbildung 41 Erwartete Pflegekosten – Adipositas

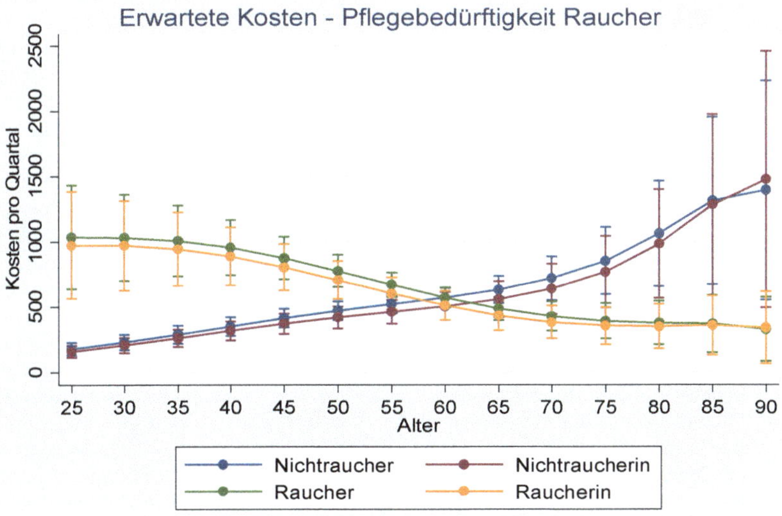

Abbildung 42 Erwartete Pflegekosten – Rauchen

Beim Rauchen schließlich fallen deutlich höhere Kosten in jungen Jahren an, während die erwarteten Kosten der Pflege bei Nichtrauchern ab ca. dem 60. Lebensjahr deutlich über den Raucherkosten liegen[431]. Die erwarteten Kosten wurden hierbei aus der Wahrscheinlichkeit ein Pflegefall zu werden und den bei Pflegebedürftigkeit anfallenden Kosten berechnet. Die zusätzlichen Kosten, die sich aufgrund eintretender Pflegebedürftigkeit durch das Rauchen ergeben, belaufen sich auf 544,124 Mio. €. An indirekten Kosten entstehen durch das Rauchen Verluste in Höhe von 660,71 Mio. €[432]. Für Alkohol belaufen sich die direkten Kosten auf 760,03 Mio. €, die Produktivitätsverluste auf 709,538 Mio. €. Es sei nochmals darauf hingewiesen, dass bei zunehmendem Wegfall der Pflege durch Angehörige in der Zukunft und stärkerem Mittelabruf bei der GPV die hier angegebenen erwartenen Pflegekosten nochmals deutlich ansteigen könnten.

Die Beitragsakkumulationen in der GPV sind in Abbildung 43–46 abgebildet. Hier haben alle Äste der Konsumtypen einen positiven Endwert. Dies ist nicht weiter verwunderlich, da die Pflegekassen in den vergangenen Jahren ab 2008 deutliche Überschüsse erwirtschaftet haben[433]. D.h. hier zahlen zwar die gefährlich Konsumierenden ihren Pflegekostenanteil, allerdings könnten sich auch hier die Einnahmen durch ein Umschwenken von gefährlichem auf nicht gefährlichen Konsum deutlich bessern. Ebenso ist zu bedenken, dass diese Situation nur aufgrund der eher gering abgerufenen Mittel der GPV zustande kommt. Insbesondere bei Berücksichtigung des demographischen Wandels in Deutschland ist mittelfristig mit mehr Personen zu rechnen, die evtl. keine pflegenden Angehörigen mehr haben und deshalb stärker als bisher auf die Hilfe der GPV angewiesen sind. Für schädlich Alkohol Konsumierende

431 Dieser Verlauf ist wahrscheinlich der Grund für die Aussage einiger Publikationen, das Rauchen könne auch Kosten einsparen. Dies bewahrheitet sich aber für die GPV in Deutschland nicht. Ein wichtiger Punkt in dieser Analyse besteht darin, dass die Schaubilder die tatsächlich abgerufenen Mittel der GPV abbilden. D.h., sollten in Zukunft einmal je nach Konsumart mehr Mittel abgerufen werden, sich also die Struktur des Mittelabrufs ändern, könnte sich die ganze Analyse nochmals ändern.

432 Das zusätzliche Risiko der Pflegewahrscheinlichkeit der Raucher gegenüber den Nichtrauchern wurde hier mit dem durchschnittlichen Entgelt eines Raumpflegers in Höhe von durchschnittlich 8,64 € pro Stunde angesetzt. Diese wurden mit dem aus der Zeitkontingenterfassung des Statistischen Bundesamtes ermittelten täglichen Zeitumfang für hauswirtschaftliche Tätigkeiten und 365 Tagen multipliziert. Daraus ergibt sich hypothetisches Jahreseinkommen von 11.780 € für Frauen und 8.156 € für Männer.

433 Hinzu kommt, dass in der Berechnung (wie auch allen anderen hier aufgeführten Berechnungen im Life-Cycle-Ansatz) ein Kalkulationszinssatz von 2 %, abgeleitet aus den Überlegungen in Kapitel 3.4.4 benutzt wurde. Da auch in der Pflegeversicherung das Umlageprinzip gilt, dürften die eingezahlten Beiträge nicht verzinst werden und dadurch die Äste in den Abbildungen deutlich nach „unten fallen". D.h. die Verzinsungen sind so etwas wie die Opportunitätskosten einer vergangenen Verzinsung.

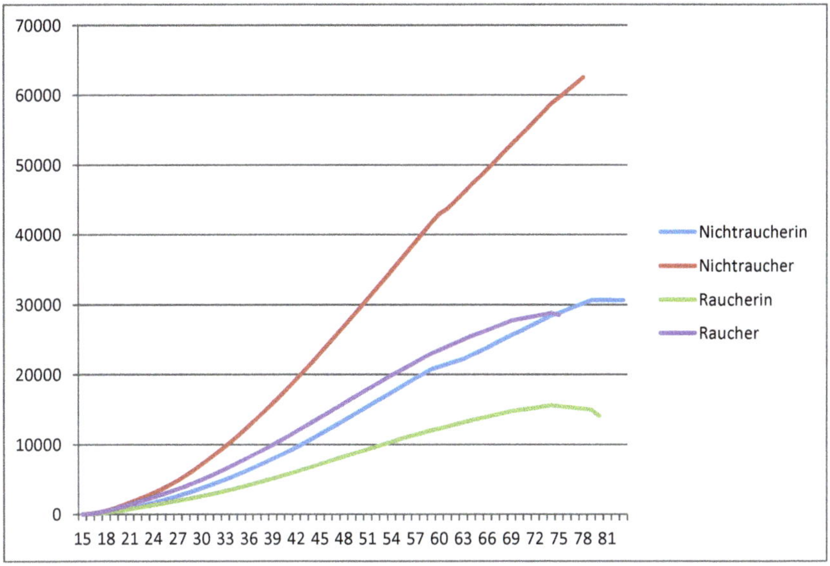

Abbildung 43 Entwicklung der akkumulierten Pflegebeiträge – Tabak

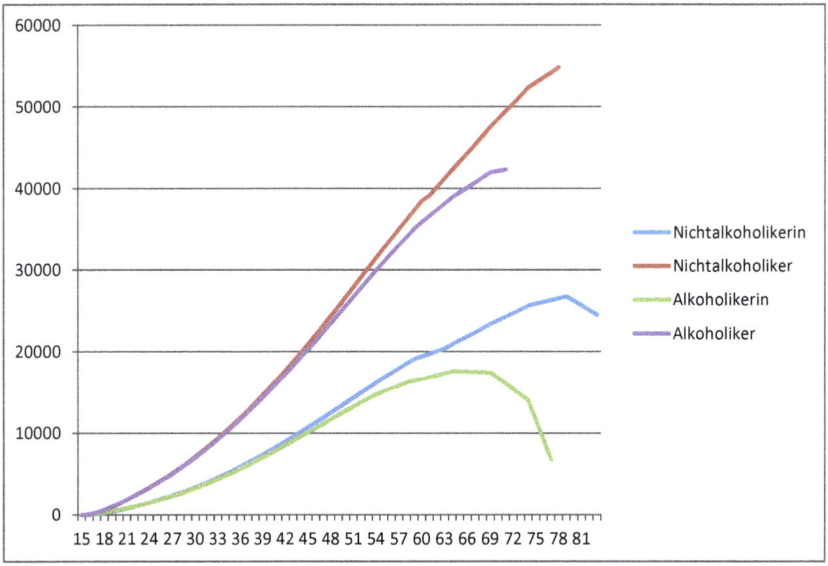

Abbildung 44 Entwicklung der akkumulierten Pflegebeiträge – Alkohol

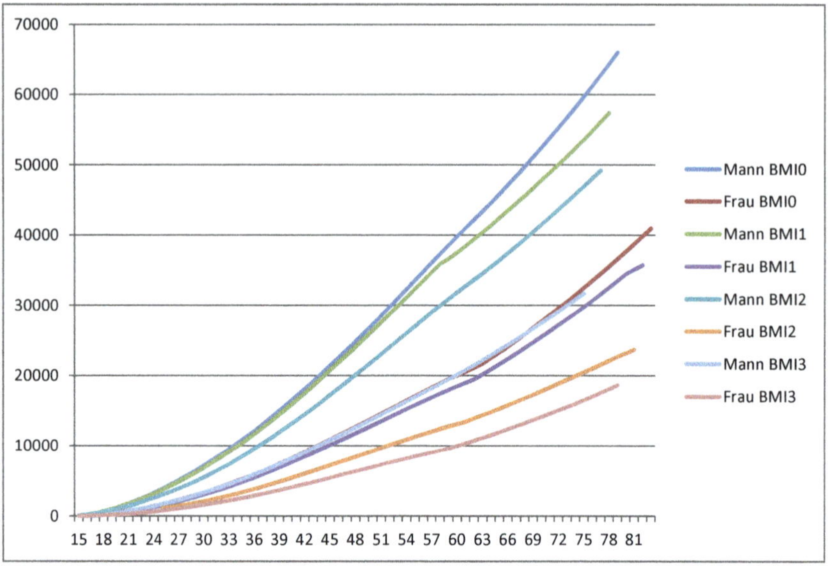

Abbildung 45 Entwicklung der akkumulierten Pflegebeiträge – Adipositas

ergibt sich eine barwertige relative Entlastung pro Mann von 1.798 € und pro Frau von 4.484 €; bei Adipositas ergäben sich relative Entlastung bei BMI1 von 2.093 € je Mann und 1.212 € je Frau, BMI2 von 4.164 € pro Mann und 4.244 € pro Frau sowie bei BMI3 von 8.911 € pro Mann und 5.412 € pro Frau. Für das Rauchen schließlich ergäben sich Nettoentlastungen der GPV von 9.254 € pro Mann, dem man präventiv erfolgreich am Rauchen hindert und 4.087 € pro Frau.

7.7.2 Produktivität und Verrentung

Ein wesentlicher finaler Berechnungsschritt betrifft die Frage nach den Kosten im Alter, der Be- oder Entlastung bei der Regelaltersrente in der GRV. Diese Kosten sind letztlich wie dargelegt eine synthetische Größe, da es hier um eine reine Umverteilungsmaßnahme im Rahmen von GRV und privaten Versicherungen geht: Die Produktivität nimmt mit dem Alter ab, das Krankheitsrisiko nimmt mit dem Alter zu. Individuen brauchen stetige, planbare Einkommen. Um einen möglichen Einkommensausfall abzusichern, wird in Deutschland eine gesetzliche Regelaltersrente mit Erreichen eines bestimmten Alters ausgezahlt. Bis auf wenige Ausnahmen[434]

434 Wie z. B. Beamte, Richter, Berufssoldaten, Minijobber und Selbstständige in einige Branchen.

sind alle Individuen und Inländer Deutschlands rentenversicherungspflichtig. Neben der gesetzlichen Rente existiert auch die Möglichkeit Verträge über Renten bei privaten Versicherungen abzuschließen. Leider ist anzunehmen, dass Individuen den eigenen Tod nicht rational als frühzeitiger wahrnehmen. Ebenso erscheint häufig in Diskussionen nicht die Tatsache, dass insbesondere Alkoholabhängige[435] häufig früh- oder erwerbsgemindert verrentet werden. In diesem Fall tritt der Produktivitätsausfall[436] und damit die Leistung der gesetzlichen Rentenversicherung sogar früher und nicht durch Erreichen eines Zeitpunktes sondern bestimmter Tatbestandsmerkmale ein.

Wie schon in Kapitel 5.4.2.1 ausgeführt, war die Einführung der gesetzlichen Regelaltersrente der Versuch, Entgeltbestandteile aus der produktiven Phase des Lebens in die Altersphase zu verschieben. Aufgrund dieses Mechanismus entstand dann das Argument der Tabakindustrie, Raucher würden aufgrund ihrer erhöhten Mortalität die Rentenkassen entlasten. Dieses Argument ist von vielen Annahmen abhängig: Erstens gilt dies nur, wenn der Renteneintritt der Raucher, Alkoholiker und Adipösen zum gleichen Zeitpunkt oder später einsetzt als bei nicht schädlich Konsumierenden. Anderenfalls werden die Einsparungen durch frühere Auszahlungen tendenziell nivelliert. Bei einer Barwertbetrachtung ist dies nochmals unvorteilhafter, da die früheren Auszahlungen weniger stark diskontiert werden. Aus dem PASS-Datensatz kann ermittelt werden, dass Raucher ein deutlich niedrigeres Nettoeinkommen haben als Nichtraucher. Adipöse Personen haben ebenfalls ein deutlich reduziertes Einkommen, stark Alkoholkonsumierende hingegen kein abweichendes Einkommen, wenn sie erwerbstätig sind. Dies bedeutet zweitens, dass zumindest Raucher und Adipöse vergleichsweise geringere Renten als die normal Konsumierenden erhalten werden.

Ebenso ist es wahrscheinlich, dass Raucher, Adipöse oder Alkoholkonsumenten früher verrentet werden. Auch dies kann mithilfe eines vollparametrischen Überlebenszeitmodells analysiert werden. Während vollkommen risikoarm konsumierende erwerbstätige Männer aktuell „regulär“ mit 62 den Rentnerstatus erreichen (Frauen 65), findet die Verrentung bei schädlich Alkohol konsumierenden Männern deutlich vorher mit etwa 56 Jahren (Frauen 59) statt[437]. Bei

435 Für Nikotinabhängige sowie Fettleibige tritt die Erwerbsminderungsrente v. a. durch die damit assoziierten und nicht mehr rehabilitierbaren Erkrankungen zu Tage.

436 In der gesetzlichen Rentenversicherung ist dieser synonym mit dem Begriff der „Erwerbsfähigkeit“. Siehe § 8 SGB II und § 51 SGB V.

437 Gemeint ist hier wieder der Medianrentner; d. h. 50 % der Individuen gehen vor diesem Zeitpunkt in Rente, 50 % danach.

Rauchern liegt die Verrentung etwa bei 58 Jahren (Frauen 62) und stark adipösen Männern bei etwa 57 Jahren (Frauen 60). Bei Kombination aller Risikofaktoren kann die Verrentung bereits mit 53 Jahren (Frauen ebenfalls 53 Jahre) erfolgen. Diese empirische Tatsache wirkt dem von der Industrie vorgebrachten Argument einer Einsparung bei den Rentenkassen aufgrund erhöhter Mortalität entgegen. Abbildung 46 und Abbildung 47 zeigen zusammengenommen den Eintritt in die Rentenarten wegen Erwerbsminderung, Alter und wegen Todes. Wichtig hierbei ist, dass ab dem Zeitpunkt der Verrentung keine Produktivität mehr am Markt erzeugt wird und die Rentner keine Rentenbeiträge mehr zahlen[438].

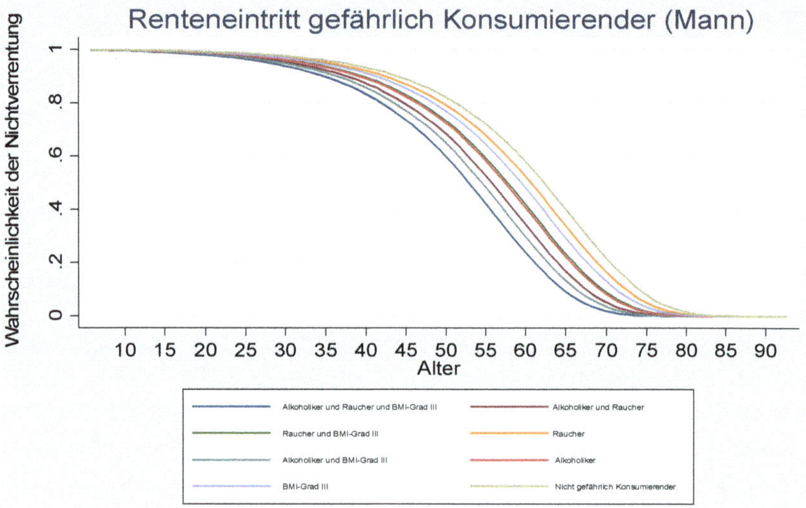

Abbildung 46 Renteneintrittsalter Männer

438 Es gibt hiervon zwar Ausnahmen wie etwa der pauschale Rentenbeitrag von 15 % auf die Entlohnung einer geringfügen Beschäftigung („450 Euro Job"), allerdings sind diese sehr gering. Für die hier ermittelten Verrentungsgrenzen spielen diese so gut wie keine Rolle. Die Witwen- und Waisenrenten, die vorher auch in jungen Jahren anfallen, sind natürlich nicht kausal für das Rauchen oder Alkoholkonsum, dienen aber der Veranschaulichung, dass auch bei deren Erhalt eine Hinzuverdienstgrenze besteht, so dass voll-versicherte Mitglieder der GKV (ab 450 € Einkommen pro Monat), nicht mehr als Rentner gelten.

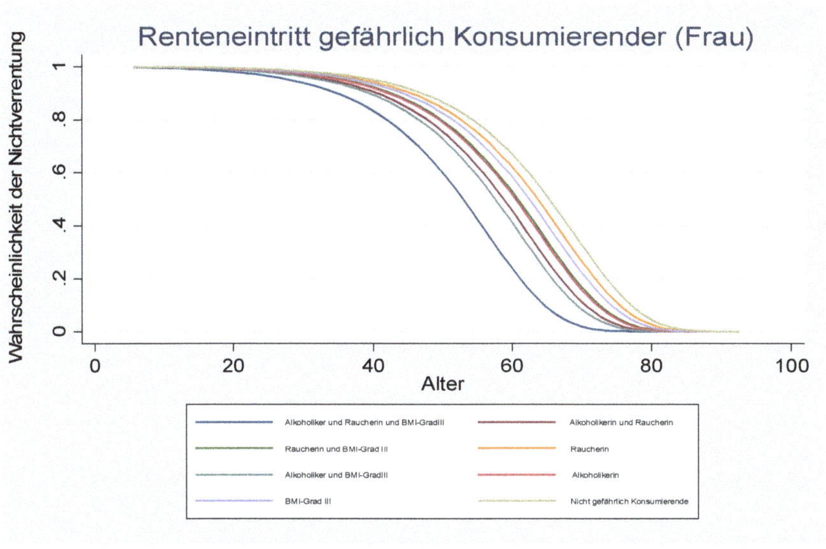

Abbildung 47 Renteneintrittsalter Frauen

Für die Berechnung der Effekte der Zahlungskonsequenzen und der Feststellung eines Nettoein- oder Ausflusses der Versichertenbeiträge aufgrund gefährlichen Konsums, müssen die unterstellten Beiträge zur GRV den späteren Auszahlungen an die Rentner gegenüber gestellt werden. Die Summe der Beiträge zur Rentenversicherung eines gefährlich Konsumierenden über das gesamte Leben bis zur Verrentung lassen sich aus den bereits ermittelten Einkommen der Konsumenten berechnen. Da die Bestimmung der Höhe der Regelaltersrente von sehr vielen Faktoren abhängt, wurde „funktionsabstrahierend" die aktuelle Rente für unterschiedlich konsumierende Personen aus dem PASS Datensatz verwendet. Die ermittelte Höhe von 1.300 € bei Nichtrauchern und 650 € bei Nichtraucherinnen entspricht ungefähr dem aktuellen Durchschnittswert der monatlichen Rentenhöhe in Deutschland[439].

439 Siehe Rentenversicherung in Zahlen 2013 unter www.deutsche-rentenversicherung.de/cae/servlet/contentblob/238692/publicationFile/61815/01_rv_in_zahlen_2013.pdf. Für die Rentenhöhe kann alternativ die aktuell gültige Rentenformel verwendet und hierfür der sich bei dem unterstellten Einkommen ergebende Punktwert über die Beitragsjahre aufsummiert werden. Diese ergibt sich aus den Entgeltpunkten *

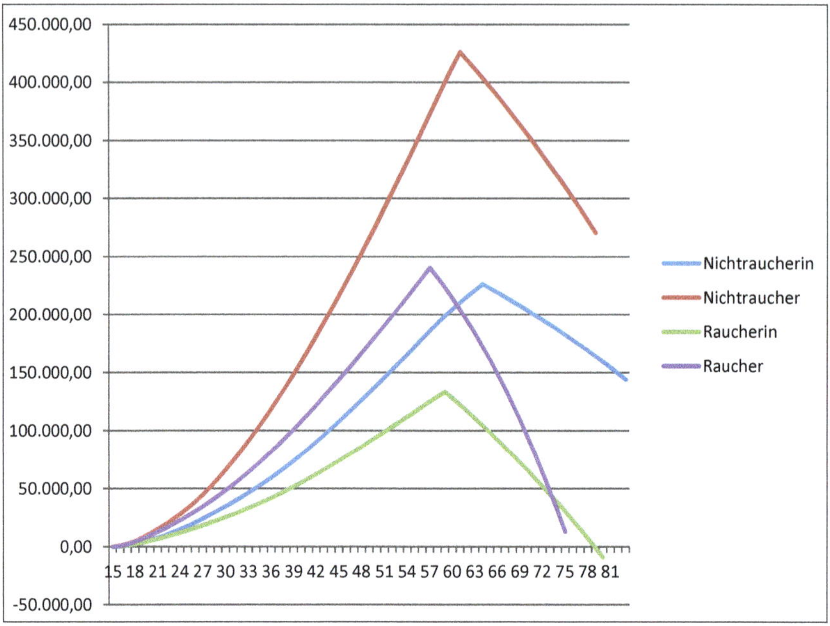

Abbildung 48 Entwicklung des hypothetischen Rentenkapitals – Raucher

Zugangsfaktor * Rentenartfaktor * aktuellem Rentenwert (dieser liegt momentan bei 28,14 €). Mit jedem Jahr in Erwerbstätigkeit oder ALG I (ggf. auch bei weiteren anderen Sozialversicherungsrechtlichen Situationen etwa Zeiten der Kindererziehung) summieren sich die Entgeltpunkte weiter bis zur Verrentung auf. Ein Durchschnittseinkommen erbringt pro Jahr einen Entgeltpunkt. Entsprechend anteilig liegt der Wert darunter, wenn das Einkommen unter dem Durchschnittseinkommen liegt und vice versa. Der Rentenartfaktor liegt bei 1,0 für die Regelaltersrente und die volle Erwerbsminderungsrente bei Hinterbliebenenrenten teils deutlich unter 1,0. Der Zugangsfaktor ist ein Faktor größer oder kleiner 1 in Abhängigkeit des Renteneintrittsalters. Eine vorzeitige Verrentung führt damit zu Abschlägen und vice versa.

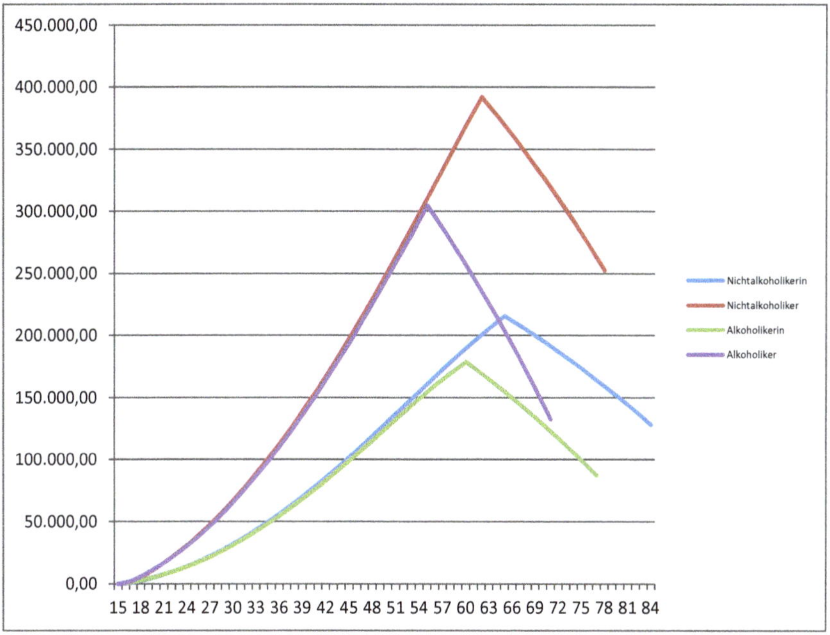

Abbildung 49 Entwicklung des hypothetischen Rentenkapitals – Alkoholiker

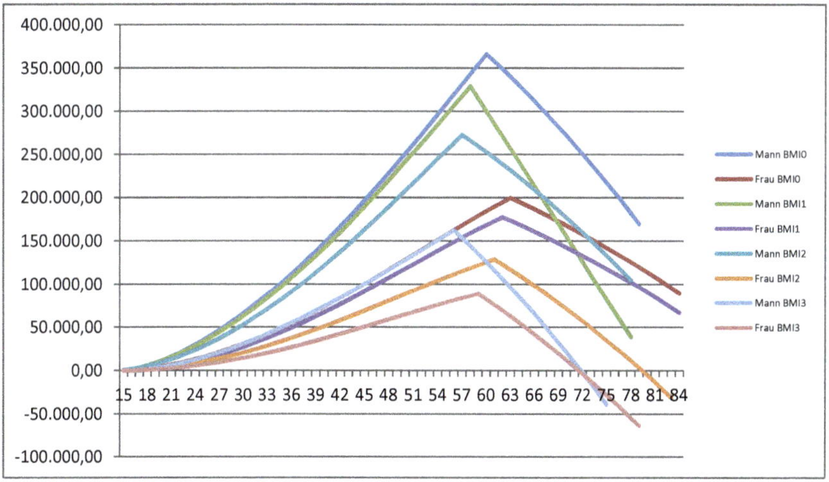

Abbildung 50 Entwicklung des hypothetischen Rentenkapitals – Adipositas

Wie man in Abbildung 48 ersehen kann, führt das Rauchen bei einer unterstellten Verzinsung von 2 % und den ermittelten Daten zu Mortalität und Verrentungsalter sowohl für Frauen als auch Männer zu einer relativen Belastung für die GRV in Höhe von knapp 9.000 € bzw. 44.000 € bis zum Lebensende. Da die GRV durch ein Umlageverfahren finanziert wird, ist es aber nicht möglich die Beiträge an Kapitalmärkten produktiv anzulegen; sie werden direkt in Form von Renten oder anderen Leistungen der GRV wieder ausgeschüttet. Fällt also die Verzinsung von 2 % weg, steigen die Belastungen der GRV und alle Individuen stellen eine Belastung für die Rentenkassen dar; dies erklärt die nötigen Bundeszuschüsse zur Rentenversicherung von aktuell etwa 25 % des Budgets der GRV. Nicht-gefährlich-Konsumierende hinterlassen der GRV eine hohe Beitragsrücklage, die am Kapitalmarkt höher entlohnt worden wäre, als dies in der Rentenversicherung möglich ist. Bei Alkohol und Adipositas ist es analog: eine Prävention des gefährlichen Konsums entlastet die GRV (Alkohol je Mann um 55.422 €, je Frau um 31.055 €; Adipositas Grad I je Mann um 59.520 €, je Frau um 40.717 €).

7.7.3 Erwerbsminderungen

Der Erhalt einer Erwerbsminderungsrente ist ein Indikator dafür, dass die Erwerbsfähigkeit und damit die Produktivität unabhängig davon, ob am Arbeitsmarkt oder privat genutzt, ganz oder teilweise eingeschränkt ist. Die GLM-Schätzung zeigt deutlich erhöhte Risiken durch gefährlichen Konsum erwerbsunfähig zu werden (Tabelle 17). Am deutlichsten zeigt sich dies beim Alkoholkonsum (OR 3,04), aber auch beim Tabakkonsum (OR 1,49) sowie allen Formen der Adipositas (OR 1,3; 1,59; 2,06)[440]. Träger der Kosten der Erwerbsminderung ist im Wesentlichen die GRV. Aus der Erwerbsminderungsrentenstatistik der Deutschen Rentenversicherung Bund lassen sich die Höhen der Erwerbsminderungsrenten nach Altersjahren und Geschlecht ablesen. Aufgrund der statistischen Ungenauigkeiten der kleinen Fallzahl in der Stichprobe und dem aus der Kaplan-Meier-Schätzung in Abbildung 51 ablesbaren Eintritt in die Erwerbsunfähigkeit, die praktisch erst ab dem 20 Lebensjahr überhaupt relevant wird, werden nur die Fälle betrachtet, die mit dem 25 Lebensjahr oder später eine Erwerbsminderung erleiden. Pro Jahr ergeben sich für Raucher Kosten von 816 Mio. € an von der GRV auszuzahlenden Erwerbsminderungsrenten.

440 Auch hier weisen die anderen Variablen wieder plausible ORs auf: Die Anzahl der Versicherungsummeldungen evtl. als Indikator für häufig wechselnde Berufstätigkeiten hat ein leicht geringeres Risiko (5,4 %). Arbeitslosigkeit ein um 67 % erhöhtes Risiko der Erwerbsminderung.

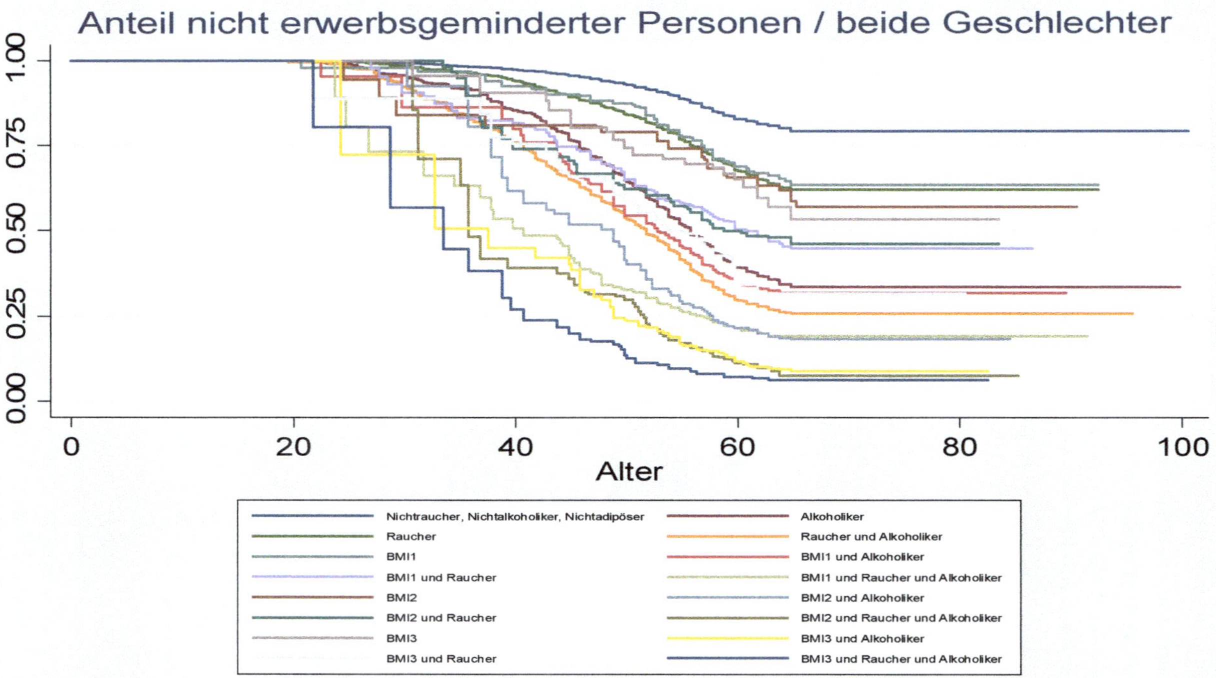

Abbildung 51 Eintritt in die Erwerbsunfähigkeit nach Konsumgruppen

An Ressourcenkonsequenzen gehen 4,52 Mrd. € pro Jahr durch das Rauchen verloren. Bei schädlich Alkoholkonsumierenden ergeben sich 255,7 Mio. € an Erwerbsminderungsrentenauszahlungen pro Jahr, weiteren 1,68 Mrd. € an jährlichen Ressourcenverlusten[441].

Für Adipositas-Patienten ergeben sich 51,1 Mio. € an ausgezahlten Erwerbsminderungsrenten pro Jahr. Im Vergleich zu Alkohol und Tabak erscheint dies wenig. Dies liegt v. a. daran, dass die Wahrscheinlichkeit erwerbsgemindert zu werden bei Adipositas-Patienten deutlich geringer ist als bei Alkohol und Tabak und die Fallzahlen bei Adipositas Grad II und III deutlich niedriger sind. Weiterhin entstehen indirekte Kosten in Höhe von 173,65 Mio. € pro Jahr durch zerstörte Produktivität der aufgrund Adipositas Erwerbsgeminderten. Auch diese deutlich geringeren Produktivitätsverluste sind im Wesentlichen durch die niedrigeren Wahrscheinlichkeiten bei Adipösen, erwerbsgemindert zu werden, bedingt.

7.7.4 Temporäre Arbeitsunfähigkeit

Mit temporärer Arbeitsunfähigkeit (AU) ist die (Arbeits-)Zeit gemeint, in der eine sonst regulär erwerbstätige Person durch einen Arzt arbeitsunfähig geschrieben worden ist und deshalb der Arbeit nicht nachgeht. Arbeitsunfähig kann also nur jemand sein, der einer regulären Arbeit nachgeht. Diese Zeit wird üblicherweise in ganzen Arbeitstagen festgelegt. Die Lohnfortzahlung trägt in den ersten sechs Wochen nach Eintritt der Arbeitsunfähigkeit der Arbeitgeber, danach die Krankenkasse in Form von Krankengeld bis zu 78 Wochen. Die prognostizierte Anzahl der von Ärzten verschriebenen Arbeitsunfähigkeitstage wurde mittels negativer Binomialverteilungsregression ermittelt (Tabelle 27). Wie man in Abbildung 52 und Abbildung 53 deutlich sehen kann sind die AU-Tage bei allen drei Konsumarten erhöht. Während bei Nichtkonsumenten kaum Veränderungen bei den AU-Tagen im Zeitablauf festzustellen sind, haben gefährlich Konsumierende ein lokales Maximum an AU-Tagen um das 55.Lebensjahr. Ebenso auffällig ist, dass gerade bei besonders jungen gefährlich konsumierenden Erwerbstätigen eine er-

441 Die Berechnung der Ressourcenverluste erfolgt als Multiplikation der Wahrscheinlichkeit erwerbsgemindert zu werden mit dem jährlich erzielbaren Einkommen (je nach Konsumart). Der Zustand der Erwerbsminderung wird gewöhnlich regelmäßig weiter geprüft, so dass anders als bei Tod und in den meisten Pflegefällen (besonders bei alten Menschen) von einem dauerhaften Verlust der Produktivität ausgegangen werden kann. Dem Unterschied zwischen voller und teilweiser Erwerbsminderung wurde über die durchschnittliche Rentenhöhe Rechnung getragen.

höhte AU-Tage-Anzahl festzustellen ist. Da auch hier ein Kontrollfunktionsansatz zur Schätzung gewählt wurde, handelt es sich um ein mit dem Konsum ursächlich in Verbindung stehendes Phänomen.

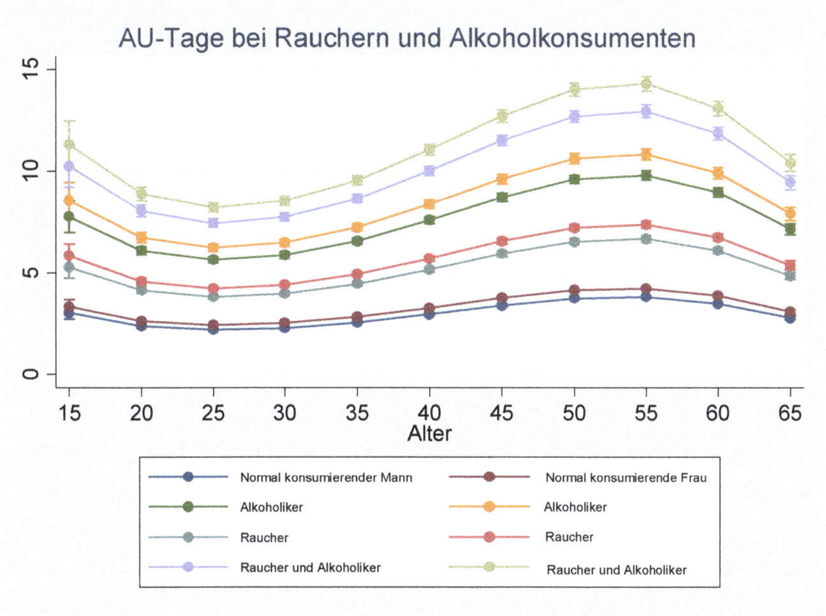

Abbildung 52 Arbeitsunfähigkeitstage der Raucher und Alkoholkonsumenten pro Quartal

Eine weitere Frage besteht darin, festzulegen, wie die AU-Tage bewertet werden sollen. Da es sich hierbei in erster Linie um eine mit dem Erwerbsleben in Verbindung stehende Information handelt, ist die Anwendung des Humankapitalansatzes erfolgt[442].

Die bewerteten AU-Tage bei Rauchern summieren sich auf 7,618 Mrd. €, wobei die Arbeitgeber hiervon 4,656 Mrd. € (ca. 61 %) durch ausgefallene Arbeitstage zu tragen haben[443]. Für die schädlich Alkohol Konsumierenden ergeben sich

442 Dieser wird konkret angewendet, indem die AU-Tage mit dem Arbeitsentgelt pro Erwerbstag bewertet werden. Da bei den AU-Tagen aber „von-bis“ Zeiträume der Krankschreibung aufgeführt sind, beinhalten diese zwangsläufig auch Wochenenden. Um diese Ungenauigkeit zu korrigieren, sollen die AU-Tage deshalb auf Basis des Arbeitsentgeltes pro Tag im Jahr (also nicht pro Arbeits-/Erwerbstag) berechnet werden.

443 Grundgesamtheit ist hier die erwerbstätige Bevölkerung.

4,277 Mrd. € pro Jahr; Arbeitgeber tragen davon ca. 2,613 Mrd. €. Für Adipositas schließlich belaufen sich die jährlichen AU-Kosten auf 3,873 Mrd. €, davon tragen die Arbeitgeber etwa 2,334 Mrd. €.

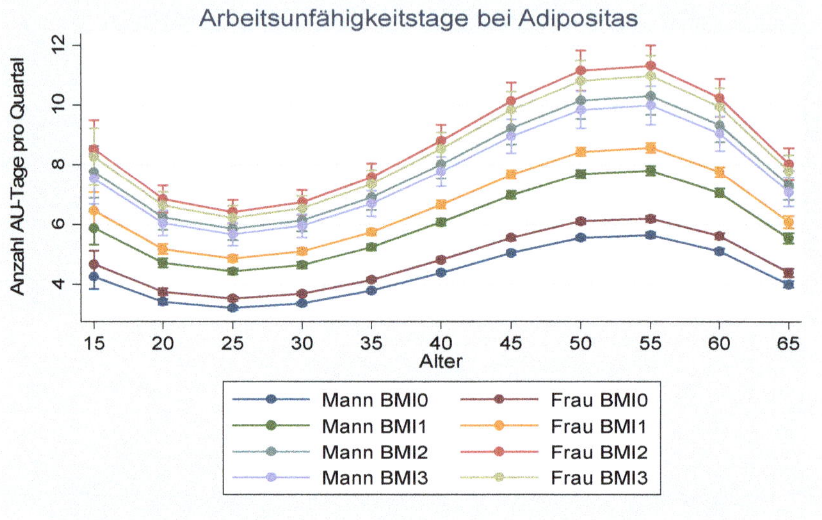

Abbildung 53 Arbeitsunfähigkeitstage pro Quartal bei Adipositas

7.7.5 Arbeitslosigkeit

Für die Bestimmung, inwiefern Arbeitslosigkeit, speziell Langzeitarbeitslosigkeit mit gefährlichem Konsum zusammenfällt, wurden ebenfalls Daten der gesetzlichen Krankenversicherung ausgewertet (Tabelle 25 und Tabelle 26). Die meisten Krankheitskostenstudien setzen diese Komponente überhaupt nicht an, dabei ist insbesondere Alkohol wie bereits dargestellt ein wesentlicher Risikofaktor für Arbeitslosigkeit. Abbildung 54 zeigt die Wahrscheinlichkeit für Männer und Frauen in Abhängigkeit ihres Konsumstatus kurzfristig arbeitslos zu werden und ALGI zu beziehen[444]. Es zeigt sich, dass unter den Alkohol- und Tabakkonsumenten ein signifikant höheres Risiko besteht zu allen Zeiten arbeitslos

444 Wichtig bei der Berechnung ist, dass die Grundgesamtheit nicht die gesamte Bevölkerung darstellt, sondern die Erwerbspersonen; d.h. Erwerbstätige und arbeitslos Erwerbsfähige mit Bezug von ALGI und ALGII sowie solchen Personen, die trotz Erhalt von Entgeltersatzleistung grundsätzlich als Erwerbsperson gelten.

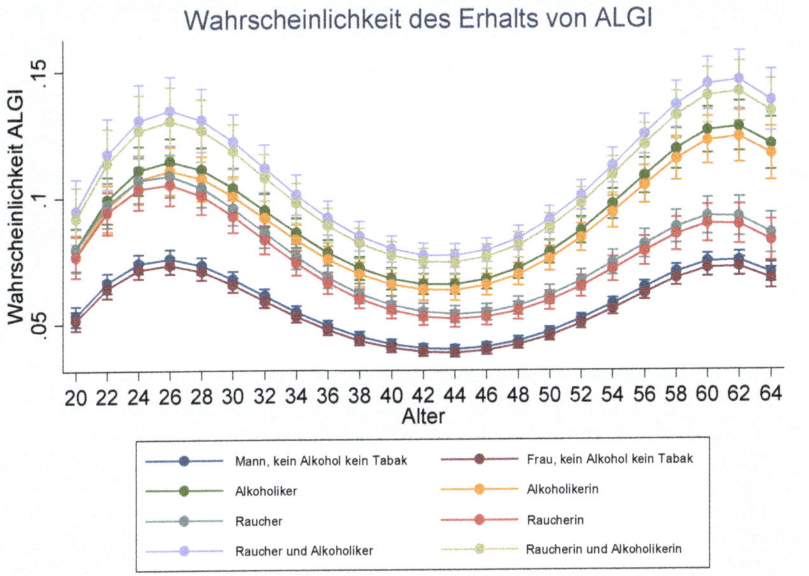

Abbildung 54 ALG I Bezug nach Konsumgruppen

zu sein. Dies ist aufgrund des hier verwendeten Kontrol-Funktion-Ansatzes ein kausaler, wohl mittelbar über die verschlechterte Gesundheit zu erklärender Effekt[445]. Besonders deutlich werden zwei lokale Maxima einmal etwa Mitte 20 und kurz vor der Verrentung Anfang 60. Dies ist insofern ein wichtiger Hinweis für die Arbeitsmarktpolitik, da sich bei den jungen Altersgruppen hieraus auch schnell Langzeitarbeitslosigkeit entwickeln kann. Dies bestätigt sich bei Betrachtung der Langzeitarbeitslosigkeit im Lebenszyklus (vgl. Abbildung 55[446]). Das lokale Maximum um das 26. bis 28 Lebensjahr ist nach wie vor präsent, aber die Kon-

445 Bei den in die Regression aufgenommenen Fehlertermen zeigt sich bei Alkoholkonsum ein signifikanter Zusammenhang, der hier auf eine Endogenität schließen lässt. Nicht hingegen der Tabakkonsum. D.h. aufgrund von Arbeitslosigkeit kann es auch in der Folge zu starkem und schädlichen Alkoholkonsum kommen. Ein Effekt beim Tabak konnte nicht gezeigt werden.

446 Abbildung 57/58: Ziffern in der Legende hinter dem Geschlecht entsprechen dem BMI-Typ. D.h. beispielsweise Mann1 entspricht einem männlichen Adipösen mit BMI 30 bis 35.

sumarten differenzieren sich hier aus: Alkohol stellt das deutlich höhere Risiko für Arbeitslosigkeit dar. Abbildung 56 schließlich zeigt beide Risiken kombiniert. Für Adipositas zeigt sich ein analoges Bild. Durch das Rauchen entstehen zusätzliche Belastungen für die GAV in Höhe von jährlich 3,61 Mrd. € an ALG I Zahlungen. Aufgrund der Überlegungen in Kapitel 5.4.3 ist die Berechnung von indirekten Kosten unfreiwilliger Arbeitslosigkeit bzw. nicht genutzter Produktivität[447] strittig: geschieht dies mittels Humankapitalmethode, ergeben sich 3,23 Mrd. € durch Arbeitslosigkeit bei Adipositas, 20,63 Mrd. € durch das Rauchen und 11,9 Mrd. € durch Alkoholkonsum. Für gefährlichen Alkoholkonsum ergeben sich weiterhin als umverteilte Kosten jährlich 1,78 Mrd. € und für Adipositas zusätzlich 917,34 Mio. € in der GAV in Form von ALG I Zahlungen.

Für Langzeitarbeitslose ergeben sich laut Statistik der Bundesagentur für Arbeit Regelleistungen in Höhe des durchschnittlich ausgezahlten ALGII von 348 €, getragen von den ARGEN, sowie 344 € durchschnittliche Wohn- und Heizkostenzuschüsse, getragen von den Kommunen. Dies bedeutet barwertig betrachtet für Raucherinnen eine erwartete zusätzliche Belastung der ARGEN in Höhe von 2.921 € und Rauchern von 3.456 €. Die Kommunen werden zusätzlich durch jeden Raucher mit 3.416 € belastet und bei jeder neuen Raucherin mit 2.887 €. Pro Jahr ergeben sich so zusätzliche ALG II Kosten durch das Rauchen von 4,001 Mrd. €. Bei Alkohol ergeben sich pro Jahr Kosten von 1,847 Mrd. € und bei Adipositas von 377,615 Mio. €. Bei sehr starker Ausprägung der Adipositas ist die Wahrscheinlichkeit ALG II zu erhalten deutlich höher, allerdings nicht bei Adipositas Grad I und II, so dass insgesamt der Effekt auf die Arbeitslosigkeit relativ zu den anderen Konsumarten auch wegen der noch geringen Fallzahlen an BMI Grad III nicht sonderlich hoch ausfällt. Als Fazit kann man festhalten, dass gefährlicher Konsum ein bedeutender Risikofaktor für junge Menschen ist, im Arbeitsleben Fuß zu fassen. Unter der Annahme, dass diese Arbeitslosigkeit unfreiwillig im ökonomischen Sinne ist – d. h. eine Arbeitsaufnahme dem Zustand der Arbeitslosigkeit deutlich vorgezogen würde[448], bedeutet dies ebenso unfreiwillige Kosten, die Alkohol, Tabak und Adipositas zugeschrieben werden müssen. Mit dem Humankapitalansatz bewertet, entstehen durch Adipositas, gefährlichen Alkohol- und Tabakkonsum deutlich höhere Kosten der Arbeitslosigkeit.

---

447 Die Arbeitslosigkeit ist unfreiwillig, d. h. die Situation mit Erwerbstätigkeit wird der Situation mit ALGI und mehr „Freizeit" grundsätzlich vorgezogen.

448 D. h. der Zustand der Arbeitslosigkeit darf nicht aus strategischen Gründen gewählt worden sein und die Opportunitätskosten der Arbeitslosigkeit sind höher (entgangenes Einkommen, Reputation, Status etc.) als die der Erwerbstätigkeit.

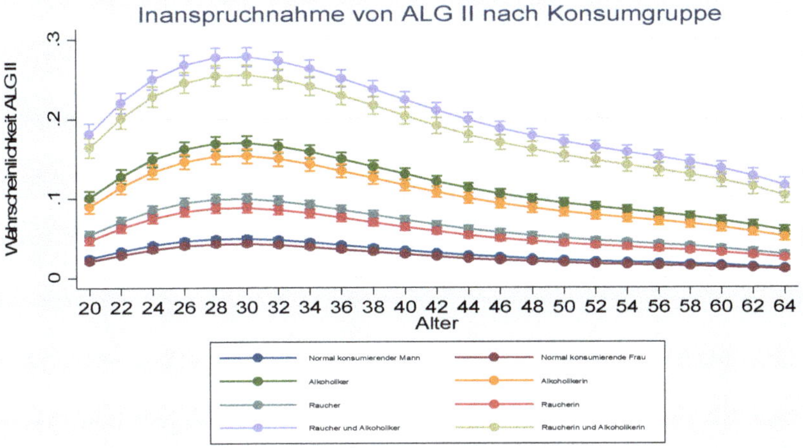

Abbildung 55 Risiko der Langzeitarbeitslosigkeit / ALG II Bezug

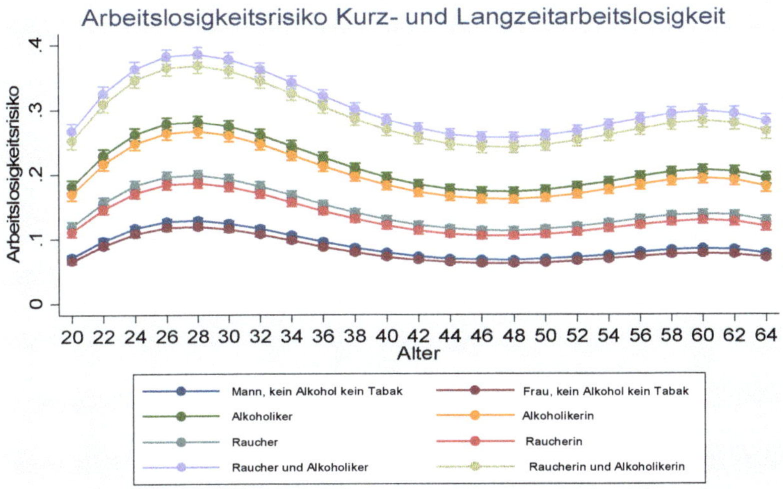

Abbildung 56 Arbeitslosigkeitsrisiko Gesamt / ALGI und ALGII

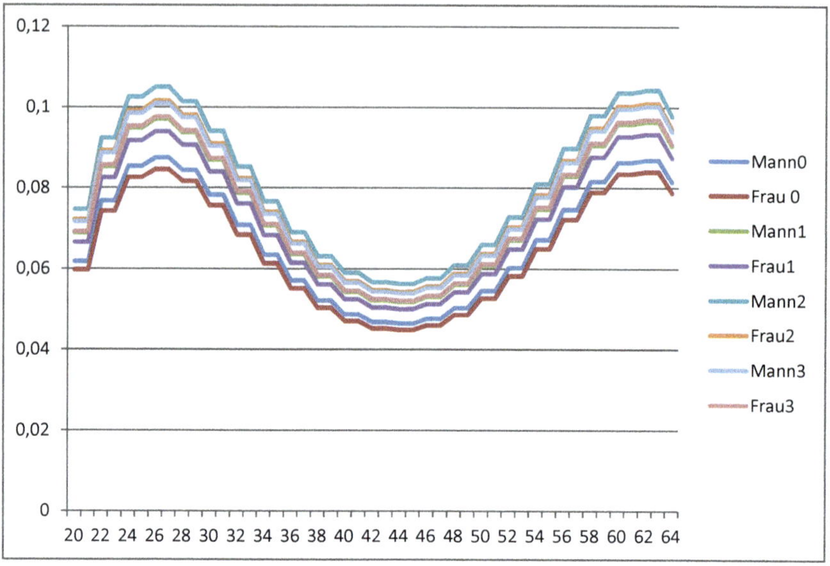

Abbildung 57 ALG I Risiko bei Adipositas

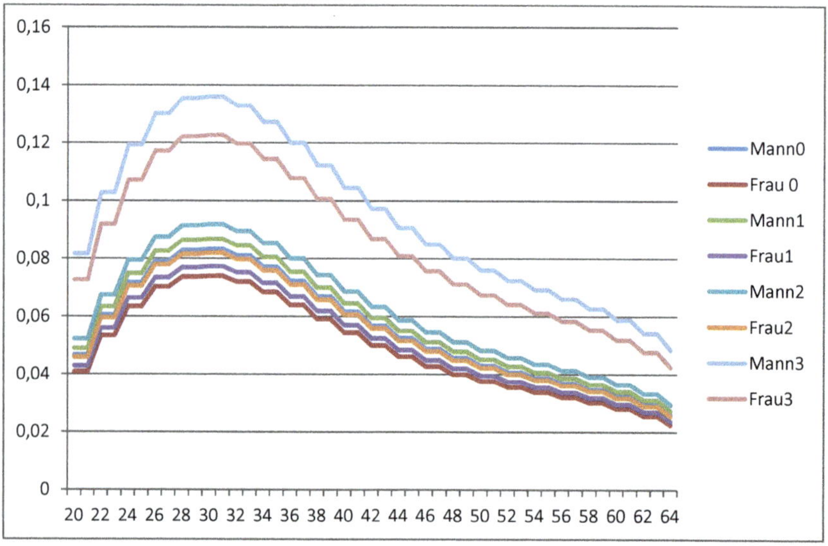

Abbildung 58 ALG II Risiko bei Adipositas[449]

449 Ziffern in der Legende hinter dem Geschlecht entsprechen dem BMI-Typ.

Abbildung 59 zeigt den Verlauf der ALGI Beitragsansammlung. Bedingt durch die relativ hohe Arbeitslosigkeit Mitte 20 wandern alle Konsumtypen zunächst in den negativen Bereich, allerdings nur die Nichtraucherinnen und Nichtraucher schaffen es dann durchschnittlich ein positives „Beitragskonto" zum Ende des Erwerbslebens aufzuweisen. Sowohl Raucherinnen als auch Raucher sind im negativen Bereich. D. h. auch die Bundesagentur für Arbeit bzw. die GAV kann kein Interesse daran haben, dass ihre Versicherten rauchen (die Netto-Barwerte sind auch hier immer eine relative Belastung: Adipositas— 2.280 €, 4.963 €, 6.448 € nach BMI-Grad für Männer und respektive 1.363 €, 2.921 € und 3.707 € für Frauen; Raucher 7.607 € Raucherinnen 3.913 €; Alkoholiker 17.044 €, Alkoholikerin 3.212 €). Bei Adipositas zeigt sich ein anderes Bild. Normalgewichtige Frauen sind gegenüber Adipositas-Patientinnen deutliche Nettoeinzahler, allerdings auch gegenüber Männern. Obwohl alle männlichen Konsumtypen mit einem negativen Endwert Nettoauszahler aus der GAV sind, würde ein Wechsel der Adipösen auf nicht-adipöse Personen, die GAV entlasten.

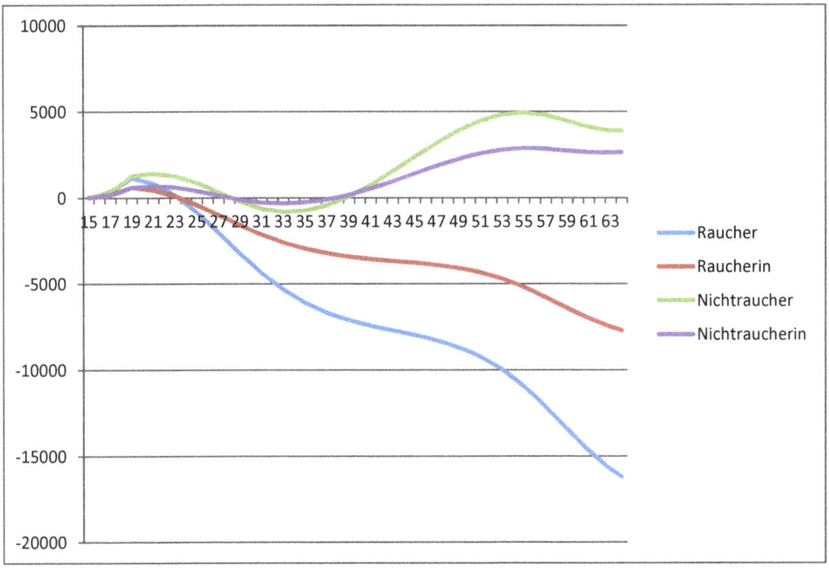

Abbildung 59 Beitragsentwicklung ALG I Raucher

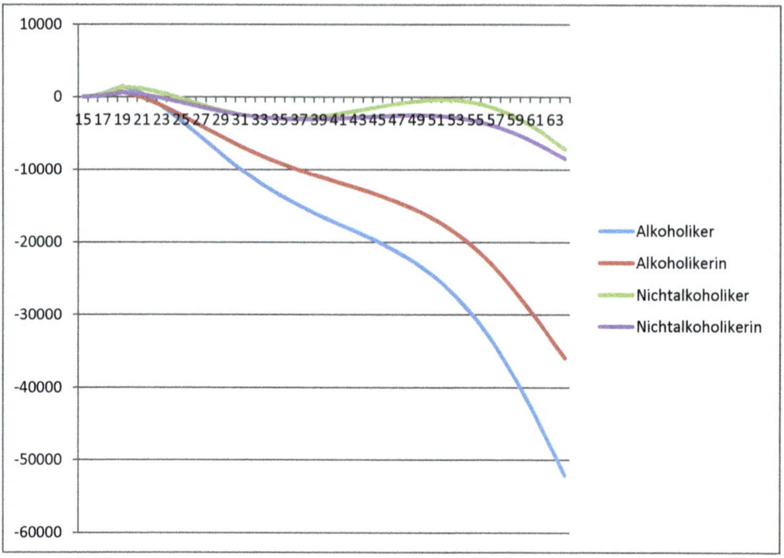

Abbildung 60 Beitragsentwicklung ALG I – Alkohol

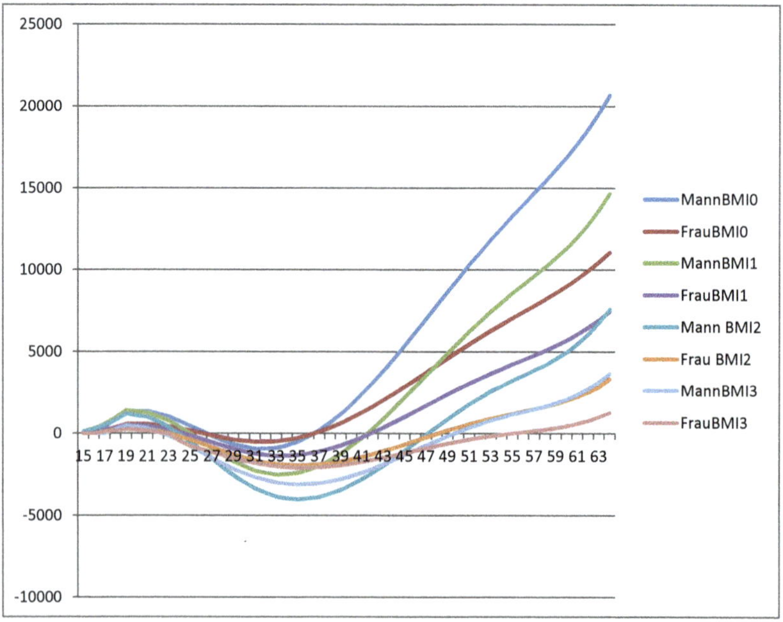

Abbildung 61 Beitragsentwicklung ALG I – Adipositas

7.7.6 Berufskrankheiten

Die Wahrscheinlichkeit eine Berufskrankheit zu erleiden, mag durch gefährlichen Konsum erhöht sein. Die Auswertung der Daten zeigt, dass es sowohl für Alkohol als auch Adipositas keine nennenswerten Risiken gibt, irrtümlich gefährlichen Konsum mit einer Berufskrankheit zu verwechseln. Es existiert lediglich eine leichte Signifikanz (auf dem 10 % Niveau) beim Rauchen (Abbildung 62)[450]. Dies bedeutet zum einen, dass die Feststellung einer Berufskrankheit durch die Berufsgenossenschaften i. d. R. unabhängig von dem Vorliegen gefährlichen Konsums erfolgt – ein Indiz für ein sehr genaues Feststellungsprüfverfahren, das nicht irrtümlich eine Berufskrankheit aufgrund von Alkoholismus oder Adipositas feststellt.

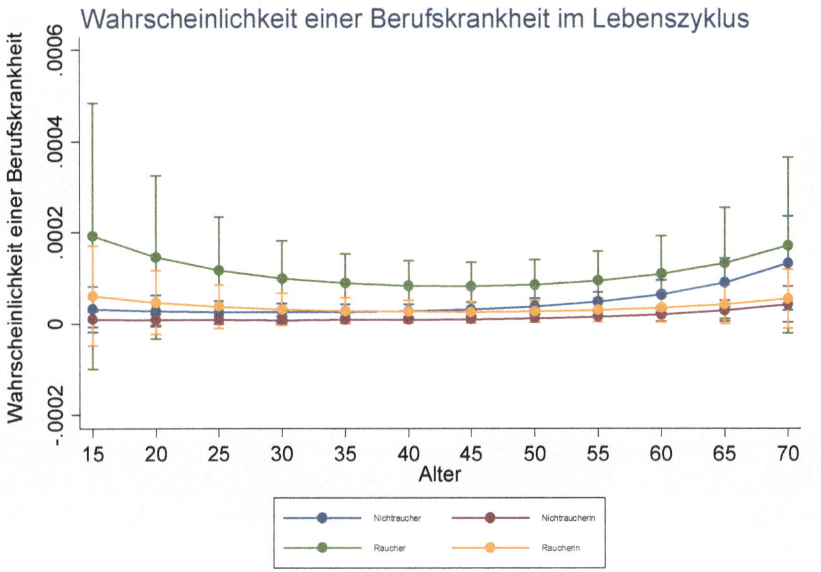

Abbildung 62 Berufskrankheiten bei Rauchern

Allerdings könnte es sein, dass teilweise irrtümlich eine Berufskrankheit festgestellt wird, die eigentlich vom Rauchen herrührt. Da durch Konvention festgelegt ist, dass ein P-Wert von 10 % üblicherweise keine Signifikanz darstellt, ist auch hier die Prüfung hinreichend gut. Dies könnte aber genauer untersucht werden.

---

450 Vgl. Regressionsergebnisse im Anhang.

Da in der Regression nicht explizit Berufsgruppen als Variablen operationalisiert wurden, kann es schlicht sein, dass in Berufen mit einem hohen Anteil an Berufskrankheiten (z. B. der chemischen Industrie) auch viele Raucher arbeiten. Eine solche Operationalisierung ist durch den Tätigkeitsschlüssel in den GKV-Routinedaten problemlos möglich, muss aber durch zukünftige Forschung geklärt werden.

7.8 Unfälle

Auch auf das Unfallgeschehen wirkt sich gefährlicher Konsum aus, allerdings sehr differenziert: Zunächst ist die Unfallhäufigkeit bei schädlich Alkohol Konsumierenden deutlich erhöht Tabelle 20). Dies gilt sowohl für das allgemeine Unfallgeschehen – Abbildung 64 – wie auch das mit dem Erwerbsleben in Verbindung stehende Unfallgeschehen, das von der Gesetzlichen Unfallversicherung versichert wird: Abbildung 65 und Tabelle 21. Gleiches ist bei den Rauchern zu beobachten. Für Adipöse sind nur die Wahrscheinlichkeiten bei einem BMI kleiner 40 signifikant erhöht. Dies mag eventuell damit zusammenhängen, dass schwer adipöse Menschen schon stark in ihrer Mobilität eingeschränkt sind und damit einfach weniger mit potenziellen Unfallsituationen konfrontiert werden. Aus den Wahrscheinlichkeiten lassen sich die erwarteten tangiblen Kosten des Unfallbereichs pro Quartal und damit auch für den Prävalenzansatz pro Jahr und über den Life-Cycle berechnen[451]. Für den allgemeinen Unfallbereich, d. h. solche Unfälle, die bei einer Verletzung sowohl von GKV als auch GUV getragen werden, ergeben sich höhere erwartete Kosten. Für das Rauchen zeigt Abbildung 63 das Unfallgeschehen und speziell auch das Arbeitsunfallgeschehen – das durch die Gesetzliche Unfallversicherung getragen wird – im Altersverlauf für Frauen und Männer im Quartal. Die Unfallkosten ergeben sich als erwartete Unfallkosten pro Geschlecht, jeweiliger Konsumgruppe und Jahr multipliziert mit den Unfallhäufigkeiten pro Jahr. Dies ergibt bei Rauchern Zusatzkosten pro Jahr in Höhe von 246,35 Mio. €, davon trägt die GUV 47,7 Mio. €, 164,85 Mio. € die GKV und den Rest je nach Haftungsaufteilung ein möglicher Unfallverursacher, dessen Haftpflichtversicherung in den meisten Fällen die Kosten trägt. Die Frage, die sich analog zu den bereits

451 Dies erfolgte mit einem sogenannten Two-Part-Model, das in einer ersten Schätzung (modelliert als Probit-Regression) die Wahrscheinlichkeit schätzt, überhaupt Unfallkosten zu verursachen und dann mittels Generalized-Linear-Model (hier mit Annahme Gamma-Verteilung und Log-Link-Funktion anhand des Akaike-Kriteriums ausgewählt).

diskutierten Berufskrankheiten stellt, betrifft die Kausalität des Rauchens für diese Unfälle. Da hier ein Kontroll-Funktionsansatz genutzt wurde, der zwar eine kleine Verzerrung, aber konsistente Schätzungen liefert, ist – auch durch die Stichprobengröße – eine Kausalität gegeben.

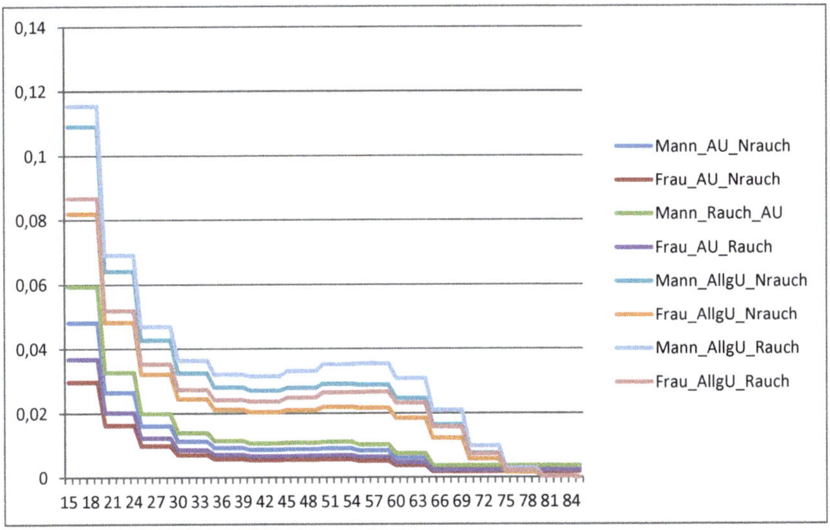

Abbildung 63 Unfallgeschehen Raucher[452]

Das Rauchen beeinflusst also sowohl Unfallhäufigkeit wie Unfallhöhe positiv, wenn auch nur in Form vergleichsweise geringer Kosten. Die Unfallhäufigkeiten der schädlich Alkohol konsumierenden sind deutlich höher als bei Tabak sowohl im allgemeinen Unfallgeschehen, als auch im Arbeitsumfeld. Die Kosten belaufen sich auf jährlich 53,98 Mio. € davon werden 10,268 Mio. € von der Gesetzlichen Unfallversicherung getragen und 36,31 Mio. € von der Gesetzlichen Krankenversicherung. Ein Rest von 7,41 Mio. € verbleibt individuell bzw. bei Haftpflichtversicherungen.

452 AllgU steht hierbei für das allgemeine Unfallgeschehen, von dem die Arbeitsunfälle, hier AU eine Teilmenge sind.

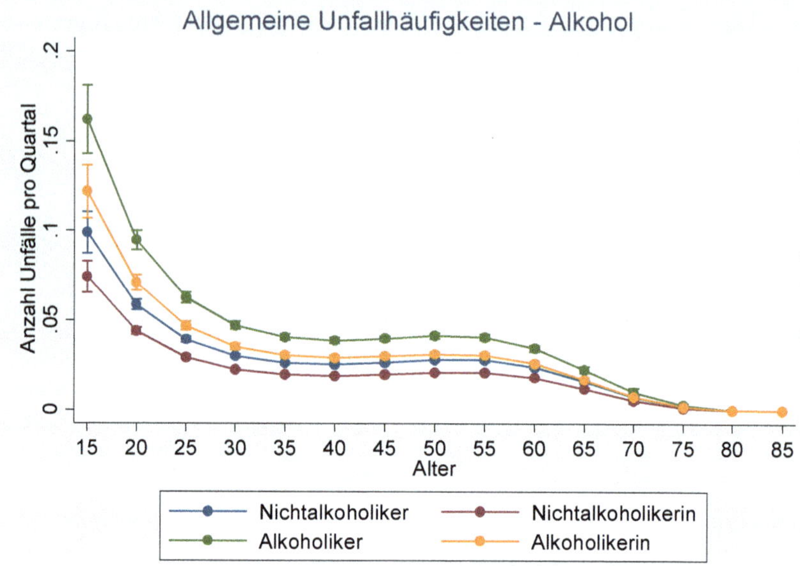

Abbildung 64 Allgemeine Unfallhäufigkeiten bei Alkoholikern

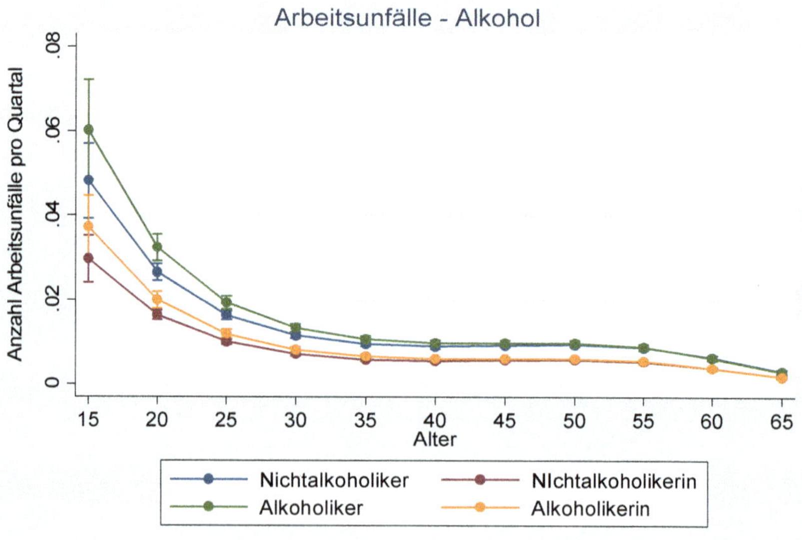

Abbildung 65 Arbeitsunfälle bei Alkoholikern

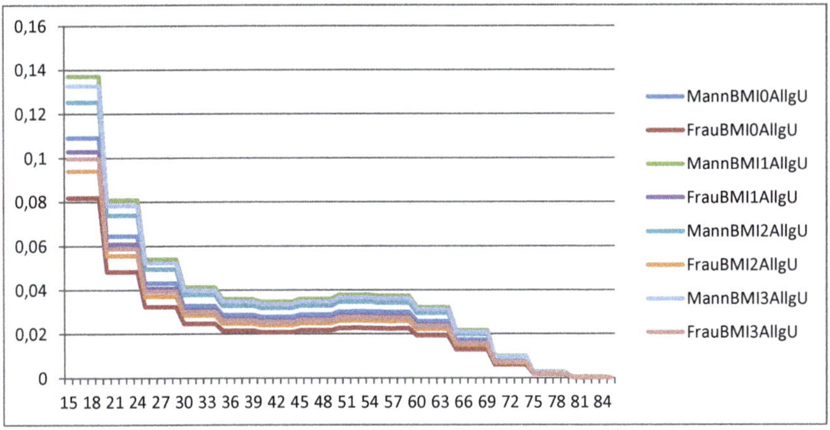

Abbildung 66 Allgemeine Unfälle – Adipositas

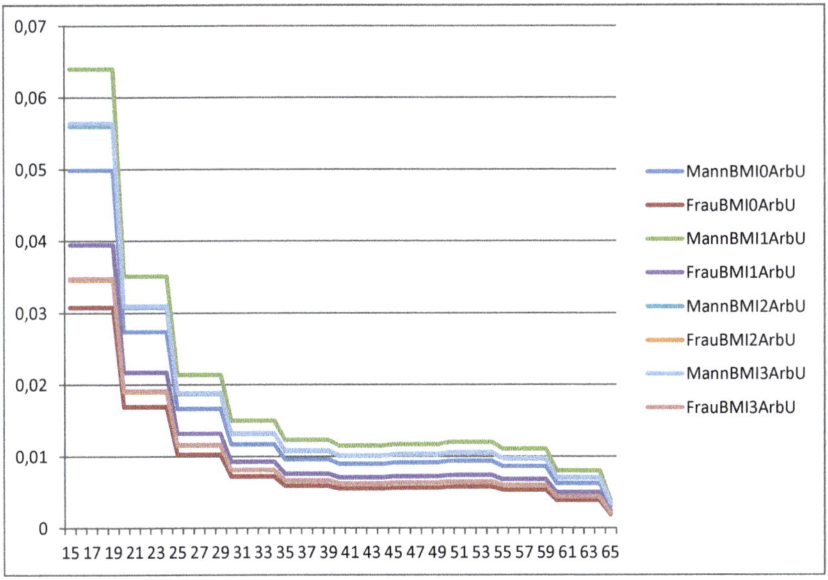

Abbildung 67 Arbeitsunfälle – Adipositas

Bei Adipositas ergeben sich ebenfalls Zusatzkosten durch Unfälle für die BMI-Grade I und II in Höhe von 48,85 Mio. € pro Jahr, davon entfallen allerdings „nur" 9,88 Mio. € auf die GUV. Dies zeigt, dass gerade die teuren Unfälle durch Adipositas nach der Verrentung eintreten. 32,27 Mio. € entfallen auf die GKV und 6,71 Mio. € auf die Haftpflichtversicherungen des haftenden Schädigers des Unfalls.

Eine wichtige Untergruppe der durch Zigaretten verursachten Unfälle sind Brände: Etwa 570.000 Feuerschäden werden in Deutschland jedes Jahr gemeldet[453]. Dabei starben etwa 2012 384 Menschen, davon 32 Kinder[454]; 6.000 Menschen werden schwer verletzt, 60.000 zumindest leicht. Anscheinend werden 70 % im Schlaf überrascht. 80 % der Brände betreffen Privathaushalte. Hinsichtlich der Brandursachen gibt es in Deutschland keine einheitliche Statistik. Das Institut für Schadenverhütung und Schadenforschung hatte 2010 in einer Veröffentlichung[455] 16 % der Brandursachen auf menschliches Fehlverhalten zurückgeführt, hinter dem sich Zigaretten verbergen. Eine telefonische Auskunft beim Institut in Kiel ergab 2011 einen Anteil von etwa 7 % aller Brände, bei denen Zigaretten oder allgemein „Tabakwaren" als Brandursache in Frage kamen[456]. Seit dem 17.11.2011 darf die Tabakindustrie in der gesamten EU nur noch Zigaretten mit verminderter Zündneigung vertreiben (Leine und Moors 2012), die allerdings immer noch potenzielle Zündquellen für Brände darstellen. Eine aktuelle Auswertung des Instituts für Schadenverhütung zeigt, dass auch nach Einführung der „Sicherheitszigarette" nach wie vor 5,34 % der Brände auf Zigaretten zurückzuführen sind[457] dies entspräche ca. 30.780 Bränden pro Jahr sowie bei Unabhängigkeit der Brandursache Zigarette von der Anzahl menschlicher Opfer 21 Tabakbrandtoten, davon alle 14 Monate 1 Kind,

---

453 Vgl. Gesamtverband der deutschen Versicherungswirtschaft http://www.gdv.de/2012/11/alle-jahre-wieder-im-dezember-schnellen-die-brandzahlen-nach-oben.

454 Todesursachenstatistik 2012 im Internet unter www.destatis.de/DE/ZahlenFakten/GesellschaftStaat/Gesundheit/Todesursachen/Todesursachen.html.

455 Webseite des Instituts für Schadensverhütung Kiel im Internet unter http://ifs-ev.org/archiv/statistik/ifs_ brandursachenstatistik_ 2013.pdf.

456 Das Institut machte hierzu eine Datenbankabfrage mit den Suchbegriffen „Zigarette" und/oder „Tabak". Im Drei-Jahresdurchschnitt 2009–2011 ergab sich ein Anteilswert von 6,0 % für Zigaretten unter den Brandursachen, für 2012 von 5,34 %.

457 Mitteilung des Instituts in Kiel am 13.02.2014, Diese Punktschätzung mag verzerrt sein, da die erfassten Brände nicht einer zufälligen Stichprobe aller Brände, sondern nur der von Versicherern gemeldeten Brände darstellt. Ebenso kann die Abfrage nicht vollständig gewesen sein – gesucht wurde in der ersten Abfrage mit den Schlüsselwörtern „Tabak" und/oder „Zigarette".

324 schwerverletzten und 3.240 leichtverletzten Personen. Der GDV[458] geht gerade bei Bränden, die nicht auf Blitz- oder Überspannungsschäden entstehen, von besonders hohen Kosten aus. So ergibt sich durchschnittlich ein Wert von 5.785 € pro Brand den die Hausrat- und Gebäudeversicherungen zahlen. Insgesamt pro Jahr belaufen sich die Sachkosten der Brände durch Zigaretten oder Tabakwaren damit auf 178 Mio. €. Die intangiblen Kosten der Brandopfer werden hier nicht angegeben; wie sich aus der Regression zum Schmerzensgeld (siehe Anhang) entnehmen lässt, werden Brandopfern aber sehr hohe Entschädigungszahlungen zugesprochen, wenn ein Externer für den Brand verantwortlich war. Die Frage nach der Haftung bei Bränden dürfte schwerlich zu Lasten der Zigarettenindustrie ausgehen.

458 http://www.gdv.de/2012/11/alle-jahre-wieder-im-dezember-schnellen-die-brandzahlen-nach-oben.

TEIL C – ZUSAMMENFASSUNG, IMPLIKATIONEN UND KONSEQUENZEN

8 Zusammenfassung – Soziale Kosten gefährlichen Konsums

Gefährlicher Konsum ist für alle Beteiligten, den Konsumenten selber, dessen Familie, Staat und Sozialversicherungen mit hohen Kosten verbunden. Mit umfassenden Datengrundlagen und einer methodischen Aufarbeitung der zu berücksichtigenden Kostenkomponenten wurden die sozialen Kosten des Alkohol- und Tabakkonsums und von Adipositas für Deutschland ermittelt. An den hohen Kosten hat kein beteiligter Akteur Interesse, weder Staat, noch Sozialversicherungen, Familie oder gar das Individuum selbst. Lediglich dann, wenn der individuelle Nutzen aus gefährlichem Konsum über den hier ermittelten relevanten individuellen Kosten steigt, lohnt sich eine solche Konsumentscheidung aus partialanalytischer Sicht. In diesem Zusammenhang dienen die hier ausgewiesenen Zahlen dazu, dem Individuum vor Augen zu führen, welche Kosten es bei unverändertem Konsum zu erwarten hat und würde dann wahrscheinlich zu einer deutlich niedrigeren Nachfrage gefährlicher Konsumgüter führen.

Die ökonomischen Kosten des Rauchens im Prävalenzansatz belaufen sich auf insgesamt 78,25 Mrd. € pro Jahr. Dieser Wert beinhaltet die direkten Kosten mit 25,41 Mrd. € und die indirekten Kosten mit 52,84 Mrd. €. Die intangiblen Kosten des Rauchens belaufen sich auf 92,21 Mrd. €, wenn man die in dieser Arbeit neu vorgestellte Methode zur Bewertung von Schmerz und Leid akzeptiert. Eine Aufstellung findet sich in Tabelle 8[459]. Diese Kosten sind – auch bei Betrachtung der einzelnen Kostenkomponenten – deutlich höher als bisherige Schätzungen (z. B. Adams und Effertz 2010a). Verteilt auf die 20,38 Mio. Raucher ergibt sich eine pro Kopf Belastung von 3.839,71 € pro Jahr (direkte Kosten 1.246,95 €, indirekte Kosten 2.592,76 € und gesondert intangible Kosten von zusätzlich 4.524 €).

Die Kosten des schädlichen Alkoholkonsums sind mit 39,30 Mrd. € ökonomischen Kosten pro Jahr (9,15 Mrd. € direkte und 30,15 Mrd. € indirekte Kosten)

459 Die Tabelle ist zeilenweise aufgeteilt in unterschiedliche Kostenkomponenten und spaltenweise in diejenigen Institutionen, die die Kosten tragen. Dabei wurden die Komplexe direkte, indirekte und intangible Kosten aus der Krankheitskostenrechnung zusammengefasst. Die Verrechnungen im Bereich indirekter Kosten erfolgen als Belastung der Kostenträger mit den Transferzahlungen und Ausweis der „vollen" indirekten Kosten (mit dem Humankapitalansatz bewertet) abzüglich des Einkommenstransfers beim Individuum. Bei Mortalitätsverlusten erfolgen Einkommenstransfers durch Hinterbliebenenrenten an Angehörige durch die GRV, ebenso Übergangsgeld bei Reha an gefährlich Konsumierende, ALG I und II seitens der Bundesagentur, Argen und Kommunen bei Arbeitslosigkeit und Erwerbsminderungsrenten ebenfalls auf Seiten der GRV. Bei Arbeitsunfähigkeit wird mit der Lohnfortzahlung im Krankheitsfall der Arbeitgeber belastet.

und zusätzlich 18,38 Mrd. € an intangiblen Kosten pro Jahr ebenfalls höher als die ermittelten Ergebnisse bisherige Studien. Dies liegt im Wesentlichen an den hinzugenommen Kostenkomponenten der finanziellen Externalitäten, die in anderen Studien keine Berücksichtigung fanden (Adams und Effertz 2010a; Konnopka und König 2007, direkte Kosten 8.441 Mrd. €, indirekte Kosten 15.957 Mrd. €). Die Aufstellung der Kostenkomponenten im Prävalenzansatz findet sich in Tabelle 9. Pro Kopf sind dies 2.772 € an direkten und 9.136 € an indirekten Kosten. Hinzu kommen noch 5.577 € an intangiblen Kosten.

Die sozialen Kosten der Adipositas im Prävalenzansatz sind zusammenfassend in Tabelle 10 dargestellt. Sie belaufen sich insgesamt auf 63,04 Mrd. € pro Jahr (direkte Kosten 29,39 Mrd. €, indirekte Kosten 33,65 Mrd. €; zusätzlich existieren intangible Kosten in Höhe von 280,22 Mrd. €). Bisherige auch in dieser Arbeit erwähnte Studien zu den Kosten der Adipositas für Deutschland sind rar. Die hier ermittelten Kosten sind – auch ohne die Inklusion der hypothetischen intangiblen Kosten – deutlich höher als die Kosten gefährlichen Alkoholkonsums und liegen – ohne intangible Bestandteile – etwa gleichauf mit den Kosten des Tabakkonsums. Wenn sich die Trends im Konsum von Tabakprodukten (leichter Rückgang in den letzten Jahren) und der Entwicklung der Adipositas in Deutschland (deutliche Zunahme seit den 1980er Jahren) fortsetzen, wird sich diese Kostensituation noch stärker zu Lasten der Adipositas in Deutschland auswirken. Es wird dann direkt offensichtlich, dass der Bekämpfung der Adipositas Priorität eingeräumt werden sollte.

Die Nettobarwerte aus saldierten Beiträgen und Kosten der einzelnen Sozialversicherungssektoren bedeuteten immer eine relative finanzielle Belastung des Konsumierenden gegenüber dem Nicht-gefährlich Konsumierenden. Eine Sicht wurde allerdings in dieser Arbeit nicht vollständig eingenommen: die des Staates im Zusammenhang mit der Frage ob bei dessen isolierter Sicht auf die steuerlichen Auswirkungen durch gefährlichen Konsum nicht doch Vorteile erwachsen. Dies gilt insbesondere für gefährliche Konsumgüter wie Tabak und Alkohol auf die eine spezielle Verbrauchssteuer erhoben wird; die hohen Tabaksteuereinnahmen – aktuell ca. 14 Mrd. € pro Jahr – werden daher aus fiskalischen Gründen meist „befürwortet". Aus gesamtgesellschaftlicher Sicht kann die Vorteilhaftigkeit gefährlichen Konsums klar verneint werden: allein die direkten Kosten, also finanzielle Verluste, die jährlich beispielsweise direkt durch das Rauchen verursachten Kosten von mehr als 34 Mrd. € liegen deutlich höher als Tabaksteuereinnahmen und dann länger lebender Nichtraucher. Die Tabakindustrie hat einen jährlichen Bruttoumsatz – d. h. inklusive der abzuführenden Tabak- und Umsatzsteuer – von ca. 22 Mrd. €. Da vielfach angeführt wird, Raucher würden einen Nutzen in Form von Genuss durch das Rauchen erleben, wäre es möglich, die entstehenden Kosten des Rauchens dem Zigarettenpreis hinzuzuaddieren und dann die Raucher erneut vor die Wahl zu stellen, ob ihnen der Genuss diesen Preis wert ist. Da eine Preiserhöhung beispielsweise über Tabaksteuererhöhungen den Konsum reduziert, wären dynamische Multiplikationseffekte erwartbar, die dann auch die Kosten des Rauchens senken würden. Bei statischer Betrachtung wäre ein momentaner Packungspreis von 8,29 € nur bei Kompensation der direkten Kosten zu rechtfertigen[460], bei dynamischer Betrachtung, d. h. unter der Annahme, dass durch einen höheren Zigarettenpreis das Rauchen und damit die Kosten des Rauchens sinken, wäre ein Zigarettenpackungspreis von 7,80 € gerechtfertigt, um die direkten Kosten über den Preis zu kompensieren[461]. Würden die indirekten Kosten noch mit berücksichtigt, sollte die Zigarettenpackung 11,30 € kosten und wären die intangiblen Kosten noch eingepreist 12,30 € pro Packung[462].

Schließlich ist es wichtig zu erwähnen, dass vermiedene indirekte Kosten des gefährlichen Konsums inklusive der Verringerung konsumbedingter Arbeitslosigkeit zu Einkommenssteuereinnahmen und vermiedenen Kosten etwa des ALGII für den Staat bzw. Kommunen führen. Es darf auch nicht vergessen werden, dass ein Großteil der von der GRV getragenen direkten Kosten aus Bundeszuschüssen und damit aus Steuermitteln bezahlt werden. Alkoholika unterfallen auch Sondersteuern, diese wurden aber seit Jahrzehnten bis auf die sog. Alkopopsteuer nicht erhöht. Bei Adipositas stellt sich diese Frage nicht, da es keine Sondersteuern auf die Adipositas begünstigende Lebensmittel gibt. Gäbe es diese, wäre mit deutlichen Steuermehreinnahmen zu rechnen, da die Nachfrage nach Lebensmitteln sehr unelastisch ist (Adams und Effertz 2014). Trotzdem zeigt sich, dass der Staat, verantwortlich für die Tabaksteuergesetzgebung, wenig Interesse zeigen wird, die Tabaksteuer zur Erhöhung der Preise von Tabakprodukten auf die oben skizzier-

---

460 Dabei wird zugrunde gelegt, dass eine Zigarettenpackung heute einen Preis von 5 € hat; davon 2,99 auf die Tabaksteuer entfallen (d.s. 59,91 %) und dieser Teil mit einem Multiplikator von 2,1 auf den Wert der direkten Kosten multipliziert wird.

461 Hierbei wird angenommen, dass im gleichen Umfang wie der Rückgang des Rauchens (geschätzte Preis-Elastizität im einfachen Regressionsmodell Menge Zigaretten durch Preis Zigaretten plus Preise anderer Tabakprodukte als Kovariaten liegt zwischen 1991 und 2013 bei -0,6; Datenbasis der Preise und Mengen des Statistischen Bundesamtes. www.destatis.de), auch die direkten Kosten des Rauchens zurückgehen würden. Diese Annahme ist nicht ganz unkritisch, da häufig Raucher ihren Konsum lediglich einschränken oder intensiver konsumieren (Adda und Cornaglia 2013), aber nicht gänzlich aufhören. Es ist aber mangels Daten zum tatsächlichen Aufhörverhalten über einen längeren Zeitraum der beste Schätzer.

462 Hierbei macht sich bemerkbar, dass die Rauchkosten deutlich schneller fallen, als sich das Steueraufkommen erhöht.

ten Schätzungen zu nutzen, da die Tabaksteuereinnahmen aktuell höher liegend als die möglichen Einnahmen aus der Einkommensteuer. So besteht die Gefahr, dass sich gemäß der neuen Institutionenökonomie der Bund auf den Fiskalzweck konzentriert, die langfristig Tabaksteuereinnahmen sicherstellen und maximieren will. Dies ist angesichts der hohen Kosten für die Gesellschaft nicht optimal und sollte dringend überdacht werden.

Tabelle 7 Soziale Kosten des Rauchens – Prävalenzansatz

Tabak Kosten in Mio. €

Prävalenzansatz / Kosten pro Jahr	Konsumenten	GKV	GRV	Arbeitgeber/GUV	GAV	GPV	Externe	Staat	Soziale Kosten	Summe Kostenarten
Direkte Kosten										
Krankheitskosten aktiver Konsument		22.760,00 €							22.760,00 €	25.412,86 €
Krankheitskosten Ehegatten		1.005,00 €							1.005,00 €	
Krankheitskosten Kinder		219,39 €							219,39 €	
Pflegekosten						544,12 €			544,12 €	
Rehabilitationsmaßnahmen			498,90 €						498,90 €	
LTA (pauschal)			139,10 €						139,10 €	
Unfälle		164,85 €		47,70 €			33,80 €		246,35 €	
Indirekte Kosten										
Arbeitsunfähigkeit	2.962,66 €			4.655,61 €					7.618,27 €	52.840,41 €
Pflege	660,71 €								660,71 €	
Erwerbsminderungen	3.702,82 €		815,85 €						4.518,67 €	
Reha	523,07 €		119,88 €						642,95 €	
ALG I	3.765,93 €				3.614,77 €				7.380,70 €	
ALG II	9.245,21 €							4.001,00 €	13.246,21 €	
Ressourcenverlust durch Mortalität	17.932,80 €		840,10 €						18.772,90 €	
Intangible Kosten										
Mortalitätsverluste	2.115,00 €								2.115,00 €	92.205,00 €
Schmerz	19.350,00 €								19.350,00 €	
Krankheitsleid	65.410,00 €								65.410,00 €	
Erschöpfung	5.330,00 €								5.330,00 €	
Summe	130.998,20 €	24.149,24 €	2.413,83 €	4.703,31 €	3.614,77 €	544,12 €	33,80 €	4.001,00 €	170.458,27 €	170.458,27 €

Tabelle 8 Soziale Kosten des Alkoholkonsums – Prävalenzansatz

Alkohol Kosten in Mio. €

Prävalenzansatz / Kosten pro Jahr	Konsumenten	GKV	GRV	Arbeitgeber/GUV	GAV	GPV	Externe	Staat	Soziale Kosten	Summe Kostenarten
Direkte Kosten										
Krankheitskosten aktiver Konsument		7.550,00 €							7.550,00 €	9.150,49 €
Pflegekosten						760,03 €			760,03 €	
Rehabilitationsmaßnahmen			685,20 €						685,20 €	
LTA (pauschal)			101,27 €						101,27 €	
Unfälle		36,31 €		10,27 €			7,41 €		53,99 €	
Indirekte Kosten										
Arbeitsunfähigkeit	1.663,10 €			2.613,42 €					4.276,52 €	30.147,65 €
Pflege	709,54 €								709,54 €	
Erwerbsminderungen	1.421,42 €		255,70 €						1.677,12 €	
Reha	851,73 €		117,23 €						968,96 €	
ALG I	1.477,86 €				1.783,28 €				3.261,14 €	
ALG II	6.795,97 €							1.847,00 €	8.642,97 €	
Ressourcenverlust durch Mortalität	10.238,90 €		372,50 €						10.611,40 €	
Intangible Kosten										
Mortalitätsverluste	1.223,00 €								1.223,00 €	18.378,76 €
Schmerz	2.054,76 €								2.054,76 €	
Krankheitsleid	11.756,00 €								11.756,00 €	
Erschöpfung	3.345,00 €								3.345,00 €	
Mortalitätsverluste Frauen										
Summe	41.909,78 €	7.586,31 €	1.531,90 €	2.623,69 €	1.783,28 €	760,03 €	7,41 €	1.847,00 €	58.049,40 €	57.676,90 €

Tabelle 9 Soziale Kosten der Adipositas – Prävalenzansatz

Adipositas Kosten in Mio. €

Prävalenzansatz / Kosten pro Jahr	Konsumenten	GKV	GRV	Arbeitgeber/GUV	GAV	GPV	Externe	Staat	Soziale Kosten	Summe Kostenarten
Direkte Kosten										
Krankheitskosten aktiver Konsument		27.603,00 €							27.603,00 €	29.386,54 €
Pflegekosten						298,29 €			298,29 €	
Rehabilitationsmaßnahmen			1.042,84 €						1.042,84 €	
LTA (pauschal)			393,56 €						393,56 €	
Unfälle		32,27 €		9,87 €			6,71 €		48,85 €	
Indirekte Kosten										
Arbeitsunfähigkeit	1.538,40 €			2.334,12 €					3.872,52 €	33.652,71 €
Pflege	581,00 €								581,00 €	
Erwerbsminderungen	122,56 €		51,09 €						173,65 €	
Reha	2.497,10 €		181,83 €						2.678,93 €	
ALG I	1.096,81 €				917,34 €				2.014,15 €	
ALG II	838,86 €							377,60 €	1.216,46 €	
Ressourcenverlust durch Mortalität	22.122,51 €		1.003,49 €						23.116,00 €	
Intangible Kosten										
Mortalitätsverluste	1.398,00 €								1.398,00 €	280.222,00 €
Schmerz	21.332,00 €								21.332,00 €	
Krankheitsleid	251.260,00 €								251.260,00 €	
Erschöpfung	6.232,00 €								6.232,00 €	
Summe	310.012,73 €	27.635,27 €	2.672,81 €	2.343,99 €	917,34 €	298,29 €	6,71 €	377,60 €	344.264,74 €	343.261,25 €

V. Literaturverzeichnis

Aalen OO, 1993, Further results on the non-parametric linear regression model in survival analysis. Stat Med 12: 1569–88.

Abel R, 2006, General Damages Are Incoherent, Incalculable, Incommensurable, and Inegalitarian (but Otherwise a Great Idea). DePaul Law Review 55:253–329.

Abt CC, 1975, The social cost of cancer. Social Indicators Research 2: 175–90.

Ackerman F, Heinzerling L, 2004, Priceless: On Knowing the Price of Everything and the Value of Nothing. New York, New Press 17 (N.J. 2002).

Ackerman WE 3rd, 2012, The effect of cigarette smoking on hydrocodone efficacy in chronic pain patients. J Ark Med Soc Oct; 109(5):90–3.

Acquadro C, Conway K, Hareendran A, Aaronson N, 2008, Literature Review of Methods to Translate Health-Related Quality of Life Questionnaires for Use in Multinational Clinical Trials. Value in Health 11 (3): 509–521.

Adams M, 1989, Warum kein Ersatz von Nichtvermögensschäden? erschienen in: C. Ott/H.B. Schäfer (Hrsg.), Allokationseffizienz in der Rechtsordnung: Beiträge zum Travemünder Symposium zur Ökonomischen Analyse des Zivilrechts 1988, Springer 1989, 210–218.

Adams M, 2002, Ökonomische Analyse des Rechts, 2. Auflage, Peter Lang Verlag.

Adams M, Effertz T, (2010a), Die volkswirtschaftlichen Kosten des Alkohol- und Nikotinkonsums, in Singer, Batra, Mann: Alkohol, Tabak und Folgeerkrankungen, Thieme Verlag. 57–62.

Adams M, Effertz T, 2010b, Effective Prevention against Risky Underage Drinking – The need for higher excise taxes on alcoholic beverages in Germany, Alcohol & Alcoholism, 45 (4): 387–394.

Adda, J, Cornaglia F, 2013, „Taxes, Cigarette Consumption, and Smoking Intensity: Reply.“ American Economic Review 103(7): 3102–14.

Adler MD, Posner EA, 2008, Happiness Research and Cost-Benefit Analysis. The Journal of Legal Studies, Vol. 37, No. S2, Legal Implications of the New Research on Happiness. A Conference Sponsored by the John M. Olin Program in Law and Economics at the University of Chicago Law School: 253–292.

Adler MD, Posner EA, 2006, New Foundations of Cost-Benefit Analysis. Cambridge, Mass.: Harvard University Press.

Afriat S, 1967, The Construction of a Utility Function from expenditure Data. International Economic Review 8: 67–77.

Ainslie G, Herrnstein R, 1981, Preference reversal and delayed reinforcement. Animal Learning Behavior 9(4): 476–482.

Agrawal A, Lynskey MT, 2008, Are there genetic influences on addiction: evidence from family, adoption and twin studies. Addiction 103: 1069–1081.

Ainslie G, 1991, Derivation of 'rational' economic behavior from hyperbolic discount curves. American Economic Review Papers and Proceedings 81(2), 334–340.

Akerlof GA, Dickens WT, Perry GL, 1996, The Macroeconomics of Low Inflation, Brookings Papers on Economic Activity 1:1996 1–73.

Alati R, Najman JM, Kinner SA, Mamun AA, Williams GM, O'Callaghan M, Bor W, 2005, Early Predictors of Adult Drinking: A Birth Cohort Study. American Journal of Epidemiology 162 (11): 1098–1107.

Allais M, 1953, L'Extension des Theories de l'Equilibre Economique General et du Rendement Social au Cas du Risque. Econometrica 21(2): 269–290.

Aldy JE, Viscusi WK, 2008, Adjusting the Value of a statistical life for Age and Cohort Effects. The Review of Economics and Statistics 90(3): 573–581.

Allen RGD, 1934, The nature of indifference curves. The Review of Economic Studies 1 (2): 110–121.

Anand S, Hanson K, 1997, Disability-adjusted life years: a critical review. Journal of Health Economics 16: 685–702.

Anda, RF, 2006, The Health and Social Impact of Growing Up with Alcohol Abuse and Related Adverse Childhood Experiences: The Human and Economic Costs of the Status Quo, Unpublished manuscript. Accessed July 12, 2008. Available from www.nacoa.org/pdfs/AndaNACoAReview_web.pdf.

Anderson P, Baumberg B, 2006, Alcohol in Europe. London: Institute of Alcohol Studies.

Andreoni J, Sprenger C, 2012, Estimating Time Preferences from Convex Budgets. American Economic Review 102(7): 3333–3356.

Andreoni J, Sprenger C, 2012, Risk Preferences Are Not Time Preferences. American Economic Review 102(7): 3357–3376.

Angrist JD, Krueger AB, 2001, Instrumental Variables and the Search for Identification: From Supply and Demand to Natural Experiments, Journal of Economic Perspectives 15(4) 69–85.

Arcavi L, Benowitz NL, 2004, Cigarette Smoking and Infection Arch Intern Med. 164(20): 2206–16

Arrow KJ, 1971, A Utilitarian Approach to the Concept of Equality in Public Expenditure, The Quarterly Journal of Economics, 85(3), 409–15.

Arrow, KJ, Robert S, Paul R, Portney E, Leamer E, Radner R, Schuman H, 1993, Report of the NOAA Panel on Contingent Valuation. National Oceanic and Atmospheric Administration (U.S. Department of Commerce).

Arthur D Little, 2001, Public Finance Balance of Smoking in the Czech Republic. Download unter http://hspm.sph.sc.edu/courses/Econ/Classes/cbacea/czechsmokingcost.html [10.09.2013 20:47:39]

Avena NM, Rada P, Hoebel BG, 2008, Evidence for sugar addiction: behavioral and neurochemical effects of intermittent, excessive sugar intake. Neurosci. Biobehav. Rev. 32: 20–39.

Babor TF, 2009, Alcohol research and the alcoholic beverage industry: issues, concerns and conflicts of interest. Addiction 104 (Suppl. 1): 34–47.

Backhans MC, Lundin A, Hemmingsson T, 2012, Binge Drinking – A Predictor for or a Consequence of Unemployment? Alcoholism: Clinical and Experimental Research 36(11), 1983–1990.

Bär KJ, 2012, Schmerzverarbeitung bei psychiatrischen Erkrankungen. Nervenarzt 83: 1385–1390.

Bair MJ, Robinson RL, Katon W, Kroenke K, 2003, Depression and Pain Comorbidity – A Literature Review. Arch Intern Med. 163: 2433–2445.

Barendregt JJ, Bonneux L, Van der Maas P, 1997, The Health Care Costs of Smoking, New England Journal of MEdicine, 337, 1052–1057.

Barnes MG, Smith TG, Tobacco Use as Response to Economic Insecurity: Evidence from the National Longitudinal Survey of Youth, The B.E. Journal of Economic Analysis & Policy 9(1), Article 47. www.bepress.com/bejeap/vol9/iss1/art47

Basu A, Manning WG, 2010, Estimating lifetime or episode-of-illness-costs under censoring. Health Econ. 19: 1010–1028.

Batscheider A, Rzehak P, Teuner CM, Wolfenstetter SB, Leidl R, von Berg A, Berdel D, Hoffmann B, Heinrich J, 2014, Development of BMI values of German children and their healthcare costs. Economics and Human Biology 12: 56–66.

Baumeister H, Balke K, Härter M, 2005, Psychiatric and somatic comorbidities are negatively associated with quality of life in physically ill patients. Journal of Clinical Epidemiology 58: 1090–1100.

Baumol, WJ, 1972, On Taxation and the Control of Externalities. American Economic Review 62 (3): 307–322.

Bech P, 1993, Rating Scales for Psychopathology. Health Status and Quality of Life. Springer-Verlag, Berlin.

Becker GS, Murphy KM, 1988, A theory of rational addiction. J Polit Econ; 96: 675–700.

Becker, GS, Murphy KM, 1993, A simple theory of advertising as a good or bad. The quarterly Journal of economics 108(4), 941–64.

Becker GS, 1981, A Treatise on the Family, Harvard University Press.

Bellach BM, Ellert U, Radoschewski M, 2000a, Der SF-36 im Bundes-Gesundheitssurvey Erste Ergebnisse und neue Fragen. Bundesgesundheitsbl – Gesundheitsforsch – Gesundheitsschutz 43:210–216.

Bellach BM, Ellert U, Radoschewski M, 2000b, Epidemiologie des Schmerzes – Ergebnisse des Bundes – Gesundheitssurveys 1998. Bundesgesundheitsbl – Gesundheitsforsch – Gesundheitsschutz 43:424–431.

Benito-Leon J, Rivera-Navarro J, Guerrero AL, de las Heras V, Balseiro J, Rodriguez E, Bello M, Martinez-Martın P, 2011, The CAREQOL-MS was a useful instrument to measure caregiver quality of life in multiple sclerosis. Journal of Clinical Epidemiology 64, 675–686.

Benowitz NL, 1998, Nicotine safety and toxicity. New York: Oxford University Press.

Bergstrom TC, 1995, Association On the Evolution of Altruistic Ethical Rules for Siblings. The American Economic Review 85(1): 58–81.

Berns GS, Laibson D, Loewenstein G, 2007, Intertemporal choice – toward an integrative framework. Tends in cognitive sciences 11(11), 482–8.

Biddle J, Zarkin G, 1988, Worker Preferences and Market Compensation for Job Risk. Review of Economics and Statistics 70(4), 660–667.

Bickel WK, Odum AL, Madden GJ, 1999, Impulsivity and cigarette smoking: delay discounting in current, never, and ex-smokers. Psychopharmacology 146, 447–54.

Birmingham CL, Muller JL, Palepu A, Spinelli, JJ, Anis AH, 1999, The cost of obesity in Canada , CMAJ 160:483–8.

Bjartveit K, Tverdal A, 2005, Health consequences of smoking 1–4 cigarettes per day, Tobacco Control 14:315–320.

Bjork JM, Hommer DW, Grant SJ, Danube C, 2004, Impulsivity in abstinent alcohol-dependent patients: relation to control subjects and type 1-/type 2-like traits. Alcohol 34, 133–50.

Bliss C, 2012, Elasticity of intertemporal substitution. The New Palgrave Dictionary of Economics. Second Edition. Eds. Steven N. Durlauf and Lawrence E. Blume. Palgrave Macmillan, The New Palgrave Dictionary of Economics Online. Palgrave Macmillan. http://www.dictionaryofeconomics.com/article?id=pde2008_E000311 doi:10.1057/9780230226203.0460 (available via http://dx.doi.org/).

Blomquist G, 1979, Value of life saving: Implications of consumption activity. Journal of Political Economy 87(3), 54+558.

Bohanon C, 1985, Externalities: A Note on Avoiding Confusion. The Journal of Economic Education, Vol. 16(4): 305–307

Böhm-Bawerk E, 1923, The positive theory of capital, G.E. Stechert and Co.

Bork S, 2010, Beurteilung der Fahreignung bei Drogenkonsum. SUCHT, 56 (6): 399–403.

Bradley CJ, Kroll J, Holmes-Rovner M, 2000, The Health and Activities Limitation Index in patients with acute myocardial infarction. Journal of Clinical Epidemiology 53: 555–562.

Brazier J, Deverill M, Green C, Harper R, Booth A, 1999, A review of the use of health status measures in economic evaluation. Health Technol. Assess. 3(9), i–iv, 1–164.

Braziera JE, Fukuhara S, Roberts J, Kharroubi S, Yamamoto Y, Ikedae S, Doherty J, Kurokawa K, 2009, Estimating a preference-based index from the Japanese. SF-36. Journal of Clinical Epidemiology 62: 1323–1331.

Brent RJ, 1991, A new Approach to valuing a Life. Journal of Public Economics 44: 165–171.

Brickman P, Coates D, Janoff-Bulman R, 1978, Lottery Winners and Accident Victims: Is Happiness Relative? Journal of Personality and Social Psychology 36:917–27.

Broome J, 1996, The value of life and the value of population. J Popul Econ 9:3–18.

Brümmerhoff D, 2007, Volkswirtschaftliche Gesamtrechnungen. 8. Auflage. München: Oldenburg Wissenschaftsverlag GmbH.

Buchanan JM, 1987, Opportunity cost. The New Palgrave: A Dictionary of Economics, v. 3: 718–21.

Bullinger M, 2000, Erfassung der gesundheitsbezogenen Lebensqualität mit dem SF-36. Health Survey, Bundesgesundheitsbl -Gesundheitsforsch – Gesundheitsschutz 2000 · 43:190–197.

Bushnik T, 2011, SF-36/SF-12. Jeffrey S. Kreutzer, John DeLuca and Bruce Caplan: Encyclopedia of Clinical Neuropsychology, 2282–2283.

Carson RT, Flores NE, Meade NF, 2001, Contingent Valuation: Controversies and Evidence. Environmental and Resource Economics: 173–210.

Carson RT, 2012, Contingent Valuation: A Practical Alternative when Prices Aren't Available. Journal of Economic Perspectives 26(4): 27–42.

Cass D, 1965, Optimum Growth in an Aggregative Model of Capital Accumulation. Review of Economic Studies, 32(3): 233–40.

Caulkins JP, Nicosia N, 2010, What economics can contribute to the addiction sciences. Addiction 105: 1156–1163.

Cerne A, Rifel J, Rotar-Pavlic D, Svab I, Selic P, Kersnik J, 2013, Quality of life in patients with depression, panic syndrome, other anxiety syndrome, alcoholism and chronic somatic diseases: a longitudinal study in Slovenian primary care patients. Wien Klin Wochenschr, 125:1–7.

Chabris CF, Laibson D, Morris CL, Schuldt JP, Taubinsky D, 2008, Individual laboratory-measured discount rates predict field behavior, J Risk Uncertain, 37:237–269.

Charlson ME, Pompei P, Ales KL, MacKenzie CR, 1986, A new Method of classifying prognostic comorbidity in longitudinal studies: development and validation. Journal of chronical diseases 40(5): 373–383.

Ciriacy-Wantrup SV, 1947, Capital Returns from Soil Conseration Practices. Journal of Farm Economics 29: 1188–90.

Christakis NA, Fowler JH, 2007, The spread of obesity in a large social network over 32 years. New England Journal of Medicine 357:370–379.

Christakis NA, Fowler JH, 2008, The Collective Dynamics of Smoking in a Large Social Network. N Engl J Med. 358:2249–58.

Clark AE, Frijters P, Shields MA, 2008, Relative Income, Happiness, and Utility: An Explanation for the Easterlin Paradox and Other Puzzles. Journal of Economic Literature, 46:1, 95–144.

Clark D, Royer H. 2013. „The Effect of Education on Adult Mortality and Health: Evidence from Britain." American Economic Review, 103(6): 2087–2120.

Clarke R, Emberson J, Fletcher A, Breeze E, Marmot M, Shipley MJ, Life expectancy in relation to cardiovascular risk factors: 38 year follow-up of 19,000 men in the Whitehall study. BMJ; 339:b3513.

Cnossen S, 2007, Alcohol taxation and regulation in the European Union. Int Tax Public Financ 14: 699–732.

Colander D, 2007, Retrospectives Edgeworth's Hedonimeter and the Quest to Measure Utility, Journal of Economic Perspectives, 21 (2), 215–225.

Coleman J, 1988, „Social Capital in the Creation of Human Capital". American Journal of Sociology Supplement 94: S95-S120.

Collins DJ, Lapsley HM, 2008, The costs of tobacco, alcohol and illicit drug abuse to Australian society in 2004/05. ISBN: 1–74186-436-4 Online ISBN: 1–74186-437-2 Publications Number: P3-2625 Download unter www.nationaldrugstrategy.gov.au/internet/drugstrategy/publishing.nsf/content/mono64-l.

Collins D, Lapsley H, Brochu S, Easton B, Pérez-Gómez A, Rehm JE, 2006, Single International Guidelines for the Estimation of the Avoidable Costs of Substance Abuse, 1st edition.

Cooper BS, Rice DP, 1976, The Economic Cost of Illness Revisited. Social Security Bulletin 23: 21–36.

Cordes C, Dougherty T, 1993, A review and integration of research on job burnout", Academy of Management Review, 18, 621–656.

Cosway R, Endler NS, Sadler AJ, Deary IJ, 2000, The Coping Inventory for Stressful Situations: Factorial Structure and Associations With Personality Traits and Psychological Health. Journal of Applied Biobehavioral Research, 5: 121–143.

Cowen T, Parfit D, 1992, Against the social discount rate. In Justice Across the Generations. Philosophy, Politics, and Society, Sixth Series, ed. P. Laslett and J. Fishkin. New Haven: Yale University Press.

Cowen T, 2012, Social discount rate. The New Palgrave Dictionary of Economics. Second Edition. Eds. Steven N. Durlauf and Lawrence E. Blume. Palgrave Macmillan, 2008. The New Palgrave Dictionary of Economics Online. Palgrave Macmillan, 19.April2012, Download unter www.dictionaryofeconomics.com/article?id=pde2008_S000464> doi:10.1057/ 9780230226203.1554

Crews FT, Nixon K, 2009, Mechanisms of Neurodegeneration and Regeneration in Alcoholism. Alcohol & Alcoholism 44(2): 115–127.

Cropper ML, Sussman FG, 1988, Families and the Economics of Risks to Life, American Economic Review, 78(1), 255–60.

Cunha F, Heckman J, 2007, The Economics of Human Development – The Technology of Skill Formation, American Economic Review 97(2): 31–47.

Currie G, Kerfoot KD, Donaldson C, et al, 2000, Are cost of injury studies useful? Inj Prev; 6:175–6.

Cutler DM, Richardson E, Keeler TE, Staiger D, 1997, Measuring the Health of the U.S. Population Brookings Papers on Economic Activity. Microeconomics 1997: 217–282.

Dardis R, 1980, The value of life: new evidence from the marketplace, American Economic Review, 70, 1077–1082.

Dasgupta P, 2004, Human Well-Being and the Natural Environment. Oxford University Press.

Dasgupta P, Maskin E, 2005, Uncertainty and Hyperbolic Discounting. American Economic Review 95(4):1290–1299.

Dasgupta P, 2008, Discounting climate change. Journal of Risk and Uncertainty 37(2–3): 141–169.

Dawson DA, 1998, Measuring alcohol consumption: Limitations and prospects for improvement. Addiction 93: 965–968.

Dawson DA, Goldstein RB, Chou SP, Ruan WJ, Bridget F, 2008, Grant Age at First Drink and the First Incidence of Adult-Onset DSM-IV Alcohol Use Disorders. Alcoholism: Clinical and Experimental Research 32(12): 2149–2160.

Day B, 1999, A meta-analysis of wage-risk estimates of the value of statistical life. In: EC, Benefits transfer and the economic valuation of environmental damages, European Commission, Brussels, 1–29.

De Vocht F, HIggerson J, Oliver K, Verma, A, 2011, Incorporating uncertainty in aggregate burden of disease measures: an example of DALYs-averted by a smoking cessation campaign in the UK. Epidemiol Community Health, 65:751–756.

Dawson DA, Goldstein RB, Chou SP, Ruan WJ, Grant BF, 2008, Age at First Drink and the First Incidence of Adult-Onset DSM-IV Alcohol Use Disorders. Alcoholism: Clinical and Experimental Research 32(12): 2149–60.

Demsetz H, 2011, The Problem of Social Cost: What Problem? A Critique of the Reasoning of A.C. Pigou and R.H. Coase. Review of Law & Economics 7(1); 1–13; Download unter www.bepress.com/rle/vol7/iss1/art1.

Department of Health, 1999b, Statistical Bulletin No. 24. London: Department of Health.

Desvousges W, Mathews K, Train K, 2012, "Adequate Responsiveness to Scope in Contingent Valuation." Ecological Economics 84: 121–128.

Deutsches Krebsforschungszentrum (Hrsg.), 2008, Rauchen und Mundgesundheit. Heidelberg.

Deutsches Krebsforschungszentrum (Hrsg.), 2005, Die Tabakindustriedokumente I: Chemische Veränderungen an Zigaretten und Tabakabhängigkeit, Heidelberg.

Deutsches Krebsforschungszentrum, Bundeszahnärztekammer (Hrsg.), 2010a, Rauchen und Mundgesundheit. Erkrankungen des Zahn-, Mund und Kieferbereiches und Interventionsstrategien für Zahnärzte Heidelberg.

Diamond PA, Hausman JA, 1994, Contingent Valuation: Is some Number better than No Number. The Journal of Economic Perspectives 8(4): 45–64.

Diamond PA, Mirrlees JA, 1978, A Model of Social Insurance with Variable Retirement. Journal of Public Economics 10:295–336.

Diener ED, Richard EL, Scollon CN, 2006, Beyond the Hedonic Treadmill: Revising the Adaptation Theory of Well-Being. American Psychologist 61:305–14.

Dierker LC, Donny E, Tiffany S, Colby SM, Perrine N, Clayton RR, 2007, The association between cigarette smoking and DSM-IV nicotine dependence among first year college students. Drug and Alcohol dependence 86: 106–114.

Dodge KA, Greenberg MT, Malone PS, 2008, Conduct Problems Prevention Research Group. Testing an idealized dynamic cascade model of the development of serious violence in adolescence. Child Dev. 79(6): 1907–1927.

Dolan P, Peasgood T, 2008, Measuring Well-Being for Public Policy: Preferences or Experiences? Legal Implications of the New Research on Happiness, A Conference Sponsored by the John M. Olin Program in Law and Economics at the University of Chicago Law School.The Journal of Legal Studies, 37, S2, S5-S31.

Doll R, Peto R, Boreham J, Sutherland I, 2004, Mortality in relation to smoking: 50 years' observations on male, British doctors, BMJ, doi:10.1136/bmj.38142.554479.AE.

Dowdney L, 2000, Childhood bereavement following parental death. J Child Psychol Psychiatry; 41(7): 819–830.

Dublin LI, Lotka AJ, 1941, The Money Value of Man. New York: Ronald Press.

Easterlin RA, 2013, Happiness, Growth and Public Policy. IZA Discussion Paper No. 7234, download unter http://ftp.iza.org/dp7234.pdf abgerufen am 24.12.2013.

Easterlin RA, 1974, Does Economic Growth Improve the Human Lot? Some Empirical Evidence. In: Nations and Households in Economic Growth: Essays in Honor of Moses Abramovitz, ed. R. David and M. Reder. New York: Academic Press, 89–125.

Easterlin RA, 2008, Simon Kuznets 1901–1985. The New Palgrave Dictionary of Economics. Second Edition. Eds. Steven N. Durlauf and Lawrence E. Blume. Palgrave Macmillan, The New Palgrave Dictionary of Economics Online. Palgrave Macmillan. 31 March 2012 download unter http://www.dictionaryofeconomics.com/article?id= pde2008_K000046> doi:10.1057/9780230226203.0907.

Ebert U, 2008, Approximating WTP and WTA for environmental goods from marginal willingness to pay functions, Ecologicaleconomics, 270–274.

Ebert U, 2010, On the measurement of welfare for market and nonmarket goods: a numerical approach. Amer. J. Agr. Econ. 92(1): 102–109; doi: 10.1093/ajae/aap020.

Effertz T, Mann K, 2013, The burden and cost of disorders of the brain in Europe with the inclusion of harmful alcohol use and nicotine addiction. Eur Neuropsychopharmacol;23(7):742–8.

Effertz T, 2011, Die Rentabilität der stationären Suchtrehabilitation von Alkoholkranken in gesundheitsökonomischen Kosten-Nutzen-Analysen, Sucht Aktuell 2/2011, 31–38.

Effertz T, Linder R, Verheyen F, 2013, Die ökonomischen Kosten von Adipositas in Deutschland, Poster-Präsentation auf der 8. Jahrestagung der Deutschen Gesellschaft für Epidemiologie, 26.09.2013

Effertz T, Adams M, 2014, Effektive Prävention von Adipositas durch Kindermarketingverbote und Steuerstrukturänderungen. Journal of Public Health – Zeitschrift Prävention und Gesundheitsförderung DOI:10.1007/s11553-11014–10464-z

Effertz T, Linder R, Verheyen F,. 2014 Die medizinischen Kosten schädlichen Alkohol- und Tabakkonsums in Deutschland – eine Analyse mittels GKV – Routinedaten, Zeitschrift SUCHT 4/2014; 203–213.

Effertz T, 2008, Kindermarketing – Analyse und rechtliche Empfehlungen, Peter Lang Verlag.

Ehrlich I, Becker G, 1972, Market Insurance, Self-Insurance and Self-Protection. Journal of Political Economy 80(4):623–648.

Elixhauser A, Steiner C, Harris DR, Coffey RM, 1998, Comorbidity measures for use with administrative data. Med Care; 36:8–27.

Epper T, Fehr-Duda H, Bruhin A, Risk J, 2011, Viewing the future through a warped lens: Why uncertainty generates hyperbolic discounting. Uncertain, 43:169–203.

Ernst M, 2001, Behavioral and Neural Consequences of Prenatal Exposure to Nicotine. Journal of the American Academy of Child & Adolescent Psychiatry, 40(6): 630–641.

EuroQol Group, 1990, EuroQol: a new facility for measurement of health-related quality of life. Health Policy; 16: 199–208.

Ezzati M, Lopez AD, 2003, Estimates of global mortality attributable to smoking in 2000. Lancet 362: 847–52.

Farmer JD, 2009, Hyperbolic discounting is rational: Valuing the far future with uncertain discount rates. J. Doyne Farmer and John Geanakoplos, Cowdles Foundation discussion paper no. 1719 Cowles Foundation for Research in Economics, Yale.

Fehr E, Rangel A, 2011, Neuroeconomic Foundations of Economic Choice – Recent Advances. Journal of Economic Perspectives, 25(4): 3–30.

Fein R, 1958, Economics of Mental Illness. Monograph Series No. 2. New York: Basic Books.

Felder S, 2008, Im Alter krank und teuer? Gesundheitsausgaben am Lebensende. Gesundheit und Gesellschaft 8(4), 23–30.

Felitti VJ, Anda RF, Nordenberg D, et al., 1998, Relationship of childhood abuse and household dysfunction to many of the leading causes of death in adults. The Adverse Childhood Experiences (ACE) Study. Am J Prev Med. 14(4): 245–258.

Fergusson, DM, Boden, JM, Horwood LJ, 2009, Tests of Causal Links Between Alcohol Abuse or Dependence and Major Depression. Arch Gen Psychiatry, 66(3):260–266.

Fergusson DM, Boden JM, Horwood LJ, 2013, Alcohol misuse and psychosocial outcomes in young adulthood: Results from a longitudinal birth cohort studied to age 30. Drug and Alcohol Dependence 133 (2), 513–519.

Fichte D, 2008, Hohes Entlastungspotenzial in der Arbeitslosenversicherung, Beitragssenkung durch erforderliche Umstrukturierung möglich. Karl-Bräuer-Institut des Bundes der Steuerzahler e. V. Berlin, Herausgegeben vom Karl-Bräuer-Institut des Bundes der Steuerzahler e. V. Hersteller: Dinges & Frick GmbH, Wiesbaden ISSN 0173–3397.

Fichte D, 2011, Versicherungsfremde Leistungen in der Gesetzlichen Rentenversicherung und ihre sachgerechte Finanzierung. Heft 107, Herausgegeben vom Karl-Bräuer-Institut des Bundes der Steuerzahler e. V. ISSN 0173–3397.

Fichte D, 2010, Versicherungsfremde Leistungen in der Gesetzlichen Krankenversicherung. Karl-Bräuer-Institut des Bundes der Steuerzahler e. V. Berlin, Herausgegeben vom Karl-Bräuer-Institut des Bundes der Steuerzahler e. V. Hersteller: Bonner Universitäts-Buchdruckerei, Bonn ISSN 0173–3397.

Finkenstädt V, Keßler T, 2012, Die sozioökonomische Struktur der PKV-Versicherten – Ergebnisse der Einkommens- und Verbrauchsstichprobe 2008 – WIP-Diskussionspapier. Download unter www.wip-pkv.de/uploads/tx_nppresscenter/Soziooekonomische_Struktur _PKV.pdf. abgerufen am 06.01.2014.

Fish J, 2011, EuroQol/EQ-5D. in Jeffrey S. Kreutzer, John DeLuca and Bruce Caplan : Encyclopedia of Clinical Neuropsychology, 981–983.

Fish J, 2011, General Well-Being Schedule. in Jeffrey S. Kreutzer, John DeLuca and Bruce Caplan: Encyclopedia of Clinical Neuropsychology, 1139–1140.

Fisher I, 1918, Is "Utility" the Most Suitable Term for the Concept It Is Used to Denote? American Economic Review 8:335–37.

Fisher I, 1930, The theory of interest as determined by impatience to spend income and opportunity to invest it. New York: Macmillan.

Flegal, KM, Kit BK, Orpana H, Graubard BI, 2013, Association of All-Cause Mortality With Overweight and Obesity Using Standard Body Mass Index Categories – A Systematic Review and Meta-analysis. JAMA; 309(1):71–82.

Fleurbaey M, 2009, Beyond GDP: The Quest for a Measure of Social Welfare, Journal of Economic Literature 47(4), 1029–1075.

Forberger S, Rehm J, 2010, Alkoholassozierte Krankheitslast in Deutschland. SuchtAktuell 1, 5–8.

Frank RH, 2012, The Easterlin Paradox Revisited. Emotion 12(6), 1188–1191.

Frankenhaeuser A, Yrsten AL, Post B, Johansson G, 1971, Behavioural and Physiological Effects of Cigarette Smoking in a Monotonous Situation. Psychopharmacologia (Berl.) 22, 1–7.

French MT, Norton EC, Fang H, Maclean JC, 2010, Alcohol Consumption and Body Weight. Health Economics, 814–832.

Frederick S, Loewenstein G, 2008, Conflicting motives in evaluations of sequences. J Risk Uncertain 37: 221–235.

Friedman M, 1953, Essays in Positive Economics. University of Chicago Press, Chicago.

Fromm G, 1965, Civil aviation expenditures, in Measuring benefits of government investment, edited by R. Dorfman (Washington DC: Brookings Institution).

Fuchs M, Pauker W, 2012, Delikts- und Schadensersatzrecht. 8. Auflage, Buch. XXVIII, Springer Verlag ISBN 978–3-642-31617-3.

Gandal N, Shabelansky A, 2010, Obesity and Price Sensitivity at the Supermarket. Forum for Health Economics & Policy 13(2) 2010 Article 9. Download unter www.bepress.com/fhep/13/2/9 DOI: 10.2202/1558–9544.1191.

Galor O, Weil DN, 2000, „Population, Technology, and Growth: From Malthusian Stagnation to the Demographic Transition and Beyond." American Economic Review 90(4): 806–828.

Garber AM, Phelps CE, 1997, Economic foundations of cost-effectiveness analysis Journal of Health Economics 16, I-31.

Gaysina D, Fergusson, DM, Leve LD, Horwood J, Reiss D, Shaw DS, Elam KK, , Natsuaki MN, Neiderhiser JM, Harold GT, 2013, Maternal Smoking During Pregnancy and Offspring Conduct Problems Evidence From 3 Independent Genetically Sensitive Research Designs. JAMA Psychiatry, 70(9): 956–963, doi:10.1001/jamapsychiatry.2013.

Geier AB, Foster GD, Womble LG, et al., 2007, The relationship between relative weight and school attendance among elementary schoolchildren. Obesity (Silver Spring); 15(8): 2157–2161.

Gelber RP, Kurth T, Manson JE, Buring JE, Gaziano JM, 2007, Body mass index and mortality in men: evaluating the shape of the association. International Journal of Obesity 31, 1240–1247.

Geistfeld, M, 1995, Placing a Price on Pain and Suffering: A Method for Helping Juries Determine Tort Damages for Nonmonetary Injuries. California Law Review 83:773–852.

Georgescu-Roegen N, 1936, The pure theory of consumer's behavior. Q. J. Econ. 50, 545–593.

Gesundheitsberichterstattung des Bundes, 2009, Heft 48 Krankheitskosten. Autorinnen: Manuela Nöthen und Karin Böhm; Herausgeber: Robert Koch-Institut, Berlin, download unter www.rki.de/DE/Content/Gesundheitsmonitoring/Gesundheitsberichterstattung/ GBEDownloadsT/Krankheitskosten.pdf?__blob=publicationFile.

Giel KE, Zipfel S, Alizadeh M et al., 2012, Stigmatization of obese individuals by human resource professionals: an experimental study. BMC Public Health; 12: 525.

Gil-Lacruz AI, Gil-Lacruz M, 2012, El rol de la propensión al riesgo para fumadores y personas con sobrepeso. Rev Psiquiatr Salud Ment (Barc.);5: 139–49.

Glantz SW, Parmley ETS, 1991, Passive Smoking and heart disease. JAMA 1005 73, 1047–53.

Goldberg LR, 1993, The structure of phenotypic personality traits. American Psychologist 48 (1): 26–34.

Goldman DP, Cutler DM, Shang B, Joyce GF, 2006, The Value of Elderly Disease Prevention. Forum for Health Economics & Policy 9(2), Article 1.

Gorham, WV, 1996, Allocating Federal resources among competing social needs. HEW Indicators (Department of Health, Education, and Welfare), 9–10.

Gortmaker SL, Must A, Perrin JM, Sobol AM, Dietz W, 1993, Social and economic consequences of overweight in adolescence and young adulthood. N Eng J Med. 329 (14): 1008–1012.

Gowdy JM, Mayumi K, 2001, Reformulating the foundations of consumer choice theory and environmental valuation. Ecological Economics 39, 223–237.

Graaff J. de V, 1987, Social cost. The New Palgrave: A Dictionary of Economics. First Edition. Eds. John Eatwell, Murray Milgate and Peter Newman. Palgrave Macmillan, 1987.The New Palgrave Dictionary of Economics Online. Palgrave Macmillan. 19 April 2012, download unter www.dictionaryofeconomics.com/article?id=pde1987_X002029> doi:10. 1057/ 9780230226203.3554.

Graber J, 2013, Pubertal timing and the development of psychopathology in adolescence and beyond. Hormones and Behavior 64, 262–269.

Grabs J, Ishorst-Witte F, Püschel K, 2008, Krank bin ich, wenn nichts mehr geht! Todesursachen wohnungsloser Menschen in Hamburg. HÄB 5/08 6–8.

Graf von der Schulenburg, JM, Greiner W, Jost F, Klusen N, Kubin N, Leidl R, Mittendorf T, Rebscher H, Schçffski O, Vauth C, Volmer T, Wahler S, Wasem J, Weber C, 2007, Deutsche Empfehlungen zur gesundheitsökonomischen Evaluation – dritte und aktualisierte Fassung des Hannoveraner Konsens. Gesundheitsökonomie und Qualitätsmanagement; 12: 285–290.

Grant BF, Stinson FS, Harford TC, 2001, Age at onset of alcohol use and DSM-IV alcohol abuse and dependence: A 12-year follow-up. Journal of Substance Abuse 13, 493–504.

Greenleaf C, Weiller K, 2005, Perceptions of youth obesity among physical educators. Social Psychology of Education, 8: 407–423.

Gregori D, Petrinco M, Bo S, Desideri A, Merletti F, Pagano E, 2011, Regression models for analyzing costs and their determinants in health care: an introductory review. International Journal for Quality in Health Care, Volume 23, Number 3: 331–341.

Gregori D, Pagano E, Rosato R, Bo S, Zigon G, Merletti F, 2006, Evaluating hospital costs in type 2 diabetes care: does the choice of the model matter? Current Medical Research and Opinion, Vol. 22, No. 10, 1965–1971.

Grossman M, 1972, On the Concept of Health Capital and the Demand for Health, Journal of Political Economy 80(2), 223–255.

Guillemin F, Bombardier C, Beaton D, 1993, Cross-Cultural Adaption of health-related Quality of life measures: Literature Review and proposed guidelines. J Clio itpidemiol Vol. 46, 12, 1417–1432.

Gustavsson A, Svensson M, Jacobi F, Allgulander C et al., 2011, Cost of disorders of the brain in Europe 2010. European Neuropsychopharmacology 21, 718–779.

Guyatt GH, Feeny DH, Patrick DL, 1993, Measuring health-related quality of life. Ann Intern Med 118:622–629.

Halevy Y, 2008, Strotz meets Allais: Diminishing impatience and the certainty effect. American Economic Review 98(3), 1145–1162.

Hall JE, Crook ED, Jones DW, Wofford MR, Dubbert PM, 2002 Mechanisms of obesity-associated cardiovascular and renal disease. Am J Med Sci. 2002 Sep; 324(3): 127–37.

Hammond RA, Levine R, 2010, The economic impact of obesity in the United States, Diabetes, Metabolic Syndrome and Obesity. Targets and Therapy 3 285–295.

Hamdan S, Mazariegos D, Melhem NM, Porta G, Payne MW, Brent DA, 2012, Effect of Parental Bereavement on Health Risk Behaviors in Youth. A 3-Year Follow-up. Arch Pediatr Adolesc Med 166 (3): 216–223.

Hanemann WM, 1991, Willingness to Pay and Willingness to Accept: How much can they differ? The American Economic Review 81(3): 635–647.

Hanemann WM, 1994, Valuing the Environment Through Contingent Valuation, Journal of Economic Perspectives 8(4), 19–43.

Hansen LP, Singleton KJ, 1982, Generalized Instrumental Variables Estimation of Nonlinear Rational Expectations Models. Econometrica 50 (5): 1269–86.

Harrison GW, Lau MI, Rutström EE, 2010, Individual discount rates and smoking: Evidence from a field experiment in Denmark. Journal of Health Economics 29, 708–717.

Hausman DM, 2010, Valuing Health: A New Proposal. Health Economics, 280–296.

Hausman J, 2012, Contingent Valuation: From Dubious to Hopeless. Journal of Economic Perspectives 26(4), 43–56.

Hawthorne G, 2007, Measuring the value of health-related quality of life. in: M.S. Ritsner and A.G. Awad (eds.), Quality of Life Impairment in Schizophrenia, Mood and Anxiety Disorders, 99–132.

Hebl MR, Xu J, 2001, Weighing the care: physicians' reactions to the size of a patient. International Journal of Obesity, 25: 1246–1252.

Heckman JJ, Navarro-Lozano S, 2004 Using Matching, Instrumental Variables and Control Functions to Estimate Economic Choice Models, The Review of Economics and Statistics, 86(1), 30–57.

Heckmann JJ, 2008, Schools, skills, and synapses. Economic Inquiry, 46: 289–324.

Heckman JJ, 1979, Sample Selection bias as a specification error, Econometrica, 47(1), 153–161.

Heller RF, Dobson AJ, Attia J, Page J, 2002, Impact numbers: measures of risk factor impact on the whole population from case-control and cohort studies. Epidemiol Community Health, 56:606–610.

Helson H, 1964, Current Trends and Issues in Adaptation-Level Theory. American Psychologist 19: 26–38.

Henke KD, 1983, Die direkten und indirekten Kosten von Krankheiten in der Bundesrepublik Deutschland im Jahre 1980. Hannover: Fachbereich Wirtschaftswissenschaften, Universität Hannover.

Henke KD, 1986, Die direkten und indirekten Kosten von Krankheiten in der Bundesrepublik Deutschland im Jahre 1980. Robert Bosch Stiftung. Gerlingen: Bleicher.

Henke, KD, Behrens C, Arab L, Schlierf G, 1986, Die Kosten ernaehrungsbedingter Krankheiten. Schriftenreihe des Bundesministers für Jugend, Familie und Gesundheit. Band 179. Stuttgart: W. Kohlhammer.

Henke KD, Behrens CS, 1986, The economic cost of illness in the Federal Republic of Germany in the year 1980. Health Policy, 6 (1966) 119–143.

Henley SJ, Thun MJ, Chao A, Calle EE, 2004, Association Between Exclusive Pipe Smoking and Mortality From Cancer and Other Diseases. Journal of the National Cancer Institute 96(11), 853–861.

Herrenkohl TI, Kosterman R, Mason WA, Hawkins JD, McCarty CA, McCauley E, 2010, Effects of childhood conduct problems and family adversity on health, health behaviors, and service use in early adulthood: tests of developmental pathways involving adolescent risk taking and depression. Dev Psychopathol, 22 (3): 655–665.

Hersch J, Viscusi WK, 2010, Immigrant Status and the Value of Statistical Life. The Journal of Human Resources 45(3): 749–771.

Hill AB, 1965, "The Environment and Disease: Association or Causation?," Proceedings of the Royal Society of Medicine, 58, 295–300.

Hill SC, Miiler GE, 2010, Health Expenditure Estimation and Functional Form: Applications of the Generalized Gamma and Extended Estimation Equations Models. Health Economics 19(5): 608–627.

Hingson RW, Heeren T, Winter MR, 2006, Age at drinking onset and alcohol dependence: age at onset, duration, and severity. Arch Pediatr Adolesc Med 160: 739–46.

Hodgson TA, Meiners MR, 1982, Cost-of-Illness Methodology: A guide to Current Practices and Procedures. Milbank Memorial Fund Quarterly / Health and Society, 429–462.

Hodgson TA, Meiners M, 1979, Guidelines for Cost of Illness Studies in the Public Health Service. Task Force on Cost of Illness Studies. Washington: U.S. Public HealthService.

Hodgson TA, 1989, Cost of illness studies: no aid to decision making? Comments on the Second Opinion by Shiell et al. Health Policy, 8 (1987) 317–323), Health Policy, 11 (1989) 57–60.

Hodgson TA, 1992, Cigarette smoking and lifetime medical expenditures. Milbank Q 70(1): 81–125.

Hoffmann W, Bobrowski C, Fendrich K, 2008, Sekundärdatenanalyse in der Versorgungsepidemiologie Potenzial und Limitationen. Bundesgesundheitsbl-Gesundheitsforsch- Gesundheitsschutz, 51: 1193–1201.

Holcombe RG, Sobel RS, 2001, Public Policy Toward Pecuniary Externalities. Public Finance Review 29(4), 304–325.

Hollen PJ, Gralla, RJ, Kris MG et al., 1994, Measurement of Quality of Life in Patients with Lung Cancer in Multicenter Trials of New Therapies – Psychometric Assessment of the Lung Cancer Symptom Scale. Cancer 73: 2087–98.

Honeycutt AA, Segel JE, Hoerger TJ, et al., 2009, Comparing cost-of-illness estimates from alternative approaches: an application to diabetes. Health Serv Res, 44 (1): 303–20.

Horowitz JK, McConnell KE, 2002, A Review of WTA/WTP Studies. Journal of Environmental Economics and Management 44, 426–447.

Horsman J, Furlong W, Feeny D, Torrance G, 2003, The Health Utilities Index (HUI(R)): Concepts, Measurement Properties and Applications, Health and Quality of Life Outcomes, 1(54), 1–13.

Houthakker HS, 1950, Revealed Preferences and The Utility Function, Economica New series, 17(66), 159–174.

Hsee CK, Xu F, Tang N, 2008, Two Recommendations on the Pursuit of Happiness. The Journal of Legal Studies, Vol. 37, No. S2, Legal Implications of the New Research on Happiness. A Conference Sponsored by the John M. Olin Program in Law and Economics at the University of Chicago Law School, 115–132.

Huizinga MM, Cooper LA, Bleich SN et al., 2009, Physician respect for patients with obesity. Journal of General Internal Medicine, 24: 1236–1239.

Hutt WH., 1936, Economists and the public: A study of competition and opinion. Jonathan Cape Ltd., 378 p.

Hutubessy CW, van Tulder MW, Vondeling H, Bouter LM, 1999, Indirect costs of back pain in the Netherlands: a comparison of the human capital method with the friction cost method. Raymond Pain 80, 201–207.

Hyder AA, Rotllant G, Morrow RH, 1998, Measuring the burden of disease: healthy life-years. Am J Public Health; 88: 196–202.

Institut für Qualität und Wirtschaftlichkeit im Gesundheitswesen (IQWiG), 2009, Allgemeine Methoden zur Bewertung von Verhältnissen zwischen Nutzen und Kosten. Download unter www.iqwig.de/download/Methodik_fuer_die_

Bewertung_von_Verhaeltnissen_ zwischen_Kosten_und_Nutzen.pdf. Abgerufen am 01.02.2014.

Janse AJ, Uiterwaal CSPM, Gemke RJBJ, Kimpen JLL, Sinnem G, 2005, A difference in perception of quality of life in chronically ill children was found between parents and pediatricians. Journal of Clinical Epidemiology 58, 495–502.

Jansen K, Bremer V, von Rüden U, Steffan E, Nitschke H, 2013, Sexuelle Gesundheit in Deutschland – Indikatoren als Instrumente zum Beschreiben, Planen und Evaluieren. Der Indikatorenkatalog der Deutschen STI-Gesellschaft, Bundesgesundheitsbl DOI 10.1007/s00103-013-1762-x.

Jeanrenaud C, Priez F, Vannotti M, 2001, Valuing the intangible costs of cirrhosis of the liver: a two-step procedure, Swiss journal of economics and statistics, 137(1), 87–102.

Johannesson M, 1996, The willingness to pay for health changes, the human capital approach and the external costs. Health Policy, 36 231–244.

Johannesson M, Karlsson G, 1997, The friction cost method: A comment Journal of Health Economics 16, 249–255.

John U, Hanke M, 2002, Alcohol-attributable mortality in a high per capital consumption country – Germany. Alcohol & Alcoholism 37(6), 581–585.

John U, Meyer C, Rumpf HJ, Hapke U, 2004, Smoking, nicotine dependence and psychiatric comorbidity – a population-based study including smoking cessation after three years. Drug and Alcohol Dependence 76, 287–295.

John U, Rumpf HJ, Bischof G, Hapke U, Hanke M, Meyer C, 2013, Excess Mortality of Alcohol-Dependent Individuals After 14 Years and Mortality Predictors Based on Treatment Participation and Severity of Alcohol Dependence. Alcoholism: Clinical and Experimental Research 37(1), 156–163.

John U, Hapke U, Rumpf HJ, et al., 2003, Gesundheitsrisiken, Krankheiten und Todesfälle, die durch Tabakrauchen und Alkoholkonsum bedingt sind, und notwendige Schritte der Gesundheitsversorgung. Sucht Aktuell, 10(1):5; 1437–1650.

Johnson PM, Kenny PJ, 2010, Dopamine D2 receptors in addiction-like reward dysfunction and compulsive eating in obese rats. Nat. Neurosci. 13(5), 635–641.

Robert JJ, Besedin EY, Ranson MH, 2006, Characterizing the effects of valuation methodology infunction-based benefits transfer. Ecological Economics, 407–419.

Jonkera C, Gerritsen DL et al., 2004, A Model for Quality of Life Measures in Patients with Dementia: Lawton's Next Step. Dement Geriatr Cogn Disord; 18: 159–164.

Jurkovich G, Mock C, MacKenzie E et al., 1995, The Sickness Impact Profile as a Tool to Evaluate Functional Outcome in Trauma Patients, The Journal of Trauma: Injury, Infection, and Critical Care. 39(4), 625–631.

Kaestner R, Grossman M, Yarnoff B, 2009, Effects of weight on adolescent educational attainment. Download unter www.nber.org/papers/w14994.pdf abgerufen am 26.Mai 2010.

Kahn S, Lang K, 1988, Efficient Estimation of Structural Hedonic Systems. International Economic Review 29 (1), 263–268.

Kahneman D, Knetsch J, 1992, Valuing public goods: the purchase of moral satisfaction. J. Environ. Econom. Manage. 22, 57–70.

Kaldybajewa K, Kruse E (2012) Erwerbsminderungsrenten im Spiegel der Statistik der gesetzlichen Rentenversicherung– Unterschiede und Gemeinsamkeiten zwischen Männern und Frauen – RVaktuell 8/2012 206–216

Kaplan RM, Tally S, Hays RD, Feeny D et al., 2011, Five preference-based indexes in cataract and heart failure patients were not equally responsive to change. Journal of Clinical Epidemiology 64, 497–506.

Kaplow L, Weisbach D, 2011, Discount rates, social judgments, individuals' risk preferences, and uncertainty. J Risk Uncertain, 42: 125–143.

Kaplow L, Shavell S, 2001, Any Non-welfarist Method of Policy Assessment Violates the Pareto Principle, Journal of Political Economy 109(2), 281–286.

Kaplow JB, Saunders J, Angold A, Costello EJ, 2010, Psychiatric symptoms in bereaved versus nonbereaved youth and young adults: a longitudinal epidemiological study. J Am Acad Child Adolesc Psychiatry, 49(11): 1145–1154.

Katz PP, Yelin EH, Eisner MD, Earnest G, Blanc PD, 2004, Performance of valued life activities reflected asthma-specific quality of life more than general physical function. Journal of Clinical Epidemiology 57, 259–267.

Kendler KS, Schmitt E, Aggen SH, Prescott CA, 2008, Genetic and environmental Influences on Alcohol, Caffeine, Cannbis, and Nicotine Use from early Adolescence to Middle Adulthood. ARCH GEN Psychiatry 65(6), 674–682.

Kelly IR, Markowitz S, 2009, Incentives in Obesity and Health Insurance. Inquiry 46: 418–432.

Keith, SW, Fontaine KR, Pajewski NM, Mehta T, Allison DB, 2011, Use of self-reported height and weight biases the body mass index–mortality association. International Journal of Obesity 35, 401–408.

Kern RZ, Brown AD, 2004, Disease adaptation may have decreased quality-of-life responsiveness in patients with chronic progressive neurological disorders. Journal of Clinical Epidemiology 57, 1033–1039.

Khwaja A, Sloan F, Wang Y, 2009, Do Smokers Value Their Health and Longevity Less? Journal of Law and Economics 52, 171–196.

Kiefer F, Grosshans M, 2009, Beitrag der Suchtforschung zum Verständnis der Adipositas. Nervenarzt 80: 1040–1049.

Kirby KN, Petry NM, Bickel WK, 1999, Heroin Addicts Have Higher Discount Rates for Delayed Rewards than Non-Drug-Using Controls. Journal of Experimental Psychology 128(1) 78–87.

Kivimäki M, Ferrie JE, Batty GD, Smith GD et al., 2008, Optimal Form of Operationalizing BMI in Relation to All-cause and Cause-specific Mortality. The Original Whitehall Study 16(8), 1926–32.

Klarman HE, 1965, Syphilis Control Programs. In Dorfman, R., 459 ed., Measuring Benefits of Government Investment, 367–414. Washington, D.C.: The Brookings Institution.

Klarman HE, Francis JOS, Rosenthal GD, 1968, "Cost effectiveness analysis applied to the treatment of chronic renal disease", Medical care 6 (1): 48–54.

Kniesner TJ, Viscusi WK, 2006, Value of a statistical life: Relative Position vs. relative age, AEA Papers and Proceedings 95(2) 142–146.

Knott CS, Coombs N, Stamatakis E, Biddulph JP, 2015, All cause mortality and the case for age specific alcohol consumption guidelines: pooled analyses of up to 10 population based cohorts, BMJ 2015;350:h384.

Kocherlakota NR, The equity Premium: It's Still a Puzzle, Journal of Economic Literature 34(1) 42–71

Konnopka A, Bödemann M, König HH, 2010, Health burden and costs of obesity and overweight in Germany. Eur J Health Econ 18.

Koopmanschap MA, Rutten FFH, van Ineveld BM, van Roijen L, 1995, The friction cost method for measuring indirect costs of disease Journal of Health Economics 14, 171–189.

Kopec JA, Willison KD, 2003, A comparative review of four preference-weighted measures of health-related quality of life. J. Clin. Epidemiol. 56, 317–325, doi:10.1016/S0895-4356 (02)00609–1.

Köszegi B, Rabin M, (2009) Reference-Dependent Consumption Plans; American Economic Review 2009, 99:3, 909–936

Kraus L, Pabst A, Piontek D, Müller S, 2010a, Kurzbericht Epidemiologischer Suchtsurvey 2009. Tabellenband: Prävalenz von Alkoholkonsum, episodischem Rauschtrinken und problematischem Alkoholkonsum nach Geschlecht und Alter im Jahr 2009. Online verfügbar unter www.ift.de/index.php?id=408.

Kraus L, Pabst A, Piontek D, Müller S, 2010b, Kurzbericht Epidemiologischer Suchtsurvey 2009. Tabellenband: Prävalenz von Tabakkonsum, Nikotinabhängigkeit und Passivrauchen nach Geschlecht und Alter im Jahr 2009. Online verfügbar unter www.ift.de/index.php?id=408.

Kraus L, Pabst A, Piontek A, Müller S, 2010c, Themenschwerpunkt Trends des Substanzkonsums und substanzbezogener Störungen Ergebnisse des Epidemiologischen Suchtsurveys 1995–2009, Trends of Substance Use and Substance Use Disorders. Results of the 2009 Epidemiological Survey of Substance Abuse 1995–2009. SUCHT, 56 (5) 337–347.

Kraus L, Pabst A, Piontek A, Bühringer G, 2011, Alkoholkonsum und alkoholbezogene Mortalität, Morbidität, soziale Probleme und Folgekosten in Deutschland. Sucht 52(2) 119–129.

Krauth C, Hessel F, Hansmeier T, Wasem J, Seitz R, Schweikert B, 2005, Empirische Bewertungssätze in der gesundheitsökonomischen Evaluation – ein Vorschlag der AG Methoden der gesundheitsökonomischen Evaluation (AG MEG). Gesundheitswesen 67, 736–746.

Kahneman D, Tversky A, 1979, Prospect theory: An analysis of decision under risk. Econometrica 47(2), 263–291.

Kaldybajewa K, Kruse E, 2012, Erwerbsminderungsrenten im Spiegel der Statistik der gesetzlichen Rentenversicherung – Unterschiede und Gemeinsamkeiten zwischen Männern und Frauen – RVAktuell 8/2012 206/216.

Knoll KP, Hauner H., 2008, Kosten der Adipositas in der Bundesrepublik Deutschland: Eine aktuelle Krankheitskostenstudie. Adipositas 2:204–10.

Konnopka A, König HH, 2007, Direct and Indirect Costs Attributable to Alcohol Consumption in Germany. Pharmacoeconomics 25 (7): 605–618.

Koopmans TC, 1965, On the Concept of Optimal Economic Growth, Academiae Scientiarum Scripta Varia, 28(1): 225–87.

Kromeyer-Hauschild K, Wabitsch M, Kunze D, 2001, Perzentile für den Body Mass Index für Kinder im Alter von 0 bis 18 Jahren. Monatszeitschrift Kinderheilkunde 149, 807–18.

Krutilla JV, 1967, Conservation reconsidered. American Economic Review 57, 777–86.

Kurtz JL, Wilson TD, Gilbert DT, 2007, Quantity versus Uncertainty: When Winning One Prize Is Better Than Winning Two. Journal of Experimental Social Psychology 43:979–85.

Kurth BM, Schaffrath-Rosario A, 2007, Die Verbreitung von Übergewicht und Adipositas bei Kindern und Jugendlichen in Deutschland, Ergebnisse des bundesweiten Kinder- und Jugendgesundheitssurveys (KiGGS). Bundesgesundheitsbl – Gesundheitsforsch – Gesundheitsschutz 50:736–743 DOI 10.1007/s00103-007–0235-5.

Laibson D, 1997, Golden eggs and hyperbolic discounting. Quarterly Journal of Economics 112, 443–77.

Landefeld JS, Seskin EP, 1982, The Economic Value of Life: Linking Theory to Practice, American Journal of Public Health, 72(6), 555–566.

Larg, A. & Moss, J. (2011). *The cost of overweight and obesity to South Australia: Costs to SA Health through Acute Public Hospitals.* The University of Adelaide, Adelaide.

Lee YS, 2009, Consequences of childhood obesity. Annals of the Academy of Medicine, Singapore 38, 75–77.

Leine D, Moors A, 2012, EU-weit eingeführt: Was bringt die „Sicherheitszigarette"? Zeitschrift Schadensprisma. Download im Internet unter www.schadenprisma.de/pdf/ sp_2012_1_6.pdf.

Leino-Arjas P, Liira J, Mutanen P, Malmivaara A, Maitikainen E, 1999, Predictors and consequences of unemployment among construction workers: prospective cohort study. BMJ 319:600–605.

Lenz M, Richter T, Mühlhauser I, 2009, Morbidität und Mortalität bei Übergewicht und Adipositas im Erwachsenenalter Eine systematische Übersicht. Dtsch Arztebl Int 106(40): 641–8; DOI: 10.3238/arztebl.2009.0641.

Lewis CE, McTigue KM, Burke LE, Poirier P, Eckel RH, 2009, Mortality, Health Outcomes, and Body Mass Index in the Overweight Range. A Science Advisory From the American Heart Association, Circulation 119, 3263–3271.

Leigh JP, 1991, No evidence of compensating wages for occupational fatalities. Industrial Relations 30(3) Fall 382–395.

Leu RE, Schaub T, 1983, Does Smoking Increase Medical Care Expenditure? Soc. Sci. Med.,1983: 1907–1914.

Levin ML, 1953, The occurance of lung cancer in man. ACTA UNon International Contra Cancrum 9 531–541.

Levin FS, 1989, Pain and suffering guidelines: A cure for damage measurement "Anomie". 22 U. Mich. J.L. Reform 303– 332 1988–1989.

Levine D, Willner S, 1976, The cost of mental illness. 1974 Statistical Note 125: Rockville, Md: National Institute of Mental Health.

Lewis CE, McTigue KM, Burke LE et al., 2009, Mortality, Health Outcomes, and Body Mass Index in the Overweight Range: A Science Advisory From the American Heart Association. Circulation 119; 3263–3271.

Liang KL, Zeger SL, 1986, Longitudinal data analysis using generalized linear models, Biometrika, 73, 13–22.

Liebl A, Breitscheidel L, Nicolay C, Happich M, 2008, Direct costs and health-related resource utilisation in the 6 months after insulin initiation in German patients with type 2 diabetes mellitus in 2006. INSTIGATE study. Curr Med Res Opin, 24:2349–58.

Lind R et al., 1982, Discounting for Time and Risk in Energy Policy. Baltimore, MD: Johns Hopkins University Press.

List JA, Millimet DL, 2008, The Market: Catalyst for Rationality and Filter of Irrationality. The B.E. Journal of Economic Analysis & Policy 8(1) Frontiers, Article 47.

Longworth L, Bryan S, 2003, An empirical comparison of the EQ-5D and SF-6D in liver transplant patients. Health Econ. 12, 1061–1067. doi:10.1002/hec.787.

Loong LH, Zeckhauser R, 1982, Pecuniary Externalities Do Matter when Contingent Claims Markets are Incomplete. The Quarterly Journal of Economics 97(1), 171–179.

Loïc C, 2012, Tableau économique. The New Palgrave Dictionary of Economics. Second Edition. Eds. Steven N. Durlauf and Lawrence E. Blume. Palgrave Macmillan, 2008. The New Palgrave Dictionary of Economics Online. Palgrave Macmillan. 31 March 2012 www.dictionaryofeconomics.com/article?id=pde2008_T000245>doi:10.1057/9780230226203.1664(available via http://dx.doi.org/).

Luce RD, Raiffa H, 1985, Games and decisions, Introduction and critical survey. Dover Publications, New York.

Maciejewski ML, Patrick DL, Williamson DF, 2005, A structured review of randomized controlled trials of weight loss showed little improvement in health-related quality of life. Journal of Clinical Epidemiology 58, 568–578.

Magat WA, Viscusi WK, Huber J, 1996, A Reference Lottery Metric for Valuing Health. Management Science, 1118–1130.

Mackenbach JP, Kunst AE, Lautenbach H et al., 1997, Competing Causes of Death: A Death Certificate Study, J Clin Epidemiol 50(10), 1069–1077.

McWilliams LA, Goodwin RD, Cox BJ, 2004, Depression and anxiety associated with three pain conditions: results from a nationally representative sample. Pain 111, 77–83.

Manning WG, Mullahy J, 2001, Estimating log models: to transform or not to transform? Journal of Health Economics 20, 461–494.

Maddigan SL, Feeny DH, Majumdar SR et al., 2006, Health Utilities Index mark 3 demonstrated construct validity in a population-based sample with type 2 diabetes. Journal of Clinical Epidemiology 59, 472–477.

Mancuso CA, Peterson MGE, 2004, Different methods to assess quality of life from multiple follow-ups in a Longitudinal Asthma Study. Journal of Clinical Epidemiology 57, 45–54.

Manning WG, Keeler EB, Newhouse JP, Sloss EM, Wasserman J, 1989, The taxes of sin, Do Smokers and Drinkers pay their way? Jama 261(11), 1604–1609.

Manning WG, Mullahy J, 2001, Estimating log models: to transform or not to transform? Journal of Health Economics 20, 461–494.

Manning WG, Basu A, Mullahy J, 2002, Modeling Costs with Generalized Gamma Regression. Working Paper: Download unter www.researchgate.net/publication/228930311_ Modeling_costs_ with_generalized_gamma_regression/file/9c96051f91023b6543.pdf

Manning WG, Basu A, Mullahy J, 2003, Generalized modeling approaches to risk adjustment of skewed outcomes data. Technical Working Paper 293 im Internet abgerufen unter www.nber.org/papers/T0293

Mark TL et al., 2001, The economic costs of heroin addiction in the United States. Drug and Alcohol Dependence 61, 195–206.

Markandya A, Pearce DW, 1989, The Social Costs of Tobacco Smoking British Journal of Addiction 84, 1139–1150.

Marshall A, 1961, Principles of Economics, 8th edn. London: Macmillan.

Mas-Colell A, Whinston MD, Green JR, 1995, Microeconomic Theory, Oxford University Press, Oxford.

McClellan WM, Anson C, Birkeli K, Tuttle E, 1991, Functional Status and Quality of Life: Predictors of Early Mortality among Patients entering treatment for end stage renal disease. J Clin Epidemiol 44(1) 83–89.

McCullagh P, Nelder JA, 1989, Generalized linear models. Chapman and Hall, New York.

Mei-Chen H, Davies M, Kandel DB, 2006, Epidemiology and correlates of daily smoking and nicotine dependence among young adults in the united states. American Journal of Public Health 96(2), 299–308.

Melinek SJ, 1974, A method of evaluating human life for economic purposes, Accident Analysis and Prevention, 6(2), 103–114.

Mellor JM, 2011, Do cigarette taxes affect children's body mass index? The effect of household environment on health. Health Economics 20(4): 417–31.

Mensink GBM, Kleiser C, Richter A, 2007, Lebensmittelverzehr bei Kindern und Jugendlichen in Deutschland, Ergebnisse des Kinder- und Jugendgesundheits-surveys (KiGGS). Bundesgesundheitsbl – Gesundheitsforsch – Gesundheits-schutz, 50: 609–623.

Mensink GBM, Lampert L, Bergmann E, 2005, Übergewicht und Adipositas in Deutschland 1984–2003. Bundesgesundheitsbl – Gesundheitsforsch – Gesund-heitsschutz, 48: 1348–1356.

Mihaylova B, Briggs A, O'Hagan A, Thompson SG, 2011, Review of statistical me-thods for analyzing healthcare resources and costs. Health Econ. 20: 897–916.

Mincer J, 1958, Investment in Human Capital and Personal Income Distribution Journal of Political Economy 66 (4), 281–302.

Milgate M, "Goods and commodities" From The New Palgrave Dictionary of Economics, Second Edition, 2008 Edited by Steven N. Durlauf and Lawrence E. Blume

Mill, JS. [1863] 1973.Utilitarianism.Pp. 399–472 in The Utilitarians. Garden City, N.Y.: Anchor Press/Doubleday.

Miller TR, 1990, The Plausible Range for the Value of Life -- Red Herrings Among the Mackerel," by Ted R. Miller, Journal of Forensic Economics 3(3): 17–39.

Mishan EJ, 1971, „Evaluation of life and limb: a theoretical approach." Journal of Political Economy 79(4): 687–705.

Mishan EJ, 1988, Cost-Benefit Analysis: An Informal Introduction, fourth edition, London: Routledge.

Mons U, 2011, Tabakattributable Mortalität in Deutschland und in den deutschen Bundesländern – Berechnungen mit Daten des Mikrozensus und der Todesursachenstatistik. Gesundheitswesen . 73 (4): 238–246.

Moore, MJ, Viscusi WK, „The Quantity-Adjusted Value of Life.“ Economic Inquiry 1988: 369–388.

Moore MJ, Viscusi WK, 1990, Models for Estimating Discount Rates for Long-Term Health Risks Using Labor Market Data. Journal of Risk and Uncertainty 3: 381–401(1990).

Moore S, Shepherd JP, 2006, The Cost of Fear: Shadow Pricing the Intangible Costs of Crime, Applied Economics 38, 293–300.

Morris JK, Cook DG, Shaper AG, 1992, Non-employment and changes in smoking, drinking, and body weight. BMJ 304:536–541.

Muniz-Cohen M, Melhem NM, Brent DA, 2010, Health Risk Behaviors in Parentally Bereaved Youth Arch Pediatr Adolesc Med. 164(7): 621–624.

Moller L, Matic S, 2010, Best practice in estimating the costs of alcohol – Recommendations for future studies. WHO 2010, Download unter www.euro.who.int/__data/assets/ pdf_file/ 0009/112896/E93197.pdf

Morrison DS, 2009, Homelessness as an independent risk factor for mortality: results from a retrospective cohort study, International Journal of Epidemiology 38: 877–883.

Mullahy J, 2009, Econometric Modeling of Health Care Costs and Expenditures A Survey of Analytical Issues and Related Policy Considerations. Medical Care 47(7) Suppl 1, S104-8.

Murray CJL, Lopez AD, 1997, Global mortality, disability, and the contribution of risk factors: Global Burden of Disease Study, The Lancet, 349: 1436–42.

Murray CJL, 1994, Quantifying the burden of disease: the technical basis for disability-adjusted life years. Bulletin of the World Health Organization 72 (3): 429–445.

Naimi, TS, Brewer RD, Mokdad A, Denny C, Serdula MK, Marks JS, (2003), Binge Drinking Among US Adults, JAMA 289(1), 70–75.

Nell M, Rosenbrock S, Wettbewerb in kapitalgedeckten Krankenversicherungssystemen: Ein risikogerechter Ansatz zur Übertragung von Alterungsrückstellungen in der Privaten Krankenversicherung, Perspektiven der Wirtschaftspolitik 2008 9(2): 173–195

Neugebauer V, Galhardo V, Maionec S, Mackey SC, 2009, Forebrain pain mechanisms. Brain Research Reviews 60: 226–242.

Neumark-Sztainer D, Story M, Harris T, 1999, Beliefs and attitudes about obesity among teachers and school health care providers working with adolescents. Journal of Nutrition Education 31: 3–9.

Nordhaus WD, 2007, A Review of the Stern Review on the Economics of Climate Change. Journal of Economic Literature XLV, 686–702.

Nunes PALD, Schokkaert E, 2003, Identifying the warm glow effect in contingent valuation Journal of Environmental Economics and Management 45: 231–245.

Nyman JA, 2009, Measurement of QALYs and the Welfare Implications of Survivor Consumption and Leisure Forgone, Health Economics, 20(1), 56–67.

O'Donoghue T, Rabin M, 2001, Choice and Procrastination, The Quarterly Journal of Economics, 116(1), 121–160.

Olfson M, Shea S, Feder A, Fuentes M, Nomura Y, Gameroff M, Weissman MM, 2000, Prevalence of Anxiety, Depression, and Substance Use Disorders in an Urban General Medicine Practice, Arch Fam Med. 9: 876–883.

Ornstein SM, Nietert PJ, Jenkins RG, Litvin CB, 2013, The Prevalence of Chronic Diseases and Multimorbidity in Primary Care Practice: A PPRNet Report JABFM September–October 26(5): 518–524.

Orphanides A, Zervos D, 1995, Rational Addiction with learning and regret, Journal of political economy, 103(4), 739–758.

Orphanides A, Zervos D, 1998, Myopia and addictive behaviour, The Economic Journal, 108, 75–9191.

Oster E, Shoulson I, Dorsey ER, 2013, „Limited Life Expectancy, Human Capital and Health Investments." American Economic Review 103(5): 1977–2002.

Oswald, AJ, Powdthavee N, 2006, Does Happiness Adapt? A Longitudinal Study of Disability with Implications for Economists and Judges. Discussion Paper No. 2208. Institute for the Study of Labor, Bonn.

Oswald AJ, Powdthavee N, 2008, Death, Happiness, and the Calculation of Hedonic Damages. Journal of Legal Studies 37: S217–S251.

Pabst A, Ludwig Kraus, Daniela Piontek, and StefanieMueller (2010) Age, Period, and Cohort Effects on Time Trends in Alcohol Consumption in the German Adult Population. Alters-, Perioden- und Kohorteneinflüsse auf Trends im

Alkoholkonsumin der deutschen Allgemeinbevölkerung. SUCHT, 56 (5), 2010, 349–359.

Pagano E, Petrinco M, Desideri A, Bigi R, Merletti F, Gregori D, 2008, Survival models for cost data: The forgotten additive approach STATISTICS IN MEDICINEStatist. Med. 27: 3585–3597

Parry IWH, West SE, Laxminarayan E, 2009, "Fiscal and Externality Rationales for Alcohol Policies," The B.E. Journal of Economic Analysis & Policy: Vol. 9: Iss. 1 (Contributions), Article 29. Available at: http://www.bepress.com/bejeap/vol9/iss1/art29

Patrick DL, Kinne S, Engelberg, RA, Pearlman RA, 2000, Functional status and perceived quality of life in adults with and without chronic conditions Journal of Clinical Epidemiology 53: 779–785

Patterson AL, Gritzner S, Resnick MP, Dobscha SK , Turk DC, Morasco BJ, 2012, Smoking Cigarettes as a Coping Strategy for Chronic Pain Is Associated With Greater Pain Intensity and Poorer Pain-Related Function. The Journal of Pain 13(3): 285–292.

Pendergast K, Wolf A, Sherrill B, et al., 2010, Impact of waist circumference difference on health-care cost among overweight and obese subjects: the PROCEED cohort. Value Health 13: 402–10.

Pérez-Ríos M, Montes A, 2008, Methodologies used to estimate tobacco-attributable mortality: a review. BMC Public Health 8: 221–22.

Perloff JM, 2008, Microeconomics – Theory and Applications with Calculus. Boston, MA: Pearson Education Inc.

Perreira KM, Sloan FA, 2002, „Living Healthy and Living Long: Valuing the Nonpecuniary Loss from Disability and Death." The Journal of risk and Uncertainty 24(1): 5–29.

Petry NM, 2001, Pathological gamblers, with and without substance use disorders, discount delayed rewards at high rates. Journal of Abnormal Psychology 3, 482–7.

Pescosolido B, 2011, Social Connectedness in Health, Morbidityand Mortality, and Health Care – The Contributions, Limits and Further Potential of Health and Retirement Study Forum for Health Economics & Policy Volume 14(3) Article 11()Indiana University – Bloomington.

Petty W, 1676, Political Arithmetic. In: The Economic Writings of Sir William Petty. Herausgeber: C. Hull. Bd. 1. Cambridge: Cambridge University Press, 1899.

Pindyck RS, Rubinfeld DL, Microeconomics. Upper Saddle River, New Jersey: Pearson Education Inc., 2005.

Pigou AC, 1920, The Economics of Welfare. MacMillan & Co. Ltd.

Piontek D, Kraus L, Müller S, Pabst A, 2010, Themenschwerpunkt To What Extent Do Age, Period, and Cohort Patterns Account for Time Trends and Social Inequalities in Smoking? Welchen Einfluss haben Alters-, Perioden- und Kohorteneffekte auf zeitliche Veränderungen und soziale Ungleichheiten im Rauchverhalten? SUCHT, 56 (5), 361–371.

Pliskin JS, Shepard DS, Weinstein MC, 1980, „Utility Functions for Life Years and Health Status". Operations Research 28: 206–24.

Plott CR, Zeiler K, 2005, The Willingness to Pay–Willingness to Accept Gap, the "Endowment Effect," Subject Misconceptions, and Experimental Procedures for Eliciting Valuations. American Economic Review 95(3) 530–545.

Porat A, Tabbach A, 2011, Willingness to Pay, Death, Wealth, and Damages American Law and Economics Review V13 N1 2011: 45–102.

Portney PR, 1994, „The Contingent Valuation Debate: Why Economists Should Care." The Journal of Economic Perspectives 8(4): 3–17.

Posner EA, Sunstein CR, 2005, "Dollars and Death," The University of Chicago Law Review 72(2): 537–598.

Powers CA, Meyer CM, Roebuck MC, Vaziri B, 2005, Predictive Modeling of Total Healthcare Costs Using Pharmacy Claims Data A Comparison of Alternative Econometric Cost Modeling Techniques. Medical Care 43(11). 1065–1072.

Patrick DL, Bush JW, Chen MM, 1973, Toward an operational definition of health. J. Health Soc. Behav; 14(1):6–23.

Prest AR, Turvey R, 1965, Cost-Benefit Analysis: A Survey. The Economic Journal 75: 683–735.

Prince V, 2012, Pain Management in Patients with Substance-Use Disorders Pain Manag Nurs;13(3): 169–183.

Prospective Studies Collaboration, Whitlock G, Lewington S, Sherliker P, Clarke R, Emberson J, Halsey J, Qizilbash N, Collins R, Peto R, 2009, Body-mass index and cause-specific mortality in 900 000 adults: collaborative analyses of 57 prospective studies. Lancet 373(9669): 1083–1096.

Puhl RM, King KM, 2013, Weight discrimination and bullying. Best Pract. Res. Clin. Endocrinol. Metab. 27 (2): 117e127.

Pulgarón ER, 2013, Childhood Obesity: A Review of Increased Risk for Physical and Psychological Comorbidities. Clinical Therapeutics 35(1) A18-35.

Putnam R, 2000, „Bowling Alone: The Collapse and Revival of American Community" (Simon and Schuster).

Quercioli C, Messina G, Barbini E, Carriero G, Fanı M, Nante N, 2009, Importance of sociodemographic and morbidity aspects in measuring health-related quality of life: performances of three tools. Comparison of three questionnaire scores-. Eur J Health Econ; 10:389–397.

Radoschewski M, 2000, Gesundheitsbezogene Lebensqualität - Konzepte und Maße Entwicklungen und Stand im Überblick. Bundesgesundheitsbl - Gesundheitsforsch - Gesundheitsschutz 43: 165–189.

Rae J, 1834,1905, The Sociological Theory of Capital, MacMillan, London.

Ramsey F, 1928, A mathematical theory of saving. Economic Journal 38, 543–9.

Ravens-Sieberer U, 2000, Verfahren zur Erfassung der gesundheitsbezogenen Lebensqualität bei Kindern und Jugendlichen Ein Überblick. Bundesgesundheitsbl - Gesundheitsforsch - Gesundheitsschutz 2000 · 43:198–209.

Rehm J, Frick U, 2010, Moderater Alkoholkonsum, in: Singer, Batra, Mann, Alkohol und Tabak - Grundlagen und Folgeerkrankungen, Thieme Verlag, 35–40.

Rehm J, Rehm M, Shield KD, Gmel G, Frick U, Mann K, 2012, Alkoholkonsum, Alkoholabhän- gigkeit und Gesundheitsschäden in Deutschland. Szenarien eines verbesserten Zugangs zur Behandlung der Alkoholabhängigkeit. Toronto, ON: Addiction and Mental Health/ Dresden: Technische Universität Dresden).

Reynolds B, 2004, Do high rates of cigarette consumption increase delay discounting? A cross-sectional comparison of adolescent smokers and young-adult smokers and nonsmokers, Behavioural Processes 67: 545–549.

Rice DP, 1966, Estimating the Cost of Illness. Health Economics Series, Band 6. Department of Health Education and Welfare. Rockville.

Rice DP, 1967, Estimating the cost of Illness, American Journal of Public Health 57: 424–440.

Rice DP, 2000, Cost of illness studies: what is good about them? Injury Prevention 6: 177–179.

Rice DP, Cooper BS, 1967, The economic value of human life. American Journal Of Public Health And The Nations Health 57: 1954–66.

Rice DP, 1969, Measurement and application of illness costs. Public Health Reports 84, 95–101.

Rice DP, Hodgson TA, Kopstein AN, 1985, The economic costs of illness: a replication and update. Health Care Financing Review 7: 61–80.

Rice, DP, Kelman S, Miller LS, Dunmeyer S, 1990, The Economic Costs of Alcohol and Drug Abuse and Mental Illness, 1985. San Francisco: U.S. Department of Health and Human Services.

Rice DP, 1967, „Estimating the cost of illness." American Journal of Public Health and the Nations Health 57(3): 424–40.

Rice DP, „Measurement and Application of Illness Costs." Public Health Reports, 1969: 95–101.

Rice DP, Kelman S, Miller LS, 1991, Economic Costs of Drug Abuse: In: William S. Cartwright, Ph.D. James M. Kaple, Ph.D. (Eds.) Economic Costs, Cost-Effectiveness, Financing, and Community-Based Drug Treatment. Research Monograph 113 1991. U.S. DEPARTMENT OF HEALTH AND HUMAN SERVICES Public Health Service Alcohol, Drug Abuse, and Mental Health Administration

Richards TJ, Patterson PM, Tegene A, 2007, Obesity and nutrient consumption: A rational addiction? Contemporary Economic Policy 25: 309–324.

Riis J, Loewenstein G, Baron J, Jepson C, Fagerlin A, Ubel PA, 2005, Ignorance of Hedonic Adaptation to Hemodialysis: A Study Using Ecological Momentary Assessment. Journal of Experimental Psychology: General 134: 3–9.

Robert Koch-Institut (Hrsg.), 2010, Verbreitung von Krebserkrankungen in Deutschland. Entwicklung der Prävalenzen zwischen 1990 und 2010. Beiträge zur Gesundheitsberichterstattung des Bundes. RKI, Berlin.

Robert Koch-Institut (Hrsg), 2012, Daten und Fakten: Ergebnisse der Studie »Gesundheit in Deutschland aktuell 2010«. Beiträge zur Gesundheitsberichterstattung des Bundes. RKI, Berlin

Roberts B, Jackson JJ, Duckworth AL, VonCulin K, 2011, Personality Measurement and Assessment in Large Panel Surveys Forum for Health Economics & Policy 14(3), Article 9.

Robinson R, 1993, Cost-utility analysis. BMJ 1993;307:859–62.

Robson AJ, 2001, The Biological Basis of Economic Behavior, Journal of Economic Literature Vol. XXXIX {March 2001), pp. 11–33.

Rockhill B, Newman B, Weinberg C, 1998, Use and Misuse of Population Attributable Fractions, American Journal of Public Health 88 (1), 15–19.

Rokholm B, Baker JL, Sørensen TIA, 2010, National Prevalence of Obesity – The levelling off of the obesity epidemic since the year 1999 – a review of evidence and perspectives, obesity reviews 11, 835–846.

Römer M, 2004, Reform der Gesetzlichen Unfallversicherung, Herausgegeben vom Karl-Bräuer-Institut des Bundes der Steuerzahler e. V.Hersteller: Bonner Universitäts-Buchdruckerei ISSN 0173-3397 Karl-Bräuer-Institut des Bundes der Steuerzahler Reform der Hefz 97

Rosen S, 1986, "The Theory of Equalizing Differences." Chapter 12 in Handbook of Labor Economics, Orley Ashenfelter and Richard Layard, eds., Amsterdam: North-Holland.

Rosenberg R, 1995, Health-Related Quality of Life between Naturalism and Hermeneutics Soc. Sci. Med. 41(10), 1411–1415.

Rosser R, Kind P, Williams A, 1982, Valuation of quality of life: some psychometric evidence. In: Jones-Lee M, ed. The value of life and society. Amsterdam: Elsevier-North Hoiland.

Rosser R, Kind P, (1978), A scale of valuations of states of illness: is there a social consensus. Int. J. Epidemiol. 7(4): 347–58.

Rothman KJ, Greenland S, Lash TL, 2008, Modern Epidemiology 3rd Edition Wolters Kluwer Lippincott Wiliams & Wilkins.

Rudolph CW, Wells CL, Weller MD et al., 2009, A meta-analysis of empirical studies of weight-based bias in the workplace. Journal of Vocational Behavior 74: 1–10.

Rückinger S, Von Kries R, Toschke AM, 2009, An illustration o fand programs estimating attributable fractions in large scale surveys considering multiple risk factors, BMC MEdiacl Research Methodology 9, 7.

Ruff LK, Volmer T, Nowak D, Meyer A, 2000, The economic impact of smoking in Germany, Eur Respir J 16: 385–390.

Ryan M, Scott DA, Donaldson C, 2004, Valuing health care using willingness to pay: a comparison of the payment card and dichotomous choice methods. Journal of Health Economics 23: 237–258.

Sabia JJ, 2007, The effect of body weight on adolescent academic performance. Southern Econ J.73(4): 871–900.

Sachverständigenrat zur Begutachtung der gesamtwirtschaftlichen Entwicklung Statistisches Bundesamt / Conseil d'Analyse Économique, 2010, Wirtschaftsleistung, Lebensqualität und Nachhaltigkeit: Ein umfassendes Indikatorensystem, im Internet unter www.sachverstaendigenrat.org

Samuelson P, 1937, 'A note on measurement of utility', Review of economic studies 4, 155–161.

Samuelson PA, 1938, A Note in the Pure Theory of Consumer's Behavior, Economica N.S. 5 (17): 61–71.

Saltman DC, Sayer GP, Whicker SD, 2005, Co-morbidity in general practice. Postgrad Med J 81: 474–480.

Savage LJ, 1954, The Foundations of Statistics. New York: Wiley.

Scharff RL, Viscusi WK, 2011, Heterogeneous Rates of Time Preference and the Decision to Smoke, Economic Inquiry, Vol. 49, No. 4, October 2011, 959–972.

Schellevis FG, J. Van der Velden, Van de Lisdonk E, Van Eijk TH Van Weel MC, 1993a Comorbidity of Chronic Diseases in General Practise. J Clin Epidemiol 46(5), 469–473.

Schellevis FG, Van de Lisdonk E, Van der Velden J, Van Eijk THM, Van Weel C, 1993b, Validity of Diagnoses of Chronic Diseases in General Practise. J Clin Epidemiol 46(5): 461–468.

Schelling TC, 1968, The life you save may be your own. Herausgeber: S.B. Chase. Washington, DC: Brookings Institution.

Schilling EA, Aseltine RH, Glanovsky JL, James A, Jacobs D, 2009, Adolescent Alcohol Use, Suicidal Ideation, and Suicide Attempts. Journal of Adolescent Health 44: 335–341.

Schmechtig N, Hähne C, und das HBSC-Team Deutschland, 2012, Veränderungen des Körpergewichts und Körperbildes von Kindern und Jugendlichen – Entwicklungstrends 2002–2006–2010 in Deutschland. Gesundheitswesen 2012; 74 (Suppl 1): S25–S32.

Schneider U, Schneider BS, 2009, Determinants and Consequences of Health Behaviour: New Evidence from German Micro Data. SOEPpaper 253 http://www.diw.de/soeppapers ISSN: 1864–6689.

Schreyögg J, Stargardt T, 2012, Gesundheitsökonomische Evaluation auf Grundlage von GKV-Routinedaten, Bundesgesundheitsbl 55: 668–676.

Schreyögg J, Tiemann O, Busse R, 2006, Cost accounting to determine prices: how well do prices reflect costs in the German DRG-system? Health Care Manag Sci 9(3): 269–279.

Schulze A, Lampert T, 2006, Bundes-Gesundheitssurvey: Soziale Unterschiede im Rauchverhalten und in der Passivrauchbelastungin Deutschland. Berlin: Robert Koch Institut.

Schulze A, Lampert T, Robert Koch Institut, 2006, Beiträge zur Gesundheitsberichterstattung des Bundes Bundes-Gesundheitssurvey: Soziale Unterschiede im Rauchverhalten und in der Passivrauchbelastung in Deutschland, download im Internet unter edoc.rki.de/documents/rki_fv/.../PDF/27ocvYbxUG4w_10.pdf.

Schwarzinger M, Stouthard MEA, Burström k, Nord E, and the European Disability Weights Group, 2003, Cross-national agreement on disability weights: the European Disability Weights Project, Population Health Metrics 2003, 1.

Scitovsky T, 1954, Two concepts of external economics, The Journal of Political Economy, 62(2), 143–151.

Scitovsky AA, 1982, Estimating the Direct Costs of Illness. The Milbank Memorial Fund Quarterly. Health and Society 60(3): 463–491.

Scotta NW, Fayers PM, Aaronson NK, Bottomley A, de Graeffe A, Groenvold M, Koller M, Petersen MA, Sprangers MAG on behalf of the EORTC Quality of Life Group and the Quality of Life Cross-Cultural Meta-Analysis Group, 2008, The relationship between overall quality of life and its subdimensions was influenced by culture: analysis of an international database. Journal of Clinical Epidemiology 61: 788–795.

Seif T, Chang SJ, Simms JA, Gibb SL, Dadgar J, Chen BT, Harvey BK, Ron D, Messing RO, Bonci A, Hopf FW, 2013, Cortical activation of accumbens hyperpolarization-active NMDARs mediates aversion-resistant alcohol intake, Nat. Neurosci. 16: 1094–1100.

Shane F, Loewenstein G, 1999, Hedonic Adaptation. Chapter 16 in Foundations of Hedonic Psychology: Scientific Perspectives on Enjoyment and Suffering, edited by Daniel Kahneman, Ed Diener, and Norbert Schwarz. New York: Russell Sage Foundation.

Shaufeli WB, Leiter MP, Maslach C, 2009, Burnout: Thirty-five years of research and practice. Career Development International 14: 204–220.

Shea MK, Houston DK, Nicklas BJ, Messier SP, Davis CC, Miller ME, Harris TB, Kitzman DW, Kennedy K, Kritchevsky SB, 2010, The Effect of Randomization to Weight Loss on Total Mortality in Older Overweight and Obese Adults: The ADAPT Study J Gerontol A Biol Sci Med Sci.; 65A(5): 519–525.

Shepard DS, Zeckhauser RJ, 1984, Survival versus consumption, *Management Science*, 30(4), 423–439.

Shield KD, Gmel G, Patra J, Rehm J, 2012, Global burden of injuries attributable to alcohol consumption in 2004: a novel way of calculating the burden of injuries attributable to alcohol consumption. Population Health Metrics 10:9.

Shiell A, Gerard K, Donaldson C, 1987, Cost of illness studies: an aid to decision-making? A Second Opinion. Health Policy 8 317–323.

Shiroiwa T, Sung YK, Fukuda T, Lang H, Bae SC, Tsutani K, 2010, „International Survey on Willingness to PAy (WTP) for one Additional QALY gained: What is the treshhold of cost-effectiveness?" Health Economics 19(4): 422–437.

Spengler H, 2004, Kompensatorische Lohndifferenziale und der Wert eines statistischen Lebens in Deutschland ZAF 3/2004: 269–305.

Stool A, Sack PM, Thomasius R, 2009, Rauschtrinken im Kindes- und Jugendalter, Deutsches Ärzteblatt 106(19): 323–8.

Sichel DE, 2008, „intangible capital." The New Palgrave Dictionary of Economics. Second Edition. Eds. Steven N. Durlauf and Lawrence E.Blume. Palgrave Macmillan, 2008.The New Palgrave Dictionary of Economics Online. Palgrave Macmillan.

Simon, HA, 2008, „rationality, bounded", „The New Palgrave Dictionary of Economics", Eds. Steven N. Durlauf and Lawrence E. Blume, Palgrave Macmillan, 2008, The New Palgrave Dictionary of Economics Online, Palgrave Macmillan.

Singer M, Batra A, Mann K, 2010, Alkohol und Tabak: Grundlagen und Folgeerkrankungen, Thieme Verlag Heidelberg, Stuttgart.

Single E, Rehm J, Robson L, Van Truong M, 2000, The relative risks and etiologic fractions of different causes of death and disease attributable to alcohol, tobacco and illicit drug use in Canada , CMAJ 162(12): 1669–75.

Slizyk A, 2010, Beck'sche Schmerzensgeldtabelle – Mit praxisorientierter Kommentierung des Schmerzensgeldrechts – Von Kopf bis Fuß, 6. Auflage Verlag C.H.Beck München.

Smith VK, Desvousges WH, 1987, "An Empirical Analysis of the Economic Value of Risk Changes." Journal of Political Economy 95(1):89–114.

Smith DM, 2011, Time Use and Well-being, and Large Survey Studies. The Forum for Health Economics & Policy 14(3), Article 8.

Smith PM, Glazier RH, Sibley LM, 2010, The predictors of self-rated health and the relationship between self-rated health and health service needs are similar across socioeconomic groups in Canada. Journal of Clinical Epidemiology 63: 412–421.

Sofikitis N et al., 2000, Effects of nicotine on sperm motility, membrane function and fertilizing capacity in vitro. Urol Res. 28(6): 370–5.

Sozou PD, 1998, On Hyperbolic Discounting Rates and Uncertain Hazard Rates, Proc. R. Soc. Lond. 265, 2015–2020.

Stern N, 2007, The Economics of Climate Change: The Stern Review. Cambridge, UK: Cambridge University Press.

Stern N, 2008, The Economics of Climate Change American Economic Review: Papers & Proceedings 98: 2–37.

Stigler G, Becker GS, 1977, De gustibus non est disputandum. Am. Econ. Rev. 67, 76–90.

Stouthard MEA, Essink-Bot ML, Bonsel GJ, 2000, Disability weights for diseases – A modified protocol and results for a Western European region, European Journal of Public Health 10 (1), 24–30.

Stouthard MEA, Essink-Bot ML, Bonsel GJ, et al., 1997, Disability weights for diseases in The Netherlands. Rotterdam: Department of Public Health, Erasmus University Rotterdam, im Internet unter http://dare.uva.nl/document/2/3276.

Strotz RH, 1956, Myopia and inconsistency in dynamic utility maximization. Review of Economic Studies 23: 165–80.

Studdert DM, Kachalia A, Salomon JA, Mello MM, 2011, Ratioanlizing Noneconomic Damages: A Health -Utilities Approach, Law and Contemporary Problems 74:57–101

Sundararajan V, Henderson T, Perry C, Muggivan A, Quan H, Ghali WA, 2004, New ICD-10 version of the Charlson Comorbidity Index predicted in-hospital mortality J Clin Epidemiol. 57(12): 1288–94.

Sunstein CR, 1994, Incommensurability and Valuation in Law. Michigan Law Review 92:779–861

Sunstein CR, 2008, Illusory Losses, The Journal of Legal Studies, Vol. 37, No. S2, Legal Implications of the New Research on Happiness A Conference Sponsored by the John M. Olin Program in Law and Economics at the University of Chicago Law School: 157–194.

Sussman S, Lisha N, Griffiths M, Prevalence of the Addictions: A Problem of the Majority or the Minority? Evaluation & the Health Professions 34(1) 3–56

Swart E, Thomas D, March S, Salomon T, von dem Knesebeck O, 2011, Die Eignung von Sekundärdaten zur Evaluation eines Interventionsprojekts Erfahrungen aus der AGil-Studie Präv Gesundheitsf 6: 305–311.

Swart E, Ihle P (Hrsg) (2005) Routinedaten im Gesundheitswesen. Handbuch Sekundärdatenanalyse: Grundlagen, Methoden und Perspektiven. Huber, Bern.

Tay L, Kuykendall L, 2013, Promoting happiness: The malleability of individual and societal subjective wellbeing. International Journal of Psychology, 48(3): 159–176.

Taylor B, Rehm J, 2012, The Relationship Between Alcohol Consumption and Fatal Motor Vehicle Injury: High Risk at Low Alcohol Levels. Alcohol Clin Exp Res. 36(10): 1827–34.

Teeling-Smith G, 1988, Measurng heath a practical approach. Chichester: John Wiley.

Thaler RH, Rosen S, 1975, The value of saving a life, in: N.E. Terleckyj, ed. Household production and consumption (NBER, New York).

Thaler RH, Shefrin HM, 1981, An economic theory of self control, Journal of political economy 89(2), 392–401.

Thaler RH, 1999, „Mental Accounting Matters." Journal of Behavioral Decision Making 12: 183–206.

Thaler RH, Sunstein C, 2008, Nudge – Improving Decisions About Health, Wealth, and Happiness, Yale University Press New Haven & London.

Thinggaard M, Jacobsen R, Jeune B, Martinussen T, Christensen K, (2010) Is the Relationship Between BMI and Mortality Increasingly U-Shaped With Advancing Age? A 10-Year Follow-up of Persons Aged 70–95 Years. J Gerontol A Biol Sci Med Sci. 65A(5): 526–531.

Tolley G, Kenkel D, Fabian R, 1994, Valuing Health for Policy – An economic Approach. The University of Chicago Press. Chicago and London.

Torrance GW, 1976, Social Preferences for Health States: An Empirical Evaluation of Three Measurement Techniques. Socioeconomic Planning Science 10: 129–36.

Torrance G, Boyle M, Horwood S, 1982, Application of multi-attribute theory to measure social preferences for health states. Oper. Res.; 30: 1043–1069.

Torrance GW, Feeny D, 1989, Utilities and qualityadjusted life years. Intl J Tech Assess Health Care 5: 559–575.

Tornel BC, Nicolás AL, Parreño JMR, 2010, El coste de mortalidad asocido al consume de Tabaco en espana. Rev Esp Salud Pública, 84: 271–280.

Tostes RC et al., 2008, Cigarette smoking and erectile dysfunction: focus on NO bioavailability and ROS generation. J Sex Med. 5(6): 1284–95.

Tosteson AN, 2010, Preference-based health outcome measures in low back pain. Spine 25:3161–3166.

Tyc VL, 1992, Psychosocial Adaptation of Children and Adolescents with Limb Deficiencies: A Review. Clinical Psychology Review 12: 275–91.

Ubel PA, Loewenstein G, 2008, Pain and Suffering Awards: They Shouldn't Be (Just) about Pain and Suffering, The Journal of Legal Studies 37(S2), 195–216.

Ubel PA, Loewenstein G, Jepson C, 2005, Disability and Sunshine: Can Hedonic Predictions Be Improved by Drawing Attention to Focusing Illusions or Emotional Adaptation? Journal of Experimental Psychology: Applied 11:111–23.

Ubel PA, 2006, You're Stronger than You Think: Tapping the Secrets of Emotionally Resilient People. New York: McGraw-Hill.

Uhl A, 2003, Wie sinnvoll sind Angaben über die sozialen Kosten des Substanzmissbrauchs?, Sucht 49(4), 209–211.

Uhl A, 2004, Kritische Betrachtungen zur Ökonomie der Sucht, Kapitel in: Tretter, F., Erbas, B. & Sonntag, G. (Hrsg.) Ökonomie der Sucht und Suchttherapie", Pabst-Verlag, Lengerich.

Uhl A, 2006, Darstellung und kritische Analyse von Kostenberechnungen im Bereich des Substanzmissbrauchs, SUCHT 52 (2) 121–132.

US Department of Health, Education and Welfare, 1964, Smoking and Health – Report of the Advisory Committee to the Surgeon General of the Public Health Service, Download unter: http://profiles.nlm.nih.gov/ps/access/NNBBMQ.pdf abgerufen am 15.12.2013.

Van Baal PHM, Hoeymans N, Hoogenveen RT, deWit GA, Westert GP, 2006, Disability weights for comorbidity and their influence on Health-adjusted Life Expectancy Population Health Metrics, 4:1.

Van Baal PH, Polder JJ, de Wit GA, Hoogenveen RT, Feenstra TL, Boshuizen HC, Engelfriet PM, Brouwer WB, 2008, Lifetime medical costs of obesity: prevention no cure for increasing health expenditure, PLoS Med. 5(2):e29.

Van der Beek K, van der Beek G, 2011 Gesundheitsökonomik: Einführung, Oldenbourg Wissenschaftsverlag, München.

Van Manena JG, Bindelsa PJE, Dekker FW, Bottemac BJAM, van der Zeed JS, Ijzermansa CJ, Schade E, 2003, The influence of COPD on health-related quality of life independent of the influence of comorbidity. Journal of Clinical Epidemiology 56: 1177–1184.

Van Ours JC, 2006, Dynamics in the use of drugs. Health Economics 15(12), 1283–1294.

Vanoli A, (2008) „national accounting, history of." The New Palgrave Dictionary of Economics. Second Edition. Eds. Steven N. Durlauf and Lawrence E. Blume. Palgrave Macmillan, 2008.The New Palgrave Dictionary of Economics Online. Palgrave Macmillan.

Varian H, 1982, The non-parametric approach to demand analysis, Econometrica 50(4) 945–973.

Vartia YO, 1983, Efficient Methods of MeasuringWelfare Changes and Compensated Income in Terms of Ordinary Demand Functions. Econometrica 51: 79–98.

Vella F, 1998, Estimating Models with Sample Selection Bias: A survey, The Journal of Human Resources, 33(1), 127–169.

Vendrik MCM, 2013, Adaptation, anticipation and social interaction in happiness: An integrated error-correction approach. Journal of Public Economics 105: 131–149.

Verdejo-Garcia A, Lawrence AJ, Clark L, 2008, Impulsivity as a vulnerability marker for substance-use disorders: Review of findings from high-risk research, problem gamblers and genetic association studies. 32(4): 777–810.

Vickrey W, 1945, Measuring Marginal Utility by Reactions to Risk, Econometrica 13(4): 319–333.

Vickrey W, 1961, Counterspeculation, Auctions, and Competitive Sealed Tenders, Journal of Finance, 16(1), 8–37.

Viner RM, Taylor B, 2007, Adult outcomes of binge drinking in adolescence: findings from a UK national birth cohort J Epidemiol Community Health 61: 902–907.

Virtanen P, Vahtera J, Broms U, Sillanmaäki L, Kivimaäki M, Koskenvuo M, 2008, Employment trajectory as determinant of change in healthrelated lifestyle: the prospective HeSSup study. Eur J Public Health 18:504–508.

Viscusi WK, Hersch J, 2011, „Tobacco Regulation through Litigation: The Master Settlement Agreement," in Daniel Kessler, ed., Regulation versus Litigation: Perspectives from Economics and Law (Chicago: University of Chicago Press): 71–101.

Viscusi WK, 1988a, Pain and Suffering in Product Liability Cases: Systematic Compensation or Capricious Awards? International Review of Law and Economics 8: 203–20.

Viscusi WK, 2008b, How to value a life, J Econ Finan; 32: 311–323.

Viscusi WK, 2007, The Flawed Hedonic Damages Measure of Compensation for Wrongful Death and Personal Injury, Journal of Forensic Economics 20(2), 113–135.

Viscusi WK, 1993, The value of Risks to Life and Health, Journal of Economic Literature 31(4), 1912–1946.

Viscusi WK, Huber J, Bell J, 2008, Estimating discount rates for environmental quality from utility-based choice experiments, J Risk Uncertain 37:199–220.

Viscusi WK, Huber J, Bell J, 2008, The Economic Value ofWater Quality Environ Resource Econ 41:169–187.

Viscusi WK, Aldy JE, 2003, The value of a statistical life: a critical review of market estimates throughout the world. Journal of Risk and Uncertainty 27(1), 5–76.

Viscusi WK, 1995, „Cigarette Taxation and the Social Consequences of Smoking." Tax Policy and the Economy 9: 51–101.

Visucsi WK, Evans WN, 1990, „Utility Functions that Depend on Health Status: estimates and Economic Implications." American Economic Review 80(3): 353–374.

Viscusi WK, 1993, The value of Risks to Life and Health, Journal of Economic Literature 31(4), 1912–1946.

Viscusi WK, Hakes JK, 2008, Risk Beliefs and Smoking Behavior Economic Inquiry 46(1): 45–59.

Viscusi WK, Hersch J, 2008, The mortality cost to smokers Journal of Health Economics 27: 943–958.

Von Lengerke T, John J, Mielck A, KORA Study Group, 2010, Excess direct medical costs of severe obesity by socioeconomic status in German adults. Psychosoc Med;7: Doc01.

Von Lengerke T, Hagenmeyer E-G, Gothe H, Schiffhorst G, Happich M, Häussler B, 2010, Excess health care costs of obesity in adults with diabetes mellitus: a claims data analysis. Exp Clin Endocrinol Diabetes; 118: 496–504.

Wacker M, Holle R, Heinrich J, Ladwig KH, Peters A, Leidl R, Menn P, 2013, The association of smoking status with healthcare utilisation, productivity loss and resulting costs: results from the population-based KORA F4 study. BMC Health Services Research, 13:278.

Wagenhofer A, Ewert R, 2002, Externe Unternehmensrechnung, Springer Verlag Berlin.

Warner KE, 2000, The Economics of Tobacco: Myths and Realities, Tobacco Control 9: 78–89.

Warner KE, Hodgson TA, Carroll CE, 1999, Medical costs of smoking in the United States: estimates, their validity, and their implications, Tobacco control 8: 290–300.

Weisbrod B, 1961, Economics of Public Health: Measuring the Impact of Diseases, University ofPennsylvania Press, Philadelphia, PA.

Weisbach DA, 2008, What Does Happiness Research Tell Us About Taxation? The Journal of Legal Studies, Vol. 37, No. S2, Legal Implications of the New Research on Happiness A Conference Sponsored by the John M. Olin Program in Law and Economics at the University of Chicago Law School (June 2008), 293–324.

Weitzman ML, 2007, A Review of The Stern Review on the Economics of Climate Change. Journal of Economic Literature. Vol. XLV (September 2007): 703–724.

Winston C, Mannering F, 1984, Consumer demand for automobile safety. *American Economic Review*, 74(2), 316–319.

Wilson TD, Gilbert DT, 2003, Affective Forecasting, Advances in Social Psychology, 35, 345–411.

Wittchen HU, Jacobi F, Klose M, Ryl L, 2010, Gesundheitsberichterstattung des Bundes Heft 51: Depressive Erkrankungen; Herausgeber Robert Koch Institut. Download im Internet unter www.gbe-bund.de/gbe10/owards.prc_show_pdf?p_id= 13165&p_sprache=D; abgerufen am 01.02.2014.

Wittchen HU, Behrendt S, Höfler M, Perkonigg A, Lieb R, Bühringer G, Beesdo K, 2008, What are the high risk periods for incident substance use and transitions to abuse and dependence? Implications for early intervention and prevention. Int. J. Methods Psychiatr. Res. 17(S1): S16–S29.

Wittchen HU, Jacobi F, Rehm J, Gustavsson A, Svensson M, Jönsson B, Olesen J, Allgulander C, Alonso J, Faravelli C, Fratiglioni L, Jennum P, Lieb R, Maercker A, van Os J, Preisig M, Salvador-Carulla L, Simon R, Steinhausen HC, 2011, The size and burden of mental disorders and other disorders of the brain in Europe 2010, Eur. Neuropsychopharmacol.21,655–679.

Wodchis WP, Maxwell CJ, Venturini A, Walker JD, Zhang J, Hogand DB, Feeny DF, 2007, Study of observed and self-reported HRQL in older frail adults found group-level congruence and individual-level differences. Journal of Clinical Epidemiology 60: 502e511.

Ware Jr JE, 1987, Standards for validating health measures: Definition and content. J Chronic Dis 40:473–480.

Ware Jr JE, 1991, Conceptualizing and measuring generic health outcomes. Cancer 67:774–779.

Warner KE, Hodgson TA, Caroll CE, 1999, Medical costs of Smoking in the United States: estimates, their validity, and their implications. Tobacco Control 8(3): 290–300.

Weinstein N, 2001, Smokers' recognition of their vulnerability to harm. In P. Slovic (Ed.), Smoking: Risk, perception, & policy. 81–97. Thousand Oaks, CA: SAGE Publications, Inc.

WHO, 2011, Economics of tobacco toolkit: assessment of the economic costs of smoking. Download www.who.int/iris/handle/10665/44596 accessed 6.04.2014.

WHO, 2006, Global Burden of Disease and Risk Factors, Editors Alan D. Lopez Colin D. Mathers Majid Ezzati Dean T. Jamison Christopher J. L. Murray. Download im Internet unter https://openknowledge.worldbank.org/bitstream/handle/10986/7039/364010PAPER0Gl101OFFICIAL0USE0ONLY1.pdf?sequence=1, abgerufen am 08.04.2015.

WHO, 2008, The Global Burden of Disease 2004 update, Donwload unter www.who.int/healthinfo/global_burden_disease/2004_report_update/en.

WHO, 2009, Global health risks: mortality and burden of disease attributable to selected major risks.

WHO – *World Health Organization. Global Status Report on noncommunicable diseases. Attaining the nine global noncommunicable diseases targets; a shared responsibility*. Genf 2014. www.who.int/nmh/publications/ncd-status-report-2014/en abgerufen am 03.03.2015.

Wingard DL, 1984, The Sex Differential in Morbidity, Mortality and Lifestyle. Ann. Rev. Public Health. 5:433–58.

Wissler RL, Evans DL, Hart AJ, Morry MM, Saks MJ, 1997, Explaining „Pain and Suffering" Awards: The Role of Injury Characteristics and Fault Attributions. Law and Human Behavior 21(2): 181–207.

Wooldridge JM, 2010, Econometric Analysis of Cross Section and Panel Data 2nd Edition. MIT Press.

Wun YT, Chan K, Lee A, 1998, Co-Morbidity in general practice. Family Practise 15(3) 266–268.

Wynder EL, Graham E, 1950, Tobacco Smoking as a Possible Etiologic Factor in Bronchiogenic Carcinoma: A Study of 684 Proven Cases, Journal of the American Medical Association, 143, 329–336.

Yabroff KRP, Warren JLP, Banthin JP, et al., 2009a, Comparison of approaches for estimating prevalence costs of care for cancer patients: what is the impact of data source? Med Care; 47 Suppl.: S64-9

Yabroff KRP,Warren JLP, Schrag DMD, et al., 2009b, Comparison of approaches for estimating incidence costs of care for colorectal cancer patients. Med Care 47 Suppl.: S56-63.

Yelin EH, Lubeck D, Holman H, Epstein W, 1987, The impact of rheumatoid arthritis and osteoarthritis: The activities of patients with rheumatoid arthritis and osteoarthritis compared to controls. Journal of Rheumatology, 14, 710–717.

Zhao J, Kling CL, 2004, Willingness to Pay Compensating Variation, and the cost of commitment. Economic Inquiry 42(3): 503–517.

Zautra A, Goodhart D, 1979 Quality of life indicators: A review of literature. Community Ment Health Rev 4:1–10.

Zeckhauser RJ, Viscusi WK, 2008, Discounting dilemmas: Editors' introduction, J Risk Uncertain 37:95–106.

Zeger SL, Liang KL, 1986, Longitudinal data analysis for discrete and continuous outcomes, Biometrics 42, 121–130.

Zeiler K, Plott CR, 2005, Misconceptions, and Experimental Procedures for Eliciting Valuations, 95 American Economic Review 95(3) 530–545.

Zweifel P, Breyer F, Kifmann M, 2009, Health Economics. Heidelberg: Springer.

TEIL D – ANHANG

9 Anhang I: Methodik und Daten

Der Anhang dient der methodischen Veranschaulichung der vorangegangenen Rechnungen mit Überlegungen, die im Textteil B den Lesefluss unterbrochen hätten. Deshalb folgen hier ausführlichere Darstellungen der Berechnungen und Stichproben.

9.1 Patienten-Individual-Panel von GKV-Routinedaten

Der grundlegende Datensatz zur Berechnung der Kosten gefährlichen Konsums wurde aus sog. „Routinedaten" der Techniker Krankenkasse erstellt. Hierbei handelt es sich um Daten, die im Rahmen der Abrechnungen der Leistungserbringer mit der Gesetzlichen Krankenkasse (GKV) anfallen[463]. Die Daten lassen sich in Personenstammdaten sowie Einzelabrechnungsdaten in den einzelnen Gesundheitssektoren untergliedern.

Gezogen wurden 146.108 Patienten, die über einen Zeitraum vom 01.01.2008 bis zum 01.07.2012 durchgehend TK-versichert waren oder in dieser Zeit verstarben. Von den 146.108 Personen wiesen 28.424 (19,46 %) schädlichen Alkoholkonsum aus. Für 28.018 Personen war ein schädlicher Konsum von Tabak dokumentiert, bei 31.032 Personen Adipositas. Die Stichprobe enthielt 46 % Männer, im Mittel über den gesamten Beobachtungszeitraum lag das Durchschnittsalter bei 52,5 Jahren. Dabei wurden hälftig Versicherte mit einer Diagnose schädlichen Konsums und eine Kontrollgruppe ohne eine solche Diagnose im Untersuchungszeitraum gezogen. Die Stichprobengröße entspricht bei 8,3 Mio. TK-Versicherten in Deutschland einem Anteil von 1,78 % der TK-Versicherten bzw. etwa 0,21 % aller gesetzlich krankenversicherten Personen in Deutschland. Der Beobachtungszeitraum umfasst 18 Quartale und besteht aus den für diese Studie verfügbaren vorgehaltenen Daten, welche die Kosten sämtlicher Gesundheitssektoren umfassen sowie mehr als 23 Millionen Diagnosestellungen enthalten.

Diese Daten wurden in ein kompaktes Paneldesign überführt (sog. „Long-Format"), d. h. für jedes Quartal wurde ein entsprechender Datensatz pro Patient mit den oben beschriebenen Merkmalen sowie den Gesamtkosten im Quartal erstellt. Bedingt durch die Mortalität im Panel ist dieses nicht balanciert, was für die weiteren Analysen aber unproblematisch ist. Als erklärende bzw. kontrollierende Variablen sind ebenfalls in den Routinedaten regelhaft folgende Merkmale

463 Für eine ausführliche Diskussion der Nutzbarkeit dieser Daten für unterschiedliche gesundheitsökonomische Auswertungen vgl. Swart et al. (2011), Swart und Ihle (2008), Hoffmann et al (2008) sowie Schreyögg und Stargardt (2012).

gemäß § 198–206 SGB V miterhoben: Geschlecht, Geburtsjahr bzw. Alter, das Merkmal „freiwillig-“ oder „pflichtversichert“, der Erwerbsstatus sowie einige sozioökonomische Merkmale wie das Vorliegen einer Berufsausbildung, das Abitur, der Studentenstatus, die Stellung im Beruf – etwa Arbeiter oder Handwerksmeister – sowie die Merkmalskennzeichen „Sozialhilfeempfänger“ und „Rentner“. Die Staatsangehörigkeit ist ebenso gespeichert. Diese Variablen wurden mittels Dummy-Codierung bzw. kategorial operationalisiert. Das Alter wurde für die Analysen als einfacher, quadrierter, cubischer und quartischer Term berücksichtigt. Das Alter mit einem Polynom höheren Grades zu modellieren, ist in der Gesundheitsökonomie üblich (z. B. Ornstein et al. 2013) und verspricht eine bessere Modellierung der in den letzten Lebensdekaden oft dramatischen steigenden Kosten (Felder 2008, Machlin 2009, Seshamani und Gray 2004). Schließlich wurde die Versichertenstichprobe gewichtet, um eine möglichst hohe Repräsentativität mit dem Kollektiv der gesetzlich Krankenversicherten in Deutschland zu erreichen. Die Gewichtung erfolgte hinsichtlich der Merkmale Alter, Geschlecht und sozialversicherungsrechtlichem Status. Als weiterer Gewichtungsfaktor fand die Unterscheidung zwischen Angestellten, Selbstständigen, Arbeitslosen, Rentnern, Studenten und Sozialhilfeempfänger Eingang in die Analyse.

Die Nutzung der GKV-Routinedaten hat mehrere Vorteile und einige Unsicherheiten und dadurch mögliche Nachteile gegenüber sog. Primärdaten, die direkt durch Befragung, Beobachtung oder im Rahmen medizinischer Untersuchung erfolgten Messung am Patienten gewonnen werden. Zum einen fungieren die gesetzlichen Krankenkassen als zentrale „Einzugsstellen“ gemäß §§ 28h-n SGB V, d. h. sie leiten die sog. „Gesamtsozialversicherungsbeiträge“ an die einzelnen Teile der deutschen Sozialversicherung also Rente, Pflege und Arbeitslosenversicherung weiter. Damit liegen sehr detaillierte Informationen zum sozialversicherungsrechtlichen Status in einer Hand vor. Im Fall der Pflegeversicherung kommt als weiterer Aspekt hinzu, dass die Versicherten einer Krankenkasse direkt in der dort ebenfalls angesiedelten Pflegeversicherung mitversichert sind, d. h. detaillierte Daten zum Verlauf einer Pflegebedürftigkeit vorliegen. Die Kosten, die infolge der Inanspruchnahme medizinischer Leistungen und Pflegeleistungen resultieren, sind in sehr hoher Detailgenauigkeit vorhanden.

Über die Qualität der Diagnosestellungen der Ärzte und Institutionen des Gesundheitswesens herrscht eine rege Diskussion in der Scientfic Community (Schellevis, et al. 1993b). Aus dem hier zur Verfügung stehenden Datensatz seien einige Eckdaten genannt. Zu den 146.108 Versicherten der Techniker Krankenkasse wurden insgesamt 23.702.010 Diagnosen aus allen Gesundheitssektoren dokumentiert. Nachstehende Tabelle zeigt auf, wie sich diese nach der Diagnosesicherheit aufteilen.

Tabelle 10 Anteile der Diagnosesicherheit

ICD-Diagnosesicherheit

		Häufigkeit	Prozent	Gültige Prozente	Kumulierte Prozente
Gültig	n.n.	871023	3,7	3,7	3,7
	A	556343	2,3	2,3	6,0
	G	20616762	87,0	87,0	93,0
	V	727843	3,1	3,1	96,1
	Z	930039	3,9	3,9	100,0
	Gesamt	23702010	100,0	100,0	

Dabei steht „G“ für gesicherte Diagnosen, „V“ für Verdachtsdiagnosen, „Z“ für den gesundheitlichen Zustand nach der Diagnose und „A“ für Ausschlussdiagnose. Bei den meisten handelt es sich also um gesicherte Diagnosen. Durchschnittlich wurden pro Quartal und Patient zwischen 10,46 (1/2008) und 11,4 (2/2012) Diagnosen gestellt, wobei teilweise pro Patient und Quartal bis zu 198 Einzeldiagnosen erfolgten.

9.2 Familiendatensatz aus GKV Routinedaten

Dieser Datensatz wurde analog zum ersten Individualdatensatz aufgebaut und die gleichen Variablen erfasst. Hierbei wurde darauf geachtet, dass jeweils ein versichertes Mitglied und ein dazugehöriger Familienversicherter zusammen gezogen wurden. Analog zum ersten Datensatz des gefährlichen Konsums, handelt es sich bei den Versicherten und Angehörigen um vom 01.01.2007 bis zum 31.12.2011 durchgängig Versicherte der Techniker Krankenkasse inklusive der Personen, die in diesem Zeitraum verstarben. Als Merkmale wurden Geburtsjahr, Geschlecht und die dreistellige Postleitzahl des Mitglieds erhoben. Ebenso sämtliche Diagnosen und die restlichen Routinedaten des ersten Datensatzes. Ein wichtiger Aspekt des Datensatzes besteht darin, dass auch Familienversicherte aufgrund des Beginns einer Berufsausbildung oder ähnlichem ihren Versichertenstatus hin zu einem vollen Mitglied ändern. Damit liegen für diese Personen dann auch Informationen vor, die bei einem durchgängig Familienversicherten so nicht erhoben werden können. Der Datensatz beinhaltet 144.788 Personen bzw. 72.394 Dyaden, d. h. Verknüpfungen zwischen Vater oder Mutter mit ihrem Kind oder Ehegatten und Lebenspartner untereinander. Abbildung 72 zeigt die Häufigkeitsverteilung von Kindern und Ehegatten im Datensatz nach Alter.

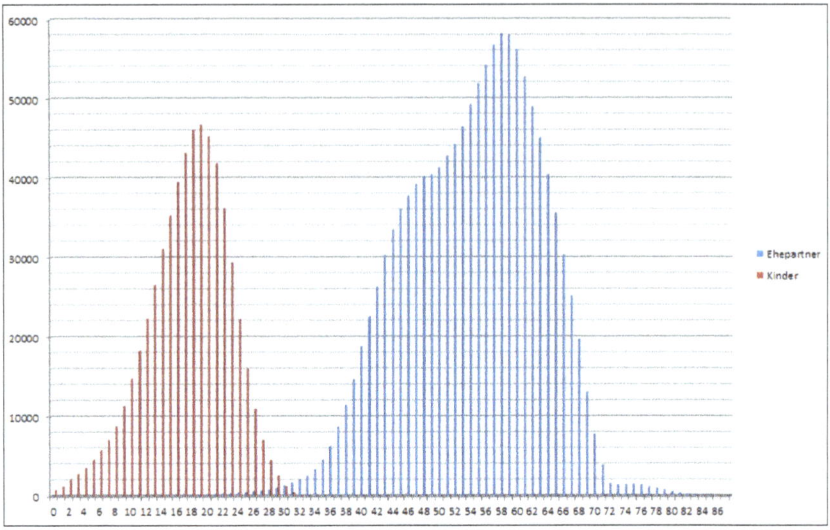

Abbildung 68 Verteilung der Familienversicherten nach Alter

9.3 Die PASS-Daten

Zur Bestimmung des Einkommens von gefährlich und nicht-gefährlich Konsumierenden wurde der PASS-Daten (Panel „Arbeitsmarkt und Soziale Sicherheit") der Bundesagentur für Arbeit genutzt[464]. Dieser Datensatz wird in Wellen erhoben. Es wurden die ersten fünf Wellen 2007–2012 für die Analyse verwendet. Die Daten werden mittels Befragung erhoben, bieten aber neben sehr ausführlichen Informationen zur Vermögens- und Einkommenssituation auch Variablen zum sozialversicherungsrechtlichen Status, Freundeskreis, Konsumgewohnheiten[465] sowie zu den Persönlichkeitsdeterminanten des OCEAN-Modells („den Big 5").

464 Genauere Informationen zum PASS-Datensatz lassen sich auf der Internetseite der Bundesagentur für Arbeit bzw. dessen Forschungsdatenzentrums des Instituts für Arbeits- und Berufsforschung unter http://fdz.iab.de/ entnehmen.

465 Auch wenn hier gerade bei Alkoholkonsum, Gewicht und Körpergröße mit Verzerrungen zu rechnen ist.

9.4 Der Schmerzensgeld-Datensatz

Zur Bewertung der intangiblen Kosten von Schmerz, Leid und Krankheit wurden aus dem Schmerzensgeld-Kompendium von Slizyk (2010) sämtliche Urteile in eine Datendank übertragen. Hierzu wurden folgende Variablen aus den zur Verfügung stehenden Urteilstexten heraus operationalisiert:

- Die Höhe des zugesprochenen Schmerzensgeldes in Euro.
- Der Name des entscheidenden Gerichtes, dessen OLG-Bezirk und dessen Typ (Amtsgericht, Landgericht oder OLG). Dies ist wichtig, da davon auszugehen ist, dass sich Gerichtstypen und OLG-Bezirke hinsichtlich der zugesprochenen Schmerzensgeldhöhe systematisch (Wenn auch geringfügig) unterscheiden. Ursprünglich war erwogen worden, in den Regressionsanalysen die Fehlerterme nach dem OLG-Bezirk zu clustern; d. h. Systematiken in den geschätzten empirischen Resten hinsichtlich des OLG-Bezirks zu unterstellen. Dies führt aber bei Clustern kleiner 50 eventuell zu Verschlechterungen der Schätzungen der Standardfehler. Deshalb wurden für die Analysen heteroskedastie-robuste nicht-geclusterte Whitefehler verwendet.
- Der Körperbereich der Verletzung. Unterschieden wurde nach Abdomen, Arm, Bein, Fuß, Hals, Hand, Kopf, Krankheit, Krebs, Polytrauma, Psyche, Thorax, Tod und Verbrennung

Die Schmerzensgeldzahlungen wurden mittels eines einfachen GLM-Modellierungsansatzes abgebildet. Abbildung 69 zeigt die Höhe der Schmerzensgeldzahlungen im Lebensverlauf für eine Krebserkrankung. Die grüne und violette Kurve zeigen dabei die Schmerzensgeldzahlungen bei „einfachem“ Vorliegen von Krebs – gleichzusetzen mit einem relativ frühen Krankheitsstadium. Die rote und blaue Linie zeigen hingegen die Schmerzensgeldzahlungen bei zusätzlich einer besonderen Schwere an Leid und einem bereits fortgeschrittenen Krankheitsstadium ggf. schon mit beginnender Metastasierung – das hier mit einer schweren Verletzung gleichgesetzt wird. Die hellblaue und orange Linie zeigen die Schmerzensgeldhöhe für eine „einfache“ Verletzung ohne zusätzliche erschwerende oder den Schaden geringer wiegende Gründe.

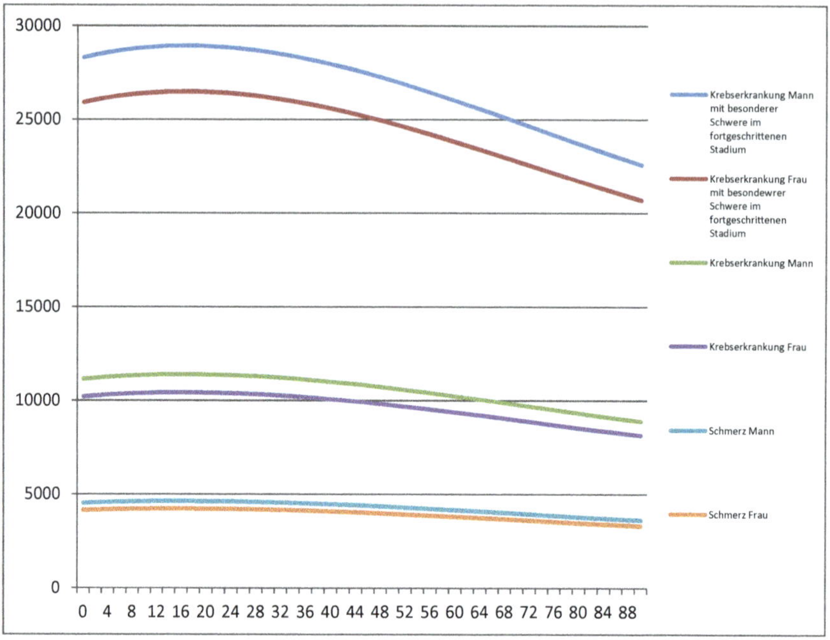

Abbildung 69 Prognostizierte Schmerzensgeldzahlungen bei einer Krebserkrankung

Dabei zeigen sich drei Besonderheiten: Erstens erhalten Männer deutlich höhere Schmerzensgeldzahlungen als Frauen und zweitens sind die Schmerzensgeldzahlungen anscheinend zwischen 16 und 20 Jahren am höchsten. Dies ist eine direkte Parallele zu der Gewichtungsfunktion des von der WHO verendeten DALY-Konzeptes (Murray und Lopez 1997). Auch bei diesen werden ältere und jüngere Personen weniger stark gewichtet. Gleichzeitig ist dies auch eine Parallele zu den empirischen Befunden von Aldy und Viscusi (2008), die ebenfalls empirisch ermittelten, dass der Wert des Statistische Lebens einer inversen U-Kurve folgt; allerdings lag das Maximum in dieser Untersuchung bei einem Alter von 46 Jahren. Auch der Humankapitalansatz würde bei korrekter Messung der Produktivität – und damit ohne beispielsweise die Sprungstelle zum Zeitpunkt der Verrentung – eine ähnliche Kurve erzeugen (siehe auch Murphy und Topel 2006). Eine Begründung der Schmerzensgeldverläufe kann hier nicht erfolgen und muss auf Basis einer fundierten rechtswissenschaftlichen Analyse geschehen. Es gibt einige Hinweise, die für diese Ergebnisse naheliegend erscheinen: so könnte etwa die Höhe der verlorenen Produktivität – die Variable „Minderung der Erwerbsfähigkeit" ist signifikant positiv – durchaus in den Überlegungen der Richter eine

Rolle spielen. Schließlich ist nicht ganz auszuschließen, dass in der Variable Geschlecht ein Effekt zum Ausdruck kommt, der einfach andeutet, dass Verletzungen auch nach Kontrolle der anderen oben genannten Faktoren bei Männern schlicht schlimmer ausfallen, als bei Frauen. Damit läge dann keine Diskriminierung, sondern eine rein sachliche Beurteilung der Schadensumstände vor (d. h. eine Frau in gleicher beruflicher Situation wie der Mann würde dann wieder ein gleich hohes Schmerzensgeld erhalten). Schließlich erscheint der Unterschiedsbetrag zwischen einfacher Verletzung und Krebserkrankung bzw. schwerer Krebserkrankung als vergleichsweise gering.

9.5 Messung gefährlichen Konsums und Verzerrungen durch Sample Selektion

Diese Arbeit hat mit Sekundärdaten (auch „Routinedaten") der GKV gearbeitet. Die Sekundärdaten der gesetzlichen Krankenversicherung, die im Rahmen von Abrechnungen von medizinischen Leistungen, aber auch durch Meldungen von Arbeitgebern oder anderen Sozialversicherungsträgern routinemäßig erzeugt und bei den Krankenkassen gesammelt werden, beinhalten wertvolle Informationen. Der Großteil der medizinischen Leistungen in Deutschland wird den gesetzlichen Krankenkassen in Rechnung gestellt, so dass die Nutzung dieser Daten zur Beantwortung der Frage nach den Kosten schädlichen Konsums naheliegt. Die Vor- und Nachteile der GKV-Routinedaten wurden bereits vielfach beschrieben (Ihle & Swart 2005); neben dem unübersehbaren Vorteil der hohen Präzision der Kostenerfassung liegt ein möglicher Nachteil in der ebenso erfassten, aber möglicherweise ungenauen Diagnosestellung der Ärzte und medizinischen Einrichtungen.

Für eine valide Analyse der durch Alkohol- und Tabakkonsum sowie Adipositas verursachten Kosten im Gesundheitssystem ist es zwingend, die schädlich Konsumierenden gegenüber den normal- bzw. risikoarm Konsumierenden aus den Routinedaten richtig abgrenzen zu können. In den GKV-Routinedaten werden neben den Stamm- und Abrechnungsdaten der gesetzlich krankenversicherten Personen auch die Diagnosestellungen nach ICD 10 in sämtlichen Leistungsbereichen des Gesundheitswesens erfasst. Die schädlich Alkohol und Tabakkonsumierenden sind hierbei unter den Codes F10 und F17 erfasst. Ebenfalls lassen bestimmte andere Codierungen insbesondere auf einen schädlichen Alkoholkonsum schließen (z. B. K70 – alkoholbedingte Leberzirrhose). Für diese Untersuchung wurden diejenigen Personen als schädlich Konsumierende in der Stichprobe festgelegt, die in dem gesamten Beobachtungszeitraum mindestens eine gesicherte Alkohol- oder Tabakdiagnose erhalten. Tabelle 12 zeigt die Diagnosen, die mit Alkohol- und Tabakkonsum in Verbindung stehen

Tabelle 11 ICD-Diagnosen bei Alkohol- und Tabakkonsumenten

Focus	ICD-Code	Bezeichnung
Alkohol	E244	Alkoholinduziertes Pseudo-Cushing-Syndrom
	F10	Psychische und Verhaltensstörungen durch Alkohol
	G312	Degeneration des Nervensystems durch Alkohol
	G621	Alkohol-Polyneuropathie
	G721	Alkoholmyopathie
	I426	Alkoholische Kardiomyopathie
	K292	Alkoholgastritis
	K70	Alkoholische Leberkrankheit
	K852	Alkoholinduzierte akute Pankreatitis
	K860	Alkoholinduzierte chronische Pankreatitis
	O354	Betreuung der Mutter bei (Verdacht auf) Schädigung des Feten durch Alkohol
	P043	Schädigung des Feten und Neugeborenen durch Alkoholkonsum der Mutter
	Q860	Alkohol-Embryopathie
	T51	Toxische Wirkung von Alkohol
	Z502	Rehabilitationsmaßnahmen bei Alkoholismus
Tabak	F17	Psychische und Verhaltensstörungen durch Tabak
Sozialfaktoren	Z55	Kontaktanlässe mit Bezug auf die Ausbildung
	Z56	Kontaktanlässe mit Bezug auf das Berufsleben
	Z57	Berufliche Exposition gegenüber Risikofaktoren
	Z58	Kontaktanlässe mit Bezug auf die physikalische Umwelt
	Z59	Kontaktanlässe mit Bezug auf das Wohnumfeld oder die wirtschaftliche Lage
	Z60	Kontaktanlässe mit Bezug auf die soziale Umgebung
	Z61	Kontaktanlässe mit Bezug auf Kindheitserlebnisse
	Z62	Andere Kontaktanlässe mit Bezug auf die Erziehung
	Z63	Andere Kontaktanlässe mit Bezug auf den engeren Familienkreis
	Z640	Kontaktanlässe mit Bezug auf eine unerwünschte Schwangerschaft
	Z65	Kontaktanlässe mit Bezug auf andere psychosoziale Umstände

Adipositas wird über die Codierung des ICD10 (E66), die auch implizit den BMI (an 4.Stelle) mitcodiert, erfasst. Der BMI erscheint trotz häufig genannter Probleme trotzdem als Indikator einer höheren Mortalität geeignet (Prospective Studies Collaboration 2009). Es könnte der Fall gegeben sein, dass ein Sample-Selection Problem (Heckman, 1979 Vella 1998) in den Routine-Daten der GKV vorliegt. Die hierbei wichtige Frage lautet bei Betrachtung lediglich von Abrechnungsdaten, welche Raucher bzw. welche schädlich Alkohol-Konsumierenden man vor sich hat. Es kann bedeuten, dass die in den Abrechnungsdaten beobachteten Patienten nur eine Teilmenge von einer tatsächlich die Kosten beeinflussenden repräsentativen Stichprobe darstellt.

Zwar ist es Voraussetzung um Kosten im deutschen Gesundheitswesen zu verursachen, dass man einen Arzt aufsucht. Dies allein reicht aber nicht aus, um den richtigen Zusammenhang zwischen Alkoholkonsum und Kosten im Gesundheitssystem abzubilden. So könnte es tatsächlich sein, dass lediglich besonders „schwere Fälle" von gefährlich Konsumierenden durch die ICD-Kodierung erfasst werden. Dies lässt sich einerseits deskriptiv prüfen: So kann man etwa die durchschnittlichen Quartals-Kosten eines gefährlich Konsumierenden (identifiziert durch ICD) mit einem nicht nach ICD-Kodierung als gefährlich Konsumierenden Patienten vergleichen. Tabelle 13 – ein einfacher Mittelwert-Vergleich – ist hierbei so lesen, dass anhand des Beispiels „Schädlicher Tabakkonsum" mit der Variable „Raucher aktuell" diejenigen mit 1 codiert wurden, die im entsprechenden Quartal entsprechend ICD10 mit einer F17 Diagnose codiert wurden, während die „Raucherlebenszeit"-Variable insgesamt in jedem Quartal angibt, ob irgendwann einmal im gleichen oder einem anderen Quartal eine Diagnose „schädlicher Tabakkonsum" gestellt wurde. Herausgenommen wurden dabei diese, die mit einer Z-Diagnose codiert wurden, d. h. von denen man ausgehen kann, dass sie krankheitsbedingt zu Nichtrauchern wurden. Es verwundert daher nicht, dass der Wert dieser Gruppe den höchsten Wert aufweist. Akut gesundheitlich vom Rauchen betroffene Raucher sind ebenfalls mit deutlich hohen Quartalskosten belastet.

Tabelle 12 Mittelwertvergleich der Kosten von Rauchern und Nichtrauchern

Deskriptive Statistik

Raucher Lebens-zeit	Raucher aktuell		N	Minimum	Maximum	Mittelwert	Standard-abweichung
,00	,00	gesamtgkv_ ohnezahn	2735522	-1034,45	442888,83	887,4641	3634,85004
		Gültige Werte (Listenweise)	2735522				
	1,00	gesamtgkv_ ohnezahn	476748	-8,86	366533,24	1089,4090	3860,66089
		Gültige Werte (Listenweise)	476748				
1,00	,00	gesamtgkv_ ohnezahn	4109	,00	204288,23	2964,2816	6312,96758
		Gültige Werte (Listenweise)	4109				
	1,00	gesamtgkv_ ohnezahn	157854	-8,76	261431,08	2155,2678	5209,28242
		Gültige Werte (Listenweise)	157854				

Interessant ist nunmehr die Aufteilung derjenigen Kosten, bei denen man weiß, dass früher oder später ein gefährlicher Tabakkonsum diagnostiziert wird (also ein direkter Zusammenhang zwischen Morbidität und Tabakkonsum vom Arzt erkannt wird) und denjenigen Personen – unter denen auch Raucher sein mögen – für die schädlicher Tabakkonsum nie eine Rolle spielt. Man sieht hier leicht erhöhte Quartalskosten bei denjenigen, die irgendwann diagnostiziert werden, die Differenz ist aber wesentlich geringer zu den schwer Kranken Tabakkonsumenten. Hieran zeigt sich, dass bereits ohne die festgestellten Zusammenhang zwischen Tabak und Krankheit anscheinend das Rauchen – es handelt sich falls Fehlcodierungen ausgeschlossen sind fast sicher um Raucher, da irgendwann eine tabakbedingte Diagnose auftaucht – kränker sind und c.p. höhere Kosten im Gesundheitswesen verursachen. Verschieden Studien weisen auf das Messbarkeitsproblem gerade in jungen Jahren hin (Prentzler et al. 2007). Betrachtet man die Kaplan-Meier-Schätzungen zu den ICD-Diagnosen für Alkohol und Tabak (Ergebnisse hier nicht wiedergegeben), so lässt sich im Gegensatz zu Adipositas erkennen, dass der Median-konsumbedingt Erkrankte etwa zwischen dem 34 und 38 Lebensjahr bei Alkohol und Tabak mit dem vom Arzt erkannten Zusammenhang im Gesundheitswesen „aufschlägt“, bei den Adipösen bereits kurz vor dem 20. Lebensjahr. Es wäre daher interessant zu prüfen, ob überhaupt ein statistischer Unterschied zwischen den Kosten der eben beschriebenen Gruppen in den jungen Altersgruppen besteht. Dies scheint der Fall zu sein, da auch bei der Altersgruppe der unter 35-Jährigen die Raucher höhere Kosten aufweisen, obwohl hier die Mittelwerte deutlich niedriger sind.

Tabelle 13 Vergleich der Kosten vor der tabakassoziierten Erkrankung bis 35 Jahre

Deskriptive Statistik

Raucher Lebens-zeit	**Raucher aktuell**		**N**	**Minimum**	**Maximum**	**Mittelwert**	**Standard-abweichung**
,00	,00	gesamtgkv_oh-nezahn	646912	-101,67	300415,62	413,9662	1889,34486
		Gültige Werte (Listenweise)	646912				
	1,00	gesamtgkv_oh-nezahn	98283	,00	171156,13	748,9195	2730,32850
		Gültige Werte (Listenweise)	98283				
1,00	,00	gesamtgkv_oh-nezahn	208	,00	19303,29	1208,6667	2118,30448
		Gültige Werte (Listenweise)	208				
	1,00	gesamtgkv_oh-nezahn	17085	-8,75	83971,19	1443,2669	3007,40392
		Gültige Werte (Listenweise)	17085				

Man kann nun als nächstes untersuchen, wie stark die Kosten im weitest möglichen zeitlichen Abstand zu einer Rauchdiagnose unterscheidbar sind. Dies betrifft in dem Panel I diejenigen, die im ersten Halbjahr 2008 Kosten verursachten (zur Absicherung wurden hier zwei Quartale verwendet) und erst im zweiten Quartal 2012 eine Tabakbedingte Diagnose aufweisen – vorher nicht; das bedeutet einen dazwischen liegenden Zeitraum von 4 Jahren, in denen Krankheiten der Patienten in der Codierung nicht mit deren Rauchverhalten in Verbindung gebracht werden. Dieser Zeitraum ist bei Abgleich mit der Latenzzeit für bestimmte Krankheiten natürlich sehr gering. Dennoch zeigt sich, dass zumindest zum

Beginn dieses Zeitraums trotz leicht erhöhter Kosten (etwa 150 € pro Quartal) keine signifikant höheren Fälle an Herz-Kreislauf-Erkrankungen, Atemwegserkrankungen oder Krebs zeigen. Die Höhe der Kosten entspricht also etwa einem Arztbesuch (inklusive verschriebener Medikation) pro Quartal mehr. Mit dem Rauchen scheinen damit relativ schnell höhere Gesundheitsausgaben verbunden zu sein. Was aber auch immer diese Kosten verursacht, es sind nicht die typischerweise mit dem Rauchen assoziierten Krankheiten[466]. Dies alles spricht dafür, dass Ärzte erst ab einem bestimmten Schweregrad die Assoziation zwischen Rauchen und dem Gesundheitszustand durch ICD Codierung dokumentieren, aber dennoch Beeinträchtigungen mit dem Rauchen assoziierbar sind, die autonom ohne „Rauchdiagnosenanbindung" dem Rauchen zugeordnet werden können. Somit sind Teile der rauchbedingten Gesundheitsbeeinträchtigung unsichtbar der Kontrollgruppe zugeordnet worden[467]. Tendenziell erhöht dies die Kosten der Kontrollgruppe etwas und verringert den Abstand zwischen der Rauchergruppe und der Kontrollgruppe. Macht man allerdings die Annahme, dass es sich bei den Rauchern in der Kontrollgruppe um Gelegenheitsraucher und solche Personen handelt, die das Rauchen schnell wieder aufgeben (so dass langfristig keine gesundheitlichen Beeinträchtigungen durch das Rauchen auftauchen), so ist die hier gewählte Aufteilung zu rechtfertigen. Deshalb wird davon ausgegangen, dass die in den Routinedaten über den Betrachtungszeitraum abgebildeten Krankheitsverläufe in etwa dem entsprechen, was Raucher unabhängig von der Rauchdauer an Krankheitskosten verursachen – bei den Jungen entsprechend geringere Differenzen

Ein T-Test auf Gleichheit der Mittelwerte der Quartalskosten derjenigen, die im ersten Quartal 2008 keine Konsumdiagnose erhielten, aber im 2. bzw. 4 Quartal 2012 eine Diagnose bekamen zeigt, dass die durchschnittlichen Kosten nicht unterschiedlich sind[468]. D. h. in einem gewissen Zeitraum vor evtl. sogar schweren konsumbedingten Erkrankungen sind die Kosten zwischen den Konsumenten und der Kontrollgruppe gleich. Auf der anderen Seite gibt es nach Achen (1986) zwei Bedingungen bei denen kein Sample Selection-Bias vorliegt. Erstens, wenn alle Variablen, die die Wahrscheinlichkeit in die Stichprobe zu gelangen beeinflussen in der Regressionsgleichung für die Kosten berücksichtigt werden oder

466 Denkbar sind hier Infektionserkrankungen aufgrund des durch das Rauchen beeinträchtigten Immunsystems (Arcavi und Benowitz 2004).

467 In der Rauchergruppe hingegen sind auch solche anfänglichen Gesundheitsbeeinträchtigungen zu finden.

468 Adipositas alle Grade, Levene Test auf Varianzgleichheit F= 0,35 p<.852 T -.276 p<.783; Alkohol F 3,337 p<.068 T -1,196 p<.232 Tabak F17.792 T-1,522 p<.137.

zweitens, wenn die Faktoren, die zur Wahrnehmung bzw. Inanspruchnahme von Leistungen im Gesundheitswesen führten unabhängig von den Faktoren sind, die die Höhe der Kosten im Gesundheitswesen bestimmen. Für das hier vorliegende Problem ist die Sample-Selection im Prinzip zweistufig. Zunächst gilt es eine solche Verzerrung für das gesamte Kollektiv der Versicherten auszuschließen. Da hier sowohl solche mit Leistungsinanspruchnahmen auftauchen wie auch solche, die in dem Beobachtungszeitraum keine Leistungen in Anspruch nahmen kann man dies ausschließen. Ebenso und wahrscheinlich deutlich schwieriger zu ermitteln ist die Tatsache, dass wahrscheinlich mit den hier genutzten Codierungen für gefährlichen Konsum nur besonders „schlimme" Fälle identifiziert wurden. Für gefährlichen Alkoholkonsum gibt es keinen Unterschied in der Häufigkeit in der Kosten im Gesundheitswesen verursacht werden oder nicht; d. h. die Anteile derjenigen mit einer gefährlichen Alkoholkonsumdiagnose und keinen Kosten im Gesundheitssystem unterscheidet sich statistisch nicht von denen ohne eine Alkoholdiagnose. Abbildungen 69–71 zeigen nochmals die Verteilung der Raucher, Alkoholkonsumenten und Adipositas-Patienten im Vergleich zu ihren Kontrollgruppen nach Alter und Quartalskosten.

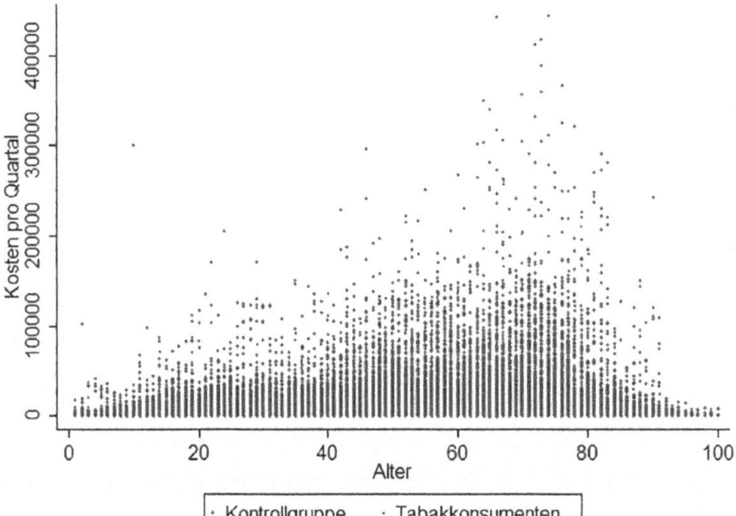

Abbildung 70 Verteilung der Raucher nach Alter und Kosten im Datensatz

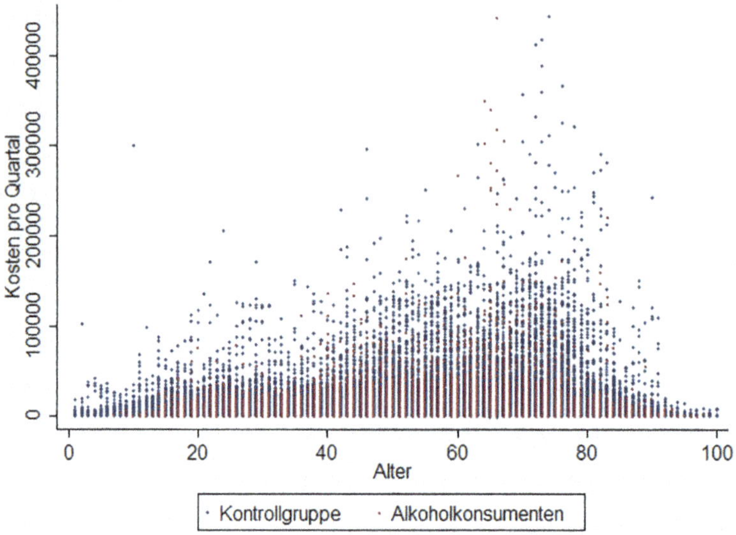

Abbildung 71 Verteilung der schädlich Alkohol Konsumierenden nach Alter und Kosten

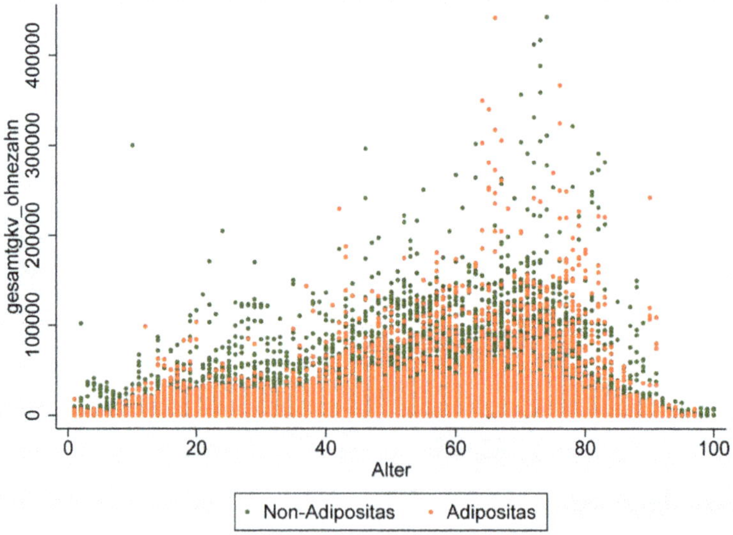

Abbildung 72 Verteilung der Adipositas-Patienten nach Alter und Kosten

9.6 Endogenität des gefährlichen Konsums

Methodisch ist das Problem der Endogenität des gefährlichen Konsums eng verwandt mit dem Sample-Selection-Problem[469]. Endogenität einzelner erklärender Variablen bedeutet eine Korrelation der betreffenden erklärenden Variablen mit dem Fehlerterm. Und damit inkonsistente, d.h. asymptotisch verzerrte Schätzergebnisse. In der Literatur werden drei Gründe für Endogenität genannt: Messfehler in den Daten, eine Feedback-Wirkung der abhängigen Variablen auf die unabhängige Variable sowie eine ausgelassene Variable, die beide Größen beeinflusst. Letztere Variante ließe sich im Rahmen der Paneldatenanalyse noch in zeitvariante und zeitinvariante Faktoren aufteilen, die beide Größen – abhängige und unabhängige Variable – beeinflussen. Theoretisch ist es durchaus möglich und plausibel, dass gefährlicher Konsum eine Konsequenz anderer Krankheiten oder Zustände wie Arbeitslosigkeit ist. Es sei allerdings auf die Argumentation von Effertz, Linder, Verheyen (2013) verwiesen: ein tabak- oder alkoholbedingter schädlicher Konsum wird, auch wenn der behandelnde Arzt sehr frühzeitig diesen diagnostiziert – bis auf wenige Ausnahmen – nicht ein simultanes Feedback der Kosten eines Quartals sein können[470]. Um der Endogenität zu begegnen, werden verschiedene Verfahren vorgeschlagen:

- Man versucht, alle plausiblen Effekte, die bislang nicht in die Regressionsgleichung aufgenommen wurden, zu erfassen. Beispielsweise wird um das Feedback einer Depression auf den Alkoholkonsum „herauszurechnen", die Diagnose „Depression" mit im Modell erfasst. Dies hat leider den Nachteil, dass zum einen rein willkürlich Effekte ausgewählt werden, während dies noch

469 Damit ist gemeint, dass Sample-Selection wie ein „Omitted Bias" Problem aufgefasst werden kann (Heckman und Navarro-Lozano 2004). Eine ausgelassene Variable, die sowohl Regressand wie Regressor beeinflusst, führt zu Endogenität.

470 Sieht man einmal von dem Fall ab, dass aufgrund hoher akuter Kosten in einem Quartal ein Patient zur psychischen Kompensationen exzessiv Alkohol zu sich nimmt und etwa eine Entgiftungsbehandlung erhält. Grundsätzlich sind aber die diagnostizierten gesundheitlichen Beeinträchtigungen auf einen schon etwas länger bestehenden gefährlichen Konsum zurückzuführen. Adipositas entsteht in der Regel nicht als Folge schwerer Erkrankungen sondern eher das Gegenteil ist der Fall, etwa starker Gewichtsverlust bei Erkrankungen wie Krebs o.ä. auch ist es unwahrscheinlich, dass in einem Alter größer 21 überhaupt mit dem Rauchen begonnen wird, noch weniger im Angesicht einer schweren Krankheit. Trotzdem: psychische Erkrankungen könnten einen insgesamt gefährlicheren Konsum und riskanteren Lebenswandel bewirken, so dass die Frage der Endogenität mit Vorüberlegungen nicht vollständig ausgeräumt werden kann.

keine Gewissheit bringt, auch wirklich alles Relevante erfasst zu haben. Zum anderen ergeben sich Schwierigkeiten hinsichtlich der Frage kausal durch den Konsum bewirkter Komorbiditäten: Rauchen verursacht Lungenkrebs. Kontrolliert man den Lungenkrebs im Modell, um mögliche Feedbacks der Krebsdiagnose auf die Variable „Rauchen" zu kontrollieren (etwa durch Aufnahme eines Komorbiditätsindexes), eliminiert man auch den gesamten Einfluss des Rauchens als kausalem Faktor auf den Lungenkrebs. Dies kann daher kein überzeugender Ansatz sein.

- Man benutzt Instrumentvariablen, die mit dem gefährlichen Konsum, aber nicht mit den Gesundheitskosten korreliert sind. Dies können bei den Routinedaten der GKV v.a. Variablen zur beruflichen Stellung und Ausbildung sein. Es ist beispielsweise bekannt, dass der Tabakkonsum einen „sozioökonomischen" Gradienten aufweist. Damit wäre etwa die Variable „Abitur" oder „Ausbildung" ein mögliches Instrument für Tabakkonsum. Problematisch ist, dass die Instrumente valide und unabhängig von der abhängigen Variable sein müssen. Anderenfalls ergibt sich neben einem Schätzbias auch noch Inkonsistenz und deutlich höhere Ineffizienz. Im Rahmen der Modellierungen mit Instrumentvariablen existieren eine Reihe von Möglichkeiten

    - Der GMM Ansatz (Generalized Method of Moments, Hansen und Singleton 1982): Bei diesem Ansatz besteht der große Vorteil, nicht-lineare Modellierung mit Endogenität zu kombinieren. D. h. es werden sog. Momentengleichungen gebildet, die die Modellierung nicht-linearer Zusammenhänge etwa aus der Link-Familie der Exponentialfunktion, wie bei Kosten wünschenswert, erlauben.
    - Der Kontrollfunktionsansatz (Control-Function-Approach): dieser Ansatz schätzt in einer ersten Stufe (also analog zum 2SLS Verfahren) die endogenen Variablen mithilfe der strikt exogenen anderen Instrumente bzw. Regressoren. Die sich ergebenden empirischen Reste werden dann als Korrekturfaktor in die Hauptregressionsgleichung eingefügt. Dieser Ansatz – auch wenn etwas „angestaubt" – ist sehr robust und flexibel einsetzbar. Er kann wie alle auf der Momentenschätzung basierenden Instrumentenansätze sowohl simultane Feedbacks der abhängigen Variablen auf die „endogene" unabhängige Variable, wie auch Messfehler sowie das Problem unbeobachteter ausgelassener Variablen beheben (Angrist und Krueger 2001).
    - Ebenso ist ein simultaner Maximum-Likelihood Ansatz (FIML-approach) durch Schätzung im Rahmen eines Strukturgleichungsmodells möglich.

Solche Ansätze sind sehr rechenintensiv und scheitern häufig an hardwareseitigen Restriktionen[471].

- Gibt man die nichtlineare Modellierung zugunsten der linearen Modellierung auf, bieten sich v. a. im Panelanalyse-bereich interessante Ansätze, um Endogenität zu eliminieren. Eine Übersicht hierzu – etwa unter Vergleich dynamischer Panelmodelle (sog. „Arellano-Bond-Ansatz“) mit verschiedenen „statischen“ Panelmodellierungsvarianten – bietet Effertz et al. 2014.

471 Leider konnte ein solcher Ansatz im Rahmen dieser Arbeit nicht weiter verfolgt werden.

10 Tabellenanhang

```
Generalized linear models                          No. of obs      =      11386
Optimization     : ML                              Residual df     =      11352
                                                   Scale parameter =   726066.4
Deviance         =  8242305974                     (1/df) Deviance =   726066.4
Pearson          =  8242305974                     (1/df) Pearson  =   726066.4

Variance function: V(u) = 1                        [Gaussian]
Link function    : g(u) = ln(u)                    [Log]

                                                   AIC             =   16.33626
Log pseudolikelihood = -92968.30254                BIC             =   8.24e+09
```

nettonew	Coef.	Robust Std. Err.	z	P>|z|	[95% Conf.	Interval]
Extraversion_max	.018033	.0097492	1.85	0.064	-.0010752	.0371411
Vertraeglichkeit_max	.0250093	.0097326	2.57	0.010	.0059338	.0440848
Gewissenhaftigkeit_max	.0330679	.0101775	3.25	0.001	.0131204	.0530154
Offenheit_max	.0157952	.0088888	1.78	0.076	-.0016264	.0332169
Neurotizismus_max	-.071507	.0087872	-8.14	0.000	-.0887295	-.0542844
schweregrad						
1	-.0031487	.0184742	-0.17	0.865	-.0393574	.03306
2	-.0834555	.0324249	-2.57	0.010	-.1470072	-.0199038
3	-.2823408	.0698821	-4.04	0.000	-.4193072	-.1453744
1.Hochkonsum	.2735455	.2729072	1.00	0.316	-.2613429	.8084338
1.Raucher_neu	-.0612674	.0138438	-4.43	0.000	-.0884007	-.0341341
palter	.0330201	.004919	6.71	0.000	.0233791	.0426611
c.palter#c.palter	-.0003331	.0000568	-5.86	0.000	-.0004444	-.0002218
zpsex						
Weiblich	-.4236815	.0123859	-34.21	0.000	-.4479574	-.3994056
kindzges	.0077546	.005622	1.38	0.168	-.0032644	.0187736
nicht_versichert	-.2729676	.1590005	-1.72	0.086	-.5846029	.0386677
PrivatKV	.4125605	.0179545	22.98	0.000	.3773703	.4477507
PD0500						
Geschieden	-.0215305	.0247574	-0.87	0.384	-.0700541	.0269931
Verwitwet	.0396931	.0371912	1.07	0.286	-.0332003	.1125865
Verheiratet, getr. leb.	.0370779	.0547238	0.68	0.498	-.0701787	.1443346
Verheiratet, zus. leb...)	.4677754	.1401489	3.34	0.001	.1930886	.7424622
Eing. Lebensgem., getr..)	-.2827915	.3365878	-0.84	0.401	-.9424914	.3769084
Eing. Lebensgem., zus...)	.8118606	.4508916	1.80	0.072	-.0718707	1.695592
8	.1782122	.0184222	9.67	0.000	.1421054	.214319
schule						
2	.1596124	.0872519	1.83	0.067	-.0113982	.3306229
3	-.1127505	.0898073	-1.26	0.209	-.2887696	.0632685
4	.2839296	.0864751	3.28	0.001	.1144415	.4534176
5	-.0091561	.0871919	-0.11	0.916	-.1800492	.161737
6	.3775989	.0892115	4.23	0.000	.2027477	.5524502
7	.4869725	.0869494	5.60	0.000	.3165548	.6573901
8	-.0457446	.4556459	-0.10	0.920	-.9387942	.847305
9	.1088131	.1202892	0.90	0.366	-.1269495	.3445756
10	.5663769	.1125584	5.03	0.000	.3457666	.7869873
11	-.035185	.0930443	-0.38	0.705	-.2175485	.1471785
_cons	6.336043	.1338608	47.33	0.000	6.073681	6.598405

Tabelle 14 Regression des Nettoeinkommens[472]

472 Die Variablen im Einzelnen: Die Persönlichkeitsdimensionen des OCEAN-Modells (Extraversion, Verträglichkeit), Schweregrad= BMI-Grad der Adipositas, Hochkon-

<table>
<tr><td>Generalized linear models</td><td colspan="2">No.of Observations = 76.586</td></tr>
<tr><td>Optimization : ML</td><td>Residual df = 76546</td><td>Residual</td></tr>
<tr><td>Scale parameter = 3.158827</td><td>Variance function: V(u) = u^2 [Gamma]</td><td>Link function : g(u) = ln(u) [Log]</td></tr>
<tr><td>Deviance = 90814.761
(1/df) Deviance = 1.186408</td><td>AIC = 19.2183</td><td>Log pseudo-likelihood = -735886.541
BIC = -770034.5</td></tr>
<tr><td>Pearson = 241795.5373
(1/df) Pearson = 3.158827</td><td></td><td></td></tr>
</table>

<table>
<tr><th>Schmerzensgeldhöhe</th><th>Coef.</th><th>Robust Std. Error</th><th>Z-Statistik</th><th>P>|z|</th><th>0,95</th><th>Konfidenzin-tervall</th></tr>
<tr><td>Geschlecht</td><td>-0,0879614</td><td>0,0129578</td><td>-6,79</td><td>0</td><td>-0,1133583</td><td>-0,0625646</td></tr>
<tr><td>Alter</td><td>0,0027568</td><td>0,0010569</td><td>2,61</td><td>0,009</td><td>0,0006854</td><td>0,0048283</td></tr>
<tr><td>Alter2</td><td>-0,0000916</td><td>0,000035</td><td>-2,62</td><td>0,009</td><td>-0,0001602</td><td>-0,000023</td></tr>
<tr><td>Alter3</td><td>0,000000368</td><td>0,000000353</td><td>1,05</td><td>0,296</td><td>-3,23E-07</td><td>0,00000106</td></tr>
<tr><td>Berufsaufgabe</td><td>0,3918379</td><td>0,0354363</td><td>11,06</td><td>0</td><td>0,322384</td><td>0,4612918</td></tr>
<tr><td>Berufl. Schwierigkeiten</td><td>0,9445563</td><td>0,0394426</td><td>23,95</td><td>0</td><td>0,8672502</td><td>1,021862</td></tr>
<tr><td>Berufswunschvereitelung</td><td>0,283777</td><td>0,0373932</td><td>7,59</td><td>0</td><td>0,2104876</td><td>0,3570664</td></tr>
<tr><td>Beeinträchtigung Freizeit</td><td>0,6768882</td><td>0,0307514</td><td>22,01</td><td>0</td><td>0,6166165</td><td>0,7371599</td></tr>
<tr><td>Bagatellschaden</td><td>-2,203064</td><td>0,0680282</td><td>-32,38</td><td>0</td><td>-2,336397</td><td>-2,069731</td></tr>
<tr><td>Straftat</td><td>0,2260017</td><td>0,0307117</td><td>7,36</td><td>0</td><td>0,1658078</td><td>0,2861957</td></tr>
<tr><td>Jahr</td><td>0,0463156</td><td>0,0011902</td><td>38,92</td><td>0</td><td>0,0439829</td><td>0,0486483</td></tr>
<tr><td>MDE</td><td>0,0007395</td><td>0,0000699</td><td>10,58</td><td>0</td><td>0,0006025</td><td>0,0008765</td></tr>
<tr><td>Intensivstation</td><td>0,2911335</td><td>0,0455881</td><td>6,39</td><td>0</td><td>0,2017825</td><td>0,3804844</td></tr>
<tr><td>Intensivpflegefall</td><td>0,8055464</td><td>0,0331488</td><td>24,3</td><td>0</td><td>0,740576</td><td>0,8705167</td></tr>
<tr><td>Reha</td><td>1,223202</td><td>0,1064284</td><td>11,49</td><td>0</td><td>1,014606</td><td>1,431798</td></tr>
<tr><td>Besondere Schwere der Verletzung</td><td>0,7635303</td><td>0,0149611</td><td>51,03</td><td>0</td><td>0,734207</td><td>0,7928535</td></tr>
<tr><td>Immaterieller Vorbehalt</td><td>0,5143402</td><td>0,0160899</td><td>31,97</td><td>0</td><td>0,4828045</td><td>0,5458758</td></tr>
<tr><td>besondere Obhut des Schädigers</td><td>0,4470494</td><td>0,0181898</td><td>24,58</td><td>0</td><td>0,4113981</td><td>0,4827006</td></tr>
<tr><td>Dauer des stationären Aufenthaltes in Tagen</td><td>0,0005592</td><td>0,0000607</td><td>9,21</td><td>0</td><td>0,0004403</td><td>0,0006782</td></tr>
<tr><td>Art der Verletzung</td><td></td><td></td><td></td><td></td><td></td><td></td></tr>
<tr><td>Fraktur</td><td>-1,769822</td><td>0,0399482</td><td>-44,3</td><td>0</td><td>-1,848119</td><td>-1,691525</td></tr>
<tr><td>Funktion</td><td>0,2417307</td><td>0,0378693</td><td>6,38</td><td>0</td><td>0,1675083</td><td>0,3159531</td></tr>
<tr><td>Polytrau</td><td>0,6016163</td><td>0,1714092</td><td>3,51</td><td>0</td><td>0,2656606</td><td>0,9375721</td></tr>
<tr><td>Schwere</td><td>-0,6560933</td><td>0,0403163</td><td>-16,27</td><td>0</td><td>-0,7351118</td><td>-0,5770748</td></tr>
<tr><td>Sonstige</td><td>-0,814715</td><td>0,0409502</td><td>-19,9</td><td>0</td><td>-0,8949759</td><td>-0,7344541</td></tr>
<tr><td>Verletzu</td><td>-1,46931</td><td>0,0384017</td><td>-38,26</td><td>0</td><td>-1,544576</td><td>-1,394044</td></tr>
<tr><td>leichte</td><td>-3,011266</td><td>0,0402997</td><td>-74,72</td><td>0</td><td>-3,090252</td><td>-2,93228</td></tr>
</table>

sum= Alkoholkonsum an jedem Wochentag, Raucher ja/nein, Alter des Untersuchten, Geschlecht, Anzahl der Kinder, ohne Krankenversicherung, privat krankenversichert, Familienstatus, sowie Schulausbildung , Faktorstufe 7 entspricht dem Abitur.

Generalized linear models	No.of Observations = 76.586	
Optimization : ML	Residual df = 76546	Residual
Scale parameter = 3.158827	Variance function: V(u) = u^2 [Gamma]	Link function : g(u) = ln(u) [Log]
Deviance = 90814.761 (1/df) Deviance = 1.186408	AIC = 19.2183	Log pseudo-likelihood = -735886.541 BIC = -770034.5
Pearson = 241795.5373 (1/df) Pearson = 3.158827		

Schmerzensgeldhöhe	Coef.	Robust Std. Error	Z-Statistik	P>|z|	0,95	Konfidenzintervall
Körperregion						
Abdomen	0,7819453	0,0410337	19,06	0	0,7015207	0,86237
Arm	0,1258176	0,04221	2,98	0,003	0,0430876	0,2085476
Bein	0,3978176	0,0402545	9,88	0	0,3189203	0,4767149
Fuß	-0,2703428	0,0416135	-6,5	0	-0,3519037	-0,1887819
Hals	0,571819	0,0383001	14,93	0	0,4967521	0,6468859
Hand	-1,734337	0,0682887	-25,4	0	-1,868181	-1,600494
Kopf	0,9461375	0,040327	23,46	0	0,867098	1,025177
Krebs	1,42647	0,0455041	31,35	0	1,337283	1,515656
Mehrere Regionen	-0,4600362	0,1651532	-2,79	0,005	-0,7837306	-0,1363419
Psyche	0,4073796	0,0437498	9,31	0	0,3216314	0,4931277
Thorax	-0,1077661	0,0427175	-2,52	0,012	-0,1914909	-0,0240413
Tod	0,4142289	0,0618543	6,7	0	0,2929968	0,5354611
Verbrennung	1,762582	0,0736965	23,92	0	1,618139	1,907024
_cons	-83,1520	2,3768	-34,9800	0,0000	-87,8105	-78,49345

Tabelle 15 Schätzung der Schmerzensgeldhöhe anhand verschiedener Einflussfaktoren[473]

473 Berufsaufgabe= Dummy-Codierung, 1 wenn der Beruf aufgegeben werden musste; berufl. Schwierigkeiten und Berufswunschvereitelung analog, Bagatellschaden meint eine mittels N-Gramm ermittelte Charakteristik der Urteile, die darauf hindeuten, dass der Schaden nicht so schlimm gewesen sein kann (etwa durch Worte wie, „der Verletzte behauptet, dass..oder „angebliche Verletzung mit…“). MDE= Minderung der Erwerbsfähigkeit in Tagen, Besondere Schwere analog zu Bagatellschaden, diesmal mit N-Gramm-Suche nach Worten, die eine besonders schwere Verletzung nahe legen. Immaterieller Vorbehalt meint die Möglichkeit bei einer Verschlimmerung der akuten Verletzungssituation nochmals Schmerzensgeld nachfordern zu können. Besondere Obhut des Schädigers umfasst z. B. Ärzte, die Kunstfehler begangen haben.

```
Logistic regression                               Number of obs     =    1148195
                                                  Wald chi2(28)     =    5482.10
                                                  Prob > chi2       =     0.0000
Log pseudolikelihood = -76496.922                 Pseudo R2         =     0.2095

                                    (Std. Err. adjusted for 67313 clusters in VE_NR)
```

EUBU_1_1_max	Coef.	Robust Std. Err.	z	P>|z|	[95% Conf.	Interval]
schweregradfinal						
1	.1754087	.1249225	1.40	0.160	-.069435	.4202523
2	.3978877	.1677488	2.37	0.018	.0691062	.7266692
3	.8019878	.1838746	4.36	0.000	.4416003	1.162375
2.Geschlecht_max	-.1128987	.0688559	-1.64	0.101	-.2478538	.0220565
fachab_neu	-1.019911	.084518	-12.07	0.000	-1.185563	-.8542586
Selbstständige_max	-.8463401	.3703293	-2.29	0.022	-1.572172	-.120508
Alter	6.265938	.8367617	7.49	0.000	4.625915	7.905961
c.Alter#c.Alter	-.2324463	.0287587	-8.08	0.000	-.2888122	-.1760803
c.Alter#c.Alter#c.Alter	.0037687	.0004293	8.78	0.000	.0029273	.0046102
c.Alter#c.Alter#c.Alter# c.Alter	-.0000223	2.35e-06	-9.48	0.000	-.0000269	-.0000177
Abi_neu_max	-1.136039	.0594517	-19.11	0.000	-1.252562	-1.019516
Frei_Pflicht_Fam2						
1	-1.09345	.1009382	-10.83	0.000	-1.291286	-.8956151
2	-13.7652	.4559551	-30.19	0.000	-14.65886	-12.87154
3	0	(empty)				
algI_neu	1.273143	.0597622	21.30	0.000	1.156012	1.390275
LangzeitArb_max	.1585228	.0881517	1.80	0.072	-.0142513	.3312969
Ehepartner	12.00026	.9095742	13.19	0.000	10.21753	13.78299
Arbeiter_ung_max	-.0784147	.0954633	-0.82	0.411	-.2655192	.1086898
1.alktotal	2.046485	.3823057	5.35	0.000	1.29718	2.795791
1.rauchertotal	.9515521	.3755349	2.53	0.011	.2155173	1.687587
alktotal#rauchertotal# c.Alter						
0 1	-.0041509	.0071643	-0.58	0.562	-.0181927	.0098908
1 0	-.0153226	.007274	-2.11	0.035	-.0295793	-.0010659
1 1	-.0276827	.0083117	-3.33	0.001	-.0439733	-.011392
YEAR__max						
2009	.3401666	.0219244	15.52	0.000	.2971957	.3831376
2010	.6463322	.030782	21.00	0.000	.5860006	.7066639
2011	1.124713	.0379325	29.65	0.000	1.050367	1.19906
2012	1.267065	.0414085	30.60	0.000	1.185906	1.348224
alkores	.0122775	.0070263	1.75	0.081	-.0014938	.0260488
tabres	-.0091963	.0090934	-1.01	0.312	-.027019	.0086264
_cons	-67.98134	8.893611	-7.64	0.000	-85.4125	-50.55019

Tabelle 16 Logit Regression Wahrscheinlichkeit Erwerbsminderungsrente

GEE population-averaged model		Number of obs =	2189034
Group variable:	VE_NR	Number of groups =	121613
Link:	log	Obs per group: min =	18
Family:	gamma	avg =	18.0
Correlation:	exchangeable	max =	18
		Wald chi2(22) =	6173.57
Scale parameter:	13.82611	Prob > chi2 =	0.0000

gesamtkostind	Coef.	Std. Err.	z	P>|z|	[95% Conf.	Interval]
Sex_neu_max						
Weiblich	.3507338	.0165545	21.19	0.000	.3182877	.38318
Alter	-.5365377	.1066927	-5.03	0.000	-.7456515	-.3274239
c.Alter#c.Alter	.0154462	.0031029	4.98	0.000	.0093645	.0215278
c.Alter#c.Alter#c.Alter	-.0001773	.0000395	-4.49	0.000	-.0002546	-.0001
c.Alter#c.Alter#c.Alter# c.Alter	7.44e-07	1.85e-07	4.02	0.000	3.82e-07	1.11e-06
schweregradfinal						
1	.4080788	.017733	23.01	0.000	.3733227	.442835
2	.6121091	.0689677	8.88	0.000	.4769348	.7472834
3	.7528673	.086357	8.72	0.000	.5836107	.9221239
1.rauchtotal	.3966509	.0235626	16.83	0.000	.3504691	.4428327
1.Partrauchtotal	.0761896	.0244327	3.12	0.002	.0283024	.1240767
1.alktotal	.496922	.0410439	12.11	0.000	.4164774	.5773666
1.Partalktotal	.0569095	.0402662	1.41	0.158	-.0220108	.1358298
1.PartArbeitslos_max	.0232187	.0188881	1.23	0.219	-.0138013	.0602387
PartSelbstst_max	-.016444	.0240584	-0.68	0.494	-.0635977	.0307096
PartSozialhilfe_max	.0884665	.1478479	0.60	0.550	-.2013101	.3782431
PartLangzeitARB_max	.0526122	.0341107	1.54	0.123	-.0142435	.1194679
PartAZUBI_max	-.0079889	.0187524	-0.43	0.670	-.044743	.0287651
PartARBEITER_max	.0435613	.0234459	1.86	0.063	-.0023917	.0895144
PartFACHARBEITER_max	.0947272	.0130219	7.27	0.000	.0692048	.1202496
PartANGEST_max	.0188726	.0106349	1.77	0.076	-.0019713	.0397165
freipflicht_neu						
1	-.0470308	.0113259	-4.15	0.000	-.069229	-.0248325
2	-.2145322	.0112723	-19.03	0.000	-.2366256	-.1924389
_cons	11.98949	1.356923	8.84	0.000	9.329966	14.64901

Tabelle 17 GEE Regression zur Ermittlung der Krankheitskosten der Ehegatten

GEE population-averaged model		Number of obs =	1225223
Group variable:	VE_NR	Number of groups =	68138
Link:	probit	Obs per group: min =	1
Family:	binomial	avg =	18.0
Correlation:	exchangeable	max =	18
		Wald chi2(31) =	2938.02
Scale parameter:	1	Prob > chi2 =	0.0000

Pflege_Ja_Nein_max	Coef.	Std. Err.	z	P>|z|	[95% Conf.	Interval]
schweregradfinal						
1	-.1336365	.0683052	-1.96	0.050	-.2675122	.0002393
2	.2779743	.0842211	3.30	0.001	.112904	.4430446
3	.461386	.0959657	4.81	0.000	.2732968	.6494753
2.Geschlecht_max	-.1611307	.0314822	-5.12	0.000	-.2228346	-.0994268
fachab_neu	-.0993095	.0106247	-9.35	0.000	-.1201335	-.0784856
Selbstständige_max	.0831663	.0295597	2.81	0.005	.0252303	.1411023
Alter	-.2256862	.0381997	-5.91	0.000	-.3005562	-.1508162
c.Alter#c.Alter	.0056818	.0013732	4.14	0.000	.0029904	.0083732
c.Alter#c.Alter#c.Alter	-.0000615	.0000207	-2.97	0.003	-.0001022	-.0000209
c.Alter#c.Alter#c.Alter# c.Alter	2.85e-07	1.12e-07	2.55	0.011	6.63e-08	5.04e-07
Abi_neu_max	-.1497968	.0280116	-5.35	0.000	-.2046985	-.0948951
Frei_Pflicht_Fam2						
1	-.0857261	.0144159	-5.95	0.000	-.1139808	-.0574715
2	-.0207842	.0280487	-0.74	0.459	-.0757586	.0341902
3	-.0797151	.0312602	-2.55	0.011	-.1409838	-.0184463
algI_neu	.0367746	.0123341	2.98	0.003	.0126002	.060949
LangzeitArb_max	-.0401257	.0205714	-1.95	0.051	-.080445	.0001935
Student_max	.0183749	.0396054	0.46	0.643	-.0592502	.0959999
Ehepartner	.1101262	.040236	2.74	0.006	.031265	.1889873
Arbeiter_ung_max	.0220873	.0170124	1.30	0.194	-.0112565	.055431
Sozialhilfe_max	.46435	.0610549	7.61	0.000	.3446845	.5840155
1.alktotal	-.3199704	.1396793	-2.29	0.022	-.5937368	-.0462041
1.rauchertotal	-.0708731	.1434358	-0.49	0.621	-.3520021	.2102558
alktotal#rauchertotal# c.Alter						
0 1	.0052792	.0024483	2.16	0.031	.0004806	.0100778
1 0	.0138661	.0023624	5.87	0.000	.0092359	.0184963
1 1	.0216483	.0028569	7.58	0.000	.0160489	.0272477
YEAR__max						
2009	.1205329	.0095843	12.58	0.000	.101748	.1393177
2010	.1780372	.0109224	16.30	0.000	.1566296	.1994448
2011	.2433678	.0129345	18.82	0.000	.2180167	.268719
2012	.281394	.015217	18.49	0.000	.2515692	.3112188
alkores	.0017515	.0010388	1.69	0.092	-.0002844	.0037874
tabres	.0036339	.0015095	2.41	0.016	.0006754	.0065924
_cons	-.048055	.3731155	-0.13	0.898	-.7793479	.6832379

Tabelle 18 GEE Regression Wahrscheinlichkeit Pflegefall

```
Negative binomial regression                    Number of obs     =    1225223
Dispersion           = mean                     Wald chi2(27)     =    6737.96
Log pseudolikelihood = -155329.56               Prob > chi2       =     0.0000

                          (Std. Err. adjusted for 68138 clusters in VE_NR)
```

Anzahl_Unfälle	Coef.	Robust Std. Err.	z	P>|z|	[95% Conf.	Interval]
algI_neu	-.0764081	.0238456	-3.20	0.001	-.1231447	-.0296715
schweregradfinal2						
1	.2284102	.0338078	6.76	0.000	.1621482	.2946722
2	.1387923	.0555972	2.50	0.013	.0298239	.2477608
3	.1961072	.0646098	3.04	0.002	.0694744	.32274
2.Geschlecht_max	-.2865986	.0152404	-18.81	0.000	-.3164692	-.2567279
fachab_neu	.341357	.0166389	20.52	0.000	.3087454	.3739686
Selbstständige_max	-.1800253	.0590758	-3.05	0.002	-.2958117	-.064239
Alter	-.1305189	.0645718	-2.02	0.043	-.2570774	-.0039605
c.Alter#c.Alter	-.0015865	.0026033	-0.61	0.542	-.0066888	.0035159
c.Alter#c.Alter#c.Alter	.0001117	.0000444	2.52	0.012	.0000248	.0001987
c.Alter#c.Alter#c.Alter# c.Alter	-1.09e-06	2.71e-07	-4.01	0.000	-1.62e-06	-5.55e-07
Abi_neu_max	-.1478059	.0149193	-9.91	0.000	-.1770471	-.1185647
Frei_Pflicht_Fam2						
1	-.3927414	.0201185	-19.52	0.000	-.432173	-.3533099
2	-1.051299	.0532181	-19.75	0.000	-1.155604	-.9469932
3	-1.260251	.0578414	-21.79	0.000	-1.373618	-1.146884
Student_max	-.5907863	.0589479	-10.02	0.000	-.706322	-.4752506
Ehepartner	.3792759	.0836541	4.53	0.000	.2153169	.543235
Arbeiter_ung_max	.4576316	.0214315	21.35	0.000	.4156267	.4996365
Sozialhilfe_max	.3106176	.1697639	1.83	0.067	-.0221136	.6433488
1.alktotal	.4234719	.0174392	24.28	0.000	.3892918	.4576521
rauchertotal#c.Alter						
1	.0037672	.0003724	10.12	0.000	.0030374	.004497
YEAR__max						
2009	.0904603	.0168564	5.37	0.000	.0574225	.1234982
2010	.2714462	.0165311	16.42	0.000	.2390458	.3038467
2011	.1026943	.0184093	5.58	0.000	.0666128	.1387759
2012	.1263797	.0218031	5.80	0.000	.0836465	.169113
alkores	.0106771	.0018626	5.73	0.000	.0070265	.0143278
tabres	-.0157731	.0025292	-6.24	0.000	-.0207304	-.0108159
_cons	-.3358052	.5671717	-0.59	0.554	-1.447441	.775831
/lnalpha	.1616218	.0555798			.0526873	.2705562
alpha	1.175416	.0653294			1.0541	1.310693

Tabelle 19 Negative Binomial Regression zur Ermittlung der Unfallhäufigkeiten

```
Negative binomial regression                      Number of obs   =    1225223
Dispersion           = mean                       Wald chi2(28)   =    4185.98
Log pseudolikelihood = -58435.09                  Prob > chi2     =     0.0000

                                 (Std. Err. adjusted for 68138 clusters in VE_NR)
```

Anzahl_Arbeitsunfälle	Coef.	Robust Std. Err.	z	P>|z|	[95% Conf.	Interval]
algI_neu	-.2875683	.0437693	-6.57	0.000	-.3733545	-.2017821
schweregradfinal						
1	.2490937	.0578631	4.30	0.000	.1356841	.3625034
2	.1156439	.0922558	1.25	0.210	-.0651741	.2964618
3	.1231425	.1154324	1.07	0.286	-.1031009	.3493859
2.Geschlecht_max	-.4832509	.0265662	-18.19	0.000	-.5353197	-.431182
fachab_neu	.6290115	.0280885	22.39	0.000	.573959	.6840641
Selbstständige_max	.0306766	.1047445	0.29	0.770	-.1746189	.2359721
Alter	-.0452575	.1163863	-0.39	0.697	-.2733705	.1828555
c.Alter#c.Alter	-.0069614	.0048083	-1.45	0.148	-.0163854	.0024626
c.Alter#c.Alter#c.Alter	.0002305	.0000839	2.75	0.006	.000066	.0003949
c.Alter#c.Alter#c.Alter# c.Alter	-1.98e-06	5.24e-07	-3.77	0.000	-3.00e-06	-9.48e-07
Abi_neu_max	-.1679267	.0255179	-6.58	0.000	-.217941	-.1179125
Frei_Pflicht_Fam2						
1	-.6640342	.0391347	-16.97	0.000	-.7407369	-.5873315
2	-1.298296	.0947279	-13.71	0.000	-1.483959	-1.112632
3	-1.608275	.1084578	-14.83	0.000	-1.820849	-1.395702
Student_max	-.5281776	.1058607	-4.99	0.000	-.7356607	-.3206946
Ehepartner	.2383693	.1833399	1.30	0.194	-.1209703	.5977089
Arbeiter_ung_max	.7628306	.034422	22.16	0.000	.6953647	.8302966
Sozialhilfe_max	-.0707478	.4055048	-0.17	0.861	-.8655226	.7240271
1.alktotal	.3043509	.0880774	3.46	0.001	.1317222	.4769795
1.rauchertotal	.2134244	.0291123	7.33	0.000	.1563654	.2704834
alktotal#c.Alter						
1	-.0053148	.0020645	-2.57	0.010	-.0093613	-.0012684
YEAR__max						
2009	.0912341	.029642	3.08	0.002	.0331368	.1493315
2010	.2040465	.0295547	6.90	0.000	.1461204	.2619725
2011	-.0382595	.033342	-1.15	0.251	-.1036087	.0270897
2012	-.0782191	.0406308	-1.93	0.054	-.157854	.0014157
alkores	.0092055	.0033377	2.76	0.006	.0026636	.0157474
tabres	-.0118527	.0044422	-2.67	0.008	-.0205593	-.003146
_cons	-1.516975	.9986422	-1.52	0.129	-3.474278	.4403277
/lnalpha	.8059867	.1180623			.5745889	1.037384
alpha	2.238904	.2643301			1.7764	2.821827

Tabelle 20 Negative Binomial Regression Anzahl Arbeitsunfälle

```
Generalized linear models                    No. of obs      =   1225223
Optimization     : ML                        Residual df     =   1225196
                                             Scale parameter =   3.91511
Deviance         = 1086968.484               (1/df) Deviance =  .8871793
Pearson          = 4796776.862               (1/df) Pearson  =   3.91511

Variance function: V(u) = u^2                [Gamma]
Link function    : g(u) = ln(u)              [Log]

                                             AIC             = -1.050445
Log pseudolikelihood =  643541.7186          BIC             = -1.61e+07

                              (Std. Err. adjusted for 68138 clusters in VE_NR)
```

Schmerz_Total_max	Coef.	Robust Std. Err.	z	P>|z|	[95% Conf.	Interval]
algI_neu	.1110207	.0125839	8.82	0.000	.0863568	.1356846
schweregradfinal2						
1	.3076777	.0214695	14.33	0.000	.2655982	.3497571
2	.2928347	.0350584	8.35	0.000	.2241215	.3615478
3	.3242406	.0388843	8.34	0.000	.2480287	.4004526
2.Geschlecht_max	.613225	.0096303	63.68	0.000	.5943499	.6321001
fachab_neu	.0102616	.0099351	1.03	0.302	-.0092108	.029734
Selbstständige_max	-.0965591	.0300594	-3.21	0.001	-.1554745	-.0376437
Alter	-.0502033	.0322543	-1.56	0.120	-.1134206	.0130141
c.Alter#c.Alter	.0016645	.0012113	1.37	0.169	-.0007096	.0040385
c.Alter#c.Alter#c.Alter	-.0000159	.0000193	-0.82	0.410	-.0000538	.0000219
c.Alter#c.Alter#c.Alter#c.Alter	3.87e-08	1.11e-07	0.35	0.728	-1.79e-07	2.57e-07
Abi_neu_max	-.0971621	.0099468	-9.77	0.000	-.1166576	-.0776667
Frei_Pflicht_Fam2						
1	-.1262023	.0120249	-10.50	0.000	-.1497706	-.102634
2	-.0892839	.0267744	-3.33	0.001	-.1417608	-.036807
3	-.1633901	.02698	-6.06	0.000	-.2162699	-.1105104
Student_max	-.1070713	.0273627	-3.91	0.000	-.1607012	-.0534414
Ehepartner	.0014728	.0333338	0.04	0.965	-.0638603	.0668059
alktotal	.1900893	.0120922	15.72	0.000	.166389	.2137896
1.rauchertotal	.4350659	.0351606	12.37	0.000	.3661523	.5039795
rauchertotal#c.Alter						
1	-.0039016	.0007789	-5.01	0.000	-.0054282	-.0023749
YEAR__max						
2009	.0293959	.0049633	5.92	0.000	.0196679	.0391238
2010	-.0000358	.0055358	-0.01	0.995	-.0108857	.0108142
2011	-.0590462	.0067126	-8.80	0.000	-.0722027	-.0458897
2012	-.0730902	.007871	-9.29	0.000	-.088517	-.0576633
alkores	-.0040043	.0011034	-3.63	0.000	-.0061668	-.0018417
tabres	.0161971	.0013943	11.62	0.000	.0134643	.0189299
_cons	-1.587832	.3051177	-5.20	0.000	-2.185852	-.9898128

Tabelle 21 GLM-Modell zur Ermittlung der Schmerzwahrscheinlichkeit

```
Generalized linear models                          No. of obs      =   1225223
Optimization     : ML                              Residual df     =   1225193
                                                   Scale parameter =  14.58048
Deviance         =  2295417.134                    (1/df) Deviance =  1.873515
Pearson          =  17863898.75                    (1/df) Pearson  =  14.58048

Variance function: V(u) = u^2                      [Gamma]
Link function    : g(u) = ln(u)                    [Log]

                                                   AIC             =  15.11294
Log pseudolikelihood = -9258329.676                BIC             = -1.49e+07

                                   (Std. Err. adjusted for 68138 clusters in VE_NR)
```

gesamtgkv_ohnezahn	Coef.	Robust Std. Err.	z	P>|z|	[95% Conf.	Interval]
algI_neu	.2279706	.0217757	10.47	0.000	.185291	.2706502
schweregradfinal2						
1	.4331562	.0367443	11.79	0.000	.3611386	.5051738
2	.4157419	.0384159	10.82	0.000	.3404481	.4910357
3	.5969879	.0489068	12.21	0.000	.5011323	.6928435
2.Geschlecht_max	.3873712	.0187819	20.62	0.000	.3505592	.4241831
fachab_neu	-.1792197	.019702	-9.10	0.000	-.217835	-.1406044
Selbstständige_max	-.2086761	.0464967	-4.49	0.000	-.2998079	-.1175443
Alter	.1536843	.0552527	2.78	0.005	.0453909	.2619776
c.Alter#c.Alter	-.0046346	.002073	-2.24	0.025	-.0086975	-.0005716
c.Alter#c.Alter#c.Alter	.0000654	.0000331	1.98	0.048	6.13e-07	.0001303
c.Alter#c.Alter#c.Alter#c.Alter	-3.14e-07	1.91e-07	-1.65	0.099	-6.88e-07	5.96e-08
1.rauchertotal	.3863516	.0820719	4.71	0.000	.2254936	.5472095
1.alktotal	.7159615	.0765615	9.35	0.000	.5659037	.8660193
rauchertotal#alktotal						
1 1	.2831192	.1279036	2.21	0.027	.0324328	.5338056
Alter	0	(omitted)				
rauchertotal#c.Alter						
1	.0016333	.0016978	0.96	0.336	-.0016943	.0049609
alktotal#c.Alter						
1	.0005183	.0017809	0.29	0.771	-.0029722	.0040088
rauchertotal#alktotal#c.Alter						
1 1	-.0098109	.0027577	-3.56	0.000	-.0152159	-.0044058
Abi_neu_max	-.1528187	.0189611	-8.06	0.000	-.1899818	-.1156556
Frei_Pflicht_Fam2						
1	-.1143103	.0270963	-4.22	0.000	-.1674182	-.0612025
2	-.0562094	.0557128	-1.01	0.313	-.1654044	.0529857
3	-.1173673	.0462034	-2.54	0.011	-.2079243	-.0268102
Student_max	.0006866	.1518777	0.00	0.996	-.2969883	.2983615
Ehepartner	-.1449527	.059452	-2.44	0.015	-.2614765	-.0284289
Arbeiter_ung_max	-.0127345	.0253189	-0.50	0.615	-.0623586	.0368896
Sozialhilfe_max	.880197	.0904614	9.73	0.000	.7028959	1.057498
YEAR__max						
2009	.1418878	.009934	14.28	0.000	.1224175	.161358
2010	.1960199	.0116373	16.84	0.000	.1732112	.2188286
2011	.2600719	.0137781	18.88	0.000	.2330673	.2870766
2012	.2845016	.0159572	17.83	0.000	.253226	.3157772
_cons	3.949529	.5207865	7.58	0.000	2.928806	4.970251

Tabelle 22 GLM-Regression der individuellen Krankheitskosten

GEE population-averaged model		Number of obs	= 1225223
Group variable:	VE_NR	Number of groups	= 68138
Link:	log	Obs per group: min	= 1
Family:	Gaussian	avg	= 18.0
Correlation:	exchangeable	max	= 18
		Wald chi2(52)	= 8523.14
Scale parameter:	7997379	Prob > chi2	= 0.0000

gesamtgkv_ohnezahn	Coef.	Std. Err.	z	P>|z|	[95% Conf.	Interval]
algI_neu	-.1098706	.011546	-9.52	0.000	-.1325004	-.0872409
schweregradfinal2						
1	.6139923	.2557212	2.40	0.016	.112788	1.115197
2	.9656433	.3338107	2.89	0.004	.3113864	1.6199
3	.8991068	.351886	2.56	0.011	.2094229	1.588791
2.Geschlecht_max	.1813357	.0141139	12.85	0.000	.1536729	.2089985
fachab_neu	-.106107	.0086909	-12.21	0.000	-.1231409	-.0890731
Selbstständige_max	-.3571452	.0354103	-10.09	0.000	-.426548	-.2877424
Alter	.1055643	.0434007	2.43	0.015	.0205006	.1906281
c.Alter#c.Alter	-.0026516	.0014564	-1.82	0.069	-.0055061	.0002029
c.Alter#c.Alter#c.Alter	.0000333	.0000209	1.60	0.110	-7.55e-06	.0000742
c.Alter#c.Alter#c.Alter#c.Alter	-1.42e-07	1.08e-07	-1.31	0.190	-3.55e-07	7.03e-08
1.rauchertotal	.2494045	.0984071	2.53	0.011	.0565301	.4422789
1.alktotal	.8509511	.0848505	10.03	0.000	.6846471	1.017255
rauchertotal#alktotal						
1 1	.3540092	.1340664	2.64	0.008	.0912438	.6167746
Alter	0	(omitted)				
rauchertotal#c.Alter						
1	.0044134	.0018273	2.42	0.016	.000832	.0079948
alktotal#c.Alter						
1	-.0023286	.0016011	-1.45	0.146	-.0054667	.0008096
rauchertotal#alktotal#c.Alter						
1 1	-.0102579	.0025243	-4.06	0.000	-.0152054	-.0053104
rauchertotal#schweregradfinal2						
1 1	.316153	.3205857	0.99	0.324	-.3121834	.9444893
1 2	-.3138992	.4662639	-0.67	0.501	-1.22776	.5999613
1 3	-.4904937	.5199652	-0.94	0.346	-1.509607	.5286194
alktotal#schweregradfinal2						
1 1	-.189399	.3419874	-0.55	0.580	-.859682	.480884
1 2	-.2860261	.5107921	-0.56	0.576	-1.28716	.7151079
1 3	-.0534438	.4994448	-0.11	0.915	-1.032338	.92545
rauchertotal#alktotal#schweregradfinal2						
1 1 1	-.537481	.4485275	-1.20	0.231	-1.416579	.3416168
1 1 2	.037078	.6745332	0.05	0.956	-1.284983	1.359139
1 1 3	.0980726	.709883	0.14	0.890	-1.293273	1.489418
schweregradfinal2#c.Alter						
1	-.001221	.0047216	-0.26	0.796	-.0104751	.0080331
2	-.005979	.0064082	-0.93	0.351	-.0185388	.0065808
3	-.0021993	.0069137	-0.32	0.750	-.0157499	.0113513
rauchertotal#schweregradfinal2#c.Alter						
1 1	-.0100605	.0059753	-1.68	0.092	-.0217719	.0016509
1 2	.0004158	.0088045	0.05	0.962	-.0168407	.0176722
1 3	.0014217	.0100313	0.14	0.887	-.0182393	.0210827
alktotal#schweregradfinal2#c.Alter						
1 1	-.0008214	.006209	-0.13	0.895	-.0129908	.0113481
1 2	-.0038299	.0096714	-0.40	0.692	-.0227855	.0151256
1 3	-.0048869	.0095403	-0.51	0.608	-.0235856	.0138118
rauchertotal#alktotal#schweregradfinal2# c.Alter						
1 1 1	.0121067	.0082534	1.47	0.142	-.0040697	.0282831
1 1 2	.0052079	.0127713	0.41	0.683	-.0198234	.0302392
1 1 3	.0042494	.013539	0.31	0.754	-.0222866	.0307853
Abi_neu_max	-.1216828	.0136562	-8.91	0.000	-.1484485	-.0949172
Frei_Pflicht_Fam2						
1	-.0405228	.0116071	-3.49	0.000	-.0632723	-.0177732
2	-.0663178	.0392966	-1.69	0.091	-.1433378	.0107022
3	-.1119613	.0424766	-2.64	0.008	-.1952139	-.0287087
Student_max	-.1370383	.0420255	-3.26	0.001	-.2194068	-.0546699
Ehepartner	-.0448021	.0440232	-1.02	0.309	-.131086	.0414818
Arbeiter_ung_max	-.0265444	.0138345	-1.92	0.055	-.0536596	.0005707
Sozialhilfe_max	.1284416	.0528633	2.43	0.015	.0248314	.2320518
YEAR__max						
2009	.1789651	.0079867	22.41	0.000	.1633113	.1946188
2010	.2720941	.0079633	34.17	0.000	.2564863	.2877018
2011	.3055741	.00848	36.03	0.000	.2889536	.3221945
2012	.3353617	.009732	34.46	0.000	.3162873	.3544361
alkores	.0006714	.0009849	0.68	0.495	-.0012589	.0026018
tabres	.0017279	.0013015	1.33	0.184	-.000823	.0042788
_cons	4.379959	.4644014	9.43	0.000	3.469749	5.290169

Tabelle 23 GEE-Regression zur Ermittlung der individuellen Krankheitskosten

GEE population-averaged model		Number of obs =	1147323
Group variable:	VE_NR	Number of groups =	67373
Link:	logit	Obs per group: min =	1
Family:	binomial	avg =	17.0
Correlation:	exchangeable	max =	18
		Wald chi2(27) =	5236.77
Scale parameter:	1	Prob > chi2 =	0.0000

algI_neu	Coef.	Std. Err.	z	P>|z|	[95% Conf.	Interval]
schweregradfinal2						
1	.1161857	.052871	2.20	0.028	.0125605	.2198108
2	.2041381	.0798861	2.56	0.011	.0475643	.3607119
3	.1594361	.0997019	1.60	0.110	-.035976	.3548481
2.Geschlecht_max	-.0370507	.0218637	-1.69	0.090	-.0799028	.0058015
fachab_neu	.0365757	.0113341	3.23	0.001	.0143613	.0587901
Selbstständige_max	.6133216	.0328313	18.68	0.000	.5489734	.6776698
Alter	1.882562	.0704193	26.73	0.000	1.744543	2.020581
c.Alter#c.Alter	-.0736525	.002634	-27.96	0.000	-.078815	-.06849
c.Alter#c.Alter#c.Alter	.0011961	.000042	28.49	0.000	.0011139	.0012784
c.Alter#c.Alter#c.Alter# c.Alter	-6.88e-06	2.42e-07	-28.47	0.000	-7.35e-06	-6.41e-06
1.rauchertotal	.5256004	.0951928	5.52	0.000	.3390259	.7121748
1.alktotal	.3561657	.0990172	3.60	0.000	.1620956	.5502358
rauchertotal#alktotal						
1 1	-.3166635	.1730676	-1.83	0.067	-.6558697	.0225428
Alter	0	(omitted)				
rauchertotal#c.Alter						
1	-.0047909	.0020876	-2.29	0.022	-.0088825	-.0006993
alktotal#c.Alter						
1	.0039199	.002101	1.87	0.062	-.000198	.0080379
rauchertotal#alktotal# c.Alter						
1 1	.0039557	.003649	1.08	0.278	-.0031962	.0111076
Abi_neu_max	.1073308	.0230016	4.67	0.000	.0622485	.1524132
Frei_Pflicht_Fam2						
1	-.5602598	.0174076	-32.18	0.000	-.5943782	-.5261415
2	0	(empty)				
3	0	(empty)				
Student_max	-.742135	.0394763	-18.80	0.000	-.8195071	-.6647629
Ehepartner	0	(omitted)				
Arbeiter_ung_max	.2914213	.0166399	17.51	0.000	.2588078	.3240349
Sozialhilfe_max	-.4565035	.1543992	-2.96	0.003	-.7591204	-.1538867
YEAR__max						
2009	.2228331	.0091691	24.30	0.000	.204862	.2408043
2010	.2771913	.0092577	29.94	0.000	.2590465	.2953361
2011	.0491801	.0104816	4.69	0.000	.0286366	.0697237
2012	.1307951	.0125062	10.46	0.000	.1062834	.1553069
alkores	.0100146	.0013174	7.60	0.000	.0074326	.0125967
tabres	.0008085	.0017245	0.47	0.639	-.0025714	.0041884
_cons	-19.68866	.675564	-29.14	0.000	-21.01274	-18.36458

Tabelle 24 GEE-Regression zur Ermittlung der Wahrscheinlichkeit der Arbeitslosigkeit ALGI

```
GEE population-averaged model                 Number of obs      =   1147323
Group variable:                   VE_NR       Number of groups   =     67373
Link:                            probit       Obs per group: min =         1
Family:                        binomial                      avg =      17.0
Correlation:               exchangeable                      max =        18
                                              Wald chi2(22)      =   7071.69
Scale parameter:                      1       Prob > chi2        =    0.0000
```

LZ_Arbeitsl	Coef.	Std. Err.	z	P>|z|	[95% Conf.	Interval]
schweregradfinal2						
1	.025238	.0362658	0.70	0.486	-.0458417	.0963178
2	.0596882	.0553852	1.08	0.281	-.0488648	.1682412
3	.3117758	.0606701	5.14	0.000	.1928646	.4306869
2.Geschlecht_max	-.0690029	.0149804	-4.61	0.000	-.0983639	-.039642
fachab_neu	-.1388344	.0048429	-28.67	0.000	-.1483263	-.1293426
Selbstständige_max	-.2140565	.0163392	-13.10	0.000	-.2460808	-.1820323
Alter	.6200602	.0335678	18.47	0.000	.5542685	.6858518
c.Alter#c.Alter	-.0215079	.0012661	-16.99	0.000	-.0239893	-.0190264
c.Alter#c.Alter#c.Alter	.0003141	.0000204	15.42	0.000	.0002742	.000354
c.Alter#c.Alter#c.Alter# c.Alter	-1.68e-06	1.18e-07	-14.19	0.000	-1.91e-06	-1.45e-06
1.rauchertotal	.3703251	.0161438	22.94	0.000	.3386838	.4019664
1.alktotal	.7040125	.0162225	43.40	0.000	.6722169	.735808
Abi_neu_max	.0250684	.0159572	1.57	0.116	-.0062072	.0563439
Frei_Pflicht_Fam2						
1	-.115477	.0066293	-17.42	0.000	-.1284703	-.1024837
2	0	(empty)				
3	0	(empty)				
Student_max	-.4293413	.0158538	-27.08	0.000	-.4604143	-.3982684
Arbeiter_ung_max	.0377583	.0071896	5.25	0.000	.0236668	.0518497
YEAR__max						
2009	.0202461	.0036394	5.56	0.000	.0131129	.0273793
2010	.0476454	.0037659	12.65	0.000	.0402643	.0550265
2011	.0524156	.0042989	12.19	0.000	.0439899	.0608413
2012	.0539852	.0053236	10.14	0.000	.0435511	.0644193
alkores	.0081438	.0005566	14.63	0.000	.0070528	.0092347
tabres	.0024328	.0007313	3.33	0.001	.0009994	.0038662
_cons	-8.015846	.3211617	-24.96	0.000	-8.645311	-7.38638

Tabelle 25 GEE-Regression zur Ermittlung der Wahrscheinlichkeit für ALGII

Negative binomial regression   Number of obs = 875012
Dispersion = mean   Wald chi2(30) = 28883.44
Log pseudolikelihood = -1368965.9   Prob > chi2 = 0.0000

AUTAGEGESAMT_sum	Coef.	Robust Std. Err.	z	P>|z|	[95% Conf.	Interval]
2.Geschlecht_max	.0993237	.0086538	11.48	0.000	.0823625	.1162849
fachab_neu	.0792282	.0099622	7.95	0.000	.0597026	.0987537
Selbstständige_max	0	(omitted)				
Alter	-.2410339	.0478932	-5.03	0.000	-.3349028	-.1471651
c.Alter#c.Alter	.0073798	.0018339	4.02	0.000	.0037854	.0109741
c.Alter#c.Alter#c.Alter	-.0000746	.0000298	-2.50	0.012	-.0001332	-.0000161
c.Alter#c.Alter#c.Alter# c.Alter	1.52e-07	1.75e-07	0.87	0.387	-1.92e-07	4.95e-07
1.alkoholtot	.9867605	.0119494	82.58	0.000	.9633402	1.010181
1.tabaktot	.5892535	.0114255	51.57	0.000	.56686	.611647
alkoholtot#tabaktot						
1 1	-.3041808	.0185033	-16.44	0.000	-.3404466	-.267915
schweregradfinal2						
1	.6398762	.0323499	19.78	0.000	.5764716	.7032808
2	.9569174	.0489284	19.56	0.000	.8610195	1.052815
3	.7971847	.0547089	14.57	0.000	.6899573	.9044122
alkoholtot# schweregradfinal2						
1 1	-.3699264	.0456337	-8.11	0.000	-.4593667	-.280486
1 2	-.7691767	.0709375	-10.84	0.000	-.9082116	-.6301418
1 3	-.4964399	.0824944	-6.02	0.000	-.6581259	-.3347538
tabaktot#schweregradfinal2						
1 1	-.2679719	.0435156	-6.16	0.000	-.3532608	-.1826829
1 2	-.6680788	.0671751	-9.95	0.000	-.7997396	-.5364179
1 3	-.1357762	.0737328	-1.84	0.066	-.2802899	.0087375
alkoholtot#tabaktot# schweregradfinal2						
1 1 1	.1148685	.0639782	1.80	0.073	-.0105264	.2402634
1 1 2	.7794481	.0959681	8.12	0.000	.5913542	.967542
1 1 3	-.0248418	.1134804	-0.22	0.827	-.2472594	.1975758
Abi_neu_max	-.2173097	.008082	-26.89	0.000	-.2331502	-.2014692
0.Frei_Pflicht_Fam2	0	(omitted)				
algI_neu	.3657238	.0134128	27.27	0.000	.3394352	.3920124
LangzeitArb_max	.0108129	.0165043	0.66	0.512	-.021535	.0431607
Student_max	-1.201593	.0509216	-23.60	0.000	-1.301398	-1.101789
Ehepartner	0	(omitted)				
Arbeiter_ung_max	.3580915	.0124531	28.76	0.000	.3336839	.382499
Sozialhilfe_max	0	(omitted)				
YEAR__max						
2009	.0632963	.011797	5.37	0.000	.0401746	.0864179
2010	.1024614	.0118187	8.67	0.000	.0792972	.1256256
2011	.1110181	.0120301	9.23	0.000	.0874395	.1345966
2012	.1194712	.0147859	8.08	0.000	.0904914	.1484509
_cons	3.235465	.4444336	7.28	0.000	2.364391	4.106539
/lnalpha	2.538286	.002709			2.532976	2.543595
alpha	12.65795	.0342909			12.59092	12.72534

Tabelle 26 Negative BInmialregression zur Ermittlung der Anzahl AU-Tage

```
Negative binomial regression                    Number of obs     =    2159199
Dispersion           = mean                     Wald chi2(36)     =          .
Log pseudolikelihood = -1804561.3               Prob > chi2       =          .
```

Charleson_max_mean_sum_~x	Coef.	Robust Std. Err.	z	P>|z|	[95% Conf.	Interval]
schweregradfinal2						
1	.6939401	.0101115	68.63	0.000	.6741219	.7137583
2	.8324867	.0167547	49.69	0.000	.7996482	.8653253
3	1.007516	.0191688	52.56	0.000	.9699455	1.045086
2.Geschlecht_max	-.129292	.0035211	-36.72	0.000	-.1361933	-.1223908
fachab_neu	-.1760894	.0057611	-30.57	0.000	-.187381	-.1647978
Selbstständige_max	-.1095659	.0085237	-12.85	0.000	-.1262721	-.0928598
Alter	-.0398896	.0029599	-13.48	0.000	-.0456909	-.0340883
c.Alter#c.Alter	.0007712	.000101	7.64	0.000	.0005733	.0009691
c.Alter#c.Alter#c.Alter	.0000112	1.46e-06	7.72	0.000	8.38e-06	.0000141
c.Alter#c.Alter#c.Alter# c.Alter	-1.31e-07	7.39e-09	-17.77	0.000	-1.46e-07	-1.17e-07
Frei_Pflicht_Fam2						
1	-.1868047	.0045599	-40.97	0.000	-.195742	-.1778674
2	-.0133594	.0139157	-0.96	0.337	-.0406335	.0139148
3	-.1318137	.0140568	-9.38	0.000	-.1593646	-.1042629
algI_neu	-.016865	.0082756	-2.04	0.042	-.0330849	-.0006451
LangzeitArb_max	.0453465	.0069181	6.55	0.000	.0317873	.0589058
Student_max	-.2512045	.0184908	-13.59	0.000	-.2874458	-.2149631
Ehepartner	-.0514263	.0145773	-3.53	0.000	-.0799972	-.0228554
Arbeiter_ung_max	-.0681205	.008088	-8.42	0.000	-.0839727	-.0522683
Sozialhilfe_max	.5181829	.0189102	27.40	0.000	.4811195	.5552462
1.alkoholtot	.5121489	.0046921	109.15	0.000	.5029525	.5213452
schweregradfinal2# alkoholtot						
1 1	-.3582386	.0157605	-22.73	0.000	-.3891286	-.3273486
2 1	-.3035583	.0228967	-13.26	0.000	-.3484349	-.2586816
3 1	-.2247494	.0273309	-8.22	0.000	-.278317	-.1711818
1.tabaktot	.5798139	.0044543	130.17	0.000	.5710835	.5885442
schweregradfinal2# tabaktot						
1 1	-.2835616	.0144997	-19.56	0.000	-.3119806	-.2551427
2 1	-.3417376	.0219825	-15.55	0.000	-.3848226	-.2986526
3 1	-.2898821	.0257998	-11.24	0.000	-.3404489	-.2393153
alkoholtot#tabaktot						
1 1	-.2057433	.0074368	-27.67	0.000	-.2203191	-.1911674
schweregradfinal2# alkoholtot#tabaktot						
1 1 1	.2853699	.022923	12.45	0.000	.2404417	.3302981
2 1 1	.2604314	.0328979	7.92	0.000	.1959526	.3249102
3 1 1	.1500031	.0385199	3.89	0.000	.0745056	.2255006
alkores	-.0057641	.0003494	-16.50	0.000	-.0064489	-.0050793
tabres	.016904	.0005281	32.01	0.000	.015869	.0179391
YEAR__max						
2009	.0441215	.0042616	10.35	0.000	.035769	.052474
2010	.0777059	.004211	18.45	0.000	.0694525	.0859593
2011	.1263036	.0042753	29.54	0.000	.1179243	.134683
2012	.012277	.005309	2.31	0.021	.0018716	.0226824
_cons	-1.824252	.0334121	-54.60	0.000	-1.889738	-1.758765
/lnalpha	.0389628	.004561			.0300234	.0479022
alpha	1.039732	.0047422			1.030479	1.049068

Tabelle 27 Negative Binomial Regression zur Ermittlung des Charlson-Punktwertes

```
Gompertz regression -- log relative-hazard form

No. of subjects     =     30172.25              Number of obs    =     482196
No. of failures     =  151.0288379
Time at risk        =  30190.36954
                                                Wald chi2(11)    =      60.41
Log pseudolikelihood =    1708.7407             Prob > chi2      =     0.0000

                              (Std. Err. adjusted for 120689 clusters in VE_NR)
```

_t	Haz. Ratio	Robust Std. Err.	z	P>|z|	[95% Conf.	Interval]
schweregradfinal						
1	1.172773	.5948412	0.31	0.753	.4339871	3.169211
2	.7256492	.4849476	-0.48	0.631	.1958272	2.688935
3	1.037906	.5052782	0.08	0.939	.3997351	2.694908
Partschweregradneu						
1	1.192913	.4120315	0.51	0.610	.6061838	2.347542
2	1.955573	1.150824	1.14	0.254	.6171	6.19716
3	.6505902	.6703958	-0.42	0.677	.0863363	4.902547
1.rauchtotal	1.902462	.4636297	2.64	0.008	1.17999	3.067282
1.alktotal	2.309166	.4959018	3.90	0.000	1.515851	3.51766
1.Partrauchtotal	1.534585	.3470206	1.89	0.058	.9851581	2.390429
1.Partalktotal	1.317106	.3533783	1.03	0.305	.7784745	2.228422
Sex_neu_max						
Weiblich	.6152653	.1201666	-2.49	0.013	.4195806	.9022138
_cons	.000028	.0000216	-13.56	0.000	6.14e-06	.0001273
/gamma	.080035	.0122035	6.56	0.000	.0561166	.1039534

Tabelle 28 Mortalitätsrisiko bei Ehepartnern gefährlich Konsumierender[474]

474 Schweregradfinal 1-3 meint hierbei eine Dummy-Variable für den jeweiligen BMI-Grad. Partschweregradfinal den BMI-Grad des Ehegatten, rauchtotal und alktotal entsprechend den individuellen Konsum von Alkohol und Tabak (beide erhöhen wie ersichtlich deutlich die Mortalität) sowie Partalktotal und Partrauchtotal das jeweilige Konsumverhalten des Ehegatten, Sex_neu_max ist eine Dummy-Variable für das Geschlecht.

Schriftenreihe Ökonomische Analyse des Rechts
Law and Economics

Herausgegeben von Michael Adams

Band 1 Michael Adams: Ökonomische Theorie des Rechts. Konzepte und Anwendungen. 2., korrigierte und ergänzte Auflage. 2004.

Band 2 Till Tolkemitt: Die deutsche Glücksspielindustrie. Eine wirtschaftswissenschaftliche Analyse mit rechtspolitischen Schlussfolgerungen. 2002.

Band 3 Jens Maßmann: Nonproftis. Analyse, Entwicklung und Rechtspolitik. 2003.

Band 4 Claus C. Roggatz: Informationspflichten von Investmentgesellschaften. Analyse der gesetzlichen Publizitätsvorschriften zur Verbesserung der investmentrechtlichen Transparenz und des Anlegerschutzes. 2003.

Band 5 Maja Kraas: Produkthaftung und Warnhinweise. Eine rechtsökonomische Analyse am Beispiel von Coca-Cola. 2004.

Band 6 Christian Eilinghoff: Ökonomische Analyse der Religion. Theoretische Konzepte und rechtspolitische Empfehlungen. 2004.

Band 7 Henning Curti: Vertragsvermittler und opportunistisches Verhalten. Ein Lösungsvorschlag aus Sicht der ökonomischen Analyse des Rechts. 2005.

Band 8 Carsten Merten: Die Bewertung des menschlichen Lebens im Haftungsrecht. 2007.

Band 9 Julian de Grahl: Die Durchsetzung von Urheberrechten im digitalen Zeitalter. Analyse und Rechtspolitik. 2008.

Band 10 Tobias Effertz: Kindermarketing. Analyse und rechtliche Empfehlungen. 2008.

Band 11 Jan-Philipp Rock: Ökonomische Analyse des Betrugs in gegenseitigen Vertragsverhältnissen. 2013.

Band 12 Die ökonomische Analyse des Rechts. Entwicklung und Perspektive einer interdisziplinären Wissenschaft. Festschrift für Michael Adams. Herausgegeben von Henning Curti und Tobias Effertz. 2013.

Band 13 Christina Kaiser: Grundsätze angemessener Vorstandsbezüge. 2015.

Band 14 Kjell Jacobsen: Die Pflicht zum Risikomanagement im Aktienrecht. 2015.

Band 15 Tobias Effertz: Die volkswirtschaftlichen Kosten gefährlichen Konsums. Eine theoretische und empirische Analyse für Deutschland am Beispiel Alkohol, Tabak und Adipositas. 2015.

www.peterlang.com

www.ingramcontent.com/pod-product-compliance
Ingram Content Group UK Ltd.
Pitfield, Milton Keynes, MK11 3LW, UK
UKHW021821290926
8980IPUK00004B/194

9 783631 660256